宋代道家思想史研究

山田　俊　著

汲古書院

宋代道家思想史研究

目次

宋代道家思想史研究

はじめに

本著は、宋代の老荘関連文献を考察の対象とした論考を中心に整理したものである。第一篇を北宋期、第二篇を南宋期と区分しているが、より具体的に言うならば、朱熹以前と朱熹以後という区分である。もとより、当該時代の老荘関連文献を網羅的に扱ったものではない。網羅的と言う点では、近年、中国で陸続と発表されている老荘研究論著の多くが、対象を網羅的に取り上げて老荘注釈通史の様な形態を取るか、或いは「道」「有無」等のテーマに即して、様々な注釈から関連資料を引用して論じるという形態を取っているものを数えることが出来よう。これ等は確かに該当資料を渉猟した優れた研究成果であることは言うまでもないが、網羅的であるが故に、却って個々の資料の個別性が削ぎ落とされている様に思われる。本著では、この個別性の面をもう少し大事にしたいと考え、論者の関心を呼んだものを選んで取り上げ考察した結果となっている。しかし、ある程度の全体的見通しを立てる必要も感じたことから、それぞれの篇で個別検討に入る前に、第一篇では、北宋期の老荘思想全体を見渡す考察、第二篇では、『朱子語類』に見られる朱熹の老荘観に関する考察を行い、それぞれの時期に於いて論点となっている事項を浮かび上がらせる様に努めた。それが、「清淨（靜）」と「死灰・槁木」、世間性と出世間性、「無爲」と「有爲」等を巡る議論であり、又、南宋時期の「本然」と「氣質」の問題であったと思われる。

尚、蛇足ではあるが、第一篇の考察対象に王雱、呂惠卿、林疑獨が含まれ、所謂る「荊公新学」の人物に偏っているかの印象を読者諸氏に与えるかもしれない。しかし、これは、ある程度まとまった形で現存するこの時期の老荘注釈で、論者の関心を呼んだものを取り上げて考察した結果であり、当初より「荊公新学」を意識した訳ではない。しかし、結果としてのこの布陣が、当該時期の「荊公新学」の勢いを示していると言うことも出来よう。又、各章の検討は概ね対象人物の時代順に配列されているが、考察の都合上相前後している場合も有る。最後に、本著の論述中で、時には『老子』と言い、時には『道徳經』と言い、表現が不統一ではあるが、それぞれの文脈に即した使用に過ぎず、他意の有るものではないことを予めお断りしておく。

【凡例】

◇『道藏』、『大正新脩大藏經』所収文献の表記は以下の通りである。
・『道藏』は、藝文印書館印行本『正統道藏』を底本として用い、所収文献の巻数・葉数・表裏・行数は、「三巻・五葉表・二行」→「三／五表／二」、「五葉表・二行」→「五表／二」等と略した。
・『大正新脩大藏經』所収文献の冊数・頁数・段数は、「大正新脩大藏經第十一冊・五六六頁・中段」→「大正藏十一冊・五六六中」等と略した。

◇本書中で特に頻繁に使用した『道藏』所収老荘注釈の略称は以下の通りである。
・劉『集義』：劉惟永『道徳眞經集義』
・彭『集註』：彭耜『道徳眞經集註』
・無名氏『集註』：無名氏『道徳眞經集註』
・李『取善集』：李霖『道徳眞經取善集』
・褚『義海纂微』：褚伯秀『南華眞經義海纂微』

◇本書中で特に頻繁に使用した解題書、目録等は以下の通りである。
・『道藏提要』：任繼愈主編『道藏提要（修訂本）』（中國社會科學出版社、一九九一年）
・『道藏分類解題』：朱越利『道藏分類解題』（華夏社出版、一九九六年）
・『道藏通考』：Kristofer Schipper & Franciscus Verellen,道藏通考 *The Taoist Canon:A Historical Companion to the*

Daozang.The University of Chicago Press,2004.

・『宋代収蔵道書考』：Piet van der Loon., 宋代収蔵道書考 Oxford Oriental Institute Monographs No.7. IthcaPress,London,1984.

・『増注新修道蔵目録』：丁培仁『増注新修道蔵目録』（巴蜀書社、二〇〇七年）

・『郡齋讀書志校證』：孫猛校證『郡齋讀書志校證』（上海古籍出版社、一九九〇年）

・『直齋書録解題』：徐小蠻・顧美華點校『直齋書録解題』（上海古籍出版社、一九八七年）

◇本書中で『老子』『莊子』の本文を単独で使用する場合、以下のテクストを使用した。

・『老子』本文：樓宇烈校釋『老子道徳經注』（中華書局、二〇一一年）所収『老子』

・『莊子』本文：王先賢『新編諸子集成　莊子集解　莊子集解内篇補正』（中華書局、一九八七年）所収『莊子』

◇その他、本書中で頻繁に使用するテクストは以下のものを用いた。

・河上公注『老子』：王卡點校『老子道徳經河上公章句』（道教典籍選刊。中華書局、一九九三年）

・『二程集』：理学叢書『二程集』（中華書局、一九八一年）

・『朱子語類』：理学叢書『朱子語類』（中華書局、一九八六年）

・『朱子文集』：『四部叢刊初編』版『晦庵先生朱文公文集』

・『周易正義』『禮記注疏』『論語注疏』『孟子注疏』：『十三經注疏分段標點』（新文豐出版公司、二〇〇一年）所収

第一篇　北宋期老莊思想史

序章　北宋期老荘思想通覧

本著第一篇は北宋期の老荘思想に関る幾つかの文献を論じる。そこで、北宋老荘思想の個別検討に入る前に、北宋の人々がどの様な文脈で老荘思想に言及していたのかを通覧しておきたい。先ずは、この時期に老荘思想と関連して言及されることの多い「清淨（靜）」の語の使用状況を眺め、次いで、「老荘」と括られることが多いとは言え、その実、『老子』に言及することが圧倒的に多い状況を踏まえ、『老子』の受容状況を中心に見ていくことにする。(1)

一　「清淨（靜）」

北宋の様々な文献を見ると、道家思想と関連して「清淨（靜）」という語に言及することが極めて多いことに気付かされる。先ずは、その状況を時代順に見ていくことにする。

・范仲淹（九八九～一〇五二年）

昔老氏以觀妙虛極、棲眞渾元、握道樞而不測。譬龍而彌尊、孰可伺珠。長存慈儉之寶、全疑在沼、不離清淨之源（「老子猶龍賦」。『范仲淹全集』、十一頁。四川大學出版社、二〇〇二年）

ここでは、「老氏」の教えは「沼（＝世俗）の中に在るのかと疑われ」ながらも、その実は「清淨の『源《こんげん》』から離れるものではない」とされている。「老氏」と有るのは、「老子」及びその教えに従う者程度の意味であろう。冒頭に「昔」

と有るのは、後述する様に、本来は「老氏」の思想は「清淨」を根源とするものであったが、時代とともにその実態が変化してきたという意味を含むものと考えられる。又、

夫釋道之書、以眞常爲性、清淨爲宗。神而明之、存乎其人、智者尚難於言、而況於民乎。君子弗論者、非今理天下之道也。其徒繁穢、不可不約（「上執政書」。『同』、二一七頁）

ここでは、仏教は「眞常」を「性」とし、道家は「清淨」を「宗《むね》」とするものだとされ、道家を象徴する語として「清淨」の語が用いられている。そして、同文は「其天下寺觀、毎建殿塔、蠹民之費、動踰數萬」（「同」）と述べていることから、現実に問題とされている過度の寺観建設の件は、そうした姿勢からかけ離れていると理解されていることが分る。

・釋契嵩（一〇〇七〜一〇七二年）

昔唐明皇初引釋老之徒、以無爲見性、遂自清淨、從事於熏脩。故開元之間、天下大治三十年、蔚有貞觀之風、而天子之壽七十八歳、享國四十五載。是庸知非因佛法助其道徳如此也歟（「萬言書上仁宗皇帝」。『四部叢刊三編』版『鐔津文集』九／五表）

この一文に於いて、釋契嵩は「貞觀の治」の成功は仏教思想に由る所が大きかったと述べているのだが、「無爲見性」によって自ずと「清淨」を達成し、それによる教化を行うという、仏・道思想に依拠することで、唐・明皇は治世に成功したのだと理解していることが分る。即ち、統治思想としての積極的意義を「清淨」の語に見出しているのである。但し、「清淨」の語が道家に限定されていないことから分る様に、契嵩は、

某、佛氏也、其法業能與人正心、洗濯其煩亂、持本而寧中。…夫所謂心正者、非世之所謂正也。蓋事外清淨至正者也。心至正則神明、神明則氣和、氣和則體靜。順是四者以治其身、而心益治也（「上富相公書」。『同』一〇／八裏）

と、「清淨」の語を仏教に限定して心身を治める教えを象徴する語として用いている例も確認される。契嵩の場合、「清淨」の語は仏・道に共通する概念であることが分る。

・姚迪（熙寧初）

太上老君說常清淨經曰、老子曰、…人能常清靜、天地悉皆歸。夫人神好清而心擾之、人心好靜而欲牽之、常能遣其欲而心自靜、澄其心而神自清、自然六欲不生、三毒銷滅。所以不能者、爲心未澄、欲未遣也。能遣之者、内觀其心、心無其心。外觀其形、形無其形。遠觀其物、物無其物。三者既悟、唯見於空。觀空亦空、空無所空。所空既無、無無亦無。無無既無、湛然常寂。寂無所寂、欲豈能生。欲既不生、即是眞靜。眞靜應物、眞常得性。常應常靜、常清靜矣。如此清靜、漸入眞道。既入眞道、名爲得道。雖名得道、實無所得。爲化衆生、名爲得道。能悟之者、可得聖道（「東鎮安公行宮碑後序」。陳垣編纂『道家金石略』、二八〇頁。文物出版社、一九八八年）

姚迪の「後序」は、全体として仏教の空思想の影響が濃いものではあるが、その内容が『太上老君說常清淨經』という道教経典の名の下に論じられている。このこと自体が、「清淨」という概念が広く仏・道で共有されるものであることを窺わせ、又、『清淨經』という道典の受容状況を示しているとも言える。本著の随所で問題とすることになる事柄ではあるが、この「後序」の「人能常清淨…即是眞靜」までの部分では、心が「靜」となり欲望が消滅し、内外何れもが空となるという、所謂る主体の定立が述べられており、「眞靜應物」から末尾までの部分で、定立された主体を維持しながらの「應物」が述べられていると看做される。内的主体の定立と、それを踏まえた外界への対応、この二つを備えた状態が「常應常靜」としての「清靜（淨）」であると述べているのである。

・圓義遵式（一〇四二〜一一〇三年）

森羅萬象、一法印之、所謂心也。心也者、寂然幽邃、廓爾冲融。無滅無生、三際莫之能易。非大非小、十方不測其形。圓明獨曜而無方、清淨眞常而有在（「注肇論疏序」。『全宋文』第四十一冊、三五三頁。巴蜀書社、一九八八年）

圓義遵式のこの「序」は、「圓明」と「清淨」という二つの概念から仏教を論じたものである。「圓明」は「心」があらゆる事柄を明るく照らすその働きを象徴し、「清淨」は「心」が常住不変の真実の本性であることを示している。即ち、「清淨」は「圓明」という働きを起す主体を形容する語であると言える。

・岑象求（～約一一〇三年）

道家之書雖亦甚多、然老聃止有五千言、論道徳之意、固未嘗及神仙羽化之事。其他皆黄衣之徒浮淺誕妄、務以廣其衣食之源而已。是尤不足信者也。夫神仙羽化之事皆出於傳聞、天下之人固未嘗見也、安足信哉。…臣觀老子之大要、不過清靜無爲而已。老子言清靜無爲、則是與佛之圓通無着同大旨也。佛之言圓通無着、則是與孔子之寂然不動、感而遂通天下之故、同其大旨。其道既本於清靜無爲、圓通無着、則尚安俟於紛華外飾邪。…臣願陛下思周孔之格言、行堯舜之常道、體老子清靜無爲之理、而損宮觀章醮之繁儀、原釋氏圓通無着之意、而裁寺宇齋會之末節（元祐五年「上哲宗論佛老疏」。『宋代蜀文輯存』上・巻二十八、三九二頁。新文豐出版公司、一九七四年）

岑象求は「上哲宗論佛老疏」に於いて、寺観の建立や儀式のために無駄に国庫を食い潰している当時の道家者流を批判し、「黄衣の徒」「神仙羽化」とは区別されるべき「老子五千言」の思想は「清淨無爲」を本旨とするものであり、仏教の「圓通無着」、儒教の「感而遂通天下之故」と併せて、この三者は本質的に同じであると論じている。

この様に、「清淨（靜）」の語は道家思想に限定されず、仏教思想に於いても広く用いられていることが分るが、当面の問題事である道家思想に限って言うならば、道家思想を肯定的に表現する場合に用いられていることが確認出来る。それは岑象求「上哲宗論佛老疏」に顕著に現われている様に、所謂る神仙道教とは区別されるべきものとしての

「老子」が念頭に置かれたものである。つまり、一方で、神仙道教的なものに対する批判があり、それと峻別されるものとしての「老子」を軸とする道家思想を積極的に述べる場合に使われるのが、「清淨」の語であると考えられる。この点は、先に見た范仲淹「老子猶龍賦」が「昔」と限定して述べていた点にも見て取れるであろう。即ち、本来は「清淨」であったはずなのだ、という含みなのである。その点は、次の蘇軾の事例にも窺うことが出来る。

・蘇軾（一〇三六～一一〇一年）

始（曹）參爲齊相、召長老諸先生問所以安集百姓、而齊故諸儒以百數、言人人殊、參未知所定。聞膠西有蓋公、善治黄老言、使人請之。蓋公爲言治道、貴清淨而民自定、推此類具言之、參於是避正堂以舎蓋公、用其言而齊大治。其後以其所以治齊者治天下、天下至今稱賢焉（「蓋公堂記」。中國古典文學基本叢書『蘇軾文集』、三四六頁。中華書局、一九八六年）

蘇軾のこの文は、先ず、漢代の「曹參」と「蓋公」の事例に言及し、「黄老」の統治思想の本旨は「清淨」であり、それによって「民」が自然と治まることが目指されていたとし、その統治思想を評価している。特に、この「蓋公堂記」では、『老子』五十七章「我無爲而民自化、我好靜而民自正」に基づいた、上に居る者が「清淨」を尊ぶことで「民」が自《おの》ずと定」まることが積極的に言われていることに注意しておきたい。そして、蘇軾は「上清儲祥宮碑」でも次の様に述べる。

臣謹按道家者流、本出於黄帝・老子。其道以清淨無爲爲宗、以虛明應物爲用、以慈儉不爭爲行、合易何思何慮・論語仁者靜壽之説、如是而已。自秦漢以來、始用方士言、乃有飛仙變化之術、…下至於丹藥奇技符籙小數、皆歸於道家、學者不能必其有無。然臣嘗竊論之。黄帝・老子之道、本也。方士之言、末也。脩其本而末自應。…漢興、蓋公治黄・老、而曹參師其言、以謂治道貴清淨、而民自定（「上清儲祥宮碑」。『同』、五〇三頁）

道家の教えは本来「黄老」の教えであり、それは「以清淨無爲爲宗、以虚明應物爲用、以慈儉不爭爲行」という、「清淨」を根本とし、それと不可分な「虚明」の状態を維持しつつ外物に対応していくことを働きとし、「慈儉不爭」を具体的在り方とするものであった。それは、『易』『論語』の思想と矛盾するものではない。しかし、やがて、そこに「方士」の様々な要素、今日、一般的に道教と認識されている様な要素が加わり、それらをひっくるめて「道家」と呼ぶ様になり、本来の「清淨」の思想が見失われてしまったというのである。「蓋公」と「曹參」は、ここでも同様に「黄老」の「清淨」を尊び、その統治思想は「民の自定」であったとされ、これらが積極的に言われていることが分る。

・朱光庭（一〇三七～一〇九四年）

不幸三代既還、王道不振、黄老雜之於前、釋氏亂之於後。黄老之術主於清淨虚無、世惑猶淺、唯是釋氏最爲大惑、人無賢愚、皆被駈率（「請戒約傳習異端」。『四部叢刊初編』版『皇朝文鑒』六〇／一四裏）

朱光庭のこの文は仏教批判を目的とするものだが、「黄老」と「釋氏」を対比させ、「黄老」は「清淨虚無」であるから害悪はまだ浅いとしている。「黄老」を必ずしも認めている訳ではないものの、やはり「清淨」の語は肯定的意味合いを含んでいることが分る。

・蘇轍（一〇三九～一一一二年）

蘇轍は『老子』に対して比較的客観的な評価を下しているが、その「私試進士策問二十八首」には、

問、孔子與老子同時、孔子以禮樂教人、而老子以清淨無爲爲宗（「私試進士策問二十八首」。中國古典文學基本叢書『蘇轍集』、三六三頁。中華書局、一九九〇年）

と見られ、「老子」は「清淨無爲」を旨とするとされている。ここでは、孔子の「禮樂」と老子の「清淨無爲」とを区

別しているが、それは、同じく蘇轍の「策一道　御試制策」が道家と儒家のそれぞれの得失に言及し、

陛下深探儒・老之是非、而至於漢文・漢武治亂之際。臣聞老子之所以爲得者、清淨寡欲、而其失也、棄仁義、絶禮樂（「策一道　御試制策」。『同』、一三五七頁）

と、「老子」の教えの優れた点は「清淨」であり、欠点は「仁義禮樂」を否定した点であると述べていることから、欠点の有る「老子」でも、「清淨」の語はあくまでも「老子」を肯定的に評価する際に用いられていることが分るのである。(2)

以上、「清淨（靜）」という概念が、道家思想を積極的に表現する語として、北宋の諸文献で多く用いられていることを改めて確認することが出来たであろう。無論のこと、「清淨」の語が北宋期に入って初めて用いられる様になった訳ではない。しかしながら、北宋に於いて、「清淨」の語は道家思想、或いは道家思想に基づいた理想的な統治を象徴する語として好まれていたことが分るのである。(3)

さて、蘇軾・蘇轍の文に見られた「以清淨無爲爲宗、以虚明應物爲用」という表現は、「清淨無爲」と「虚明應物」という二つの事柄を述べているものである。後半部分が「以虚明應物爲用」と「用」の語が用いられていることから、前半部分の「以清淨無爲爲宗」に見られる「宗」とは、「用」に対するより本質的な、本体と見ることが出来るであろう。これらを人に即して言うならば、主体をどの様に定立した上で、外界の事物と関っていけばよいのかという問題となり、『老子』はそもそもそうした問題を論じているはずだ、という発言と看做すことが出来る。即ち、この二つの枠組みに即して受容される時、『老子』は積極的に評価することが出来るというのである。

二　北宋期に於ける『老子』の受容に就いて

（一）『老子』批判

しかしながら、北宋期に於いて『老子』は必ずしも全面的に歓迎されていた訳ではなく、『老子』に対する批判的発言も数多く見られる。次に、そうした事例を見ていく。

当時の『老子』批判としての典型が司馬光（一〇一九～一〇八六年）の「答韓秉國書」に見られる次の発言であろう。

凡曰虚、曰靜、曰定云者、如『大學』與荀卿之言、則得中而近道矣。如佛老之言、則失中而遠道矣。光所以不好佛老者、正謂其不得中道、可言而不可行故也。借使有人眞能獨居宴坐、屏物棄事、以求虚無寂滅、心如死灰、形如槁木、及有物欻然來感之、必未免出應之、則其喜怒哀樂未必皆能中節也。…則物雖輻湊横至、一以中待之、無有不中節者矣（「答韓秉國書」。『司馬光集』、一三〇七頁。四川大學出版社、二〇一〇年）

ここでは、「佛老」は「中道」から外れるものとして問題視され、その性質は「獨居宴坐、屏物棄事、以求虚無寂滅、心如死灰、形如槁木、及有物欻然來感之」と、通常は「虚無寂滅」として「死灰・槁木」の如く在ることを目指し、外物と関る必要が生じたならば慌ててそれに対処しようとするものだと批判されている。「佛老」が批判されなければならない理由は、たとえ「死灰・槁木」の如くなり得たとしても、外界の事物と接触すれば自ずとそれに対応せざるを得ないのにも関らず、外界の事物と関ることを想定していないため、事物と接触した時点で「喜怒哀樂」が「節」から外れることになるからである。即ち、「老」に限定して言うならば、「虚無寂滅」、「死灰・槁木」の如く在ることのみを目指す立場は、主体の定立としてはあるいは妥当なのかもしれないが、外界への対応という段階になると途端に問題が生じるというのである。同じく司馬光の「無爲贊貽和邢叔」も、

學黄老者、以心如死灰、形如槁木、爲無爲。迂叟以爲不然。作無爲讃（「無爲賛貽和邢叔」。『同』、一五一七頁）

と述べ、「黄老」を学ぶ者は「心・形」を「死灰・槁木」の如くして「無爲」を目指そうとしているが、それは誤った立場であり、真実の「無爲」とは、その様なものではない、としている。司馬光の老荘批判に関してしばしば言及される「論風俗劄子」の、

竊見近歳公卿大夫好爲高奇之論、喜誦老荘之言、流及科場、亦相習尚。…今之擧人、發言秉筆、先論性命、乃至流蕩忘返、遂入老荘。縦虚無之談、騁荒唐之辭、以此欺惑考官、獵取名第。…彼老荘棄仁義而絶禮學、非堯舜而薄周孔、死生不以爲憂、存亡不以爲患、乃匹夫獨行之私言、非國家教人之正術也（「論風俗劄子」。『同』、九七三頁）

「老荘」は「虚無」「荒唐」の言説であり、「仁義」「禮學」を否定し、「堯舜・周公」を軽んじ、従って、「國家」が人々を導く「正術」ではありえず現実的ではないというのも、同様の理解に立つものであろう。

次に、二程（一〇三二〜一〇八五、一〇三三〜一一〇七）の発言を見るならば、

子曰、學者以屏知見、息思慮爲道、不失於絶聖棄智、必流於坐禪入定。夫鑑之至明、則萬物畢照、鑑之常也、而奚爲使之不照乎。不能不與萬物接、則有感必應、知見不可屏、而思慮不可息也。欲無外誘之患、惟内有主而後可。主心者、主敬也。主敬者、主一也。不一、則二三矣。苟繋心於一事、則他事無自入、況於主敬乎（『二程集』、一一九一頁）

学ぶ者が「知見」を蔽い閉ざし、「思慮」を停止することを「道」と勘違いしてしまえば、それは『老子』の「絶聖棄智」に陥るか、或いは禅の「入定」に陥ってしまうと、禅と併せて「老子」を批判している。ここで批判されている「老子」の立場も司馬光の場合と同様であろう。「屏知見、息思慮」とは、ひたすら外界との関りを断とうとする立場として言及されているのである。「不能不與萬物接」と、現実的には外界の事物との関りを断つことが不可能である以上、「老子」の立場は非現実的と看做されることになる。二程は外界の事物との関りを断つことが出来ない以上、「感

應」は不可避であり、「内」側に確固たる「主」を定立した上で、外界の事物と関って行かざるを得ない、と述べているのである。「主一」の結果、「他事」が自ずと入らなくなるという、外界からの誘惑に惑わされない主体の定立という点のみに就いて言うならば、実は、批判の対象とされている老荘と二程の立場とではそれ程大きな違いは無いと思われる。二程が問題としているのは、老荘が主体の定立のみに偏っている点に在るのである。

最後に、蘇軾の例も見ておきたい。その「韓愈論」は次の様に述べている。

儒者之患、患在於論性、以爲喜怒哀樂皆出於情、而非性之所有。夫有喜有怒、而後有仁義、有哀有樂、而後有禮樂。以爲仁義禮樂皆出於情而非性、則是相率而叛聖人之教也。老子曰、能嬰兒乎。喜怒哀樂、苟不出乎性而出乎情、則是相率而爲老子之嬰兒也。儒者或曰、老、易、夫易豈老子之徒歟。而儒者至有以老子説易、則是離性以爲情者、其弊固至此也（「韓愈論」。『蘇軾文集』、一一四頁）

儒者の性論を批判し、「喜怒哀樂」が有るからこそ「仁義禮樂」が有り得るのであり、従って、その「喜怒哀樂」を「性」ではなく「情」から生れるものとして否定するのは誤りとし、それでは、まるで『老子』の「嬰兒」の説と同じとなってしまうとしている。「嬰兒」の説とは、『老子』第二十章に「我獨泊兮其未兆、如嬰兒之未孩。儽儽兮若無所歸」と見られる、「嬰兒」が笑うことが無いのに学べと述べているのを指す。ここでは、この様な感情を否定する姿勢を批判しているのである。これも同様に、「虛無」「死灰・槁木」の状態のみに偏ることを批判した立場と言えよう。蘇軾は、統治思想としての「清淨無爲」という点で「老子」を評価し、その結果としての「民の自定」を述べていたが、その一方で、主体の定立のみに偏る「死灰・槁木」に相当する立場は批判していることが分る。

（二）　『老子』肯定

次に、『老子』に対して肯定的評価を下している事例を確認しておきたい。その一部は既に「清淨」の概念として確認したが、改めてその他の事例も見ていくことにする。

再び司馬光だが、彼は自らも『老子』の注を撰しており、その発言に於いてしばしば『老子』を引用している。例えば、彼の『太玄』注を見ると、「初一、事無事、至無不事、測曰、事無事、以道行也」に注して、

光謂、一爲思始、心、精之源、萬事之本也。君子澄其源、正其本、則事無不治矣。老子曰、無爲而無不爲（新編諸子集成『太玄集注』、五十七頁。中華書局、一九九八年）

と述べ、「心」を「源」「本」とした上で、その「心」を澄ませれば、完全なる「治」へと至ることが出来るとする。それは『老子』の「無爲而無不爲」に相当すると言うのである。ここでは、先に見た彼の『老子』批判とは異なり、「君子」の理想的統治に関して『老子』に言及しているのである。又、「迂書・釋老」では、

或問、釋老有取乎。迂叟曰、有。或曰、何取。曰、釋取其空、老取其無爲自然。捨是無取也。或曰、空則人不爲善、無爲則人不可治、奈何。曰、非謂其然也。空取其無利欲之心、善則死而不朽、非空矣。無爲取其因任、治則一日萬機、有爲矣（「迂書・釋老」。『司馬光集』、一五一六頁）

『老子』の取るべき点としては「無爲自然」のみを挙げることが出来るが、この場合の「無爲自然」とは、状況に逆らわずそれに順応していく（「因任」）ことを意味し、それは、結果として万全なる統治をもたらす「有爲」へと繋がるものだとしている。ここには、司馬光自らが批判していた、ひたすら「死灰・槁木」に留まることを目指す立場とは異なるものとしての『老子』の解釈が有り得ることが示されている。

元豊元年（一〇七八年）撰書の釋文瑩『玉壺清話』には、

（道士蘇澄）隱對曰、王者養生異於是。老子曰、我無爲而民自化、我無欲而民自正。無爲無欲、凝神太和、黃帝、唐堯所以享國永圖、得此道也（『玉壺清話』。『全宋筆記』第一集第六冊、九十三頁。大象出版社、二〇〇三年）

と見られ、蘇澄隱の発言として、『老子』の「我無爲而民自化、我無欲而民自正」の言葉に、「王者」の「無爲」「無欲」という主体の定立と、それによる「民自化」「民自正」を経て国家統治へ至るという外界への対処との双方の可能性を見出していることが分る。

郭翕（熙寧年間）「重建伏犧皇帝廟三門記」は、

夫道立本於無、爲用於有、蓋可見者存乎用、用可見者存乎迹。迹者道之濟也、非道之本也。惟其以本求之、則至寂而無體。以用求之、則至虛而善應。以迹求之、則至利而無窮。所謂形而上下者是也。老子曰、無名天地之始。元胎未形、杳杳冥冥、遠之不可以名尋、近之不可以形詔、非探象先之原、則求知之難矣。絶於形器、梏於無爲、造之非心、理自冥化、此至寂而無體其可見也。經爲陰陽、合爲至精、鬱爲元氣、發爲造化、而萬物制命受形、以生死代謝、其所以鼓舞運動、雷風雪霜之威、日月水火之變、付有爲於六子、收無爲於功成、此至虛而善應又可見也。聖人既得至寂之本以誠己、復達至虛之用以成物、擴而充之、發越揮散、興至利於百千萬世而無窮泯者（「重建伏犧皇帝廟三門記」。『全宋文』第四十五冊、七七九頁）

「道」には「本」「用」「迹」の別が有り、「本」は「無」であり、「用」を為すと「有」となり、「用」の具体的現われが「迹」であり、それは「濟」であるとする。この「道」の在り方はそのまま「聖人」にも当てはまり、「聖人」は、先ず「至寂の本」の境地で己を「誠」にし、続いて「至虛の用」で万物を成し遂げ、そして万物を利していくのが「迹」であるとされている。「道」に等しい「聖人」は、主体の定立を踏まえて外界の事物へ対処していくという流れが『老子』に基づいて述べられていると言えよう。

以上の様に、『老子』に積極的に言及している事例を見るならば、主体の定立とそれを踏まえて外界へと対処していくという枠組みで述べられているが多いことに気付かされる。

　そもそも、こうした枠組み自体は特別なものではなく、又、所謂る道家・道教に限定されるものでもないであろう。例えば、周敦頤（一〇一七～一〇七三年）「養心亭説」が、

　孟子曰、養心莫善於寡欲。…予謂養心不止於寡焉而存耳。蓋寡焉以至於無。無則誠立、明通。誠立、賢也。明通、聖也。是聖賢非性生、必養心而至之。養心之善有大焉如此、存乎其人而已（「養心亭説」。理學叢書『周敦頤集』、五〇頁。中華書局、一九九〇年）

と述べ、「寡欲」から「無」へと至り、「無」による主体の定立が、「誠」「明」というある種の働きを生み出し、それが「賢」「聖」へと至る、と述べているのにも同じ傾向を窺うことが出来る。一旦は「寡欲」「無」というレベルに至ってから、明確な作用を備えた「聖・賢」へと展開していくのである。周敦頤のこうした立場に就いては、第二篇で南宋の范應元を扱う時に改めて触れてみたい。又、陳襄（一〇一七～一〇八〇年）「端明殿學士翰林院侍讀學士尚書吏部郎中知許州韓維」は、

　器質方重、學亦醇正。知盡心性理之説、得道於内、則可以應物於外矣（「端明殿學士翰林院侍讀學士尚書吏部郎中知許州韓維」。『四庫全書』版『古靈集』一／一裏）

と述べ、「内」に「道」を得て初めて「外」の「物」に「應」じていくことが可能となると述べ、同じく陳襄の「赴召修注上殿劄子」は、

　其始也、在於博學以盡其心、盡心以明其善、明善以持其志、持志以養其氣、養氣以充其體。誠至於高明博厚而不息也、然後能定。明至於廣大精微而不惑也、然後能應。能定能應、則七情者不能僞、而五事者無所不至矣（「赴召修注上殿劄子」。『同』五／三表）

と、「博学」→「盡心」→「明善」→「持志」→「養氣」→「充體」という順を言い、そして、「誠」による「定」

の確立の後に、「明」に基づいた「應」へと展開していくという、「定」↓「應」の順が言われている。

曾鞏（一〇一九～一〇八三年）「清心亭記」は、

若夫極天下之知、以窮天下之理、於夫性之在我者、能盡之、命之在彼者、能安之、則萬物之自外至者、安能類我哉。此君子之所以虛其心也、萬物不能累我矣。而應乎萬物、與民同其吉凶者、亦未嘗廢也。於是有法誡之設、邪僻之防、此君子之齋其心也。虛其心者、極乎精微、所以入神也。齋其心者、由乎中庸、所以致用也。然則君子之欲修其身、治其國家天下者、可知矣（「清心亭記」。中國古典文學基本叢書『曾鞏集』、二九六頁。中華書局、一九九八年）

と述べ、「虛心」によって外物に動揺されることのない主体を定立し、その後、「應物」「致用」への展開を述べている。これが「修身、治國家天下」なのである。但し、同じく曾鞏の「熙寧轉對疏」は、

誠能磨礱長養、至於有以自得、則天下之事在於理者、未有不能盡也。能盡天下之理、則天下之事物接於我者、無以累其內、天下之以言語接於我者、無以蔽其外。夫然則循理而已矣、邪情之所不能入也。從善而已矣、邪説之所不能亂也。…夫能使事物之接於我者不能累其內、所以治內也。言語之接於我者不能蔽其外、所以應外也。有以治內、此所以成德化也。有以應外、此所以成法度也（「熙寧轉對疏」。『同』、四三四頁）

と述べており、「長養」↓「自得」↓「盡理」↓「事物不累內」「言語不蔽外」と述べた上で、「自得」の結果「理」を得られれば、內外がどちらも塞がることは無いと有り、內・外が同時に修められるとする例も見られる。

最後に、王安石（一〇二一～一〇八六年）だが、その『字説』は、

無時也、無物也、則無始。始聽於事則聽、思聽於道則聽忽矣。思出思、不思則思出於不思。若是者、其心未嘗動出也。故心在內（張宗祥輯録・曹錦炎點校『王安石「字説」輯』、七頁。福建人民出版社、二〇〇五年）

と、「內」に在って動き出すことのない「心」の重要性が述べられ、そして、こうした「無」の性質を持つ「心」に依拠して、

三曰咸陟者。以心咸物爲感、無心感物爲咸。咸則以虚受物、因時乗理、無所偏係。陟之爲言升也。升則無所拘滞焉。則其夢非干於思慮、非因於事焉、一出於自然而已（『同』、七十六頁）

と、「無心」に依って「感物」し、「虚」に依って「受物」するという考えが見られる。(4)

こうした事例を見るならば、「無」「虚」等という語に代表される在り方で、先ず現象に動揺されることのない主体を内的に定立し、その上で、外界の様々な事物に対処し、現実的な活動へと展開していくという考え方が北宋の文献には散見していることが分る。思想史的には無論この時期になって初めて見られる事柄ではないが、この時期の様々な文脈で述べられている一般的事柄であることが分る。こうした状況を踏まえた上で、この時期に見られる『老子』批判の意味を考えるならば、『老子』の思想を解釈する際に、内的主体の定立のみに凝り固まり、外界への対処へと展開する現実的な姿勢を見出そうとしない解釈が批判されていると考えられよう。逆に、「清淨」の語を軸に『老子』を肯定評価していた者達は、『老子』の言葉の中に、内外どちらにも十分に対応し得る思想が含まれていると見做していたと言えよう。

この様に考える時、北宋の人々が「死灰・槁木」等として批判していた老荘思想が、具体的にはどの様な思想を念頭に置いていたのか、その点を次に確認しておきたい。

「死灰・槁木」の語が一般的著述で多く用いられるのは近世以降に属する様であり、それ以前の文献となると意外と用例が少ない。近世以前の道家文献で「死灰・槁木」に言及するものとなれば、やはり『荘子』を挙げるべきであろう。『荘子』には、

南郭子綦隱机而坐、仰天而噓、荅焉似喪其耦。顔成子游立侍乎前、曰、何居乎。形固可使如槁木、而心固可使如死灰乎。今之隱机者、非昔之隱机者也。子綦曰、偃、不亦善乎、而問之也。今者吾喪我、汝知之乎（新編諸子集成『荘子集釋』「齊物論」、四十三頁。中華書局、一九八五年）

と見られ、「耦《つれあい》」に先立たれたかの様なうつろな様が「形」は「槁木」の如く、「心」は「死灰」の如くであると言われているが、それは「喪我」の境地に他ならないとされている。これを踏まえて「徐無鬼」では、

南伯子綦隠几而坐、仰天而嘘。顔成子入見曰、夫子、物之尤也、形固可使若槁骸、心固可使若死灰乎（『同』「徐無鬼」、八四八頁）

と、「物の尤」と、最も優れた在り方として、「形固可使若槁骸、心固可使若死灰」が言われ、又、

形若槁骸、心若死灰、眞其實知、不以故自持。媒媒晦晦、無心而不可與謀。彼何人哉（『同』「知北遊」、七三八頁）

と、俗世に対して「無心」であることが「形若槁骸、心若死灰」と表現され、又、

兒子動不知所爲、行不知所之、身若槁木之枝而心若死灰。若是者、禍亦不至、福亦不來、禍福無有、惡有人災（『同』「庚桑楚」、七九〇頁）

と、「禍福」という相対に捉われない在り方が「身若槁木之枝而心若死灰」と言われている。つまり、『荘子』では、俗世や相対的差異などから自由となった様が、これらの語で表現されていると言えよう。

次に郭象の注を見るならば、

死灰槁木。取其寂莫無情耳。夫任自然而忘是非者、其體中獨任天眞而已。又何所有哉。故止若立槁木、動若運槁枝、坐若死灰、行若游塵。動止之容、吾所不能一也。其於無心而自得、吾所不能二也（『同』「齊物論」注、四十四頁）

と、「死灰槁木」とは、「寂莫無情」の様であるとされ、それは、「自然」に任せて「是非」を忘れ、自分自身の本来の在り方である「天眞」に任せる状態であるとされる。「庚桑楚」注では、

禍福生於失得、人災由於愛惡。今槁木死灰、無情之至、則愛惡失得、無自而來（『同』「庚桑楚」注、七九一頁）

と、やはり「槁木死灰」は「無情」であり、それは、「愛惡」「得失」という相対的違いから解放された境地を示して

いる。郭象注では、自身の本来の在り方に忠実であり、相対的差異から自由となっている状態をこれらの語が表現していると言える。

成玄英の『荘子』疏は頻繁に「死灰・槁木」の語を用いている。主要なものを見るならば、

夫達理聖人、冥心會道、故能懷藏物我、包括是非、枯木死灰、曾無分別矣（『同』「齊物論」疏、八十六頁）

ここでは「達理の聖人」は「是非」等に対して「無分別」であるが故に「心」の働きをやめて「道」と一体となるとされ、それが「枯木死灰」であると言われている。又、

苟不能形同槁木、心若死灰、則雖容儀端拱、而精神馳騖、可謂形坐而心馳者也（『同』「人間世」疏、一五一頁）

ここでは、「死灰・槁木」が不可能であれば、「精神は馳騖」してしまうと有り、「死灰・槁木」とは「精神」が外に「馳騖」しない在り方を意味していることが分る。同様なことは、

外則離析於形體、一一虛假、此解墮肢體也。内則除去心識、悗然無知、此解黜聰明也。既而枯木死灰、冥同大道、如此之益、謂之坐忘也（『同』「大宗師」疏、二八五頁）

と、「形體」の一つ一つが仮のものに過ぎないと知り、「心識」の働きを取り除いて「無知」の如くあること、それが「枯木死灰」であり、この様であれば「道」と一体となれるとされている。又、

夫聖人之所以虛靜者、直形同槁木、心若死灰、亦不知靜之故靜也。若以靜爲善美而有情於爲靜者、斯則有時而動矣（『同』「天道」疏、四五九頁）

と、「聖人」が「虛靜」であるのは、「虛靜」であることに対しても無執着でなければならない。その無執着が「形同槁木、心若死灰」であるとされている。最後に、

弘敞虛容、忘知絶慮、故形同槁木、心若死灰、逍遙無爲、且吟且詠也（『同』「天運」疏、五〇七頁）

ここでは「忘知絶慮」が「形同槁木、心若死灰」であり、それは「無爲」の境地であるとされている。

この様に、成玄英の場合は、一切の思慮・分別を取り去り、「道」と一体となった境地を示す語として「死灰・槁木」が言われていることが分り、特に注意すべきは、「精神」が外界に対して無闇に働きかけないこととして用いられている点であろう。(5)

恐らくは、こうした成玄英の立場を踏まえるものと思われるが、五代・杜光庭の『道徳眞經廣聖義』(『道藏』所収)は、

眞實者、契道之謂也。坐忘遺照者、安坐忘身之謂也。外忘萬境、内息一心、心若死灰、形如槁木、不知肢體之有、不知視聽之用、隳肢體、黜聰明、遺形去智、以至於大通、通無不通、汎然無主、此達人之忘心也(第十三章「及吾無身吾有何患」。『道徳眞經廣聖義』一三／八表／四)

と述べ、「内」にその「心」の働きを止め、「外」の世界が存在しないかの様に対処する、即ち、外界に対する心の働きかけを停止した状態が、「心若死灰、形如槁木」であると言われている。即ち、『荘子』と郭象注の相対的差異に捉われないことを意味する「死灰・槁木」の語に対し、成玄英はそうした立場を継承しつつも、外界に対する心の働きかけ、思慮、分別を停止すること、外に対して心を馳せることを停止することとして、これらの語を用いていたことが分る。

この様に見るならば、北宋の人々が「死灰・槁木」であるとして批判していた『老子』の立場とは、恐らくは、成玄英の『荘子』疏に代表される様な、唐以前の理解を念頭に置いたものと考えられる。

さて、最後に『老子』に対して一方で批判的発言をしつつも、その一方で注釈を撰している司馬光と王安石の例を再度確認して、本章を終えたいと思う。

司馬光は『太玄』の「次二、正其腹、引其背、酋貞。測曰、正其腹、中心定也」に注を附し、

光謂、若先正其内以引其外、則不相乖戻、而皆就正矣。是故君子正心以待物、修身以化人、齊家以刑國、治國以

平天下（『太玄集注』、一六頁）

と述べ、君子個人の「正心」→「待物」という内から外へという展開は、「修身」→「化人」という修己から修他という展開と同じであるとし、それを『大學』と関連付けている。又、『法言』の「善其謀而後動、成道也」に対して、

光曰、先成己道、然後接物（『四庫全書』版『揚子法言』二／一二裏）

と述べ、内なる「道」を定立してから「物」と接していく、という発想がやはり見られる。こうした考え方が彼の『老子』注釈である『道徳眞經論』（『道藏』所収）の内容とどの様に関るのかを確認しておきたい。

第二章「萬物作焉、而不辭」注では、

心之出也、物或未之。物至而應、無所辭拒（第二章「萬物作焉、而不辭」注。『道徳眞經論』一／二裏／一）

と述べ、「心」が外に向かって行く最初の段階では、まだ「物」と「心」とは関らないが、一旦「物」が「心」と関りを持ち、「心」がそれに反応する段階になると、「心」は「物」との関りを拒否することは出来なくなる。即ち、この世界に存在している以上、「心」が「物」と関るのは避けられない。現実的問題への対処は避けて通ることは出来ないのである。そこで、「生而不有」の注では、

存養萬物、而不取以爲己有（第二章「生而不有」注。『同』一／二裏／二）

と、「萬物を存養し」、個物の存在を否定することなく、且つ、「取りて以て己が有となさず」と、それが自己の所有物であるかの様に固執することを避ける必要が生じてくるのである。この様に「有」との関りを避ける事が出来ないのは「聖人」も同様であり、「爲而不恃」の注では、

聖人於天下、不能全無所爲。但不恃之以爲己力耳（第二章「爲而不恃」注。『同』一／二裏／三）

と、「天下」に存在する以上、「聖人」も又完全な「無所爲」ではいられない。従って、自己の行為に執着せず、それを「己の力」として執着しないようにしなければならないとされている。

この「有」の次元を否定しない立場は、『老子』が社会的道徳観念を批判する部分に対する司馬光の解釈とも関るものである。第三章の「不尚賢、使民不爭」の注で、

賢之不可不尚、人皆知之。至其末流之弊、則爭名而長亂。故老子矯之、欲人尚其實、不尚其名也（第三章「不尚賢、使民不爭」注。『同』一／二裏／七）

と、「賢人」そのものは尊ぶべきだが、「賢人」という「名」に執着するのではなく、その「實」を尊ぶべきであると解釈しているのも同様の立場と言える。又、第十八章「大道廢有仁義」の注では、

道者涵仁義以爲體、行之以誠。不形於外。故道之行、則仁義隱。道之廢、則仁義彰（第十八章「大道廢有仁義」注。『同』一／八表／五）

と述べ、「道」はそもそも「仁義」を本体とし、それを実践する際は「誠」となって現われる。「仁義」は本体であるため、「道」が作用として機能している時点では、本体である「仁義」は表に現われることは無い。「道」がその働きをやめた時、「仁義」が表面化するのである。「仁義」は「道」の本体であるが、作用を止めた時、はじめてその本体である「仁義」へと立ち戻る、その点を「大道廢有仁義」と表現したのであり、「仁義」そのものを否定している訳ではないと解釈している。「道」を本体とする解釈が一般的である中で、かなり特殊な解釈であると言える。又、第十九章「絶聖棄智、民利百倍」の注では、

聖智所以利民也。至其末流之弊、乃或假聖智以害民。故老子矯之云爾（第十九章「絶聖棄智、民利百倍」注。『同』一／八裏／二）

と述べ、「聖智」そのものは本来「民を利」するものであるのにも関らず、「末流の弊」が「聖智」の名を借りて「民を害」していたから、『老子』はこの様に述べたのだと解釈している。「聖智」自体を『老子』が否定している訳ではなく、その用い方の誤りを指摘したに過ぎないとする。続く第十九章「絶仁棄義、民復孝慈」の注では、

孝慈、仁義之本也（第十九章「絶仁棄義、民復孝慈」『同』注。一／八裏／四）

と述べ、先の第十八章注では、「仁義」が「道」の「本」とされ、ここでは「孝慈」が「仁義の本」とされており、やや整合性に欠けるが、「孝慈」が「仁義の本」であるので、作用である「仁義」を止め、「本」へと収斂した時、本体である「孝慈」が顕現すると、本体論で解釈している点は同じである。そして、第十九章「絶巧棄利、盗賊無有」の注には、

巧於利民、聖智之本心也。盗賊乃竊巧以利己（第十九章「絶巧棄利、盗賊無有」『同』注。一／八裏／五）

と有り、「巧」によって「民を利」することが、「聖人」の「智慧」の「本心」であるのだが、「盗賊」は「巧」によって「己を利」することを望むため、この様に表現するのだとしている。これも「聖智」の場合と同様の解釈である。(6)

こうした事例を見るならば、司馬光は『老子』が述べる内容を何れも肯定的に解釈していることが分る。従って、司馬光が一方で『老子』に否定的に言及していたのは、『老子』そのものと言うよりは、『老子』の内容を表面的にしか解釈していない立場、或いは、そうした表面的解釈に依拠した従来の論説に批判的であったということになろう。

王安石の場合、『莊子』に対しては比較的好意的である。例えば、「莊周上」は、世を正そうとする意志を持っていた点で、「莊子」は儒教の聖人と同じであるものの、その「矯正」の仕方が、過度に走り過ぎていたのが拙かったのだと評価している。(7)又、「答陳梠書」では、

莊生之書、其通性命之部分、而不以死生禍福累其心、此其近聖人也。自非明智、不能及此（「答陳梠書」。『王荊公文集箋注』、一三八三頁。巴蜀書社、二〇〇五年）

と述べ、『莊子』が「性命」を論じ、禍福によってその心を惑わされない事を述べた箇所は「聖人」の立場に近いものだと評価している。

一方、『老子』に対しては、「老子」では、「無」は「有」を前提とした「無」でなければならないことを述べ、「有」

の否定の上に成り立つ「無」は「用」とはなりえないことを述べている。[8] 又、「答王深甫書」では、「己を正す」ことはするものの「物を正す」ことをせず、「物」が「自正」するに任せようとするのは「治人の道」を欠くものであると、「老莊」の立場を批判している。[9] ここでは『莊子』も併せて批判されているが、実の所は『老子』批判であると言えよう。先に蘇軾の例に「民の自定」を積極的に述べる例を見たが、王安石は、逆にそれでは外界に働きかける視線が欠けていると批判するのである。又、「禮樂論」では、

聖人之道得諸己、縱容人事之間、而不離其類焉。浮屠直空窮苦、絶山林之間、然後足以善其身而已（「禮樂論」。『同』、一〇三七頁）

と、仏教は「人事の間」を離れ、「山林の間」に隠棲することを目指していると批判し、真実の学問は先ず「己」に得てから「人事の間」へと広げていくものでなければならない、としている。これは、「無」の裏付けを持って「有」へと展開していくことに意味を見出す立場と一貫するものであろう。「物」が「自正」するに任せていてはだめなのであり、積極的に「正物」しなければならないのである。即ち、「虛」「無」などに執着して内的世界の定立のみに閉じこもり、外界への対応を等閑視する点を批判していると考えられる。

次に、王安石の『道德經』に対する見解を、彼の『道德經』注佚文を材料に見ておきたい。

先ず、「有無」に就いてだが、第一章「故常無欲、以觀其妙。常有欲、以觀其徼」に対する『全義』を見ると、

全義。道一也。而爲説有二。所謂二者何也。有無、是也。無則道之本、而所謂妙者也。有則道之末、所謂徼者也。故道之本出於沖虛杳眇之際。而其末也、散於形名度數之間。是二者其爲道一也。而世之蔽者常以爲異、何也。蓋沖虛杳眇者常存於無、而言形名度數者常存乎有。有無不能以並存。此所以蔽而不能自全也。夫無者名天地之始、而有者名萬物母。此爲名則異、而未嘗不相爲用也。蓋有無者、若東西之相反、而不可以相無。故非有則無以見無、而無無則無以出有。有無之變更出迭入、而未離乎道。此則聖人之所謂神者矣。易曰無思也無爲也、寂然不動、感

而遂通天下之故、此之謂也。蓋昔之聖人、常以其無思無爲以觀其妙、常以感而遂通天下之故、以觀其徼。徼妙並得而無所偏取也。則非至神、其孰能與於此哉。然則聖人之道、亦可見矣。觀其妙、所以窮神、觀其徼、所以知化。窮神知化、則天地之道、有復加乎（第一章「故常無欲、以觀其妙。常有欲、以觀其徼」注。劉惟永『道德眞經集義』一／一九裏／二）

「道」は唯一の存在であるが、それを説明する際には「有」「無」の二つの側面を必要とする。「無」は「道の本」であり「妙」、「有」は「道の末」であり「徼」である。この「無」「有」両者は本来は「道」として一体不可分であるが、「世の蔽者」は「有」「無」が並立し得ないことから、両者を別物としてしまう。しかし、「有」「無」は「東・西」の様なものであり、「有」があるからこそ「無」が有り、「有」「無」は互いに変化出入しつつも「道」を離れることはないのである。この「有」「無」の相即を「聖人」という立場から言えば、「聖人」が『易』の「無思無爲」の状態で「寂然不動」として物事の本質である「妙」を観るのと、万物の「應」に対して「感」という作用を起して「天下の故に通じ」ることでその「徼」を観る、この二つの側面に相当する。従って、「妙」と「徼」のどちらかに偏ってはならないのである。その「妙」に「聖人」の「道」の「窮神」の立場を見ることが出来、「徼」にはその「知化」の側面を知ることが出来るのである。ここでは、「妙」と「徼」とを「道」の「本」と「末」とに配するものの、「末」を消極的に否定するのではなく、「相爲用也」と相互に「用」となると解釈している点が重要である(10)。

第十一章の「三十輻共一轂、當其無、有車之用。…故有之以爲利、無之以爲用」の注では、

三十輻共一轂至無之以爲用。道有本末。本者萬物之所生也。末者萬物之所以成也。本者出之自然、不假乎人之力而萬物之所生也。末者涉乎形器、故待人力而後萬物以成也。夫其不假人之力而萬物以生、則是人可以無言也、無爲也。至乎有待乎人力而萬物以成、則是聖人之所以不能無言也、無爲也。故昔之聖人之在上而萬物爲己任者、必

四術焉。禮樂刑政、是也。所以成萬物者也。故聖人惟務修其成萬物者、不言其生萬物者。蓋生尸之自然、非人力之所得與矣。老子者獨不然。以爲涉乎形器者、皆不足言也、不足爲也。故大抵去禮樂刑政而惟道之稱焉。是不察於理而務高之過也。夫道之自然者、又何預乎。惟其涉形器、是以必待於人之言也、人之爲也。其書曰、三十輻共一轂、當其無、有車之用。夫轂輻之用、故在於車之無用、然工之斲削、未嘗及於無者、蓋無出於自然、人之力可以無與也。今之治車者、知治其轂輻而未嘗及於無也。然而車以成者、蓋轂輻具、則亦必爲用矣。如其知無之爲用、而不治轂輻、固已踈矣。今知無之爲車用、無之爲天下用。然不知所以爲用也。故無之所以爲車用者、以其有轂輻也。無之所以爲天下者、以有禮樂刑政也。如其廢轂輻於車、廢禮樂刑政於天下、而坐求無之爲用也。則近於愚矣

（第十一章「三十輻共一轂…無之以爲用」注。『同』一七／一〇裏／五）

と述べ、「道」に「本」と「末」とを設定し、前者は「人力」の及ばないもの、後者は及ぶものとする。しかし、『老子』は、『形器』に関るものは信ずるに足らず、為すに足らず、従って、老子は大いに『礼楽刑政』を退けることを『道』と称したのだ」として、『老子』を批判している。そもそも「轂輻」の働きは「車の無用」に存在するが、「工」人がそれを削りながら、「無」に一度も説き及ばないのは、「無」は「自然」に基づくもので、「人力」では如何ともし難いものだからである。昨今の車を治める者は「轂輻」を治めることを知りながら、一度も「無」に及んだことはない。けれども、「車」の成る所以は「轂輻」が備わっていることにあるのであり、それは必ず「用」をなすものである。もし、「無」が「用」であることを知りながら、「轂輻」を治めないのであれば、もとよりそれは「踈」である。今の者は、「無」が「車」の「用」であることを知り、「無」が「天下の用」であることを知るものの、何故「用」であるのかを知らない。「無」が「車の用」となる理由は、「轂輻」が有るからに他ならない。「無」が「天下」を治める手段となりうるのは、「禮樂刑政」が有るからである。もし、「車」の「轂輻」を廃止し、「天下」の「禮樂刑政」を廃止して、「無」の「用」を求めようとしても、それは愚行でしかない。即ち、「有」を廃止しては「無」は存在しえない、

という、「有無」の相即の立場が主張されているのである。ここにも積極的に統治・教化行為に打って出るべきであるとの彼の立場を見ることが出来よう。

以上、北宋諸人の著述を材料に、老荘道家を取り巻く状況を眺めて来た。以上の見通しに誤りが無いとするならば、当時、否定的に扱われていた老荘の立場は、「死灰・槁木」に代表される、外界との関りを断ち、ひたすら主体の定立のみに専念しようとする立場であったと言え、一方で、「清淨無爲」を軸としつつ、「虛明應物」という働きでもって統治することも視野に入れたもの、即ち、主体の定立を踏まえて外界へ展開することも視野に入れた老荘思想が有り、それは積極的に評価されていたことが分った。[11] そして、又、「死灰・槁木」として批判されていた老荘思想の性格は成玄英『莊子』疏に代表される様な立場であったことも確認出来たと言えよう。

内的主体の定立と外界への対応、この双方を備えていると見なす立場から内的定立を表現したのが「清淨無爲」であり、外界への対応が欠落し、内的定立のみに偏っていて不十分であると見なす立場から内的定立を表現したものが、「死灰・槁木」であったのである。即ち、外界の事物に左右されない内的主体の定立と、その上で、外界に対して働きかけていくのかどうか、この二つが重要事項として認識されていたことが分る。しかし、主張・批判の何れの立場に立つにしても、外界の事物はそのままでは、我々の主体にとっては本質的なものとは程遠い、という認識がこの時期には見られることになろう。主体の定立と外界への対応、この二点を念頭に置きつつ、以下の個別検討に入って行くことにしたい。

注

（1）　本著の論旨とは必ずしも一致しないが、宋代の老荘思想史を通覧した近年の研究としては、熊鐵基・馬良懷・劉韶軍著『中國老學史』「第六章　宋元時期的老學」（福建人民出版社、一九九七年）、江淑君『宋代老子學詮解的義理向度』（台灣學生書局、二〇一〇年）、劉固盛『宋元老學研究』「第二章　宋元老學的傳衍與發展」（巴蜀書社、二〇〇一年）、尹志華『北宋「老子」注研究』「第一章　緒論」（巴蜀書社、二〇〇四年）等を挙げることが出来る。これらは何れも詳細な研究成果ではあるが、通史的記述を目指したものであるか、或いは、細かく分断された議論に入っているため、個々の注釈の性格が見えにくくなっている感が有る。その他には、劉固盛・蕭海燕「宋元莊學文獻提要及其詮釋特點」（陳鼓應主編『道家文化研究』第二十五輯「莊子研究專號」所収。三聯書店、二〇一〇年）が、宋・元の『莊子』注釈及び関連文献を列挙し、代表的なものに解題を付けている。

（2）佐藤錬太郎「蘇轍『老子解』と李贄『老子解』」（『東方學會創立五十年記念　東方學論集』所収。財團法人東方學會、一九九七年）は、『老子』は本体としての道徳には言及するが、具体的現象作用としての仁義礼智には言及していないと蘇轍は考えていたと述べ、その一方で、『老子』は根本的に仁義礼智を否定してはいないのだ、と蘇轍は看做していたと指摘している。しかし、佐藤論文が引く資料（六八〇頁）は孔・老それぞれの特徴を述べたものであり、やむを得ない状況から『老子』は仁義礼智を否定したのだが、それでも、否定したことはやはり『老子』の瑕疵であると、蘇轍は看做していたと思われる。

（3）北宋思想に於ける「清淨（静）」に就いては、竺沙雅章『独裁君主の登場◎宋の太祖と太宗』（清水書院、一九八四年）、趙宗誠「北宋諸帝與道教」（『宗教學研究』一九九二年一・二期、一九九二年）等に簡単な指摘が有る。

（4）『字説』に釈老の影響が見られる点に就いては、井澤耕一「王安石鍾山隱棲考—信仰・著述・交遊から見た王安石の晩年—」（『中国思想における身體・自然・信仰—坂出祥伸先生退休記念論集』所収。東方書店、二〇〇四年）、同氏「王安石学派の興隆と衰退」（『日本中國學會報』第五十六集。二〇〇四年）、劉成國『荊公新學研究』（八十八頁以下。上海古籍出版社、二〇〇六年）等に指摘が有る。

（5）但し、成玄英に就いて注意すべきは、「聖人形同枯木、心若死灰、本迹一時、動寂倶妙、凝照潛通、虛懷利物」（『同』、三〇頁）では、「聖人」の「形同枯木、心若死灰」という在り方は「本迹」「動寂」を一体とした境地であるとされ、「潛通」「利物」という語に、外界に対する働きかけをも含ませた用例が確認出来ることである。しかし、こうした例は少ない。

（6）又、第三十八章「夫禮者忠信之薄、而亂之首」の注には、「忠信、禮之本也。守其文、忘其本、則巧僞横生矣」（『道徳眞經論』三／一裏／四）と有り、「忠信」こそが「禮の本」であるとし、その「忠信」を忘れ、表面的な「禮」の「文」のみに固執することで、混乱が生じるのだとしている。この様な理解がある以上、『老子』では通常は否定的に扱われている「禮樂刑政」等についても、第五十二章「既得其母以知其子」に対する注で、「因道以立禮樂刑政」（『同』三／六表／三）と述べ、「禮樂刑政」は「道」に依拠するものとして評価している。肝要なのは、「既知其子、復守其母、沒身不殆」の注に、「不可忘本棄道」（『同』三／六表／四）と有る様に、「本」「道」を見失わないことなのである。

（7）「然則莊子豈非有意於天下之弊而存聖人之道乎。伯夷之清・柳下惠之和、皆有矯於天下者也。莊子用其心、亦二聖之徒矣。然而莊子之言不得不爲邪説比者、蓋其矯之過矣」（「莊周上」。『王荊公文集箋注』、一〇八五頁。巴蜀書社、二〇〇五年）

（8）「今知無之車用、無之爲天下用、然不知所以爲用也。故無之所以爲車用者、以有轂輻也。無之所以爲天下用者、以有禮樂刑政也。如其廢轂輻於車、廢禮樂刑政於天下、而坐求其無之爲用者也、則亦近於愚矣」（「老子」。『王荊公文集箋注』、一〇八三頁）。尚、王安石の「無・有」論と、『老子』批判に就いては、注（1）熊氏等著「第六章第三節　王安石的老子論」に「有無の統一」「聖人有爲有言」に就いての言及が見られる（三〇九頁以下）。又、尹志華「王安石的『老子』注探微」（『江西社會科學』二〇〇二年第十一期、二〇〇二年）、同氏『北宋「老子」注研究』は、王安石は「無」を本体、「有」を作用とし、両者は対立するが依存しあい、従って、「無」は「有」から離れて独立存在することはないと指摘する（七十九、八十六、九十二頁）。井澤耕一「王安石『老子』注初探」（関西大学『中国文学会紀要』第一五巻、一九九四年）も、有無の相互依存、本末の同価値性について言及している。又、漆侠『宋學的發展和演變』「第三編第十章　荊公學派與辯證法哲學」（三三四頁以下。河北人民出版社、二〇〇二年）にも言及が有る。

（9）「某以謂期於正己而不期於正物、是以使萬物自正焉、是無治人之道也。無治人之道者、是老莊之爲也」（「答王深甫書」。『王荊公文集箋注』、一二一二頁）。

（10）一方『雜説』でも、「常無欲至觀其徼。道之本出於無、故常無所以自觀其妙。道之用常歸於有、故常有得以自觀其徼」（劉惟永『道德眞經集義』一／一八裏／一〇）と、「無」である「道の本」に基づいて「妙」を観、「有」である「道の用」に帰って「徼」を観ると、『全義』とほぼ同様の理解を示す。尚、この立場は、王雱の老荘解釈でも同様に見られるものである。本著「第一篇第六章　王雱の老莊解釈について」を参照。

（11）蘇軾にも、一旦「無我」の境地に立ち戻った上で、新たに多様な現象を正しく認識していこうとする共通の発想が見られる点に就いては、田中正樹「蘇軾に於ける『順』・『逆』の思想—三教調和論の核心—」（『文化』第五十四巻、第一—二号、一九九〇年）に指摘が有る。

第一章　宋鸞『道徳篇章玄頌』について

序　宋鸞について

『道藏』に『道徳篇章玄頌』（以下『玄頌』と略す）と題される著述が収められている。その「序」の冒頭には「新授郢州防禦判官、將仕郎、試大理司直兼監察御史宋鸞」と記されており、作者は宋鸞と目される。この宋鸞に就いての記録は多くはないが、『宋史』巻二百七十一「列傳第三十　杜漢徽傳」には「建隆三年、（杜漢徽）出爲天長軍使、移武軍使、知屯田事。是冬、被病、即以符印授通判宋鸞、請告歸京」（『宋史』、九二八五頁）と有り、この建隆三年（九六二年）の時点で「通判宋鸞」とされている人物が『玄頌』の編者である宋鸞と思われる。又、明・余寅『同姓名録』には「宋・宋鸞、知秦州宋璫之父。監察御史」（『四庫全書』版『同姓名録』巻十「宋鸞二」一〇／二十三表）と有る。息子とされる宋璫に就いては『宋史』巻二七六「列傳第三十五」に伝があり、そこには、「宋璫、字寶臣、華州渭南人。父鸞、監察御史」（『宋史』、九三九一頁）と記されている。[1]

以上の状況から判断するならば、宋鸞は太祖の建隆年間（九六〇～九六三年）、即ち北宋の最も初期に於いて活動した人物であると見做すことが出来るであろう。従って、彼が撰述した『玄頌』は、北宋最初期に於ける『道徳經』関連著述の一つであると言え、そこから、当時の『道徳經』受容の一つの在り方を探ることが可能であると予想される。この『玄頌』を材料に第一篇の考察を始めることとしたい。

一　『道德篇章玄頌』について

『玄頌』を記録する書目等は多くない。先ず、南宋の『秘書省續編到四庫闕書目』が「道徳篇目閑吟二巻」と記録している。(2) 『道藏』本『玄頌』とではその題目が異なるが、「道徳篇目閑吟二巻」という題目は、むしろ『道藏』本『玄頌』の内容に相応しいものであり、巻数も一致している。『秘書省續編到四庫闕書目』が記録するのは『道藏』所収『玄頌』であると見て大過無いであろう。又、明・白雲霽撰『道藏目録詳註』巻三は「道徳篇玄頌二巻　宋鸞序」（『四庫全書』版『道藏目録詳註』三／五十七表）と記録し、明・李杰『道藏目録詳註』巻三も「道徳篇玄頌二巻　宋鸞序」（二一六頁。廣文書局有限公司、一九七五年）と記録している。これらは現行本とほぼ同じ題目であり、或いは、南宋から明に至る間に現行本の題目へと変化したのかもしれない。

『玄頌』は上下二巻からなり、どちらも『道徳經』各章の内容が七言八句の「頌」によって述べられ、それぞれに注釈が付けられている。注の作者に就いての記録は無いが、暫時自注と見ておきたい。そこには、河上公注、唐玄宗注・疏及び作者不明の注等、先行する『道徳經』諸注が多く引用されている。特に、巻上では河上公注の引用が圧倒的に多く、ほぼ全章に亙って引用され、『玄頌』巻上の内容の骨格を形成している。(3) そこでは、河上公注の特色である治国と治身の一体化を踏まえるかの様に、『玄頌』に於いてもこの双方への関心が窺える。(4) そして、そこに玄宗の注釈が随時引用され、教理的深まりが加えられている。一方、巻下では作者不明注からの引用が大部分を占める。(5) この不明注釈が巻上では全く引用されていないことを考えれば、或いは宋鸞が参照した作者不明注が巻上相当部分を欠いていたなどの理由を考えるべきかもしれない。巻下ではこの不明注と並んで玄宗の注釈が多く引用されている。巻下注に多く引用されている作者不明注の作者を特定出来ないのは残念だが、玄宗注、河上公注、或いは、僅かに引用されている成玄英注などは、『道德眞經玄德纂疏』の例に見られる様に、五代から北宋にかけて重視されてきた注釈と言え

るであろう。(6)

さて、『玄頌』の注には、先行する『道德經』注を引用する部分と、自身の言葉で注釈を付している部分とが有り、又、同一章頌にこの両者が含まれている場合も有る。この内、先行注釈に依拠した部分は主として道家的教理に関る内容であり、自注の部分は歴史的故事を例として引用する内容となっている。即ち、『道徳經』の内容に教理的側面と歴史的事実の双方から解釈を加える、というのが『玄頌』の立場であると言えよう。(7)

二　『玄頌』「序」について

『玄頌』の性格を知るには、その「序文」から見るのが妥当であろう。「序」冒頭は次の様に述べる。

私の聞くところによりますと、純朴の性は生れながらの自然に基づくものであり、状況に応じて働く智慧の源は学習によって得られるものである、と。そうであるならば、縄を結んで教えを明らかにしたのは遥か昔の時代にこそ行われるべきである。純朴の性がその純朴さを失い、喜び悲しむ感情にとらわれる様になれば、本来の中和の気は徐々に変化していってしまうのだ。文字を用いて表現することになれば、賢者・愚者の分別が生じてしまう。堯・舜以前の戦いでは、依然として正道が守られていたが、湯王・武王がその君を伐った時には、終に真風が薄くなってしまったのだ（伏聞、淳朴之性、本乎自然、機智之源、生于習作。乃知結繩闡化、可行於太古之時。染素興悲、漸變於中和之氣。既揚文字、乃別賢愚。干戈起堯舜之前、尚循正道、弔伐見湯武之際、竟薄眞風）（『玄頌』序／一表／三）

「淳朴」が「自然」に基づく人間の本性であり、一方の智慧の働きは後天的に修得されたものである。そして、文字を用いず人間の純朴性に依拠した時代は既に遥か昔に過ぎ去り、「中和の氣」が損なわれた後世に於いては、文字を用いたことで分別が生じ、その結果、「眞風」が衰えつつあると認識されている。こうした時代に於いては、(例えば)蘇秦は六国の宰相となることでその家を栄えさせ、張禄は秦に仕えて国を豊かにすることで、かつての恥辱を払った。呂不韋はたちどころに目に見えて立派な位にのぼり、逆に李斯は寒門に嘆いたものだ。遊説の者はたまたま然るべき人物と出会ったことで、(本来得べきものの)何万倍もの貴栄を入手することが出来たのだ。(だがしかし、これらは)白く明らかな気を損ない傷つけ、浮雲の如く当てにならないものを追い求めるもので、当初は崇められ豊かではあっても、最終的には存亡の危機に面してしまうことになることを、知らないのだ。走り逃げる鹿を捕らえることが出来たとしても、実は空飛ぶ龍が更にいるのである(小国を治めることが出来たとしても、天下を治める天子は別にいるのだ)(蘇秦則佩印以榮家、張禄則強邦而刷恥。不韋立躋於顯位、李斯休歎於寒門。一時之遊説逢人、萬倍之貴榮入手。殊不知損傷顥氣、馳逐浮雲、初遊崇盛之鄉、終入危亡之域。及已獲走鹿、別有飛龍)(『同』序／一裏／二)

と、蘇秦・張禄・呂不韋・李斯などの弁舌を得意とした者がこうした軽佻浮薄な時代背景を以て栄華を誇ることになる。しかしながら、彼らの在り方は真実《ほんもの》ではなく、やがてその身を危うくすることになると言うのである。ここでは所謂「刑名」に属する者達が批判されているが、それは宋代に於いて「老子」を批判する者達が、批判の理由の一つとして、「老子」が刑名思想を生み出したと指摘しているのを意識したものかもしれない。(8)

こうした分別の時代に在って、宋鸞が高く評価するのは漢代の「四賢」である。

この時から、八方の海を静かに治め、九州の国土の塵を静かに払い、出鱈目な説が行われることはなくなり、真実の厚き風が再び吹き始めたのだ。即ち、揚雄、東方朔、邴原、袁安などが現われ、彼らは星々が輝きを集め、芳しい草木がその芳を香りたたせるかの様であり、三墳五典の古典を重視し、勇み進むことを緩やかにしたのだ。思うに、彼らは前もって深く事態を予測し、後の時代のための基盤を固くしたのである(繇是鏡清八海、塵靜九州、

詐僞之説不行、眞厚之風復振。乃有楊子雲、東方朔、邴原、袁安、並星辰鍾秀、蘭茝馳芳、淫於典墳、緩其進取。蓋洞知前事、別固後圖）（『同』序／一裏／九）

ここでは、「洞《ふか》く前事を知り、別に後圖を固《かた》く」した揚雄、東方朔、邴原、袁安の四者を高く評価している。そして、（私は）『道徳經』の「上善」の言葉を受け止め、大いなる『易』の「随」の卦の意義を師とし、徒《いたずら》に争い競うことはなく、沖和のあり方に近づくことを目指し、遥か漢代の四人の賢者（＝揚子雲、東方朔、邴原、袁安）に思いを巡らし、永遠にその芳《かんばせ》を伝えたいと思う。戦国の昭王が賢者を招いた燕台にて職を罷め、渭水に隠居することをただ願うばかりである（稟玄元上善之言、師大易隨時之義、無興躁競、有近沖和、遐想四賢、流芳千古。但念燕臺罷職、渭水謀居）（『同』序／二表／九）

と有るのを見れば、『道徳經』「上善」の思想、『易』「隨」卦の思想を基盤とし、本来の「沖和」の気への復帰を志し、先の四人を手本とすべきとの認識を持っていたことが分る。このあたりに『玄頌』執筆の動機が見られる様である。

三　自注部分について

『玄頌』の注は『玄頌』にほぼ忠実な内容となっており、それが注釈を自注と看做す一つの根拠ともなっている。ここでは、「序」の内容と関りがある注から見ていくことにしたい。

先ず『玄頌』が評価する為政者の在り方から見ていこう。それは、その政治的地位に甘んじない姿勢を維持する者達である。

公孫弘は賓客館を建てて賢人を招き、謙遜を篤く尊ぶことで、終に富貴を得たのだ（公孫弘、開閤延賓、敦尚謙遜、終得富貴）（『同』「持而盈之章第九」「孫弘延納全身禄、呉芮兢持後嗣榮」注、上／五裏／七）

漢文帝は倹約の徳に努め、露台を築くと聞くと、「十家の産に匹敵するではないか」と述べ、直ちに中止させた（漢文帝儉徳、聞築露臺、帝曰、可比十家之産、尋令罷之）（『同』「治人事天章第五十九」「罷露臺時儉有餘」注、下／二十一表／三）

これらの例では、「謙遜」「儉徳」などが称揚されるべき在り方として述べられている。それは相当の地位に居ながらその地位に甘んじることが無いからであり、従って、

漢文帝は倹素に努め、夫人の衣服の裾が大地に触れるほど華美とならない様に慎んだ（漢文帝儉素、愼夫人衣不曳地）（『同』「將欲取天下章第二十九」「漢帝宮闈嫌綺繡」注、上／二十一裏／四）

と有る様に、帝位にありながら「儉素」であることに努めた文帝も高く評価されている。

こうした為政者の採るべき在り方を表現する語として『玄頌』では「清靜」の語が多く用いられている。

堯帝の教化は清静の教化を広め、兵を用いて四方を統治せず、唯だ衣を垂れて天下に臨み、民衆は福を受け、その偉業は益々盛んとなった（唐堯闡化、弘清靜之風、不佳兵以定四方、唯垂衣而臨萬彙、蒼生受福、鴻業益昌）（『同』夫佳兵者章第三十一「銷劍戟時恢帝道、垂衣裳處闡皇圖。望夷宮禍秦無祀、空築長城帀海隅」注、上／二十三表／一）

ここでは『玄頌』の「空しく長城を築き、海隅に帀《めぐ》る」という秦始皇の行いと対比させて、「垂衣」のみで統治を達成した「唐堯」の行為を「清靜の風」を広めたとして評価している。そして、

人君がもし道に学び清静であれば、必ず河が九疇を出だし、山が万歳と叫ぶに至るであろう（人君若能法道清靜、必至河出九疇、山呼萬歳）（『同』「不出戸章第四十七章」「九疇書出波瀾闊、萬歳聲高洞壑深」注、下／一〇表／八）

ああ、六国の王は清静の教化を尊ばず、但だ機智を用いる姿勢を広めているので、空《むな》しく血をすする同盟を結ぶ

ものの、実は互いに侵略しようと企んでいるのだ（嗟乎、六國之王、不尚清靜之化、但弘機智之風、徒成歃血之盟、互有相侵之志也）（『同』「不出戸章第四十七章」「六國澆醨徒歃血、漫爲盟誓互相侵」注、下／一〇裏／一）と、「道に法」って「清靜」であれば、天地と感応することが出来るとされ、その対極にあるのが「機智の風」を駆使した「六國の王」とされている。そして、

西晋武帝は、当初、勤勉倹約によって、天下を平定した。蜀を滅ぼした後、呉国を残すだけとなった。そこで、羊祜・張華・杜預の策を認め、次いで呉を滅した。天下はこうして清くなり、多くの国々が晋に帰依した。そもそも、清静の教化を弘め、淳朴の風に復帰したからなのである（西晋武帝、初以勤儉之徳、平定寰區。滅蜀之後、唯餘呉國。允羊祜・張華・杜預之策、尋滅於呉。六合既清、萬邦傾向。固可弘清靜之化、復淳朴之風）（『同』「小國寡民章第八〇」「知有永嘉懷愍禍、不詢良策向何曾」注、下／三十九裏／三）

と、ここでは、「西晋武帝」の当初のあり方が「清靜の化を弘」めるものであり、それは「淳朴の風」に復帰するものでもあったとされている。こうした立場が主張されている以上、その為政は、

もし人君が衣を垂れて教化を始めれば、民は自ずから満足し、必ずその国の太平の礎となるであろう（若人君垂衣闡化、烝民自足、必國太平之基矣）（『同』「民之饑章第七十五」「直到垂衣分至化、自然難拔太平基」注、下／三十五表／八）

と、既に見た様に、君主が「垂衣」によって教化を明らかにすることで、民衆が自然と満足すること、即ち「民の自定」が目指されるべきとされているのである。

こうした「清靜」の立場は、既に本篇「序章」で確認した様に、統治者が「清靜」であることで民衆が「自定」することを目指すという立場が積極的に述べられたものと言える。この様な立場が肯定されている以上、否定されるべき為政の姿というものも自ずと明らかとなってくる。

禰衡、字は正平。自からの才能、謀略を頼みとし、常に驕り高ぶることが多かった（禰衡、字正平、自恃才謀、常多踞傲）（『同』「絶聖棄智第十九」「背道矜文笑禰衡」注、上／一三裏／四）

と、「禰衡」が自己の才能を頼りとした結果、謙虚さを見失った事例として紹介され、

未央宮は蕭何が建てたものである。その千門万戸はかつて天下に壮麗であった。しかし、今や、草地となりはて、その址のみが空《むな》しく残っている。こうした興衰を見れば、貪欲を戒めるのに十分であろう（未央宮蕭何所修。千門萬戸、爲天下壮麗。今則鞠爲茂草、基址空存。覩此廢興、足誡貪欲）（『同』「名與身孰親章第四十四」「風過未央揺茂草」注、下／七裏／一）

「未央宮」の建築は、権力にものを言わせてなされた行為であるものの、それらは一時的なものに過ぎず、永遠に存続する本質的なものではないことを述べているのである。

『玄頌』が頻繁に秦始皇・漢武帝の神仙追及の行為に批判を加えているのも、同様の観点からなされたものと考えられる。

秦始皇帝は海を越え瀛州を求めたが、それはむしろ実体の無い出鱈目へと向かってしまったのだ。どうして道に到達することが出来ようか（秦皇欲駕海求瀛州、却渉虚妄。豈能入道也）（『同』「絶學無憂章第二十」「却勝駕海訪瀛洲」注、上／一五表／一）

漢の武帝は天下を我が家と自負し、兵力を増強し、軍勢を雲中にまで窮めようとした。そして、神仙を海上に探求し、その財源は空《から》っぽとなり、人民は疲弊してしまった（漢武帝恃四海一家、兵力強富、遂窮軍勢於雲中。繼訪神仙於海上、帑藏空虚、生民疲瘵也）（『同』「治人事天章第五十九」「窮奢黷武國空虚」注、下／二十一表／九）

伏羲は八卦を描いて文字を興した。黄帝は鏡を設置することで乱を静めた。堯帝は衣を垂れ、舜帝は羽の籥を執る舞いを舞うことで（有苗を）感化し、禹は治水をし、湯王は網の三面を鳥のために取り除いた。皆な治世の大功であり、仁徳による長寿の世界に民を導いたのだ。どうして、錬丹のみが道徳と等しいと言うことが出来ようか（羲皇畫卦以興文。軒后懸鏡以靜亂。陶堯垂衣、虞舜舞羽、大禹治水、成湯開網。咸有治世大功、致生民於仁壽之域。豈錬丹獨善可齊其道徳乎）（『同』「上徳不徳章第三十八」「治國陰功功最大、却勝金鼎錬丹砂」注、下／二表／二）

「海」を越えて「瀛州」を求めた秦始皇、「海上」に「神仙」を求めた漢武帝、これらの行為は、何れも「道」から遠く離れたものであり、「生民」を疲弊させたものとして批判されている。そして、伏羲、黄帝、堯、舜、禹、湯などの治世の偉業と比較して、必ずしも「道徳」につながらない「錬丹」が批判されているのも、同様の観点に立つものと言える。又、先に見た様に「機智の風」を広めることが批判されていたが、これは、

秦の始皇帝は道に背き機知に任せ、天下を統一したが、その志が飽き足らなかったために、災いの火種が生じたのだ（秦始皇背道任智、平一寰區、志不滿、而禍胎萌生）（『同』「夫佳兵者章第三十一」「銷劍戟時恢帝道、垂衣裳處闡皇圖。望夷宮禍秦無祀、空築長城市海隅」注、上／二十三表／四）

と、秦始皇の批判としても見られ、又、

蘇秦は六国に遊説した人物で、智慧を振り回し、浮薄な作為を重視した。後に斉の国に至り、刺客に遇い傷つけられた。六国の宰相となることのみに空《むな》しく執着し、突然振りかかる災いに注意することを知らなかったのだ。弁舌を頼りとし智慧に任せることは、何と恐ろしいことか（蘇秦、六國遊説之士、興智巧尚浮僞。後至齊國、遇刺客而殞。徒愛佩六國印、且不懼一朝禍。矜辯任智、可不畏乎）（『同』「大成若缺章第四十五」「辯想蘇秦有患侵」注、下／八表／九）

と、「序」でも批判されていた蘇秦などの在り方としても同様に指摘されているのである。

四　『玄頌』の思想について

次に『玄頌』自体を、「序」の内容との関りを中心に見ていくことにしよう。

（一）「智」と「知」

「序」の内容から宋鸞は『道德經』「上善」と『易』「隨」の思想を重視していることが確認された。そこで、先ず、「上善若水章第八」に関する「頌」から見ることにしよう。

上善無如水性柔、　最も優れた善は無であり、それは水の様に柔らかく、
難將夷嶮礙清流。　険しい頂きも、その清流を妨げることは出来ない。
偶穿積靄離幽壑、　時には立ち込める雲をも穿ち、深谷を離れることが有るが、
豈爲垂楊向御溝。　御苑の枝垂れ柳やお堀にわざわざ向かうことは無いのだ。
利濟既能均萬物、　万物を等しく利益し救い、
環廻終不滯孤舟。　その流れは循環して、孤舟を滞らせることはない。
方圓用智修行處、　或いは四角或いは円と柔軟に智慧を修行の場に用い、
全勝秦皇駕海求。　それは秦の始皇帝が海を越えて求めた不老不死にも勝るのだ。

（『同』「上善若水章第八」、上／五表／二）

ここでは、水の「柔」なる性質を先ず取り上げ、その性質は「夷嶮」を以てしても妨げることは出来ず、そして、水は上流から下流へと流れていくとは言え、ことさらに宮中を目指すことは無く、万物に即して均等に働きかける。「智」

の用い方はこうした水の性質に倣い、如何なる修道の場に於いても柔軟に対応すべきであり、そうすることで、秦始皇が海を越えて求めた不老不死の仙薬にも勝るというのである。

さて、『道徳經』では「智」「知」が否定的意味合いで用いられている章として、「常使民無知無欲、使夫智者不敢爲也、爲無爲、則無不治」（第三章）、「滌除玄覧、能無疵。愛民治國、能無爲。…明白四達、能無知」（第十章）、「大道廢、有仁義。智慧出、有大僞」（第十八章）、「絶聖棄智、民利百倍。絶仁棄義、民復孝慈。絶巧棄利、盜賊無有」（第十九章）、「知人者智、自知者明。勝人者有力、自勝者強。知足者富、強行者有志。不失其所者久、死而不亡者壽」（第三十三章）、「古之善爲道者、非以明民、將以愚之。民之難治、以其智多。以智治國、國之賊。不以智治國、國之福」（第六十五章）等が有る。その一方で、「智」或いは「知」が積極的意味合いで用いられているものには、「歸根曰靜、是謂復命。復命曰常、知常曰明。不知常、妄作、凶」（第十六章）、「知者不言、言者不知。塞其兌、閉其門、挫其鋭、解其分、和其光、同其塵、是謂玄同」（第五十六章）、「是以聖人自知不自見、自愛不自貴。故去彼取此」（第七十二章）等が有る。[9] これらに対し『玄頌』はどの様に述べているのであろうか。

聖智倶損浩氣清、　聖人が用いる殊更な智慧が全て無くなれば浩然の気は清くなり、
修身何處用聰明。　身を修める者は一体どこに聡明の智慧を用いるというのか。
守玄出俗師莊叟、　奥深さを守り世俗の境地から出ることは、荘子を師とすることであり、
背道矜文笑禰衡。　道に背いて外見を誇るのでは、禰衡にも笑われてしまうだろう。
曳尾汎龜終遂性、　尾を水に浸して漂う亀はその持ち前を遂げ、
不才山木保長生。　役に立たない木は長生を保つことが出来るのだ。
少私寡欲還淳素、　私を少なくし欲を減らし、淳一なる素朴に帰り、
秖向丹臺是玉京。　そうした境地でひたすら自身の心に向かうならば、それが玉京に他ならないのだ。

（『同』「絶聖棄智章第十九」、上／一三表／八）

「聖智」を損なうことで「浩氣」が清くなり、「修身」には「聰明」は不必要であると、「智」「聰明」は否定的に扱われている。「序」の内容との整合性を考えれば、「方に圓に智を修行の處に用」うべき「智」はここに言う「聖智」「聰明」とは異なるものということになろう。ここで目指されているのは、「玄」の境地の維持、「少私寡欲」、尾を泥中に曳く亀、不才の山木などの『莊子』に見られる立場である。又、ここに見られる「浩氣」は「序」の「中和の氣」に相当すると考えられる。

抱一歸身莫暫離、　一を抱いて自らの身と一体として、暫らくも離れることなく、
愛民興國要無爲。　民を愛し国を興して、無為に勤めるのだ。
三魂安靜還増壽、　三魂が安らかで静かとなれば、更に寿命を増し、
四達分明却不知。　あらゆる物事に通達していながら、却って不知の様である。
專守精神全浩氣、　ひたすら精神を守り、浩然の気を完全なものとし、
若生分別失嬰兒。　もし分別が生じれば、赤子の在り方を失ってしまうのだ。
功成不宰彰玄徳、　功が成ったとしてもそれに執着しなければ、玄妙な徳が明らかとなり、
始是孫謀萬代基。　こうして初めて万代続く子孫のための礎を考えることになるのだ。

（『同』「載營魄章第十」、上／六表／五）

『道徳經』第十章で「無知」「無爲」と言われているものが、『玄頌』では「抱一」「無爲」「三魂安靜」「守精神」「全浩氣」として述べられている。[10] そして、これらとは逆の立場が「分別」、或いは「功」に執着することであることが分かる。もう一例見るならば、

能分善惡方爲智、　善悪を区別することが出来て、初めて智と言え、

自別賢愚始是明。　賢愚が自ずと分れて、初めて明と言える。
衒己勝人因勢盛、　自分を見失い人に勝とうとするのは、その勢いが盛んであるのが原因で、
除情去欲見心清。　情欲を取り除けば、清らかな心がその姿を現わすのだ。
袁安知足貧勝富、　袁安は足るを知り、その貧困は富に勝り、
疎廣忘機退愈榮。　疏広は俗世を忘れたことで、退いて更に栄えたのだ。
密用成功應不識、　密かな働きは功を成し、それは人に知られてはならず、
休天長在福群生。　天命を全うし長く在れば、多くの福が生じるのだ。

（『同』「知人者智章第三十三」、上／二十四表／七）

『道德經』の「知人者智、自知者明。勝人者有力、自勝者強」からすれば、「善惡を分つ」分別が「智」、「自ずと賢愚」が分れるのが「知」とされ、どちらも肯定されていると考えられる。そのためには「除情去欲」による「清らかな心」が前提とされる。ここは全体として河上公注を踏まえた内容となっている。この境地の体現者として、「序」に見られた「四賢」の一人・袁安と、官職を退いたことで天寿を全うした漢の疏広が言われているのである。

さて、第三十三章で、肯定的に言及されていた「智」に就いては、第五十六章の「頌」に次の様に見られる。

知者不言緣了悟、　真実の知恵ある者は言葉で述べず、了悟するに任せ、
碧鷄強辯豈能知。　碧鶏は雄弁だが、どうして知恵が有ろうか。
親疎匪得垂雲鶴、　親疏に捉われていては、雲を超えて翔ぶ鶴を捕えることは出来ず、
利害難侵曳尾龜。　利害に捉われていては、尾を垂らす亀には敵わない。
箕岫堅辭神器處、　箕山は許由が天下を固辞した所、
桐江還應客星時。　桐江は客星（＝厳光）を訪ねたところだ。

銷除愛染清襟素、　愛着に染まることを消し去り、心の中を清めれば、
道德尊高出世姿。　道徳は尊高にして世俗のあり方を超えるのだ。（『同』「知者不言章第五十六」、下／一七表／七）

「知」の体現者である「知者」は自ら強いて言葉で表現しようとはせず、「了悟」するのに任せるとされている。この「了悟」は『玄頌』に於いて特に好んで使用されている語の様である。次にこの「了悟」の語に就いて考えてみたい。

（二）「了悟」

若能絶學即無憂、　もし学ぶことを絶てたならば憂いは無くなり、
善惡萌心亦自由。　善悪の分別が心に生じたとしても、自由であり得る。
察察興謀何日靜、　察察として謀《はかりごと》を起せば、何日《いつ》それが止むというのか、
熙熙多欲幾時休。　熙熙とした多欲は、何時《いつ》か休むであろうか。
情田靜默尋常樂、　心静かに沈黙を守れば、常なる楽しみ求めることになり、
智水環廻分外愁。　さかしらな智慧の流れは持ち分を超えた愁をもたらす。
明示鄙頑潛了悟、　外見は卑しく頑なではあるが、内面では了悟し、
却勝駕海訪瀛洲。　それは海を超えて瀛洲を訪ねるよりも優れているのだ。
（『同』「絶學無憂章第二十」、上／一四表／三）

第七句で言われる「了悟」とは、俗的「學」の否定によるとらわれのない「自由」な心、さかしらな智慧の働きと欲望の否定の結果に到達する境地であろう。「善惡」が心に芽生えてもそれから自由であるというのは、その心が分別

から解き放たれているからに他ならない。それが「了悟」ということなのである。その境地は海の彼方に神山を探すよりも勝っているとされる。これは、秦始皇・漢武帝批判に相当する。

若解希言道徳同、　もし希言を理解したならば、道徳と同じ境地となり、
深嗟失者昧玄功。　道を見失った者が玄妙な働きを理解出来ないことを深く嘆くのだ。
縈纏世網猿縻鏁、　俗世の網に捉われていれば、猿回しの縄に縛られているのと同じで、
了悟天機鶴出籠。　造化のからくりを了悟すれば、鶴は籠から解放されるのだ。
竟夕未聞延暴雨、　夕刻が終わるまで暴雨が続いたと聞いたことは無く、
終朝長不盛飄風。　朝を終えるまで長く続く飄風は聞いたことが無い。
能嫌用壮持安静、　力強さを用いることを嫌い、安静を維持することが出来れば、
心比無雲月在空。　心は、雲の無い空の月の明るさに匹敵するであろう。

（『同』「希言自然章第二十三」、上／一六裏／六）

通常の言語の働きを否定することを述べるこの章では、俗世間のしがらみにとらわれている限り「籠」から解き放たれた「鶴」の如き自由はあり得ないとする。自然のままの在り方を意味する「天機」を「了悟」することでその自由は得られるのである。それは、「能く壮を用いて安静を持するを嫌」うと有る様に、無理やりに「安静」なる状態を求めようとする所に得られるものではなく、通常と変わらない状態に在りながら、雲が無いことで自然とその本来の耀きを取り戻している月の様に在るべきとするのである。従って、

了悟玄機不下堂、　奥深い道理を了悟したならば殿堂を下る必要はなく、
須知心是白雲郷。　心は自ずと天帝の居所に在ることを知るであろう。
燒金錬薬世皆惑、　金を焼き薬を錬ることに、世間の人々は惑わされ、

渉水登山人自忙。　四海を巡り山に登ることに、人々は自《みず》ら懸《か》命となる。
五善若能韜密用、　老子の五善を人知れず行ったならば、
三天必得見虚皇。　三天に於いて必ず虚皇に見《まみ》えることが出来るだろう。
枉教漢武勞宸扆、　漢の武帝が宮殿の建立に齷齪したとしても、
風入茂陵揺夕陽。　風が茂陵に吹きすさび、夕日にたなびくだけなのだ。

（『同』「善行章第二十七」、上／一九裏／六）

奥深い境地である「玄機」を「了悟」すれば、「堂を下らず」ともその心は「白雲の郷」となり得る。錬丹に拘《こだわ》ったり、漢の武帝の様に神仙を求める必要は無いのである。そして、とらわれの無い自由な心を維持することが出来れば、殊更に社会性を否定する必要も無い。ここからは、社会的地位に在ること、或いは、社会的活動そのものを必ずしも否定する必要はないことが分る。即ち、重要なのは、外的在り方なのではなく、心の持ち様であることになる。従って、

上中下士皆聞道、　上中下の三士の皆が道を聞くが、
取捨萌心即不同。　取捨の分別が心に生じてしまえば、その結果は異なる。
刻志勤行分了悟、　志を厳しくし勤めて行えば、大いに了悟するが、
迷心大笑是愚蒙。　迷った心で大笑するのは、愚蒙なる者に他ならない。
進如擧歩臨深谷、　道を求めて進むことは歩を進めて深谷に臨む様に慎重で、
明似浮雲映遠空。　道に明らかであることは、浮雲が遠く空に映える様なものなのだ。
修徳若偸功行足、　徳を修めることは盗賊が盗み足をするかの様に慎重に行い、
姓名潜紀玉皇宮。　その姓名は人知れず玉皇宮に記録されるのだ。（『同』「上士聞道章第四十一」、下／四裏／二）

と、悟るか迷うかは僅かな違いでしかないことになる。「上中下士」の何れもが耳にする「道」の実体は同じである。しかし、そこに分別心としての「取捨」が生じることで、結果には大きな違いが生じてしまう。この「迷心」の対極に有るのが「了悟」であり、即ち、分別心の否定なのである。又、「道」を修めることは、あくまでも人知れず慎重に行わなければならないとされているのも、内面的在り方を重視すればこそであろう。逆に、分別心が取り除かれれば、上中下の違いも意味をなさないものとなる。

達識迷根共一途、　道に達するか迷うかは出発点は同じだが、
若論清濁理還殊。　清濁という点では、道理として異なるのだ。
積功累徳沖青漢、　功を積み徳を積めば、大空に飛翔し、
溺俗貪名歎白鬚。　世俗に溺れ名を貪《むさぼ》れば、老衰を歎くだけだ。
能想蓬瀛分了悟、　蓬瀛を想いながらも大いに了悟出来れば、
不嫌情欲認凡愚。　情欲を否定しないままに、自分が凡愚の様であることを認めるだろう。
緱山畧住雲頭處、　緱山で得道した王子晋は雲の彼方におり、
應笑紅塵蔽九衢。　俗事に覆われたこの世界を笑っているであろう。（『同』「出生入死章第五十」、下／一二表／一）

「達識」と「迷根」、迷いと悟りは本来別個に存在しているものではないが、そこに分別を働かせることで、そこに違いが生じてしまう。迷いと悟りに本来違いが無いことを踏まえることが出来れば、海の彼方の「神山」を思いつつも「了悟」した瞬間に、「情欲」を否定することなく「凡愚」のあり方に任せることが可能となるのである。

含徳全眞同赤子、　徳を抱き真実の在り方を全うして、赤子の様であれば、
始教三毒漬淳和。　始めて三毒は消え淳和となるのだ。
張良絶粒遺軒冕、　張良は穀物を絶ち、軒冕を拒否し、

許邁修身隱薜蘿。　許邁は修身して、薜蘿に隠遁した。
了悟眞常宗道少、　永遠の真実を了悟して道を重んじる者は少なく、
縈貪爵禄益生多。　爵禄に執着し貪り、生を益すことを望む者は多い。
莫矜物壮強梁志、　力強さを誇らず、志を強梁としてはならない、
衰老相隨事若何　それでは老衰が身に纏わり付いた時にどうしようというのか。

（『同』「徳之厚章第五十五」、下／一六表／六）

求められているのは内なる「徳」「眞」を全うする赤子の様な在り方であり、そうであれば、注が「嗔・癡・貪」とする「三毒」も自ずと消えるのである。張良・許邁の修道は、こうした内的境地の一つの現われに過ぎないということになろう。生を減らすことに繋がってしまう「爵禄に縈貪」することの対極に位置するのが、「道を宗ねとする」ことを意味する「眞常を了悟」することなのである。

五　「了悟」と先行注

宋鸞が『玄頌』で多用する「了悟」の語は、本来は漢訳仏典で用いられ始めたものと思われるが、[11] 唐代の道教文献に多く見られるものである。その点で、『玄頌』は唐以来の道家・道教思想を意識していると言うことが出来よう。中でも、玄宗の注・疏は「了悟」の語を多用しており、玄宗の注・疏自体が「了悟」の語を用いている各章では宋鸞も同様に「了悟」の語を用いている。従って、宋鸞は玄宗注・疏の「了悟」の使用状況を強く意識していることが分る。一方、玄宗の注釈自体に目を向けるならば、宋鸞が「了悟」の語を用いていない章に於いても、玄宗注釈に於ける「了悟」の意味が明確な事例も多い。そこで、先ずそうした玄宗注釈の状況から見るならば、

了悟する者は現象に執着することはなく、言葉に対しても執着することは無いのだ（了悟者於法無愛染、於言無執滯）（第五十六章『唐玄宗御註道德眞經』三／二十三表／一。以下『御註』と略す）

従って、了悟する者は理を得て言葉を忘れるのだ。弁舌を誇る者は言葉に執着し、悟ることはないのだ（故了悟者得理而忘言。辯說者滯言而不悟）（第五十六章『唐玄宗御製道德眞經疏』七／一九表／四。以下『御疏』と略す）

聖人の正しい智慧は完全で明らかであり、現象の真実の姿を了悟し、智慧を用いつつもその智慧を忘れる。だから、智慧によって苦しめられることがないのだ（聖人正智圓明、了悟實相、於知忘知、故不爲知之所病）（第七十一章『御疏』九／一二表／九）

等と有り、「了悟」とは現象、言語表現にとらわれることなく「理」を悟ることとされている。仏教的表現を借りれば、真実の智慧の円満な働きにより「實相」を見抜き、尚且つ、その智慧の働きにとらわれることが無いことを意味するということになろう。この真実の智慧の働きが「知」と表現されている点も注意しておきたい。従って、

「知」とは了悟することである。「言」とは弁説することである（知者了悟也。言者辯說也）（第五十六章『御疏』七／一九表／二）

「知」とは了悟することである。「博」とは多く聞くことである（知者了悟也。博者多聞也）（第八十一章『御註』四／二十三裏／四）

と、「知」と「了悟」とが同一視されることになるのである。

次に、宋鸞が『玄頌』に於いて「了悟」の語を用いている章に就いて、玄宗の注釈の状況を見るならば、

「頑」とは分別しないことであり、「鄙」とは卑しくて取るに足りないという意味だ。心が誠に了悟するならば、外界の事柄は取るに足りないかの様となるのだ。だから「似爾」と言うのだ（頑者无分別、鄙者陋不足。而心實了悟、外若不足。故云似爾）（第二十章『御註』二／三表／八）

と、「分別」を否定することで、外界の事象は取るに足りない無意味なものと理解されることが「了悟」であるとし、言葉に執着する者は教えに捉われ、了悟することは出来ない（執言滞教、不能了悟）（第二十三章『御註』二／八表／五）

言葉と教えに執着していては拙速となり、全てを忘れて少しずつ極めることが出来なくなってしまうのだ。了悟を求めたとしても、得ることが出来ようか（執滞言教而爲卒暴、不能虚忘、漸致造極。欲求了悟、其可得乎）（第二十三章『御疏』三／一二表／八）

と、言語にとらわれていては、少しずつ確実に進むことは不可能となり、「了悟」は得られなくなる、と有ることからすれば、「了悟」とは段階を経て少しずつ進むことと理解されていることになる。この「了悟」の性格は、『玄頌』の修道には慎重さが要求されるという立場に通じるものが有るであろう。逆に、この「了悟」の境地に至れば、

了悟すれば生を超脱し、迷い執着すれば死へと入る（了悟則出生、迷執則入死）（第五十章『御註』三／一五表／四）

と、「生死」を超越することになり、それは又、

精を保ち気を愛するとは、明達了悟の人のことだ（保精愛氣者、是日明達了悟之人）（第五十五章『御疏』七／一七裏／九）

と、「保精愛氣」という、道教的養生方法にも連なるものとされているのである。即ち、「保精愛氣」という養生術の前提として、捉われから解放された「了悟」という境地が必要とされているのである。

結語

『玄頌』が全体の構成に於いて河上公注『道徳經』をその軸の一つとしていること、そして、教理的に重要と思われる「了悟」の思想については玄宗の注釈に大きく依拠していた等の検討結果からすれば、『玄頌』の思想の主要部分は、唐以前の『道徳經』注釈に基づいてなされていると一先ずは言えよう。外界の事象は取るに足りないものであると看做し、それに依拠することの無い主体の在り方を、玄宗注釈の「了悟」の思想を基盤に構築していたのである。『玄頌』は現実的且つ具体的事項に言及することが多いが、その背景には、こうした主体と外界との関りに関する唐までの道家思想の影響が有ると言える。

その一方、『玄頌』には北宋の『道徳經』思想に於いて重視されることになる事柄も同時に見られる。例えば、為政者のあり方という、『玄頌』に於ける重要な場面に於いて、「清靜」の概念が重視されている点にそれを窺うことが出来よう。「清靜」の概念が北宋に於いて為政のあり方と関連して『道徳經』を積極的に評価する場合で用いられることが多いことに就いては既に確認した通りである。(12) 更には、『玄頌』「序」が漢代を高く評価していた点は、『玄頌』本文の中にも関連する記述を確認することが出来るが、これも、北宋期に於ける一つの傾向と見ることが出来る。例えば、太祖「開寶二年十月六日、詔曰、漢詔吏民明當世之務、習先聖之術者、縣次給食、令與計偕、蓋優賢之道也」(『宋會要輯稿』「選舉三之二」、四二六二頁下。中華書局、一九八七年)、「昔漢法作僞黄金者棄市、所以防民之奸弊也」(「開寶四年、禁僞黄金詔」、『宋大詔令集』巻一百九十八、七三二頁。中華書局、一九九七年)、張詔「臣聞周家創業七百年、漢氏延洪四百載、非惟天命、抑亦人謀」(「請妙選東宮師傅疏」。『全唐文』巻八六四)、徐鉉「漢租之隆也、亦以守四方在念」(「信王改封江王加中書令制」、『全唐文』巻八七八) 等と見られる、漢代を一つの指標としつつ、それを「清靜」の概念と結びつけ、その上で『道徳經』を積極的に主張する姿勢は北宋の特色の一つと言えよう。従って、『玄頌』は先行する『道徳經』

注釈を材料としつつ、北宋的関心事にも言及するという、正に唐と宋とを繋ぐ内容を備えていると言える。

注

（1）清・黄之雋等撰『江南通志』巻一〇一「職官志・文職」（中國省志彙編之一『江南通史』。臺灣華文書局印行）に「宋鸞…以上、知宣州」と有り、清・何治基等撰『安徽通志』巻一百十五「職官志・表」（中國省志彙編之三『安徽通史』。臺灣華文書局印行）には「知［宣州甯國府］…宋鸞」と有る。

（2）Piet van der Loon『宋代収藏道書考』（p.153）を参照。

（3）例えば、南宋・王契眞『上清靈寶大法』は、「武帝時、名河上公、説道德篇章」（『道藏』所収『上清靈寶大法』一／四裏／六）と述べ、同じく南宋頃の成立と推定される『靈寶無量度人上經大法』も「文帝時號河上公、説道德篇章」（『道藏』所収『靈寶無量度人上經大法』一／三裏／九）と述べていることから、近世に於ける『道德篇章玄頌』という題目自体が、河上公注『道德經』を念頭に置いていることが分る。尚、『上清靈寶大寶』に就いては、松本浩一『『上清靈寶大法』の文獻學的研究：靈寶派の修行法をめぐって』（『圖書館情報大學研究報告』第一七巻二号、一九九八年）を参照。

（4）『玄頌』が引く河上公注『道德經』で、治身に関るものとしては、第三章、第五章、第六章、第十章、第十五、第十六章、第三十三章、第六十四章、の各注が有り、主として欲望の除去、「精神」「氣」を重視することを言う注である。治国に関るものとしては、第二十七章、第四十七章、第五十四章の各注が有り、両者の一体化を説くものとしては、第十章、第三十五章、第六十四章の各注が引かれている。

（5）『玄頌』が引用する注の内容から判断すると、この作者不明注はさほど特徴的な注釈とは思われない。後考を俟ちたい。

（6）『玄頌』が引用する諸注釈の状況に就いては、本論末の一覧表を参照されたい。

（7）尚、『道藏提要』は『玄頌』に就いて「清靜無爲、少私寡欲、逍遥出世」を宗旨とする、と総括している（七三〇頁）。一方、『道藏通考』は、宋鸞を「唐人か（?）」とした上で、「国」の欠筆から現行本は宋代の編纂と見做している。又、『玄頌』の各章の題目が『唐玄宗御註道德經』に見られる点を指摘し、玄宗注と河上公注が重視されているとし、『玄頌』の注文は宋鸞の自注であり、歴史的逸話が随時引用されているとする（二九二頁）。『道藏通考』の総括は極めて妥当であると言えよう。

（8）本著「第二篇第一章　『朱子語類』巻一百二十五の検証」を参照。

（9）宋鸞が河上公注『道德經』を重視していることを鑑み、本章での『道德經』のテクストは、王卡點校『老子道德經河上公章句』所収の河上公注本に依った。

（10）河上公注『道德經』では本文は「愛民治國、能無爲、…明白四達、能無知」と、「無爲」と「無知」の語が見られる。

（11）例えば、西晉・竺法護訳『佛説普曜經』には「其有曉心乃了悟、即時自歸前悔過」（大正藏三冊・五二一下）と見られる。

（12）「老子」と関連して「清淨」の語が用いられている事例を補足するならば、太祖「元妙之門、清淨爲本、迨於末俗、頗尚眞封」（「禁寄褐道士詔［開寶五年閏二月戊午］」『宋大詔令集』巻二二三、八六〇頁）、徐鉉「昔者老君伯陽、憫大道之既隱、傷周室之既微、以爲清淨無爲、道之本也、非建言不能盡其意」（「邢州紫極宮老君殿記」。『四部叢刊初編』版『徐公文集』二十八／三表）、呂蒙正「上曰、清靜致治、黄老之深旨也。…宰臣呂蒙正曰、老子稱、治大國若烹小鮮。…今之上封事議制置者甚多、陛下漸行清靜之化以鎮之」（『續資治通鑑長編』巻三十四、淳化四年、閏十月丙午、七五八頁。中華書局、一九七九年）、仁宗「玉清昭應宮使王曾請命館閣校道藏經、仁宗因言其書多載飛錬金石服餌之事、不如老氏五千言、清靜而簡要」（『宋朝事實類苑』巻五所引『蓬山志』、四十七頁。上海古籍出版社、一九八一年）、楊億「體玄元之清淨、法夏后之聲身」（「請加尊號第五表」。『四庫全書』版『武夷新集』一三／二十六表）等が有る。尚、拙稿「北宋・眞宗の三教思想について―「天書」と「清浄」―」（『日本文化研究所研究報告』第二十八集。一九九二年）、任繼愈主編『中國道教史』「第三編宋元道教　第十二章宋朝與道教　一、眞宗崇道」（上海人民出版社、一九九〇年）等を併せて参照されたい。

（附）『道徳篇章玄頌』引用注一覧

『玄頌』章数	引用注回数			
道経	河上公	開元注	不明注	その他
1	1			
2		1		
3	4			
4	2			
5	3			
6	2	1		煙蘿子
7	2	2		
8		1		
9	1			
10	2	3		
11	5			
12				
13				
14	1	2		
15	7	2		
16	5	2		
17	1	3		
18	1			
19				
20		2		
21	5			
22	5	1		
23	1	3		
24	3	1		
25	1	1		
26	1	1		
27	1			
28	3			
29	3			
30		2		
31				

32	1	2		
33	6		1	
34	2	2		
35	3	1		
36		2		
37	2	1		

『玄章』章数	引用注回数			
徳経	河上公	開元注	不明注	その他
38		2	2	
39			4	
40		1	2	
41			2	
42			3	
43		3	1	成玄英
44		2		
45		1	4	
46				
47	2			
48		1		
49		4	2	
50		1		
51	1	1	3	
52		1	5	
53	1	1	2	
54	4			
55	1	2	2	
56		4	2	
57			4	
58	1			
59		1	4	
60		1	2	

61		2	2	
62		2	1	
63			3	
64	3		1	
65			1	
66				
67			2	李榮
68			1	
69		3	1	
70		1		王弼
71	1		2	
72		2	3	
73		1	2	
74		1	2	
75	1	1	2	
76		2		
77			1	
78		1	1	
79			1	
80			4	
81				

※『玄頌』の各章に於いて、各注釈が引用されている回数を一覧表にしたものである。

第二章　北宋・太宗『逍遥詠』について

序

『高麗大藏經』には北宋二代皇帝・太宗の著述として、『御製蓮華心輪迴文偈頌』（以下『迴文偈頌』と略す）、『御製秘藏詮』（以下『秘藏詮』と略す）、『御製逍遥詠』（以下『逍遥詠』と略す）、『御製縁識』（以下『縁識』と略す）が収録されている。(1) それぞれの主題とする所を題目とした著述と見做せるが、中でも、仏・道の関りが顕著に現われているのが『逍遥詠』である。

現行本『逍遥詠』は全十一巻、五言或いは七言の句からなる。『高麗大藏經』所収本の他に天理図書館に単行本が所蔵されており、『縮冊大藏經』には校本が収録されている。この天理本には福永光司氏の解題が有り、(2)『逍遥詠』撰述の意図を、老荘の不言の教と超越的な真理とに学ぶことで天地造化の理法を体得し、また儒教的な仁徳を修めて、『荘子』の懸解逍遥遊の境地に到達することにあるとし、従って、『逍遥詠』には仏教用語も用いられているが、中核に置かれているのは老荘の「道」であり、金丹を中心とする道教教理は『老子』『荘子』『易經』の「至道」の教えもしくは「神明」の教えによって哲学的に根拠づけられ、甚だしく理念化され精神化されていると述べている。これに対し、吾妻重二氏は『逍遥詠』の主題はあくまでも内丹修養にあると反論している。(3) 又、竺沙雅章氏は、書名から明白な様に『荘子』「逍遥遊篇」に基づいてその「道」を明らかにしたものであり、太宗には崇仏事業としての多くの著作が有るが、『逍遥詠』のみは道教関係の著述であると述べている。(4)

これを要するに、従来の研究では、他の著述に比して『逍遥詠』に錬丹に関する記述が多くみられる点と「逍遥」

というテーマとから、『逍遥詠』のみを道家文献として別扱いし、近世道家・道教文献の一つとして位置付けて来たことが分るが、正《まさ》しくその同じ理由から、その中核思想が何処に在るのかという点に就いて見解の相違も有ることが分る。それは、即ち『逍遥詠』全体の性格に就いて依然として検討の余地が残されていることを意味し、太宗の他の著述との関りに就いても自ずと再考の必要が有ると言えよう。

一　『逍遥詠』を巡る背景

（一）『逍遥詠』撰述について

『大中祥符法寶録』巻一八には次の様に見られる。

太宗皇帝御製六十二卷。蓮華心輪迴文偈頌一十一卷、秘藏詮二十卷、秘藏詮佛賦歌行共一卷、秘藏詮幽隱律詩四卷、秘藏詮懷感詩四卷、秘藏詮懷感迴文詩一卷、逍遥詠一十一卷、縁識五卷。蓮華心輪迴文偈頌一十一卷…以太平興國八年成。是年三月、上遣中使衞紹欽諭旨僧録司、選京城義學文章僧…等二十人爲之注解。…秘藏詮二十卷、…秘藏詮佛賦歌行共一卷、右詮賦等端拱元年十二月、上遣中使衞紹欽諭旨僧録司、選京城義學文章僧…等五十六人同爲注解。…秘藏詮幽隱律詩四卷、…秘藏詮懷感詩四卷、…秘藏詮懷感迴文詩一卷、…逍遥詠一十一卷、…右詩什端拱二年十一月、上遣中使衞紹欽諭旨僧録司、選京城義學文章僧…等一十二人同爲注釋。…縁識五卷…右頌至道元年三月中、詔下印經院、開板模印、編聯入藏。（『大中祥符法寶録』巻一八、三九五八頁・下）(5)

先ず、太平興國八年（九八三年）に『迴文偈頌』が完成し、続いて端拱元年（九八八年）に『秘藏詮』二十巻と『秘藏詮佛賦歌行』それぞれ一巻が撰述され、端拱二年（九八九年）に『秘藏詮幽隱律詩』四巻、『秘藏詮懷感詩』四巻、『秘藏詮懐感迴文詩』一巻と『逍遥詠』が撰述され、至道元年（九九五年）に『縁識』が撰述されたとされている。

他の史料を見るならば、太平興国八年（九八三年）には、「蓮華心輪回文頌章」と「回文圖」を撰述し近臣に示し（『續資治通鑑長編』巻二十四、五五六頁。以下『長編』と略す）、端拱年間には故里に戻る慧明禅師に太宗より「急就章、逍遥詠、秘藏詮、太平聖惠方」が下賜されている（范成大『呉郡志』巻四十二「浮屠」、五七五頁。薛正興主編、江蘇地方文獻叢書『呉郡志』。江蘇古籍出版社、一九九九年）。そして、淳化元年（九九〇年）に『逍遥詠』は『秘藏詮』他と一緒に秘閣に藏され（王應麟『玉海』巻二十八「淳化秘閣御製」二十八／四表）、そして、翌淳化二年（九九一年）には、高麗より来貢し仏典を所望した韓彦恭に対して、『逍遥詠』『秘藏詮』『蓮華心輪』が下賜され（『宋史』巻四八七「外國三」、一四〇四〇頁）、又、翌淳化三年（九九二年）には、延福禅院に「草書急就章一巻、逍遥詠一十一巻、秘藏銓三十巻、太平聖恵方一百冊」が下賜され（『四庫全書』版、鄭虎臣『呉都文粹』巻九、李湛「重修延福禪院記」九／一二表）、翌淳化四年（九九三年）に資聖寺に下賜された多くの書の中に『逍遥詠』の名が見られる（『四庫全書』版、羅濬『寶慶四明志』巻一五「寺院・禪院二十三」五／一三裏）。そして、晩年の至道元年（九九五年）には、『秘藏詮』『縁識』『逍遥詠』に対して、「兩街僧」に「箋註」を命じた上で「釋氏大藏」に入れ頒布させたと有り（『釋氏稽古略』。大正藏四十九冊、八六二上）、ここに至って初めて『縁識』の名が見られる。(6) こうした状況と『大中祥符法寶録』の記述との間に矛盾は無いと言えよう。

以上からすれば、『逍遥詠』他の著述が太宗にとり重要な著述であったことは勿論だが、その他の仏教関連著述と同列に扱われていることが窺える。その点では、医学書である『太平聖恵方』も同様である。又、最後に撰述された『縁識』は、その巻一・二のほとんどが『逍遥詠』と『秘藏詮』に基づいており、(7)『逍遥詠』『秘藏詮』に基づいて『縁識』の巻一・二が先ず撰述され、続いて『縁識』全体が撰述されたことが考えられ、三著は一貫した方針の下に著されたと考えられる。又、『大中祥符法寶録』巻一八に依れば、端拱二年に『逍遥詠』と『秘藏詮』とに注釈を施した京城義学文章僧は「可昇、歸一、守邦、澄裕、徳清、行勤、永光、崇智、可芝、道滿、可昕、懷古」（『大中祥符法寶録』巻一

八、三九六〇頁・上）とされているが、[8] 一方の太平興国八年に完成した『迴文偈頌』に注釈を施した京城義学文章僧の中にも「可芝、歸一」（『同』巻一八、三九五九頁・上）の名が見られ、端拱元年に『秘藏詮佛賦歌行』に注釈を施した僧の中にも「歸一、行勤、徳清、可昕、懷古、可昇、永光、澄裕、守邦、崇智、道滿」（『同』巻一八、三九五九頁・下）の名が見られる。即ち、太宗のこれらの著述に注釈を施した一群の僧侶がいたのであり、ここにもこれらの著述を一連のものとして扱う太宗側の意識を見ることが出来る。[9] 従って、『逍遥詠』を含む著述が一括して仏蔵に収められていることは、別段奇異を差し挟むべきことではないと考えられる。

（二）　太宗を巡る状況

次に、『逍遥詠』撰述に前後する時期の太宗を巡る状況を確認しておきたい。

先ず、太平興国七年に太平興国寺に訳経院が設けられ、陸続と仏典の翻訳作業が行われる。[10] 又、太平興国八年の『太平御覧』への改名（『長編』巻二十四、五五九頁）、雍熙三年の『説文解字』の校訂（『同』巻二十七、六二五頁）、同年の『文苑英華』の編纂（『同』）、端拱二年の『雍熙廣韻』の編集（『同』巻三〇、六八〇頁）等、様々な著述の編纂頒布を積極的に行っていた時期にも相当する。この時期に太宗が書物の編集・出版等の文化事業に積極的に取り組んだ動機に就いては、太宗個人の好学資質によるというもの、政治的意図によるというもの、異民族遼への侵攻に失敗し、内政に関心が移ったためとするもの、等の見解が有るが、[11] 何れにしても、この時期の多くの文化事業の中に本論で扱う『逍遥詠』等の著述も含まれるのである。

一方、太宗はこの頃道士と交流があり、太平興国年間には華山道士・丁少微を招いている。

太平興國三年夏四月乙卯朔、召華山道士眞源丁少微至闕。少微善服氣、年百餘歳、隱居華潼谷中、與陳摶齊名。

搏亦眞源人、然少微志尚清潔、專奉科儀、搏嗜酒放曠、雖居室密邇、未嘗往來。少微以金丹・巨勝・南芝・玄芝等獻、上留數月、遣還［少微獻金丹・巨勝等、乃四年九月復來朝時事、今并書之］（『長編』巻一九、四二五頁[12]）

丁少微は服氣・長生を善くし陳搏と並び称されていたとされ、この時、太宗に「金丹・巨勝・南芝・玄芝」を献上している。この時期の太宗は様々な服餌に関心を持っていたことが窺え（『宋史』巻六十三「志第十六　五行二上　火上」、一三八六頁）、又、「黄白事」を得意とした侯莫陳利用を厚遇し（『同』巻四七〇「侯莫陳利用傳」、一三六七九頁）、病となった劉蟠に医者を派遣し金丹を賜い（『同』巻二七六「劉蟠傳」、九三八九頁）、同じく病となった上官正に「金丹良薬」を賜っている等（『同』巻三〇八「上官正傳」、一〇一三七頁）、「金丹」「黄白」を重視し、病気治療に有効であると考えていたことが窺える。[13]丁少微の行為はそうした太宗の関心に応じたものと考えることが出来よう。

又、雍熙元年（九八四年）には陳搏に「希夷先生」の号を賜っているが、その経緯は以下の様なものである。

雍熙元年冬十月、上之即位也、召華山隱士陳搏入見、於是復至、上益加禮思、謂宰相宋琪等曰、搏獨善其身、不干勢利、所謂方外之士也。…與之語、甚可聽。因遣使送至中書、琪等從容問搏曰、先生得玄默脩養之道、可以化人乎。對曰、搏山野之人、於時無用、亦不知神仙黄白之事・吐納之理、無術可傳於人。假令白日上昇、亦何益於世。主上龍顏秀異、有天人之表、博達今古、探求治亂、眞有道仁聖之主也。正是君臣協心同徳、興化致治之秋、勤行修錬、無出於此。琪等表上其言、上益喜、甲申、賜搏號希夷先生、令有司增葺所止臺觀。止屢與屬和詩什、數月、遣還（『長編』巻二十五、五八八頁）

宋琪の問いかけに対する陳搏の「私、搏は山野の人であるので、時世の事については何のお役にも立ちません。又、神仙黄白の事・吐納の道理も知りませんので、人に伝えることが出来る術など持ち合わせておりません」という答えは、ある種の形式化した問答である感を拭えないが、太宗の関心が「神仙黄白之事・吐納之理」にあり、それらをむしろ「於時有用」なものと看做したいという太宗の姿勢が現われている様に思われる。ともかく、太宗が一貫して黄白の術に関心を持っていたことは間違い無く、従って、『逍遥詠』に見られる錬丹の記述が、果たして内丹に限られるものであるのか、検討の余地が有るであろう。

太宗の即位に張守真なる道士が関与していたと言われ、その張守真の進言で上清太平宮が建立されたと指摘されている様に、(14)そもそも、太宗と道教との距離は近いのだが、ここでは、陳摶の例から予想される「於時有用」という点を確認しておきたい。太平興国三年（九七八年）十二月には、『尚書』「外作禽荒」と併せて『老子』「馳騁畋獵、令人心發狂」（十二章）の句を引き、民のために「狩」を取り止めようとする太宗の発言が見られ（『長編』巻一九、四三八頁）、太平興国七年（九八二年）には「朕每讀老子、至佳兵者、不祥之器、聖人不得已而用之、未嘗不三復以爲規戒」と『老子』を踏まえつつ、「朕每退朝、不廢觀書、意欲酌前代成敗而行之、以盡損益也」と、具体的な為政の場に「聖人」である『老子』の立場を持ちこもうとする太宗の姿勢が見られる（『同』巻二十三、五二八頁）。雍熙元年（九八四年）十月には、「老子云、我命在我不在天」の言葉を引きつつ、節制に努めることの重要性を述べているが（『同』巻二十五、五八八頁）、これと関連する記述としては、淳化四年（九九三年）に『老子』に基づく「黄老の道」「清靜政治」を太宗が口にし、呂端、呂蒙正などもそれに応じる状況であったことが窺え（『同』巻三十四、七五八頁）、同様の事柄は、淳化五年に再び呂蒙正との間で、「陛下如此宣諭、深合黄老之道」（『同』巻三十五、七七四頁）と、「黄老の道」としても述べられている。「清靜」に就いては、淳化五年九月にも、「夫政教之設、在乎得人心而不擾之爾」と、「人心」を乱さない「政教」の在り方としては「鎮之以清靜」が重要であると述べている（『同』巻三十六、七九七頁）。そして、仏教に関しては太平興国八年（九八三年）に、

上以新釋經五卷示宰相因謂之曰、浮屠氏之教有裨政治、達者自悟淵微、愚者妄生誣謗、朕於此道、微究宗旨。凡爲君治人、即是修行之地、行一好事、天下獲利、即釋氏所謂利他者也。庶人無位、縱或修行自苦、不過獨善一身。如梁武帝捨身爲寺家奴、百官率錢奴贖、又布髮於地、令桑門踐之、此眞大惑、乃小乘偏見之甚、爲後代笑。

爲君者撫育萬類、皆如赤子、無偏無黨、各得其所、豈非修行之道乎。雖方外之説、亦有可觀者、卿等試讀之、蓋存其教、非溺於釋氏也（『同』巻二十四、五五四頁）

と、[15]「浮屠氏の教」即ち仏教は具体的「政治」の場で有用でなければならないという太宗の理解と、「君主として人を統治することは、修行の場に他ならない」と、個人の修養と「爲君治人」とを同一線上に理解しようとする彼の姿勢を窺うことが出来る。[16]最後の「蓋存其教、非溺於釋氏」の句は、教えの内実こそが重要なのであって、「釋氏」という枠組みに拘泥してはならないという意味であろう。太平興国八年のこの段階では既に『迴文偈頌』が撰述されており、太宗の関心が仏教を軸とした三教の在り方に向かっていたことが窺える。淳化三年（九九二年）には、

宋太宗敕。朕聞三教出興、爲法不同、同歸於道。道也者、變通不居之謂也。自非識洞杳微、理窮性命、未有能宏通者也。朕萬幾之暇、無畋遊聲色之好、述成秘藏詮、逍遥詠、并佛賦［四字欠］十餘軸、遣内侍同僧守能賚賜明州瀑布觀音［五字欠］録、同歸藏海、俾僧看閲、免滯面牆、生進此道、乃朕之意也。淳化三年二月一日（『四明山志』巻二）

と見られ、[17]「三教」はその出自を異にするものの、「道」に至るという最終目的は同じであるという、三教を併存させようとする姿勢が窺える。先に見た「存其教」と一貫する姿勢である。そうした姿勢の下に「秘藏詮、逍遥詠、并佛賦［四字欠］十餘軸」が撰述されたという記述は注意すべきであろう。

この様に、太宗は具体的な為政の場での有用性という点から三教を捉え、三教個々の「教」としての区別に拘泥する必要は無いと見做していた様である。「黄老」「清靜」等の語はそうした彼の姿勢を現わすものとして用いられているのである。[18]

二　『逍遥詠』の思想

（一）　「逍遥」について

さて、『逍遥詠』に見られる「逍遥」の語の性格を端的に示すのは以下の例である。

自由自在で捉われることが無く、逍遥と内外に於いて安んじている。／頑迷な者達は（この逍遥の境地を）見ることはなく、（逍遥である）聖人の境地は、万物の原初の在り方に等しい。／（この様な境地では）小賢しい智慧を用いる必要があろうか。奥深い大道は広大であるのだ（小賢しい智慧など何の役にも立たない）。／（広大無辺な道は）個々の具体的事象に捉われていては理解出来るだろうか、（しかし）四季の一巡りを見ればよい（そこに具現化されているのだ）（自在無拘束、逍遥裏外安。／頑情終不見、聖境類乎端。／機智將何用、幽深大道寛。／區分能解意、四季一周看）（『逍遥詠』二・一五／一〜八、九六五頁・中）[19]

「逍遥」とは「自在無拘束」と一切の束縛から解放され、主体の内側に於いても、外界との関りの場に於いても安寧とした境地である。それは「聖人」の境地でもあり、又、万物が生れる根源、即ち「道」そのものの在り方でもある。それは賢しらな智慧の及ばない領域ではあるものの、例えば四季の巡りなどの具体的な事象に具現化されているはずのものとされている。

「逍遥」の語の基本的性格はほぼここに尽きているのだが、もう一例見るならば、

逍遥の境地に於いて万物の性質に通じ、大道は（万物に応じて）方・円の具体相を示すのだ（逍遥通物性、大道有圓方）（『同』四・三／一〜二、九六九頁・下）

「逍遥」の境地で「物性に通じる」、即ち、「逍遥」は個別・具体性の次元を超え、分別・束縛等から解放されてい

るため、逆に全ての存在物に対して、個々の存在物の在り方に逆らうことなく、個々の存在物に対処することが出来る。それは、本来具体的形態を備えていない「大道」が個々の存在物の形態に応じて「圓・方」といった具体像を以て現われるのと同じとされているのである。

この様に、「逍遥」の語は、「聖人」の境地としては一切の分別・差別から解放された状態を意味し、そのため、個別相を損なうことなく万物に応じ得る。同時に、それは万物の根源である「道」の在り方にも相当し、それは具体的個物に具現化していることを意味しているのである。

こうした「逍遥」の概念は、確かに福永氏解題が指摘する様に、『莊子』「逍遥」の思想を踏まえるものではあろう。しかし、『逍遥詠』の「逍遥」の語はそれに留まるものではなく、その他の重要な概念、即ち、「理」、「空」、「因縁」、錬丹等と深く結び付いているのである。以下これらに就いて見ていくことにする。

（二）「理」について

『逍遥詠』に見られる「理」には、単に道理、教えなどを意味するものから、思想の根幹に関るものまでと幅が有るが、ここでは『逍遥詠』全体の思想と関るものに就いて見ておきたい。「序」には、

玄元である大道、その理は深く遠い所まで覆い尽くす。逍遥の究極の論、その意義は細かく微妙な所まで貫く（玄元大道、理包深遠。逍遥至論、義貫精微）（『同』序、九五九頁・上）

と有り、「序」は『逍遥詠』を「精微」にまで行き渡る「逍遥の至論」と性格付けし、それは「玄元である大道の理」と同等とされている様である。この様に「理」は「道」と深く関るが、

逍遥であれば心は自然と楽しみ、清浄であれば長生を保つのだ。／至道は玄理と一体となり、真実の空が造化の

働きをなすのだ（逍遥心自樂、清淨保長生。／至道歸玄理、眞空造化成）（『同』三・一／一～四、九六六頁・中）と、「逍遥」という境地が心の「自樂」をもたらし、それは「清淨」という在り方を通して「長生」という具体的事柄に結実する。こうした人に即した立場と並置されて、「至道」と「玄理」は一体であり、そこから「眞空」が「造化」の働きを起す、という「道」に即した立場が述べられている。「理」は「道」と同等であるから、（道は）杳冥としていて測りがたく、現象を超えた境地に至れば、（万物の）理には何の違いも存在しないのだ（杳冥難測度、象外理皆同）（『同』五・一八／五～六、九七四頁・下）と、「理」は現象のレベルを超えて存在するとされるのである。しかし、「眞空」が「造化」の作用を起すと言われていたのと同様に、

大道は虚無の存在であるが、大道を信じる者には霊妙な感応がある。／ほの暗く奥深い玄妙な理は、その働きはかつて停止したことがあろうか（大道虚無境、信之則有靈。／幽深玄妙理、運轉幾曾停）（『同』一・二／一～四、九六〇頁・上）

と、第一・二句で「大道」に就いて述べたのを受けて第三、四句では、その「大道」は「玄妙の理」であると同時に、その「運轉」は止まることが無いとされている。即ち、「玄妙の理」に働きかけることで、必ず感応としての「運轉」が有るとされ、「理」と作用とは連続するとされているのである。同様の事は、

私は逍遥の理に達し、陰陽は五行を巡らすのだ。／道は根源の一から変化し、徳の働きは三清の境地と一体となるのだ（我達逍遥理、陰陽運五行。／道從初一變、徳合混三清）（『同』一・四／一～四、九六〇頁・中）

と、「我は逍遥の理に達し、陰陽は五行を運らす」と、「逍遥の理」に達した者は、そこに留まらず、作用としての「陰陽」を操るとされ、それは続いて見られる「道」が変化を起すことと同一視されている。即ち、「逍遥」の境地に在る者が万物を生み出す作用を起すということは、「聖人」の万物への働きかけにも相当し、「理」の形而下への展開も意

味しているのである。

（三）「眞空」について

「造化」へと展開するとされていた「眞空」だが、「逍遥の境地では語黙の全てを知り、世俗の境地を超えた所に真実の空を見るのだ（逍遥知語黙、境外見眞空）」（『同』一・一／一～二、九六〇頁・上）と、「逍遥」の境地は「語・黙」という相対を超えているため、「語・黙」の別に限定されず、あらゆる所に通じることが出来る。それは具体的現象を超えたところに「眞空」を見る境地でもある。「眞空」は「境外」の境地とされていることから、世俗的次元を超えたものと看做されていることが分る。

この様に、「眞空」の語そのものは、現象世界と隔絶した境地そのものを述べているのだが、既に見た様に、「眞空」は「造化」の作用を起すとされているのであり、「眞空」は具体相を持たない概念であると同時に、「造化」という働きへと展開し、万物を形成すると理解されている。

こうした「眞空」の性格は「逍遥」の一面でもあると言えるが、「逍遥」が「聖人」等の境地を示す語であったのと同様に、「眞空」も又、特定の人の境地を示す。

欲界に住む者達はその気持ちが定まることはなく、真実の空は本来の在り方と一体となったものなのである（欲界情無定、眞空本自然）（『同』四・一〇／五～六、九七二頁・上）

「自然」は人の本来在るべき在り方を指す語であろう。「眞空」は「自然」そのものであり、それは、安定性を欠く「欲界」に住む者の「情」と対比されている。従って、「眞空」は、世俗的次元を超えた者の境地を示す語と思われる。そして、「真実の空の光は太陽に似て、解脱は全て心に基づくのである（眞空光似日、解脱本由心）」（『同』五・三／三～

四、九七二頁・下）と見られ、「眞空」の光が太陽の様に照らすとは、太陽が対象を選ぶことなく一切を照らす様に、一切の分別・区別をすることがないことを意味する。こうした対象を分別しない「眞空」の在り方が「解脱」に他ならない。そして、その「眞空」である「解脱」は「心」に基づいて達成されるのである。即ち、「眞空」「解脱」に至るか否かは全て「心」の問題とされているのである。そして、

逍遥として私は杳冥の内に（真実の教えを）吟詠し、（そのことで）万物の差異は解消されるのだ。／精緻で微妙（な道の境地）を明らかにしたとしても、それに執着することはなく、先ず万物の在り方に従いながら真実の空に到達するのだ（逍遥我詠杳冥中、萬物齊歸各異同。／曉解精微無所着、先從含識踐眞空）（『同』六・一三／一〜四、九七七頁・中）

一、二句目では、自身が「逍遥」の境地に至れば「萬物」を斉同と看做すことが可能となると言う。それは、三、四句目で言われている様に微妙・精緻な道理に至るものではあるが、それに執着してはならず、そのためには「含識《ばんぶつ》」の在り方に即しつつ「眞空」に到達する必要が有るのである。重要なのは、万物の在り方に即しつつ「眞空」へと至ることであり、そうでなければ、それは「眞空」に執着することになってしまうからである。「眞空」自体は、個別の差異を超越した境地ではあるものの、そこには、個別に即しつつ至らねばならないのである。「眞空」から「造化」へという展開は、人の立場からは、万物の在り方に即して「眞空」へと帰着するという形で述べられていると言うことが出来よう。

（四）「因縁」について

『逍遥詠』は様々な文脈で「因縁」に言及している。

人の本性は誰しも真実の理と等しいものの、それぞれの因縁には軽重の違いが有るのだ（種性歸眞理、因緣有重輕）

（『同』一・一三／七～八、九六二頁・上）

「種性」とは人の本来性と考えられ、それはそのままで「眞理」であるのだが、個々の人々が修めて来た行為には違いが有り、それが「因縁」の「重輕」として作用する。本来「眞理」である本来性が「因縁」によってどの様に顕現するのか、そこに個人差が生じるのである。従って、修道も含めて衆生は常に「因縁」の枠の中に在ることになり、

（道に）出会うことが出来るのは、全て因縁の結果であり、（因縁が無ければ）幾ら力を費やしても達成することはできず、徒にあくせくするだけだ（遭逢秖是因緣感、費力無成枉用忙）（『同』七・一〇／五～六、九八〇頁・下）

修道の際の何よりも関鍵となる「道」との遭遇も、「因縁」の積み重ねの結果に他ならず、逆に言えば、「因縁」の積み重ねの無い場合、あらゆる行為は徒労に終わることになる。

天界の優れた理は凡庸の者達では理解することは出来ない。／（現状を生み出している）遥か昔の因を知る者はなく、浅く身近な現象に拘《こだわ》る見識しか備えていない者達は、（劫因に対して）疑いを抱くのだ。／（枝末を去り）確実な根本を求めれば真性へと復帰することになり、取るに足りない邪《よこしま》なものは無くなり、（道を）正しく維持する境地へと入るのだ。／愉快なことではないか、大道に親しみ、（大道に親しめば、その）報応は自然と至るのだ

（天界殊勝理、凡愚不易知。／曩因誰可究、淺近故懷疑。／的實歸眞性、區邪入正持。／樂耶親大道、報應自然之）（『同』二・九／一～八、九六四頁・中）

「天界殊勝の理」を、凡庸の者が何故理解出来ないのかと言えば、それは凡庸の者達が長い時間に亙って積み重ねてきた因縁（＝「曩因」）に原因が有るのである。だが、凡庸の者は正《まさ》に凡庸であるそのために、こうした因縁の道理を理解することが出来ないのである。逆に言えば、正《ただ》しく因縁を積み重ねたならば、「眞性」へと帰着することが出来るのである。そこには「道」との感応が有るのである。

道を得たならば凡人・聖人の違いを超え、逍遥の境地に至るのは因縁による（得道超凡聖、逍遥本是縁）（『同』四・六／一～二、九七〇頁・上）

「得道」の境地は一切の分別・束縛から解放されている。そこには凡人・聖人の違いすら存在しない。その境地は「逍遥」の境地に他ならず、そうした「逍遥」の境地に至るのも「縁」に基づくのである。「逍遥」が一切の分別・束縛から解放された「道」と同じ境地であるならば、それは又因縁の枠組みからも解放されていなければならないだろう。即ち、因縁の積み重ねによって、その因縁から解放されることが目指されているのである。修道とは、因縁に従い、本来性（＝「種性」「眞性」）を顕現させることで「逍遥」の境地に到達することであると言えよう。

（五）「錬丹」について

以上の「眞空」「因縁」が仏教思想に淵源する思想であるとするならば、錬丹は『逍遥詠』の道教的側面を窺い得る事柄である。太宗の他の著述に比べれば『逍遥詠』に占める錬丹の比重は高く、錬丹が『逍遥詠』の重要なテーマの一つであることは間違い無い。

本論冒頭で太宗が金丹黄白の術に関心を持っていたことを確認したが、では、『逍遥詠』に見られる錬丹は外丹と内丹の何れなのだろうか。そもそも、外丹と内丹とでは用語を共通にする場合が多いため両者の判別が困難な場合が多い。『逍遥詠』でもその区別が明確ではないものが多く、むしろ、内・外丹の双方が含まれているのではないかと思われる。そうした中で、内・外丹の区別が比較的明白と思われる事例を幾つか確認しておきたい。先ずは外丹である。

仙経は無限の教えを含み、龍虎によって丹が完成する。／陰陽の理を採り集め、永遠の寿命を願うのだ（仙經無

限意、龍虎返丹砂。／採綴陰陽理、終期歳月賒）（『同』一・一四／一～四、九六二頁・上）

「返丹砂」は所謂る「七返丹砂」であろう。例えば八世紀前半の陳少微「七返靈砂論并序」には「返丹砂」と有り、[20]又『雲笈七籤』巻七十一「金丹」にも「七返丹砂法」（七十一／一九表／一〇）と有り、これらは何れも外丹を指す。こうした「返丹砂」は、陰陽の道理を踏まえていれば認められるとするのが『逍遥詠』の立場なのである。又、

この世界は無限であり、論じようとすれば更に遠くかつ深くなる。／陰陽（の道理に通じた）ならば、白黒を区別する様にこの世界のことが分り、（錬丹の教えに通じたならば）瓦礫を黄金に変えることも出来るのだ（世界無窮盡、論之遠更深。／陰陽分皀白、瓦礫變黄金）（『同』一・一八／一～四、九六二頁・下）

「瓦礫變黄金」の語は象徴的意味ではなく、陰陽の理に通じることで、文字通り「瓦礫」を「黄金」へと変えることが可能となると述べているのであろう。重要なのはその根底に在る陰陽の道理なのである。

次に内丹だが、

（聖人は教えを）述作して、世間の人がそれを理解する様にしたのであり、凡俗の者達は自分の内丹が本物であると出鱈目な事を言うのは止めよ（述作比帚人世解、凡情謾説内丹眞）（『同』七・一八／三～四、九八二頁・上）

ここには文字通り「内丹眞」と見られるが、そのこと自体が外丹の概念が前提となっていることを示していると言えよう。又、

霊妙なる胎が完成し（仮の）肉体から離脱することでようやく聖なるものを知り、鈆汞には名前だけではなく実体が有るものであることが分るのだ（靈胎脱體方知聖、鈆汞梯媒不是名）（『同』一〇・一〇／五～六、九九一頁・中）

「靈胎脱體」は内丹の最終段階である「脱胎」を意味するものであろう。

内丹と外丹が併記されていると思われる事例も有る。

五石と八石、これらは一つ一つ仙経に記載されている。／（これらの教えを行う者には）常に深い仁の行いが伴い、

それは決して止むことはない。／太陽の精華で汞を精錬する方法、月魄で丹砂の霊を精錬する方法。／聖人の境地に入り、凡庸の肉体から離脱し、本来の真実の姿形へと変わっていくのだ（五金并八石、一一注仙經。／雅有深仁行、無非不暫停。／日華精汞法、月魄錬砂靈。／入聖超凡骨、變化本眞形）（『同』二・二〇／一～八、九六六頁・上）

「五金并八石」は具体的な鉱物を指し、黄白の術と考えられる。しかし、「日華精汞法、月魄錬砂靈、入聖超凡骨、變化本眞形」の部分は内丹である可能性が高いであろう。

以上の例に窺える様に、『逍遥詠』は内・外丹の双方をその思想の中に矛盾なく位置付けることが重要であるとしているのであり、その意味では、内・外丹の区別は大きな問題とは看做されていないとも言える。その点を踏まえて、『逍遥詠』の錬丹の基本的性格を窺える事例を見るならば、

道を学ぶということがもともと（人々が本来具有する）真であることを誰が知ろうか、鉛と汞とが一体となることが最も好ましい調和なのだ。／（人々が教えをきちんと理解出来ないのは）虚しく（古の教えが）歳月を経て伝わったからではなく、自らの因縁のため、龍津を探るだけの知識に欠けているからなのだ（誰知學道本來眞、鉛汞爲媒最好親。／非是虚傳經歳月、自縁無識探龍津）（『同』六・一五／一～四、九七七頁・下）

「學道」は本来性へと到る橋渡しであり、それは錬丹に於いても同様である。錬丹という行為は、人が本来備える「眞」と乖離するものではないが、しかし、そのことを理解出来ない者がいるのは、その者の因縁の積み重ねが不十分であるためである。即ち、錬丹は「眞」を求める行為に他ならず、その達成のためには、因縁の蓄積が必要であるとされているのである。錬丹という方途もまた、因縁の蓄積によって本来性を顕現させるものとして理解されていると言えよう。そして、既に見た「逍遥」の境地に在る者が万物に対して作用を起すという立場、或いは「理」は現象を越えつつも具体性のレベルに通じるという立場は、錬丹にも当てはまり、

先ず庚辛の理を秘し、続いて戊己の名を伝える。／真実の鉛は（道と）一体となり、（それは道と）互いに感応し

あい、そうなれば自ずと長生となるのである（先秘庚辛理、後傳戊己名。／眞鈆歸一體、交感自長生）（『同』二・八／五～八、九六四頁・中）

西方の「庚辛」と東方の「甲乙」が、中央の「戊己」で一体となり丹が完成するというのが錬丹書に多く見られる納甲説に基づく理論だが、ここでは「庚辛」も「戊己」も同様に錬丹の完成を意味していると思われる。(21) そして、それぞれに「理」と「名」が配されているが、「庚辛」と「戊己」の双方が「理」と「名」に関るという意味であろう。つまり、本質を示す「理」と、現象を意味する「名」の双方が錬丹と関り、そして、本質的な「理」を先ず踏まえなければならないとされているのである。

不可思議な丹薬は今まで聖人の機微（に達した者）にしか分らず、その玄妙な機微に至るものがどれだけいたであろうか。／真実の空を踏まえた現象はすべて真実であることが分り、（こうした道の）巡りや働きに到達できる者は稀である（靈藥從來隱聖機、何人得達到玄微。／眞空入有皆知實、運化功能到者稀）（『同』六・五／一～四、九七六頁・上）

一、二句目では錬丹が言われ、それは具体的事柄でありながら「玄微」とされ、そして、それを受けて三、四句目では「眞空」であれば、「有」の世界もまた「實」となり得るとされている。つまり、「眞空入有」という、本質的なものと具体的なものの相即という立場と錬丹とが結び付けられ、錬丹という事柄も又「眞空」の裏づけを得ているとされているのである。

以下、『逍遥詠』で多用される「龍虎」「鈆汞」「華池」の語に就いて見ていくことにする。

①　「龍虎」

そもそも道が不可思議であることは、（その道に基づいて）五行が巡り、三才が変化し万物に通じることが出来るのだ。虎が嘯き龍が吟い、陽が唱えて陰がそれに調和する（これらは全て道に基づいているのだ）（夫道之妙也五行能

之運化、三才可以變通。虎嘯龍吟、陽唱陰和）（『同』序、九五九頁・上）

玄妙な「道」に基づいて「五行」「三才」が展開することが言われているが、「虎嘯龍吟、陽唱陰和」とは陰陽の調和を意味し、それが玄妙なる「道」の展開として述べられている。又、既に引用した様に、「仙經無限意、龍虎返丹砂。／採綴陰陽理、終期歳月賒」（『同』一・一四／一～四、九六二頁・上）と、「龍虎」「陰陽」の語で表現される具体的現象に、「陰陽の理」と「理」の語が付け加えられている点は重く見るべきであろう。即ち、「陰陽」は形而下の作用ではあるものの、本体としての「理」と一体となっているのである。

この様に、「龍虎」が示す錬丹はあくまでも具体的な錬丹に他ならず、それ自体が特に抽象化されている訳ではない。そして、

（道を求めるのは）全て宿世にその礎が有るのであり、（その礎としての）縁が無いのであれば、無理強いをしようとしてはならない。／真実の鈆は至道に他ならず、龍虎は華池に於いて微笑むのである（宿世終皆有、無縁勿強爲。／眞鈆歸至道、龍虎笑華池）（『同』二・一二／五～八、九六五頁・上）

修道には「宿世」からの因縁の蓄積が必要であり、因縁の蓄積無くしては「道」に至るのは不可能なのである。因縁の積み重ねが有れば、「眞鈆」は「至道」となり、「龍虎」は調和するのである。「龍虎」が意味する錬丹は『逍遥詠』の因縁理論の中に組み込まれているのである。

② 「鈆汞」

乾坤の不可思議な道理にカラリと到達し、逍遥として鈆と汞とが互いに依拠し合うのだ（豁達乾坤神妙理、逍遥鈆汞共相依）（『同』九・一／七～八、九八六頁・中）

先ず、「理」について述べ、そして錬丹を意味する「鈆汞」と「逍遥」とが結び付けられている。「乾坤の妙理」とされる陰陽の道理に通じることと、「逍遥」の境地で「鈆汞」が調和することとが併置されている。そして、

真実の空を修めれば寿命は永遠となり、（このことを理解しなければ）還丹が目の前に在っても気付くことはない。／（道の）清きを得ることで宇宙に輝き、毎日毎日欠かすことなく還丹を錬らなければならないのだ。／人間世界の事柄は天上世界に於いて明らかに記録されており、鉛汞の花が開くのは偶然ではないのだ。／ひたすら教えのみを学び理の道に依拠し、世俗の利益を貪ることで、道の教えに遍く通じることを見失ってはならない（眞空修錬永長年、不識還丹在眼前。／一得清來光宇宙、千朝須是用烹煎。／人間天上分明録、汞裏花開豈偶然。／達取但教依理路、勿貪世利悞周旋）（『同』一〇・一七／一〜八、九九二頁・下）

「眞空」を修めたならば長生の達成が可能となり、それは又、「還丹」が目の前に在ることに他ならない。即ち、錬丹を実践するには「眞空」の境地が前提とされているのであり、その前提が無ければ真実の錬丹を見失うというのである。そして、「汞裏に花開く」とは錬丹の完成を意味するが、それは「偶然」ではなく、「天上」世界に記録されている有資格者のみが錬丹を完成することが出来るのである。これは、天界に個々人の記録が保管されているという伝統的発想に基づくものだが、『逍遥詠』の立場としては因縁の蓄積を意味し、その蓄積の有る者は天上世界に名前が記載され、彼らは自ずと「眞空」の境地に到達しており、錬丹を実践することが出来るというのである。

さて、「鉛汞」に就いて一つ指摘しておきたいのは、仏教との関りである。「礦石は錬られれば金色となり、菩提は道果が完成した者である（礦錬眞金色、菩提道果成）」（『同』四・一三／一〜二、九七一頁・上）と見られるものは、原石としての「礦石」を精錬し「金色」とすることと、「道果」を完成して「菩提」となることが並置され、本来性を磨くことで修道を完成させることが、「菩提」の達成と黄白の術とで表現されているのである。即ち、錬丹の完成は人の本来性の顕現としての仏性と同一視されているのである。又、

如来の秘法はガンジス河の砂にも例えられ、それが正しく鉛が汞の花を開くというものに他ならない。／錬丹は、血脈を損なってはならず、凡庸なる者の気持ちが乱れれば、黄牙を損なうのだ。／禼男が（坎女と）一体となるこ

とは明らかに説かれているが、坎女が（离男と）一体となっても（丹の完成を）誇る必要は無いのだ。／何と偉大なことか、日中に九転丹を完成し、紅漿を一度飲めば仙人となるのだ（如來秘法論恒沙、須是鈆開汞上花。／燒錬勿令傷血脉、凡情散亂損黄牙。／离男合度分明説、坎女和同不用誇。／大矣日中成九轉、紅漿一飲到仙家）（『同』八・一九／一～八、九八五頁・下）

「如来の秘法」即ち仏教の偉大さをガンジス川に譬えた上で、「鈆の汞上に花を開くべし」と、鈆と汞の一体化、即ち錬丹の完成と同一視されている。続く句に見られる「离男」と「坎女」の一体化も丹の完成を意味する。この「离男」「坎女」に就いては、最後にもう一度考えてみたい。又、「凡情」の者の場合として、「散亂」した精神状態で「血脉を傷」つけ、「黄牙」を損なう類の錬丹術が有るとされている。仏教と同一視することが許される丹法は、精神を散乱させないことを前提とするものであり、それは錬丹の基盤として「眞空」が位置付けられていることに相当すると言えよう。

③　「華池」

最後に、「華池」に就いて見ておく。

青龍は（五行では）本来（東方である）木に属し、（西方である）白虎と合わさり華池となる。／水火は常にその軸となり、陰陽による生成はゆっくりと進む（青龍本屬木、白虎作華池。／水火恒爲則、陰陽造化遅）（『同』三・十一／一～四、九六七頁・下）

「青龍」は五行では東方、「木」に相当し、「白虎」は西方に相当する。この「青龍・白虎」が「水・火」を軸として調和することで錬丹が完成し、それが「華池」と言われている。「華池」の語自体も一般的錬丹の枠内で述べられていると思われるが、それがやはり『逍遥詠』の他の思想と密接に関っているのである。(22)

金丹の鼎で、（元始の）精を精錬しなければならず、華池の水は燃える様な赤色である。／坎と离とが互いに配しあい、男女が自然と互いに逢う。／（現世に修道を行っている者達は）遥か過去劫の因果を知っているのであり、生前に修めたその道は後世も窮まることはないのである。／もし修道すればその心は正しく、発意すれば万物に遍く通じることになる（金鼎精須錬、華池水火紅。／坎离能匹配、男女自相逢。／曩劫知因果、生前道不窮。／若修方寸是、發意便周通）（『同』三・三／一～八、九六六頁・中）

第一、二句目では錬丹が言われ、「金鼎」で「精錬」した結果、「華池の水」は「火紅」と燃え上がる。この「華池」は錬丹の完成を象徴している。その丹が、後半の第五～八句で因縁の蓄積の重要性と結び付けられている。つまり、錬丹を行えるかどうかは因縁の蓄積如何にかかっているということである。又、既に見た様に、修道は本来性の顕現に他ならなかったが、

龍と虎、剛と柔（という陰陽）は聖なる方法に潜み、もしこれらを和合すれば陰陽が巡るのである。／物事の正しい組み合わせを周知し疎かにすることがなければ、物事の本性に従うことになり、道理は自ずと完全なものとなる。／（丹が成れば）鼎の中に花が開き五色が揃い、火候を理解すれば、三黄をコントロールすることが出来る。／更に華池の妙に通じることが出来れば、東西南北の全てが邪魔となることはないのだ（龍虎剛柔隱聖方、一時和合運陰陽。／周知配類無踈失、物性從來理自長。／鼎裏花開装五彩、心明火候制三黄。／更能通得華池妙、南北東西不可當）（『同』八・十一／一～八、九八四頁・中）

第三、四句では、錬丹は本性に従ったものでなければならないと言われ、そうした錬丹に於いて初めて「道理」は完全なものとなり、「華池の妙」へと通じるとされている。「華池の妙」は錬丹プロセス全体の完成を象徴する語であろう。

以上を要するに、『逍遥詠』に見られる錬丹自体は特段抽象化されている訳ではない。しかし、それが因縁の蓄積、本来性の顕現等の他の問題等と結び付けられて論じられているのである。

三　太宗の其の他の著述に就いて

為政の場で有用であるべきだという太宗の視座に相反し、『逍遥詠』は衆生の救済にはほとんど言及しない[23]。『逍遥詠』では、その先に在るはずの境地こそが主題とされているのであり、多くの衆生に対するこうした配慮は太宗の他の著述に委ねられている様である。その点を押さえつつ、太宗の他の著述を簡単に眺めておきたい。

（一）『秘藏詮』

『秘藏詮』は「玄機默授、化導無知之俗」（『秘藏詮』「序」、八二二頁・上）、「願發有情之相、破重昬之境」（『同』「序」、八二三頁・下）等、迷える衆生を救い、「道」を悟らせるために、仏教を称揚することを目的としたものであり、そのため「徳廣徧羣生、慈悲懷節操」（『同』一・二十四／一〜二、八二六頁・中）、「大悲慈忍力、萬劫接迷群」（『同』三・十一／三〜四、八三四頁・中）等、随所で衆生救済に言及している。そもそも、題目に見られる「秘藏詮」の語自体が、「粤聞詮源秘旨、隨機立教以興言」（『同』序、八二二頁・上）と、衆生の機根に応じて言語による教えを起し、そのことで「秘旨」を「詮《と》き源《たずね》る」ことを意味するものである。この様な姿勢を基本とするため、『秘藏詮』は錬丹にはあまり言及せず、逆に、仏教思想を前提とした「佛理」等の語を用いるなど、より仏教的性格の濃い内容となっている[24]。しかし、その基盤となる思想に就いては、『逍遥詠』と基本的に共通している。

『秘藏詮』も「逍遥」の語に多く言及するが、「玄妙な知恵は霊妙な境地に存在し、逍遥として時間を超えて自在である。迷える人々は無暗と執着し、真実の聖人は一切の分別から解放されているのである（智妙棲靈境、逍遥自在時。迷情皆妄執、眞聖坦平爲）」（『同』一三・四十七／一〜四、八八四頁・上）と、「智」の「妙」なる在り方として、常に「逍遥」で「自在」であるとされている。「逍遥」は「迷情」「妄執」と対置する、あらゆる分別・執着から解放された境地と言えよう。そして、「逍遥として自在であれば、大道とどの様な違いが有ろうか（逍遥能自在、大道亦何殊）」（『同』二十五・十一／一～二、九四三頁・上）と、「逍遥」の境地は「大道」と何ら異ならないとされているのである。

『秘藏詮』に見られる「理」の語は、「究極の理は長短という具体像では表現できない（理達非長短）」（『同』十一・二十一／一、八七二頁・中）と、具体的次元を超越したものとされ、「理は目の前に有るが、凡人の心はそれから遠く離れており、道はすぐそこに存在しているのに、その道理に通じることが出来ないのだ（理近凡心遠、道存理不通）」（『同』一二・二十四／一～二、八七七頁・中）と、その「理」は常に目前に存在しているものの、しかし、迷いの残る「凡心」ではそれに至ることは不可能であるとされている。『秘藏詮』の「理」の基本的理解は、この様に『逍遥詠』と共通するものだが、その一方で、『逍遥詠』には見られない仏教思想を踏まえた「高低の違い（が無い）だけではなく、仏理の智慧は完全（に平等）なのである（不惟高與下、佛理智圓通）」（『同』一二・一二／三～四、八七六頁・中）等の、より仏教に引き付けられた表現が見られる。

最後に錬丹だが、「太陽の烏と月の兎により、無明に覆われた迷いを取り払うのだ（日烏將月兎、照破無明處）」（『同』五・一六／三～四、八四四頁・中）と、衆生の迷いを取り払う方法として、錬丹の完成を意味する「太陽の烏」「月の兎」が言われ、又、「焼金と錬礦とで、大匠は真如を明らかにするのである（焼金兼錬礦、大匠顯眞如）」（『同』四・二十五／三～四、八四〇頁・中）と、「焼金」「錬礦」によって「眞如」が明らかにされるとも述べている。即ち、錬丹により迷いは消滅し、本性である「眞如」が顕現するとされているのである。この様な錬丹と仏教の一体化は『逍遥詠』と一貫するものである。

（二）『縁識』

『縁識』の「序」は「私が聞く所では、法門は唯一絶対のものではなく、賢聖でなければ、それに通じることは出来ない。…私は無為の大いなる教えを興し、人々の幸せを助けることに日々努めたいと思う（朕聞、法門不一、非賢聖無以皆通。…予將興无爲之大教、力救蒼生之福業、以日繼時）」（『縁識』「序」、九九八頁・上）[25]と、『縁識』の意図する所は仏教思想の称揚と衆生救済であると述べている。その「序」と呼応し、「躬躬勤政理、化被遍恩流」（『同』巻三、一〇〇八頁・上）、「祇願蒼生添景福、康寧常得遇豐年」（『同』巻三、一〇一〇頁・上）等と、衆生救済と社会の安寧を謳う内容が多く見られ、又、特に巻四に集中して、「靜非山裏住、鬧即擬何之。縁識歸空寂、生前舊亦知」（『同』巻四、一〇一二頁・中）等と、「縁識」の語が多く見られ、文字通り「縁識」が『縁識』の主要テーマの一つであることが分る。[26]即ち、『逍遥詠』以後の撰である『縁識』は再び仏教思想を全面に出すことを基本姿勢としていると言える。

『縁識』に見られる「逍遥」の語は、「逍遥の本来の在り方は世俗から離れたものであり、そのことを知らない愚かな者達を見るにつけ、憐れむべきである（逍遥本意離塵埃、日見愚癡足可哀）」（『同』巻三、一〇〇九頁・上）と、「逍遥」の境地は世俗レベルとは隔絶したものとされ、この点は、既に検討した『逍遥詠』（四・六）をそのまま用いる形でも述べられている（『同』巻一、一〇〇一頁・上）。即ち、『縁識』の「逍遥」の思想は『逍遥詠』を基盤としているのである。

『縁識』に於いても「逍遥」の語は錬丹と結び付いているが、錬丹に関する記述は巻二に多くみられ、その多くが『逍遥詠』に基づいている。例えば、「根源へと戻れば密かに（道と）一体となり、（そうであれば）羽化昇仙と言った事柄も出鱈目ではないのだ。（この境地を）大いに獲得したならばそれを無闇と用いてはならず、精進修道したならばカラリと執着から解放されるのだ。物事の移り変わりに安んじ龍宮の内に密かに入り、（事物と一緒に）変化しつつ最後まで虎鼎の威力を秘蔵するのだ。乾坤の不可思議な道理にカラリと達し、逍遥の境地で鉛汞と一体となるのだ（還元到即見冥歸、不是虛傳羽化飛、大護勿將閑設用、精修別得便忘機。安排穩入龍宮內、變易終藏虎鼎威、豁達乾坤神妙理、逍遥鉛汞共相依）」（『同』巻二、一〇〇三頁・中）と、「逍遥」の境地は、「羽化飛」と言われる事柄と何の違いも無いが、それは無闇と誇示・使用してはならない。事物の変化に任せつつも、「虎鼎の威」を決して誇示してはならない点でも同様である。その様であれば、「逍遥」と「鉛汞」とは一体となるとされ、錬丹という事柄が「逍遥」と矛盾しないものとして受け入れられている。この句は『逍遥詠』（九・一、九八六頁・中）に基づいている。但し、「天門地戸秘機深、誰測玄微妙理心」（『縁識』巻四、一〇一五頁・上）と、「玄微妙理の心」は奥深く、そのため、「道在希夷不易尋、忘言息慮便知深。黄金白玉將何用、爭比靈源一寸心」（『同』巻四、一〇一五頁・上）と、「黄金白玉」の黄白の術は「靈源」である「心」の重要性には及ばないとも有る。この点は『逍遥詠』よりもより強く主張されている様であり、それは『縁識』が「縁」「識」という概念を主題とすることと関るものであろう。しかし、そのことが錬丹の否定に繋がる訳ではなく、「黄芽藥就成金丹、理與參同契一般。切是先求功行力、紅塵內見識應難」（『同』巻五、一〇二二頁・上）と、「紅塵」という俗世にありながらも「識」に通じる在り方での「黄芽藥」等は認められ、その点は『逍遥詠』とも一貫している。

以上の様に、『秘藏詮』『縁識』の「逍遥」の思想、その上に立つ仏教と錬丹の関り等に就いては、『逍遥詠』の立場と一貫していると言える。[27] 最初に著された『秘藏詮』では仏教色が全面に出されていたが、その『秘藏詮』と共通する立場を維持しつつ、到達境地である「逍遥」の説明と錬丹に就いてより多くの言説を費やしたのが『逍遥詠』であり、この両者に基づいて書かれた『縁識』は前二著と基本的思想を共通としつつも、再び仏教色を強め、「縁識」の概念を主題の一つとすることで心の面をより重視していたと考えられる。太宗がこれらの著述を一連のものとして扱ったのは、共通する思想を含みつつも、それぞれに主題とする点が異なっていたからなのであろう。

結語

晋の郭象は『荘子』の「逍遥」に就いて、「夫小大雖殊、而放於自得之場、則物任其性、事稱其能、各當其分、逍遥一也、豈容勝負於其間哉」（新編諸子集成『荘子集釋』「逍遥遊」注、一頁）と述べ、個々の存在の差異を前提に、それぞれがその「性、能、分」に於いて「自得」している状態を「逍遥」と表現している。従って、「苟足於其性、則雖大鵬無以自貴於小鳥、小鳥無羨於天池、而榮願有餘矣。故小大雖殊、逍遥一也」（『同』「同」注、九頁）と、個々の在り方に違いが有ったとしても、それ自体が何ら取り沙汰されない状態が「逍遥」なのである。こうした立場は『逍遥詠』とは全く異なるが、それは、個々の存在物を個々として在らしめているものと理解された、郭象の「理」の思想と関るものである。[28]『逍遥詠』の個別具体相を超えた概念としての「理」は、むしろ仏教の空の思想を踏まえた成玄英の『荘子』疏に見られるものに近い。「夫理無是非、而物有違順」（『同』「齊物論」疏、七〇頁）と、「物」の世界とは異なり、「理」には「是非」の別が無く、そのため「是非息而妙理全矣」（『同』「同」疏、七十五頁）と「是非」の分別を止めれば「妙理」が完全となるとされ、「内篇明於理本、外篇語其事迹、雜篇雜明於理事。内篇雖明理本、不无事迹、外篇雖明事迹、甚有妙理。但立教分篇、據多論耳」（『同』「序」、七頁）と、「理」と「事」とは対置され、「茫然、無心之貌也。彷徨是縱放之名、逍遙是任適之稱。而處染不染、縱放於囂塵之表。涉事無事、任適於物務之中也」（『同』「達生」疏、六六四頁）と、事物と関りつつも、その事物に対して執着することが無い状態を「逍遥」とする等は、『逍遥詠』の「理」の立場とほぼ一致するものであろう。そもそも、支遁「逍遥論」や白居易の「逍遥詠」等を持ちだすまでもなく、[29]「逍遥」の語は早くから仏教思想と深く関るものであり、『逍遥詠』も又その流れの上に在るのである。

一方、『逍遥詠』の主題と目されることの有った内丹思想は、確かに他の二著よりも重い比重が与えられており、主要テーマであることは間違いなく、そこには既に指摘されている様に、唐末～宋の内丹思想で重視されていた「坎離」

の概念が見られるのも事実である。[30]しかし、この「坎離」に就いて指摘しておかねばならないのは、既に見た様に、『逍遥詠』に「离男・坎女」という表現が見られる点である。これは、『周易』「説卦傳」に基づく「坎男・离（離）女」という組み合わせが内丹書に一般的であるのと異なるが、太宗の場合は他にも『逍遥詠』では、「离男坎女甚清廉」（『逍遥詠』八・八／一、九八三頁・下）、「坎女离男共一家」（『同』九・一三／二、九八八頁・中）、「离男坎女皆相類」（『同』一〇・十一／五、九九一頁・下）と見られ、『縁識』にも「离男坎女難匹配」（『縁識』巻三、一〇〇七頁・下）と見られ、その立場は一貫している。この組み合わせの事例は多くはないものの、近世以降の一部の内丹書に見られるものである。[31]その一つである北宋撰述と目される『洞元子内丹訣』には「坎女別立、离男獲之、非聚以合、獲於中道、故喪其茀也」（『道藏』所収『洞元子内丹訣』「既濟篇第四」上／七裏／八）と見られるのだが、同書は同時に「近代迷謬之徒、纔達小乘、便云得道、惟求想脱、稱是神仙。殊不知想脱之塗、悉爲神亂、未若神仙、錬神爲仙也」（『同』序／一裏／七）と、撰者と同時代の「迷謬の徒」が実践する「神」を乱すだけの養成術に対する批判も述べられている。『洞元子内丹訣』は『周易』の理論に基づく内丹を正統とする立場に立ちつつ、「脱胎」に対しても批判的な態度を取っているのに対し、[32]一方の『逍遥詠』の錬丹は内丹に限られず外丹をも含み、それらが『逍遥詠』全体の思想と一貫するものであることを述べ、「脱胎」に関しても異なる立場を取っていたなど、両者の立場は必ずしも同じではない。[33]しかし、「坎離」という錬丹の重要概念を継承しつつも、「离男・坎女」という立場を取り、邪道に対する批判を行っている点等に同時代性を窺うことも出来よう。近世以降の「坎離」を軸とする錬丹説の一つの潮流の上に『逍遥詠』が在ることは間違い無いのである。

注

（1）『高麗大藏經』三十五巻「新集藏經音義II、外一〇四部」所収（東國大學校、一九七六年）。以下の頁数もこれに依る。

（2）『天理圖書館善本叢書漢籍之部第七巻　御製逍遥詠　玄風慶會圖』（八木書店、一九八一年）。

（3）吾妻重二『朱子学の新研究』（創文社、二〇〇四年）四十九頁、注（30）。

（4）笠沙雅章『宋元佛教文化史研究』（三八〇頁、三八三頁。汲古書院、二〇〇〇年）。又、黄啓江『北宋佛教史論稿』（臺灣商務印書館、一九九七年）も、『逍遥詠』に就いては「讚揚道教之作如『逍遥咏』等」（四十六頁）と述べている。

（5）『宋藏遺珍』所収（新文豊出版公司、一九七八年）。尚、『大中祥符法寶録』に就いては、塚本善隆「仏教史料としての金刻大藏經—特に北宋釈教目と唐・遼の唯識宗関係章疏について—」（塚本善隆著作集第五巻『中国近世仏教史の諸問題』所収。大東出版社、一九七五年）を参照。

（6）『佛祖統紀』では「至道二年」のこととされる（大正藏四十九冊、四〇一中）。

（7）『縁識』巻一の全てが『秘藏詮』或いは『逍遥詠』に基づいている。巻二は第一首〜第六首、第四〇首〜第五〇首以外は全て『逍遥詠』に基づいている。

（8）福永氏「解題」が言及している様に、天理本巻末の識語には「而注則其廷臣某所釋、聖教序注署其姓名、今忘之」（二〇一頁）と、『逍遥詠』の注釈者の名は「聖教序注」に見られたが失念したと有る。「聖教序」とは、『大中祥符法寶録』巻二十が「箋註御製聖教序一部三巻［右天台僧清達注。以大中祥符六年詣闕上之］」（三九六八頁・上）と記すもの、或いは、『天聖釋教總録』下冊が「眞宗皇帝御製…箋注聖教序一部三巻」（『宋藏遺珍』所収、四〇〇四頁下）と記すものと思われるが、「清達注」の内容を確認出来ないため、そこに記されていた「廷臣某」が誰であるのかは不明である。尚、「箋注聖教序」を巡る状況に就いては、佐藤成順「北宋真宗の御製仏書とその成立に携わった沙門と官人—皇帝をめぐる仏教の動向—」（『三康文化研究所年報』四〇号、二〇〇九年）を参照。一方、『大中祥符法寶録』が端拱二年とする記述は、『釋氏稽古略』では至道元年（九九五年）に両街僧に命じて「箋註」を作らせたとされている（大正藏四十九冊、八六二頁・上）。十年にも満たない間に二度に亘って同様の注釈が施されたとは考えにくいため、年次に就いては何れかの資料に誤記が有るものと推測されるが、注釈者の実態に就いては、『大中祥符法寶録』が述べる様なものであったと推測される。尚、梁天錫『北宋傳法院及其譯經制度』（志蓮淨苑、二〇〇三年）に依れば、この僧達は、臨時に注御文の作業に充てられた一過性の職とされる（一四二頁以下）。

（9）注（4）黄氏著は、『秘藏詮』『縁識』『逍遥詠』の三著は真宗の時に『妙覺集』として一書に纏められたと指摘している

（四十六頁）。『天聖釋教總録』には「逍遥詠一部一十一巻、縁識一部五巻。上二部一十六巻、同帙、號字號」（四〇〇四頁・下）と見られ、『逍遥詠』と『縁識』がセットとなっていたことが確認出来るが、『妙覺集』は別に「一部五巻。上一部五巻一帙踐字號」（『同』、四〇〇四頁・下）とされている。尚、汪聖鐸『宋代政教關係研究』（人民出版社、二〇一〇年）は、『宋會要輯稿』「崇儒六之五～六」の記述に基づき、太宗の死後、その著述の多くが『宋太宗御集』『御書法帖』としてまとめられ、その中に『秘藏詮』『縁識』『逍遥詠』『回文偈頌』も含まれるとする（一二頁）。

（10）訳経院に就いては、『長編』巻二十三（五二三頁）、『宋會要輯稿』巻一六六九七「道釋二　傳法院」等を参照。この時期の翻訳作業に就いては『大中祥符法寶録』が第一資料となるが、牧田諦亮『アジア仏教史・中国編Ⅱ　民衆の仏教―宋代から現代まで―』（佼成出版社、一九七六年）、松本文三郎「趙宋時代の譯經事業」（『佛教研究』一（三）、一九三七年）、中村菊之進「宋伝法院訳經三藏惟浄の伝記及び年譜」（『文化』四十一（一・二）、一九七七年）、注（4）黄氏著、注（9）汪氏著等を参照されたい。松本論文は太宗の翻訳事業の契機を法天の訳経と関連付け、中村論文には惟淨関連の年譜を載せていて便利である。尚、訳経院の全体像に就いては、注（8）梁氏著を参照されたい。

（11）太宗の文化事業に就いては、王雲海「宋太宗的『右文』政策」（『河南大學學報（社會科學版）』一九八六年第一期）、王瑞来「略論宋太宗」（『社會科學戰綫』一九八七年四期歴史人物）、塩卓悟「宋太宗の文化事業―『太平廣記』を中心に―」（『比較文化史研究』第五号、二〇〇三年）、竺沙雅章『独裁君主の登場◎宋の太祖と太宗』等を参照。

（12）『宋史』巻四百六十一「列傳二二〇　方技上　丁少微傳」（一三五一二頁）、『同』巻四「本紀第四　太宗一」（五十八頁）も参照。尚、「丁少微眞一服元氣法一巻」（『宋史』巻二百五「志一五六　藝文四　神仙」、五一九五頁）と有る。

（13）太宗・真宗期に於いて、金丹黄白の術が隆盛していたことに就いては、卿希泰『中國道教史（修訂本）第二巻』「第七章第七節　北宋外丹、黄白術在社會上的影響及其著作介紹」（七六三頁以下。四川人民出版社、一九九六年）に指摘が有る。

（14）愛宕元「宋太祖弑害説と上清太平宮」（『史林』六十七巻二号、一九八四年）を参照。又、太宗と道教との関りに就いては注（9）汪氏著が詳しい（一八頁以下）。尚、太宗の道教崇拝に就いては、孫克寛『東海大學研究叢書　宋元道教之發展』「上篇第二章第二節　太宗之崇道」（中央書局、一九六五年）に夙に指摘が有る。

（15）「新釋經五巻」とは、『大中祥符法寶録』巻三に依れば、「守護大千國土經一部三巻、大力明王經一部二巻」（三八〇二頁・下）とされる。

（16）この点に就いては、注（4）黄氏著が指摘している（四四頁以下）。

（17）黄宗羲『四明山志』巻二「伽藍　雪竇資聖寺」（中華叢書『四明山志』。臺灣書店、一九五六年）。

（18）太宗が「清淨」という概念を重視していた点については、注（11）竺沙氏著（一八六頁以下）、劉固盛『宋元老學研究』（二〇頁）に指摘が有る。北宋期に「清淨（靜）」の語が、理想的統治を意味する語として用いられていた点は、本著「第一篇序章」及び「第一章　宋鸞『道德篇章玄頌』について」注（12）を参照されたい。尚、王瑞來『宋代の皇帝権力と士大夫政治』（汲古書院、二〇〇一年）は、宋代の皇帝の在り方に就いて言及される「無爲」を、「伝統社会では君主を英明にさせないことが歴代の士大夫たちの共通の識見であったのであろう」（五十九頁）と消極的に評価しているが、この立場はここでは取らない。

（19）『逍遥詠』『秘藏詮』は『高麗大藏經』所収本を用い、「巻第一、第一首、第一・二句」を（一・一／一、二）等と示す。

（20）『雲笈七籤』（六十九／五表／七）。同文は『道藏』所収『大洞鍊眞寶經修伏靈砂妙訣』にも見られる。

（21）「乾甲壬」「坤乙癸」を東方、「震庚」「巽辛」を西方、「坎戊」「離己」を中央とするのが、京房によって集大成されたとされる納甲説であり、『周易參同契』はこの立場に立つとされる。この点に就いては、鈴木由次郎『漢易研究』（明德出版社、一九六三年）「第四部　周易參同契の研究」、及び今井宇三郎『宋代易學の研究』（明治図書出版株式会社、一九五八年）「第三章　太極圖考（一）」「第四章　太極圖考（二）」等を参照。これと関連し、若干時代が下るが、例えば、元の陳沖素『陳虚白規中指南』巻下「内丹三要」は「玄牝、復命關、戊己、庚辛室、甲乙戸、龍虎穴、黄婆舍、神水華池」等を「皆一處也」（『道藏』所収『陳虚白規中指南』下／三表／四）と述べ、元末明初の王玠『還眞集』巻上「内丹三要」は、「天心、玄關、土釜、黄庭、玄牝、戊己門、復命關、庚辛室、甲乙戸、黄婆舍」（『道藏』所収『還眞集』上／一二表／三）等を同一の特定部位を示す異称としている。

（22）「東・青龍」「西・白虎」と「水・火」の関りに就いて、「火・水」即ち「离・坎」をそのまま「東・西」に相当するとすれば、「离・坎」を東西に配する先天易の立場となるであろう。一方、「离・坎」を南北の軸とし、それを東西を統合する「則」と読むならば、後天易の立場となる。既に見た納甲説の存在や、先天易を唱えた邵雍（一〇一一～一〇七七）の出現時期を考えるならば、ここは後天易の立場と読むのが妥当と思われる。

(23) 僅かに「（丹薬が完成すれば、）火の沸騰を止め、（丹の基礎としての）炎山を治め、九転の丹薬が完成して初めて世間を救うことが出来るのだ（停騰火候詰炎山、九轉方能濟世間）」（『逍遥詠』九・三／一、二。九八六頁・下）と見られる。

(24) 『秘藏詮』の仏教的側面に就いては、注（4）黄氏著に指摘されている（四十六頁以下）。

(25) 『縁識』は『高麗大藏經』所収本を用い、頁数と段のみを表示した。

(26) 「縁識」の語は『秘藏詮』と『逍遥詠』には見られない。

(27) 『迴文偈頌』にも「詮」「理」「逍遥」などの重要概念が見られるが、本文献は仏教思想をテーマに「迴文」という、ある種の言葉遊びを著したものであることから、今回は考察の対象から除外した。

(28) 中嶋隆藏先生「郭象の思想について」（『集刊東洋學』第二十四号、一九七〇年）を参照。

(29) 福永光司「支遁とその周囲—東晋の老荘思想—」（『仏教史学』第五巻第二号所収、一九五六年。後に『魏晋思想史研究』所収。岩波書店、二〇〇五年）、蜂屋邦夫「荘子逍遥遊篇をめぐる郭象と支遁の解釈—併せて支遁の仏教理解について—」（『比較文化研究』八輯所収、一九六八年。後に『中国の思惟』所収。法蔵館、一九八五年）、中嶋隆藏先生『六朝思想の研究—士大夫と仏教思想—』「下篇第二章第二節　支遁の生活とその仏教理解」（平樂寺書店、一九八五年）等を参照。

(30) 注（3）吾妻氏著（三十九頁以下）を参照。

(31) 例えば、一一八七年の「序」の有る金・譚處端『水雲集』巻上「繼丹陽師叔丫髻吟韻」には「提离男、挈坎女、將領黄婆遊淨土」（『道藏』所収『水雲集』上／二〇表／五）と見られ、南宋の翁葆光の『悟眞篇』注には「是以男子修仙曰錬氣、女人修仙曰錬形。坎女修錬、先積氣於乳房、然後安爐立鼎、行太陰錬形之法、其道易成者、良有旨」（『道藏』所収『紫陽眞人悟眞篇注疏』一／十一表／八）と有り、『道藏提要』（八九八頁）、『道藏通考』（一一五四頁）等が金～元の成立と推測する『自然集』「倘秀才」にも「驀見坎女離男打乖」（七表／七）と見られる。

(32) 『洞元子内丹訣』に就いては、拙稿「『洞元子内丹訣』淺析」（『第三届中國（成都）道教文化節　重要文稿　學術論文匯編』所収。成都市民族宗教事務局、二〇一〇年）を参照されたい。『洞元子内丹訣』の撰述時期に就いては、『道藏提要』は北宋とし（八四〇頁）、『道藏通考』は北宋（？）とする（八五〇頁）。

（33）『逍遥詠』も「坎・离」の語を用いている以上、『易』理を全く踏まえていない訳では無論ない。例えば、「水火相逢不要乾」（『逍遥詠』七・一五／六。九八一頁・中）と見られるものは、「水・火」即ち「坎・离」の二卦の一体化が達成されれば、「乾」卦は不要となることを述べたものである。しかし、やはり『易』理が『逍遥詠』の中核思想となっているとは言えないであろう。

第三章　晁迥の三教思想について

序

『道徳經』の受容は、無論、注釈書の作成という作業に限られる訳ではない。三教の交流がより一般化したとされる中国近世、士大夫達は様々な古典文献を自己の立場から読み直すことで、自身の思想を表明しようとした。そうした中で、『道徳經』は、比較的随意な解釈を許容するその内容から、様々な読み込まれ方がされて来た。その実態の解明には、一人一人の士大夫の思想に於いて『道徳經』が如何に位置付けられていたのか具体的な考察が必要とされるであろう。

本論で扱う晁迥は（九五一～一〇三四年）、字は明遠、太平興国五年（九八〇年）の進士ではあるが、雍熙二年（九八五年）以降の数年間は不如意な時期を過ごす。しかし、真宗期に入って以降、知制誥（五十四歳）、翰林学士（五十五歳～七〇歳）、南郊礼儀使（六十九歳）、礼部尚書（七十二歳）を歴任するなど、五〇代以降は充実し、安定した晩年を過ごした。享年八十四歳、謚は文元である。

この様な経歴を示す晁迥だが、『宋史』所収本伝は「吐納養生の術を得意とし、仏教、老荘の文献に通じていた（善吐納養生之術、通釋老書）」（『宋史』巻三百五「列傳六十四」一〇〇八六頁）と記し、晁迥は道家思想に関心を持つと同時に、仏教思想にも造詣が深かったとされている。晁迥は天禧二～三年（一〇一八～一〇一九年）の間（六十八～六十九歳）訳経院の潤文官であり、又、彼の自著には、当時の訳経院僧侶・惟淨との仏理に関するやりとりが記録されているなど、仏教界との交流が深かったことも確認出来る。[1] この様な当時の一流士大夫であった晁迥が、どの様な三教思想を備えていたのか、そして、道家思想をその中にどの様に位置付けていたのか、大変興味深い所である。

晁迥の著述に就いて、晁公武『郡齋讀書志』は「道院別集十五卷、法藏碎金録十卷、耄智餘書三卷、昭徳新編三卷、理樞一卷」（孫猛校證『郡齋讀書志校證』卷一九、九六三頁）と記録し、別に又「道院集要三卷」（『同』卷一九、九六六頁）と記録している。陳振孫『直齋書録解題』は更に「別書金坡遺事一卷」（『直齋書録解題』卷六、一七五頁）を記録している。この他、「咸平新書五十篇、理樞一編」（王應麟『玉海』卷五十五）、「翰林集三十卷」（『四庫全書』版、王稱『東都事略』四十六／六裏）、「隨因紀述」（『宋史』卷三〇五「本伝」）、「晁文元集二十一卷」（『四庫全書』版、曹學佺『蜀中廣記』一百／二十七裏）等の記載も見られるが、現存するのは『道院集要』『法藏碎金録』『昭徳新編』のみである。

『郡齋讀書志』の「道院集要三卷」に付された解説には、

晁文元道院集要三卷。右、皇朝王古の編である。その序は「文元晁公は、仏教文献を広く読み、読書に力を注ぐだけではなく、撰述にも勤め、後学を導こうとした。その書には、『道院別集』『自擇增修百法』『法藏碎金』『隨因紀述』『耄智餘書』等が有る。私は以前それら全てに目を通し、名理を見事に述べていると思った。それは白楽天も及ばない所である。そこで、諸著述の間の重複を削除し、精華の部分を集め、読み易い様にした」と述べる。王古は元祐年間の侍従である（晁文元道院集要三卷。右皇朝王古編。其序云、文元晁公、博觀内書、不徒力行、復勤於撰述、以開導後學。其書曰道院別集、曰自擇增修百法、曰法藏碎金、曰隨因紀述、曰耄智餘書。余嘗徧閲之、以爲名理之妙。雖白樂天不逮也。輒刪去重複、總集精粹、以便觀覽云。古、元祐中侍從）（『郡齋讀書志校證』卷一九、九六六頁）

とあり、晁迥の諸著述の重複部分を王古が削除して再編纂したものが『道院集要』であるとされている。この『道院集要』には「私が六十七、八歳の時、煌々と光が有るのを夜に目にし、突然、霊妙なる響きを耳にした。…今、それから十年を越え、身体は老いる一方だが、耳は益々冴えて来た（予六十七八時、夜視或熠熠有光、忽聞靈響。…今越十稔、身益老而耳益聰）」（『道院集要』「聞中入道光音天」下／四表）と有り、七〇代末頃までの文章が含まれていることが分る。

一方、『法藏碎金録』は自序から天聖五年（一〇二七年）七十七歳の時に一旦完成し、天聖九年に十巻に改訂されたことが分り、『昭德新編』は景祐三年（一〇三六年）の李遵勗の序が付され、自序に「而間居已久、年踰八旬」（『昭德新編』序／二裏）と有ることから、八〇歳を過ぎてからの著述であることが分る。

即ち、七〇代末頃に「道院別集十五卷」と初稿『法藏碎金録』が著され、八〇歳頃に『法藏碎金録』に整理が加えられ、ほぼ同時期に『昭德新編』が著されていると考えられる。[2] 何れもその生活の最も安定した晩年に於ける著述ということになるが、『道院集要』は第三者が再編纂していることから、『法藏碎金録』と『昭德新編』の二著が、その晩年の思想を窺うには安定性が高いと言えよう。更に、『道德經』の受容という点から見るならば、『昭德新編』がより興味深い様に思われる。そこで、本論では、『道院集要』、『法藏碎金録』、『昭德新編』の順に検討を加え、宋代に於ける『道德經』受容を含む、三教問題の一具体例として検討することとしたい。[3]

尚、老境に入る以前の、不如意な日々を過ごしていた頃の晁迥の思想状況を窺い知る資料は少ないが、その中で注意されるのは先ず道教との関りであろう。晁迥の自著に依るならば、

私は三〇歳になる前、道家者が「道を学ぶ者は目に不思議な光が見え、耳には霊妙な音が聞こえる」と説くのを知り、道に志すことにした。六〇歳より後、熱心に励むことを心がけた。そうすると、精神が澄み心の働きが定まってきた様だが、まだ極められてはいなかった。七〇歳になんなんとする年、夜、煌々と光が見え、霊妙な音が聞こえ、止むことが無かった。それは歳を経てますます清らかでしっかりとしたものとなってきた。思うに、精神が澄み心の働きが定まり光と響きが明らかに見え聞こえるのは、道理としては当然のことであり、不思議なことでも何でもないのだ（予壯歳之前、聞道流所説云、學道之人、目有神光、耳有靈響、予始志於道。自耆年之後、乃思勤而行之。而於澄神定靈有之矣、未得精至。將及從心之年、而夜視或時熠熠有光、又聞靈響、未嘗暫歇。歳久益清緊。意、其神靈澄定而光響彰聞、理必當然、難加異議）（『法藏碎金録』四／三十二裏）

先に見た『道院集要』の記述とほぼ同じ内容だが、三〇歳になる前に「道流」の「學道之人、目有神光、耳有靈響」という説を聞いて以来修道を続け、六〇歳を超えた頃より努めて励む様になり、七〇歳になんなんとしたある日、「神光」「靈響」を体験したとされている。李淑の「澶淵晁公別録五事」が、

晁公は若い時、耳に霊妙な音が聞こえ、目に不可思議な光が見えると方士が説くのを聞いた。以来、静かな場所で耳を澄ましていると、鈴の音が遠くから聞こえる様であった。七〇歳になると、それは益々はっきりとしてきて、夜中に目を覚ますと、金石を叩く様な音が聞こえ、どんどんと細やかではっきりとしていった。晁公はそれを自ら「三妙音」と名付けた。「幽泉漱玉」「清磬搖空」「秋蟬曳緒」である。天禧年間以後は、常に円銭か半月の様な不思議な光が見えた。それは、時には帳を隔てて輝き、稲光の様でもあった。その後、丸い光が見え、時には赤く時には白く、その中には鏡に映った道士の姿らしきものが有った。自ら文を著してそれを記録したことが有る（公少時嘗聞方士之説、人耳有靈響、目有神光。自爾聽於靜中、若鈴聲遠聞。耆年之後、愈覺清澈、夜半睡覺、即鏗琤之響、益爲纖亮。公自名之曰三妙音。一曰幽泉漱玉、二曰清磬搖空、三曰秋蟬曳緒。天禧後、常覺目有神光如圓錢、如片月。或隔帷箔光、如電熌。後又有圓光、或紅或白、其中有一點如鑑中照道裝像。嘗自爲文、志其事）（『道院集要』。李淑「澶淵晁公別録五事」（右一）三／一四裏）

と述べているのも同様の事柄を指すものであろう。これらに見られる「道流」の説は、「施肩吾靈響音序述、百日習靜、未踰月而神光靈響」（『道院集要』「聞中入道光音天」二／三裏）、「唐中岳隱士栖眞子施肩吾作三住銘及靈響詞。皆叙述習靜而聞其妙音、謂之小兆。蓋言道家眞應之眹兆也」（『法藏碎金録』九／二表）、「又據唐中岳隱士棲眞子施肩吾述靈響辭序云、夫修鍊之士、當須入三靜關、淘鍊神氣、補續年命、大靜三百日、中靜二百日、小靜一百日。即以開成三年戊午歳起、自正月一日庚申、閉戸自修、不交人事、尅期百日、方出靜堂。未逾月、而神光照目、百靈集耳、精爽不昧」（『道院集要』「圓覺三根」二／三表）等、施肩悟の「靈響音序」「靈響詞」「靈響序」等として述べられているものと考え

られる。[4] 即ち、三〇歳頃より施肩悟の語を拠り所として始められた錬丹修道は、職を辞した七〇歳頃の「靈響」という神秘体験に結実し、以後その「光」「響」は益々清らかになったと認識されていることが分る。

次に、『道院集要』には以下の様に見られる。

晁公は二〇歳の頃に、高士劉惟一に出会い、（人の）生滅に就いて質問した。劉は「人は決して死なない」と言う。公が驚くと、劉は「形は死滅するが、性は滅びないのだ」と言う。公はようやくその説を理解することが出来た。これ以降、公は禅観に心がけ、歳を経てますます篤くなった（公冠歳、遇高士劉惟一、訪以生滅之事。劉曰、人常不死。公駭之。劉曰、形死、性不滅。公始悟其説。自茲留意禪觀、老而愈篤）（『道院集要』。李淑「澶淵晁公別録五事」（右二）三／一五表）

李淑の記述に依れば、晁迥は更に若い二〇歳頃に劉惟一なる高士から教えを授かり、以後「禪觀」に注意を向ける様になり、その姿勢は年老いて益々篤くなったとされている。この劉惟一なる人物の正体に就いては不明だが、興聖寺本『壇經』には、紹興二十三年（一一五三年）に書かれた晁子健の序が有り、そこには、晁迥が書き込みをし、晁家家蔵の写本を七世子健が蘄州（湖北省）で刊行したとされている。[5]「序」からは、晁迥は「弱冠」の歳に劉惟一と出会い「禪觀」に目覚め、その時のままに八十一歳になっても『壇經』を読み続け、それは十六回にも及んだとされている。ここでは『壇經』との関りから、禅仏教の枠組みで「形」と「性」の概念が議論されていると言えよう。この劉惟一との邂逅の話は、その後、明の夏樹芳『名公法喜志』「晁文元」（『名公法喜志』巻三。『卍續藏經』一五〇冊、九十三頁下。新文豐出版公司）、朱時恩『佛祖綱目』「大陽警玄禪師入寂」（『佛祖綱目』巻三十六。『卍續藏經』一四六冊、六六四頁上）、同『居士分燈録』「晁迥」（『居士分燈録』巻上。『卍續藏經』一四七冊、八八八頁下）等にも引かれることになるが、これらには『寶積經』の「若彼比丘、於一切法、但取一行、極隨順者、所謂無生、是爲禪行」（大正藏十一冊、五八六中）の語が加えられ、禅との関りがより強調されている。その一方で、これら明代の文献には「錬鑛成金得寶珍、錬情成性得天眞。相逢此理交談者、千百人中無一人」という晁迥の詩が加えられている。晁迥の自著にはこの詩が見られないため、この詩が晁迥自身の作であるのかは確認出来ないが、この詩が引かれることで、道・仏併修の立場が更に強められていると言えよう。

この劉惟一との関りに就いて指摘しておきたいのが、羅大經『鶴林玉露』巻四乙編「不死」の記述である。

晁文元はかつて隠者劉海蟾に「不死の道」に就いて尋ねた。劉海蟾は笑い「人がどうして死ぬものか。それなのにあなたはそれを恐れて生を求めるのか。死ぬのは形だけだ。形と共に死ぬことがないものは、永遠に存在するのだ」と言った（晁文元嘗問隠者劉海蟾以不死之道。海蟾笑曰、人何嘗死。而君乃畏之、求生乎。所可死者、形爾。不與形俱滅者、固常在也）（『鶴林玉露』巻四之乙編「不死」。唐宋史料筆記叢刊『鶴林玉露』一八三頁。中華書局、一九八三年）

ここでは晁迥が嘗て劉海蟾と出会い、両者の間でなされた、死滅するのは「形」のみで、死滅することのない永遠なる存在があるのだ、というやりとりは、劉惟一の「形死、性不滅」とほぼ同じ内容と見ることが出来る。晁迥と劉海蟾の関りに就いては、葉夢徳『巖下放言』に、

晁文元公は四〇歳でようやく結婚したが、それ以前は女性を知らなかった。若い時に劉海蟾に就いて道を学び、自《おの》ずと長生の術を会得していたので、晩年も肉体は健やかで思考力も明晰であり、視聴いずれも些かも衰えることはなかった。六〇歳以後、仏教を併せて学ぶ様になり、経論の講師に就いて学んだが、名相を区別することを第一とし、三教を会通させようとした。『法藏碎金録』には、自らが得た境地を「耳にはいつも天楽の穏やかで雅な音が聞こえている」と記している。…これは恐らくは劉海蟾から得たものであろう、仏教にはこの様なことは無いはずだ（晁文元公年四十始娶、前此未嘗知有女色。早從劉海蟾學道、自言得長生之術、故末年康彊精明、視聽不少衰。六十後即兼窮佛理、然多從經論講師、以分別名相爲主、意將以儒釋道通爲一。…法藏碎金録、自記其所得處、云耳中常聞天樂和雅之音、…此恐是海蟾所得、佛氏則無是事）（『巖下放言』巻中、三三二頁。『全宋筆記』第二編『巖下放言』、大象出版

社、二〇〇六年）
と有り、晁迴は四〇歳で結婚するまで「女色」を知らず、早くから劉海蟾に就いて「長生の術」を学び、六〇歳を過ぎた頃より仏理を兼修し、三教の会通を目指したとされている。即ち、『法藏碎金録』が言う「天樂和雅の音」、即ち「靈響」は劉海蟾の教えに該当するものであろうとされている。[6] ほぼ同じ事柄を「禪觀」と見るか、道教の養生術と見るかの違いが、早くから仏教に親しんでいたとするか、六〇歳を過ぎてから「佛理を兼窮」することになったとするかの記述の違いとして現われ、劉惟一か劉海蟾として表現されている様にも思われる。しかし、こうしたどこか混乱、混同を思わせる記述の存在自体が、晁迴が仏・道の双方に早くから関心を持っていたことを示していると言えよう。

　劉海蟾との関りに就いて言えば、それを指摘する資料が何れも第三者の手になるものであり、晁迴の自著には劉海蟾の名前は見られない。従って、第一次資料に依るならば、晁迴の若い頃の錬丹への志向は施肩悟の文献を目にしたことに発するものであり、老年に至っての「靈響」の体験はその錬丹の成果として位置付けるのが妥当と思われる。[7]

　さて、この「靈響」体験は、「私は七〇歳から八〇歳にかけて静功を止むことなく学んでいたが、ある夜、一瞬ではあるが光を目にし霊妙な音が聞えた。それは、徐々にはっきりとしてきたと感じた（予自耆而耄、習靜不已、或於夜坐刹那見光、及聞靈響、愈覺清徹）」（『法藏碎金録』七／一表）と『法藏碎金録』ではたびたび言及されている様に、歳を経るにつれてますます確かなものとなっていった様である。だが、同文が続けて、『維摩經』の僧肇注「此樹光無不照、香無不薫」（七／一裏）や『楞嚴經』の「光音天」（七／一裏）に結び付けて述べている様に、[8] この「靈響」体験は、『法藏碎金録』の中では仏教的境地へと昇華されている。このことは、既に見た『道院集要』巻二「圓覺三根」に於ける施肩吾への言及自体が、「圓覺三根」というタイトルの下に『圓覺經』と関連付けられていることや、仏書の表現に基づいて作られた「四句偈」に「靈響」の語が見られること、[9] 鳩摩羅什訳『思惟畧要法』の「心想住者心得柔軟、見有種種色光從身而出、是名諸法實相觀也」（大正藏十五冊、三〇〇中）の句と「靈響」の語が結びつけられていること等から窺うことが出来る。[10] 即ち、『鶴林玉露』『巖下放言』等の記述に依るならば、当初晁迥を養生術に向かわせたのは「不死」の追及に対する関心であったのであろう。それを目指した当初の真摯な姿勢は『法藏碎金録』巻四の「壯歳の前」の文章に窺うことが出来る。しかし、それは『法藏碎金録』が編纂された時点に於いては、既に仏教の境地の一つの在り方として位置付け直されていることが分る。そして、更に、『昭徳新編』ではこうした生々しい体験は最早語られていないのである。

一　『道院集要』の立場

『道院集要』（以下『集要』と略す）の内容には再編纂者である王古の方針が影響している可能性も有るが、全体を通じて仏教色が濃厚である。「古の人、古の事物は過ぎ去ったものであるから空である。今の人、今の事物は、今直ちに空となる。未来の事柄は、まだ実在していないから必ず空である（古人古事、過去空。今人、今事、即今空。未來人事、決定空）」（『集要』「三空」一／三表）と、時空を越えて一切が空であるとし、その上で、「内側にはこの心身が空であると悟り、外界に対しては万物が空であると悟る。こうして全ての現象を見極めたならば、自然と執着は無くなり、争いも消滅する。これが大いなる悟りと言うものだ。そして、ただ一つの真実の性だけが空ではなく、秋毫ほどの障礙、微塵ほどの染著も存在しないようにすれば、清浄の境地に至るのだ（内覺心身空、外覺萬物空。破諸相訖、自然無可執、無可爭。此是大明了也。惟有一眞之性即不空、勿令有秋毫許障礙、微塵許染著、此至清淨也）」（『同』「至空至明」一／一裏）と、「一眞の性」のみは空ではなく、それを曇らせない様に維持すれば「清淨」に至ると説く。「眞是靈靈不昧」（『同』「至空至明」一／二表）とか、「本覺眞性」（『同』「無念」一／一二表）とも言われている「一眞の性」は、「空寂の心、霊知にして不昧（空寂之心、靈知不昧）」（『禪源諸詮集都序』大正藏四十八冊、四〇二下。以下『都序』と略す）と有る宗密の思想に基づくと考えられるが、宗密との関りに就いては後述する。

しかし、「一眞の性」以外の一切を空であると捉え直すためには、それなりの方途が必要とされ、晁迴はそれを止観であるとする。

執着し、迷い、あれこれと考える対象である現象を観照し、それらが全て実在しないと看破すること、それが観である。様々な思い、間違った分別心が消え去る、それが止である。観は誤りを見ることでそれが誤りであると直ちに気付くことであり、心を用いてあれこれと考えることではない。止は、誤りをそれと悟ることで誤った心の働きが止むことであり、無理やり押さえ込んで断ち切ることではないのだ。あれこれと考えたり押さえ込んだりしては、有為となってしまう。だから、無為が最も優れていると言うのだ。外界に対して（心が）動揺しない、これが定であり、それは力で無理やり抑え込むものではない。自身の本来性を明らかにして迷うことが無い、それが慧であり、それは無理やり追い求めるものではないのだ（觀照其取著迷心所計之法、皆無所有、名觀。種種念想、顚倒分別心息、名止。觀者見妄而悟、不在用心考察。止者悟妄而息、不在用心抑絶。考察、抑絶、則涉有爲。故曰無爲最妙。對境不動、是定、非力制之。見性不迷、是慧、非力求之）（『集要』「止觀無爲」一／一三表）

心の執着対象が実は全て無所有であると気付くのが「觀」であり、そこに「考察」は必要とされない。誤った心の分別が止むのが「止」であり、そこに「抑絶」は必要とされない。「考察・抑絶」は「有爲」に過ぎず、「無爲」こそが優れているとする。従って、「有爲」「無爲」の違いは、対象にどの様に働きかけるかの違いと言えよう。こうした止観に就いては「圭峯後録は、『もろもろの現象が空であることに気付けば、心は自然と無念となる。念《おも》いが起ればすぐに悟り、悟ればすぐに無となる。修行の絶妙なる門はここにのみ在るのだ』と言う。これが観法の綱要である。『坐忘論』は、『（迷いが）起れば起るごとにそれをコントロールし、（心が）動揺しない様に努めるのだ』、と言っている。これが止法の綱要である（圭峯後録云、覺諸相空、心自無念。念起即覺、覺之即無。修行妙門、惟在此也。此觀法之綱要。坐忘論、隨起隨制、務令不動。此止法之綱要）」（『同』「止觀宏綱」一／一〇表）と述べ、一切を空と見る観の極意としては、『都序』が荷沢禅の思想として述べる「念起即覺、覺之即無」（『都序』大正藏四十八冊、四〇三上）の句を引き、一方の、一つずつ雑念を取り去るべき止の極意としては、司馬承禎『坐忘論』を引用している。この内、『都序』の一句は晁迴の特に好む所である。[11] 又、「一つは、現象の虚妄性を見破る智慧が完成したならば、虚妄となるものとの関りは止み、心には何の妨げも無くなる。人倫は空、現象も空、世事も空、この俗世も空であると知らねばならない。…これが観慧と名付けられるものだ。もう一つは、一日一日と余分なものを取り除いていく工夫に努め、雑事に関ることを止めていき、その心が支離滅裂とならない様にし、様々な思い、言葉、行為、関りを止めていくのである。…これが止法である（一破相之智熟、休結妄縁、令心無罣礙。當知、人倫空、物色空、世事空、塵境空。…此名觀慧。一須日損之勤篤、休應雜業、令其心勿滅裂、罷其間想念、間語言、間作爲、間交渉。…此名止法）」（『集要』「金寶二經道法簡要」一／十一表）と、「破相の智」の成熟を待って一気に万物を空と見る観と、「雜業」を取り除く作業を日々重ねる止との間に頓と漸の違いを設け、「無念に達することが出来ないのであれば、万物は空であると見る方法を用いるのだ。一気に万物を空であると見ることが出来ないのであれば、一つ一つ現象に対していく方法をとるのだ。無念、観空、対治の三つの方法は、用いる順が有るのだ（未能無念、即用觀空。未能頓空、即用對治。無念・觀空・對治、三策次第而用）」（『同』「三策」二／一五表）と、一気に万物を空と観ずる「無念」を至上とするものの、それが不可能な者には徐々に迷いを取り除く「對治」が必要であると、頓と漸を相互補完する両者と見做す立場等にも、宗密との共通性を見出すことが出来るであろう。[12]

次に、『集要』に於ける三教の相互関係だが、例えば「道家が虚静を言い、仏教が空寂を言うのは、理としては同一である（道家之言虚靜、釋氏之言空寂、其理一也）」（『同』「無念」一／十一裏）と、道家の「虚静」と仏教の「空寂」が「理」として一致すると述べている様に、三教の個々の立場を取り挙げ、それらに通底するものが有るとする立場を取る。

この立場は「理」の意味も含めて『法藏碎金録』の箇所で改めて考えることにしたい。

最後に、『法藏碎金録』『昭徳新編』の重要概念である「世間」と「出世間」に就いて確認しておきたい。『集要』では、「世間」の語は「目にする所に正しいとか正しくないとかの違いがあるもの、これは世間妄眼と言うものだ。正しいものも無く、正しくないものも無い、これが出世真眼と言うものである。理解する所に善し悪しがあるもの、これは世間妄心と言うもので、善し悪しの区別の無いもの、これが出世真心と言うものだ（所見有是有不是、此世間妄眼。無是無不是、此出世眞眼。所知有可有不可、此世間妄心。無可無不可、此出世眞心）」（『同』「眞眼眞心」二／一二表）と、「眞眼」「眞心」に対して、相対世界に留まる立場が「世間妄眼」「世間妄心」と否定的に用いられ、一方の「出世」は「出世の法は無執着を根本とする（出世之法、以無著爲本）」（『同』「無著」二／一五裏）と、現象に対する執着を克服する立場として言われている。即ち、両者は単純に対置されており、後に触れることになる「世間」と「出世間」の並存に関する発言は採録されていない。それは或いは王古の取捨の結果なのかもしれないが、先に見た「有爲」と「無爲」を単純に対置させる立場と一貫するものではあろう。

二　『法藏碎金録』の立場

『法藏碎金録』（以下『碎金録』と略す）の立場に就いては、先行研究により、晁迥は、仏教を至上としつつも、三教を相互に補足しあう必要がある三者と捉え、儒・道を否定することはなかったと既に指摘されている。[13] 徹底した空の立場は『碎金録』でも同様であるが、本節では従来指摘されなかった点と、『碎金録』に特徴的な思想とを中心に見ていきたい。

（一）　宗密の引用について

『碎金録』は多くの仏教文献を引用するが、中でも『都序』の「隨時隨處、息業養神」と、『圓覺經』宗密注の「心息相依、息調心淨」の引用が多い。その心酔振りは、「私は日頃から唐の圭峯禅師宗密が書かれた法要の書を好み重んじていた。それは最も完備したものであり、心の師としていた。天聖八年正月十八日、夜、夢に一人の老僧が現われ、言うことには…（予素愛重唐圭峯禪師宗密所述法要之書。尤爲詳備、竊心師之久矣。天聖八年正月十八日、夜忽夢見一老僧、或云…）」（『碎金録』八／二〇表）と、夢に宗密に出会う程であった。

『都序』はその「直顯心性宗」で洪州宗の思想に触れ、すべての行為が真性の現われである以上、殊更に悟りを求める必要はなく、「ただいつでもどこでも業《はからい》を息《や》め神《こころ》を養うならば、煩悩の無い種が成長し顕現して、自然と神妙となる。これこそが真の悟りであり真の修業であり、真の証《さとり》なのである（但隨時隨處、息業養神、聖胎增長顯發、自然神妙。此即是爲眞悟眞修眞證也）」（『都序』大正藏四十八冊、四〇二下）と、何時でも何処でも殊更な行為を止めて心を養うことこそが重要であると述べている。[14] 晁迥がこの句を好むのは、やはり「霊妙で明らかな心だけが本来所有している根元性であり、一つ一つの思いは妄想に過ぎず、全て塵芥であると知らねばならない（人但自了悟靈明之心、是謂本源所有。念念妄想、皆是塵垢）」（『碎金録』四／四表）と有る「靈明の心」、「惟一眞性是道矣、何煩多學」（『同』五／七裏）と有る「眞性」の存在を前提とした上で、「道は一瞬たりとも離れてはならないものである。だから私は、坐より立つことなくして直ちに涅槃に入る。これこそが、いつでもどこでも業を息め神を養うという道理である（道不可須臾而離。故我不起於坐、便入涅槃。斯乃隨時隨處、息業養神之理也）」（『同』九／十一裏）と、一瞬たりとも離れることが許されず、時と場所を選ばない修道の性質がここに集約されていると認識しているからである。それは又「落ち着く時が至るのを待っていたら、余生がどれ程有るというのか（俟時之靜、餘生幾何）」（『同』九／一五裏）と、余生が既に限られているという老境の晁迴の意識と結び付いたものでもあろう。

次に、「圓覺經注」等として引かれる「心と息が相い依れば、息は調い心は清浄となる（心息相依、息調心浄）」（『同』五／一五裏）の句は、仏陀多羅訳『大方廣圓覺修多羅了義經』の「心中了知、生住滅念、分齊頭數」（大正藏十七冊、九二一中）に対する宗密の注釈であり、「心數」と「息數」とを調和させることで心中の一切が分明となることを意味する。[15] この注句本来の意味を踏まえた上で晁迴は、例えば、「施肩吾の『三住銘序』は、『心が常に気をコントロールし、気と神とを一体化させる』と言い、『圓覺經』「圓覺章」の注は『心と息が相い依れば、息は調い心は清浄となる』と言っている。両者の説を見るならば、道家が言う神仙の術と、釈氏が明らかにする禅那の法とは、その道理はほぼ同じである（施肩吾三住銘序云、心常御氣、氣與神合。圓覺經圓覺章注云、心息相依、息調心淨。予觀兩處之說、因知、道家言神仙之術、釋氏明禪那之法、其理大同矣）」（『碎金録』一／一九表）と、施肩吾「三住銘序」に見られる「心」「氣」「神」を調和させる「神仙の術」と『圓覺經』注の「心」と「息」を調和させる「禪那の法」とは「理」の点で「大同」であるとし、又、「今、『莊子』『老子』と『圓覺經』『楞嚴經』の注句によって、『三連珠』を撰述し、自身の心に関する教えの要点とすることとしたい。…仏・道の二教はほぼ同じであることを明らかにしたいのだ。妙なる道に至るには、虚空を大本とし、心と息とを作用としなければならない。『虚なる所にこそ道が集まる』と言っているではないか。心を虚《からっぽ》にし、心と息とが相い依れば、息は調い心は清浄となる。清浄さが極まれば、光明があらゆる所に至り、静寂でありながら光輝く作用が虚空を覆うのである（今取莊老二子、圓覺楞嚴二經文注之句、集成三連珠、爲己心要。…蓋明二教大同。夫馴致妙道、當以虚空爲體、心息爲用。其句云、唯道集虚。虚其心、心息相依、息調心淨。淨極光通達、寂照含虚空）」（『同』九／一七裏）と、『莊子』の「心」を「虚」にして「道」と一体化させる立場と『圓覺經』注の立場は「大同」する等と指摘し、「虚空」である本体から「照」としての作用へ展開する教えと見做している。宗密注句のこの様な受容は、後述する、より根源的「理」のレベルで三教は一致するという考えに基づくものであろう。

（二）「世間・出世間」と三教

『碎金録』の中で繰り返し論じられるのが「世間」と「出世間」の関りである。「処世の士に就いて言うならば、才能と実践とが備わっていなければならない。出世の士に就いて言うならば、理と性とが一致していなければならない（議處世之士、當以才行兼備。議出世之士、當以理性相符）」（『同』一／三裏）、「そもそも処世の法とは…理に基づいた恒常性が重要なのである。出世の法とは、…物事との関りを止めて内側に眼差しを向けることなのだ（夫處世之法、…推理安常而已。出世之法、…息緣反照而已）」（『同』三／九裏）と、「處世」、即ち「世間法」は現実社会をそのまま認めそれに対処する教えであり、外界と関る立場である。一方、「出世間法」は、自己の内面を対象とする教えと言える。先に見た宗密の句は専ら「出世間法」に関して引かれている。両者の間には「世間法は粗であり…出世間法は妙である（世間法麤、…出世間法妙）」（『同』一／三十一裏）という質の差が認識されることが多いが、しかし、両者は併用される必要も有るとされる。この点は『集要』とは明らかに異なっている。

外界に対しては世間法に従い、固執したり決め付けてかかることが無ければ、それは何物にも妨げられない智となる。内的世界に対しては出世間法を学び、最初から最後までを全うすれば、それは揺らぐことの無い志となる。志と智とが互いに完成され、それが長く維持されればされるほど堅固となる。そうなれば、私の道はほぼ完成に近いであろう（外順世間法、無固無必、以此爲無所礙之智。内學出世間法、有初有終、以此爲不可奪之志。志與智交相濟、久而彌堅。吾之道、其殆庶幾乎）（『同』二／一裏）

外界に対しては「世間法」に依る「無所礙の智」で対処し、内面に対しては「出世間法」に依る「不可奪の志」を確立し、双方を備えることで初めてその境地は完成に近づくのである。「無固無必」が『論語』「子罕」を踏まえていることから分る様に、ここでの「世間法」は儒教を指している。そして、多くの場合『道德經』を意味する「道家」は、道家と仏家の二家は、それぞれが心に関する教えの要点を述べている。その理論には大小・深浅の違いが有る。今、私がそのポイントを示してそれを明らかにしよう。道家の言う、心を無人の空《から》っぽの船の様にして、外界のなすがままにして遊ぶと言うのは、外に属するものである。外とは世間の法に属するものだ。仏教が、心を太虚の様にし、接する外界がそのまま真如であると言うのは、内に属するものである。内とは出世の法に属するものだ（道家謂心如虚舟、委順而遊、此屬於外。外屬世間之法也。佛家謂佛二家、各述心要。其理之大小深淺、余今又擧大端以明之。道家謂心如虚舟、委順而遊、此屬於外。外屬世間之法也。佛家謂心如太虛、觸境皆如、此屬於内。内屬出世之法也）（『同』四／八裏）

とある様に、先ず心を虚しくした上で外界に応じていく立場と理解されている道家は「世間の法」とされ[16]、外界の現象をそのままに真如と見る仏教は「出世の法」であるとされている。従って、儒・道の二教は「世間法」に相当し、「出世間法」は仏教を指すことになる。そして、「私は晩年になって、二つの教えを併用している。止観と導引である。…この二つの教えは、内と外とで互いに補い合う教えである（予晩歳、自修協用二法、止觀也、導引也。…此二法、内外相資之法也）」（『同』一／二十一裏）と、仏教と道教は内外の教えとして相互補完的であるとされ、又、「この三つの教えは、一つでも欠けることは許されない（是三法者、闕一不可）」（『同』九／四表）と、三教はその全てを兼修する必要が有るとされるのである。ここで言われている「世間法」と「出世間法」の違いは、外界の事物はあくまでも事物であるために、それに対処していくために、先ず主体を定立することが重要であると述べるか、事物はそのままで真実であると見做すかの違いということになろう。前者が「世間法」なのだが、その場合でも、適切に事物に対処していくために、「心」を「虚」しくすることが前提とされているのである。「心」を「虚」とした上で、外界の事物を事物として、それに関っていく、それが「世間法」なのである。

この様に三教の間に「出世間法」「世間法」、即ち内外の違いを認めつつも、その全てを兼修する必要性が有ると言われているのは、晁迥が用いる「理」の概念と関る。そこで、三教全体に対して晁迥が用いる「理」に就いて簡単に整理しておきたい。

近世思想史に於ける「理」の重要性に就いては誰しもが認める所ではあろうが、晁迥の「理」の概念は完成度がさ程高くなく一貫性に欠ける。本章の内容と関るものを見るならば、先ず、現象次元に対する、より根源的な次元を意味する「理」が有る。「事の次元では異なっているが、理の次元では同様である（其事雖殊、其理相類）」（『同』二／二十九表）と有るのは、或いは華厳の「理事」に発想を得たものとも思われるが、個別相に通底する根源性の意味で「理」が用いられている。これは既に見た様に、『集要』の「道家之言虚靜、釋氏之言空寂、其理一也」（『集要』「無念」一／十一裏）と、言語表現レベルの差異に対するより深い次元での一致性をも意味し、従って、真理の探求としては、「私が読書をする時、その言葉の表現に懸命になるだけではなく、真剣に理を求むることを重視するのだ（予於觀書、非止務於屬辭、而切貴乎理矣）」（『碎金録』七／十一表）と、文字に拘《こだわ》らず、その根底にある「理」を求めることが目指されるのである。

これに対し、「道理」とか「教え」といった意味合いでの「理」も見られ、例えば、既に引用した道仏二家の「其理之大小淺深…」（『同』四／八裏）と有るものは、道家、仏教の個別的な教えを意味する「理」であり、むしろ現象次元に属する。そのため、そこには「大小・淺深」の差異が存在するのであり、根源性を意味する「理」の用例とは異なるものである。(17)

晁迥は三教を理解する際に、根源性を意味する「理」を用いて、「道家の書…仏家の書…その理は大同小異である。もしその言説に捉われていたならば、両者の一致を得ることは困難であろう（道書…佛書…其理大同小異。若執所説則難爲和會）」（『同』八／三十九表）と、道家と仏教は「理」のレベルでは「大同小異」であるものの、その具体的現われ方が異なるため、そこに拘《こだわ》っていると「理」の大同を見失うとする。このことは又、「理」と対置する具体的作用を意味する「用」の概念を用い、「言行によって天地を動かす、これが儒教の教えの極みである。この教えは有為である。

寂《しず》かなる本体と明らかなる智慧の働きが虚空にまで及んでいる、これが仏教の教えの極地である。この教えは無為である。二つの教えはどちらも正しいが、その働きかけが異なっているのだ（言行動天地、儒教之極致也。此法有爲。寂照含虚空、佛理之極致也。此法無爲。二法倶正、其用則別）」（『同』八／十一裏）と、儒・仏は「用」レベルでの、即ち働きかけとしての「有爲」と「無爲」の違いが歴然として存在しているとする。この「用」レベルでの具体的差異は、時として三教の間の格差へと尖鋭化することが有る。例えば、「老子は『欲を刺激する様なものを示さなければ、人々の心が乱れることはない』と言う。これは小乗の力である。もし欲すべきを見ても、しかも心が乱れないのであれば、これは大乗の力である（老子云、不見可欲、使心不亂。此小乗之力也。若見可欲而心亦不亂、大乗之力也）」（『同』二／二十四裏）と、「老子」を小乗、仏教を大乗と位置付けるのはその一例である。こうした理解は、仏教が儒道二教を包摂し得るという発想に繋がり、先に見た「神仙の術」、荘子の立場は『圓覺經』と一致するのだという様な、儒道二教に相等するものは仏教に含まれているのだという、『碎金録』に多く見られる表現を生み出すことになるのである。(18)

この様に、晁迴は三教の兼修を主張するが、注意すべきは、「この出世智力は世間智力とは同じではない（此是出世智力、與世間智力不同）」（『同』一／二表）と、「出世間」と「世間」とでは要求される「智力」が全く異なるため、「そもそも、出世入道の法は、広大さと微妙さの極地であり、世俗の人が理解出来る所ではない（夫出世入道之法、廣大微妙之臻極者、非世人所能知）」（『同』一／二十五表）と、「出世入道の法」は「世人」には理解出来ないものとされている点である。つまり、双方を理解出来る者は、実は「出世法」のレベルに達していなければならないことになる。従って、「この世俗界に居ながらにして、もし智慧の力に明らかな働きが有って、その働きが明々と照らしながら修練するならば、出世の法を学ぶことが出来る（居此世界中、若有智力明果、照了練習、可以學出世之法也）」（『同』四／四裏）と、「智力明果」の備わる者であって初めて「此世界」に居ながらにして「出世の法」を学ぶことが可能となるのであり、『碎金録』が説く両者の兼修、即ち「世間法」の肯定には、「出世法」の境地に到達していることが前提となっているのである。

以上の様に見てくると、「世間法・出世法」、或いは三教の相互関係は、具体的レベルでの違いを特徴として認めた上で、より優れているものがそれら全てを包括するという立場であると言える。こうした立場を見る時、直ちに想起せられるのが、晁迥が『碎金録』の随所で重視する宗密の立場であろう。宗密には、異なる立場の思想それぞれに位置を与えながらも、最終的に華厳一乗教の立場からそれらを会通しようとする「全揀全収」の立場が有るとされ、[19] 宗密の「だから分るのだ、三教は全て聖人が設けた教えであり、その表現は異なっているが、理の次元では一致しているのだ。ただ、後の人が、その表面的な点に捉《とら》われ、理を見失い、競って毀誉褒貶をしているに過ぎないのだ（則知三教皆是聖人施設、文異理符。但後人執文迷理、令競起毀譽耳）」（『圓覺經大疏釋義鈔』卍續藏十四冊八四二頁上段）という、「文」レベルの差異に捉われると「理」を見失い易いという一文は、[20] 晁迥が「理」に関しても宗密から受けた影響が少なくなかったことを示していよう。

三　『昭徳新編』の立場

さて、『昭徳新編』（以下『新編』と略す）に於いても「万物は空、あらゆる思いは空、全ての事柄は空、全ての時は空である。ただ唯一の不空なるものが有り、それが四つの『万空』の根本となっている。古より以来、それを日用しながら気付かない人々が多いのだ（萬物空、萬念空、萬事空、萬世空、唯有一不空、爲四萬空之主。自古以來、人日用而不知者多）」（『新編』上／七表）と、一切は空とされ、唯一の不空なるものとして「気質が衰退するのは姿形有る物の当然の成り行きである。霊明として暗くないものが、天真の本である（氣質有衰、物數之常也。靈明不昧、天眞之本也）」（『同』上／二十二裏）と、「氣質」に対して永遠に「不昧」である「靈明」が言われ、それを達成する方途として「従って、真実の智慧有る者は、止・観の二つの教えを知らなければならない（是故智人不可不知止観二法）」（『同』上／三十二裏）と止観が言われ、「念を収斂し、神を集中し、長く実践して完成する。外界に対して迷いが生じれば、直ちにそれを止める（攝念神凝、久習而成。觸境情起、即時而止）」（『同』「自爲觀照總持辭」下／三表）と漸と頓とが併用される等、『集要』『砕金録』と一貫する立場が見られる。しかしながら、前二著と比べると、そこに引用される仏教文献の数が激減している。即ち、仏教思想を咀嚼しつつも、前二著とは異なる関心がそこには有ることが予想されるのである。

（一）「老」と「漸修」

『新編』が最も充実していた時期である最晩年の著述であることから、随所に「年齢を重ねれば重ねるほどその容貌は衰えるが、道の理解が深くなればなる程、道を求める心は益々盛んとなる。これは道理として当然のことであり、わざわざ尋ねる程のことでもない。今の私が正にその通りであり、憂いはなく喜びのみが有るのだ（歴年增高而年顏衰、入道彌深而道心盛。此理必爾、何煩詢求。愚今則然、勿憂有喜）」（『新編』上／二十五裏）、「私が思うに、年齢を重ねるごとに（肉体は）益々衰えるが、道を思う気持ちは益々熱心となる（愚以歴年浸衰、思道彌切）」（『同』上／二十八表）と、齢を重ねる程に「道」を求める心が真摯となったことが述べられている。それは、「肉体が老いて益々衰えるのは、道理として当然である。心が老いることで益々高い境地へと進むのは、道を学ぶことがもたらすものだ。姿形は人が見て分るが、心の在り様は人には分らないのだ（身老浸衰、理之常也。心老浸高、道使然也。身相人可見、心相人不知）」（『同』上／五裏）と、目に見える老衰は自然の摂理だが、「道」を学ぶことで心は寧ろ益々高みへと上がることが出来ると考えられているからである。それは、

道を学ぶ者は、姿形は実体の無いものであり、それは気の流れに随って、やがて衰え終わるものである、神は実

体のあるものであり、沖和の気を得ることで、それはますます盛んとなるものであることを知らねばならない。盛んとなったとしても、殊更に喜んではならず、一時的な気に任せることを避けて、(沖和の気を)養わねばならない。姿形が衰えても怖れる必要は無く、それは幻に過ぎないと気付くことが出来れば、悟ることが出来るのだ(夫學道之人、當知形是空相、随氣運而終衰、神是實相、得沖和而必盛。盛而勿喜、避客氣而養恬。衰而勿懼、悟幻質而成覺)」(『同』上/九裏)

と、「形」を「空相」、「神」を「實相」とした上で、「空相」である「形」の衰退は必然である以上恐れるに足りず、寧ろ「實相」である「神」が「客氣」に惑わされない様に養うことを重視すべきとの理解に裏付けられているからである。この事は既に見た様に「氣質」と「靈明」という対比でも言われ、「神」とは「靈明の心」(『同』上/一六表)とも言われる唯一の「不空」なるものであることが分る。仏教の空理に裏打ちされながらも、「形神」という伝統的枠組みを持ち出している点が先の二著とは異なっている。

この齢を重ねるほどに熟練する修養として、「老境に入って善を修めることは、その既に犯した過ちを改めないことより勝っている(年老而脩善、猶勝終不改其前過)」(『同』上/五裏)と、時間をかけて善を学ぶことが、過去の過ちを改めないのに最終的には勝れると言われ、「脩善」と「改過」とを同様に評価するものであり、それは「先には過ちを改める人に就いて述べた。ここでは、道を学ぶ人について述べている(前言謂改過之人也。此言謂學道之士也)」(『同』上/六裏)と、「改過」は「學道」と同等に扱われていることが分る。そして、

過ちを犯しても改めることが出来れば、自ずと後悔することは少なくなる。幻と知ってすぐにそれから離れるのに、どうしてあれこれと智慧を巡らす必要が有ろうか。日々無駄なものを取り除いていくことを教える師(=老子)の、要点はこの様である(過而能改、自然寡悔。知幻即離、何勞用智。日損之師、簡要如是)(『同』「過幻日損箴」下/六裏)

と、過ちを悔いることは、「幻」を見れば直ちにそれから離れるのと同様に、誤りを一つ一つ消していく『道德經』の「日損」の教えに他ならないとされる。こうした改過が「日損」、即ち段階を踏んでなされねばならないのは、「言葉に是非が有るは口の過失である。気持ちに愛憎が有るは心の過失である。より遠い所から身近な所へと、順次に教化していく。こうした入道の道理に対して、階梯が無いと誰が言うのか（言有是非、口之過也。意有愛憎、心之過也。自疎及親、次第化服、入道之理、孰曰無階）」（『同』上／八裏）と、口の過ちを改めることから心の過ちを改めることへと徐々に進んで行くことが、「入道の理」として必要であるとされているからであり、こうした階梯を進めば、「人は時として気持ちが塞ぐ時が有るが、その場合は真理を求めて発散させればよい。そうすれば、ある時、理の道が優れていることに気付くであろう。その時、その気持ちはカラリとして愉快なものとなる。学ぶ者の漸修の教えは、この様でなければならない（人或情之鬱結、原至理以發之。有時覺理道之勝、其情開釋而恬愉也。學人漸修之法、固當如是）」（『同』上／一八表）と、或る時、「理道」が何物にも優れていることに気付くというのである。その意味で、現実世界の様々な問題の解決に日々の精進を言う『道德經』「日損」の語は、漸修に最も相応しいものということになるのである。ここでは、老境という晁迥の実情と結び付けて漸修が述べられているのであり、それが仏教の頓漸問題に関連付けられていない点に、前二著とは異なる『新編』の特徴が有ると言える。

（二）　三教思想

儒仏道の三教を均しく評価する立場は、『新編』ではより鮮明に打ち出されている。例えば、「今の三教は、明らかに具体的な在り方を設けて、それぞれ異なっている点が有るとは言うものの、その実、三教は全て道なのだ（今之三教、雖分明立相、有所不同、其實都是道也）」（『同』上／三裏）と、昨今、三教の間の差異ばかりが主張されているが、三教は本来は全て同じく「道」であったはずである。だから、「三教の利益は、その根本では大よそ一致しているのだ。必ずしも、細かい点に拘《こだわ》って、むやみと彼此の違いを唱える必要は無い（三教利益、大約體同。不必須歸局分、妄稱彼我）」（『同』上／一〇裏）と、「三教」が益する所はほぼ一致しているため、無闇に区別する必要は無いと言う。但し、「大約體同」と含みを残す表現となっているのは三教それぞれの役割を認めているからである。

私は三教に於いて、自ずと「三全」を得ている。「三全」の説とは、儒教の根本の教えは、言行が一致し、名理が完全となるのを務める点に在る。道教の根本の教えは、神と気が和合し、その形を完全とするのに務める点に在る。仏教の根本の教えは、理と性が一致し、その精神を完全とするのに務める点に在る。おおよそこの様であり、これ以上細かく述べる必要はない（愚於三教、自得三全。三全之説、儒教本法、務在言行相合、以全其名。道教本法、務在神氣相合、以全其形。釋教本法、務在理性相合、以全其靈。大率如此、無煩具陳）（『同』上／二〇表）

「三教」はそれぞれが完全さを追求する点で一致するものの、「名」「形」「靈」と、それぞれ対象とするものに違いが有る。従って、対象が異なり、対象自体に深浅の違いが有れば、それらに対処する教えにも用いる順序が有ることになろう。

老子は「名誉と身体とでは、どちらが切実であろうか」と言う。私は、それを展開させて更に新意を得て「身体と心とでは、どちらが切実であろうか。心と性とでは、どちらが切実であろうか」と言おう。もし或る人が、深く微妙な点を窮め研鑽し、奥深く細かい点まで徹底したならば、理性の玄妙な境地に至るであろう。その後で仏教の法味を知ったならば、少しずつ真境に入っていくことが出来るのだ（老子曰、名與身孰親。愚因而展轉、別得新意而自言、身與心孰親、心與性孰親。若有人極深研幾、貫徹洞密、臻乎理性之妙、然後知甘蔗氏之法味、漸入眞境也）（『同』上／八裏）

『道徳經』の教えから始めて、その対象が身、心、性と深化していき、その結果「理性の妙」へと至った段階で「甘蔗氏の法味」、即ち仏教を理解するならば、「眞境」に至ることが可能となる。『碎金録』であれば「頓悟漸修」を言う所であろうが、ここでは、『道德經』と仏教とが対象に応じて使い分けられている。

さて、『新編』には三教を通底するものとしての「理」の概念が見られない。このことは、三教のそれぞれを、その具体的役割に応じて住み分けさせることで、それぞれに場所を与えようとする立場の現われと考えられる。例えば、孔子と老子の書は、その多くが外界の事柄に関り、在世の智を明らかにし、人の言葉と考えの内に在るのだ。釈迦の書物は、その多くは（我々の）内側の事柄に関り、出世の智を明らかにし、人の言葉と考えを超えた所に在るのだ。この二つには、聖と神との違いを見ることが出来よう（素王及隱君子之書、多涉外事、明在世智、而在人言意之内。古先生之書、多涉内事、明出世智、而出人言意之外。此二者、亦可見其聖神分限）（『同』上／十一裏）「素王」は孔子、「隱君子」は老子、「古先生」は釈迦である。[21] 即ち、外界の諸事に対しては、言語表象に基づく「聖人」孔子・老子の教えである「在世智」で対処し、自己の内的世界に対しては、言語表象を超えた「神人」釈迦の教えである「出世智」で対処するとされている。この儒・道と仏との間の区分自体は『碎金録』にも見られたものであるが、改めて『新編』の立場として見ることにしたい。

（三）「世間法」と「出世間法」

それぞれ内・外に対応する「出世間法」と「世間法」とでは、その性格は当然異なっている。例えば、「世間境界は、言語による表現が可能であり、到達することが出来る。…出世境界は、言語による表現は不可能であり、到達することは出来ない（世間境界、可得而言也、可得而至也。…出世境界、不可得而言也、不可得而至也）」（『同』上／一二表）と、「世間境界」は到達可能な具体的世界であるが、「出世境界」は具体性を超え、言語表現が不可能な世界とされている。何故ならば、「そもそも、世間の法は、筋目を窮めた上で取捨選択し、毀誉褒貶を明らかに述べるものである。出世の法は、そもそも混融を貴ぶのだ（夫世間之法、理須決擇、則有辨白褒貶耳。出世之法、本貴混融）」（『同』「高年約己自誨辞」下／二裏）と、事柄を明確に区別し整理することを基本とする「世間法」に対し、「出世の法」は、そうした区別を超えて全体を混沌と一体に化すことを目指すものだからである。

この様に、両者には明確な区別が有るのだが、しかし、このことは、やはり「出世間法」のみを選択し、「世間法」を否定することを意味はしない。何故ならば、

私には「二大順」という見方が有る。外界に対しては世間法に順うことで何物にも妨げられなくなる。内界に対しては出世間法に順うことで（真実の在り方と）違うことが無くなる。内・外の双方に於いて妨げられず、違うことが無くなれば、それに努力する人は大自在を得るのだ（愚有二大順。外順世間法、無所礙。内順出世間法、無所違。内外無違礙、強人大自在）（『同』上／二十一裏）

と、外界に対しては「世間法」で対処し、内的世界に対しては「出世間法」で対処し、その双方を達成することで初めて「大自在」を得ることが出来ると考えられているからである。

だが、全ての人々が「世間法」と「出世間法」の双方に偏ること無く通じる事が出来る訳ではなかろう。中には、「世間」にのみ執着し、それが全てであると考える者もいるはずである。その様な者にとり、「世間法は、様々な名相を妄りに生み出し、それを分別することになる。もし真実の立場に立って見るならば、それら全てが実体の無いでたらめであることが分るのだ（世間法、妄生分別、種種名相。若以實際照之、都是一大虚妄）」（『同』上／一四表）と、誤った心の働きは「世間法」に対して執着を起し、更なる「種種名相」を妄りに生み出して分別を加えることになる。そして、「有爲」としての働きかけがこうした執着と結びつきやすいものなのである。

古徳は言う、「有為の現象に妄執することを邪見と言う」と。もし空に執着してしまえば、それも又邪見である。

…事柄に於いて自在を得る、だから「無可無不可」と言うのだ。道に於いて自在を得る、だから「無為無不為」と言うのだ。（古徳有云、妄執有爲之法、名爲邪見。若遂落於空、亦名邪見。…於事得自在、故曰無可無不可。於道得自在、故曰無爲無不爲）（『同』上／二十一裏）

「古徳」として引かれる文に見られる「有爲」は現象そのものを指す語であろうが、既に『碎金録』の例に確認した様に、「無爲」と「有爲」とは対象に対する働きかけの違いである。ここでも同様であろう。従って、「世間法」である儒家と道家に就いては、「無可無不可」（『論語』「微子」）として「事」に於いて「自在」を得て、更に「無爲而無不爲」（『道徳經』四十八章）として「道」に於いても「自在」であることが必要とされ、「有爲」はもとより「空」にも執着しない「自在」が必要とされるのである。同じく「世間法」である儒教が、働きかけとしての「有爲」への執着を克服しているのに対し、『道徳經』の教えは、更に「無爲」に対する執着すら克服されていると述べられていることが分る。従って、現実の世界に対処するには、「出世間法」である仏教ではなく、「世間法」を用いなければならないのだが、その「世間法」は「有爲」「無爲」双方から自由となっていなければならないのである。そのため、『道徳經』は「世間法」ではあるものの、「世間法」であること自体が否定されるべき事柄ではなく、『道徳經』の価値がそのことで貶められる訳でもない。「老子は人々に『満足と踏みとどまることを知る』、『寵愛か屈辱かにびくびくする』等を教えた。荘子は人々に『万物を斉同と見る道理、自然のままに調和する』ことを教えた。これは仮りの教えではなく、究極の教えなのだ（老子教人知止足、驚寵辱。莊子教人齊物理、和天倪。非權教、是實教）」（『同』上／七表）と、老荘の思想は「權教」ではなく「實教」であるとされ、又、「古今の名賢に老荘の書を読むことを好む者が多い。私がその大意を理解した所に依れば、その無為無事の中に至美至楽の道理が有るというものだ（古今名賢、多好讀老莊之書。愚知大意、以其於無爲無事之中、有至美至樂之理也）」（『同』上／二〇表）と、「無爲無事」という表現の中に「至美至樂の理」を包み込んでいるとされ、「無爲」に裏づけされた「有爲」を説く点に「世間法」としての意義が見出されているのである。

ここに晁迥が理解する道家と儒家の違いが有ると言えよう。[22] 道家の身体技法を述べた一段には、

私が思うに、調御の法は心気を調えるに過ぎない。だいたい、道を学ぶ者の心が安定したり動揺したりと一定せず、その気が純粋だったり純粋でなかったりと一定しないのは、調御の次元が浅いものなのだ。もし心が志となり一定して動揺せず、気を専らにして柔軟さを極め、純粋で雑じりけがなくなれば、これが調御の次元の深いものなのである。要点を挙げて言うならば、心は落ち着くことを基本とし、気は調和していることを基本とすることを、先ずは努めなければならない。これを「無為真見」と名付け、これこそが正しい教えなのであり、これを師としなければならない。一方、存想という教えが有り、その心を無理やり集中させようとする。又た鼓動という教えが有って、その気を吸納する。これらは「有為異見」と名付けられるもので、間違った教えであり、これを師としてはならない。これら全てが調御の法と名付けられているものの、その実体を正確に見る必要が有るのだ（愚謂、調御之法、調御心氣而已。大約學道之士、其心也、定動相半、其氣也、純雜不一、調御之淺者也。若能在心爲志定而不動、專氣致柔、純而不雜、此則調御之深者也。擧要而言、姑務心以平寧爲本、氣以和順爲本。此名無爲眞見、乃法之利也。可以師之也。而有存想、搆致其心、又有鼓動、吸納其氣。此名有爲異見、乃法之病也。不可師之。統名調御之法、在乎精鑒而已）（『同』上／二十六裏）

と述べ、「調御の法」に深・浅の差が有るとし、「平寧、和順」を根本とする「無爲眞見」は深く、「專氣致柔」がそれに相当し、一方の「存想・鼓動」は「有爲異見」の浅いものとして否定されている。「有爲異見」が否定されているのは、それが「無爲」に裏づけされることのない、「有爲」に偏したものだからなのである。こうした「無爲」「有爲」の双方を包み込む「世間法」としての『道德經』という位置付けは、「私は以前独断で次の様に考えた。無為であって偉大であるもの、それを道と言うのだ。有為であって小さきもの、それを術と言うのだ。道の奥深く不可思議な点は無為で自然である。術の奥深く不可思議な点は有為として窮められたものだ。…道徳と技術は、同日に語ることは出

来ない（予嘗獨斷以其無爲而大者、謂之道。有爲而小者、謂之術。道之神妙、無爲而自然也。術之神妙、有爲而精至也。…道德、技術、不可同日而言）」（『碎金録』三／一〇表）と、「無爲」と「有爲」を明確に区別しようとする『碎金録』には見られなかった立場であろう。

以上で、晁迥の三著の検討を終える。(23)

結語

晁迥は、唐代以来の仏教思想と道家思想とを「出世間」と「世間」とに当てはめようとする。「出世間法」は内的世界を対象とするものであり、その結果、外界の事象は事象のままに真理に他ならないと見るに至る立場である。それに対して、「世間法」の一つである道家思想は、自分の心を「虚心」とすることを基本とし、外界の事象はあくまでも事象に過ぎないが、それらに対して、主体をぐらつかせること無く、対処していくことを目指す立場である。後者の立場として、「虚心」を基礎に現実世界に対処する方法として、『道德經』を「世間法」として位置付けていたのである。「世間法」は「出世間法」に比べて低次元なものなのではなく、両者は外界に対する全く異なる姿勢として併存されていなければならないものとされていたのである。何れの立場も、そのままでは主体を揺るがしかねない危険性を持つ外界の事象に対する対処の工夫であると言えよう。

荒木見悟氏は嘗て近世士大夫が世間性と出世間性の妥協に如何に苦慮したかを述べられたが、(24)宋代の『道德經』注釈には、「無爲」と同時に「有爲」に対する関心が高い。しかし、言うまでもなく、『道德經』自体がそもそも「無」を重視する傾向を持つ以上、注釈とはいえ、『道德經』に即する形で「有爲」を積極的に主張するためには、各注釈にはそれぞれの工夫が求められたはずなのである。(25)こうした工夫も又、世間性と出世間性の間の一つの統合と言うことが出来るであろう。『道德經』に現実社会に対処する「世間法」として意義を見出し、同時に、その思想に「無爲」に裏づけされた「有爲」を見出そうとした晁迥の立場も、こうした流れの上に位置付けることが可能であると思われる。それは、最晩年の『昭德新編』に於いて、より明確に打ち出されていたと言えよう。

注

（1）『法藏碎金録』（九／一八表）、及び梁天錫『北宋傳法院及其譯經制度』（五十六頁）を参照。晁迥と惟淨の交流に就いては、夙に中村菊之進「宋伝法院訳經三藏惟浄の伝記及び年譜」に指摘が有る（二十四頁以下）。「傳法院（譯經院）」の全体像に就いては、梁氏著を参照されたい。

（2）晁迥の生涯と著述に就いては、曾棗莊編「『西崑酬唱集』詩人年譜簡編」（『宋人年譜叢刊』第一冊所收。四川大學出版社、二〇〇三年）、李朝軍「晁迥年譜簡編」（『樂山師範學院學報』第二〇巻第八期、二〇〇五年）、張劍「宋代家族與文學―以澶州晁氏爲中心―」の「附録一：晁迥年譜」（『中國文學網』http://www.literature.org.cn/2006.12.18）、池澤滋子「晁迥研究」（四川大學古籍整理研究所・四川大學宋代文化研究中心編『宋代文化研究』第一六輯所收。四川大學出版社、二〇〇九年）等を参照。又、趙艷喜「論北宋晁迥對白居易的接受」（『廣西大學學報（哲學社會科學版）』第三〇巻第三期、二〇〇八年）及び池澤氏論文は、本章では触れなかった晁迥と白居易との関りを中心に論じている。又、李朝軍「晁迥與北宋文學」（『四川大學學報（哲學社會科學版）』二〇〇五年第三期（總一三八期）二〇〇五年）は、晁迥の文学活動を三期に区分した上で、西崑酬唱の時期から古文重視の時期への変遷を整理している。就きて参照されたい。当時の訳経院に就いては、黄啓江『北宋佛教史論稿』「北宋的譯經潤文官與佛教」、及び本著「第一篇第二章　北宋・太宗『逍遥詠』について」注（10）を参照されたい。又、宮澤正順『曾慥の書誌的研究』（汲古書院、二〇〇二年）は、小柳司氣太『東洋思想の研究』（五五〇頁。關書院、一九三四年）の記述を踏まえつつ、『道樞』巻三所収の「集要篇」と「碎金篇」が『道院集要』と『法藏碎金録』の節録であることに言及し、両者の関係に触れている（三四一頁以下）。

（3）晁迥の思想に就いては、注（2）張氏論文本論第一章が「宋學の先驅」として言及し、漆俠『宋學的發展和演變』「第五章」が『法藏碎金録』を主たる材料にその仏教思想を論じ、吾妻重二『朱子学の新研究』（二三九頁）が晁説之の家学という観点から晁迥の仏教信仰に言及し、Peter K.Bol,*This Culture of ours : Intellectual Transitions in T'ang and Sung China*.Stanford University Press,Stanford,California.1992.は、晁氏一族の官界への進出を論じている（六十三頁以下）。注（2）宮澤氏著は、晁迥の思想世界に言及して、多くの資料を通して正確な知識を獲得しようとする精神が晁迥の著述には窺え、それが曾慥の『類説』にも見られるとし、又、蕭海燕「論晁迥的荘學思想」（『周口師範學院學報』第二十七巻第一期。二〇一〇年）は、儒家の立場からの三教合一傾向が見られると論じているが、晁迥の著作を区別することなく論じている。尚、本論では晁迥の著述は全て『四庫全書』所収本を用いた。

（4）『澠水燕談録』も「晁文元公迥、少聞方士之術、凡人耳有靈響、目有神光、其後聽於靜中。若鈴聲遠聞。耆年之後、愈覺清徹。公名之曰三妙音。一曰幽泉漱玉、二曰清聲揺空、三曰秋蟬曳緒。嘗聞其裔孫端禮云」（『全宋筆記』第二編四『澠水燕談録』一八頁。大象出版社、二〇〇六年）と記録している。尚、『雲笈七籤』巻九十九「贊詩詞」に収められる「靈響詞五首」（『雲笈七籤』九十九／六表／三）には、これに該当する施肩語の記述が見られる。

（5）「子健被旨入蜀、回至荊南、於族叔公祖位、見七世祖文元公所觀寫本六祖壇經。其後題云、時年八十一、第十六次看過、以至點句標題、手澤具存。公歷事太宗眞宗仁宗之朝、引年七十累章求解、禁職以太子少保致仕。享年八十四。道徳文章具載國史。冠歳、過高士劉惟一、訪以生遷之事。劉曰、人常不死。公駭之。劉曰、形死、性不遷。公始寤其説。自是留意禪觀。老而愈篤。…晩年尚看壇經孜々如此。子健來佐蘄春郡、遇太守高公、世叟篤信好佛。…乃用其句讀、鏤版刊行、以廣其傳」（興聖寺本『壇經』「序」。柳田聖山主編『六祖壇經諸本集成』所収。中文出版社、一九七六年）。この「序」に就いては、駒澤大學禪宗史研究會編著『慧能研究―慧能の傳記と資料に関する基礎的研究―』（大修館書店、一九七八年。九十二頁）に言及が有る。尚、この「序」の存在は東北大学の齋藤智寛氏の御指摘により知り得た。

（6）『石林燕語』も「晁文元公天資純至、年過四十登第、始娶、前此未嘗知世事也。初學道於劉海蟾、得煉氣服形之法。後學釋氏、常以二教相參、終身力行之。既老。居昭徳坊里第。又於前爲道院、名其所居堂曰凝寂。燕坐蕭然、雖子弟見有時。晩年耳中聞聲、自言如樂中簧、始隱隱如雷、漸浩浩如潮、或如行軒百子鈴、或如風蟬曳緒」（『全宋筆記』第二編十『石林燕語』一五〇頁）とほぼ同様の記述を見せ、こちらでは、劉海蟾に就いて「煉氣服形之法」を学んだとされている。

（7）任継愈主編『中國道教史（増訂本）』は、こうした第三者の記述に基づいたのであろうが、鍾離權→陳朴→劉操（海蟾）→晁迥という系譜を設定し、一方の施肩悟とは関連付けていない（六一九頁図。中国社會科學出版社、一九九九年）。尚、劉海蟾と晁迥の関係に就いては、朱越利「呂洞賓、劉海蟾等北宋參同清修内丹家」（『道教研究學報：宗教、歴史與社會』第一期、二〇〇九年）に言及が見られる。

（8）「予自耆而耋、習靜不已、或於夜坐剎那見光、及聞靈響、愈覺清徹。後看維摩經云、有以菩提樹而作佛事。僧肇注云、佛於下成道、樹名菩提。此樹光無不照、香無不薫。形色微妙、隨所好而見、樹出法音、隨所好而聞。此如來報應樹也。衆生過者自然悟道。又看楞嚴經說、二禪界分有光音天。因思二經所陳、菩提樹・光音天、於我猶爲外境。而況己所見聞、以作佛事、法喜殊勝、亦可知矣。乃述五言六句偈、以自讃歎云、身是菩提樹、名合光音天、如斯妙吉祥、信爲希有事、我無取相心、豈非善境界」（『法藏碎金録』七／一表）。

（9）「佛書中有偈云、一切業障海、皆從妄想生。若欲懺悔者、端坐念實相。予以自得因而擬之別作一四句偈云、一切是非藪、皆從外聽成、我是厭聞者、反聽存靈響。既而乘興求巳、又龢成五言四句詩云、收視契無我、冥心合太虛、消融浮想盡、名曰小無餘」（『法藏碎金録』四／一五裏）。

（10）「又聞之、惟要畧法中說、心想住者見有種種色光從身而出、又有經中說自覺聖智境界。予因思素聞靈響、久而增勝、亦可謂種種妙音、從耳而聞」（『法藏碎金録』六／二表）。

（11）巻一「除煩惱」が「荷澤云」として引く「無念爲宗」（『集要』一／一六裏）の句も『都序』の「故備修萬行、唯以無念爲宗」（大正藏四十八冊、四〇三上）に基づくと思われる。尚、「念起即覺」に就いては、西口芳男「『念起即覺』考」（『禪文化研究所紀要』第二十四号、一九九八年）を参照。

（12）鎌田茂雄『宗密教學の思想史的研究―中國華嚴思想史の研究　第二―』（一九六頁以下。東京大學出版會、一九七五年）を参照。但し、宗密に特徴的とされる所謂る「頓悟漸修」の立場は『集要』には見られず、「先積漸而後頓成」（『集要』「積習成功」二／一二裏）とむしろ「漸修頓悟」を言う。

（13）注（3）漆氏著を参照。

（14）石井修道、小川隆「『禪源諸詮集都序』の訳注研究（三）」（二十九頁以下。『駒澤大學佛教學部研究紀要』第五十四号、一九九六年）を参照。

（15）「故心中了知下三句者、由前心息相依・息調心淨、因息數而入心數、或不由息、但入心數、故了知心中生住異滅麤細妄念本末劑頭諸數量、一一分明」（宗密『圓覺經大疏』。卍續藏十四冊三九七頁下段）。

（16）「心如虚舟」に就いては、例えば、陳景元『道德經』注に「乘、乘若虚舟之東西而無所歸止也」（『道德眞經藏室纂微篇』第二十章「乘乘兮、若無所歸」注、三／一七表／二）と、或いは『莊子』注に「虚船觸舟、喩無心而遇物、向也不怒、非有人也、而今也怒、見有於人也、人不怒虚舟、則物不害、虚己可知矣」（『南華眞經義海纂微』「山木」注、六十／一〇表／七）と見られる。陳景元の場合は、「無心而遇物」と、外物と接する際の「無心」の在り方に焦点が当てられているが、同じ内容が、晁迥の場合は外界と関るという点で「世間の法」とされているのである。

（17）仏教に限定した用例としては、「言葉を用いて意味を理解することを、悟道と言う。心の働きを忘れて理に至ることを修道と言う（因言會意、謂之悟道。忘情詣理、謂之修道）」（『碎金録』二／二十二裏）と、現象に執着する「情」を否定することで目指される根源的な「理」、又「言語と行動との双方に配慮すること、それが儒家の常徳である。理と性が一致すること、それが仏家の妙道である（言行相顧、儒家之常徳也。理性相符、佛家之妙道也）」（『碎金録』四／九裏）と、「理」と「性」の一致こそが仏教の教えであるという例が見られる。前者は仏教に限定されているとはいえ、根源性を示す「理」の用例と一貫するものであろう。後者が具体的にどの様な仏教思想に基づくものなのか未確認だが、或いは「性（＝佛性）」と「理（＝眞如、法性）」の一致、即ち主客の未分を目指すものであろうか。

（18）例えば、「老子云、有物混成、先天地生。此乃釋教所説一眞法界、是也。周易云、精氣爲物、遊魂爲變。此乃釋教所説羣有從一眞起滅、名爲生死、隨其因報輪環、各入諸趣、是也」（『碎金録』八／三十二裏）等。

（19）荒木見悟『新版　仏教と儒教』（一五二頁。研文出版、一九九三年）、注（12）鎌田氏著（一七五頁）を参照。

（20）吉津宜英『華厳禅の思想史的研究』（三三四頁以下。大東出版社、一九八五年）、黄國清「宗密之三教會通思想於中國佛教思想史上的意義」（『中華佛學學報』第三期、一九九九年。二八四頁以下）等を参照。

（21）「故隱君子之書有語云不可致詰。古先生之書有語云不可思議」（『碎金録』一／二十五表）、「竺乾古先生、善入無爲」（『碎金録』五／八裏）、「善入無爲、名曰先生、即佛也」（『碎金録』五／一二裏）と有る。

（22）『論語』「子罕」に見られる「絶四」を、「儒書中所云子絶四。吾能和會裁決、入於二教之理。無意無我、合於道書中所云不宰宗旨。無固無必、合於佛書中所云無礙法門」（『碎金録』五／三十三裏）と解釈するのが、儒教思想を「無」と関連付ける唯一の解釈例と思われる。

（23）この他、晁迥には同時期の天聖七年に書かれた「聞思三法資修記」なる一文が有るが、そこには「不分内外經典之語、混爲心法而已。處世・出世、皆可足用」（『全蜀藝文志』巻三十八、一一五一頁。綫装書局、二〇〇三年）等と見られ、『碎金録』『新編』から窺うことの出来る立場と一貫している。

（24）注（19）荒木氏著（一九七頁以下）。

（25）既に確認した様に、王安石「老子」が、「有」との相互関係を前提に「無」の意味を考察しているのが、その顕著な例と言えよう。その他、本著「第一篇第六章　王雱の老荘解釈について」、「第二篇第二章　董思靖『道德眞經集解』の思想」等でこの問題に触れた。併せて参照されたい。

第四章　碧虚子陳景元の思想—『道徳經』注を中心に—

序

朱熹をして「その『莊子』注と『相鶴經』の書は非常に古風であって、見るべきものが有る（其所注莊子及所書相鶴經、書頗醇古可觀）」（『朱子文集』巻八十三「跋道士陳景元詩」八十三／二十六表）と言わせたのが、北宋の道士陳景元である。彼の自著の序文、『宣和書譜』、薛致玄『道徳眞經藏室纂微開題科文疏』（『道藏』所收。以下『科文疏』と略す）、劉惟詠『道徳眞經集義』（『道藏』所收。以下「劉『集義』」と略す）、彭耜『道徳眞經集註雜説』（『道藏』所収）等が記す所に依れば、陳景元、字は太初、玄号は碧虚子、建昌南城県の出身。天聖二年（一〇二四年）に生れ、慶暦二年（一〇四二年）に高郵の天慶観にて道士・韓知止に師事し（『科文疏』一／四表／四）、同三年（一〇四三年）に出家（『同』一／四表／五）、至和～熙寧の頃に天台山で鴻濛先生張無夢に老荘の微旨を教わる（『同』一／四表／七）。この張無夢は、五代末から北宋にかけての内丹の雄・陳摶の弟子とされ、陳景元は、陳摶→張無夢→陳景元という内丹の系譜に位置付けられていることになる。劉惟詠『道徳眞經集義大旨』に依れば、乙未の歳（至和二年（一〇五五年））に『道徳經』の『解』を編纂したとされ（『道藏』所收。『道徳眞經集義大旨』上／一〇裏／六）、治平四年（一〇六七年）に『度人經四注』に序し（『道藏』所收。『元始無量度人上品妙經四注』序／三裏／八）、熙寧二年（一〇六九年）に『沖虚至徳眞經釋文』に序し（『道藏』所收。『沖虚至徳眞經釋文』序／二表／九）、同五年（一〇七二年）に『道徳經』注を皇帝に献上している（『科文疏』一／四裏／七）。同六年（一〇七三年）に皇帝に謁見した後（『同』一／五表／六）、元豊六年（一〇八三年）に茅山に戻るが（『同』一／六裏／一）、この頃、王安石と交流が有った様である。同七年（一〇八四年）には『南華眞經章句音義』を編纂し（『道藏』所收。『南華眞經章句音義』叙／二裏／九）、元祐三年（一〇八八年）には京師の太乙宮主となり（『科文疏』

一／六裏／四）、紹聖元年（一〇九四年）六月十三日に昇仙した（『同』一／七表／一〇）。享年七〇歳である。彼は元祐三年以後の晩年は「嵩少卜錬丹之所」（『同』一／六裏／三）に遊んだとされるが、「若い頃に丹砂を服用し、髪は白くなったが、顔色肌艶は若者のようだ（早年嘗服丹砂、雖垂白而容顔肌膚如少壮人）」（『同』一／七表／七）と有ることからすれば、早くから外丹にも関心を持っていたことが窺える。(1)

こうした彼には、六朝から唐にかけての道教経典の注釈を集めて集注を編纂するという注釈家としての顔が有る。『道藏』には『上清大洞眞經玉訣音義』『道徳眞經藏室纂微篇』『元始無量度人上品妙經四注』『西昇經集註』『南華眞經章句音義』『南華眞經章句餘事』『沖虚至徳眞經釋文』等の注釈書が収められている。(2) この内、『道徳眞經藏室纂微篇』（以下『纂微篇』と略す）は南宋以降の『道徳經』解釈に少なからざる影響を与えてきた。李霖の『道徳眞經取善集』（以下「李『取善集』」と略す）、董思靖の『道徳眞經集解』、彭耜の『道徳眞經集註』（以下「彭『集註』」と略す）、薛致玄の『道徳眞經藏室纂微手鈔』（以下「薛『手鈔』」と略す）、劉『集義』等は、しばしば『纂微篇』を引用している。又、陳景元の『度人經』の解釈も後世に相等程度受け入れられていたことが知られている。(3)

更に言うならば、陳景元は集注本を編纂するに当たって、『道徳經』『莊子』『列子』『西昇經』『度人經』『大洞眞經』などの文献を重視しているが、これらは、六朝以前の道家・道教を代表する文献であり、陳景元は唐以前の道教文献に対する強い関心を持っていたことが窺える。

近年、陳景元に関しては、中国を中心に多数の論述がなされているが、唐以前の道教思想と彼の思想との関りという観点から論じたものは多くない。(4) 唐以前の道教に対する彼の見方と、それが彼の著述とどの様に関るのかを眺めることで、北宋の道家思想の一側面を考察することにしたい。

一　陳景元の思想

（一）　陳景元の注釈観

先ずは、陳景元が集注を編纂する際の方針から見たい。陳景元集注の最大の特徴は、資料に基づいた考証の作業に徹している点である。例えば、『西昇經集註』では六朝から隋唐の諸家の注釈を集める他、諸本間の経文の異同を記す以外は、一字一句も自説を加えていない。彼はその序文で「私はその噂を聞き喜び、残された著述を書庫に探しに行き、凡そ五家の注釈を得ることが出来た。先ず経文の正しいと思われるものを採り、次いで、注釈の誤りと思われるものを取り去り、二篇に纏めた（碧虚子聞其風而悦之、捜遺編於藏室、得注解者凡五家。先校取經之是者、後竄去注經之非者、集成二篇）」（『西昇經集註』序／二表／二）と述べ、正しいと見做される経文を採用するのを至善とし、特定の版本を特に重視するということは無かった様に窺える。これは、ひとり『西昇經集註』に限られることではなく、著述を撰する際の一貫した彼の立場である。(5)この点に就いて、『上清大洞眞經玉訣音義』の「叙」には、

教典研究に努めはするものの、真実の師に遭うことは叶わず、奥深い経典を誦えようと思っても、それを紐解くことが憚られるばかりであった。そこで、身心を清め、静かに禊ぎに務めた上で、古本を広く捜し求め、先ず自ら細《こま》かく考え、静かに熟読吟味し、繰り返し研究し、一句一字も粗略にすることは無かった。場合によっては、テクスト同士が矛盾しあい、益々混乱を増す場合が有り、或いは偏傍を軽々しく改め、字体がいい加減で混乱している場合も有った。これらは思うに、こっそりと写本し、密《ひそ》かに伝えたために、伝承されるうちに誤ってしまったものなのだろう。そこで、先輩を文献研究の手本とすることにした。そして、茅山の蔵本を用い、密《ひそ》かに伝えられてきたテクストと対校し、音義を撰述した（雖孜孜教典、而未遇眞師、欲誦洞經、詎敢開軸。於是澡雪身心、靜

務恭潔、廣求古本、先自考詳、沈嘿披尋、反覆研搆、一句一字、未甞越畧。或兩義相乖、彌増回惑、或偏傍儳改、字體浮雜。此蓋盜寫私傳、相承訛謬。遂將前輩、修習之本。及茅山藏本、比對隱書、輒撰音義）（『上清大洞眞經玉訣音義』叙／二裏／一）

陳景元は、すぐれた師に出会って教えを請うことが出来なかったため、自ら善本を探し出し、一字一句も疎かにしない、という方法を選択せざるを得なかったと述べている。(6) かくして諸本の対校にはかなりの精力を注ぎ込んだ様であり、『纂微篇』では、河上公注本、王弼注本を始めとし、玄宗の開元本、皇甫謐本など先行する諸本を参照し、『上清大洞眞經玉訣音義』では、茅山本、皇甫謐本を始めとする十種類近い諸本が参照され、『南華眞經章句音義』『南華眞經章句餘事』等では、太一宮に所蔵されていた張君房校訂の諸本や、江南の古蔵本、天台山本等を縦横に駆使している。又、単に諸本の比較対照に止まらず、字義を厳密に検討する目的からであろう、『説文解字』『爾雅』『小爾雅』『廣雅』といった小学系の書物はもとより、史崇『一切道徳經音義妙門由起』、傅奕音義等の音義書等、道教文献に限られない様々な書物を傍証として参照しているのである。

この様な手法で陳景元は、「真実の教えが沈み散り去り、まやかしの隠者が山棲し、規範となる道が聞かれなくなり、師承の儀礼が廃れ、教法が衰退疲弊してしまった。それは今が最も甚だしい（眞風湮散、僞隱山棲、道範不聞、師資禮廢、教法衰弊、莫甚於斯）」（『同』叙／二表／七）と、真実の教えや手本となる道典が途絶え、師弟関係が断然していることを深く憂い悲しみ、かつて行われた在るべき道教を再興することを目指していたと考えられる。この様に、六朝隋唐の道典の本来の姿を復活することで、陳景元は彼が理想としていた唐以前の道教へと一歩でも近づこうとしていたと言えよう。これらの注釈に於いて頻りと用いられている「妙本」「守一」「眞一」「道氣」「清淨」等の概念、或いは本体論などが、六朝から隋唐に至る間に整備された道教教理に基づくものであることも、この姿勢を示すものである。(7) この様に、彼の注釈は旧来の注釈に基づいて可能な限り妥当な解釈を示すことに専心したのであり、彼独自の見解を提示することは実はそれ程多くはないのである。そのため、彼自身の思想を具体的に窺うことが出来る材料は、各注釈書に付された序文と、『纂微篇』、及び南宋・褚伯秀『南華眞經義海纂微』（以下『義海纂微』と略す）が引用する『莊子』注のみとなる。

しかし、そこに彼独自の立場が全く見られないかと言えば、そうではなく、彼が『道徳經』の注釈に於いて「舊説」と「今解」という概念を用いて、従来の説とは異なる見解を打ち出そうとしていることが確認出来る。彼は、先行する『道徳經』注の代表格である玄宗の疏を「舊説」とした上で、それに対する自身の見解を「今解」として披瀝しており、そこに陳景元の唐代以前の道教に対する評価の一端を窺うことが出来るのである。

二　陳景元『道徳經』注の思想

（一）『道徳經』注のテキストについて

先ず、陳景元の思想を考える上での基本資料の一つである『道徳經』注の文献上の問題を整理しておきたい。

陳景元の『道徳經』注は『纂微篇』が底本となる。この他、既に指摘した様に、李『取善集』、彭『集註』、董思靖『道徳眞經集解』、薛『手鈔』、劉『集義』等が陳景元の『道徳經』注を引用している。[8]

これら諸注の関係に就いては、既に蒙文通氏が一定程度の整理をされている。[9] 蒙氏は、『宋史』「藝文志」が記載する「陳景元道徳經註二巻」と「碧雲《ママ》子老子道徳經藏室纂微二巻」とを別物であるとし、その上で、劉『集義』、彭『集註』、薛『手鈔』、李『取善集』の四書が引用する注釈は同系統であり（これを蒙氏は「四家本」と称す）、これが本来の「道徳眞經藏室纂微篇」であり、『宋史』「藝文志」が「碧雲《ママ》子老子道徳經藏室纂微」と記録するものがこれに相当する。この「四家本」に相当する本来の注文に基づいて修訂が加えられたものが現行『纂微篇』であり、これが

『宋史』「藝文志」が「陳景元道德經註二卷」と記録するものであるとする。又、現行『纂微篇』には誤脱が多いため、「四家本」で訂正する必要が有ると指摘している。

この蒙氏の見解は傾聴すべきであり、又、概ね妥当であると思われるが、若干の見解の相違も有るため、以下、本著の見解を整理しておきたい。

先ず、劉『集義』は、第一章から第十一章までの陳景元注を「陳碧虚曰」として引用している。その引用方法は、現行『纂微篇』の細注部分は採録せず、章ごとに一括して引用しているが、節略、省略等は見られない。[10]だが、『纂微篇』と全く同じという訳ではなく、例えば、第一章「同謂之玄、玄之又玄」の個所には、現行『纂微篇』には見られない「嚴君平曰…」の語が含まれ（劉『集義』三／八表／五）、第十章「載營魄抱一、能無離乎」注に見られる「今解」部分では、現行『纂微篇』が記す「人欲要…」（『纂微篇』二／六裏／五）の前に「能無離乎者、老氏審問之辭也。猶如説戒曰、能持否之例、是也」（劉『集義』一六／一五裏／三）の文が有る。その他、随所に、現行『纂微篇』には見られない数字程度の語句が挿入されている箇所が見られる。即ち、劉『集義』は『纂微篇』の注文を全文含んでいるが、更に、劉惟永が単純に補足したとは考えにくい語句も含んでいるのである。だが、全体的に見れば、両者には別系統とすべき程の違いは無い。

次に、引用量が最も多いのは彭『集註』である。彭『集註』は全章に亙って「碧虚子陳景元曰」として注文を引用しているが、『纂微篇』の内容と出入する部分がかなり多い。彭『集註』も細注部分は採録せず、又、現行『纂微篇』には見られない数字程度の語句を含んでいる個所が多々見られる。又、採録注のほぼ末尾に於いて「故云…」等として『道德經』の経文を再度引用して注文を終える例が多い。注意すべきは、先に指摘した劉『集義』に見られた第十章の「今解」の「能無離乎者…」の文が、彭『集註』採録注文にも同様に見られる点である（彭『集註』三／五裏／七）。この様な劉『集義』と彭『集註』採録注文間の一致は、第十章「滌除玄覽、能無疵乎」（彭『集註』三／一一裏／六）、「愛民治國、能無知乎」（彭『集註』三／一三裏／七）部分の注にも同様に見られる。元・大徳三年（一二九九年）に完成した劉『集義』が、南宋・紹定二年（一二二九年）頃の撰である彭『集註』を参照していることが考えられる。その他に、彭『集註』に就いて特に注意すべき点を以下に指摘しておく。先ず、第二十二章「曲則全、…爲天下式」部分の注釈は（彭『集註』六／一表／六）、現行『纂微篇』に見られない注文が相当多い。その多くは、「故曰…」として『道徳經』経文を引用したり、「易曰…」、「庚桑子曰…」等と文献を引用するものである。又第三十八章「夫禮者忠信之薄而亂之首、…故去彼取此」の部分で彭『集註』に見られる「德、和也。道、理也。…豈有忽棄者乎」（彭『集註』一〇／九表／二）の一段が、現行『纂微篇』には丸々見られない。又、第四十六章「天下有道…戎馬生於郊」部分では、現行『纂微篇』では後半に見られる注文「郊、交也。二國相交之境也」（『纂微篇』七／一裏／一）が、彭『集註』では前半に見られ（彭『集註』一二／五表／七）、第五十五章「骨弱筋柔而握固…精之至也」部分では、現行『纂微篇』では中頃に見られる注文「峻作古本爲全作…故能全長也」（『纂微篇』八／二表／九）が、彭『集註』では末尾に見られ（彭『集註』一三／一八裏／六）、第五十八章「是以聖人…光而不耀」部分では、現行『纂微篇』では前半に見られる注文「古本作劌傷也。言、聖人廉以自清、而不刑物使傷也」（『纂微篇』八／十一表／一）が、彭『集註』では末尾に見られ（彭『集註』一四／七裏／九）、第七十九章「是以聖人…而不責於人」部分では、現行『纂微篇』では前半に見られる陸希聲の注文「聖人之心…怨用不作」（『纂微篇』一〇／一四裏／九）が、彭『集註』では後半に見られる（彭『集註』一八／六裏／八）等、注文の構成自体が入れ替えられている箇所が有る。又、第七十六章「是以兵強則不勝…柔弱處上」では、現行『纂微篇』では「桀紂」と有る部分が（『纂微篇』一〇／八裏／八）、彭『集註』では「夏商之裔」（彭『集註』一七／一五裏／四）と有り、第七十八章「是以聖人言…是爲天下王」部分では、現行『纂微篇』では「受國不祥」（『纂微篇』一〇／一三表／六）と有る部分が、彭『集註』では「稱孤寡不穀」（彭『集註』一八／三表／六）と有る様に、明らかに表現が改められている個所が有る。これらの状況から判断するならば、蒙氏が指摘する様に、本来、彭『集註』採録注文の様な内容であったものを、整理修訂したのが現行『纂微篇』であると思われる。[11]それは、例えば第六十七章「夫慈以戰則勝…以慈衛之」部分で、彭『集註』に「且慈兵入於敵之境也、則人知有所庇矣。兵至於國邑之郊、不踐果稼、不穴丘墓、不殘積聚、不焚室屋、得人虜而厚歸之、則人人悦之、…」（彭『集註』一六／四裏／八）と有る傍線部分が現行『纂微篇』では削除されている様に、その修訂状況を見れば、冗長と思われる個所の削除が修訂の主要部分であるからである。但し、劉『集義』と彭『集註』採録注文間に共通点が見られたことからすれば、劉『集義』の扱いも同様なものとすべきであろう。両注釈が「陳景元曰」等とし、「纂微云」等と称していない点でも一致している。この様に、劉『集義』・彭『集註』採録注文が、現行『纂微篇』では修訂が施されているとはいえ、全体の文意に大きく影響するものではない。しかし、第四十九章「聖人無常心、以百姓心爲心」部分で、彭『集註』では「聖人體道無爲、虚心待物、物感斯應、應其所感、感既不一、故應無常心」（彭『集註』一二／一四裏／二）と有る注文が、現行『纂微篇』では「聖人體道虚心、物感斯應、感既不一、故應無常心」（『纂微篇』七／七表／一〇）となっており、全体の文意を変更するものではないものの、傍線部分を含む方が文意が明らかであることは間違いない。彼此参照する必要が有るであろう。[12]

次に、薛『手鈔』の状況を見てみたい。薛『手鈔』は、第三十八章～四十八章という限られた部分の注釈のみを「纂云」として採録している。薛致玄が目にした注釈が「纂微篇」と題されていたことが分る。その採録注文は、現行『纂微篇』所収注文とほぼ一致している。注意すべきは、既に指摘した彭『集註』のみに見られる第三十八章の「德、和也。道、理也。…豈有忽棄者乎」に相当する一部分が薛『手鈔』にも見られることであり（薛『手鈔』下／六表／一）、これは、同じ個所のやや後段に見られる「大丈夫者、剛徤純粹、有道之士也」句でも同様に言え（彭『集註』一〇／九裏／一、薛『手鈔』下／七裏／二）、こうした事例は、第四十一章「上士聞道…不足以爲道」注文の「思欲」（彭『集註』十一／一裏／八、薛『手鈔』下／一九裏／六）、「若不得者則大憂以懼」（彭『集註』十一／二表／三、薛『手鈔』下／二〇裏／五）、第四十二章「故物或損之而益、或益之而損」注文の「以謙受益」（彭『集註』十一／一二裏／三、薛『手鈔』下／二十六裏／五）等でも同様である。やはり先行する彭『集註』を参照していたと考えられる。又、彭『集註』に該当注文が無いため確認出来ないが、第四十七章「是以聖人不行而知…不爲而成」部分で薛『手鈔』が引く「孔子曰、唯天爲大、唯堯則之」（薛『手鈔』下／四十二表／二）の句は現行『纂微篇』には見られない。こうした状況から判断すれば、彭『集註』採録注文と薛『手鈔』採録注文とにも共通性が有ると言えよう。

最後に李『取善集』は、『道德經』の全体に亙って陳景元注を「纂微曰」として採録している。李霖が目覩したものも又「纂微篇」と題されていたことが窺える。その採注態度は、陳景元注文を適宜纏めながら採録している様であり、従って、厳密な比較はあまり意味をなさない。注意すべきは、例えば、第二十一章「孔徳之容、惟道是從」での引用注文の後半数行（李『取善集』四／一裏／二以下）、或いは、第三十一章「夫樂殺人者、不可得志於天下」での引用注文の後半三行（李『取善集』五／一四表／一〇）、或いは、第三十七章「吾將鎮之以無名之朴」での引用文の「而脩之身爲眞…」以下の部分（李『取善集』五／三十五表／三）等は、現行『纂微篇』はもとより、他本にも全く見られないものである。これらの注文の性質は判然としないが、例えば、三十一章注の部分が一度改行されてから引用されている様であることからすれば、或いは、これらは李霖自身の注文である可能性も考えられる。陳景元注文を引用する他の諸本との関係は未詳であるが、李『取善集』所引の注文の使用には注意を要する。

尚、董思靖『道德眞經集解』が「碧虚子曰」として引く陳景元注文の量は僅かであり、且つ、引用されている注文から見る限りでは現行『纂微篇』と一致しているので、考察は省略する。

この様に見てくると、劉『集義』、彭『集註』、薛『手鈔』の三種が引用する注文は同系統と思われ、それを修訂し、細注を加えたものが現行『纂微篇』であると考えられる。李『取善集』、董思靖『道德眞經集解』所収注文との関連は判断材料に欠けるという所であろう。又、劉『集義』が「陳碧虚曰」、彭『集註』が「碧虚子陳景元曰」、薛『手鈔』が「纂云」と称して引用しており、この三種が同系統であることからすれば、同内容の注文が、「陳景元注」としても、

「纂微篇」としても流布していたことが窺える。これらの状況と、蒙氏が指摘する「碧雲子《ママ》・老子道徳經藏室纂微篇」と「陳景元・道德經註二卷」とがどの様に関るのかは不明とせざるを得ないが、現行『纂微篇』が修訂を経たものであるとはいえ、そこに大きな思想的差異は見られないことから、『纂微篇』を底本とすることで陳景元の『道德經』注釈の内容は十分に窺うことが出来ると言えよう。但し、第八章「上善若水」注の冒頭部分が、現行『纂微篇』では「志人虛懷」（『纂微篇』二／一表／五）とされているが、これは、劉『集義』、彭『集註』が引く様に「至人虛懷」（劉『集義』十三／三十二裏／六、彭『集註』二／一七表／二）とあるのが正しく、又、第七十三章「天之道、不爭而善勝」部分では、現行『纂微篇』では「所謂勝物而不傷、二田勇敢也」（『纂微篇』一〇／二裏／七）とあり意味不明であるが、これは、彭『集註』が「所謂勝物而不傷、非由其勇敢也」（彭『集註』一七／五表／一）と引くのが正しいと思われる等、『纂微篇』を底本としながらも、適宜、他本所引注文を参照する必要が有る。

（二）　陳景元『道德經』注の思想

先ずは、陳景元の思想の基本的立場を「道」と「人」とを軸に見ていくことにする。(13)

①　「道」

道とははっきりとせず言語で表現出来ず、心で弁《わきま》えたり言語で分節化したりすることは出来ないので、心の働きは困り果てて理解出来ず、口は尻込みして議論することが出来ない。だから、人の心の奥底で自然と悟るしかないのである。これを無為自然と言うのである。ここで「道」と言っているのは、もはや無理やり付けた名称でしかなく、それは「可道」に他ならない。「可道」である以上、それには変化する現象が伴い、言語表現が可能となる。これが経典と言われるものであるが、それは、糟に他ならない。…仁義礼智信などに至っては全て「道」の用《はたら》きである。用きを「可道」と言うのであり、「可道」が現われてしまうと、それはもはや「常道」ではないのだ（夫道者、杳然難言、非心※1口所能辯、故心困焉不能知、口辟焉不能議。在人靈府自悟爾。謂之無爲自然。今標道者、已是強名、便屬可道。既云可道、有變有遷、有言有說。是曰教典、何異糟糠。…至于仁義禮智信※2、皆道之用。用則謂之可道、可道既彰、即非常道）（第一章「道可道、非常道」注。『纂微篇』一／一表／五）

※1「心」：彭『集註』（二／一表／九）、劉『集義』（二三／四表／一〇）は「神」に作る。

※2「仁義禮智信」：劉『集義』（二三／四裏／八）は「仁義禮智信五常」に作る。

本来「無爲自然」である「道」は、言語表現は不可能であり、心の奥底で自然と悟らなければならない。これが「常道」である。しかし、それを「道」と言語表現した時点で、最早変化を伴う「可道」に他ならなくなってしまう。文字表現された「教典」は「可道」であり、それは「糟糠」に過ぎないと否定的評価が下されているのは、『莊子』を踏まえるものであろう。又、「仁義禮智信」等の具体的徳目は「道の用」とされ、これも又「可道」と称されている。「可道」は言語表現された限定的な在り方であるため、より低い位置付けとなる。

この、「道」を本体と作用の枠組みで考えることに就いては、

道は虚の上に虚、無の上に無、自然の上に自然なのである。根元である太無と混沌と一体であり、ひっそりとしながらも万物に通底しており、言語表現が出来ないものである。しかし、それが作用を起し変化を生じると、それを「渾淪」と言うのである。「渾淪」とは「一」である。「渾淪」である一気は、まだ具体的現象として展開してはいないが、その中には不可思議で明らかな働きの兆しが必ず潜んでいるのである（道者、虚之虚、無之無、自然之然也。混洞太無、冥寂淵通、不可名言者也。然而動出變化、則謂之渾淪。渾淪者一也。渾淪一氣、未相離散、必有神明潛兆于中）（第四十二章「道生一、一生二、二生三、三生萬物」注。『同』六／一六表／九）

「虚の虚」「無の無」「自然の然」と言われている「道」が、言語表現が不可能な本体であり、後に見る「道體」に相当する。これが作用を起すと「渾淪一氣」と呼ばれる「道の用」となる。[14] この「渾淪一氣」は「道の用」ではあるものの、依然として「道體」の「一」なる状態を失っていない。何故ならば、その「用き」は依然として「兆《きざし》」であるからである。この「一」は、「『子』とは『一』であり、『一』とは沖気であり、道の子である。道とは真精としての本体であり、『一』とは万物に不可思議に働きかける作用である。先ず道の本体を得て、そして不可思議な作用を知ることで、体・用が互いに助け合い、共に虚なる極地へと回帰するのである（子者一也、一者沖氣、爲道之子。[15] 道爲眞精之體、一爲妙物之用。既得道體、以知妙用、體用相須、會歸虚極也）」（第五十二章「天下有始、以爲天下母。既得其母、以知其子」注。『同』七／一四表／四）と、「道體」は「眞精の體」とされているのに対し、「一」は「道の子」とされている。本体としての「道」が展開していく兆しを「子」の字に読み取っているのである。一方の「一」「氣」である「道用」は「妙物の用」とされている。そして、この「道體」と「道用」は相互補完しながら「虚極」へと収斂するのである。又、「万物に不可思議に働きかける用きを知り、同時に真精である本体を維持したならば、体と用とが一体となり、万物との感応関係が無限となる。この様であって初めて無為でありながら無不為であることが可能となり、永遠に安定することが出来るのである（既知妙物之用、復守眞精之體、體用冥一、應感不窮。然後可以無爲無不爲、故没身不殆矣）」（第五十二章「既知其子、復守其母、没身不殆」注。『同』七／一四表／九）と、「體用冥一」と、「道體」と「道用」とは一体であり、「無爲」でありながら「無不爲」という状態をもたらすとされている。「既得道體、以知妙用」或いは「既知妙物之用、復守眞精之體」と言われていることから、「道」自体の「體」と「用」とは常に相互補完的関係にあることが求められ、だからこそ、「無爲（＝「體」）」でありつつ「無不爲（＝「用」）」であり得るのである。こうした相互補完関係にある「道體」と「道用」は、「無」と「有」と表現を変え、

「無物」に復帰するとは空寂を意味するのではない。何の姿も無い状態に於いてあらゆる姿を生み出すのであり、

何の具体性も無い状態に於いてあらゆる具体性を生み出すのである。有であると言おうとしてもその形を見ることは出来ない、これが有でありながら無であるということだ。無であると言おうとしても、物はこれに基づいて生成する、これが無でありながら有であるということなのだ。有と無の違いは定まったものではない、これを「惚恍」と言うのだ。「惚」とは無のことだ。無と言っても通常の無ではないのだ。「恍」とは有のことだ。有と言っても通常の有ではないのだ。だから「惚恍」と言うのだ（夫歸於無物者、非空寂之謂也。謂於無形狀之中而能造一切形狀、於無物象之中而能化一切物象。欲言有邪而不見其形、是即有而無也。欲言無邪、而物由之以成、是即無而有也。有無不定、是謂惚恍。惚、無也。言無而非無。恍、有也。言有而非有。故曰惚恍爾）（第十四章「是謂無狀之狀、無物之象、是謂惚恍」注。『同』二／二十一表／九）

「無」は「道體」に相当するが、それは常に「道用」としての「有」への展開が意識されている。「無」と「有」とは明確に区別されるものではないと言うのである。そして、

「始」とは道のことであり、無名である。即ち道は常に無名なのだ。「有名」とは万物としての具体的な作用のことである。道は最初から無名であり、言語分節化されたものをコントロールしている。この無名が「樸」であり、それが言語表現されて分節化されると具体的な存在となる。聖人はそれを用いて官長となるのである（始者道也、無名也、即道常無名也。有名者萬物之器用也。夫道始無名、能制御有名之物。是爲樸、散則爲器。聖人用之、則爲官長）（三十二章「始制有名、…知止所以不殆」注。『同』五／七表／六）

と、相互補完的関係ではあるものの、「無」は「有」を生ずると同時に、「有」を統御する関係にあると考えられている。

即ち、「道」には「體」「用」が有り、それは「無」「有」でもあり、両者は異なるものではあるものの相即しつつ、相互補完的である。しかし、「無」はより根源的存在であり、その「無」が「有」をコントロールしていれば、「有」

は特段否定されるべきではないのである。これが「道」そのものに就いて論じた場合の「有」「無」であると言える。(16)

② 「人」

次に「人」に就いてだが、陳景元は、「優れた徳を備える者は、本性として自然の最も妙（なる気）を受け、天命として根元の気の最も純粋で奥妙なるものを受けている（夫有上徳者、性受自然之至妙、命得元氣之精微）」（第三十八章「上徳無爲而無以爲」。『同』六／一裏／八）、「『下徳』とは『上徳』よりも劣るものである。本性として自然の平坦で淡泊（な気）を受け、天命として根元の気の純粋で調和がとれたものを受けている（下徳、降於上徳者也。性受自然之平淡、命得元氣之純和）」（第三十八章「下徳爲之而有以爲」。『同』六／二表／六）と、「上徳者」と「下徳者」の違いを稟受する「元氣」の違いとして区分する。又、『上士』は本性として（その気は）清らかである。…『中士』は本性として（その気は）中庸である。…『下士』は本性として（その気は）濁っている（夫上士者、受性清靜。…中士者、受性中庸。…下士受性濁辱）」（第四十一章「上士聞道、勤而行之。…不笑不足以爲道」注。『同』六／十一表／九）と、「上士」「中士」「下士」の差異を「受性」の際の違いと見做しているが、これも受ける「氣」の違いを意味するものと考えられる。

この様に、陳景元は人間を生得的差異によって幾つかに分類しているのであり、(17)従って、そこには自ずと役割分担が生じ、優れた者による統治と教化、教化を受ける多数者という図式が存在することになる。陳景元の『道德經』注に「聖人」「有道の士」「人君」等の、指導的立場に在るものへの言及が多く見られるのは、こうした人間理解に基づくものである。

A 「聖人」

「聖人は純粋な気を受け、その本性は高く明らかで、内には真実の智慧を抱き、あらゆる事柄を自ずと了解している。あらゆる事柄を知っているものの、それを誇ることは無い。これを最上の徳と言うのだ（夫聖人稟氣純粋、天性高明、内懷眞知、萬事自悟。雖能通知、而不以知自矜。是徳之上也）」（第七十一章「知不知、上。不知知、病」注。『同』九／一八表／四）と、「聖人」は、「純粋」な気を稟受した生得的存在であり、「思うに、聖人は無為で清静なのだ（蓋聖人無爲清靜）」（第六十章「非其神不傷人、聖人亦不傷人」注。『同』八／一四裏／二）、「そもそも聖人は純粋で混じりけが無く無為であるから、どうして、他と競う様な心が有るであろうか（夫聖人純一無爲、何嘗有爭競之心哉）」（第二十二章「古之所謂曲則全者、豈虚言哉。誠全而歸之」注。『同』四／三裏／三）と、(18)「無爲」であるがために、自己の才能を顕示したり、他と競う様な気持ちを持つことは一切無いとされている。

　この様に、『纂微篇』に見られる「聖人」は徹底して「無」を体現した存在として論じられている。そして、この「聖人」と社会との関り方は、

　聖人は道を体得し心を虚とし、万物の働きかけに対して応じ、その応じ方は遍く万物に向けられる、そのため、その応じ方にこれと定まった心の働きは無いのだ（聖人體道虚心※1、物感斯應※2、感既不一、故應無常心）（第四十九章「聖人無常心、以百姓心爲心」注。『同』七／七表／一〇）

※1「體道虚心」：彭『集註』は「體道無爲、虚心待物」（一二／一四裏／二）に作る。

※2「物感斯應」：彭『集註』は「物感斯應、應其所感」（一二／一四裏／三）に作る。

と「虚心」のままに「道」と一体となり、対象を限定して働きかける様な定まった心の働きである「常心」を持たず、そして、「物」からの働きかけを待ってから応じるとされている。そして、

　聖人は無為に依って天下を教化し統治するが、それは、万物の道理に通じているため、自然となるのに任せるだけなのだ（聖人無爲而化成天下、蓋明物理自然因任而已矣）（第四十七章「不爲而成」注。『同』七／六表／一）

と有り、あくまでも、「聖人」自身は「無爲」の状態を維持することで、万物がその「自然」のままになることを目指

すのである。「聖人は無為清静の道で天下に望むのだ（聖人以無爲清靜之道臨莅天下）」（第六十章「以道莅天下、其鬼不神」注。『同』八／一四表／一）と、「無爲清靜」と有るのも、同様の姿勢を意味する。「無爲清靜」の語が、北宋に於いて老荘思想を積極的に評価する語であることは既に確認したが、陳景元の場合には、それが「聖人」の為政の在り方として用いられていることが分る。(19)

B　「有道の士」

この「無」の体現者である「聖人」は、「聖人とは道を備えた君のことである（聖人謂有道之君也）」（第十二章「是以聖人爲腹不爲目、故去彼取此」注。『同』二／一四裏／七）と「有道の君」とされ、「道を備えた士は、常に虚無を行い有為をなそうとはしないのだ（有道之士、常履虚無而不敢有爲）」（第十五章「猶若畏四鄰」注。『同』三／二表／一）、「道を備えた士は、内なる心は清静である（有道之士、内心清靜）」（第十五章「渾兮其若濁」注。『同』三／三表／三）と、「有道の士」は常に「虚無」であり「有爲」を否定し、「清靜」であるとされる。そして、「『聖人』とは道を体得した君のことである。道を体得した君は、外界の現象が変化するのに任せ、自らは内に浩然の気を養うのである（聖人謂有道之君也。有道之君、任聲色之外馳、養浩然之内景）」（第十二章「是以聖人爲腹不爲目、故去彼取此」注。『同』二／一四裏／七）と、「有道の君」は、外界の現象が様々に変化するのに任せ、それに関与することはせず、自身はその内側の「浩然」を養うことに専念するとされ、従って、その心身の在り方は、

もしその身に捉われることなく、身が身ではないとし、その心を忘れ、心が心でないとすることが出来たならば、造化の働きと一体となり、万物と一体化することになり、動いては枯れ木を引きずる様で、静かにしていれば、死灰を集めた様になれるであろう。この様であれば、あの「寵辱大患」が我に及ぶことが有りえようか。だから「我に身体がなければ、我に何の心配ごとがあろうか」と言うのである（若能外其身、不以身爲身、忘其心、不以心

爲心、冥乎造化、同乎萬物、使行若曳枯木、坐若聚死灰。則向之寵辱大患何縁及之。故曰及吾無身、吾有何患）（第十三章「何謂貴大患若身。…吾有何患」注。『同』二／一六裏／一〇）

と、「身」「心」の存在を忘れ、それを「枯木」「死灰」の如く看做すことこそが、心身の理想的在り方として、積極的に主張されているのである。

C　「君」及び其の他

こうした「聖人」「有道の士」の在り方が現実の社会統治の場で具現化する時、それは「君」となろう。従って、「君」の在り方も、「君子は無為自然を心とし、道徳仁義を働きとするのだ（君子以無爲自然爲心、道德仁義爲用）」（第三十一章「兵者不祥之器、非君子之器」注。『同』五／四表／六）、「人君はその形が清静であることを維持し、そうすれば天気は高く明らかで自然と正しくなるのだ（人君守形清靜、則天氣高明而自正）」（第四十七章「不窺牖、見天道」注。『同』七／四表／五）と、「無爲自然」「清靜」をその姿勢としなければならないとされ、そして、その統治方法は、

そもそも、人君が純粋な徳の持主を任用して国を治める時、必ず無為・簡潔さで事に当たり、民の安寧と落ち着きを実現しなければならないのだ。これが国の幸福と言うものだ（夫人君任用淳德之士治國者、則必無爲簡易爲事、致民安靜、是國之福也）（第六十五章「不以智治國、國之福」注。『同』九／五裏／七）

と、治世者自《みずか》らが「無爲簡易」となることで「民」が自然と「安靜」となる様に心がけなければならないとされているのである。

こうした為政者に対し、一般の人々は[20]「美や善は妄情から生れるので、人の感情が好むものが美となり、感情が嫌うものが悪となる（美善生於妄情、凡人以情之所好爲美、情之所惡爲惡）」（第二章「天下皆知美之爲美、…斯不善已」注。『同』

一／五裏／七）と、現象に対して様々な感情を起してしまう。これが「妄情」である。多くの者達は、この「妄情」を取り去ることを知らないため、

「可欲」とは、外物に対して情を惑わし、人に貴び執着し求める心を生じさせてしまうことを言う。…もし人君が外物に接しても、それを貴び執着する心を生じなければ、外物のために乱されることは無く、本性の通りに清静恬澹となり、真実なる根源へと復帰することが出来るのだ。人君が真実なる根源を維持することが出来たならば、民心は乱れず、淳樸の気風を致すことが出来る（可欲者、謂外物惑情、令人生可尚愛欲之心也。…若乃人君見外物而無可尚愛欲之心者、是不爲色塵所染亂、則性原清靜恬澹而復其眞一矣。人君能守乎眞一、則使民心不亂而淳朴之風可致矣）（第三章「不見可欲、使民心不亂」注。『同』一／十一表／一）

「人」は「外物」のために「情」を惑わされ、「可尚愛欲の心」を生じてしまう。「人君」も置かれている状況は同じなのだが、「人君」は生得的その能力から、自力で「色塵」より自らを律することが可能であり、「眞一」へと復帰することが出来る。そのため、自らの能力で「妄情」を断つことが出来ない人々に対しては、「人君」が自らを律することで、「民心」が自ずと「淳樸の風」に復帰することが期待されることになるのである。随所で述べられている「無」の体現者の治世方法は、「聖人が常に身を修めて心を虚しくしているのは、人々が素朴へと戻り純粋さを守り、とらわれることなく自然と化することを望んでいるからだ（聖人所以常修身虚心者、欲令百姓反樸守淳、悗然自化也）」（第三章「常使民無知無欲」注。『同』一／十二裏／六）と、「聖人」自身が「虚心」を維持することで「百姓」が「反樸守淳」し「自化」することを目指すとあり、「だから聖人は明らかでありながら、それを現わそうとはせず、智慧が有りながらそれを用いようとはせず、ただ素朴さを見つめて抱くことだけを心がけ、少私寡欲を常に思うのだ。この様にして国を治めれば、民は富と長寿へと昇り、古の気風に復帰するのだ。（聖人の）その修身は形を槁木の様にし、心を死灰の様にするもので、連合いを失って亡然としているかの様なのだ（故聖人明而不顯、知而不用、唯以見素抱朴爲懷、少私寡欲爲念。

如是治國、而民躋富壽、復于古風。修身則槁體灰心、嗒然喪耦矣）」（第十九章「見素抱樸、少私寡欲」注。『同』三／一四表／五）と、「聖人」がその才知を用いず、「素朴」「少私寡欲」の状態を提示することで、「民」が自《おの》ずと「古風」へと復帰するとされ、こうした「聖人」の修身は、「槁體灰心」であるとされている。

この様に、為政者自身が徹底して「無爲」「無欲」「自然」の状態を維持することで、「民」が自《おの》ずと「化」すことを期する、というのが、陳景元『道徳經』注に見られる為政者の統治の在り方なのである。これは、「聖人」等と「民」との間の生得的資質の違いを前提としている以上、「聖人」等は自《みずか》ら「無爲」という「道」と同等のレベルを維持することが可能であるのに対し、「民」にはそれが期待されていないことを意味する。同時に、あくまでも民の涵養は、聖人が範を示すことで「自《おの》ずから」教化されるという点が強調されているのであり、民を積極的に教化していく、ということも言われていないのである。

この様な立場は、「聖人」には「死灰・槁木」となることが求められるという、唐の成玄英等の発想に近いものが有る。北宋期に於いて、道家思想を批判する際に「死灰・槁木」の語が多用されることに就いては既に確認したが、陳景元の立場は、外界への積極的な働きかけに欠けるという点で、正《まさ》しくこうした批判の対象に該当するものであったと言うことが出来よう。

この様な人間理解に立つならば、自ら実践すべき養生等の自己修養は、それを自己実践することが可能な者達を想定したものとならざるを得ないであろう。養生術に就いては次の様に述べている。

そもそも養神は深く奥妙であり極限を窮めたものであり、清静であってカラリとしており、永遠に存在している様であって、万物からの働きかけがあって動き出し、万物との感応が途絶えることは無いのである。錬形は偉大な中和の気を呼吸し、血気を導き、不老不死をもたらす泉を飲み、延年の草を嚙み、体の支節を伸びやかにして疲れることがない様にさせるものだ（この両者を窮めることで、）初めて天地と一体となることが出来、様々な教えに深く通じることになるのだ（夫養神則深妙冥極、清靜虛空、緜緜若存、感物而起、無有絶時。錬形則呼吸太和、導接血氣、飲難終之泉、咀延年之草、使其支節宣暢而不勤勞、此方可與天地同根、衆妙共門也）（第六章「緜緜若存、用之不勤」注。『同』一／一九裏／三）

「形神倶妙」（第六章「玄牝之門、是謂天地之根」注。『同』一／二〇表／二）の語も見られる様に、「養神」と「錬形」は、その双方を修める必要が有るとされるが、その「養神」の在り方が「感物而起」と表現されている点に注意すべきであろう。これは先に見た「聖人」等の優れた人物の在り方を意味しており、「養神」は彼らであって初めて可能であるとされているのである。

常なる道を悟れば、その神は自在に変化し、その性はあらゆる所に通じ、気は万物と一体となる。万物が我と一体であり、我が万物と一体であることすら気付かなくなるのである。…これは神が常道と一体となったものである。その次は、姿形を養って衰えることがなく、外観は処女の様で、千年も長生きし、それに飽きれば上仙となる、これは形が常なる道と一体となった者である。その次は、発言に節度があり、行動が適切であり、動けば陽気と波を同じくし、光を持ちつつも殊更に輝かさず、静かであれば陰気と徳を同じくし、暗い様であっても明るさがあり、世間の患いが妨げとはならず、その身に危険が無い、これは常なる道を用いることが出来る者なのである（悟常道者、神變無方、性無所不通、氣無所不同。不知萬物之爲我、我之爲萬物。…此神合常道者也。其次則鍊質不衰、顏如處子、住世千載、厭而上仙、此形同常道者也。其次則語默有法、出處合時、動與陽同波、光而不曜、靜與陰同德、用晦而明、世累莫干、而身無咎、此能用常道者也）（第十六章「知常曰明、不知常、妄作凶」注。『同』三／六裏／六）

「道」を悟って万物と一体となり、その「氣」も万物と自然と一体となり、そのことに気付きさえしないのが最高であり、その次が、肉体が「道」と合して一体となるものであり、手段として「常道」を運用しようとするのは最低であるとする。[21]「養神」は「常道」を悟り、無意識の裡に万物と一体となることであり、それを自ら実践出来る者は特定の人物に限られているとしなければならないだろう。

③　「舊説」「今解」について

次に、『纂微篇』に見られる「舊説」「今解」に就いて検討したいと思う。

既に指摘した様に、『纂微篇』に見られる「舊説」の内容は、唐・玄宗『唐玄宗御製道徳眞經疏』（以下『御疏』と略す）を主とする、唐以前の『道徳經』注釈に相当する。以下、「舊説」と『御疏』を幾つか比較しておこう。尚、玄宗『御疏』は、『道藏』所収の単行本と、『道徳眞經玄徳纂疏』（以下、『玄徳纂疏』と略す）、『道徳眞經廣聖義』（以下『廣聖義』と略す）所引のものとの間に文字の異同が有る場合が有る。論旨に関るものに限り注記することにした。

十章

「載營魄抱一、能無離乎」

・舊説：舊説。載、乘也。營、魂也。又謂營護陽氣也。魂爲陽精、魄爲陰靈。陽精喜動遊、故仙書有拘留之術。陰靈喜浮惑、故仙書有制伏之法。使其形體常乘載陽精陰靈、抱守太和純一之氣、令無散離、永保長年矣。夫道之抱一、如鑑之含明、明豈離鑑乎。此教人養神也（『纂微篇』二／六表／八）

・玄疏：載、初也。營、護也。…故令營護虛魄、使復陽全生、抱守淳一、不令染雜、無離身乎。則生全矣。此教養神也（『御疏』一／一九表／六）

「專氣致柔、能如嬰兒乎」

・舊説：舊説曰、專、一也、任也。氣者沖和妙氣、又自然之氣也。夫人卓然獨化、禀自然沖和妙氣、氣降形生。自無染雜。若乃專任沖妙、知見都忘、氣自純和、形自柔弱、不爲衆惡所害。是得嬰兒之全和也。此教人養氣也（『纂微篇』二／六裏／九）

・玄疏：專、專一也。氣、沖和妙氣也。人之受生、沖氣爲本。若染雜塵境、則沖氣離散、神不固身。故戒令專一沖和、使致柔弱、能如嬰兒、無所躭著乎。此教養氣（『御疏』一／一九裏／六）

「滌除玄覽、能無疵乎」

・舊説：舊説曰、滌、洗也。除、遣也※1。玄覽、心照也、疵、瑕病也。人當洗滌塵垢、除遣五情、内外清虛、心照萬事、瑕疵之病、瑩然不生。此教人修心也（『纂微篇』二／七表／八）

※1「遣也」：彭『集註』（三／一二裏／一）、劉『集義』（一六／一六表／六）は「遣也、理」に作る。

・玄疏：滌、洗也。除、理也。玄覽、心照也。疵、病也。人之躭染爲起欲心、當須洗滌除理、使心照清淨、愛※1欲不起、能令無疵病乎。此教滌※2心也（『御疏』一／二〇表／一）

※1「愛」：『玄德纂疏』（三／九表／三）所引は「情」に作る。

※2「滌」：『玄德纂疏』（三／九表／四）、『廣聖義』（十一／六表／一）所引は「修」に作る。

「愛民治國、能無爲乎」

・舊説：舊説曰、治國者、愛民如赤子※1、臨政不可苛虐、賦役不可傷性。務農簡事※2、使民各遂其業、而安其生。斯無爲之化也（『纂微篇』二／七裏／七）

※1「治國者、愛民如赤子」：彭『集註』（三／一三裏／四）、劉『集義』（一六／一六裏／五）は「愛民者、當愛民如赤子」に作る。

・玄疏：愛民者、使之不暴卒、役之不傷性。理國者、務農而重穀、事簡而不煩。則人安其生、不言而化也。此無爲也、能爲之乎（『御疏』一／二〇表／六）

※2「務農簡事」：彭『集註』（三／一三裏／五）、劉『集義』（一六／一六裏／七）所引は「治國者、當務農簡事」に作る。

「天門開闔、能無雌乎」

・舊説：舊説曰、天門者、北極紫宮之門也。天有北極星、在紫宮之内。宮内又有五帝、迭相休王。故門有開闔也。開則爲泰、闔則爲否。故春時青帝門開、餘門皆闔。四時之例如此。且五運終始、曆數之變、興廢不常。唯聖人知天知命、常守雌靜、則不爲變動所傾。故永亨元吉也。或以治身論者、天門謂鼻口也。開闔謂喘息呼吸也。言、人雌靜柔和、則氣息深遠、緜緜微妙、致其精神恬然、自在無爲也（『纂微篇』二／八裏／三）

・河上公：天門、謂北極紫微宮、開闔、謂終始五際也。治身、天門謂鼻孔、開謂喘息也。闔謂呼吸也（王卡點校。道教典籍選刊『老子道德經河上公章句』三十五頁。中華書局、一九九三年）

「明白四達、能無知乎」

・舊説：舊説曰、明、明、謂慧照也。治身者、雖有慧照之心、聰明通達、若無見聞。治國者、其德明白如日月之照四達海内、當塞聰蔽明、能如無知。使天下百姓日用不知、是謂有道（『纂微篇』二／九表／六）

・玄疏：帝王既受曆數、臨御萬方、若能守雌靜、則其德明白、如日之照四達天下、功被於物、不以爲功。所謂忘功若無知者、故云能無知乎（『御疏』一／二〇裏／七）

十七章

「功成事遂、百姓謂我自然」

・舊説：舊説、信不足、有不信、覆釋畏之侮之。猶其貴言、覆釋親之譽之。功成事遂、百姓謂我自然、覆釋太上下知有之類乎（『纂微篇』三／一〇表／三）

・玄疏：此覆釋畏之也※1（「信不足、有不信」疏）。…此覆釋親之譽之也（「猶其貴言」疏）。…此覆釋太上下知也（「功成事遂、百姓謂我自然」疏）（『御疏』二／一五裏／二）

※1「畏之也」：『玄徳纂疏』（五／四表／七）、『廣聖義』（一六／九裏／七）所引は「畏之侮之也」に作る。

二十六章

「奈何萬乘之主、而以身輕天下。輕則失本、躁則失君」

・舊説：舊説曰、人君輕易煩擾、則民離散、誰與爲臣。人臣飾詐干禄、躁求權勢、坐招竄殛、不得事君。二義俱通（『纂微篇』四／十一裏／一）

・玄疏：夫君多輕易、必煩擾、煩擾則人散、誰與爲臣。故云、輕則失臣、此戒人君也。爲人臣者、當量能受爵、無速官謗。若矯迹干禄、飾詐祈榮、躁求若斯、禍敗尋至、坐招竄殛、焉得事君。故云、躁則失君、此申戒人臣也（『御疏』三／二十一表／二）

七十二章

「無狎其所居」

・舊説：舊説曰、神所居者、心也。人當忘情去欲、寛柔其懷、使靈府閑豫、神棲於心、身乃存也（『纂微篇』九／二〇表

／五）

・玄疏：神所居者心也。人當忘情去欲、寛柔其懷、使靈府閑豫、神棲於心、身乃存也（『御疏』九／一三表／一）

「無厭其所生」

・舊説：舊説、身所生者神也。人由神而生、所生謂神也。神明託虚好靜、人能洗心息慮、神自歸之。若嗜欲黷神、營爲滑性、則神氣散越而生亡。故勸令無猒所生之神、以存長久之道也（『纂微篇』九／二〇裏／一）

・玄疏：身所生者神也。厭、惡也。人由神而生、故謂神爲所生也。神明託虚好靜、人當洗心息慮、神自歸之。若嗜欲黷神、營爲滑性、則精氣散越、則生忘。故勸令無厭所生之神、以存長久之道（『御疏』九／一三表／四）

この様に、「舊説」が主として玄宗疏であることは間違いない。[22] 勿論、玄宗疏自体が先行する『道徳經』解釈を踏まえたものである以上、玄宗以前の注釈が「舊説」として引用される場合も有る。例えば、十章「滌除玄覽、能無疵乎」の「舊説」は、成玄英の「滌蕩六府、除遣五情、神炁虚玄、故能覽察妙理、内外清夷、而無疵病者」（『玄徳纂疏』三／九表／一〇）をも参照しているであろうし、又、「天門開闔、能無雌乎」の「舊説」は河上公注を踏まえている。又逆に、玄宗の注疏を継承し敷衍したとする杜光庭の『廣聖義』の解釈が、「舊説」の中に含まれている可能性も無いわけではない。例えば、「愛民治國、能無爲乎」の「舊説」は『廣聖義』の「生民者國之本也、無爲者道之化也、以無爲之化、愛育於人、國本固矣。政虐而苛、則爲暴也。賦重役煩、則傷性也。使之不以時、則妨農也」（『廣聖義』十一／六裏／九）にも通じる。しかし七十九章の注で、杜光庭の説と「舊説」とを対比させていることからすれば、一般的には、杜光庭の説は「舊説」には含まれないとするのが妥当であろう。更に、李『取善集』も、その第十章「載營魄」の自注で「舊説皆謂、營爲魂。唯元澤御解説爲止也」（李『取善集』二／八裏／九）と述べ、「舊説」と比較されているのが王雱注と宋徽宗注であることからすれば、唐以前を「舊説」、宋代注を「今解」する区分が、『纂微篇』以外にも見られることが分る。そして、『取善集』の場合も第十章に於いて述べていること、『纂微篇』の「舊説」も第十章に多く見られることから、特に十章の内容に関して、「新」「舊」という枠組みで議論がなされていたことが窺える。

さて、この「舊説」に対する『纂微篇』の態度は如何なるものであったのか、以下順に見ていきたい。

「載営魄抱一、能無離乎」では、「舊説」が「陽精・陰靈」を保ち、気を維持するという道術の具体的方法を力説しているのに対し、「今解」では、

今解、人が「一」を維持する術を行おうとするならば、心が分散することが無い様にしなければならない。分散することが無ければ、それこそが「乗載魂魄」であり、「純一の道を維持する」ということなのだ（今解曰※1、人欲抱一之術、當令心無散離。若無散離者、即是乘載魂魄、抱守純一之道也）（第十章「載営魄抱一、能無離乎」注。『纂微篇』二／六裏／四）

※1彭『集註』は「今解曰」の後に「能無離乎者老氏審問之辭也」（三／五裏／七）の句が有り、それ以後の注文は無い。劉『集義』は「今解曰」の後に「能無離乎者老氏審問之辭也。猶如説戒曰、能持否之例、是也」（一六／一五裏／三）の句が有る。

と述べ、心を散漫にせず、専一にしていく事を重視し、魂魄の維持については、心の専一の結果に伴うものであるとしている。

「專氣致柔、能如嬰兒乎」では、「舊説」が専一に「沖和の妙氣」を養うことを説いているのに対し、「今解」では、

今解、「能如嬰児乎」とは、「専気致柔の術」を行おうとするならば、嬰児の純粋で調和のとれた状態の様であらねばならないということだ。嬰児の純粋で調和のとれた状態の様であることが出来れば、それこそが、「専気致柔の術」を体得するということなのだ（今解曰、能如嬰兒乎者、言人欲專氣致柔之術、當如嬰兒純和。若能如嬰兒純和、

即是得專氣致柔之術也）（第十章「專氣致柔、能如嬰兒乎」注。『同』二／七表／三）
と言い、嬰児の様な純和な状態になることが第一であって、その結果として「專氣致柔の術」をも会得することができるとしている。以上の二箇所の「今解」は、「赤子は喜怒を知らないのに拳を固く握るのは、その真実の性が専一であるからだ（赤子未知喜怒而拳握至堅者、其眞性專一故也）」（第五十五章「骨弱筋柔而握固」注。『同』八／一表／四）、「赤子は情欲がまだ生じていないのに、陽徳が自然と動くのは、真精の気が運行しているからである。まして、至人の虚心無情であって、気の巡りが自然と動き、諸々の欲望がそれを妨げることが無い場合はなおさらである（赤子情欲未萌、陽徳自動者、眞精之氣運行之所至也。以況至人虛心無情、氣運自動、而諸欲莫干也）」（第五十五章「未知牝牡之合而峻作、精之至」注。『同』八／一表／七）等の陳景元の姿勢を示すものである。赤子は「情欲」が未だ生じず、本来の「眞性」が純粋の状態にある。そこに巡らされるのは「眞精の氣」のみであり、結果として肉体も最良の状態に至る。これは「至人」に近い状態であり、「至人」は「虛心無情」であるため、本来の気が自在に巡り、「情欲」が生じることがないとされているのである。

「滌除玄覽、能無疵乎」では、「舊說」が「五情」を「除遣」するという方法で心を洗えば、「瑕病」が生じることは無いとし、「修心」の具体的方法を述べるに止まっているのに対し、「今解」では、

今解、心を洗い垢を取り除こうとするならば、内外の事柄を深く察し、自分自身を顧みることが出来れば、「疵瑕の病」が無くなるのだ。これこそが「滌除玄覧の法」に他ならない（今解曰※1、人欲洗心除垢、冥察内外之事、能自省己躬、無疵瑕之病※2、即是滌除玄覽之法也）（第十章「滌除玄覽、能無疵乎」注。『同』二／七裏／三）

※1彭『集註』（三／一二裏／六）、劉『集義』（一六／一六裏／二）は「今解曰」の後に「能無疵乎者」の句が有る。

※2劉『集義』（一六／一六裏／四）は「無疵瑕之病」の後に「若能無疵瑕之病」の句が有る。

と、自分自身とそれを取り巻く外界とをしっかりと見つめ、「疵瑕の病」など最初から存在しないことに気付くこと、

それが「滌除玄覽」に他ならないとし、「修心」の具体的方法である「除遣五情」の意味するところを一歩突っ込んで説明している。これは既に見た十三章注「若能外其身、不以身爲身、忘其心、不以心爲心、冥乎造化、同乎萬物」（『同』二／一六裏／一〇）に窺える、何者にもとらわれない心身の状態を最高とする姿勢を示すものである。

「愛民治國、能無爲乎」では、「舊説」が重い賦役を課して民を害うことを止め、農業に務め、煩瑣な政治を行わないという、政治の場における無為の化を述べているのに対して、「今解」では、

今解、人君が万民を慈しみ養い、その天性を損なわないようにしようと思うならば、国を治め農業に励み、煩わしい賦役を与えないことだ。清静無為であることが出来れば、それこそが「愛民治国の術」に他ならない（今解曰※1、人君欲愛養萬民、令不傷天性、治國務農、使無繁細、當能清靜無爲※2、即是愛民治國之術也）（第十章「愛民治國、能無知乎」注。『同』二／七裏／九）

※1彭『集註』（三／一三裏／七）、劉『集義』（一六／一六裏／八）は「今解曰」の後に「能無爲乎者言」の句が有る。

※2劉『集義』（一六／一六裏／十）は「當能清靜無爲」の後に「若能清靜無爲」の句が有る。

と、万民を愛し、其の本性を害わず、農業を重視し、煩瑣な政治を行わないためには、君主自身が「清靜無爲」とならなければならないと言う。「舊説」が具体的な無為の化を説くのに止まっているのに対して、「今解」では、具体的無為の化の前提となる君主自身の無為の必要性を、一歩突っ込んで解釈している。

「天門開闔、能爲雌乎」では、「舊説」が、「天門」とは「北極」の「紫微宮の門」であって、それが開閉することで四時が巡るのだとし、又、身体論について言えば、「天門」は鼻口であって、其の開閉が呼吸に他ならないとし、暦数と養生の二本立てで説明しているのに対して、「今解」は、

今解、「天門開闔休王」とは、暦数の法則である。柔らかく静かに謙ることで、初めて陰陽の影響も受けず、寒暑にも影響されなくなるのだ（今解曰※1、天門開闔休王者、乃暦數之常。唯能雌靜謙下、故陰陽不能移、寒暑不能變也）（第

十章「天門開闔、能爲雌乎」。注『同』二／九表／二）
として、「舊說」の内の養生に関する部分を削除し、「雌靜謙下」であることを説く部分だけを採用している。
※1劉『集義』（一六／一八表／一）は「今解曰」の後に「能爲雌乎者言」の句が有る。
「明白四達、能無爲乎」の「舊說」は、治身者・治国者が海内に達する程の聡明さを持っていたとしても、その聡明さを民衆に知らしめないことが有道であると述べ、政治の手段として「道」を用いることに言及している。こうした立場は『道徳經』十六章の注で既に見た如く、陳景元が最もレヴェルが低いとするものである。これに対して「今解」は、
今解、「智慧明白、四達天下」であろうとするならば、先ず自分の内側を見つめ、内側に耳をそば立て、常に無知を維持する必要が有る。これこそが「明白四達」の源なのだ（今解曰、欲得智慧明白、四達天下者、先須收視反聽、常守無知。即是明白四達之原也）（第十章「明白四達、能無爲乎」注。『同』二／九表／九）
と、君主が視覚・聴覚に基づく欲望を制御し、賢しらな智慧を棄て去り、常に無知なる者の如く純一であれば、自ずと四方に明らかに達し得るとして、君主自身の心の問題として為政を考えている。
以上、第十章を中心に見たが、『纂微篇』は、養気等を述べる説、或いは心の在り方から離れて、技術としての政治手段のみを論ずる説を「舊說」とし、それらは二次的なものでしかなく、これらは、「心」を修めた結果、自ずと伴うものでなければならないとし、より本質的と看做される立場を「今解」として提示していたと言えよう。
この様に、十七章「功成事遂、百姓謂我自然」に関する「舊說」は「今不從焉」（『同』三／一〇表／六）と、不適切であるとして退けられ、又、七十九章「故有德司契、無德司徹」では、「舊說」と杜光庭の説とを比較して、「今杜說爲長」（『同』一〇／一五裏／四）と、杜光庭の理解を採用している等の様に、「舊說」に対して厳しい態度を取る『纂微篇』ではあるが、「舊說」と定義した解釈の全てを一律に退けている訳では必ずしもなく、「舊說」をその

まま支持する形で引用する場合も見られる。(23) 更には、「舊説」の中核となる玄宗の注疏を随所で全面的に支持する形でも引用している。(24) しかし、そこには、ある種の一貫性が見られ、「兼忘」「無爲」「謙下」「不爲事」等の、あくまでも心を制することを第一義とし、その上で、そうした心に基づいた処世の方法を説くものに就いては『纂微篇』は支持している様である。

玄宗以前の注釈は、陳景元にとって「舊説」ではあったが、それは「舊」であることを理由に全面的に否定されるべきものではない。自己の関心をもって判断し、是とせられるものに就いては自説と並記するという、内容自体に即した柔軟な理解を陳景元は取っていたと言うことが出来よう。周到なテキストクリティークに基づいた上で、形を養うことよりも心を養うことを重視するという判断基準を立て『道徳經』を解釈していくところに彼の立場が有ったと言える。

こうした陳景元の立場の根底には、彼が集注を編纂した六朝期の道典が自然、虚無、清浄、空などを力説していたこととも関係が有るであろう。又、彼の師承系譜と目されている陳摶・張無夢といった人物の言説に目を向けるならば、(25) 彼の師とされる張無夢が『鴻濛篇』の中で、

国とは心の様なものである。心が無為であれば気が調和し、気が調和すれば多くの宝が結実する。心が有為であれば気が乱れ、気が乱れれば英華は散ってしまう（國、猶心也。心無爲則氣和、氣和則萬寶結矣。心有爲則氣亂、氣亂則英華散矣）（『道藏』所収『道樞』巻一三所引、張無夢「鴻濛篇」。一三／六裏／二）

と、内丹の前提となる心の無為を説いていることにも通じるものであり、それは又、張無夢の師に当たる陳摶が、「無」とは太極がまだ分れる前の段階を意味し、そこには太虚の霊気のみが存在している。所謂る「見ようとしても見えず、聞こうとしても聞こえない」というものである。この霊気が心に入ると「絳真」と言われ、性器に流れ入れば「牝霊」と呼ばれる。それらは全て我が心に在り、それを受けたらそのまま維持し、増損させてはな

らないのだ。何を「増」と言うかと言えば、「増」とは玄妙を目指して坐することに殊更に意識を用いることで、空《むな》しく存想を真似ることであり、これでは、僅かな霊光が徐々に黒く染まっていくことになり、本来の在り方のままに立功行善をすることが出来なくなるのだ。こうなれば先天の真気を補還することが不可能となる。「損」とは、心は本来静かであるのに、意識的にそれを引いて、心を動揺させることであり、真腎の本来の豊かさを達成することが出来なくなる。減らそうとしてしまうと、腎を枯竭させ、その霊を拡充することが出来なくなるのだ。だから「存」の字を説いてこれを養わせるのだ（無者太極未判之時、一點太虚靈氣。所謂視之不見、聽之不聞、是也。這點靈氣、貫入於心、則曰絳眞、流入於牝、則曰牝靈。全在我心、承受不可増損。如何謂之增。增者妄意坐玄、虚摹存想、使這點靈光漸染成墨、不見本來、總使立功行善也。不能補還先天眞氣矣。損者心本靜也、念以牽之、使心搖撼、而不能成其眞腎本滋也。欲以耗之、使腎枯竭而不能廓其靈。所以説箇存字、以養之）（『道藏輯要』「鬼集五」『玉詮』五／五十六裏）と、内丹の基本はそれにとらわれないことであり、意識を働かせてはいけない、意識を「増損」させることなく自然のままに工夫していけ、と主張するのとも共通点を見出し得るものである。師承系譜の真偽のほどは措くとしても、三者の間に共通点が有るのは確かである。(26)

結語

冒頭で確認した様に、陳景元には断片的ではあるが『莊子』の注釈も残っている。『纂微篇』を材料に見た彼の思想が、『莊子』の注釈ではどの様に論述されているのかを最後に確認しておきたい。(27)

陳景元の『莊子』注は褚伯秀『義海纂微』に引用されているが、分量的に限られており、『莊子』注の全体像を窺うことは出来ない。一方、『南華眞經章句餘事』は『莊子』各篇を幾つかの章に分けた上で題目を付けている。これらの題目は『莊子』の内容に沿ったものではあるが、「應帝王」に「不言之教」「無爲之治」「聖人無名」「聖人無常心」と有り、「胠篋」に「絶聖棄智」と有り、「在宥」に「處無爲之事」「聖人虚心」「清靜民正」「無爲民化」「道無不爲」と有り、「達生」に「專氣」と有り、「知北遊」に「常道」「可道」と有り、「庚桑楚」に「去智」と有る等の状況を見れば、『道德經』の思想を基盤に『莊子』の内容を整理するという陳景元の基本姿勢を窺うことが出来る。これは『莊子』に先んじて『道德經』の注釈が完成されていたという経緯と合うものであり、先に完成されていた『道德經』注釈の思想を踏まえて『莊子』が解釈されたと考えることが出来よう。

先ず「道」に就いてだが、『道德經』の「常道」「可道」という枠組みが持ち込まれている。

「知らず」とは、より深く内側に目を向けることであり、これが「無名の常道」であり、微妙な理に他ならない。「知る」とは、より浅く外側に目を向けることであり、これが「有名の可道」であり、表面的な事象に他ならない。質問をすることは、それは現象に捉われていることになり、どうして妙なる境地を知ることが出来ようか。だから、「質問する者は道に耳を傾けることが出来ず、耳を傾けることが出来る者は、問わないのだ」と言うのだ（不知、深矣内矣、是無名常道、理之妙也。知之淺矣外矣、是有名可道、事之徼也。有問則涉迹、豈能知妙。故問者未聞道、聞則不問矣）（「知北遊第三」注。『義海纂微』六十八／一二表／一）

内省するという手段でしか得られることが出来ず、言語表現不可能な「常道」と[28]、言語表現が可能であり、外的対象として認識し得る「可道」という、『道德經』第一章の枠組みで「道」が理解されている。前者が「妙」であり、後者が「徼」であるとされるのも『道德經』に基づくものである。この「常道」は、

道が満ちたり欠けたりすると表現されることは有るが、その実体が満ちたり欠けたりすることは無い。物は具体的存在としては増えたり減ったりすることは有るが、物の道理が増えたり減ったりすることは無いのだ。道の変化には本末があるが、道の本体には本末は無い。物の形には集散があるが、物の本性には集散は無い。このこと

から、道と物は隔絶している訳ではなく、道の妙なる働きは至る所に存在しているのである（道有盈虚之名而無盈虚之實。物有衰殺之迹而無衰殺之理。道化有本末、而體無本末。物形有積散而性無積散。由是知道物未嘗相逃、妙用無乎不在也）（「知北遊第二」注。『同』六十八／五裏／五）

所謂る「道體」は個別具体的現象を伴わないので、そこには「盈虚」という変化、「本末」という区分は存在しない。そこに「盈虚」「本末」という表現が当てはめられるのは、言語表現される次元、「可道」、即ち「道用」「道化」の次元なのである。この「道體」が起す具体的次元としての「道用」が「物」の存在に他ならない。従って、「物」には「衰殺」「積散」が存在するが、その「物」の本質である「道體」のレベルに相当する「物の理」「物の性」の次元では、「衰殺」「積散」という事象は存在しない。このことは、「道」と「物」とが「體」→「用」という展開を軸に連接していることを意味する。

この様に、「常道」である「道體」の「可道」としての働きである「道用」が万物そのものに他ならないのだが、その万物の一つである人はどのような存在として理解されているのであろうか。陳景元は、ここでも『纂微篇』に見られた、人が何物にも滞る事が無い時、気を自在に巡らすことができ、結果として望むべき最高の状態に至り得ると言う姿勢を述べる。

天が為すことは、清妙の気を下し、万物を遍く育むことだ。人が為すことは、神和の気を巡らし、全身を養うことである。天は無為であるが空疎ではなく、人は有為ではあるが滞るものではないことを知れば、それが最高である（天之所爲、降清妙之氣、覆育萬物。人之所爲、運神和之氣、營衞百骸。若乃知天無爲而不空、人有爲而不滯者、斯爲至矣）（「太宗師第一」注。『同』一四／五表／二）

ここでの「天」は「道」に他ならない。「天」は「氣」を生み出すことで万物を生み出す。人はその「神和の氣」を巡らすことでその肉体を充実させるのである。この「道」の働きは『道徳經』注釈の場合と同様に、「道體」の働きである以上、「道體」の「無爲」の状態が維持されたままでなされる作用、「無爲而不空」なのである。一方の人の「氣」を巡らすという行為は「有爲」とされるものの、それに執着しない時、その行為は「至」とされるのである。この様に、「道」と「人」との間には「無爲」と「有爲」という明確な線引きがなされてはいるものの、状況次第では、「人」は「道」に近い状態にまで至ることが可能と見做されている。即ち、人の営為自体は否定されてはいないが、それに執着しないという前提が必要であることが分る。即ち、

心を動かせば真水は輝きを失ってしまい、高きを慕えば至理から離れていく。根本に帰ることを焦れば、妙道はその時点で失われてしまうのだ。…人は無心であって道と一体となるのであり、道の方には人と一体となるという心は無いのだ、強いて「之を得る」と言っているだけだ（動心則眞水失照、慕高則至理有乖。急欲反本、妙道已喪矣。…人無心而合道、道無心而合人、亦強云得之耳）（「天地第十二」注。『同』三十五／八表／一）

と、「心を動か」したり、「高きを慕」ったり等の様に、「反本」に拙速となれば、「妙道」は失われてしまうのである。「道」の側に積極的に人に働きかける姿勢が無い以上、「無心」という在り方で「道」と自然と感応することが必要とされるのである。

『纂微篇』の内容を踏まえるならば、『莊子』注に見られる、こうした高度な人為の在り方は、通常の人々が成し得ることはほとんど不可能とされていることが容易に予想される。

人の情というものは、自己の立場を是とし他者の立場を非とする、他者は自らが非とされていることを知らず、こちらを指して是ではないとしているのだ。我々は自分の立場が正しいことに捉《とら》われているので、相手の立場が間違っているとするのだ（凡人之情、皆以此爲是、指彼爲非、彼不知非、又指此爲未是、因執此指爲是而謂彼指爲非）（「齊物論第二」注。『同』三／六表／二）

と、「人」の営為は自身の立場に固執して分別するものでしかないとされ、一方の「聖人」は、

聖人の静とは、万物からの働きかけに応じつつも乱れることがないものであり、円寂の静の意味ではない。纏いつく万物に応じつつも安らかであることで初めて達成されるのだ。静かであることが善であるから静かであるのではなく、外界の事物がその心を乱すことが出来ないから静かなのだ。水が静かであれば、僅かな髪でさえも隠すことは出来ない。心が静かであれば、有と無のどちらにも明らかに通じることが出来るのだ。だから虚静であれば吉祥が留まり妙なる道が生じるのである。恬淡であれば神気が何物よりも優れ虚白に集まるのである。寂漠であれば霊府《こころ》は広く、そこに宿る真君は落ち着き、無為であれば調和のとれた理が完全となり、性命は永遠となるのだ（聖人之靜也、應物而不蕩、非圓寂之靜也、隨物攖寧而後成。非曰靜也善故靜也、物無足以撓心者故靜也。水靜則毫髪難隱。心靜則有無易照。故虚靜則吉祥止而妙道生。恬淡則神氣王而虚白集。寂漠則靈府寛而眞君寧、無爲則和理全而性命永、此非特異也）（「天道第一」注。『同』四〇／七表／一〇）

『荘子』の「聖人之靜也、非曰靜也善、故靜也…」（「天道」）を踏まえ、あくまでも外物によって内なる自己が乱されない様にする、「心」の働きを「休める」ことで、「事」を「虚」と見做す、そのことで内なる自己を「靜」とすることにポイントがある。それは、

だから徳有る者は、内に天理を維持し、外に人事を修めるのだ。その後で、社会的な地位や業績が得られ、出処進退が自在となり、要妙に戻り極致を語ることが可能となるのだ（是以有徳者、内守天理、外修人事。然後位業可得、而進退出處在我、可以反要妙而語極致也）（「秋水第三」注。『同』五十三／八裏／二）

「内に天理」を守った上で「外に人事を修」めるという、無執着の人為に他ならないのである。

以上の様に、『荘子』注釈に見られる陳景元の思想は、『道徳經』注釈に見られたものと一貫していると言えるであろう。

陳景元の思想では、「道」そのものは「無」と「有」の枠組みで理解され、その相互補完、相互転換が述べられ、

「無」のコントロール下にある「有」はその存在が認められていた。しかし、「人」に就いて言われる場合は、統治思想として、指導者は「無」を自己実現することを目指し、「有爲」であるその他の多くの人々は指導者の「無」としての在り方に自然と感化されるに任せるべきとされていた。「聖人」以外の不特定多数の人々には「聖人」と同等の自己修養は期待されていないのである。従って、自ら修道が可能な者は一部の「聖人」或いは「聖人」に準じる人々に限られ、彼等に対して限定的に養生思想の道が開かれていたのである。言い換えれば、「聖人」等の指導者が自己修養に努め、人々は自然と感化するに任せるべきだという立場は、人全体の修養論として見た時、不特定多数の人々に対して積極的に働きかけるという視点と、不特定多数の人々も自己修養を経ることで、同様に得道へと到ることが可能であるという視点、この二つの視座が欠けているということになるであろう。(29)

注

（1）陳景元の生涯については、蒙文通「陳碧虚與陳摶學派―陳景元老子、莊子註校記―」（初出『圖書集刊』第八期所收。一九四八年。後に「校理陳景元『老子註』、『莊子註』敍録―附論陳碧虚與陳摶學派―」と改題の上、蒙文通文集［第六］『道書輯校十種』所收。巴蜀書社、二〇〇一年）が早いが、近年では、盧國龍「論陳景元的道家學術」（『道家文化研究』一九輯所收。三聯書店、二〇〇二年）が詳しい。

（2）『宋史』巻二百五「志第百五十八　藝文四」には「陳景元道德註二巻」（五一七八頁）、「碧雲《ママ》子老子道德經藏室纂微二巻［不知名］」（五一八〇頁）とあり、『宣和書譜』には「注道德經二卷、老氏藏室纂微二卷、解莊子十卷、高士傳百卷、文集二十卷、大洞經音義、集注靈寶度人經」（『學津討源』（一六）所収『宣和書譜』六／九裏。新文豐有限公司、一九八〇年）とあり、『科文疏』には「藏室纂微二卷」「南華經章句七卷」「總章三卷」「抄義三卷」「寶珠妙義三卷」「膚解一卷」「翼眞撿後義一卷」「續高士傳（＝退身傳）」「集三註通玄經」「四注度人經」「解註西昇經」（一／七表／一）などの名が見られ、宋・劉元道『無量度人上品妙經旁通圖』は陳景元の書として、「陳景元普天聖位圖」（『道藏』所収『無量度人上品妙經旁通圖』下／八表／七）、「陳景元寶珠妙義」（『同』下／八裏／一）等の名を挙げている。従って、少なくとも現行『道藏』所収の陳景元の作とされているものが、真作であろうことはほぼ信用し得る状況にある。尚、朱熹の跋（『朱子文集』巻八三「跋道士陳景元詩」八十三／二十六表）は朱熹自身が見たものとして、陳景元の筆による「相鶴經」の名を挙げ、王安石には「相鶴經」（『王荊公文集箋注』一一四四頁。巴蜀書社、二〇〇五年）なる一文が有り、その様子を窺うことが出来る。

（3）　劉元道『無量度人上品妙經旁通圖』を参照。又、陳景元と『度人經』との関係については、福井康順「霊宝経について」（『福井康順著作集』第二巻所収。法藏館、一九八七年）を参照。

（4）　陳景元に関する論考は、中国の研究者によって多くなされているが、その多くが、「此經以重淵（玄）爲宗、自然爲體、道德爲用、其要在乎治身治國」（『纂微篇』開題／六表／三）と有るのに基づき、「重玄」を中核思想とし、「道」を基軸に「經世致用」を論ずるものと位置付けるものである。例えば、孔令宏『宋明道教思想研究』（九十四頁。宗教文化出版社、二〇〇二年）、盧國龍「論陳景元的道家學術」、劉固盛「論陳景元對『老子』思想的詮釋與与發揮」（『宗教學研究』二〇〇六年二期（總第七十一期）二〇〇六年）、李剛「陳景元『老子注』的生命政治學」（『和諧世界　以道相通―國際道德經論壇論文集―』上巻。宗教文化出版社、二〇〇七年）、隋思喜「陳景元儒道關係論的基本特征和政治意蘊」（『世界宗教研究』二〇一一年第三期、二〇一一年）等。尚、この場合の「重玄」とは、「由體入用、攝用歸體」を意味するとされている（盧國龍「論陳景元的道家學術」参照）。

（5）　注（3）福井氏論文は、『度人經四注』が薛幽棲注本を基本としたものではないかと推測するが（三五三頁）、根拠は示されていない。又、『西昇經』の諸本に関しては、藤原高男「『西昇經』李栄注」（『香川大学一般教育研究』二十三、一九八三年）、前田繁樹『初期道教經典の形成』（一五五頁以下。汲古書院、二〇〇四年）を参照。

（6）　陳景元の音注の性質に就いては、馮娟・楊超「陳景元道藏音注研究―有關聲母系統的研究―」（『西華師範大學學報（哲學社會科學版）』二〇〇五年第二期、二〇〇五年）、汪業全『上清大洞眞經玉訣音義』音注考」（『桂林師範高等専科學校學報』第一八巻第一期（總第五十七期）、二〇〇四年）、浦山あゆみ「陳景元の音注―『南華眞經章句音義』と『莊子音義』との異同を中心に―」（『文藝論叢（大谷大學）』六十八号、二〇〇七年）、同「陳景元の音注―『南華眞經章句音義』と『上清大洞眞經玉訣音義』について―」（『大谷大學研究年報』六〇、二〇〇八年）等を参照。浦山二〇〇八年論文は陳景元の生涯にも言及し、『上清大洞眞經玉訣音義』の編纂時期を『南華眞經章句音義』が編纂された元豊七年（一〇八四年）以降であろうと推測する。又、同論文は、陳景元が音注作成の際に使用した『莊子』の諸テクストに就いても言及している。

（7）六朝から隋唐にかけて整理されたこれら諸概念の道教思想史上における意味については、以下の論考を参照されたい。「妙本」「本体論」に就いては、麥谷邦夫「唐・玄宗『道徳眞經』注疏における「妙本」について」（『道教と宗教文化』平河出版社、一九八七年）。砂山稔「成玄英の思想について—重玄と無為を中心として—」（『隋唐道教思想史研究』平河出版社、一九九〇年）。「道氣」に就いては、麥谷邦夫「『老子想爾注』について」（『東方學報』第五十七号所収、一九八五年）。「守一」に就いては、吉岡義豊「道教の守一思想」（『道教と仏教　第三』所収。國書刊行会、一九七〇年）。「眞一」に就いては、拙著『唐初道教思想史研究—『太玄眞一本際經』の成立と思想—』（三〇五頁以下。平樂寺書店、一九九九年）。

（8）李『取善集』には劉允升の大定十二年（一一七二年）の序文が有り、彭『集註』には南宋・紹定二年（一二二九年）の序が有り、董思靖『道徳眞經集解』には淳祐丙午（一二四六年）の序説が有る。薛『手鈔』は、同人による『科文疏』に、南宋・淳祐九年（一二四九年）の郭時中・馮復の序が有り、劉『集義』には元・大徳三年（一二九九年）の自跋が有る。

（9）注（1）蒙氏「陳碧虚與陳摶學派」を参照。

（10）注（1）蒙氏論文は、これを「文無刪節、一仍舊貫」（七一〇頁）と言い、三浦秀一先生『中国心学の稜線—元朝の知識人と儒仏道三教』（研文出版、二〇〇三年）は、「完全引用主義」と表現している（二〇八頁）。

（11）注（1）蒙氏論文は「此約本（＝『纂微』）爲後定、殆從前本出、後乃可以剪裁耳」（七一一頁）とする。

（12）注（10）三浦先生著は、宋・徽宗御註を材料に彭『集註』の性格を検討され、自身の理念表明のために、諸注の引用に際して節略を行ったと指摘されている（二一〇頁以下）。彭『集註』の全体的編纂方針に就いては三浦先生著が指摘するが如きものであろうが、現行『纂微篇』との関りから言うならば、個々の表現に就いては、現行『纂微篇』の方に略された箇所が見られると思われる。

（13）以下の『纂微篇』からの引用に際し、諸注釈書所引の注文との間に文字の異同が有る場合、煩瑣となるのを避け、重要と思われるものに就いてのみ注記を付した。網羅的な校訂ではないことを了承願いたい。

（14）陳景元の「道」の「體」「用」に就いては、卿希泰『中國道教思想史綱　第二巻』「第六章第十二節　陳景元的宇宙觀和治

身治國的理論」（七二八頁以下。四川人民出版社、一九八五年）、盧國龍「論陳景元的道家學術」、李遠國「論宋代重玄學的三大特徴―以陳摶、陳景元爲中心―」（『道家文化研究』第一九輯、二〇〇二年）、尹志華「北宋陳景元的老學思想新探」（『世界宗教研究』二〇〇四年第一期、二〇〇四年）等に言及が有る。

（15）「爲道之子」、彭『集註』は「爲道之子。所謂道生一也。一爲道之子、道爲一之母」（一三／一裏／六）に作る。

（16）「無」に就いては、盧國龍「論陳景元的道家學術」、李剛「陳景元『老子注』的生命政治學」等が言及している。

（17）陳景元の人間分類に就いては、鄧紅蕾『圓通爲智、因物爲心』的道家道教教育哲學―論陳景元」（『江漢論壇』一九九七年第四期、一九九七年）、尹志華「北宋道士陳景元的人性論及其歴史意義」（『中國道教』二〇〇三年第五期（總七十七期）、二〇〇三年）、同「北宋陳景元的老學思想新探」、劉固盛「論陳景元對『老子』思想的詮釋與發揮」、劉固盛『宋元老學研究』（一一五頁）等が言及している。

（18）「夫聖人純一無爲」、彭『集註』は「夫聖人獨抱守純一無爲」（彭『集註』六／八裏／九）に作る。

（19）陳景元の「無爲清靜」に就いては、李遠國「論宋代重玄學的三大特徴―以陳摶、陳景元爲中心―」、劉固盛「論陳景元對『老子』思想的詮釋與發揮」、李剛「陳景元『老子注』的生命政治學」等に言及が有る。

（20）底本は「以」とするが、彭『集註』（二／一二表／四）、劉『集義』（六／一四裏／五）により「凡人以」に改める。

（21）従って、様々の技術をことさらに実践しようとする旧来の道術は枝葉末節である、という見解が陳景元には見られる。例えば、「人受命自有通神、達見者稟氣與常人不同、應爲道主。故能爲天神所濟、衆仙所從。是以所出度世之法。若九丹八石、玉醴金液、存眞守元、思神歴藏、行氣錬形、消災辟惡、治鬼養性、絶穀變化、厭固教戒、役使鬼彪、皆老子常所經歴、救世之術、非至極者也」（『纂微篇』開題／四表／六）。尚、陳景元が「氣」を重視していたことに就いては、劉固盛「論陳景元對『老子』思想的詮釋與發揮」が指摘している。

（22）校勘の状況からすると、陳景元が見た玄宗注釈は、現行『道藏』所収玄宗注釈よりも、『玄徳纂疏』所引のものに近いものであることが窺える。

（23）例えば、二十六章「奈何萬乘之主、而以身輕天下。輕則失本、躁則失君」注では、「二義倶通」（『纂微篇』四／十一裏／四）として「舊説」も受け入れている。

（24）例えば、十三章「故貴以身於爲天下、則可以託天下、愛以身於爲天下、則可以寄天下」（『纂微篇』二／一八表／四）、五十八章「其政悶悶、其民淳淳」（『纂微篇』八／八裏／七）、五十八章「其政察察、其民歈歈」（『纂微篇』八／九表／二）、六十六章「江海所以能爲百谷王者、以其善下之、故能爲百谷王」（『纂微篇』九／七裏／四）、六十七章「一曰慈、二曰儉、三曰不敢爲天下先」（『纂微篇』九／一〇裏／六）、七十六章「故堅強者死之徒、柔弱者生之徒」（『纂微篇』一〇／八表／六）等。

（25）陳摶→張無夢→陳景元と目される陳景元の師承系譜は、陳摶→張無夢という系譜が、南宋・陳耆卿『嘉定赤城志』巻三十五「人物門四　張無夢」（宋元方志叢刊第七冊『嘉定赤城志』七五五七頁上。中華書局、一九九〇年）、彭耜『道德眞經雜説』所引『高道傳』（上／一表／一〇）、『宋詩紀事』（巻九〇「張無夢」）等に見られ、張無夢→陳景元という系譜が、『道德眞經集註雜説』が引く「碧虛子傳」（上／一裏／七）、『歴世眞仙體道通鑑』の陳景元の項（四十九／四表／三以下）などに見られ、宋代にはこうした系譜として認識されていたことが分る。卿希泰『中國道教史（修訂本）』第二巻「第七章第四節　陳摶及其『易龍圖』等著述的象數體系。北宋道教對儒家士大夫和理學的影響」及び「第七章第五節　北宋的『道德經注』和道論的基本特征、張無夢、陳景元的學術思想。蹇昌辰等的『黄帝陰符經』的注解」を參照。

（26）陳摶、張無夢、劉海蟾と陳景元の関係については、盧國龍「論陳景元的道家學術」、李遠國「論宋代重玄學的三大特徴――以陳摶、陳景元爲中心――」に言及が有る。

（27）冒頭で述べた様に、陳景元の『莊子』注釈として纏まって残っているのは、『南華眞經章句音義』、『南華眞經章句餘事』の二著のみであり、『莊子』の注釈自体は、その一部分が『南華眞經義海纂微』に引用されている。尚、蒙文通「『莊子』注」（『道書輯校十種』所収）は、『南華眞經章句音義』と『南華眞經義海纂微』所引注文を基に校本を作成したもので、閲覧に便利である。陳景元の『莊子』注に就いては、盧國龍「論陳景元『莊子注』的思想主旨」（『道家文化研究』第一九輯、二〇〇二年）が「經世致用」としての「中正爲宗」をその中核思想とするものであると指摘し、熊鐵基主編『中國莊學史』「第六章第一節　陳景元的莊子研究」（福建人民出版社、二〇〇九年）が、「體道」「修身」「治國」の観点から整理し、方勇『莊子學史』「第四編第四章　陳景元的『莊子』研究」（人民出版社、二〇〇八年）が陳景元の『莊子』関連著述に網羅的に言及し、特に六朝～唐の道教思想との関りに言及している。

（28）　「齊物論」注には「無有人無間、有封孰所礙、至言無不當、有常孰爲定。然可道可言、豈得無規法、…大道不稱、…則於道無爲、於理自齊。…不言之辯、不道之道、皆藏于人心」（「齊物論第二」注。『義海纂微』三／三十一表／七）と、言語表現不可能な「道」は「人心に藏」するしかないと有る。

（29）　この点に就いては、注（17）劉氏著も、陳景元の「復性」は「道家方法」であり、「與現實生活缺乏直接具體的聯係」と、現実社会との接点を欠いていると述べている。しかし、そのため陳景元は「安於性分」を述べることで、この「缺乏」を補おうとしたと劉氏は論じているが（一一八頁）、具体的接点を欠いているという点は本章の理解と一致するものの、「安於性分」を述べたことで「缺乏」を補うことに成功したとは思われない。

第五章　曹道沖の『道徳經』解釈と内丹思想について

序

北宋の道眞仁靜先生曹道沖は、その『靈源大道歌』（以下『大道歌』と略す）が女道士が作成した現存最古の内丹テキストとして言及されることの多い人物である。又、曹道沖を始祖とする「清淨派」なるものが後に出現したと報告されている様に、後世に与えた影響も少なくない。こうした曹道沖に関する従来の研究の多くはこの『大道歌』を材料としたものであり、その『大道歌』は、女道士が作成した内丹のテキストではあるものの、そこには女丹特有の記述はまだ見られず、結果として、その丹法が男女双方による修練が可能であると指摘されてきた。[1]

こうした曹道沖ではあるが、彼女の手になる著述は『大道歌』に限られる訳ではなく、その他にも考察の対象とすべきものは残されている。本章では、彼女の『道徳經』注を主たる材料として、彼女の「道」「人」「心」等に関る思想の基本的枠組みを探り、そして、『大道歌』を含むその他の資料に於いて、その枠組みはどの様に位置付けられ得るのかを併せて検討してみることにしたい。

一　道眞仁靜先生曹道沖の生涯について

先ず、曹道沖の生涯に就いて簡単に見ておきたい。曹道沖の最も早く且つ詳細な伝記は、政和丁酉（一一一七年）冬十月十有七日の奥付の有る、宋・鄭昂「希元觀妙先生祠堂記」（明・李濂『汴京遺蹟志』巻十一所収。以下「祠堂記」と略す）である。(2) これに依れば、曹道沖は寶元三年（一〇四〇年）二月二十七日に汴京に生れ、政和五年（一一一五年）七月二十一日に仙化したとされている。奥付を信じるならば、この「祠堂記」は没後二年に書かれたものということになる。以下「祠堂記」に基づいて、簡単に曹道沖の生涯を見ておこう。

先生、姓は曹氏、諱を道沖、字を沖之と言う。…先生は一人でまだ座ることが出来ないうちから物を言い、既に文字を理解することが出来た。五歳の時、詩を歌い文を作った。十五歳の時、古今の書籍が記す所を広く窮め尽くした。一度目にしたものは終身忘れることがなかった（先生姓曹氏、諱道沖、字沖之。…先生自扶坐能言、便解文字。五歳、賦詩屬文。十五歳、古今載籍所記、博極無遺。一經目、終身不忘）（「祠堂記」、一八三頁）

曹道沖はその属文の天才を幼少より開花させていたことが窺える。そして、

かつて思うに、俗世に在って家庭にて暮らすことは、籠の中に居るに等しい、と。嫁ぐことを好まず、俗世から退き遯去した。二十一歳の時、少室山の玉華峯に隠棲した。心を凝らして気を巡らすこと十余年、僅かな事物が煩いとなることだけを恐れた（嘗謂、處世居家、均在樊籠。不願嫁適、脱身遯去。二十一歳、隱於少室山玉華峯。棲神導氣者、凡十餘年、惟恐一物累己）（「同」、一八四頁）

と、俗世に留まることを束縛とし、嫁ぐことを好まず、二十一歳の時少室山玉華峯に隠棲する。十余年の修行の後、

斉の諫議・張公は、曹沖道が只者ではないことを知り、得度させ女冠とした。そして遥か青州の遠遊観に張幾真を尋ね師とさせた。籙を受けようとしたものの、手立てが無く、そこであちこちと経巡り、町で文を売りながら、修道者に身を寄せて過ごした。ようやく閤皀山で籙を受けると、この頃からようやく世間が先生の名を知るようになった（齊人張公諫議、知其異、度爲女冠。因遙指青州遠遊觀張幾眞爲師。欲受籙無資、乃足歴四方、貨文于市、以寓乎所謂道者。既而受籙于閤皀山、於是四方始知先生之名矣）（「同」、一八四頁）

斉人・張公に度されて女冠となり、青州遠遊観の張幾真を師として修道生活に入る。その後も、文を鬻ぎながら四方

を巡り、葛仙公以来錬丹の伝統を持ち、後に「三山符籙」の一つに数えられる閤皁山で籙を受ける。この頃からその名が世に知られる様になるが、

しかし、その以て生れた性質は俗世に捉われることなく、世俗の事柄は意に介せず、社会の決まり事を受けることはなかった。そのため、世間の先生に対する評価は毀誉半ばするものであったが、先生はそれを意に介することはなかった。時として諧謔を詞章に著し、僅かに自分の気持ちを述べるに止めたのだ（然天資蕭散、放曠物外、不就繩檢。故毀譽幾半天下、而先生終無喜慍。時或諧謔、形于詞章、微著其意而已）（「同」、一八四頁）

やはり、俗世の束縛を嫌い、そのために世間の評価は毀誉相半ばしたものの、本人は意に介さず、時折、詞文によりその意を述べていた様である。この頃の情況を記したものであろうか、『楊公筆録』には、

曹希蘊は詩を作ればたちどころに出来上がった。ある日、乾明寺に出かけると、多くの尼が刺繡をしているのが目に入った。尼が詩を請うと、求めに応じて句を撰した。「降り始めた柳絮が刺繡の寝台に満ち、人様に嫁ぐための衣裳を裁る。たまたま竹院を過《よぎ》り僧侶の話を耳にし、空門の味わいの深さに初めて気が付いた」（女郎曹希蘊、作詩立成。一日遊乾明寺、見諸尼作繡工。尼乞詩、乃應聲爲集句。睡起楊花滿繡床、爲他人作嫁衣裳。因過竹院逢僧話、始覺空門氣味長）（『全宋筆記』第一編十所収『楊公筆録』、一五一頁。大象出版社、二〇〇三年）

と有り、尼僧達の求めに応じて詩を編するという姿が見られる。特に、「爲他人作嫁衣裳」の句は、他家に嫁ぐことに疑問を感じていたという「祠堂記」の記述と照らし合わせてみても興味深い。

京師にその居を移した後にその名声は帝の知る所となる。『古今圖書集成』巻二九二「女冠部」の「曹仙姑」の條は『羅浮山志』に依り、

宋徽宗の宣和年間、曹仙姑なる人物が京城に住んでいた。詩を作り道士・鄒葆光に贈呈した。…時に徽宗は学仙の徒と詩に巧みな才女を広く求めていた。曹仙姑は呉妙明と共に京師に招かれた。仙姑は丹術に通じ、かつて「大

道歌」を作り、丹術の要旨を深く得ていた。道を学ぶ者達は競ってこれを唱えた。勅により文逸真人と封された。道流が尋ねてくるたびに留守と言い、ただ葆光とだけ語り合い、深く称賛した。だから詩を贈ったのだ（宋徽宗、宣和中、有曹仙姑、居京城。作詩贈道士鄒葆光云、…時徽宗廣求學仙之徒與工詩賦奇女。仙姑與呉妙明皆徵至京師。仙姑明於丹術、嘗作大道歌、深得要旨。道流競傳誦之。勅封文逸眞人。毎遇道流、藐謂無人、獨與葆光語、深見稱許。故有此贈）（『古今圖書集成』巻二九二「女冠部　宋」）

と記し、交際の有った道士・鄒葆光に詩を送ったこと、呉妙明と共に徽宗に招かれたことが記されている。(3) 曹道沖は「丹術」に明らかであり、その『大道歌』が「道流」の間で相当程度歓迎されていたことが窺える。詩才で知られた曹道沖では有ったが、(4)

皇帝はかつて、これこそが真実の仙人だ。巧みな文章は余技に過ぎない、と述べた。詔により清虚文逸大師の号を加えた。先生は最初は希蘊と名乗ったが、ここに至って、初めて今の名を賜ったのである。更に、道真仁靖先生と加えられた。又、彼女のために館を作ろうとしたが、曹道沖はそれを固く辞退した。最後には断り切れず、僅かに質素な楼閣を受け、三清を奉つり、朝に夕に香を焚き、主君の長寿を祈った（上嘗曰、此眞僊也。文華乃其餘事。詔加清虚文逸大師。先生初名希蘊、至是始賜今名。又加道眞仁靖先生。復爲起第、乃瀝懇牢辭。不得已、僅受數楹爲樓、以奉三清、晨夕焚脩、用祝君壽）（「祠堂記」、一八四頁）

と、徽宗はそれを余技とした上で「眞仙」として評価し、「清虚文逸大師」の名を贈り、「道眞仁靖先生」の名も与えられた。(5) その後、

詔により、その堂を宝籙堂と改名し、更に保慶泰寧宮をその傍らに建てた。将に落成しようとした時、先生は昇仙した。皇帝は惻然とし、国都近郊の開封県の新里郷に埋葬した。…希元観妙先生の号を贈った（詔復名其室爲寶籙堂、又爲營保慶泰寧宮於其側。將落成、而先生尸解矣。上爲之惻然、葬於國郊開封縣新里郷。…贈號希元觀妙先生）（「同」

一八五頁）

その居地の側に「保慶泰寧宮」を建てるも、落成を間際にして曹道沖は昇天した。「希元観妙先生」と号された[6]。弟子には張居淡がいたが、その居淡の言に、

世間の人々は先生の嘲謔の語のみを知るが、先生の典麗な文を知ることは無かった。或いは、先生の典麗な文を目にしても、先生の要妙の道を知ることは無かった。ああ。不思議なことだ。『老子』『莊子』『黄庭經』『西昇經』『清淨經』等の性命を注解した説は、それを理解する者は稀である。思うに、先生が平生に撰した文は、その気持ちが及ぶ物、その目が見た物、天地の間に有る物、全て描かなかったものはなかったのだ。それなのに、世間の人々で先生のことを述べる者で、先生の「微妙希夷の語」「脩身尽性の説」を知るものはとても少ない（彼世人徒見先生嘲謔之語而不識先生典麗之文。徒見先生典麗之文而不知先生要妙之道。吁、可怪也。如老莊與黄庭、西昇、清淨經、注解性命之説、則得之者幾希。蓋其平世所爲文、意之所至、目之所覩、凡天地範圍之間、無不模寫。而世或能道之、至于微妙希夷之語、脩身盡性之説、其知者蓋寡焉）（「同」、一八六頁）

と有り、人は「嘲謔の語」は好むものの、「典麗の文」が有るのを知らず、まして、その「要妙の道」はほとんど知られておらず、曹道沖はその言辞・著述が必ずしも適切に理解されていた訳ではないことが述べられている。「性命の説」を注解した『道德經』『莊子』『黄庭經』『西昇經』『清淨經』を理解する者が稀であったという記述は、曹道沖がこれらに対して深い理解を持っていたことを示しているのであろう。そして、曹道沖の「微妙希夷の語、脩身盡性の説」を知る人は限られていたとは、詩文或いはその『大道歌』のみが一人歩きし、その道教思想に関る部分は必ずしも正当に理解されてはいなかったことを意味している。

二　曹道沖の『道徳經』注

（一）　曹道沖の『道徳經』注について

曹道沖の著述に就いては、『通志』「藝文略」が「又（＝老子道徳經）二巻［曹道沖注］」（『通志』巻六十七「藝文略　第五」、七八七頁。中華書局、一九八七年）、「又（＝老子西昇經）二巻［曹道沖注］」（『同』）と記し、高似孫『子略』が「老子注」に曹道沖の名を載せ（顧頡剛校『子略』巻二、四〇頁。樸社、一九三三年）、『遂初堂書目』が「女郎曹希蘊詩」（『四庫全書』版『遂初堂書目』八十九裏）と記載し、『宋史』「藝文志」は「曹希蘊歌詩後集二巻」（『宋史』巻二〇八「志第一六一藝文七」、五三八八頁）と記している。又、王世貞「趙呉興書陰符經後」（『四庫全書』版『弇州四部稿』「弇州續稿　文部　道經書後」一五七／八表）が『陰符經』の注釈者に曹道沖の名を載せている。従って、曹道沖には詩集の他に、『道徳經』『西昇經』『陰符經』の注釈が有ったことが確認出来るが、『道徳經』注は、李霖『道徳眞經取善集』（以下「李『取善集』」と略す）、彭耜『道徳眞經集註』（以下「彭『集註』」と略す）、董思靖『道徳眞經集解』（以下「董『集解』」と略す）が引用し、『黄帝陰符經』注は、『黄帝陰符經集解』に「清虚眞人曹道沖」として引用されている。『大道歌』は、『道藏』所収董漢醇『群仙要語纂集』巻下に「文逸曹仙姑大道歌」として収められ、明・高濂『遵生八箋』に「文逸曹仙姑歌」（『遵生八箋』、二十八頁。巴蜀書社、一九八八年）として引かれ、『内丹秘訣』にも「至眞歌」として収録されている（『道藏』所収『内丹秘訣』三裏／八）。又、『古今圖書集成』巻三〇一が劉海蟾撰とする「至眞訣」、『道藏輯要』「奎集」所収『至眞歌』も、その内容は『大道歌』に相当する。又、『道樞』巻十六が引く「靈源篇」（『道藏』所収『道樞』一六／一表／三）は『大道歌』を解説した内容となっている。[7]「曹希蘊歌詩後集二巻」は伝わっていない。この他、『道樞』に「曹道沖釋」として僅かに引用が見られ、又、『諸眞聖胎神用訣』（『道藏』所収）は「曹仙姑胎息訣」を収録している。

『大道歌』を暫く措くならば、これらの中でその現存する資料が最も多く、彼女の思想を窺うのに便が有るのは『道德經』注である。諸注釈書の中では、董思靖『集解』の引用が最も少なく、且つ、「彭耜皇宋集註」(『集解』序説／細注四表／五)と、董思靖が彭『集註』を参照していることが示す様に、引用する曹道沖の注釈は、その全てが彭『集註』所引と合致している。これに対し、李『取善集』は他の二注釈と共通しない注を時として含んでおり、その依るべき関心が異なっていたことが窺える。加えて、次の様な例も確認出来る。第二十八章の「樸散則爲器。聖人用之、則爲官長。故大制不割」の部分で、彭『集註』が、

道眞仁静先生曹道沖は言う、以前、自ら注を作り「制度之大者、無裁割之迹」と述べた。山東の劉正叟なる人物が、私のこの言葉を王雱に語った。王雱は自分の注の中にその言葉を書きとめたのだ。今、別の注を作り、「大制、天地之造物也。物自随性而成、不煩裁製也」と述べる(道眞仁靜先生曹道沖曰、舊曾自註曰、制度之大者、無裁割之迹。有山東劉正叟者、以道沖此言説於王雱。雱乃註在經中。今復別註曰、大制、天地之造物也。物自随性而成、不煩裁製也)(彭『集註』七／一七表／二)

と言い、曹道沖には王雱注に先んじて第二十八章の旧注が存在し、その内容は「制度之大者、無裁割之迹」であった、そして、劉正叟(8)なる者がそれを王雱に見せた所、王雱が自身の注釈にそれを用いたため、曹道沖は改めて「別註」を作成し、その内容は「大制、天地之造物也。物自随性而成、不煩裁製也」としたとされている。この第二十八章に就いて、董『集解』は、

曹曰、大制猶天地之造物。物随性而自成、不煩裁製也(董『集解』二／一二裏／一〇)

と、新出の「別註」を引用しているのに対し、これより先行する李『取善集』は、

曹道沖曰、制度之大者、無裁割之迹(李『取善集』五／六表／二)

と、旧注を引用している。この様に、曹道沖の注釈は一部に「舊・別」の二種が有ったこと、そして、それらが王雱

の注釈と相前後してなされたものであることが確認出来る。こうした曹道沖注の改訂が『道徳經』注全般にあてはまることなのか、第二十八章のみに限られたものなのか、現在では確認出来ない(9)。本論では、李『取善集』が彭耜・董思靖と異なる注本に基づいていた可能性を否定しないものの、たとえそうであったとしても、彭耜・董思靖所引の注と共通する注も多いことから、そもそも旧注と「別註」との間にそれ程大きな差異は無かったと考える。

後に触れる様に、記載が直截であったがために『大道歌』が歓迎されたと考えられることは、「道流」とは言え、その受け手が必ずしも専門道士に限られてはいなかったことを示唆するものであろうし、王雱の例に見られる様に、その『道徳經』注も士大夫層の目に触れる機会を持つものであったと推測される。だからこそと言うべきか、同時代者には必ずしも正当に理解されることがなかったという曹道沖の思想はどの様なものであったのか、確認の必要が有ろう。

（二）　曹道沖の『道徳經』注の思想

①　「道」について

以下、彭『集註』、李『取善集』が引用するものから再構成される曹道沖の『道徳經』注に基づき、その思想内容を見ていくことにしよう。

先ず、曹道沖注の全体的枠組みを窺い得るものとして、『道徳經』第一章の注から見る。

「無名」とは道本のことである。「無名」とは有でもなく無でもなく、具体的事象とは関らないものである。所謂る天地を生み、万物の根源となる存在である。（この道本は）その不可思議な働きを万物へと内在化させ、人身へと宿ると神性となる。大いなる道は空《から》っぽで寂《しずか》であり、その「道」を次ぐものが「徳」である。「徳」とは得ることに他ならない。万物はこれを得て誕生するのだ。これが真実の「一」を生み出すということだ。「一」とは言語表現の始まりであり、沖気が「一」であり、これを太極と言う。太極は天地を生じ、沖気が調和し、胎の中に宿るのだ。（沖気が）積まれると形となり、その妙なるものが息となり、両者を合わせて命と言うのである。人は天地の中に生まれ、天地は無為であるが、人によってその働きが明らかにされ、三才が備わり万物が誕生するのだ。だから「母」と言うのである（無名謂道本。無名、非有非無、不渉器位。所謂生天地、始萬物者也。分靈散景、降在人身、則爲神性。大道虛寂、次道者德也。德者得也。萬物得之而成。是生眞一。一者有名之始、而沖氣爲一、謂之太極。太極生天地、沖氣委和、降於胎中。積者爲形、妙者爲息。是謂命也。人生天地中、天地無爲、因人顯用、三才備矣。萬物成矣、故曰母）（第一章「無名天地之始、有名萬物之母」注。彭『集註』一／四表／九）

先ず「道本」という概念が見られる。ここでは、「德」へと展開する前段階の「より根源的な道」という意味と理解しておきたい。この「無名」である「道本」は「有無」の相対を超え、「器位」のレベルとは隔絶したものとされている。「器位」は『周易』「繫辭」を踏まえ、[10] それは「有名」とも表現されている。この「無名」の「道本」はやがて「天地・萬物」を生み出す。この「大道」に次ぐものが「德」である。「道」を次ぐものとしての「德」という位置付けは『道德經』を踏まえるものだが、[11] ここでは価値の低下を意味するのではなく、より形而下へと近づくという意味での「次」である。万物はこの「德」を拠り所として生れることから「德」は「得」と称される。従って、この「德」は形而下である「有」への指向性を明確に持つものと言える。この「德」から「眞一」が生れ、ここから「有名」、即ち「器位」の次元が始まる。この「一」は「沖氣」でもあり「太極」でもある。形而下の次元は「沖氣」から始まり、従って、「太極」も形而下のスタート地点とされているのである。天地はこの「太極」から生じる。そして、「沖氣」の調和したものが蓄積されると「形」となり、その「妙」なるものが「息」となる。この両者をあわせて「命」と言う。かくして人が誕生する。そして、この注釈の冒頭部分で、「道本」は「分靈散景」して「人身」に宿り、それが人の「神性」

となるとされている。「性」の語は「神」の語と熟して「人」に於ける「道」の意味と理解されていることに注意しておきたい。

この第一章注の内容を補足するものとして、第四章注には次の様に有る。

姿形の有る偉大なものは、天が最大である。だから姿形ある物の君なのだ。だから「帝の様だ」と言うのだ。ぼんやりとしていてよく分らない存在が真精を生み出し、真精が沖気を生み、沖気が天地を生み、天地が万物を生む。ただ道のみが自然なる存在であり、何かが生み出したものではないのだ。だから「私にはそれが誰の子なのか分らない。帝の様な天より先だつ存在の様だ」と言うのである（有象之大者、莫大於天。故爲有象之君。故曰象帝。杳冥生眞精、眞精生沖氣、沖氣生天地、天地生萬物。惟道自然、非物能生。故云吾不知誰之子、似是象帝之先也）（第四章「吾不知誰之子、象帝之先」注。彭『集註』二／五表／六）

第一章の注釈で「沖氣」を生じるのが「徳」であるとされていたことからすれば、「杳冥生眞精、眞精生沖氣」の「眞精」は「徳」と考えられ、その「眞精」を生み出す「杳冥」が「道」ということになる。「眞精」である「徳」より生じた「沖氣」が「天地」を生じ、「天地」が「萬物」を生じるのである。この「眞精」と関連して、第三章注には、

心が空《から》っぽで純粋であれば、神が留まり道が宿る。腹が充実すれば、精が完全となり長寿となる。心は選択という働きをするものである。そこで、その心を空《から》っぽにすれば、賢者を尊ぶことはなくなる。腹は物を蓄える場所である。その腹を充実させてやれば、貪る欲は無くなるのだ（心虚白、則神留而道存。腹充實、則精全而壽長。心有所擇。虚其心、則無賢之可尚。腹有所容。實其腹、則無欲之可貪）（第三章「虚其心、實其腹」注。李『取善集』一／十一裏／九）

と有る。「心」が「虚白」であれば、「神が留まり道が存す」ると有るのを、第一章注の「神性」と関連付けるならば、「人」の「心」が「虚白」である時、「人」に本来「降在」すべき「道本」が「神性」として「降在」することになる。一方の「腹」は、そもそもが何ものかを収容する場所であり、その「腹」が入れるべきものを入れ充実していれば「精

全而壽長」となる。即ち、この「精」は人と一体となるものとして描写されているのである。とすれば、第一章注で「徳者得也。萬物得之而成」と有る、人がそれと一体となることをそもそも意味する「徳」と同義と考えられよう。即ち、ここで言われている「精」は第四章注の「眞精」と同義であり、それはまた「徳」であると考えられるのである。

次に、第六章には次の様に有る。

「玄」とはぼんやりとしてよく分らず、神を蓄えるものである。「牝」とは沖和であって気を蓄えるものである。これらは陰陽の根源であり、天地の大本なのだ（玄者杳冥而藏神。牝者沖和而藏氣。此陰陽之宗、天地之祖也）（第六章「谷神不死、是謂玄牝」注。李『取善集』一／一九裏／一〇）

先ず、「玄は杳冥として神を藏す」と有る「杳冥」の語は、第四章注で「道」を意味していた。従って、この「玄」は「道」ということになる。そして、「沖和」の語は、第一章注に見られた「沖氣」のことと考えられ、「沖氣」は「太極」であった。従って、ここに言う「牝」は「太極」となる。この「玄」と「沖和」が「天地」「陰陽」の根源であるとされているのは、「玄」である「道」は「道本」として万物の根源に位置付けられ、「沖和」である「太極」は「有名」の次元の存在として直接に「天地」を生み出すとされていることを意味するのである。とすれば、第一章注では明瞭さを欠いていた「陰陽」の位置付けは、「太極」と「天地」の間に位置するものと考えられよう。この点は第四十二章注で、

これは道の根源を明らかにしているのだ。その道理は極めて微妙であり、その表現は極めて奥深い。その道を悟ることで、初めて言葉では伝えられず、具象では比喩することが出来ない境地を得ることが出来るのだ。だから「太極は陰陽を生じ、陰陽は万物を生じる」と言うのである（此顯道之始。其理至微、其言至玄。自悟、始得不可以言傳而象比。故曰太極生陰陽、陰陽生萬物）（第四十二章「道生一、…三生萬物」注。彭『集註』十一／七裏／六）

と、『易』を踏まえた「太極」↓「陰陽」↓「天地」という図式からも明確にし得る。「道の始」とは「道本」に相当しよう。以上確認してきた所を図示すれば本章末尾の図の様になる。

従って、第六章注の「玄は…神を藏」すとは、「神性」が「道本」に来源することを述べ、「牝は…氣を藏」すという記述は、「氣」は「眞一」「太極」即ち「牝」の次元となって初めて「沖氣」として登場することを述べたものと考えられる。

② 「心」について

次に、曹道沖が人の「心」をどの様なものとして理解していたのかに関る注釈を見ることにしたい。

形には本来知覚という働きは無い。それが魂魄を伴うことで、動作が生じるのである。魂は陽であり、清らかで空《から》っぽであることを好む。魄は陰であり、作為することを好む。総じて魂魄と言うのだが、老子が魄のみに言及しているのは、陰である魄が作為を好み、それは欲を生み出すものであるからだ（形體本無知覺。以其載負魂魄、故有動作。魂爲陽、利於清虛。魄爲陰、好於營爲。雖大槩謂之魂魄、而老子獨言魄者、以陰魄好營、營於慾故也）（第十章「載營魄、抱一、能無離乎」注。彭『集註』三／七裏／七）

「形體」のみでは「知覺」という作用は存在しない。そこに「魂魄」が伴うことで初めて「動作」、即ち「知覺」という作用が生じる。何故ならば、「陽」である「魂」は「清虛」を好み、「陰」である「魄」は「營爲」を好むという様に、明確な指向性を「魂魄」は持っているからである。特に「欲」を生み出すものとしての「陰魄」に注意しなければならないとされる。続けて、

心が散漫となってしまえば、気もまたふわふわと流れてしまう。そこで質問するのだ、一気をひたすら維持し、あらゆる所に通じ、物と逆らうことなく、柔順を窮め、命に復帰し真を完全なものとし、赤子が母親の腹の中に

居る様に出来るであろうか（心既散辭、氣亦蕩流。問爾、能專守一氣、通於無間、與物不逆、柔而至順、復命全眞。如嬰兒在胎中乎）（第十章「專氣致柔、能如嬰兒乎」注。彭『集註』三／一二表／二）

と有る。前注とのかかわりから考えれば、先の注釈に見られた「動作」としての「知覺」がここで言われている「心」に相当すると思われる。「魂魄」と一体となった「形體」が「知覺」としての「心」を生み出し「動作」する。それが不必要な対象にまで拡散してしまうと、気の流れも本来の在り方を逸脱してしまう。先の枠組に即して考えれば、気がその在り方を逸脱してしまえば、「命」である「形」「息」にも影響を与えることになる。従って、その気が本来の在り方を取り戻すことは、「命」を本来の在り方に戻すことになり、「眞（眞一＝沖氣）」を完全なものとすることになるのである。

さて、第十章注は続けて次の様に述べる。

「有」とはその時々に応じた利《はたら》きである。「無」とは真実で恒常の働きである。人の身体に於いては神と炁とを扱いコントロールするのである。「無」とは空っぽで不可思議な神炁に相当する。「有」とは凝り固まった肉体に相当する。心が動くと気がそれに従い、形を用いて利《はたら》きを行う。気が動けば形がそれに従い、神を用いて作用を行う。この二つは有・無が互いに不可欠であることを示しているのだ（有者適時之利。無者眞常之用。在人身則駕御主持神與炁也。無者虛妙之神炁也。有者凝滯之形骸也。心運以氣隨、假形以爲利。氣動以形隨、假神而爲用。此二者有無之相須也）（第十「故有之以爲利、無之以爲用」注。彭『集註』三／二十一裏／一）

ここでは「無」と「有」とが論じられているが、その趣旨は第一章注等に見られたものとは異なっている。ここでは、「有無の相須」と、「無」と「有」の関係が問題とされている。「無」とは「眞常の用」「虛妙の神炁」、「有」は「適時の利」「凝滯の形骸」とされている。この両者は人の「神」「炁」と深く関るものとされているのである。即ち、「心」が動くと「氣」がそれに伴って動き、「形」に依拠して「適時の利」をなしてしまう。[12]「適時の利」とは、その時々に対応した一時的な働きの意味である。一方、「氣」が動けば「形」がそれに伴って動き、「神」に依拠して恒常不変の働きである「眞常の用」をなす。先に見た第一章注では、存在論の立場から「無名」と「有名」にそれぞれ「神」と「氣」とを配していた。ここでは、人の「心」の在り方を「無」と「有」という二つの枠組で整理し、「眞常の用」である「無」としての在り方に、「神炁」と熟した概念を配していると考えられる。これが「虚妙の神炁」なのである。

この第十章注と関るものとして、第五十五章注には次の様に有る。

　心が動けば気を使い、気が作用すると形が随う。動作しながら、強きを求め優れることを好まないものはありえない。真人の心は不動であり、気は自然と動く。それは、人が寝ている時、外界に対する働きかけが止み、何の働きも無く無知の様ではあるが、しかし、寝ている中で、手足や瞳が動いている様なものだ。心が体を動かしている訳ではないのだ。睡眠中でさえこの様であるのだから、寂然と道の境地に在る者は尚更ではないか（心動而使氣、氣作而形隨。未有動作而不求強好勝者也。眞人心不動、而氣自動。亦若人之眠睡、外務已息、泯然無知、而寐中手足瞤動。豈心之使而動也。一寐尚然。況寂然在道者也）（第五十五章「心使氣曰強」注。彭『集註』一三／二十三裏／二）

「心」が動くことで「氣」を使い、「氣」が作用することで「形」がそれに従うのは凡人の場合である。「眞人」は「心」が動かずして「氣」が自ずと作用する。「心」が「虚」なる状態のままで「氣」が自然と動くのが最善であるとされているのである。ここでは、「心」を作為的に働かそうとする立場が不十分とされているのである。第十章注と併せて以上を整理しておく。

俗人：「心」動 ―→「氣」隨 ――→ 假「形」→「適時の利」、「有」、「凝滞の形骸」
眞人：「心」不動 →「氣」自動 →「形」隨 → 假「神」→「眞常の用」、「無」、「虚妙の炁」

この図式からすれば、「心」が動かないことが理想的であることになる。「心」はあくまでも「不動」であるべきなのであり、「氣」は自ずと流れるのに任せるべきなのである。即ち、

「淵」とは水が止まる場所である。風波が有っても、その深い静かさを動かすことはできない。至人の心はちょうどこの様なものである（淵者水之止。雖有風波、莫能動其深靜。至人之心亦猶此也）（第八章「心善淵」注。李『取善集』二／二表／九）

と有る、「風波」が有ってもそれに左右されない「深靜」な「心」が、まさに「至人の心」に相当するのである。

③　養生的なもの

以上見てきた、「道」から万物へという枠組み、そこに於ける「心」の不動と「氣」の自然なる流動という点は、『道德經』の養生的解釈と深く関る。

第二十章注には次の様に有る。

衆人は外界に事物を求めるが、我だけは内側で気を育むのである。気は母であり、神は子である。神は気を離れず、気は形を離れず、子と母は互いに随いあうのだ。この様に長い時間をかけて（気を）上下させ、長い時間をかけて自然と安定させるのである。殊更にそれを静めようとするのは誤りである。これが簡潔で容易な生命を維持する方法の要点である（衆人求物於外、我獨食氣於内。氣爲母、神爲子。神不離氣、氣不離形、子母相隨。綿綿上下、久而自定。閑之非也。此簡易攝生之要也）（第二十章「我獨異於人、而貴求食于母」注。彭『集註』五／二十二表／一〇）

「衆人」は外界に「物」を求めるが、「我」は「内」に「氣を食《はぐ》む」ことで、「神」と「氣」を一体化し、「氣」と「形」を一体化する。「神」と「氣」を一つとする在り方は先に見た通りであり、「氣」と「形」を併せて「命」と称していた。そして、「氣」が自然と上下に巡り、自然と安定するのを待つ。これが「簡易攝生の要」である。「神」「氣」はあくまでも自ずと「定まる」ことが重要なのであり、ことさらにそれを「閑《しず》める」ことは否定されていることに注意すべきである。

第三十二章注では、

「朴」は具象レベルの表現ではなく、上下の定まった違いなど無く、万物が存在する以前の段階を意味する。だから、それを下臣とすることは出来ないのだ。もし、素朴さを守り、真実の在り方を維持したならば、こちらから何もせず腕組みして黙っていても、万物は自然と服し、天地がどちらも安泰となり、甘露が降るであろう。これが調和の至りである。甘露は瑞祥だが、人が意識的にそれをもたらすことは出来ない。しかし、上下が交感すれば、陰陽の気は自然と調和するのである（朴非器位名數、無上下之定分、先於品物。故不能臣之。若能抱朴守眞、無爲拱嘿、萬物自服、天地交泰、甘露乃降。和之至也。甘露效祥、人莫能使之。而然上下交感、陰陽之氣自和矣）（第三十二章「道常無名、…而自均」注。彭『集註』八／一〇表／九）

「朴」は「器位」以前の根源の「道」を意味した。「眞」はすでに見た図式では根源の「氣」であった。この「朴」と「眞」を「抱守」することが「無爲」に他ならない。そうであって初めて「陰陽の氣」が自ずと「和」すとされているのである。先に見た、「心」の不動が齎す「氣」の自《おの》ずからなる流動、その結果としての「眞常の用」としての「無」に相当しよう。

第四十八章注では次の様に言う。

「損」とは減らすということだ。世間の学者は外界に求めようとする。外界の事物は様々に煌《きら》びやかであるため、多知博聞が尊ばれ、日一日とその能力を増やして、名利の場に遊ぼうとするのだ。道を学ぶ者は、その志は内側に向かう。内側の事柄は簡直であり、だから、心の働きを止めて気を養うことを尊ぶのである。日一日とそれを実践し、道徳の郷に遊ぶのである。精神気血を酷使することは全て止め、それらを減らしていき、無為無事に至るのである（損者減也。世之學求之於外。外事紛葩、故尚於多知博聞、日加其能、以遊名利之場。道之學者、其志在內。內事簡直、故貴於息心養氣。日踐其事、以遊道德之鄉。勞役精神氣血、皆以削除、減之損之、以至無爲無事）（第四十八章「爲學

日益、…無不爲矣」注。彭『集註』一二／一二裏／七）

「精神氣血」を損なう様な行為、即ち「外」に求める様な行為を取り除いていくことが「息心養氣」であり、『道徳經』の「損之又損」が正《まさ》にそれに他ならないと解釈する。「息心養氣」という表現からは、「氣を養う」ことと「心」の働きを止めることが不即不離とされていることが分る。

この様に、曹道沖の注は、「心」の不動と、その結果としての「氣」の自ずからなる流動という立場で一貫していると言えよう。

こうした立場を見る時、先に見た第六章「谷神不死、是謂玄牝」の注で、彭『集註』が引く注が続けて、「今の術家たちが口鼻を玄牝と考えているのは、誤りである（今術家以口鼻爲玄牝、非也）」（彭『集註』二／十一表／二）と述べているのが注意される。「今術家」は「玄牝」を「口鼻」と解釈する者達であり、これは曹道沖の「牝」の解釈とは全く異なるものである。『道徳經』の「玄牝」を「口鼻」と解釈するのは、周知の如く河公上注『老子』より見られ、そこでは、「天地の元氣」が身体に取り込まれる際の経路として鼻と口が考えられている。(13) 又、唐代後半頃の人物と推定される幻眞先生注『胎息經註』にも「臍下三寸が気海であり、下丹田でもあり、玄牝でもある。世間の人は多く口鼻を玄牝としているが、誤りである（臍下三寸爲氣海、亦爲下丹田、亦爲玄牝。世人多以口鼻爲玄牝、非也）」（『道藏』所収『胎息經註』、一表／九）と、同様の立場が批判されている。(14) こうした立場は、北宋・張伯端『悟眞篇』でも、

玄牝の門に就いて世間の人々はほとんど理解していない、口鼻でむやみと吐故納新するのは止めよ。たとい君が吐納を千年続けたとしても、どうして金烏を得て兎児を掌握することが出来ようか（玄牝之門世罕知、休將口鼻妄施爲。饒君吐納經千載、爭得金烏搦兔兒）（王沐『悟眞篇淺解』巻中・其四〇、九十六頁。中華書局、一九九〇年）

と、批判の対象となっている。そして、張伯端のこの記述は董『集解』（細注一／十一表／八）、元・鄧錡『道德眞經三解』（『道藏』所収『道德眞經三解』一／一〇裏／二）などが記載する所となる。この様に曹道沖が批判している立場は、

確認し得た限りでも、唐代後半から同時代に至るまで、一貫して批判の対象とされ続けてきたことが窺える。批判自体が形式化して継承されていることも考えられるが、例えば、彭耜『道徳眞經集註雜說』（下／四表／八）も引く鄒浩（一〇六〇〜一一一一年）の『道鄉集』巻三十二「雜說」が、「玄牝の門は、これを吾が体で言えば鼻である。鼻は息が出入する場所である。永遠と存在する様にし、それを用いて疲れることがなければ、その息は深くなる（玄牝之門、取諸吾身、則鼻也。鼻者息之所由以出入。綿綿若存、用之不勤、則其息深矣）」（『四庫全書』版『道鄉集』巻三十二「雜說」三十二／一四表）と、河上公注の立場を踏まえた記述がなされている例が示している様に、曹道沖と同時代に於いても依然と命脈を保っていた立場であることが分る。

こうした曹道沖が批判する立場を、曹道沖の思想自体に即して考えるならば、「牝」の解釈自体の差異はもとより、「天地の元氣」を殊更に鼻・口を経由して取り入れようとする働きかけ自体が、「氣」の自然な流れに任せて、そこに「心」の働きが介在することを否定する曹道沖の立場と反していることを指摘出来るであろう。例えば、第五十二章注釈で曹道沖は、

「兌」とは沢の様なものである。人では口と舌に相当する。禍と福が生じる要であり、妄りに発してはならない。「門」は言語、視力、聴力、感情、思い等（が外へと向かうこと）である。吉凶はそれらに応じてここから出入するのだ。だからこれを閉ざすのである。有道者は、扉を閉ざし兌を塞ぎ、最後までそれを用いることがないのだ（兌、澤也。在人爲口與舌。禍福樞機、不可妄發。門謂語言視聽情念也。吉凶之應出入於此。故閉之也。有道者、掩扉塞兌、終身不勞）（第五十二章「塞其兌、…終身不救」注。彭『集註』一三／四表／三）

と、「吉凶」の出入と関る「口」と「舌」は閉ざすべきであるとし、その意味でも、「玄牝」を「鼻口」と解釈する立場は認めることは出来なかったと考えられる。(15)

以上、『道德經』注を材料に曹道沖の、「道」から万物への展開の図式、そして、人の心の働き掛けを否定し、「氣」

の自然なる流れに任せるべきであるという立場を見てきた。曹道沖の解釈は、「無名」の「道」を根源に置きつつも、養生的観点から、「氣」の流行に力点が置かれていると言えよう。だが、その立場に於いて、五十二章の解釈に見られた様に、外界から不純な要素が流入することを回避するために、「口」と「舌」に相当する「兌」は閉ざすべきであるとしていたのは、身体レベルに於いて、内的主体の定立を優先し、外界との接触を断つ立場であると言うことが出来る。

しかし、「丹術」に明らかであったとされる彼女の錬丹に関する記述は、以上の検討からはほとんど窺うことは出来なかったと言える。無論、このことが彼女の「丹術」への理解を否定するものではない。例えば、鄒葆光に与えた詩や、九真観の武陵謝先生に贈られた詩には「丹術」に関りの有る語彙が用いられていること、[16] そして、『黄庭經』の注釈が有ったという記述を裏付けるかの様に、『黄庭經』に依拠したであろう注釈も『道德經』注には見られる。例えば、

五色は目を幻惑させ、ひどい場合はその働きを損なう。五音は耳にやかましく、ひどい場合はその働きを損なう。「爽」とは失うということだ。人は皆な嗜好という通常の感情をほしいままにし、あっさりとした真実の味わいを失っているのだ。だから真人は「池で漱いで津を飲み、霊根を維持して気を含む」のである（五色炫亂視、極則損明。五音喧雜聽、極則損聽。爽者失也。人皆縱嗜好之常情、失恬淡之眞味。故眞人漱玉池以飲津、固靈根以含氣也）（第十二章「五色令人目盲、…難得之貨、令人行妨」注。彭『集註』三／二十四裏／七）

「五色」「五音」「爽」は人の「明聰」を損ない、「恬淡の眞味」を失わせる。これを避けるために「眞人」は、「漱玉池以飲津、固靈根以含氣也」という方法を取る。曹道沖自身が認めるこの養生法は、例えば、「玉池」「靈根」等が、「口は玉池太和宮であり、霊液を漱咽せば災害は及ばない（口爲玉池太和宮、漱咽靈液災不干）」（『黄庭内景經』「口爲章第三章」。『雲笈七籤』十一／一四裏／六）、「五華を灌漑し霊根を植え、七液は衝廬の間を洞流する（灌漑五華植靈根、七液洞流衝廬間）」（『同』「上有章第二」。『同』十一／一三裏／一〇）と『黄庭經』に見られるのを踏まえるものであろう。しかし、

こうした記述が現存する『道徳經』注に多く見られないのは、或いは、注釈はテクストに即して行うべきという姿勢の現われか、或いは、曹道沖注を引く注釈書の編纂方針の結果であるのかもしれない。何れにせよ、以上の検討で、『道徳經』注に見られる曹道沖の「道」と「人」に関する基本的思想を確認することは出来たと言えよう。

三　その他の著述に見られる思想

（一）『群仙要語纂集』所引「文逸曹仙姑大道歌」

『道藏』所収『群仙要語纂集』巻下に「文逸曹仙姑大道歌」（下／四裏／三）が収められている。この『大道歌』が曹道沖の真筆であるかどうか議論が無い訳ではないが、現在、真筆ということで落ち着きを見せている様である。(17)そして、『大道歌』が大いに歓迎された理由として、丹経に特有な隠語をほとんど含まず、直截な表現で綴られていることが指摘されている。(18)『大道歌』には既に陳攖寧氏の詳細な注解と、陳氏注釈も参照したカトリーヌ・デスプ女史の注解が有る。これらを見れば直ちに分る様に、『大道歌』は内丹の具体的実践過程を時間軸に沿って述べた類のものではない。内丹に於いて重要と思われる基本的思想が随意に論じられた内容となっているのである。それ故に平易であり、同時に、陳氏注解の様な読み手の自由な読み込みを可能とする内容となっている。『大道歌』の全体像は両者の注解に譲ることとし、ここでは、既に検討してきた曹道沖の思想と関りの有るものに就いて検討を加えていくことにしたい。(19)

先ず、第七・八句には次の様に有る。

宮室《こころ》が空っぽで静かであれば、神は自然とそこに居り、霊府《こころ》が苛立ち焦っていれば、血液を枯らしてしまう（宮

室虚閑神自居、靈府煎熬枯血液）（『大道歌』下／四裏／六）

「宮室虚閑神自居」とは、心が「虚」であれば、「神」と自ずと一体となるという、伝統的な考え方であろう。第八句の「靈府煎熬枯血液」とはその逆であり、心中に余分な感情があれば「血液」が損なわれることを言うのである。(20)

第二十三・二十四句には、

無心の心が真心であり、動と静の双方を忘れることが欲を離れるということなのだ（無心心即是眞心、動靜兩忘爲離欲）（『同』下／五表／三）

と有り、工夫が一定程度に達した者の場合、その心は「無心の心」、即ち日常的働きの一切が存在しない「心」となり、それが「眞心」に他ならない。それは、「動・靜」の何れにも捉《とら》われない、「離欲」の状態なのである。この状態を承け、第二十五・二十六句では、

神は性であり、気は命である、神が外に馳せることがなければ、気は自ずと安定する（神是性兮氣是命、神不外馳氣自定）（『同』下／五表／三）

「神」は「性」、「氣」は「命」であるとし、「神」が外界に馳せることがなければ、「氣」が自ずと「定まる」と有り、「氣」の自ずからなる安定が肝要とされている。(21)「神」が外に馳せない様にするためには、第七・八句に見た「虚」を守る態度が重要となる。又、この第二十五・二十六句を承け、第二十七～三十句では、

本来（神と気の）二つはどちらか一方のみに執着してはならず、片方を失えば、残った一つを根本とすることは出来ないのだ。二つを混沌と一つとし、そしてその一つにも執着しないことで、元気の変化と共に存在することが出来るのだ（本來二物更誰親、失却將何爲本柄。混合爲一復忘一、可與元化同出沒）（『同』下／五表／四）

とし、この「神」と「氣」は本来不即不離な両者であり、その両者を「一」とすることが肝要ではあるものの、更にその「一」にも拘《こだわ》ってはならず、自ずと「一」となる時に「元化」と一体化し得るのである。

『道德經』注に見られた「術」への批判は、『大道歌』にも見られる。第三十五・三十六句には、息を閉ざすことを真実の修道としてはならず、息を数えたり、図に依拠したりすることはどちらも正しくはない（莫將閉息爲眞務、數息按圖俱未是）（『同』下／五表／八）

と有る。殊更に「息」を閉ざしたり、その数を数えたりする術、或いは内景図等の使用であろうか、こうした「閉息」「數息」「按圖」などの修養方法は不十分なものとされている。第五十五・五十六句で、

一朝一夕で達成されるものではなく、我が本真はその様な術ではない（此非一朝與一夕、是我本眞不是術）（『同』下／五裏／六）

と、真実の得道は地道な修養の結果であり、それは「術」によって得られるものではないと述べられているのも同様の立場であろう。同様の事柄については、第六十七・六十八句で、

元和を内側で錬れば真が完成するのであり、呼吸によって外界に求めていたのでは、何時までも完成しない（元和内鍊即成眞、呼吸外求終未了）（『同』下／六表／一）

と有り、真実の在り方を成し遂げるためには、内側で「元和」を錬る必要が有り、「呼吸」という手段に任せて外界に求めてはならないと有る。これを受けて第六十九・七十句では、

元気が留まらなければ神は安定せず、虫食いの木は根が無ければ枝葉は干からびてしまう（元氣不住神不安、蠹木無根枝葉乾）（『同』下／六表／二）

と、「元氣」が留まらねば、「神」が不安定となるとする。これは第一三・一四句で、

少しずつ少しずつ消磨し、徐々に衰え、元和[22]を使い果たせば神は立ち去ってしまうのだ（細細消磨漸漸衰、用竭元和神乃去）（『同』下／四裏／八）

と、日々の僅かな消耗の蓄積により徐々に人は衰退し、やがて「元和」を枯渇させ、在るべき「神」を去らせること

になると有るのも同趣旨である。「術」による養生が批判されているのは、結果として「元氣」の不安定と「氣」の乖離を齎してしまうためであることが分る。

『道德經』注との差異については、「元氣」の語が見られることであろう。断片的残存に過ぎない『道德經』注からは、その思想の枠組みに於ける「元氣」の位置付けは不明であった。『大道歌』の「元」に就いては、「用竭元和神乃去」（第一四句）と「元氣不住神不安」（第六十九句）との関りからすれば、「元和」と「元氣」とが同一の概念と考えられる。そして、「元和内錬即成眞」（第六十七句）と第六十九句との関りからすれば、「成眞」と「神安」が同じ境地を示すと推測される。従って、「元和（元氣）」が内に錬られることで「神」が安定することになり、その結果、「眞」を成し得るということになる。「元和」が内に得られ「神」が内に安定した状態、その総称が「静かにひたすら元神を養わねばならない（閑閑祇要養元神）」（『大道歌』第九〇句。下／六表／一〇）と見られる「養元神」であろう。「元神を養う」とは、「元和」と「神」とが内側で維持されることと考えられる。以上の整理を『道德經』注から得られた枠組みに当て嵌めるならば、「元和（元氣）」は「沖氣（沖和）」に相当し、「神」は「神性」、そして、「元神」は、「神性」と人とが一体となった状態に相当するものと考えられる。

以上の様な『大道歌』の内容は『道德經』注釈から窺える立場とほぼ一致していると言えよう。外界との関りを断ち、内へ内へと目を向け、心を虚にすることで、「氣」が自然と流れるのに任せようとするのである。但し、留意すべきは、『道德經』注釈では「氣」の自然なる流行が専ら主張されていたのに対し、『大道歌』では些か異なる立場も見られる点である。『大道歌』でも心の介在を否定している点では同様だが、例えば、第一七・一八句では、

萌芽はもろく柔らかいので、それを蓄えなければならない。根識は昏迷し容易に移り変わってしまうのだ（萌芽脆嫩須含蓄、根識昏迷易變遷）（『同』下／四裏／一〇）

と有る。第一八句の「根識」を陳氏注釈は「六根」と解し、その迷いが「萌芽」を容易に失わせてしまうとし、「脆嫩」

なこの「萌芽」を「眞氣」の兆しと解釈している。とするならば、それを育てることを意味する「含蓄」の語には、「氣」に対するある種の意識の働きかけが有るとしなければならないであろう。「丹術」としての技術の立場がより前面に出たものと言えるであろうか。

（二）『諸眞聖胎神用訣』所引「曹仙姑胎息訣」

『道藏』所収『諸眞聖胎神用訣』には「曹仙姑胎息訣」なる一文が有る。その全文は以下の通りである。

そもそも胎息とは、方術で成し遂げることの出来るものではない。方術者がそれを行えば、益々道から遠く離れることになる。且つ、人が生れるには、神が存在しなければならない。炁が留まると道が生じるのだ。神と炁の両者は互いに助け合って性命となるのである。空っぽであれば霊妙な所に通じ光り輝く。調和すれば遍く流れて柔らかく潤される。神が安定すれば炁が伸びやかとなり、炁が伸びやかとなれば、血が通じ、血が通じれば骨が強く、骨が強ければ髄が充実し、髄が充実すれば腹が満たされ、腹が満たされれば下半身が充実し、下半身が充実すれば歩行が軽やかとなり、動いても疲れない。四肢が健康で丈夫であることは、国土が平和で安定する様なものだ。炁と血が調和して盛んであることは、国庫が充実する様なものである。神と志とが調和し喜べば、顔色は自ずと伸びやかとなり、歩き歌舞し、仙道の達成は近い。だから「最近の人は念仏念道し、ただ災禍を除くことだけを求めているが、心の妄想を取り除くことに専念する方がましだ」と言うのである。正《まさ》にその通りではないか。達人はそれを知り行い、自ずと胎息を達成しているのだ（且胎息者、非方術之所能爲。爲者則失道遠矣。且人之生也、須以神存。炁留道生。神與炁二者相須乃成性命。虛者通靈而光明。和者周流而柔潤。神安則炁暢、炁暢則血融、血融則骨強、骨強則髓滿、髓滿則腹盈、腹盈則下實、下實則行歩輕健、行歩輕健、

則動作不疲。四肢康強、猶國之封域平泰。炁血和盛、猶國之府庫充實。譬人家富。神志和悅、顏色自怡、行步歌舞、仙道近矣。故曰、今人念佛念道、只要除災救禍、不如志念除妄。還好麽。達人觀斯而行之、自成胎息者矣)（『道藏』所収『諸眞聖胎神用訣』一五裏／七）

冒頭で「方術」が先ず否定されている。その実態は不明なるものの、『道德經』注に見られた「今術家」を指すと考えることも出来よう。「人」が存在するためには「神」の存在が必須である。「神」「炁」が揃うことで「性命」が完成する。この理解は、『道德經』の注から再構成された図式に見られた、「人」に於ける「道本」である「神性」と、「沖氣」が生み出した「形・息」とが一体となることで「人」が誕生するという立場と合致する。そして、「神安則炁暢」と有るのは、「心」の働きの介在を否定し、「神」の安定が生み出す「炁」の自然な流行を述べたものであり、これも『道德經』注に見られたものと一致する。そして「炁暢則血融」と有るのは、「炁」の自由な流行が生み出す「血」の流通を言うものであり、これも又、『道德經』注の「息心養氣」によって「精神氣血」が保たれるという立場と合致する。後半は、こうした身体の養生が国の統治と同一の理論であることが述べられており、このこと自体が『道德經』に基づくものであろう。

以上、「曹仙姑胎息訣」の立場は、「神炁」の安定流行による「仙道」の体得を目指すものであり、その立場は『道德經』注の場合と一致していると言える。『諸眞聖胎神用訣』の撰述時期は特定出来ないが、そこに引かれている「曹仙姑胎息訣」は曹道沖の手になるものと考えても大過無いと思われる。

（三）　『道樞』所引「曹道沖釋」

『道樞』には一条、「曹道沖」の語の引用が見られる。そこでは、「神公言其胎息曰、勤守中、勿放逸。外不入、内不出、還本元、萬事畢。謹修持、無時日」（『道藏』所収『道樞』一九／一八表／八）と有る「神公」の言に対し「曹道沖釋之曰」として、

曹道沖の注釈に言う、「勤守中」とは、神識が内に守られることである。「勿放逸」とは、意を集中させ、散逸させないようにすることである。「外不入」とは、外界に対してそれが無であるかのように対することである。「内不出」とは、俗世に居りながら、それに染まらないということだ。「還本元」とは、「専気致柔」のことだ。「万事畢」とは、外界に対する働きかけを止め、求めることがないことである。「謹修持」とは、勤めてそれを行うということである。「無時日」は、長生久視のことだ（曹道沖釋之曰、勤守中者、神識内守也。勿放逸者、一意不散也。外不入者、對境如無也。内不出者、居塵不染也。還本元者、専氣致柔也。萬事畢者、止外無求也。謹修持者、勤而行之也。無時日者、長生久視也）（『道樞』一九／一八表／九）

と有る。『道徳經』注との間に共通の用語は見られないが、『道徳經』自体の語を用いた上で、内外を分け、外からの侵入を防ぎ、心が外に働くことがない様にすることを主張している点では、『道徳經』注の立場と一致していると言えよう。(23)

結語　その思想的背景

最後に、道教思想史に於ける曹道沖の位置に関する憶見を述べて本章を終えることにしたい。

曹道沖の『道德經』注に見られた枠組みでは、「太極」は「氣」の始まりであるとされていた。「太極」を「氣」の次元とする立場は、既に指摘されている様に六朝の道教経典に早く見られ(24)、又、下っては、『易』『禮記』等の孔穎達「正義」に、易緯に見られる「氣」以前の「太易」を『道德經』の「道」に相当させ、そこから生み出される「一」を「太極」とし、そこに、易緯の「太初」「太始」「太素」といった形而下の「氣」「形」「質」の次元を当てはめ、「禮運」の「太一」をそこに位置付け、「太極」を形而下のスタート地点に位置付けるものとして見られるものである。(25)

こうした立場は宋代の『道德經』注にも見られる。例えば、陸佃の『道德經』注には、

「道は一を生む」、「一」とは太極のことであろう。「一は二を生む」、「二」とは陰陽である。「二は三を生む」、「三」は沖気である。陰気が有り陽気が有り、そして陰陽の交わりの中に沖気が有る。そうして万物が生れるのである

(道生一、一者蓋太極也。一生二、二者陰陽也。二生三、三者沖氣也。有陰有陽而陰陽之中又有沖氣。則萬物於是乎生矣）（第四十二章「道生一、…三生萬物」注。彭『集註』十一／七裏／二）

と有り、「太極」の実態については不明ではあるものの、明らかに「道」の下位に位置付けられている。又、北宋以降の人物と思われる呂知常は、(26)

道は一気を生じ、一気は天地を生じ、天地は万物を生じる。「道が一を生み出す」のは、太極が未だ分裂しておらず、一気の混沌とした状態であるからである。「一が二を生む」とは、清濁の気が分れて天地が存在するということである。『易』が「易に太極が有り、これが両儀を生む」と言っているのが、それである（道生一氣、一氣生天地、天地生萬物。所以道生一者、太極未半、一氣之渾淪也。一生二者、謂清濁既分而天地位焉。易所謂易有太極、是生兩儀、是矣）（第四十二章「道生一、…沖氣以爲和」注。『道藏』所収、危大有『道德眞經集義』六／一八裏／三）

とし、「道」の下位の「一」を「一氣」であり「太極」であるとしている。

曹道沖の、「太極」を「道」「德」の下位に位置付け、「氣」の次元のスタート地点とする立場は、道教思想としては

六朝以来の立場ではあるものの、より近い時代としては、『周易』『禮記』等の「正義」の立場に基づき、そして、同時代の『道徳經』思想にも継承されていた立場であると考え得る。そして、「道」が生じた「氣」のレベルと、「道」そのものとしての「性」とが一つとなって人となるという発想も、既に先行思想に於いて整理されていたものである。(27)

一方、「曹仙姑胎息訣」にも見られた「形・氣」という形而下の現象を「命」とする立場は、少なくとも同時代の『道徳經』注釈には見られない。(28) この様な「道」と「氣」との間に差異を設定し、「命」はあくまでも形而下に属し、「神性」は「氣」のレベルとは異なるものであるとする立場は、やはり内丹思想に見られるものであろう。

「性＝神・理」、「命＝氣・形」という図式は内丹思想では常識的とされている様だが、(29) この図式が何時頃から見られるのかは俄かには確定し得ない。例えば、唐末の『無能子』巻上「析惑第三」には、

そもそも性とは神であり、命とは気である。どちらも虚無を必要とし、どちらも自然から生じるのだ。ちょうど、塤篪が互いに感応しあい、陰陽が互いに調和する様なものだ（夫性者神也、命者氣也。相須於虚無、相生於自然。猶乎塤篪之相感也、陰陽之相和也）（王明校注『道教典籍叢刊　無能子校注』、七頁。中華書局、一九九七年）

と見られ、(30) これは比較的早期の例と考えられる。又、北宋後半までには成立していたとされる『西山群仙會眞記』には、

道から生を受ける、これを性と言う。一より形を授かる、これを命と言う（從道受生、謂之性。自一稟形、謂之命）（『道藏』所収『西山群仙會眞記』「養心」二／八表／四）

と有る。(31) 南宋に入れば白玉蟾が、

従って、道心は気の主人であり、気は形の根であり、形は気の宅であり、神は形の具である。神は性であり、気は命である（所以道心者氣之主、氣者形之根、形者氣之宅、神者形之具。神即性也、氣即命也）（『道藏』所収『海瓊白眞人語録』巻三「東樓小參」三／一六表／三）

と言い、又、『丹經極論』も、

そもそも性とは道であり、神であり、用であり、静であり、陽中の陰である。命は生であり、体であり、動であり、陰中の陽である。この両者は互いを必要とし、どちらか一方が欠けてはならない（夫性者道也、神也、用也、靜也、陽中之陰也。命者生也、體也、動也、陰中之陽也。斯二者相需、一不可缺）（『道藏』所収『丹經極論』五表／三）

と言う。(32) 又、『道樞』巻二六が「何仙姑」の言として引くものにも、

神は性である。気は命である。神が外界に馳せることがなければ、気は安定する（神者性也。氣者命也。神不外馳則氣定矣）（『道樞』「靈源篇」二六／一裏／二）

と有る。無論、所謂る北宗でも状況は同じであり、例えば、

性は神である。命は気である。性がもし命と会えば、鳥獣が風を得て飃飃と軽やかに飛び上がる様なものであり、力を用いずとも容易に達成されるのである（性者神也。命者氣也。性若見命、如禽得風飃飃輕擧、省力易成）（『道藏』所収『重陽立教十五論』「第十一論混性命」四裏／六）

と見られる。こうした例からすれば、「性＝神・理」、「命＝氣・形」という図式は、遅くとも北宋後半頃には既に定着していたことが窺え、その時期はほぼ曹道沖の活動した頃と重なることになろう。

又、曹道沖に見られた「氣爲母、神爲子」という立場は、早い例としては、強名子『眞氣還元銘』の例を挙げることが出来る。その自序に依れば、強名子は五代後梁の貞明年間に活動していたと考えられる。(33) そこには、

神は気の子であり、気は神の母である（神者是氣之子、氣者神之母）（『道藏』所収『眞氣還元銘』四表／七）

と見られる。又、『雲笈七籤』の巻三十四「神炁養形説」には、

気は神の母であり、神は気の子である。その子を極めようと思うならば、先ず母を修める必要が有る。もし神が味を気に受けることがなければ、気は霊妙な所まで通じることは出来ない。子が母に食事を求めないならば、母

は調和を達成することが出来ない。『道徳經』に「その母を得た上で、その子を知る。その子を知った上で、その母を守る」と言っているではないか（且氣者神之母、神者氣之子。欲致其子、先修其母。若神不受味於氣、則氣無以通靈。子不求食於母、則母無以致和。道經曰、既得其母、以知其子。既知其子、復守其母）（『雲笈七籤』「雜修攝　神炁養形説」三十四／一六裏／一）

と見られる。ここでは、「修神」より「修氣」を優先すべきとされている。この「先神後氣」の立場をそのまま「先性後命」と置き換えることが可能かどうかは保留としておきたい。この『雲笈七籤』と同様の立場は、先に見た呂知常の注にも、

思うに、神は気の子であり、気は神の母である。形が気を得なかったならば、達成されることはない。気が形を治めることがなければ、何を主とすればよいのか（蓋神是氣之子、而氣是神之母也。形不得氣、無因而成。氣不治形、將何爲主）（第五十九章「有國之母、…長生久視之道也」注。危大有『道徳眞經集義』八／二十一表／四）

と見られ、又、北宋末金初成立とされる金陵道人・唐淳の『陰符經』注、所謂る金陵子注にも以下の様に見られる。(34)

神は炁の子であり、炁は神の母である。『道徳經』に「その子を知った上で、その母を守る」と言っている。唐淳は言う「子と母とが互いに守ることが、神仙の道である」と（神是炁之子、炁是神之母。道經曰、既知其子、復守其母。淳曰、子母相守、神仙之道）（『道藏』所収『黄帝陰符經註』上／一裏／四）

従って、こうした立場も又、北宋期に入ってから頻繁に見られるものであると考えられる。

以上のことから、曹道沖の「性」「命」「氣」「神」に関する立場は、こうしたほぼ同時代の思想と一致するものであることが確認出来る。(35) そして、内丹の思想としての「性命」ということになれば、「修性」「修命」の先後が問題となろう。曹道沖の場合、どちらかの立場を力説主張する様な態度は特に見られない様だが、但し、『大道歌』の第九十九・一百句には、

形と神の双方を完全とすることは困難であるとは言うものの、命を全うすることより性を全うすることを優先しなければならない（形神雖曰兩難全、了命未能先了性）（『大道歌』下／六裏／四）と有り、「形」と「神」の双修が不可能な者に対しては、「修性」を優先せよとしている。「修命」より「修性」を優先する立場は、後に南宗と称される、張伯端に端を発する「性命双修」を基盤とした「先命後性」の立場とは異なり、むしろ、北宗とくくられることになる全真教を代表とする「先性後命」の立場に通じる。但し、張伯端の『悟眞篇』自体に於いても、「修命」と「修性」の先後が確固としたものとして主張されていた訳ではなく、むしろ相互補完的な意味合いが強いとされていることを考えれば、(36) 曹道沖の場合も、その順はそれ程重大な意味を持つものではないのかもしれない。

曹道沖の立場が同時代の思想と共通する要素を含んでいることを指摘した訳だが、逆に、時代を下げて見るならば、例えば、全真教の馬丹陽が金陵子『陰符經』注を重視していたこと、彼の著述にそれが反映されていることが既に指摘されている。(37) 馬丹陽『洞玄金玉集』には、

命が清ければ長生を得て、性が静かであれば久視となり得る。命は気の名であり、性は神の子である。気は神の母であり、神は気の子である。子と母とで真一となり、真一は生死を超脱するのだ（命清得長生、性靜能久視。命乃氣之名、性乃神之子。氣是神之母、神是氣之子。子母成眞一、眞一脱生死）（『道藏』所収『洞玄金玉集』「眞一吟」五／六裏／七）

と有り、その「命乃氣之名、性乃神之子」の立場が彼独自の立場であるとの見解も有るが、(38) 金陵子注を踏まえていることは明らかであり、結果として、曹道沖と同じ立場となっている。又、『洞玄金玉集』には、

この頑《かたく》なな心を鍛錬し、この世俗の心を鍛錬する。心が死ねば情は生ぜず、意が滅びれば精は自ずと秘される。心が清ければ気は自ずと調い、意が清ければ神は自ずと喜ぶ。人が常に清浄であれば、必ず神仙の位に至るのだ

（鍜錬這頑心、鍜錬這俗意。心死情不生、意滅精自秘。心清氣自調、意浄神自喜。人能常清浄、決證神仙位）（『同』「清浄吟」五／七裏／七）

心が清ければ意は静かとなり、気が調和すれば神は安定する。真息は永遠に続き、霊光は明々と輝く（心清意靜、氣和神定。眞息綿綿、靈光瑩瑩）（『同』「示門人」五／一〇裏／四）

等と見られ、「心」の滅却の結果として「氣」が自ずから整うことの重要性が主張されている。これ等も、曹道沖の思想とほぼ同様のものとして見ることが出来るであろう。全真教の思想の一部がその来源を時代を遡り得ることと、そうした流れの上に曹道沖を位置付けることが可能かもしれないことを指摘しておきたい。

曹道沖の『道徳經』注から窺われる思想は決して難解なものではない。他の著述に於いてもそれは同様であろう。そして、それらは時代的に孤立した思想でもない。それにも関らず、その「要妙の道」がほとんど理解されていないと張居淡が記したのは、『大道歌』のみが殊更に取り沙汰されていたことに対する批判であったとも考えられよう。

曹道沖『道徳經』注釈は、同時代に至るまでの思想も視野に入れた養生的観点から撰述されたものと言える。従って、その立場は、自己の修養こそが第一に目指されるものなのであり、養生的な内的主体の定立が目指されることになる。そのためには、内的主体を混乱させる外界との関りを断つことは避けられず、その結果、曹道沖の『道徳經』注釈では外界の事物と如何に関って行くのかという視点には積極的意義が見出されなかったと言える。

注

（1）カトリーヌ・デスプ『中国女性道教史　女のタオイズム』（門田眞知子訳、三浦國雄監修。人文書院、一九九六年）は『中華仙學』（『藏外道書』第二十六冊所収。巴蜀書社、一九九四年）の内容を紹介し、「精神、欲望の純化、および身体内での生エネルギーの保持を強く説」く「曹文逸派」に触れている（一四一頁）。『中華仙學』は、女丹を「法」の内容によって区分し、「清心寡欲」「神不外馳」「專氣致柔」「元和内運」を重視する派として「曹文逸眞人派」を挙げるものである（三三七頁）。又、陳攖寧『靈源大道歌』白話注解」（『道教與養生』所收。華文出版社、二〇〇〇年）所収『靈源大道歌』讀者須知」は『靈源大道歌』、雖是女眞著作、但不是專講女丹口訣。凡是學道的人、無論男女老少、用這箇工夫、都很有效驗、絶無流弊、可以算得仙道中最穩妥最普度的法門」（二一九頁）とする。その外、卿希泰主篇『中國道教史（修訂本）第二巻』「第七章　道教在北宋的復興和發展」（七四七頁以下）等も参照。

（2）『中國古代都城資料選刊』（中華書局、一九九九年）版を使用。同人の『汴京勼異録』は「祠堂記」を節略したものを載せる。尹志華「曹仙姑的生平、著作考」（『中國道教』二〇〇二年第四期所収。二〇〇二年）は、主として『汴京勼異録』に基づいて曹道沖の生涯を紹介し、同「曹仙姑的生平、著作再考」（『中國道教』二〇〇四年第三期所収。二〇〇四年）は、更に「祠堂記」を用いて補足を行っている。

（3）鄒葆光に就いては、明・陳槤『羅浮志』巻四に「鄒葆光、少隷羅浮山沖虚觀道士籍。宋徽宗宣和中名達。九重召至凝神殿。試以道術。有七道士從之、倏不見。上問爲誰。葆光對曰、臣居山習劍術。此七人者古松也。上異之、拜金壇郎」（『羅浮志』四／一四裏）と見られ、羅浮山沖虚観の道士で、やはり徽宗に召されていたことが分る。尚、曹道沖と羅浮山との関りに就いては、陳槤『羅浮志』巻十が、羅浮に帰山する鄒葆光に曹道沖が贈った詩「贈鄒金壇歸羅浮」を載せ（一〇／三表）、清・宋廣業纂輯『羅浮山志會編』巻五は、鄒葆光の伝で、曹道沖は呉明妙と共に徽宗に招かれたと記しているが（五／十一裏）、これらからは曹道沖と羅浮山との直接的接点は確認出来ない。又、呉妙明も陳槤『羅浮志』巻五に伝が有り、「修煉不食」の術を体得していた坤道であることが分る（五／三表）。尚、清・九龍眞逸補『羅浮志補』巻七「呉氏」条の割注は、「張氏可書」に依拠して呉明妙を「呉元淨」（七／一五表）としている。

（4）蘇軾は「近世有婦人曹希蘊者、頗能詩。雖格韻不高、然時有巧語。嘗作墨竹詩云、記得小軒岑寂夜、月移疎影上東牆。此語甚工」（『蘇軾文集』第六十八巻、題跋「書曹希蘊詩」、二一三〇頁。中華書局、一九八六年）と述べ、「格韻」は必ずしも高くはないものの、「語」は巧みであると述べている。

（5）呉曾『能改齋漫録』巻十二「對徽宗詩句」に徽宗との応答が見られる（『能改齋漫録』三五九頁。上海古籍出版社、一九七九年）。

（6）「祠堂記」後段で李濂は続けて「中有語渉怪誕者、余悉刪之。不欲存之以惑世之云爾」（「祠堂記」、一八七頁）と述べて「祠堂記」を終えている。世俗に混乱を齎す可能性の有る記述に就いては彼が削除したことが分る。ここから、曹道沖の生涯に既に神秘的色彩が付せられていたことが分る。例えば、元代『純陽帝君神化妙通記』巻三「度曹仙姑第十八化」（『道藏』所収『純陽帝君神化妙通記』三／十一表／三）には、こうした神秘化された事例が紹介されている。

（7）尹志華「『靈源大道歌』與『至眞歌』、『道樞・靈源篇』的關係考」（『中國道教』二〇〇八年第三期、二〇〇八年）が諸テクスト間の文字の異同、又、諸文献が引用する「大道歌」との文字の異同に就いて整理している。尚、『大道歌』と『道樞』「靈源篇」との関りについては、注（1）卿氏著、朱越利「北宋何仙姑與曹仙姑」（『宗教哲學季刊』第三十七期、二〇〇六年）、尹志華二〇〇八年論文の間で見解の相違が有る。

（8）劉正叟なる人物については、『續資治通鑑長編』巻四七八の哲宗・元祐七年の条に「嘗有布衣劉正叟上書論復辟事。宰執以爲狂、欲羈管湖南。燾爭曰、布衣敢言、何罪之有。況其言又非狂乎。遂置之」（『長編』、一一三九七頁）と、「布衣」の士として見られる。

（9）第二十八章の王雱注に就いては、無名氏『道德眞經集註』所引が、「雱曰、以道爲制者、因道之勢、而適其自然。故雖制而無宰割之迹」（無名氏『道德眞經集註』四／二十六表／三）と引用し、本来は曹道沖の注であったとされる「制度之大者、無裁割之迹」の句が、王雱注に「故雖制而無宰割之迹」として採用されていることが確認出来る。しかし、他の章でこの様な事実は確認出来ない。

（10）『周易』「繫辭上」「是故形而上者謂之道、形而下者謂之器」（『十三經注疏分段標點』版『周易正義』五九八頁上。新文豐出版公司、二〇〇一年）。

（11）『道德經』第三十八章「故失道而後德、失德而後仁、失仁而後義、失義而後禮」。

（12）「適時」に就いては、王雱の『道德經』第一章注に「可道之道、適時而爲、時徙不留、道亦應變。蓋造化密、未嘗暫止、昔之所是、今已非矣」（無名氏『道德眞經集註』一／一裏／二）と見られる。或いは、曹道沖の注を参照したものか。

（13）「言、不死之道、在於玄牝。玄、天也。於人爲鼻。牝、地也。於人爲口。天食人以五氣、從鼻入藏於心。五氣清微、爲精神聰明、音聲五性。其鬼曰魂。魂者雄也。主出入人鼻、與天通、故鼻爲玄也。地食人以五味、從口入藏於胃。五味濁辱、爲形骸骨肉、血脉六情。其鬼曰魄。魄者雌也。主出入人口、與天地通。故口爲牝也。根、元也。言、鼻口之門、是乃通天地之元氣所從往來也」（王卡點校『老子道德經河上公章句』第六章「是謂玄牝。玄牝之門、是謂天地之根」注、二十一頁）。

（14）『胎息經注』の撰述時期に就いては、同一人物の手になると思われる『道藏』所収『幻眞先生服氣内元氣訣』の成立を唐代後半頃と推定する、坂内榮夫『鍾呂伝道集』と内丹思想」（『中国思想史研究』第七号所収、七十四頁。一九八四年）の見解に拠る。ちなみに、『道藏提要』は唐代（九七頁）、『道藏通考』は九世紀後半（三六六頁）、『道藏分類解題』は唐（二九九頁）と推定している。

（15）南宋以降の内丹に於ける「玄牝」の解釈については、三浦秀一先生『中国心学の稜線―元朝の知識人と儒道仏三教―』「中篇第二章」「下篇第一章」に指摘が有る。

（16）「贈鄒金壇歸羅浮」（『羅浮志』一〇／三表）、「贈鄒葆光道士」（『羅浮山志會編』一六／九裏）には「氷壺皎潔水鑑清」「朝呑霞氣松膍暖」「琴心和雅胎仙舞」「金絲裊露紫河車、青霓跨嶺鐵橋斜」等の「丹術」に関る表現が見られる。又、『南嶽總勝集』が載せる「武陵謝先生」に与えた詩には、「丹砂已向坤鑪伏、玉汞先從坎鼎烹」（『南嶽總勝集』大正藏五十一冊、一〇七五中）と見られる。これらに就いては、注（7）朱氏論文に若干の言及が有る。

（17）注（1）卿氏著、尹氏二〇〇二年論文にこの間の経緯が整理されている。

（18）注（1）陳氏「注解」に付された諸氏の「序」、及びデスプ著を参照。

（19）尹志華二〇〇八年論文が指摘する様に、諸本が収録する『大道歌』には文字の異同が多い。本章では「文逸曹仙姑大道歌」を用いた。

（20）デスプ訳注では、後半の句を積極的意味に取り、「血のリキュールが干しあがる」（七十三頁）と、月経の停止を意味し、女丹の立場を示すとする。陳氏注解では、「陰火一動、周身氣血津液都要受傷」（二二五頁）と、身中の「氣血津液」が損なわれることとして理解している。本論では、『道德經』注に見られた「精神氣血」を損なうことを指すものと考え、デスプ訳注の立場は取らない。

（21）デスプ訳注では、多くの内丹書が「性と命は神と気ではないと主張している」ことから、「この断言は多くの内丹書と矛盾する」（二九八頁注（14））としている。しかし、この立場は『道德經』注釈から窺えた立場と合致する。

（22）「元和」は、蔣通備編『道藏輯要』所収『至眞歌』では「元氣」となっている。

（23）その他、『道藏』所収『黄帝陰符經集解』に「清虛眞人曹道沖」として注が数條引用されている。本論と関るものとしては、五行を「眞性」と「情欲」を用いて解釈するものや（上／九裏／五）、「虛」→「神」→「炁」という展開に言及するものなどが有るが（下／六裏／二）、断片に過ぎ、全体的枠組みを窺うことが出来ない。尚、注（7）朱氏論文は、『黄帝陰符經集解』が引く鐘離權・呂洞賓の注が仮託であることから、曹道沖注に就いても仮託であることを疑う。又、李遠國『中國道教氣功養生大全』（一二二四頁。四川辭書出版社、一九九一年）が指摘する様に、『再版增訂内外功圖說輯要』（『道藏精華』第二集之十「養生長壽秘訣集成續集」所収。自由出版社、一九六二年）に「曹仙姑觀太極圖」なる眼病の治療法が含まれている。「以舌抵上腭、目視頂鼻、將心火降涌泉穴、腎水提上崑崙」（五十八頁）等は明らかに丹道に関する表現ではあるが、『内外功圖說輯要』が病気治療を目的とし様々な功法を寄せ集めて編集されたものであることから、「曹仙姑觀太極圖」に曹道沖の立場がどの程度含まれているのか疑問である。

（24）麥谷邦夫「道家・道教における氣」（小野沢精一・福永光司・山井湧編『氣の思想』「第二部第一章第二節」。東京大学出版会、一九八六年）。

（25）今井宇三郎『宋代易學の研究』「第五章　無極而太極考」「第六章　二氣而五行考」。その他、『禮記』「月令」冒頭の「正義」が「正義曰、……按老子云、道生一、一生二、二生三、三生萬物。易云、易有大極、是生兩儀。禮運云、禮必本於大一分而爲天地。易乾鑿度云、大極者、未見其氣。大初者、氣之始。大始者、形之始。大素者、質之始。此四者、同論天地之前及天地之始。老子云、道生一、道與大易自然虛無之氣、無象不可以形、求不可以類取、強名曰道、強謂之大易也。道生一者、一則混元之氣、與大初、大始、大素同。又與易之大極、禮之大一、其義不殊、皆爲氣形之始也。一生二者、謂混元之氣分爲二、二則天地也、與易之兩儀、又與禮之大一分而爲天地同也」（『十三經注疏分段標點』版『禮記注疏』六八五頁下）と述べ、又、『周易』「繫辭傳上」の「是故易有太極、是生兩儀」の「正義」も「正義曰、太極謂天地未分之前、元氣混而爲一、即是太初、太一也。故老子云、道生一。即此太極是也。又謂混元既分、即有天地、故曰、太極生兩儀。即老子云、一生二也。不言天地而言兩儀者、指其物體下與四象相對、故曰兩儀、謂兩體容儀也」（『周易正義』五九二頁上）と述べている。

（26）陳景元の注釈を引用していることから（危大有『道德眞經集義』十／一七表／三）、陳以後に活躍した人物と考えられるが、宋・黄庭堅『山谷年譜』（『適園叢書』版）巻十七に「元豐七年甲子（一〇八四年）」の日付で「送呂知常赴太和丞」（一七／四裏）が記録されている。尚、『宋史』巻二〇五「志一百五十八藝文四　道家類」に「呂知常老子講義十二巻」（『宋史』、五一八〇頁）と有る。

（27）例えば杜光庭『道徳眞經廣聖義』に顕著に見られる。拙稿「杜光庭の思想（上）―「道氣」と「樂記篇」―」（『熊本県立大学文学部紀要』第九巻第一号。二〇〇二年）を参照。

（28）北宋の『道徳經』注釈に見られる「性・命」思想の代表例を一つ挙げれば、宋・徽宗『宋徽宗御解道徳眞經』（『道藏』所収）は、「性命之分」（『宋徽宗御解道徳眞經』一／七裏／二）、「性命之情」（『同』一／七裏／三）、「性命之理」（『同』一／一六裏／九）などの語を好み、「留動而生物、物生成理、謂之形。形體保神、各有儀則、謂之性。未形者有分、且然無間、謂之命」（『同』一／三十三表／二）と、『莊子』を踏まえつつ、「性」は「形」「神」双方に関る「儀則」、「命」は「形」以前の存在とする。そして、それを「窮理盡性以至於命」（『同』二／二〇表／四）の語で述べることも有る。

（29）例えば、李遠國『道教氣功養生學』（四川省社會科學院出版社。一九八八年）は「實際上、性命和形神是兩對可以相通的概念。性與神是相通的，均指人的心性・精神・意識等。命與形也一致，是指人的生命・形體」（三十七頁）、或いは「一般地講，性指心性・理性，又謂之『眞真意』・『眞神』等。命指生命・形體。又謂之『元精』・『元氣』等」（三十八頁）と述べる。

（30）『無能子』の撰述時期とその思想特色に就いては、王明「無能子的哲學思想（代序）」（『無能子校注』所収）を参照。

（31）『西山群仙會眞記』の成立時期については、坂内榮夫「『鍾呂伝道集』と内丹思想」の「北宋後半には生存成立していたと推定しておきたい」（四十二頁）という立場に拠る。ちなみに、『道藏提要』は北宋を下らないとし（一七七頁）、『道藏通考』は北宋・李竦の編とする（八〇四頁）。

（32）本経の成立時期については、『道藏提要』（一六八頁）、『道藏通考』（八三四頁）の南宋成立説に暫時拠る。

（33）『道藏提要』は五代成立（一九五頁）、『道藏通考』は十世紀前半成立（三六八頁）とする。本文献には「天道雖有樞機而清虚無心。清虚而無心則元氣自運。既元氣自運則五行無妨」（『眞氣還元銘』一裏／一）と、「清虚無心」の結果として「元氣」が自ずと運行することを主張する記述も見られる。

（34）本注の成立時期については、錢大昕『補元史藝文志』の金代成立説、窪徳忠『中国の宗教改革』（一五五頁。法藏館、一九六七年）、同「全眞教の成立」（『東洋文化研究所紀要』第四十二号、五〇頁。一九六七年）の北宋中期以後成立説等が有るが、これらを踏まえた、松本浩一「陰符経の諸註についての諸問題」（『アジア諸民族における社会と文化―岡本敬二先生退官記念論集―』所収。国書刊行会、一九八四年）の北宋末金初の成立という立場に暫時拠る。『道藏提要』は南宋の成立とする（九十二頁）。

（35）　陳景元の『道德經』注にも見られることは、本著「第一篇第四章　碧虚子陳景元の思想」を参照されたい。

（36）　南宗・北宗の枠組については、明初宋濂の「送許從善學道還閩南序」が有名である。宋濂は「宋金以來、說者滋熾。南北分爲二宗。南則天臺張用成。其學先命而後性。北則咸陽王中孚。其學先性而後命。命爲氣之根、性爲理之根。雙體雙用、雙脩雙證、奈何岐而二之。第所入之門或殊。故學之者不能不異。然其致守之法、又不過一之與和而已」（『宋濂全集』一一一〇頁。浙江古籍出版社、一九九九年）と述べる。今人では、例えば李遠國『道教氣功養生學』が「這様一來、張伯端融佛入道、從而構成了他性命雙修、先命後性的内煉体系」（三七一頁）と述べる。但し、吾妻重二『宋代思想の研究―儒教・道教・仏教をめぐる考察―』「Ⅱ、道教の研究　第二章　『悟真篇』の思想」（関西大学出版部、二〇〇九年）は、「性を修める修性は養神および禅に、命を修める修命は養形および内丹にいちおう対応し、修養は修命から修性へと進む」（二二八頁）としながらも、「両者は張伯端にとって、あくまでも相互に浸透する、連続したものであった」（同）と述べ、「『命』から『性』へという方向づけは、すでに修命・内丹のうちに含まれているのであり、したがってまた、そうであればこそ、内丹が禅におのずと連続しうる契機があることになる」（二二六頁）とも述べている。又、松下道信「全真教南宗における性命説の展開」（『中国哲学研究』第十五。二〇〇〇年）も、『悟眞編』「序」の記述から「命＝内丹から性＝禅宗へという構図が含まれるのではないか」（九頁）としつつも、「『悟眞編』では基本的に性と命は相補的なものとしか考えておらず、順番は固定的なものではない」（六十八頁、注（14））、「『先命後性』という単純な枠組みでは『悟眞篇』やいわゆる南宗を捉えることはできないことになろう」（同）としている。又、上記宋濂「送許從善學道還閩南序」に就いても、宋濂自身は両者をより根柢的視点から理解していたと、注（15）三浦先生著は指摘している（四二〇頁、注（36））。

（37）　馬丹陽と「金陵子注」の関りについては、注（34）窪氏著・論文、蜂屋邦夫『金代道教の研究―王重陽と馬丹陽―』（汲古書院、一九九二年）に指摘が有る。

（38）　張廣保『金元全眞道内丹心性學』（三聯書店、一九九五年）は「這種以氣爲母、以神爲子的思想和傳統道教的一般主張明顯不同」（八十八頁）と述べる。

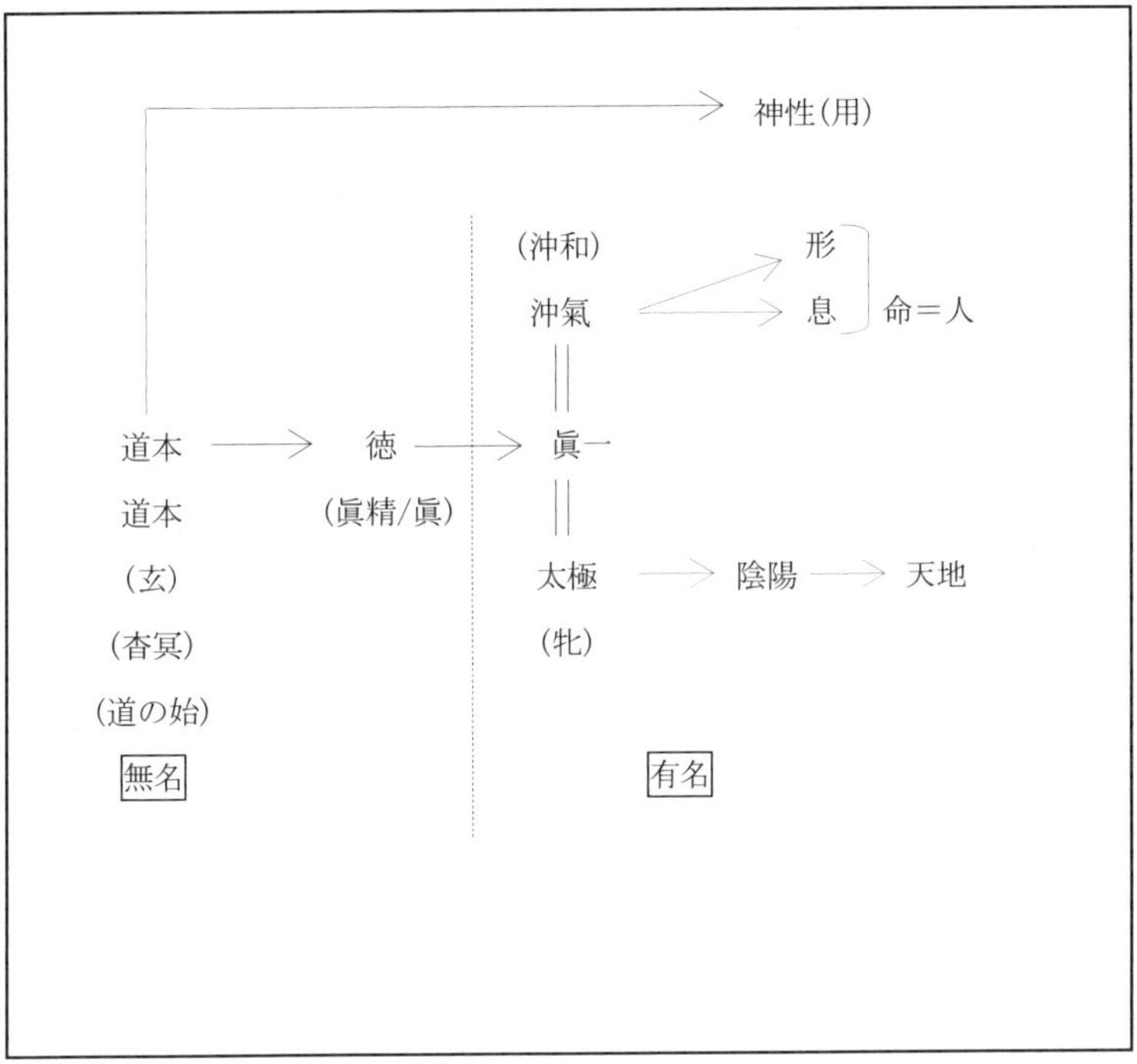

第六章　王雱の老荘解釈について—『莊子』注を中心に—

序

王雱（一〇四四～一〇七六年）、字は元澤、撫州の人、臨川先生王安石の子である。治平四年（一〇六七年）の進士、熙寧四年（一〇七一年）に太子中允、崇政殿説書となり、『三經新義』の編纂に参与、龍圖閣学士に遷るも、同九年（一〇七六年）に病を以て辞し、逝去、享年三十三歳、左諫議大夫を賜っている。道家関連著述には、「王元澤注莊子十巻」（『郡齋讀書志校證』巻十一、四八三頁）、「王雱（老子）注二巻」（『同』巻十一、四七一頁）、「老子訓傳」（『宋史』巻三百二十七「列傳八十六　王雱傳」、一〇五五一頁）、「王元澤老子解」（『四庫全書』版『遂初堂書目』五〇表）等が有り、仏教関連としては「佛書解義」（『宋史』「王雱傳」、一〇五五一頁）が有り、儒教関連としては「新經尚書義十三巻」（『郡齋讀書志校證』巻一、五十七頁。『直齋書録解題』巻二、二十九頁）、「王元澤（論語）口義十巻」（『郡齋讀書志校證』巻四、一三六頁）、「王雱解孟子十四巻」（『同』巻十、四二〇頁）等が有り、三教に関心を示した士大夫であったことが窺え、更に「元澤先生文集三十六巻」（『同』「讀書附志　下」、一一九一頁）が有る。その他、「新經毛詩義二十巻」（『同』巻二、六十七頁）の撰述にも参与している。[1] これらの著述の内、「孟子解」「佛書解義」は残存していないが、『道藏』には、王雱の撰として『南華眞經新傳』『南華眞經拾遺』が収められており、褚伯秀『南華眞經義海纂微』は、その「内篇」の注釈を収録し、これらから「注莊子十巻」の内容を窺うことが可能である。又、「老子注二巻」「老子訓傳」「老子解」の三者の関係がどの様なものであるのかは詳らかにし得ないが、無名氏『道德眞經集註』（以下「無名氏『集註』と略す」）、彭耜『道德眞經集註』（以下「彭『集註』」と略す）、李霖『道德眞經取善集』（以下「李『取善集』と略す」）、劉惟永『道德眞經集義』（以下「劉『集義』」と略す）等が王雱の『道德經』注を引用しており、不完全ながらも、その『道德經』注の内容を窺うことが出来る。又、彼も参与したとされている『三經新義』に就いても、既に輯本が刊行されている。

さて、熙寧三年（一〇七〇年）に完成したとされる王雱『道德經』注は、その自序によれば、今、世間に伝えられている注釈で、王弼と張説の二人のものは、経文が互いに異なり、相互に得失が有り、道理を害することも一つではない。今そこで諸本を比べ合わせ、至当と思われる経文を定め、耳にした所に基づいてその解釈をなした（今世傳註釋、王弼、張説兩家、經文殊舛、互有得失、害於理意者不一。今輒參對、定於至當、而以所聞句爲之解）（無名氏『集註』序／五裏／九）

と、当時流行していた王弼と張説の両注釈には問題が有り、それに対処すべく自ら注釈を撰述したと述べている。「以所聞句爲之解」と有ることからすれば、その解釈は彼が見聞した諸注を参照としたものであることが考えられる。又、元符元年（一〇九八年）に梁迥によって作られた後序には、

昔、『道德經』の注釈を撰述した者には三者がいた。河上公、明皇、王弼である。この三家の説は、それぞれに過不足が有ると言わざるを得ないが、しかし、それぞれ優れた点が有り、要するに、何れも大道の根本を窮めようとしているのである。近年、王雱が道德性命の学問に深く通じ、老子の書物に対して、その旨を解釈し、微かな点を明らかにし、隠れている部分に光を当て、一家の説を成し遂げた。こうして『道德經』八十一章の内容は、益々世間に明らかな所となったのである。…太守張公は、道德性命の理に深く達し、…そこで、学問所の学者に命じ、その河上公、明皇、王弼、王雱の四説を参照し、加損を加えること無く刊行することで、その教えを広めることにしたのだ（昔之爲註者有三。曰河上公、曰明皇、曰王弼。夫三家之説、其間不能無去取、然各有所長、要其歸宿、莫非究大道之本。近世王雱深於道德性命之學、而老氏之書、復訓厥旨、明微燭隱、自成一家之説。則八十一章、愈顯於世。…太守張公、深達夫道德性命之理、…乃命黌舍之學者、參其四説、無復加損、刊集以行於時而廣其教）（『同』後序／一裏／一二）

と、「道徳性命の理」に理解の深かった太守張公が、河上公、玄宗、王弼の諸注釈と共に王雱の注釈を併せて集注本を作らせたとあり、(2)王弼・張説の注釈を補うべく作成された王雱の注は、完成後わずか二十八年の後に、早くも河上公、王弼、玄宗と並び称される注釈として認められていたことが知られるのである。又、紹聖三年（一〇九六年）に書かれた『南華眞經新傳』の序によれば、

待制王元澤の『莊子』注釈は、かつてはその完全なるテクストは無く、世間に伝えられていたものは、僅かに千言に留まるのみであった。元豊年間に、初めて完本が西蜀の陳襄氏の宅から得られた。…私はその説を謹んで聞き、その書に自ら校対を加え、崔氏の書肆に授け、職人に命じて刊行させたのだ（王元澤待制莊子、舊無完解、其見傳於世者、止數千言而謂已。元豐中、始得完本於西蜀陳襄氏之家。…予敬聞其説、乃以其書、親加校對、以授於崔氏之書肆、使命工刋行焉）（『南華眞經新傳』序／一表／二）

『莊子』の注釈は、王雱の死後には完本が失われていた様だが、元豊年間に陳襄宅から完本が入手され、校訂を経た後出版された、とある。陳襄は北宋の道学との関りでも言及されている人物であり、(3)王雱の『莊子』注釈もこうした士大夫層に受け入れられていた事が知られるのである。

既に見た陳景元は王安石とも交流があり、所謂る『三經新義』の撰述には、次章で検討する呂惠卿も関っている。又、既に見た様に、曹道沖の注釈を王雱が剽窃したという話など、彼らの間には接点が見られる。又、次章以下で検討する呂惠卿と林疑獨を含む三者の『莊子』注釈は、褚伯秀『義海纂微』は相互に関連が有るものとして認識していた様である。(4)これらの状況から、王雱をも含んで共通の場が存在していたことが窺える。本章では、「天下の事を極論した」（『宋史』「王雱傳」一〇五五一頁）とされる王雱の『莊子』注と『道德經』注を材料に、北宋に於ける士大夫の老荘解釈の一スタイルを考えてみたいと思う。(5)

一　王雱『莊子』注の思想について

以下の論考では、王雱『莊子』注の思想を「主体の定立」と「外界との関り」という二側面から考察することにしたい。[6] それは、既に指摘して来た様に、北宋の老莊思想に於いてこの二側面が重要な関心事とされているからであり、それに加えて王雱の場合、『四庫提要』が「内七篇皆有次序綸貫」（『四庫全書總目提要』巻一四六、子部道家類「南華眞經新傳」）と夙に述べている様に、『莊子』内篇の七篇相互の関係に就いて独自の見解が見られ、それも又、「主体の定立」と「外界との関り」と関ると考えられるからである。即ち、「逍遥遊」篇のみは該当する記述が見られないが、「齊物論」に就いては「惟能知其同根、則無我。無我則無物、無物則無累。此莊子所以有齊物之篇也」（『南華眞經新傳』「齊物論」注、二／一表／五）と、万物と根源の陰陽とを一致すれば「無我」に到ることが可能となり、続く「養生主」は、「夫齊物者、必無我。無我者、必無生。無生所以爲養生之主、而生之所以存。此莊子作養生主之篇、而次之於齊物也」（『同』「養生主」注、三／一表／四）と、有限の「性命」を無限にまで押し広げていく「内」よりする「養生」を説く。この三篇で主体が定立され、「人間世」では「善養生者、必自得於性命之際、而無思無爲也。無思無爲、則足以處人間、應世變、而憂患不足以累之。此莊子作人間世之篇、而次之於養生也」（『同』「人間世」注、三／五裏／九）と、定立した主体に基づいて「人間《じんかん》」に居ても惑うことが無いことを説き、「徳充符」では「夫處人間經世變、免於憂患之累者、是能全其性命也。性命全、則自得。自得則徳之所以充也。徳充於内、而無待於外、則不求合於物、而物自來合。此莊子所以作徳充符之篇、而次於人間世也」（『同』「徳充符」注、四／一表／四）と、「人間」に危険なく処するための「内」なる「徳」の充実と外界との関りが論じられる。そして、「大宗師」は「夫徳之充者、入於道。道者天下莫不由之也。雖天地之至大、萬物之至多、皆同歸而一致矣。此莊子作大宗師之篇、而所以次之於徳充符也」（『同』「大宗師」注、五／一表／四）と、外界の万物と自己とが帰一すべき大本である「大宗師」を示し、最後の「應帝王」は「天出徳而入道、入道而盡妙。此物之所以同歸而宗師也。物之所同歸、則應可以爲帝王。此莊子作應帝王之篇、而次於大宗師也」（『同』「應帝王」注、六／一九表／四）と、万物が帰一するところを確認し、それを獲得できれば「帝王」となることが出来るが、しかし、「夫内篇者、皆性與天道聖人之事、而非淺見得以知之矣。然終之於帝王篇者、以帝者聖之餘、而王則外而已矣。是以終之焉」（『同』「同」注、六／二十八表／三）と、「帝王」は最早「内」なる存在に止まることが出来ないため、「内篇」はここで終了するとされる。即ち、「主体の定立」から「外界との関り」という展開が、『莊子』内篇を理解する際の彼の視座となっていることが分るのである。[7]

さて、道家・道教思想に於いては当然のことではあるが、王雱の場合も、定立した主体、つまり得道者の在り方は「道」と一体化したものとされている。[8]従って、王雱の「主体の定立」を見るに際し、「道」そのものについて見ることから始めたいと思う。

（一）「主体の定立」について

①「道」

王雱の『莊子』注に見られる「道」に就いて先ず考えてみたい。

そもそも道には大小という区別は無い、だから大小の根本となるのである。その本体自体には働きが無い、だから、あらゆる働きを生み出す根源となるのだ（夫道無小大、所以爲小大之本。體無所用、所以爲衆用之祖）（『南華眞經新傳』「逍遥遊」注、一／二表／九）

「道」は具体性を有しない無限定な存在であり、それ故に「體」としてあらゆる存在の根源となり、「用」として全ての作用の根源となり得るのである。この「道」を「得」ることが、道は虚に集まり、一から生じる。一は道の妙なる本である。この一を維持することが出来れば、天下の手本となることが出来るのだ（道集於虚、而生於一。一者道之妙本矣。夫能抱一則足以爲天下式）（『同』「人間世」注、三／七表／四）

志を専一にすれば心の働きが安定し、思慮が澄み、からりと空虚となり、至道が自然と集まることになる。だから志を一つにすると言うのだ。そもそも内側が空虚であれば道が集まるというのは、外界に対して智慧を働かせた結果ではなく、自身の内側に得られるものなのである。だから「耳で聞かず心で聞く」と言うのである。心が道を得たならば、その次に気によってそれを確かなものとしていくのだ。だから「心で聞かず気で聞く」と言うのだ。この様にすれば道は自分自身に集まり、その余裕で人々を感化することが出来るのだ（志一則心鑑定、而思慮澄、廓然空虚、而至道自集也。故曰一志。夫中既空虚而道集、非由外知、而由於内得也。故曰無聽之耳而聽之心。心既得之、則然後以氣而得之也。故曰無聽之以心而聽之以氣。如此則至道集于己而推其緒餘、而可化於人矣）（『同』「人間世」注、三／十一裏／二）

「道」は「虚」なる状態に集まり、又「妙本」である「一」から生じるとされている。この「虚」や「一」は、人に即して言えば、「志を一」にして「心鑑」を定め、「思慮」を澄まして空虚とすることで、そこに「道」を集めることに相当する。即ち、「人」が「道」と一体化するということは、外に向けて智慧を働かせることによって達成されるのではなく、「志」「心」を「一」や「虚」とすることで、内側に於いて達成されることと看做されているのである。そして、それが達成された次の段階が、「氣」という具体性の次元へと展開し、それが他者の感化へと繋がっていくのである。次に、この「虚」と関る「無我」「眞空」「性情」等の諸概念を見ていく。

先ず、「無我」という形で否定されている「我」に就いて検討してみよう。

②　「無我」「眞空」「性情」

手足耳目胸背肺腸、これらは全て異なる。この様に、これらを我々は備えており、それを総体として「我」と認識しているのである（手足耳目心膂肺腸、其不同也。如此我備而有之、以爲我）（『同』「齊物論」注、二／五表／七）

造物者が万物を生み出す時、その変化は無限であり、その中でたまたま「我」が形成されるだけなのである。人々はそのことを理解せず、「我」が確固としたものとして存在していると思い込んでしまう。「我」が存在すると見做すと、物が物として実在すると見做すことになり、物と互いにぶつかり合うことになり、あれこれと苦しみ、その苦しみが止むことが出来なくなるのだ（造物者之造物、其變無窮、而偶爲我爾。人不自明、而遂爲有我。有我則物於物、而與物相靡刃、役役困苦、而不得休息焉）（『同』「同」注、二／六表／四）

我々は様々な機能を持つ身体部位の総体である「我」として存在しているが、それは、たまたま造物者が生み出したものに過ぎない。それは実体として否定されるものではないが、しかし、この「我」を永遠に存在するものとして執着してしまうと、それは「有我」という意味での「我」となり、自己以外のものとの間に軋轢を生じることになる。従って、「無我」とは、自己の存在に執着することなく、自他を区別しない境地を指すことを意味する。(9) そして、この「無我」の境地に至った者は、次に見る様に、「窮理盡性、以至於命」の最終目的である「命」を全う出来るとされている。

天が人を生じる場合、全て栄辱利害貴賤生死の道から外れることはない。栄利貴生であるのは、射た矢が当たったからである。辱害賤死であるのは、射た矢が当たらなかったからである（どちらも偶然なのだ）。当たるか当たらないか、それは全て命である。この自然の道理を超えることが出来ようか。ただ聖人だけが無我であるので万物の在り様に対して無心でいられ、そのため栄辱に縛られることがなく、利害が加えられることもなく、貴賤に苦しめられることがなく、不生不死の意味を理解し、自得の場に居ることが出来るのである。所謂る「命に至るのみ」と言うものである。当たるか当たらないか、我々がそれにどう関ることが出来るというのか（天之生人也、皆不出榮辱利害貴賤生死之塗。其所以或榮或利或貴或生者、由其發而中也。其所以或辱或害或賤或死者、由其發而不中也。中與不中、皆命也。豈能越其自然之理歟。惟聖人無我而無心於萬物、故榮辱不能累、利害不能加、貴賤不能役、了於不生不死、而獨處於自得之場。所謂至於命而已。中與不中、吾何預焉）（『同』「徳充符」注、四／九表／二）

人の境遇は偶然に決定される「命」である以上、それを人為的に操作したり変更することは不可能であり、従って、それをそのまま受け入れることこそが重要となる。そのためには、「命」がもたらした境遇に執着してはならず、それは「無我」の境地に至ることで初めて可能となるものであるため、「聖人」のみに可能であるとするのである。

こうした「無我」とほぼ同義の語として「眞空」の語を王雱はしばしば用いている。

至人は、真実の空の玄妙なる境地を理解し、無為の真実の道理に至っている。万物がその志を苦しめることは無く、造化の働きもその体を拘束することはない。我々が「我」ということに拘《こだわ》らなければ、形骸に苦しめられることはないのだ（夫至人者、了於眞空之妙趣、達於無爲之眞理。萬物不可役其志、造化不可拘其體。以吾喪我、而形骸豈足爲累乎）（『同』「大宗師」注、六／六裏／五）

「心」が何ものにも執着しなくなった結果、万物はもとより、造化の働きからも自由になる、それが「眞空」と称される境地なのである。又、「道」との関りでは、

「虚なるのみ」とは、道がここに至り、真実の空を極めることである。虚に至り真実の空を極めたならば、物が現われればそれに応じ、事が至ればそれに対処するという在り方が可能となる。だから、物に対して主体を維持することが可能であって、物に傷つけられることはないのだ（亦虚而已者、道至此、而極於眞空也。夫至虚而極於眞空

者、物來則應、事至則辨。所以勝物而物莫能傷矣）（『同』「應帝王」注、六／二十六裏／七）自己を「虚」とし、そこに「道」が至ること、これが「眞空」を窮めることである。既に検討した得道と併せて考えるならば、「心」や思慮を澄ませて「虚」や「一」なる状態とし、内に「道」を得た状態、それが「眞空」である。先ずこの状態を維持し、その上で多様に変化する外界に無執着のままに対応していくのである。「眞空」は、その状態を基盤として、次に作用へと展開していくことが想定されていると言えよう。従って、

そもそも老子の教えは真実の空を本体とし、不可思議な有を作用とするものである（夫老子之道、以眞空爲體、以妙有爲用）（『同』「庚桑楚」注、一二／一裏／五）

と述べる様に、「眞空」は「用」である「妙有」へと展開することを想定して定立されるべき「體」として理解されているのである。

最後に「性情」について見ておこう。王雱の性情論は基本的には『禮記』「樂記」に基づくものである。

この世界に存在するものの性は、生じた時点で全て静かなるものであり、静かであれば正しく、正しければ安定する。正しく安定した性は、万物に共通したものである。しかし、無暗な心の働きに振り回され、外物に乱されることで、正が不正となり、安定が不安定となってしまう。即ち、不正と不安定は、内側に主とするものが無いために生じるのだ（天下之性、生而未嘗不靜、靜則正、正則定。正定之性、天下所同。惟妄情所役、外物所擾、正之所以不正、而定之所以不定也。然不正不定者、以其内無所主也）（『同』「徳充符」注、四／五表／三）

つまり、「靜」なる状態が本来の在り方であるが、外物にとらわれることで、その「靜」なる状態が失われていくというものである。そして、この「靜」なる「性」が損なわれた状態、乃至「性」を損なうものとして、王雱は「妄情」「情」「分別」「妄見」「外求」等を言う。[10] この本来の「性」を保持する方法、乃至は生じた「情」を「情」の無い状態へと戻してやる方法として、既に見た様な、「心」を「虚」「一」とすることが言われるのである。そのため、

「性」の本来の「静」なる在り方を保つためには、外界との関りを一先ず断つ必要が有ることになるのである。

この様に、「無我」「眞空」の語で言われる、自己と万物を区別することのない絶対無執着の状態、それは「心」を「虚」にした状態であり、「性」の本である「道」を「内」に獲得することであったのである。そして、この様な「主体の定立」は、

真人は、内側に真っすぐであって外物に頼らない存在である。（道の）本体と一体となって、その無為に任せるのである（夫眞人者、内直而不假於物也。具體而任其無爲也）（『同』「田子方」注、十二／一裏／九）

とある様に、外界との関りを断ちきる形で定立されるべき、完全に自己内的なものである。

しかしながら、現実社会に存在する者は「有爲」に関らない訳にはいかない。更に、全ての者が自力によって自己の本来性を回復出来るとは限らない。そうした者に対しては、指導的立場に在る者が何らかの有為的行為を以て教化指導に当たらねばならないことになるだろう。例えば、

そもそも聖人は内にその正性を守り、外に対してはその恒常なる徳に従いながら、広々として無心であり、万物が煩いとなることはないのだ（夫聖人内守其正性、而外循其常徳、汎然無心、而物不能累）（『同』「徳充符」注、四／十一表／六）

とあり、そして、

『孟子』は「自分を枉《ま》げるような者では人を正しくすることは出来ない（『孟子』「滕文公」下）」と言っている。人を正そうと思うならば、先ず、自身が正しくなければならず、自身が正しければ人も自ずと正しくなるのだ。これが、蘧伯が顔闔の質問に答えて、先ずお前自身を正せと言った理由なのだ（孟子曰、枉己者、未有能正人者也。夫欲正於人者、必先正於己、己正而人亦自正。此蘧伯答顔闔之問、而先之以正汝身也）（『同』「人間世」注、三／二十一裏／五）

と、他者を正しく導くためには自身が正しくなければならないと、『孟子』「滕文公」の句を引用している。先に引用

した「徳充符」注（『同』「徳充符」注、四／五表／三）は続けて、

唯だ聖人だけが自分の内で徳を拠り所とし、外界の事物に苦しめられることから解放されているのだ。だから根っこが正しく定まって静かであるのである。自分の静まった根っこが世間の人々の動揺を鎮めようとするから、動きが自然と鎮まるのである。だから「ただ静かなものだけが、多くの静まろうとするものを鎮めることが出来る」と言っているのだ（惟聖内以徳爲主而外忘物所役。故惟根所正定而止也。以其所止而止天下衆人動、則動之所以自止也。故曰唯止能止衆止）（『同』「徳充符」注、四／五表／七）

と、現実には「聖人」のみがそれを為し得るとされている。勿論、

そもそも世間の人々は、舜が自分の正しさを維持しているから人々から聖人と呼ばれているのだということを理解していない。まして、自分たちも幸いに生まれた時は正しくあるのに、その正しさを自ら喪失しているのだというこことを理解出来ようか。自身の本質的正しさを理解しそれを維持することが出来て、初めて人々を正しくすることが出来るのだ。それは聖人に限られたことではないはずだ。だから「幸いに正しい生によって、多くの生を正すのだ」と言うのである（夫天下之人不知舜能守其正而皆稱爲聖人。豈自悟其幸生而正而自喪其正。唯能知其本正而守之、亦可正於衆人矣。奚獨聖人歟。故曰幸能正生以正衆生）（『同』「徳充符」注、四／六表／一）

と、「聖人」以外の者にその可能性が全く無い訳ではないのだが、現実には、衆生はその可能性を自ら喪失しているのだ、というのが王雱の理解と言えよう。自らを正しく維持する「聖人」等による導きが不可欠ということになるのである。

（二）「外界との関り」について—無為と有為—

主体の定立から外界との関りへと展開していくことは、即ち、無為から有為への展開に他ならない。それを王雱がどの様に理解していたのかを次に見てみたい。王雱の無為と有為の理解を特徴付けるのは、

天と人とは全て道から生れ、道を窮め尽くせば、天と人が為すことを理解することが出来るのだ。天の為すことは無為であり、人のなすことは有為である（天人皆出於道、而盡道者能知天人之所爲。夫天之所爲者無爲也。人之所爲者有爲也）（『同』「大宗師」注、五／一表／九）

と、「無爲」と「有爲」とをそれぞれ「天」と「人」の「所爲」として区別し、「盡道」によって、その双方を弁えることが出来るとする考えである。

そもそも帝王の道は、無為を根本とし、有為を末とするものである。しかし、無為と有為はどちらも至妙であり、時に応じてそれを用いるのだ。…自然のままに在ることが無為であり、人為によってかく在らしめるのが有為である（夫帝王之道、無爲爲本而有爲爲末。無爲有爲均是至妙、任之各以時也。…自然者無爲、而使然者有爲）（『同』「應帝王」注、六／二十一裏／二）

と、「無爲」と「有爲」の間には本・末の違いが有るものの、それは直ちに「有爲」を否定することを意味しない。双方は状況に応じて使い分けるべきなのであり、そうした「自然」と「使然」の使い分けがなされれば、双方共に「至妙」となるのである。そして、

この世界で至妙である道は、その混沌の段階では、天人、陰陽、万物の間の細かい違いは全く存在していない。その道が展開すると、天地が位を構え、陰陽の気が区別され、万物はそれぞれ具体化する。これらは全て道が展開することに由るのである。…道が混沌としているから本体となるのであり、道が展開するから作用が生じるの

である。作用が有ることで有為が生じ、有為であることで万物が生じるのである（夫天下至妙之道、當其渾也、天人陰陽萬物、纖悉無在焉。及其散也、天地設位、陰陽殊氣、物自爲物。無不由之矣。…道渾則所以有其體、道散則所以有其用。用則所以有爲、而有爲而羣生遂）（『同』「天運」注、八／五表／一）

「至妙」なる「道」の「本體」を「無爲」とし、「作用」を「有爲」とする。これらの例では、作用としての「有爲」にも積極的意味が付与されていることに注意しなければならない。「そもそも、有為と無為とはどちらも至妙であり、区別することは出来ない（夫有爲無爲、均是至妙、無所分別）」（『同』「逍遥遊篇」注、一／八表／二）と、「無爲」と「有爲」とは本来等価値なのであり、それを区別する必要は無いはずのものなのである。

さて、「無爲」と「有爲」が等しく「至妙」とされているとは言え、それらが状況に応じなければならないとされている以上、そこにはやはり区別が有るはずである。前掲の「應帝王」注では、その時々に応じて有と無とが使い分けられることが言われていたが、同様なことは、

本体が完全な虚となれば、万物を変化させることが出来る。だから「万物の化である」と言うのである。禹と舜は有為を実行した者の名であり、伏羲と几蘧は無為を窮めた者である。有為と無為はどちらも至妙の道である。ここで、無為と有為を混沌として一体とし、両者がばらばらとならない様にし、聖人は常に両者の間に居るのである。道が無為と有為を根源で一体とすれば、混沌として至妙となり、両者が分離しても、依然としてその精が維持されている。混沌の次元では万物が自から変化するに任せ、分離した段階では万物を教化するのである（體合至虚、則可以使萬物之化。故曰、是萬物之化也。禹舜有爲之名、羲蘧無爲之至。有爲無爲均是至妙道。至此而渾合而不解散、聖人終始於其間也。夫道合則渾而至妙、離則散而猶精。得其渾則足以任之自化、得其散則亦可使之入化矣）（『同』「人間世」注、三／一四裏／三）

万物が「自然」に任せて十分に「自化」し得る時は、混沌である「道」の本体としての「無爲」を行い、「自化」を

成し遂げることが出来ず、教化を必要とする者が存在する場合は、その作用としての「使然」行為である「有爲」が必要とされるのである。即ち、「聖人」は「無爲」と「有爲」との双方を状況に応じて使い分け、「聖人」自身は「無爲」と一体となっているので「自化」することが出来るが、一方、教化を必要とする者が存在する場合は、「有爲」へと展開するとされているのである。

この様に、「聖人」は、行為の場での「有爲」と「無爲」とを臨機応変に使い分ける必要があるため、有・無の双方に通じている必要があることになるのだが、しかしながら、この「有爲」が、あらゆる者に許される行為であるかと言えば、決してそうではない。何故ならば、「有爲」は容易に否定されるべき「有爲」、つまり「有我」へと転化してしまうからである。こうした「有我」へと転化することなく、「無我」を前提とした、「有」「無」相即の「有爲」であってこそ初めてその作用が許されるのである。ここには、「聖人」の様な選ばれた者のみに許される「有爲」が有ることになろう。

至人は無心であり、万物の在り方に即してそれを心とし、万物が現われ立ち去ったとしても、それによって心の状態が妨げられることはなく、万物のどれか一つに執着することはない。所謂る「遊心」なる者なのである。万物の在り方に即してそれを心とするならば、それは無為である。有為の状態に在る時は、それはやむを得ず有為となるのであり、やむを得ずして始めて万物に応じるのである。やむを得ずして応ずるのであるから、極端を避け中庸を維持することが出来る。だから道を全うすることが出来るのである（至人無心、乘萬物以爲心、來去無礙而不居其一、所謂遊心者也。既乘物以爲心、則無爲而已矣。若其有爲則非得已而有爲、是不得已而後應也。然不得已而後應、又能去其已甚、而存于中。所以全於道也）（『同』「人間世」注、三／二〇裏／六）

「至人」であって始めて「不得已」して外界に働きかける「有爲」が可能であるとされる。その前提には、既に確認した「無我」「眞空」といった境地を既に体得しているということがある。この「無我」が前提となった「有爲」は、そもそも天と人の為すことを知るとは、「不知」によって知るのである。「不知」によって天を知れば、無為の妙理に達し、それは命が極められることなのだ。「不知」によって人を知るならば、有為の極致を窮めることになり、それは物が極められることなのだ（夫知天人之所爲者、以不知知之也。以不知知天、則達於無爲之妙理、而命之所以至也。以不知知人、則盡於有爲之極致、而物之所以最也）（『同』「大宗師」注、五／一裏／七）

と、「不知を以て之を知る」ことが、無執着の状態でなされることは言うまでもない。従って、これとは逆に、「無我」の境地に至る事が不可能な者が行う外界への働き掛けは、「妄情」「有我」とならざるを得まい。そうした者には自主的な修己は不可能なのであり、「至人」による教化を待つより他ないのである。

以上よりすれば、否定すべき「有我」ではなく、肯定されるべき「有爲」が成り立つためには、「無我」「眞空」の境地に達している必要があり、「有爲」の実行は、「無我」なる者の「無」から「有」への展開として位置付けられなければならないとされていると言えよう。又、「有」は結局は「無」に落ち着くのだ、ということがしばしば言われているのも、「有」に滞ることの無意味さ、危険性を注意したものと考えることが出来る。『莊子』注に見られる王雱の「有爲」「無爲」の見解はほぼ以上に尽きるであろう。

二　王雱『道徳經』注の思想について

次に『道徳經』注に見られる王雱の思想を簡単に見ておきたい[11]。王雱『道徳經』注には「無我」の語そのものは見られないが、「我を存在すると見做してそれに執着していると、全ての万物と敵対することになる。超然と自己に執着せず、自分自身の身に拘《こだわ》らなければ、万物が私を揺るがすことはないのだ（有我而存之、則物皆吾敵。夫唯超然自喪、不有吾身者、物莫能傾之）」（無名氏『集注』第七章「而身存」注、二／二裏／六）と述べ、「有我」であれば万物との間に軋轢を生じることになる。これを避けるためには「無我」の境地に至ることが必要であると『莊子』注では言われていたのだが、『道徳經』注では、「至人は万物に対して無心であり、止むを得ずして初めて動くのだ（至人無心於物、迫而後動）」（『同』第十五章「豫兮若冬渉川」注、三／二表／五）、或いは「至人は深く空《から》っぽで、その動作は水の様に万物に対して無心であり、万物の変化に従って万物に逆らうことはない。（この様な至人を）誰が傷つけるというのか（至人沖虚、其行如水、無心於物、而順物之變、不與物迕。孰能傷之）」（『同』第二十二章「曲則全」注、三／三十二表／一）と、「至人」のみが「物」に対して「無心」でいられるため、この境地に至ることが可能であると述べている。同じ内容でありながら、『莊子』と『老子』の注釈で「無我」「無心」が使い分けられているのは、それぞれのテクストに即した使用と考えることが出来よう。この「無心」の実現のためには、「『兌』とは悦《よろこ》ぶということである。人は悦べばその形が（外に対して）開放される、だから『兌』と言うのである。『兌』であれば外物が入って来ることになる。そもそも悦べば形が開放されてしまうのは何故であろうか。道を守ることが出来ないために、万物の美しさに無暗と心が動き、そのために悦んで物につられて（外へと）出て行ってしまうからだ。『門』は精神《こころ》が出る所だ。外界の様々な物を目にすると、形が開いてそれを受け入れ、そして精神が出て行き、物と対立することになる、万物との間に様々な混乱が生じるのは、ここから始まるのである。だから、『兌』を塞ぎ『門』を閉ざし、その『母』を守らねばならないのだ（兌、悦也。人悦則形開、故爲兌。兌則物入之矣。夫所以悦而至於形開者、何也。由不守其道而妄物理之美、故悦而隨之以出也。門者精神所出也。外見諸理、形開以受之、而復出精神、與之爲構、則擾擾萬緒、自此始矣。故當塞兌閉門、常守其母也）」（『同』第五十二章「閉其門」注、七／二十三裏／四）と、[12]「精神」を外へと漏らし、外物を受け入れることになる「兌」「門」を閉ざし、外界と関りを断つ必要が有るのである。何故ならば、「人は生れた時は静かであるのだが、物と関ることで動いてしまう。耳目の働きは本来は様々な音の違いや形の違いを認識するものではないのだが、音や現象が目の前に在ると、真実の在り方が無暗な心の動きによって失われてしまうのだ（人生而靜、因物有遷。耳目本自希夷、而聲色在前、眞從妄喪）」（『同』第十二章「五味令人口爽」注、二／一九表／九）と、[13]主体が定立していない段階で「有爲」的行為を行えば却ってその主体を喪失することになるからであり、そして、「人々は衣食が足りることでその性が安定する。得難い財宝を無暗に貴び、それを求め続けると、必ず盗みを行うことになる。人々がその本性を失ってしまうのは、物事の違いを無暗とあれこれと考えることに由るのだ。この篇は万物を等しく見ることに努め、人々の本性を回復させようとしているのである（民衣食足而性定矣。妄貴難得之貨、則其求無已、必至爲盜。蓋民之失性、皆由妄生分別。此篇務在齊物、使民復性）」（『同』第三章「使民不爲盜」注、一／十一裏／八）と、[14]通常の「民」は、その主体が定立していないため、様々な物に執着することになり、その「性」を失うことになってしまうのである。そのため、「静かなる状態を好めば本性へと復帰する。上に在る者が本性に復帰すれば、民も又本性に復帰し、自ずと正しくなるのである（好靜則復性。上復性、則民亦復其性、故自正）」（『同』第五十七章「我好靜而民自正」注、八／二〇裏／九）と、指導的立場に在る者が自己の「性」を維持することで、それが不可能な者も自己の「性」を回復することが出来る、という理解が見られるのである。これらの理解は『莊子』注の場合と同様であり、従って、その「有爲」「無爲」の理解は、『莊子』注、『道德經』注を通じて一貫したものであると言える。

この様に、『道德經』注に見られる王雱の基本的立場は『莊子』注の場合と大きく異なるものではないが、『道德經』自体に見られる「有爲」批判に対して、王雱がどの様な立場をとっているのかを確認しておきたい。『道德經』注の場合、儒道の併用の観点から「有爲」と「無爲」とが論じられている。[15]

ああ、老子の言葉は『易』の内容に適うものなのだ。…思うに、『詩』『書』『禮』『樂』『春秋』の文は、全て有を明らかにしている。無に就いては、『易』だけが述べたのだ。しかもその説は必ず、爻、象、彖、繫、吉凶、悔吝の間に託されている。そして、世間の学ぶ者達は、（本体から作用へと）上から見れば、事柄を詳細に示していることが分り、それらが有であることが分るのだ。下から見れば、具体的事柄の次元に於ける作用を超えて、無というものが分るのである。だから、賢き者が『易』を見れば見るほど『易』の内容に就いて確信を持つが、愚かな者が『易』を見れば見るほど、その内容に就いて疑いを持つことになるのである（嗚呼、老子之言、可謂協於易矣。…蓋詩、書、禮、樂、春秋之文、皆所以明有。而及其所謂無、則獨易嘗言之而巳矣。然其説也、又必寓之爻、象、象、繋、吉凶、悔吝之間。而使世之學者、自上觀之、則見其詳乎事物、而得其所以有。自下而觀之、則見其外乎器用、而得其所以無。所以賢者、觀之愈有以自信、而愚者窺之、亦不至乎疑而得也）（劉『集義』第六章「是謂玄牝」注、一／二十八表／十）

『道德經』の思想は『易』の思想に合致している。王雱が『易』を高く評価する理由は、『易』を除く五経が有の側面を説くに過ぎないのに対して、『易』は無の側面にも言及しており、しかも、その表現は、「爻、象…」等の具体的な有の表現手段を用いているからである。『道德經』の思想が、有・無の双方を説く『易』に合致していると考えられる以上、『道德經』が無の側面のみを強調しているという類の解釈は、『道德經』の本旨を見失っていると王雱には看做されることになろう。

老子は孔孟とは異なるため、王弼は（そこに含まれる）孔子の旨を見失っているのだ。思うに王弼の説は「無名」を「天地の始まり」とするものだ（彼老子者、既以異乎孔孟矣、而王弼又失孔子之旨。蓋其説以無名也天地之始）（劉『集義』第一章「道可道」注、一／二十九表／八）

老子の立場が一見すると孔子・孟子の説と異なっていることに目を眩まされ、両者の違いのみに拘《こだわ》った王弼は、『老子』に内包されているはずの孔子の思想と一致する部分を正しく理解していなかったと批判されている。この批判には、無と有とはどちらかに偏るべきものではなく、それは老子と孔孟の思想の場合でも同様であるという王雱の立場を十分に述べていると言えよう。

この様に、有・無の双方を積極的に主張する立場は、儒道の併用とも相俟って、『道德經』の注釈に孔子・孟子の言葉を多用することに繋がり、又、『道德經』本文中の有の解釈にも反映されることになる。

『易』の陰陽、『老子』の有無、そして仏教の色空に至るまで、その実体は全て同じなのであり、その説に段階が有るに過ぎない。世間の無を言う者は、有を捨てて無を求めているが、これは有の外に更に有を求めるもので、どうして無を得られようか。だから、有である段階に於いて、実は有ではない、とするのが真実の無なのだ。有と無の本体は常に一体なのだ。しかし、有の立場に立って見るために、その表面的な部分を見るに過ぎず、奥深い所を見ようとするならば、本来は無であるのだということを知らなければならないのだ。しかし、本来は無であるという無は、有と別に存在しているものではない。常なる無であると言い、そして更に常なる有であると言うのは、有と無とが代替出来ないことを表現しているに過ぎない。無は真実の有であり、有は真実の無なのだ。…又、「常に欲が有れば表面的部分を見る」と言われているが、そもそも欲は性を害するものである。『易』は「怒りを戒め慾を塞ぐ」と言っている。『老子』も「欲しがるものを見せなければ、人々の心を乱れないように出来る」と言っている。もし欲が有れば現実に執着して定まらず、我を失い事物に執着し、守る所を見失うことになるであろう。どうして表面的部分を見ることが出来ようか。この点を理解しないで、「私は天地の全て、古人の大体を知り尽している」と言おうとするのは、おかしなことだ（易之陰陽、老之有無、以至佛之色空、其實一致、說有漸次耳。世之言無者、舎有以求無、則是有外更有、安得爲無。故方其有時、實未嘗有、此乃眞無也。有無之體常一。而有有以觀者、但見其徼、欲觀其妙、當知本無。而本無之無、未嘗離有也。既曰常無、又曰常有者、以名有無之不相代。無即眞有、有即眞無耳。…又以爲常有欲也、以觀其徼、夫欲者性之害者也。易曰、懲忿窒慾。而老子亦曰、不見可欲、使心不亂。苟爲有欲矣、則將沉溺轉徙、喪我以逐物、而莫知所守矣。又何徼之能觀乎。此之不察、而曰吾知天地之全、古人之大體也、吁、可笑哉）（劉『集義』第一章「道可道」注、一／二十六表／六）

王雱は、有・無の双方を肯定する立場から、従来の「有欲であるから『徼』を見るに過ぎない」という解釈を、「欲」

は「靜かなる性」を損なうものだから、「欲」が有ったのでは何も観ることができるはずがない、として退け、「有の立場からは『徼』を見ようとするのだ」と解釈する。「有」のレヴェルで感得される「徼」という次元の事物に対する価値観が、「有欲」と訓じられていた時の否定的なものとは、大きく変わっているのである。そのことを知らないままに「天地の全」「古人の大體」（いずれも『莊子』「天下」）を口にするのは、笑止であるとするのである。又、学ぶということは命に復帰する手段であり、命に至ることを見れば、万物の存在を見ることはなくなり、学問は必要となくなる。修道がこの境地に至れば、吉凶を避けることが出来る。そうなれば、誰が心配すると言うのか（學所以求復命、見至於命、則不見有物、無所用學矣。爲道至此、則避絶吉凶。孰能憂之）（無名氏『集注』第二十章「無憂」注、三／二〇表／三）

「絶學無憂」に対する、王弼以来の「俗學」を絶つという解釈を退け、手段としての「學」は大いに用い、「道」に到達し得た時点で、その「學」を忘れ去れば良いという、漸次を設けた上での有・無の併用が言われるのである。同様に第四十八章「爲學日益、爲道日損、損之又損、以至於無爲」の注では、

理を極める時点では、一物一物に即してそれらに通じていくのだ。我が真実を求めるということは、広く極めるということではない。だから「益が有って害は無い」と言うのである。理を窮める次元を超えたならば、「損」が「益」となるのだ。／理を極めた後では、一物一物は実体の無いものであることを知り、「損」することを期せずしても、有は徐々に消えていくのだ（方其窮理之時、物物而通之。凡以求吾眞、非以爲博也。故曰、益而無害。至乎窮理已上、則以損爲益矣。／見理之後、物物知非、不期乎損、而所有漸銷矣）（無名氏『集注』第四十八章「爲學日益」注、七／八表／九、「爲道日損」注、七／八裏／七）

と有り、得道へと向かう初めの段階では、「學」という有為の手段を用いて、「物物」の「理」を窮め、それに通じていくことが必要とされている。即ち、個物に即しながら「理」を窮めていくという格物的な姿勢が必要であるとさ

れるのであるが、しかし、「理」を窮めることが最終目的では決してなく、「物物」が実は真実ではないことを知り、「損」することを意識しなくとも、「物物」は自ずとなみされていかねばならず、無へと到達することが目指されているのである。この様に、有は無が達成されるまでの手段であるという立場から、両者は段階的に位置付けられ、有と無とは双方が肯定されているのである。

「可道」としての道は、その時々に応じて為され、時は移り留まらず、道もまたそれに応じて変化していく。思うに、造化はひそかに変化し、決して止まることは無く、かつて正しかったものは、今では間違っているのだ（可道之道、適時而爲、時徙不留、道亦應變。蓋造化密、未嘗暫止、昔之所是、今已非矣）（無名氏『集註』第一章「非常道」注、一／一裏／二）

聖人の教えは、時に応じたものなのだ。常に不変に存在しているというものではない。根本へと立ち戻る教えを、学者は要点としなければならない（聖人之教、時而已矣。何常之有。而歸本之言、於學者爲要矣）（無名氏『集註』第三十八章「則攘臂而仍之」注、六／五表／七）

「可道」は「適時而爲」と時に応じて変化し、(16)「聖人の教」はその時々に応じたものなのである。即ち、これら方便としての有為は、有為の故に否定されることはなく、それが生じた時、それらが求められている時に於いては、真理と看做されるのである。(17)

結語

王雱の老荘解釈では、「至人」「聖人」が、無為の境地としての主体の定立を基盤として、積極的な有為行為によって民を教化することが述べられていた。それは又、老荘は、孔子・孟子などの儒教思想をも内包するものであると言う立場にも繫がるものであった。

『道徳經』解釈に限定して言えば、儒道の一致という現象は、唐の玄宗以降徐々にその傾向を強めてきたことが既に指摘されている。(18) 又、有為・無為ということになれば、六朝以来、様々な立場から論じられて来たのであり、老荘解釈に限ってみても、例えば、王弼の無為理解は、現実を視野の中に入れた上でのものであって、決して有為を度外視した所に成立するものではなく、郭象の理解と雖も有為をも視野に入れて無為を主張していたことは繰り返すまでもないであろう。(19) こうした六朝以来の先行注釈は、無為を有為の実現を可能とするものと位置付けてはいるものの、無為に到達することを目的とし、そのための方法論として構築していたと言えよう。本篇で既に検討した事例で言うならば、陳景元や曹道沖はこうした傾向を強く継承するものと言える。これ等に対して、王雱の場合は、無為を前提とするものの、より有為的行為の実行に意義を見出していた、と言うことが出来よう。その理論的根拠を求めるべく、『道徳經』『莊子』の解釈にも新見解を打ち出していたのである。(20)

王雱の生きた時代に老荘思想が持てはやされたことは指摘されている。(21) その状況を描写したものの一つが、既に見た司馬光の「論風俗劄子」である。

今の挙人は、発言し執筆するのに、先ず性命を論じ、そしてあちこちと彷徨《さまよ》い本旨を忘れ、とうとう老荘の教えに入る。虚無の談を欲しいままにし、荒唐の辞を尽し、それで試験官を惑わし、合格しようとしているのだ。…彼の老荘は、仁義を棄て礼楽を絶ち、堯舜を否定し周孔を軽んじ、死生を憂と見做さず、存亡をわずらいとしない。即ち、匹夫が一人行う私言に過ぎず、国が人々を教える正術ではないのだ（今之擧人、發言秉筆、先論性命、乃至流蕩忘返、遂入老莊。縱虛無之談、騁荒唐之辭、以此欺惑考官、獵取名第。…彼老莊、棄仁義而絶禮樂、非堯舜而薄周孔、死生不以爲憂、存亡不以爲患。乃匹夫獨行之私言、非國家教人之正術也）（「論風俗劄子」『司馬光集』巻四十五、九七四頁）

ここに見られる老荘観というものは、「虚無」であって仁義礼楽を否定し去るもの、というものである。様々な意味で司馬光と対置される王安石ですら、老荘には有為の側面を過小評価する傾向が有り、その点は評価できないとしていることも同様に指摘されている。[22]又、冒頭に引用した梁迥の後序に「しかし、世間の学者は、老子を虚無無用の文と見做している（然世之學者、以老氏爲虚無無用之文）」（無名氏『集註』後序／一裏／七）と有るのも、同様に「虚無」「無用」の学と見做され、まともに論究しようとしない者達が存在していたことを示している。こうした状況下に在って、王雱は、老荘の学は、有・無の双方を余す事なく説くもので、それは、仁義礼楽は本より、孔子・孟子の教えをも包括するものであると評価し直したと言えよう。そこには、『道徳經』自体に見られる治国・治身論に依る、君子の具体的な統治行為としての有為に絶対的価値を見出そうとする、士大夫意識が有ったと思われる。

陳景元と王雱は、生存時代が丸まる重なり、両者には、天と人との役割分担、性情などについての共通した考えがあった。これらは、主体の定立に於いて共通の理解を持っていたということになろう。しかしながら、有に対する理解ということになると、王雱が「聖人」の外界に対する働き掛けという形で有為への展開を積極的に説いていたのに対し、陳景元はひたすら本体としての無為或いは虚に復帰することを説いていた点で大きく異なっている。陳景元の理論が内丹の基礎理論と為り得たのに対し、「天下の事を極論した」とされる王雱の理解が、具体的な治人理論と為っているのは、同時代を生きながら、専門道士と士大夫という双方の立場の違いが明瞭に窺える点でも興味深いものである。しかしながら、王雱と雖も、その主体の定立の仕方が、外界との関りを一先ず断ち切ることで達成されるという点に在ったことは、陳景元と何ら変わりはないのである。

注

（1）　王雱の生涯並びにその著述に就いては、程元敏「三經新義修撰人考」（『三經新義輯考彙評（二）―詩經』所収、三八八頁。國立編譯館、一九八六年）、漆俠『宋學的發展和演變』「第三編第十一章　王雱：一箇早慧的才華四溢的思想家」、及び劉成國『荊公新學研究』（九十二頁以下）に整理されている。

（2）『道藏提要』は、『宋史』「藝文志」に「文如海集注『老子』二巻、明皇、河上公、王弼、王雱註」と有るのと一致すると、王重民『老子考』（中華圖書館協会、一九二七年）の、無名氏『集註』は文如海が張公の命を受けて編集したものであるという推察に言及している（五〇五頁）。本著では暫時「無名氏」と称しておく。

（3）土田健次郎『道学の形成』（創文社、二〇〇二年）「第一章　第三節　陳襄―地方の状況」を参照。

（4）本著「第一篇第八章　林疑獨『莊子』注の思想について」及び【補論②】呂惠卿・林疑獨・王雱の『莊子』三注について」を参照。

（5）王雱に関する論述は、かつては例えば、東一夫『王安石新法の研究』（風間書房、一九七〇年）が「父安石と学風が一体であり、佛学・老荘においても同様である」（一〇二三頁）と、王安石と一括りにされる傾向が有った。近年では中国側の研究が多く、『老子』注に就いては、盧國龍「北宋儒學三派的『老子』三注」（『道家文化研究』第八輯所収。上海古籍出版社、一九九五年）は、王雱『老子』注は、その時代に対する危機感と憂患意識に基づいた「任理而不任情」「因時乗理」を基本姿勢とするとし（三二六頁）、劉固盛『宋元老學研究』は、老子の道と儒家政治思想の統一を図り、同時に老子を孔子より優れたものとして位置付けているとし（六十二頁以下）、注（1）漆氏著は、王雱『老子』注の特色は王安石の立場を継承しつつ、「道」に対して唯物主義的解釈を導入した点にあるとし（三五三頁）、その一方で仏教の影響も受けているとする（三五五頁）。仏教の影響に就いては、熊凱「王雱與佛教的關係」（『新餘高專學報』第十一巻第一期、二〇〇六年）も言及している。又、尹志華『北宋「老子」注研究』は、老子と孔子の教えは時代の推移に応じて使い分けられるべきであるとする「孔老相爲終始」の論が見られるとし（二十一頁）、江淑君『宋代老子學詮解的義理向度』は、王雱の『老子』注は蘇轍と同様に「性」の問題を重視し、それは宋代理学思想の影響を示すと同時に、老子学史上に於ける心性理論の成熟を示しているとする（一四二頁以下）。『莊子』注に就いては、漆氏著は『莊子』を用いて『莊子』を注釈するという立場を取りつつも、儒家の立場に立って『莊子』を理解しようとしているとし（三五九頁）、方勇『莊子學史』は、王雱『莊子』注の特色を王安石の立場を継承しつつも、それをより発展させているとした上で、儒道の共存に基づく『莊子』の高い評価と、性命の学を貴んだ点を指摘し（六十九頁以下）、「義理」による解釈の典型例として「寓言」に対する解釈を指摘し（七十九頁以下）、熊鐵基主編『中國莊學史』「第五章第五節　王雱的莊學思想」も、三教調和、体用論、「無我」等をその特色として指摘している（二八八頁）。又、本章でも論じる「無爲・有爲」の問題に就いては、尹志華『北宋「老子」注研究』「第三章　有無論」が北宋の『老子』注に見られる有無の問題を整理し、黄紅兵「有爲無爲之間―王雱莊學思想研究」（『陝西理工學院學報（社會科學版）』第二十七巻第一期、二〇〇九年）が儒道の調和としての「有爲無爲辯證統一」と言及している。

（6）注（1）漆氏著は、王雱『莊子』注は熙寧三～四年（一〇七〇～一〇七一年）頃に撰述されたと推測する（三五六頁）。

（7）注（5）方氏『莊子學史』も又この記述に着目しているが（七十四頁以下）、その相互関係に関する理解は、本著の立場とは異なっている。尚、「逍遥遊」篇のみに該当する記述が無い点に就いては、方氏は、そもそもそうした記述が「逍遥遊」篇のみに無かったのか、それともどこかの時点で失われたのか、審らかにし得ないとする。又、注（1）漆氏著も、王雱は『莊子』各章、特に内篇の諸篇章の思想の連続性に基づいて、『莊子』の思想に一貫性を持たせようとしていると指摘している（三五七頁以下）。一方、南宋の林希逸が王雱に代表されるこうした立場を批判していることに就いては、本著「第二篇第四章　林希逸『莊子口義』について」を参照。

（8）「夫道者聖人之體也。才者聖人之用也」（『南華眞經新傳』「大宗師」注、六／五表／六）。王雱の『莊子』注釈は、『道藏』所収『南華眞經新傳』と、褚伯秀『南華眞經義海纂微』が引用するものとでは異なっている。この点に就いては、本篇【補論　②　呂惠卿・林疑獨・王雱の『莊子』三注に就いて】を参照されたい。本章では『南華眞經新傳』を用いた。

（9）王雱の『莊子』注には「衆人有我、物於物、而爲物所役、故曰役役。聖人無我、不物物、而與物爲一、故曰愚鈍」（『南華眞經新傳』「齊物論」注、二／一九裏／九）と、衆人は「我」に執着し「物」の実在に執着するが、「聖人」は「無我」の状態で「物」と一体となると見られる。北宋の老荘注釈では「無我」ということが多く言及されているのだが、王雱の父・王安石の『道德經』注でもその状況は同様である。第二章「萬物作焉…功成而弗居」に関する「字説」には、「（字説）…生之而不有其生、爲之而不恃其爲功、成而不居其功、此三者皆出無我。惟其無我、然後不失己。非惟不失己而又不失人。不知無我而常至於有我、則不惟失己、非惟不失己、而又不失人。功成則居、居則與去爲對。聖人不居上之三者、然後道之常在而不去也」（第二章「萬物作焉…功成而弗居」注。劉『集義』五／一八／裏三）と、「聖人」が自らの功績に執着せずにいられるのは、その根底に「無我」が有るからだとする。「無我」であれば自らを見失わず、人を見失うことも無い。主・客の双方を見失うことが無いと言えよう。又、第十章「是謂玄徳」の注では、「是謂玄徳。道之在我者徳也。生而不有、爲而不恃、長而不宰、是謂玄徳。三者歸於無我、故謂之玄徳」（劉『集義』一五／一八表／九）と、人に内在するものとしての「道」が「徳」であり、その「道」「徳」を得た状態は、「生」「爲」「長」で現わされる自己に執着しない状態であり、それが「無我」であるとされる。

（10）　こうした性情理解は、「性」段階では善悪は問題とはならず、「情」段階に於いて善悪の双方が問題となる、とする王安石の理解とは異なり、むしろ同時代の陳景元の説く性情理解に近い。王安石の「性情論」については、内山俊彦「王安石思想初探」（『日本中國學會報』第一九集、一九六七年）、寺地遵「天人相関説より見たる司馬光と王安石」（『史學雑誌』七六―一〇、一九六七年）、井澤耕一「王安石の性情命論」（『村山吉廣教授古希記念中國古典學論集』。汲古書院、二〇〇〇年）、孔令宏『宋代理學與道家、道教』（八十五頁以下。中華書局、二〇〇六年）等を参照。孔氏著は、熙寧五年（一〇七二年）に神宗に対して王安石が答えた「任理而無情」（『長編』巻二三六）の立場は、王雱の立場と一致するものの、それは王安石自身の立場とは矛盾するものであると指摘している（八十五頁）。

（11）　注（1）漆氏著に依れば、王雱『老子』注は熙寧三年（一〇七〇年）に撰述されたとされる（三四三頁）。王雱の『道徳經』注は無名氏『集註』所引が底本となる。尚、尹志華『北宋「老子」注研究』に無名氏『集註』所引を底本とし、李『取善集』、彭『集註』、劉『集義』の各書所引注文で対校を行った「輯校王雱『老子注』」が収録されている。

（12）　底本は「與之爲精」に作るが、彭『集註』（一三／三裏／七）に依り「與之爲構」に改める。尹志華「輯校」（三二四頁）を参照。

（13）　底本は「目物有遷」、「耳自本自希夷」に作るが、李『取善集』（二／一四表／四）に依り、それぞれ「因物有遷」、「耳目本自希夷」に改める。尹志華「輯校」（二七五頁）を参照。

（14）　底本は「蓋民之生」に作るが、劉『集義』（七／二十一表／七）に依り「蓋民之失性」に改める。尹志華「輯校」（二六三頁）を参照。

（15）　王安石に儒道一致の傾向が見られることについては、注（5）東氏著「第三編第二章」（一〇〇三頁以下）、注（10）孔氏著（八十六頁）、注（1）劉氏著「第三章　荊公新學的學術建構和理論特色」等を参照。しかしながら、王安石の儒道一致論は、東氏著も論じているように（一〇一〇頁）、老荘思想の内で、儒家思想と齟齬を来たさない部分のみを受け入れ、仁義礼楽を過小評価する側面に対しては批判を加えるというものであり、その意味で、真の儒道一致が目指されていたとは言えないであろう。

（16）王雱の「適時」に就いては、曹道沖の『道徳經』注釈に「有者適時之利。無者眞常之用。在人身則駕御主持神與炁也。無者虚妙之神炁也。有者凝滯之形骸也。心運以氣隨、假形以爲利。氣動以形隨、假神而爲用。此二者有無之相須也」（第十「故有之以爲利、無之以爲用」。彭耜『集註』三／二十一裏／一）と類似表現が見られる。或いは、王雱が曹道沖の注釈を参照したのか。本著「第一篇第五章　曹道沖の『道德經』解釈と内丹思想について」を参照されたい。

（17）こうした歴史における変化の認識が、王安石にも見られることは、注（10）内山氏論文に指摘がある。

（18）島一「陸希聲の「道徳眞經傳」とその周辺」（『集刊東洋學』五四号、一九八五年）、及び中嶋隆藏先生『六朝思想の研究』附篇第三節「唐玄宗皇帝の老子崇拝と『道德經』理解」（平樂寺書店、一九八五年）、同『雲笈七籤の基礎的研究』「附論第四章　現存道徳経諸注釈から見た唐代思想の展開」（研文出版社、二〇〇四年）等を参照。

（19）注（18）中嶋先生『六朝思想の研究』「附篇第一節　六朝時代における無爲の思想」を参照。

（20）『莊子』の「眞君」「眞宰」の理解にも独自のものがある。「夫形者天之委氣、心者人之眞君。心内而形外、形萬變而無常、心定而不滅」（『南華眞經新傳』「齊物論」注、二／六裏／八）、「心者人之眞君也。人能不喪其眞君、所以謂之成心也。成心既存而自師之、則與道冥會、而與神默契、不必知陰陽代謝而然後謂之得道也。愚者不能知有眞君而存之、徒務役形而求道。此其所以自惑也。故終身求之而不知也」（『同』「同」注、二／七裏／一）、「心者人之眞君也。處於至虚之地、而潛於至妙之神」（『同』「外物」注、一五／八裏／四）等と述べ、「眞君」とは、「外」なる存在としての肉体に対置される概念であり、その「眞君」を自覚すれば、「成心」を為し得るが、そのためには、「至虚」「至妙」という状態が要求されるとする。既に、「心」を「廓然寂虚」にすることで「道」が「内得」されると言われていたことを思えば、「心」としての「道」の「内得」が「成心」であり、「道」との冥合に他ならない。「眞君」は、人に本来具有されている、「心」としての「道」ということになるであろう。「眞宰」に関しては、「眞宰者、有爲也。眞君者、無爲也」（『同』「齊物論」注、二／五裏

／五）、「旦暮自然而然、眞宰亦自然而然」（『同』「同」注、二／四表／八）、「眞宰之造物、我所以受其成形而爲我矣。受其成形而不可以侈易、待其終極而後止」（『同』「田子方」注、十一／五表／七）と、「無爲」である「眞君」に対して、「眞宰」は「有爲」であるとされ、「作用」の面に力点が置かれている。そして、万物を形成する働きとしての「眞宰」は、「有爲」ではあるものの「自然」であると肯定されている。これは、「道」の作用としての側面であると同時に、主体が確立された者の外への働き掛けでもある。こうした「眞君」「眞宰」理解は、先行する『莊子』解釈には見られない様である。例えば、『莊子』本文、郭象注、成玄英疏の三者は、それぞれ立場を異にするものの、「眞君」「眞宰」の存在については判断を停止し、云々することの無意味さを提唱している点では共通している。

（21）注（5）東氏著「第三編第二章第三節第一項　宋代老荘学の盛行」（一〇〇三頁以下）を参照。

（22）注（5）東氏著「第三編第二章第三節第三項　王安石の老荘観」（一〇一一頁以下）を参照。

第七章　呂惠卿『道德經』『莊子』注釈について

序

本篇第六章で王雱の思想を検討した際に簡単に指摘したことだが、褚伯秀『南華眞經義海纂微』（以下「『義海纂微』」と略す）は王雱注の一部は林疑獨注を踏まえていると指摘し、そして、林疑獨注の一部は呂惠卿の注に依拠していると指摘している。従って、北宋期のこの三種の『莊子』注は、それぞれが世に問われた時期の前後関係はともかく、その内容に就いては、少なくとも褚氏の目には相互に関連性の有るものとして映っていたことが分る。(1) 事実、これらを含み、北宋期の『道德經』『莊子』注釈は様々な点で共通する側面を持つ様だが、褚氏がその筆頭に配するのが呂惠卿である。現行『道藏』には、褚氏『義海纂微』が引用する『莊子』注以外にも、呂惠卿の『道德眞經傳』が収められている。

王偁「呂惠卿傳」（『二十五別史』所収『東都事略』巻八十三「列傳六十六」六九六頁。齊魯書社、二〇〇〇年）、杜大珪「呂參政惠卿傳」（『四庫全書』版『名臣碑傳琬琰之集』下巻一四／九表）、『宋史』巻四七一「呂惠卿傳」等の記載に依れば、呂惠卿（一〇三二〜一一一一年）、字は吉甫、泉州晋江（現在の福建）の出自である。仁宗嘉祐二年（一〇五七年）の進士で、集賢殿校勘に推挙された後、嘉祐から熙寧年間にかけて王安石と「經義」に就いて論議し、王雱と共に『三經新義』の監修を行う。その後、太子中允、崇政傳説書集賢院校理、判司農寺事、天章閣侍講、修起居注、知制誥、經義局修撰、判国子監事等を経て、熙寧七年（一〇七四年）に王安石が相を罷めたのを契機に参知政事となるが、熙寧十年（一〇七七年）頃から王安石との間に確執が生じ始める。哲宗即位後の元祐年間以後は閑職に甘んじることになるが、紹聖二年（一〇九五年）頃より哲宗の覚えもよくなり、観文殿学士、知杭州を経て、政和元年（一一一一年）に逝去する。(2) 時には、王安石変法の立役者の一人であったことから「護法善神」（『長編』巻二五二、熙寧七年。六一七〇頁）、「儒林の偉観」（強至「回侍講呂惠卿學士書」。『叢書集成初編』本『祠部集』巻三十一、四六六頁）と讃えられ、或いは王安石一族との確執が原因か、「賦性凶邪」（蘇轍「再乞罪呂惠卿狀」。中國古典文学基本叢書『蘇轍集』、六八〇頁。中華書局、一九九〇年）と謗られるなど、評価が転変する呂惠卿だが、この政治志向の極めて強い人物が、どの様な老荘思想を持っていたのか、興味深いものが有る。本章では、北宋期の『道徳經』『荘子』注釈を巡る思想検討の一つとして、この呂惠卿の思想を考えてみることにしたい。

一　呂惠卿の著作について

呂惠卿の著作については、『宋史』「藝文志」は、「呂惠卿孝經傳一巻」（『宋史』巻二〇二「志第一百五十五藝文一　孝經類」、五〇六六頁）、「呂惠卿論語義十巻」（『同』「藝文一　論語類」、五〇六七頁）、「呂惠卿新史吏部式二巻」（『同』巻二〇四「志第一五七藝文三　刑法類」、五一四四頁）、「又縣法十巻」（『同』）、「呂惠卿荘子解十巻」（『同』巻二〇五「志第一百五十八藝文四　道家類」、五一八一頁）、「呂惠卿建安茶用記二巻」（『同』「藝文四　農家類」、五二〇六頁）、「呂惠卿弓試一部」（『同』巻二〇七「志第一百六十藝文六　雜藝術類」、五二九一頁）、「呂惠卿文集一百巻」（『同』巻二〇八「志第一百六十一藝文七　別集類」、五三五四頁）、「呂惠卿奏議一百七十巻」（『同』、五三五四頁）、「呂惠卿集五十巻」（『同』、五三七〇頁）の各著を記録している。『道藏』所収『道徳眞經傳』に相当する記載は無いが、宋・孫覿「東平集序」には「孝經・論語注解、周易大傳、尚書・周禮義、毛詩集傳、注老子道徳經、荘子内篇凡若干巻」（『四庫全書』版『鴻慶居士集』三裏）と見られ、『郡齋讀書志』には「呂惠卿（老子）注二巻」（『郡齋讀書志校證』巻十一、四七一頁）、「呂惠卿建安茶記一巻」（『同』巻十二、五三七頁）、「治縣法十巻」（『同』「讀書附志」、一一二〇頁）と見られ、又、

南宋・李霖『道徳眞經取善集』（以下、李『取善集』と略す）が「呂吉甫曰」として引くもの、又、南宋・趙秉文『道徳眞經集解』が「呂惠卿曰」として引くものが、現行『道徳眞經傳』の内容と一致することから、少なくとも、現行『道徳眞經傳』相当文が呂惠卿の注釈として南宋時には流通していたことが確認出来る。そして、「道徳眞經傳表」が元豊元年（一〇七八年）に上書されていることからすれば、ほぼ同時期に彼の『道徳經』注釈である『道徳眞經傳』が完成していたと考えられる。[3]

一方の『莊子』注釈に就いては、『直齋書録解題』は「莊子義十卷〔參政清源呂惠卿吉父撰、元豐七年、先進内篇、其餘蓋續成之〕」（『直齋書録解題』巻九「道家類」、二九〇頁）と、「莊子義十卷」の内篇部分のみが元豊七年（一〇八四年）に先ず上書され、続いてその他の部分が続成されたと記し、『郡齋讀書志』も「呂吉甫注莊子十卷。右皇朝呂惠卿撰。吉甫、惠卿字也」（『郡齋讀書志校證』巻十一、四八二頁）、「呂吉甫集二十卷。右皇朝呂惠卿字吉甫、閩人。王安石執政、擢參知政事。元佑初、謫福州。紹聖後、累領藩鎭。有莊子解。爲文長於表奏」（『同』巻十九、一〇二七頁）と記しているが、書名は「注莊子十卷」「莊子解」と記録している。『道徳眞經傳』は四〇代後半、『莊子』注は五〇代前半の作ということになろう。即ち、前者は王安石との関係が拗れる前のもの、後者は拗れた後のものということになる。[4]

『道藏』には『莊子』注の完本は収録されていないが、中国国家図書館に金刻本『莊子義』が所蔵されており、それに黒水城残本『莊子義』及び其の他の出土文献による校勘がなされ、『義海纂微』及び明・焦竑『莊子翼』が引用する呂注を参照とした湯君『莊子義集校』が刊行されたことにより、『莊子』注釈の全貌を容易に窺うことが出来る様になった。その他、西夏文字訳「孝經傳一巻」が現存するが、断片的であるため、考察の対象から除外する。[5]

以下の考察では、『道藏』所収『道徳眞經傳』と湯氏『莊子義集校』を資料として用いることにする。

二　『道德眞經傳』の思想

（一）『道徳眞經傳』について

李『取善集』が引く呂惠卿の『道德經』注の殆どは、若干の文字の異同は有るものの『道德眞經傳』（以下「『傳』」と略す）の内容と一致する。『取善集』はほとんどすべての章に於いて呂惠卿の注を引用しており、李霖が彼の注を高く評価していたことが分る。但し注意すべきは、李『取善集』の第一章、第九章、第十五章の各章の注釈は、現行『傳』には見られない部分を含み、現行『傳』が節略を経たものであるか、或いは『取善集』に加筆がなされている可能性が皆無ではない点である。(6)『傳』の立場は、『道德經』各章の内容を相互に関連付ける一方、随所に『莊子』の引用が見られ、『莊子』の思想を用いて『道德經』を解釈するのがその立場であることが分る。(7)

先ずは呂惠卿の「道德眞經傳表」（以下「表」と略す）の内容から見ていこう。

私惠卿が申し上げる。私が聞いた所では、庖丁が刀を操る話は、養生に就いて文惠君と論じ、輪扁の鑿を捨てる話では、讀書に就いて斉の桓公と議論している。志が乱れることが無ければ、道がそこに存在するのだ。…私が思うに、大いなる道は偽りの智慧のために散逸し、万物はその性情の本来の在り方を見失っている。そこで真人が現われ、優れた教えを起し明らかにし、真人だけが道徳に根源を求め、それを古書に述べたのだ。…しかし、俗学の徒がその真実の道を理解せず、『詩』『書』とは異なるその表現のみに目を奪われ、『道德經』が皇王が基づく根本であることを理解しなかったのだ。だから、「賢者を尊ばず」と聞けば、それを野に捨てて取ろうとせず、「財宝を貴ばず」と耳にすれば、それを地に捨てて用いようとしなかったのだ。…『道德經』の教えは、凡情では推し量り難いため、彼らの智慧を迷わせてしまうことになり、終には、信じるにたる聖人の言葉を、百家の珍説の中に列してしまったのだ。…私は後に『道徳經』の文に就いて、忽然として理解することが出来た。動のままで静であり、万物は芸芸としながらも根源に帰っているのだ。濁があるから清があり、そのほの暗い中にこそ光を見るのである。老子が言わんとした意図に基づいて、その言葉を理解することが出来たのだ。自分ではまずまずとは思うものの、はたしてどうであろうか。優れた人々がこれを静かな鏡《てほん》とし、学ぶ者の手本となることを密かに願う（臣惠卿言。臣聞、庖丁奏刀、得養生於文惠、輪扁釋鑿、議讀書於齊桓。志之不分、道或有在。…臣竊以大制散於智慧之僞、含生失其性情之初。爰有眞人、起明至教、獨推原於道德、蓋祖述於典墳。…夫唯俗學不識道眞、徒見其文有異詩書之迹、莫知其指乃是皇王之宗。故聞不尚賢則謂遺之野而不収、不貴貨則謂棄諸地而不用。…茲難情度、宜使智迷、遂以允聖之信言、列於百家之珍説。…晩於斯文、忽若有得。即動而靜、物芸芸而歸根。由濁以清、中冥冥而見曉。遂以其意、達之於辭。雖云自安、未知其可。竊謂至人之靜鑑、實爲學者之元龜）（「表」／一表／二）

ここには、「大制は智慧の僞に散じ、含生は其の性情の初を失う」と有り、偽りの「智慧」のために大いなる「道」は消え去り、万物はその本来の在り方としての「性情の初」を見失っており、それを回復させるために『道徳經』は著されたのだと、『道徳經』撰述の理由が述べられている。[8] それなのに、「俗學」の徒は、『道徳經』は本来「皇王の宗」であるという真意を理解することが出来ず、表面上の表現のみにとらわれた結果、『道徳經』を「百家の珍説」と看做してしまった。この誤解を解くべくして為されたのが呂惠卿の注なのである。そして、「表」の内容に依るならば、呂惠卿の考える『道徳經』思想の真髄は、この「性情の初」という在り方に在り、それは「動に即して靜、物は芸芸とするも、根に歸る」という点に凝縮されていると目される。即ち、現象と本質とは常に一体となっているという理解であると言えよう。又、冒頭の一文は無論『莊子』に基づくものであり、『道徳經』の解釈に『莊子』を導入する立場がこの「表」にも現われている。

（二）　『道德眞經傳』の思想

①　「性」と万物一体

さて、『傳』の検討を始めるに際し、先ずは「表」に見られた「性情の初」から見てみたい。第十九章注には次の様に有る。

聖人は、天下の乱れは根本を迷い性を見失っていることが原因であることを知り、言語表現を超えた「樸」のみがこの乱れを鎮めることが出来るとした。「絶聖棄智」「絶仁棄義」「絶巧棄利」は、我々が言語表現を超えた「樸」に立ち戻り乱れを鎮める方法なのだ。「絶聖棄智」「絶仁棄義」であれば、美・善等が心を煩わすことはない。「絶巧棄利」であれば、悪と不善が心を煩わすことはないのだ。内面でその心が煩わされず、外界に対してはその具体的事象を否定しない。この様であれば、民利は百倍し、民は孝慈に復帰し、盗賊は消え去る、当然の道理である。思うに、「絶聖棄智」「絶仁棄義」は「賢者を尊重しない」ことの極地である。絶ち棄てるのは、単に尚ばないということではない。「絶巧棄利」は「手に入りにくい品を貴重なものとしない」ことの極地である。絶ち棄てるのは、単に貴ばないということではない。人が生れると、万物は全て我に備わっている。即ち、そこには十分に満ち足りた富が有るのである。「絶聖棄智」によってその当初に立ち戻ることが出来たならば、その利は百倍となるのだ。民が孝慈に戻れば、六親は皆な調和し、孝慈が有ることを意識することすら無くなるであろう。盗賊が無くなれば、国と家は明らかに治まり、忠臣がいることすら意識されなくなるだろう。「賢者を尊重しな」ければ民が争うことがなくなり、民利は百倍し、民が孝慈に戻るのは、単に争わないということではないのだ。「手に入りにくい品を貴重なものとしな」ければ、民は盗みをなさず、盗賊が無くなるのは、単に盗みをしないというだけではないのだ。「聖智」「仁義」「巧利」の三者は文であって質ではなく、それは不十分であって完全ではない、だからそれらを絶ち棄て、拠り所が有る様にさせるのだ。「見素抱樸」「少私寡欲」がその拠り所である。「見素」であれば余分な物が雑じることはなく、文ではないということが分るであろう。「抱樸」であれば、道が消え去ることはなく、満ち足りていることが分るのだ。素朴であって余分な物が雑じらず、素朴であって道が消え去ることがなければ、本性へと戻り、外物に惑わされることがなく、「少私寡欲」となるのだ。「少私寡欲」であって、初めて「絶学」の真実の道を語ることが出来るのだ（聖人知天下之亂、始於迷本而失性、唯無名之樸、爲可以鎭之。絶聖棄智、絶仁棄義、絶巧棄利、乃所以復吾無名之樸而鎭之也。絶聖棄智、絶仁棄義、則不以美與善累其心矣。絶巧棄利、則不以惡與不善累其心矣。内不以累其心而外不以遺其跡。則民利百倍、民復孝慈、盜賊無有、固其理也。蓋絶聖棄智、絶仁棄義、不尚賢之盡也。絶而棄之、則非特不尚而已。絶巧棄利、不貴難得之貨之盡也。絶而棄之、則非特不貴而已。人之生也、萬物皆備於我矣。則有至足之富。能絶聖棄智而復其初、則其利百倍矣。民復孝慈、則六親皆和、而不知有孝慈矣。盜賊無有、則國家明治、而不知有忠臣矣。不尚賢、使民不爭、民利百倍、民復孝慈、則非特不爭而已。不貴難得之貨、使民不爲盜、盜賊無有、則非特不爲盜而已。聖智也、仁義也、巧利也、此三者以爲文而非質、不足而非全、故絶而棄之、令有所屬。見素抱樸、少私寡欲、乃其所屬也。見素則知其無所與雜而非文。抱樸則知其不散而非不足。素而不雜、樸而不散、則復乎性、而外物不能惑、而少私寡欲矣。少私寡欲、而後可以語絶學之至道也）（『傳』第十九章「絶聖棄智、…少私寡欲」注、二／一表／七）

既に「表」に見た様に、「天下」が「亂」れる原因は、「本を迷い、性を失う」ことにあった。そして、「無名の樸」によってのみこの「亂」を鎮め、「本」「性」を取り戻すことが可能なのである。この「無名の樸」の状態へと復帰するのは「聖を絶ち智を棄て、仁を絶ち義を棄て、巧を絶ち利を棄」てるという手段に依る。「復」とあることから、この「無名の樸」は、回復すべき本来的状態であることが分る。こうした手段で何故「無名の樸」を回復することが可能であるのかと言えば、「聖智」「仁義」「巧理」という世俗的概念を否定することで、「美」と「善」、「惡」

と「不善」という世俗的価値観が「内」なる「心」を惑わすことが無くなり、これら世俗的価値に依拠して「外」界の事物（「迹」）を追究することが無くなるからである。この段階に至れば「民利」は通常の「百倍」にも相当し、民は「孝慈」に復帰し、「盗賊」も自ずと存在しなくなる。「聖智」「仁義」を否定することは、『道徳經』の「不尚賢」に他ならないが、それはあくまでも、世俗的価値としての否定なのであり、「賢」そのものを否定する訳ではない。「巧利」と「不貴難得之貨」の否定も同様である。ここで意図されているのは、本来、あらゆる「萬物」が「我」に備わり、全てが満ち足りているはずの状態を回復することなのである。その「初」の状態、即ち「萬物」が本来的に「我」に備わっている状態に復帰するためには、先ずは一旦、「賢」「難得の貨」の存在を否定し、世俗的価値から解放されなければならないのである。「文」に相当する「聖智」「仁義」「巧利」を否定することで、「素にして不雜、樸にして不散」の状態である「性」へと復帰することが可能となるのである。この段階では「外物」に惑わされることが無いため、自ずと「少私寡欲」となり得る。「外物」に惑わされない状態は、「聖智」「仁義」「巧利」を絶つことで「無名の樸」を回復した状態として先に言われていたことでもあるから、「性」とは復帰すべき本来の在り方であり、従ってそれは併置されていた「本」とも同等の概念であることが分る。

この第十九章注は、本来性としての「性」「本」を回復した状態を、『孟子』「盡心篇」の「萬物　皆な我に備われり」の句を用いて述べているのだが、これは北宋期の老荘注釈に多く用いられる表現である。第三十三章注にも同様に次の様に有る。

人を知ることを「智」と謂い、自らを知ることを「明」と言う。自らを知り、その後で人を知ることが可能となる。…「命」に戻ることを「常」と言い、「常」を知ることを「明」と言う。…自らを知る「明」が有れば、万物が悉く我に備わっていることを知り、外界の事象に頼ることは無くなるのである。だから「満足を知ることが豊かさなのだ」と言うのである（知人者智、自知者明。自知然後能知人。…復命曰常、而知常曰明。…有自知之明、則知

萬物莫不備於我、而無待於外慕也。故曰知足者富）（『同』第三十三章「知人者智、…不亡者壽」注、二／二十一表／六）

「自知」は「明」であり、それは「常を知る」ことである。「自知」であり「明」であれば、「萬物」は全て「我」に備わっていることを知り得、外界の現象に引きずられることはなくなる。その段階で初めて外界を正しく認識すること、即ち「知人」が可能となるのである。ここでは、外界の現象に左右されない定立した自己とは、万物との間に何の差異も存在しないものであることを述べている。これらは、本来性としての「性」「本」に復帰し、万物と我とが一体となることで、外界の現象に左右されない状態が定立される、それが「萬物莫不備於我」の語で表現されていると言えよう。

呂惠卿の『傳』にはその根底に強烈な万物一体観が有る。即ち、人の本来の在り方は、そもそも万物と一体となった状態であり、それは「性」「樸」「徳」等の語、或いは『孟子』の句で表現されるものなのである。そして、その本来の状態に復帰するためには、「内」なる「心」が「外」なる現象に左右されないことが肝要とされていた訳だが、この「内」なる「心」の定立は、『傳』では「無我」の語で言われることが多い。次にその点を見てみよう。

②　「無我」

第五十六章注は次の様に言う。

知るという行為が「常を知る」にまで至るのが「知」の極地である。「知」が極地に至れば、沈黙の内にそれは達成され、万事が上手く治まるのだ。そこに心を用いる必要が有ろうか。もし無言を達成することが出来なければ、無我を達成することは出来ない。…親しんだり疎んじたり、利したり害したり、尊んだり賤しんだりする気持ちが有れば、物に価値があることになり、（その結果）物によって卑しめられることにもなる。親しんだり疎んじたり、利したり害したり、尊んだり賤しんだりする気持ちが無ければ、価値は自分の方にあることになり、物に卑しめられることはないのだ。だから、天下で最も貴いものとなるのも、当然ではないか。そうであるならば、道を知るということは、終には語ることが出来ないものなのである。だから「今、言葉で道と表現しているものは、道ではないものを表現しているのに過ぎないのだ。知る者は言葉で表現されたものを知ると思っているが、これは知ることを知ることなのだ」と言うのだ（知至於知常、則知之至也。知之至則默而成之、而無不理也。何所容心哉。苟爲不能無言、則不能無我。…夫可得而親踈利害貴賤者、則貴在於物、而物能賤之。不可得而親踈利害貴賤者、貴在於我、而物不能賤也。其爲天下貴、不亦宜乎。然則知道者、固終不言。故曰今以言言道、則言非道也。而知者乃以言爲知、則是知知矣）（『同』第五十六章「知者不言、…故爲天下貴」注、三／二十四表／四）

「常を知る」ことが「知」の極みではあるものの、それは「默」によって達成されねばならない。即ち、そこには無駄な心の働きや、言語による表現が入り込む余地は無いのである。無駄な心の働きが発動してない状態こそが「無我」であり、「無我」であってこそ初めて「常を知る」事が出来るのである。この「無我」の状態では、世俗的価値概念としての「親踈利害貴賤」等は意味を持たなくなる。「親踈利害貴賤」という価値的差異は、外界の事物の存在を前提にしたものでしかなく、外界の事物自体に依る以上、その「貴」という価値は容易に事物自身によって「賤」と変えられてしまう、恒常性の無いものでしかない。これに対して、そうした外界の事物に依拠した価値判断を停止するならば、世俗的意味での価値の差異は消滅し、人の内的存在こそが恒常性の有るものとなり、外界の事物によって左右されることが無くなる。それが「貴在於我、而物不能賤也」なのである。この注は全体として『荘子』「田子方篇」の「棄隷者若棄泥塗、知身貴於隷也。貴在於我、而不失於變」に基づくものであろう。

この「常を知る」という表現は無論『道德經』第十六章に基づくものである。第十六章注には次の様にある。

しかし、我は虚で静かな極地によって、万物が生じる原因と、その様々に変化する原因とが私自身に在り、万物に在るのではないことを知るのである。万物が生じる原因こそが万物が根源へと帰る原因でもある。万物が様々に変化している原因こそが、正《まさ》しく万物が根本へと帰る原因なのである。だから、万物が全て生じているそのままにその根源へと帰ることを見るのであり、万物が様々に変化しているという事象そのままで、万物は根源へと復帰しているのである。この様であるならば、所謂る虚とは空虚という意味の虚ではないのだ。万物が増えたり（減ったり）することが決して無いから虚なのである。所謂る静とは、静かにしようとした結果、静かであるのではないのだ。万物は様々に変化しているが、それぞれが根源に戻っており、且つ、それに気付かないため、それが心を乱すことが無い、だから静なのである。だから「根本に帰ることを静かと言うのだ」と言うのである。命とは、私がそれを受けて生じる根元である。静かであることで初めて、（万物を）生み出し万物に命ずるものへと復帰することになる。だから「静かであることを命に戻ると言うのだ」と言うのである。道が万物を生み出すことが出来る存在（＝本体）にまで至ると、常なる存在となり消え去ることが無くなる。だから「命に戻ることを常と言うのだ」と言うのである。「常」の立場から見れば、吉凶悔吝は常に微妙な変化に現われているのであり、そこに何を加えることがあろうか。だから「常を知ることを明と言うのだ」と言うのである。「常」を知らなければ、これに反することになり、その行いはでたらめとなってしまう。だから「常」を知り、それと一体となれば、万物は我と一つとなるのである。だから「知常容」と言うのだ。万物と我とが一つとなれば、自分自身を囲い込んで私とすることが無くなる。だから「容乃公」と言うのだ。万物と我とが一つとなれば、私は無くなるのだ（而我以虛靜之至、故見萬物之所以作與其所以芸芸在我而不在彼。其所以作者、乃其所以復也。方其所以芸芸者、乃其所以歸根也。故以其並作而觀其復、則方其芸芸而各復歸其根也。然則所謂虛者非虛之而虛也。眞莫之盈故虛也。所謂靜者、非靜之而靜也。夫物芸芸、各歸其根而不知、而莫足以撓心、故靜也。故歸根曰靜。命者吾之所受以生者也。夫惟靜、則復其所以生而能命物矣。故靜曰復命。道至於能命物、則常而不去矣。故復命曰常。自常觀之、則吉凶悔吝、常見乎動之微明、孰加焉。故知常曰明。不知常者反此、則所作不免妄而已。能知常而體之、則萬物與我爲一矣。故知常容。萬物與我爲一、則不内其身而私矣。

故容乃公。萬物與我爲一而無私矣）（『同』第十六章「致虚極、…没身不殆」注、一／二〇表／六）第十五章注でも「この道を保つ者は、満ちることを求めず、虚となろうとするだけだ（而保此道者、不欲盈則虚而已）」（『同』第十五章「古之善爲士者、…故能敝不新成」注、一／一九裏／二）と述べられている様に、「道」を保つ者は「盈」を欲せず、自ずと「虚」となり得る。そしてその「虚」は同時に「靜」でもある。しかしこの「虚靜」は、衆人の所謂る虚無としての「虚靜」ではない。万物が生じ様々に変化する理由は万物そのものに在るのではなく、「我」が万物をその様なものとして看做している所に在るのである。従って、万物を生じさせている原因が「我」である以上、万物の様々な差異を唯一の根源へと復帰させることが出来るのも「我」のはずである。即ち、「我」の在り方如何により、万物は様々に変化しつつも、同時に根源の状態に復帰することが可能なのである。「靜」とは、万物が変化しつつも根源を離れていないという点を殊更に意識しない時、万物の変化が人の心を乱すことがないことを意味する。だから「歸根」が「靜」と言われ、この「靜」に至る時、「命」に復帰し、「命」を下す「道」と一体となり、それは「常」なる存在となるのである。この「常」を「知」り体得する時、万物と「我」とは一体となっている。その段階では、「我」には「私」なる意識は存在しない。これが「無我」ということなのである。尚、万物が「不足撓心」であるというのは、後にも見るが、『荘子』「天道篇」の「聖人之靜也、非曰靜也善故善也。萬物無足以鐃心者故靜也」に基づく。

この「無我」の境地の基底には「道」の次元では現象は無差別であるという観念が有る。例えば、第二十三章注は、「だから道を修める者のみが無我となり得る。無我であれば道・徳・失に対して、私はそこに違いがあるとは思わない。だから道（の立場で）は、（我々は）道に等しく、徳（の立場で）は（我々は）徳に同じく、失（の立場で）は（我々は）失に同じなのだ（故唯從事於道者、爲能無我。無我則道也、徳也、失也、吾不見其所以異。故道者我則同於道、徳者同於徳、失者同於失）」（『同』第二十三章「希言自然、…信不足、有不信」注、二／八表／六）と、「道」を修める者は「無我」であり得、「無我」とは「道」に他ならないと断言する。その「無我」の境地では、「徳（＝得）」と「失」の間に差異は存在しないのである。

こうした万物一体観の根底に有る「無我」の思想と深く関る「道」について、『傳』の検討の最後として考察を加えることにしたい。

③　「道」

第一章注には次の様に有る。

万物は様々に蠢《うご》めきながらも、それぞれが根源に帰っており、そのことを意識しないことを「静」と言う。「静」であることを「命に戻る」と言い、「命に戻る」ことを「常」と言う。道を修める者は「常」の境地に至り、心は集中し形は緩やかとなり、物・我の双方を忘れることになるのだ。道が（実は）「可道」であり、名が（実は）「可名」であることを誰が知るであろうか。「常道」は無論「可道」ではない。だから「道であれば永遠であり、一生、危ういことはない」（第十六章）と言うのだ。「常名」は無論「可名」ではない。だから「古から今に至るまで、その名は存在し続けているのだ」（第二十一章）と言うのだ。「不殆」「不去」、これを「常道」と言う。「常無名」とは、「無名」とは道のことである。天地が始まる根源である。だから「無名は天地の始めだ」と言うのだ。太初の段階では無無・無名のみが有る。無無は「一」であり、それは突き止めることは出来ない。「無名」は「一」が生じる源であり、「一」が存在しても形はまだ存在していない。しかし、「一」と表現してしまえば、形がまだ存在していないとはいえ、既に名称が有ることになる。「一」と名づければ、名称と（実体とを）あわせて「二」となり、「二」と「一」で「三」となる、万物が様々であるのは、ここから生れるのだ。だから「有名は万物の母だ」と言うのだ。「常を知ることを明と言う」（第十六章）とは、「明」とは全てを見るということだ。だから「常」である者のみが「観」ることが出来る。「無欲」であって初めて、「玄妙な心の鏡を洗い清め」(第十章)、無疵でいられる。この境地で「妙」を見るのだ。…(無欲と有欲の)この両者は、それらが生じる根源は同じであり、その名称が異なるだけだ。その名称が異なるが、その実体は異なっていないのだ。その実体が異なっていないので、「有欲」と「無欲」とが生じる根源を求めても、どちらも得られないのだ。その生じる源は突き止められないので、それを「玄」と言うのである。…名称は「玄」から生れ、「有欲」と「無欲」とは根源が一つなのである。根源が一つであるのは、「妙」ということなのだ。根源は「妙」であるが、多様さのレベルでは「妙」ではない。「我」に於いては「妙」ではあるが、万物に於いては「妙」ではない。「玄之又玄」とは、その一体である根源は突き止められないということである。一体である根源が突き止められなければ、一と多、我と物などの全てが「妙」ということになる。万物が「妙」である理由が、ここにあるのだ。だから「玄之又玄、衆妙之門」と言うのだ(萬物芸芸、各復歸其根而不知曰靜、靜曰復命、復命曰常。爲道而至乎常、則心凝形釋、物我皆忘。夫孰知道之可道而名之可名哉。則常道者固不可道也。故曰道乃久、歿身不殆。常名者固不可名也。故曰自古及今、其名不去。不殆不去、是之謂常道。常無名則無名者道也。而天地之所自而始也。故曰無名天地之始。太初有無無、有無名。有無無則一、亦不可得。有無名、則一之所起、有一而未有形也。既謂之一、則雖未有形、且已有名矣。名爲一、而名之者爲二、二與一爲三、萬物紛紛、自此生矣。故曰有名萬物之母。知常曰明、明則無所不見也。故唯常爲可以觀。方其無欲也、則滌除玄覽而無疵。於此觀其妙。…此兩者、其出則同、顧其名異而已。其名異也、其實未嘗異。其實未嘗異、則有欲之與無欲、求其所出、皆不同得。不可得則其所出也、故同謂之玄。…名之出玄、有欲與無欲、同乎一也。同乎一、固妙矣。然妙乎一、未妙乎多也。妙乎我矣、未妙乎物也。玄之又玄、則同者亦不可得。同者不可得、則一之與多、我之與物、莫不皆妙也。萬物之所以妙、出於此而已。故曰玄之又玄、衆妙之門)(『同』第一章「道可道、…衆妙之門」注、一／一裏／一)

既に見た様に、「道を爲《おさ》める」という行為は「常」に至ることと同一であり、その段階では「心凝形釋」し、「物我兩忘」の境地に至る。この「常」即ち「常道」は「無名」であり「天地の自りて始まる所」でもある。この「天地」の始まりとしての根源は「太初」「無無」と仮称される、言語表現不可能な存在である。しかし、それを「一」と表現した段階で、依然として「無形」ではあるものの、言語表現による限定を受けることになり、その「物」自体と「名」とで「二」、「二」と「一」とで「三」と徐々に分節化が進行していく。これが「萬物」が「紛紛」としていく過程なのである。言語による限定を受けることで「道」の全体性が消失し、個別としての万物が生じてくる過程ということになろう。「有名」が「萬物の母」と言われる所以である。この分節化は言い替えれば「有欲」としての作用ということになり、この作用によって「萬物」が現象化することになり、その「徼」としての側面のみを見ることになるのである。逆に、この言語表現による分節化を経ず、「道」の全体性をそのままに「觀」ずるためには「無欲」である必要が有る。「無欲」であれば「滌除玄覽」として、その「妙」を「觀」ることができるのである。しかし、この「無欲」と「有欲」とはどちらもその発生の根源を突き止めることは出来ず、その突き止め得ない根源を「玄」と言う。この「玄」の立場では、「陰」と「陽」、「有欲」と「無欲」は全て差異の無い「一」に未分に存在する。この「一」を「妙」と言う。しかし、この段階では、万物の差異を「妙」として超越してはいるものの、「一」と「多」という差異はまだ越えられていない。そこで更に「玄」を重ねることで、「一」と「多」、「我」と「物」という差異を超越することが出来る。これが「玄の又玄」「衆妙の門」なのである。

この様に「無名」であり「常」なる「道」は、一切の相対的差異を超越しているのだが、それを体得するためにはどの様にすればよいのか。外界の事物との関りに就いて、第五十二章注は次の様に述べる。

思うに、「有名」は単に「万物の母」ではあるが、「この世界の母」とするには不十分である。「無名」こそが天地の始まりであり、天より以下の存在は、すべて「無名」より生じるのだ。だから「この世界に始めが有り、それがこの世界の母なのだ」と言うのである。…今、我はその母を既に得て、それを心と結びつけた。単にそれを聞くだけではなく、天下の万物が全て我が生み出したものであることを理解したのである。天下の万物が全て我が生み出したものであることを理解し、我が常にそれを守って失わない様にするならば、この世の一体誰が、自分が生み出したもので自分自身を損なうことがあろうか。これが「一生、危ういことはない」（十六章）と言われる理由である。「その穴を塞ぎ、門を閉ざせば、一生疲れることはない」とは、その母を守ることを言っているのである。心が内面で動き、自分がそれを恣《ほしいまま》にしてしまう、これが「有兌」である。「有兌」であれば、心は内から出て行き外物と関る。我はそこで「兌」を塞ぎ外物と関らない様にする。外物と関らなければ心が出て行くことは無い。外物が外から引き込まれ、自分がそれを受け入れる、これを「有門」と言う。「門」が有れば外物が入ってきて心を乱す。我はそこでその「門」を閉ざし外物を入れない様にする。入れなければ外物は入ってこない。内から心が出て行かず、外から外物が入ってこなければ、万物が変化し、目前で様々に蠢《うごめ》こうとも、それぞれが根源に帰っていて、それを意識することがないのである。何をあくせくすることがあろうか（蓋有名徒爲萬物母、而未足爲天下母。無名天地之始、則自天而下、皆生於無名。故曰天下有始以爲天下母也。…今我既得其母、以與心契矣。非特聞之而已也、則知天下之物、皆我之所出也。知天下之物、皆我之所出、而我常守之而不失、則天下孰能以其所出而害其所自出哉。此其所以歿身不殆也。塞其兌、閉其門、終身不勤、此則守其母之謂也。心動於内而吾縱焉、是之謂有兌。有兌則心出而交物。我則塞其兌而不通。不通則心不出矣。物引於外而吾納焉、是之謂有門。有門則物入而擾心。我則閉其門而不納。不納則物不入矣。内不出、外不入、雖萬物之變、芸芸於前、各歸其根而不知矣。夫何勤之有哉）（『同』第五十二章「天下有始、…是謂襲常」注、三／一八表／九）

「道」は「無名」であるからこそ、「萬物」はもとより「天下」を生み出す「母」となり得る。今、「我」を「母」であるその「道」と一つにし、「心」を「道」と一体にしたならば、「天下の物」が全て「我」の生み出すものである事を知り、それを見失わない様にすれば、「天下の物」によって「我」が損なわれることは無くなる。「母」である「道」と一体となり、「母」を「守る」にはどうすればよいのか。それには、「其の兌を塞ぎ、其門を閉じる」必要が有る。「心」が「内」に「動」き、それを恣《ほしいまま》にしてしまうこと、これが「兌」である。「兌」であると「心」が外に出て「物」と交わってしまう。即ち、「心」が外界の現象にとらわれてしまう。「其の兌を塞」いで通じない様にするとは、「心」が「外」に出ない、即ち、外界の現象に執着しない様にすることである。外界の「物」を「外」から「吾」の内に「納」めること、それを「有門」と言う。「有門」だと「物」が「心」の中に入り、「心を攖す」ことになる。そこで、その「門」を閉ざして「物」が入らない様にする。「内」なる「心」が「外」に出ず、「外」なる「物」も「心」の中に入って来ない。そうであれば、様々に変化する「萬物」も、「其の根」に帰った如くなり、「吾」と一体となる。この一段の注は『莊子』「庚桑楚」に「夫外韄者、不可繁而捉、將内揵。内韄者、不可繆而捉、將外揵。外内韄者、道德不能持、而況放道而行者乎」と見られる、「揵（＝閉）内外」を必要とし、「韄（＝貪）内外」を否定する思想に基づくものである。呂惠卿『道德經』注は、人の「性」の本来的在り方へと帰ることで、万物との一体を感得し、そのことで、外界の事物に捉われることのない境地へと至ることが目指されていた。この様に、内なる主体を定立するために、一旦、外界との接触を完全に断ち切ることが積極的に言われていたのである。

三　『莊子義』の思想

呂惠卿の『傳』は、前章で指摘した以外でも、随所に『莊子』との関りが見られる。『傳』は『莊子義』に先行して作られた様だが、『傳』作成には『莊子』に対する理解がその基盤となっていることが分る。その意味では、『莊子義』こそが、呂惠卿の老莊思想の集大成と言うことが出来るであろう。

（一）「未始有物」

さて、呂惠卿の『荘子義』では、根源としての「道」を示す語として「未始有物」の句が多用されている。『荘子』「齊物論」に基づく句であることは言うまでもないが、その「齊物論」注には次の様に有る。

道は至る所に存在し、万物は道ではないものは無い。万物が全て道であるならば、道の他に万物は存在しないことになる。これこそが、古の人が「物さえまだ存在していない」と述べた理由なのだ。即ち、万物がそのままで道であるのだ。知の働きがこの次元に至れば、それは極地であり、それ以上、何も加えるものは無い。その次の段階が、万物が存在するものの、万物が一体となっており、その間に区別が無い段階である。これは、万物がそのままに道であるという境地ではないものの、道に基づいて万物に通じることが出来るのである。その次の次元が、万物の間に区別はあるものの、そこに是非の判断が加えられていない段階である。道に基づいて万物に通じることは出来ないが、万物を否定することで道と一体となることが出来る。後者の二つの段階は極地ではないが、道を損なうことはない。是非の判断が現われる段階になると道は損なわれてしまう。道が損なわれることで感情の働きが生じ、感情の働きが生じれば、執着が生じるのである。これが「大いなる道が廃れてから仁義が説かれる様になり、智慧が働き出してから、大きな虚偽が行われる様になった」ということなのだ。しかし、究極の境地に達した者から見るならば、もとより万物など存在しないのだから、果たして万物が誕生したり欠けたりすることが有るのだろうか、それとも無いのだろうか（道無乎不在、則天下之物莫非道也。物無非道、則道外無物。此古之人、所以爲未始有物也。此能即物以爲道也。知至於此則至矣、盡矣、無以加矣。其次以爲有物而其體則同、未始有封域之異。此未能即物以爲道、而能以道通物者也。其次以爲有封焉、而未嘗有是非。此未能以道通物、而能遺物以合道。二者之所知、雖未至未盡、其於道猶未虧也。至是非之彰、則道之所以虧也。道虧而情生、情生則愛之所以成也。此大道廢、有仁義、智慧出、

有大僞也。然自達者觀之、未始有物、果且有成與虧乎哉、果且無成與虧乎哉）（『莊子義集校』「齊物論」注、三十四頁）

「道」はあらゆる所に存在する。全ての事物は「道」そのものであり、「道」を離れて「物」は存在しない。このことを古人は「未だ始めより物有らず」と称した。「物」は「物」のままで「道」なのであり、「物」と「道」とが混然一体として未分の状態にあることを指す。その次の段階は、「物」同士の間には差異が無く一体となっているが、「物」と「道」との間には截然と差異があり、「道」に依拠して「物に通じ」ざるを得ない。その次の段階は、「物」の間には差異が存在するものの、それに対して「是非」の判断がまだ加えられていない段階である。この段階では、「物」の存在を否定することで再び「道」と一体となることが可能である。しかし、その「物」に対して「是非」の判断を加える時、「道」はその全体性を消失し、「是非」の判断に依拠した「情」及び「愛」が生じることになる。しかし、そもそも、個別としての「物」が存在している訳ではないのだから、そのことを理解する者にとって、「道」がその全体性を消失し「情」「愛」が生じるということは実は有り得ないのである。全てが根本である「道」と混然と一体であり、そこに主体としての何の分別・判断も働き得ない状態、それが「未だ始めより物有ら」ざる状態と表現されているのである。

同じく「齊物論」注は次の様に述べる。

そもそも人が彼我の違いを取り去り、是非を忘れて、万物（の差異）が生じる前の段階に至ることが出来ないのは、彼我や是非を区別する心が何処から生じるのかを知らないからである。だから、このことを理解しようと思うのならば、必ず、その最初に立ち戻って見なければならない。だから「始めということが有る」と言うのである。「始」とは、それ自体が始まる起点が無いと言うことである。しかし、この「始」が存在する以上、それが始まる起点が有るはずである。だから「始めということさえ、もともと無い、ということが有る」と言うのであり、そのよって生じる点を否定しようとするのである。しかし、否定したとしても、その否定した時点が残ることになり、必ず起点が有ることになってしまう。だから更に「始めということさえ、もともと無いということ、それさえも無いということが有る」と言うのであり、その否定した所を更に否定しようとしているのである。否定する点が無くなり、始まる起点もなくなれば、吾が心が生じる所が忽然と体得出来るのである。こうして、今目の前に存在している物が全てここ（＝「もはや否定出来ない点」「吾が心が生じる点」）から生れていることが分るのである。だから「有るということが有る」と言うのである。心の始まる起点を知れば、存亡という違いは自分が生み出したものに過ぎないことになる。従って、その違いを無くそうとすれば、その違いは生じないのである。だから「無いということが有る」と言うのである。しかし、これを無と言ってしまうと、無が無として存在することになり、この無が有ることになってしまう。それは有に他ならない。だから、「無ということさえ、もともと無いということが有る」と言うのであり、無自体も否定しようとするのだ。しかし、否定したとしても、今度は否定するという行為自体が残ることになり、これも又た有である。だから、「無いということさえ、もともと無いということさえ、それさえ、もともと無いということが有る」と言うのは、その（無くすという行為を）否定することを否定しようとしているのである。…「無名」は天地の始まりである。もしそのことを理解したならば、即ち、我もまた「無名」に始まるのだ。我が有るから天地が有る。だから「天地と我は一緒に生れる」と言うのだ。有名は「万物の母」である。もしそのことを理解したならば、我もまた「有名」から生じるのだ。無我であれば、万物は存在しない。だから「万物と我は一体である」と言うのだ（夫人之所以不能遺彼我、忘是非、以至於未嘗有物者、以不知彼我是非之心所自始也。故欲達此理者、必於其所自始觀之。故曰有始也者。而始則無所自者也。而有此始、則有所自矣、故曰有未始有始也者、所以遣其所自也。遣之而所遣者不去、亦不免爲有所自而已矣。故曰有未始有夫未始有始也者、所以遣其所遣也。既無所遣、又無所自、則我心之所自起、豁然得之。而知凡今之有者、擧出於此也。故曰有有也者。夫唯知其心之所自起、則存亡在我。我欲無之、則不起而已矣。故曰有無也者。謂之無則無亦無矣、而有此無焉。則亦未免於有也、

故曰有夫未始有無也者、所以遣其無也。遣之而所遣者不去、亦不免於有而已矣。故曰有未始有夫未始有無也者、所以遣其所遣者也。…無名天地之始。苟爲知此、則我亦始於無名也。有我則有天地。故天地與我並生。有名萬物之母。苟爲知此、則我亦生於有名也。無我則無萬物、故萬物與我爲一矣）（『同』「齊物論」注、三十六頁）

「彼我」「是非」の分別のために「未始有物」の境地に至ることが出来ない理由は、その分別が何に起因しているのかを知らないことにある。その起因に「始」まる瞬間が有るとするならば、その「始」が「自《よ》る」起点が有るはずであり、しかし、その「自《よ》る」起点をも根源の起点では有り得ず、それを「遣《や》」り、その「遣《や》」る事さえも更に「遣《や》」る時、分別の根拠となる「我心」が「無」から生じた、根拠の無いものでしかないことが理解し得る。従って、現象が「存亡」するのは、それを「我心」が「存亡」すると判断することによって「存亡」するのであり、「我心」がそう判断することがなければ、その「存亡」は存在しないのである。それが「無」である。しかし、この「無」もそのままでは相対的次元に留まるものであるから、その「無」を否定し、更にその否定を否定しなければならない。そうすることで、一切が不可得の次元に自ずと至ることが出来るのである。この次元は「無名」とでも仮称されるものであり、「我」もまた「無名」をその存在の根源とするのである。しかし、そこに言語表現による判断が加えられた時、「有名」の世界が広がり、「我」という現象が生じることになる。従って、「無名」の次元では、「無我」であり「無物」でなければならず、「萬物」と「我」とは未分となるのである。

この「未始有物」に遊ぶための「無名」の次元については、「天道」注には次の様に有る。

何故ならば、万物（の違い）は我が生み出すものであるからである。万物の違いを我が生み出さなければ、万物がどうして我を乱すことがあろうか。このことに明らかになれば、万物が様々に生じていても、それが根源へと復帰していることを見るのである。万物は様々に蠢《うごめ》いていても、（同時に）「根」へと帰っているのである。「根」へと帰る、それが自然と「静」であるということなのだ。…「虚」とは逆らうことが無いということであり、「静」

とは一定していて変化しないということであり、「恬」とは無知に安んずることであり、「淡」とは外物と接しないということであり、「寂」とは寂《しず》かで動かず、「漠」とは漠然の内に気と一体となることである。この六種は聖人が無為である理由なのだ（何則、萬物得我以生者也。我則不生、彼萬物孰能鐃之。明乎此者、則於其並作也、乃所以觀其復也。於其芸芸也、乃所以歸其根也、復而歸其根、則其自靜也。…虛則無所於逆、靜則一而不變、恬則安於無知、淡則不與物交、寂則寂然不動、漠則合氣於漠。此六者、聖人之所以無爲也）（『同』「天道」注、二五七頁）

「聖人」が「靜」であるのは、殊更に「靜」たらんとして「靜」であるのではない。「萬物　我を以て生じるを得るも、我は則ち生ぜず、萬物　孰れか能く之を鐃《みだ》さん」と、「萬物」という現象は「我」という主体の認識作用が有って初めて存在するものである。「我」という主体が存在しなければ、「萬物」も存在し得ず、「我」を乱すことは有り得ないのである。このことを知る時、「萬物」の現象化を目にしつつも、それらが同時に根源へと復帰しているのを「觀」ることになるのである。「萬物」が根源に復帰すること、或いはその様なものとして「萬物」を見ること、これを「自ずと靜」であると言うのである。「虛」であれば「萬物」の変化に逆らうことなく、「靜」であれば、恒常なる存在となり得るのであり、恬淡として「萬物」の変化に左右されることなく「無知」のままでいられる。これが所謂る「無爲」なのである。

この様に、「未始有物」の境地に至るには「無我」「無爲」が前提となる。呂惠卿の『莊子』注には、『道德經』の注釈と同様に、やはり、随所に於いて「無我」ということ、或いは「我」の否定が言われている。次にこの問題を見てみたい。

（二）　「無我」

「齊物論」注は「好悪の感情は我々の内側に蔵されているものだが、外界の事物がそれに触れることで、（その感情が）発動してしまう。石弓の引き金を引くと発して止まることがない様であるとは、事の善し悪しを見分ける意味だ。…我が『我』とするものは何処に在るのか。形は何処に在るのか、枯れ木の如くあるべきだ。心は何処に在るのか、燃え尽きた灰の如くあるべきだ（好惡藏於中、而物觸之則其發。若機栝而不可止、則其司是非之謂也。…則我之爲我者安在。而形安有、不如槁木、心安有、不如死灰者乎）」（『同』「齊物論」注、二十一頁）と言う。「好惡」の感情は自身から発するものだが、外界の事物の刺激がそれを発動させる。既に見た様に、そもそも「我」という存在は実在しないのだから、「形」を「槁木」の如くし、「心」を「死灰」の如くすることが望まれるのである。同じく「齊物論」注は、

人の形が形として存在する理由は何か。我が有るからに他ならない。もし無我であるならば、（形が）枯れ木の様であったとしても不思議ではない。心が心として存在する理由は何か。我が有るからに他ならない。もし無我であるならば、（心が）燃え尽きた灰の様であったとしても不思議ではない。…もし我がどこから生じるのかを理解したならば、存在することと消失することとは、そもそも我が生み出したものに過ぎないことになるのである（夫形之所以有其形者、何邪。以有我而已。苟爲無我、則如槁木、不足異也。心之所以有其心者、何邪。以有我而已。苟爲無我、則如死灰、不足異也。…苟知我之所以自起、存與喪、未始不在於我也）（『同』「齊物論」注、一七頁）

と述べ、「人」に「形・心」が存在すると思うのは「我」が有るからなのである。もし「無我」の境地に至れば、「形・心」は執着の対象ではなくなるため、「形・心」を「槁木・死灰」の様に看做すことが出来る。「我」が何故生じるのかを知らないために、「形・心」に捉《とら》われてしまうのである。存在しない「我」を存在すると思い込むことで「我」は生じるのである。ここでも、「槁木・死灰」の如く在ることが積極的に述べられていることに留意すべきであろう。

それは、外界の事物に執着し、それらとの間に軋轢を生み出すことを回避するために、不可欠なものとして主張されているのである。この「槁木・死灰」の境地は、「我という存在からすれば。万物は悉く我に備わっているので、我が万物を包み込むことになる。万物という存在からすれば、やはり万物が我に備わっているので、万物が我を包み込んでいることになるのだ（我之體、萬物莫不備於我、則我蘊萬物矣。萬物之體、亦萬物莫不備於我、則萬物蘊我矣）」（『同』「齊物論」注、四十八頁）と『傳』と同様に『孟子』の「萬物皆備於我」の句を以て、万物と「我」とが本来的に同一であることとしても言われている。(9)

しかし、こうした無差別の境地は、

ただ聖人だけが奥深い境地に達することが出来るのだ。だから内側には我を見ず、外界では物を見ないのだ。万物と我とが一つとなれば、その存在は完全となるのである（唯聖人爲能達綢繆。故内不見有我、外不見有物。而萬物與我爲一、其所體固周盡矣）（『同』「則陽」注、四七九頁）

と言われている様に、「聖人」のみに到達することが可能であるとされているのである。

（三）　「性命の情」

「表」と『傳』に於いて相当の重みを以て用いられていた「性」の語は、むしろ『莊子』に基づくものとすべきであろう。「達生」注には、

丘に生れ丘に安んじているのが「故《なれ》」である。水辺で育ち水に安んじているのは「性」である。「故《なれ》」は「性」に基づくのではなく、人為に基づくものである。「性」はその持ち前の能力を最大限に発揮したものである。もし「性」の前提が無くして習慣のみであれば、ある程度の能力は得られるとはいえ、人為を超えたレベルにまで

至ることはありえない（故以生於陵而安於陵爲故。故者非出於其性、而人之所爲也。長於水而安於水爲性、則其性之所偏能也。苟無其性而習之、則雖能之、不至乎人之所不能及也）（『同』「達生」注、三五八頁）

と有り、「陵」に生れてその環境に「故《なれ》」ているのは、「性」ではなく「人の所爲」でしかない。「陵」に生れながらも、長じるに応じて「水」に適応していくのが「性」の発揮である。「性」という持ち前に依拠しつつ環境に慣れていくことで、初めて人為の限界を越えた「能」を発揮することが出来るのである。『莊子』本文では「性」と「命」とを分けて論じているが、呂注では「性」と「命」とが熟して用いられている。

この様に、「性」が人の本来的持ち前であるならば、その状態に在ることが望まれることになる。「馬蹄」注には次の様に有る。

民が恒常不変の本性に復帰し、その真実の在り方から離れることがなければ、所謂る聖人はその姿を現わすことは無い。だから、無欲であればその素樸さを回復し、疑うことはありえないのだ。無知であれば徳と一体となり、現象間の差異は消滅するのである（民反常性、而不離乎其眞、則所謂聖者、不可得而見也。故同乎無欲、而見其素樸、則未始有疑也。同乎無知、而其徳不離、則未始有分也）（『同』「馬蹄」注、一八四頁）

「民」はその「常性」に復帰すれば「眞」と乖離する事はなく、こうした状態では、「聖人」は不要であるために存在せず、「民」は「無欲」「素樸」のままであり得るとする。とするならば、逆に、こうした「性」「性命」は人為によって容易にその本来の在り方を消失してしまうであろう。例えば、「駢拇」注では、

小さな迷いとは方角を間違える様なもので、東を西と思いこんでしまうことだ。大きな迷いとは、性を歪める様なもので、無を有と思い込んでしまうのだ。…人は生れながらにして静かであるのに、そこに仁義を持ち込み、仁義によって世の中を乱しているのだ。それなのに、世間の誰もが仁義に懸命になっている。世間の誰もが仁義に懸命になっているから、だから、仁義は性を歪めてしまうものなのだ（小惑易方、則以東爲西也。大惑易性、則以

無爲有也。…人生而靜、招之以仁義、則是以仁義以撓天下。而天下莫不奔命於仁義也。天下莫不奔命於仁義、是以仁義易其性也）（『同』「騈拇」注、一七四頁）

「無爲」を「有爲」へと歪めることは「性」を歪めることに他ならない。「人」が「生」れた当初、その「性」は「靜」なる状態にある。それを「仁義」という「有爲」によって「撓《みだ》す」ことは、「性」を歪めることに他ならない。従って、「性命」の本来の在り方を回復するには「無爲」であることが必要となり、それは万物の一体化を意味することになろう。逆に言えば、「性命」の本来性を回復した時、「我」をも含む万物は一体となるはずなのである。

以上、二節に亙って呂惠卿の『道德經』『莊子』注釈の思想を見てきたが、『道德經』と『莊子』の注釈に於いて、用いる語句の比重に多寡の差異が有るとは言うものの、「我」を徹底して否定することが両注の基軸として繰り返し述べられていたと言えよう。この「我」の否定は、『傳』第五十二章注に見た様に、内なる自己と外なる事物との関りを絶つことである。「無我」によってその断絶は達成され、又、断絶によってこの「無我」の境地に至り得る。その境地に至れば、教化主体としての「聖人」も不要となるのである。『莊子義』に見られた「語默」「槁木・死灰」の語が無い以上、万物は自ずと一体となるため、殊更に万物に対して働きかける必要は無くなるとされ、万物に差異はそうした状態を意味するものとして積極的に述べられていたのである。(10) こうした「無我」の結果として到達されるのが、「萬物」と一体となった「性」に復帰した境地であったと言える。

結語　三教観

以上、呂惠卿の二つの注釈を材料に彼の思想を検討してきた。最後に彼の三教観について考えてみたい。呂惠卿に「孝經傳、論語義」等の著述が有ったとされていること、『三經新義』の撰述に参与したこと、又、二つの注釈に『孟子』の句が重要な意味を持って引用されていたこと等から、彼が所謂る道家思想以外に対しても関心を持っていたことは明白である。『孟子』以外にも、『傳』は第四十一章注で「孔子曰、朝聞道、夕死可矣」（『傳』第四十一章「上士聞道、…夫唯善貸且成」注、三／五裏／七）と『論語』「里仁篇」を引き、又、『莊子』「繕性」注では「易謂之陰陽、謂之神明、老氏謂之惚恍、而莊子謂之恬知、其實一也」（『莊子義集校』「繕性」注、三〇九頁）と、「養恬」という点では、『易』『道徳經』『莊子』の思想は実質として一致するとする。又、「漁父」注には、

孔子は本性のままに精神の働きを内に抱いた上で世俗に遊んでいた者だから、どうして漁父の誹りが有り得ようか。この発言が有るのは、思うに、世間の孔子を学ぶ者が、その表面的な部分しか学んでいないからだ。だから、漁父に寓言し、孔子が貴んでいた事柄は、世俗の儒者が理解出来るものではないことを明らかにしたのだ。子貢が漁父に告げたのは、世俗の儒者が理解している孔子なのだ。そもそも天下は雄大ではあるといえ、やはり物に過ぎない。孔子が孔子である理由を、物のレベルで喩えることが出来ようか（孔子體性抱神、以遊乎世俗之間者也、則安有漁父之譏者。而所以言此者、蓋世儒之學孔子者、不過其迹而已。故寓之漁父、以明孔子之所貴者、非世儒之可知也。子貢之告漁父者、乃世儒之知孔子者也。天下雖大、亦物而已。孔子之所以爲孔子者、孰肯以物爲事也）（『莊子義集校』「漁父」注、五五八頁）

と、『莊子』のこの文を、孔子の「迹」の面のみに拘泥する孔子信奉者に警告を発したものと解釈しているのだが、「體性抱神」に含まれる「性」の語を呂惠卿が重視していたことからも分る様に、真実の孔子の在り方、即ち「體性抱神」という実質の次元では『道徳經』『莊子』と同等であると理解されていることが分る。この点は、呂惠卿がその注釈に於いて、「迹」ではなく「本宗」に復帰したものとしての「聖人」はその存在を評価し、その意味では、「伯夷」等の存在を評価している点にも同様に窺える。[11]

『傳』及び『莊子義』には仏教に対する直接の言及は見られなかったが、[12]この点を別の材料に見たい。『莊子義』

の完成から二〇年程後の崇寧二年（一一〇三年）、七〇歳を越えた呂惠卿は「大名府天寧萬壽觀碑」で次の様に述べる。[13]
私はいつも、道は物さえまだ存在していない段階から存在し、天地を生み、神鬼神帝、日月星宿なども道を得て巡っているのだ、と思っている。孔子の儒、釈氏の仏、老子の道も、この道に基づかないものはない。（しかし）孔子は経世の教えであるため、その点をしまい込んで、今まで道に就いて述べたことはない。釈氏は衆生救済の教えで、その姿を変化させて至る所に現われている。唯一、老子だけが、聖人を否定し、智慧を否定し、無物に復帰しようとし、根本から離れていないのだ（臣切以謂道未始有物、而生天生地、神鬼神帝、日月星斗、得之以旋轉者也。孔氏之儒、釋氏之佛、老氏之道、未始不本於此。而孔氏經世藏用而未之嘗言。釋氏救生體變而無乎不在。唯老氏則絶棄聖智、以復於無物、則不離於本宗而已）（『國朝二百家名賢文粋』一二六巻所収）

ここには、『傳』及び『莊子義』に常用されていた、根源としての「道」を意味する「未始有物」の句が見られ、そして、儒・仏・道の三教の教えは全てこの「道」に基づいているとされる。その意味で三教はその根源を同じくしているのだが、その「道」に言及しているか否かで差異が有るとする。孔子の教えは「經世」を旨とし、「道」については言及していない。釈氏の教えは、衆生救済のためにその応身は至る所に存在することを言うも、「道」の作用の側面のみに言及し、その根源には触れていない。老子の教えのみが根源としての「無物」の状態への復帰、即ち、「本宗」と一体となっていることを説いているのだとする。

ここには晩年の呂惠卿の三教観を伺う事が出来る。即ち、三教は、その根源、或いは理解する内容は同じではあるものの、「老氏」の説のみが「本宗」と一体であることを説き得ている点で優れているとするのである。彼の『道德經』理解は『莊子』の思想と深く関るものであるから、ここに言う「老氏」は実質としては『莊子』の思想をも包括するものと看做してよいであろう。

しかし、ここにもう一つ注意すべき資料が有る。それは「新注法界觀序」である。

仏教では心の他に現象は無く、この世界の万物は全て心であるとする。心の本体はカラリとしており、これが真法界であり、従って、遍く万物に行き渡り、そこには差別は無い。万物は全てこの様であるのだ。これこそが、一塵一塵が一法界を備えているということであり、大千の経巻が塵を突破して現われて来る理由なのだ。ただ衆生はその気持ちが断見や常見に陥り、心の本体が何物にも依拠するものではないことを知らないのである。現象間の同一や差異に捉われ、事象はそれとして実体が無いことを知らないのである。そのため、仏教の門に入ることが出来ず、一念一念が生じては滅び、相続いて絶たれることがなく、終には人以外に転生し、再び人に戻ることが無いのだ、哀れなことである。唐に大菩薩の杜順がいて、この世界の真実に深く達し、衆生の迷いを哀れみ、観法の著を撰述し、分別を取り去り、心の働きを解きほぐして真実の実体を明らかにし、事と理の区別を取り去り、無二の境地へと至り、一物一物が真実の空でないものはないと観じさせ、衆生の全てをこの境地に参入させ、自在無礙の境地へと至らせようとしたのである。これが、「真入事厳法界の門」なのである。私呂惠卿は道の教えを聞くこと十有余年、余分なものを取り除き取り除いては正しい理解を求めてきたが、未だピタリと納得することが出来なかった。この「観」を得て、その説の通りにそれを修めた所、この世界の万物が心でないものはないことを誠に理解出来、吾が心の実体が得られるものではないことを理解することが出来た。だから、よこしまな働きの心が思う様なものには、思う主体とその対象も存在せず、よこしまな口が語る様なものには、語る主体もその対象も存在しないのであり、そのことを私がどうして分らないことが有ろうか。ああ、昔の人に杜順を文殊師利菩薩と看做した者がいたが、それは誠にもっともなことなのだ。この人には誠に見る目が有ったと言えよう。私はその説を一人占めしようとはせず、その得た所を解釈とした。私の言の通りに修める者がいれば、華厳の教えの境地に遊ぶこととなろう。私はその者と共にあることを願うのだ（佛無心外法、則天下之物、無非心也。心體廓然、是眞法界、故周徧含容而無所殊。則物胡爲而不然哉。此一塵所以具一法界、而大千經卷所以破塵而現也。夫惟衆生情

淪於斷常而不知心體之無寄。見著於一異而不知事相之無體。以故不得其門而入、而念念生滅、相續不斷、乃至輪迴異趣、往而不返、其可哀也。唐有大菩薩曰杜順、深達是相、而哀衆生之迷也、故著爲觀法、揀去情解以顯法體、鎔融事理以會無二、使觀物物莫非眞空者、則交參攝入、自在無礙。此眞入事嚴法界之門也。惠卿聞道十有餘年矣、損之又損之、以求正念、而未之契也。及得是觀、如其說而修之、乃眞知天下之物、無非心者、而吾心相不可得也。故横心之所念、而無能念・可念、横口之所言而無能言・可言、則吾安往而不知哉。嗚呼、昔人有以杜順爲文殊師利菩薩者、眞不虚也。若人者是眞世間之眼也。吾不敢以其說獨善、輙以所證爲之解釋。有誠吾言而修之者、華藏之遊。吾願與之同之）（『圓宗文類』巻二十二「新注法界觀序」。『卍續藏經』第一〇三冊、八四八頁上。新文豐出版公司、一九九四年）

ここで言われていることは、心以外に「佛法」は無く、万物と心とは一体である。その「心の體」が即ち「眞法界」であり、従って、「心」は全ての存在に行き亙り、「心の體」と万物との間には何の差異も無く、又、「一塵」の内に「一法界」が具現化されている様に、万物相互の間にも何の隔たりも無い、融通無礙な在り方である。それを理解出来ない衆生のために、杜順が「事理の不二」を説き、全ての現象が現象のままで「眞空」であり、個物同士が互いに妨げあうこと無く融通しあい、自在無礙であることを説いたのだ、と述べているのである。そして、「聞道十有餘年」とある「道」は、「損之又損之」と有ることからすれば、道家思想を指すと考えられ、その道家思想の研鑽では得心がいかなかった点が、杜順の著述を読むことで氷解したと吐露されていると言えよう。その深く感銘を受けた杜順の著作に自ら注を付したものが「新注法界觀」と言われるものなのである。

この「序」を読む時、呂惠卿の『傳』及び『莊子義』に見られた、万物と「我」との一体観、「無我」の思想等が、この「序」で述べられている彼の華厳理解とどの様に関っているのかが問題となろう。

今一度「新注法界觀序」の内容を見るならば、そこに見られる「佛法」を「道」に、「心の體」を「無我」「性命」に置き換えると、『傳』及び『莊子義』から読み取れる呂惠卿の思想と基本的に一致していることが分る。従って、

「序」の内容のみに依れば、思想内容自体としては、『傳』『荘子義』とほぼ一致するものを含んでいると言える。とするならば、従来『道徳經』『荘子』の思想に検討を加えてきた呂惠卿にとり、その立場と基本的に一致しつつも、更に「理事の不二」と「事事無礙」の立場を説く杜順の華厳思想が、更にその思想を昇華させ得るものとして呂惠卿に歓迎されたと述べられていることになろう。

しかし、澄観『華嚴法界玄鏡』、宗密『華嚴法界法門』から知ることの出来る杜順の『華嚴法界觀門』の内容を見るならば、そこに見られる所謂る「理事無礙」から「事事無礙」へという展開を軸とする理論に相当する立場は呂惠卿の両注釈には窺うことはできない。[15] 呂惠卿注釈は、自己と外界との関りを絶つことで根源へと復帰し、その状態では自己を含む万物は無差別唯一の存在となり得ることを説くことに主眼を置き、自己を含む個別としての万物がそのままで斉同であり、同時に根源でもあるとは述べられてはいない。又、「序」に言う「斷常」に対する批判も両注には見られない点である。全ての現象が現象のままで「眞空」であるという華厳の立場は、結果として呂惠卿の「道」と「萬物」「我」の無差別化、個物の間の無差別化の思想と一致しはするものの、そこに至る過程に於いては、「新注法界觀序」に見られる華厳の立場は呂惠卿の両注では触れられていないのである。

この「新注法界觀序」が書かれた時期は不明なのだが、高麗・宣宗七年（一〇九〇年）に完成した義天『新編諸宗教藏總録』には「新注法界觀一巻　呂氏注」（大正藏五十五冊・一一六六下）と見られる。これが呂惠卿注を指すとするならば、呂惠卿注は一〇九〇年以前、更には、義天が一〇八五年に入宋し数年で帰国したことを考えれば、一〇八〇年代最末には成立していたことになる。『荘子義』の撰述が一〇八四年以降と目されていることからすれば、呂惠卿注と『荘子義』の撰述時期はほぼ同時期ということになる。又、やや後世の資料では、例えば元末・釈延俊の「重刊五燈會元序」は「昔王介甫・呂吉甫同在譯經院」（『卍續藏經』第一三七冊、九一一頁下）と述べ、王安石との仏理を巡る応答を記録している。訳経院は元豐年間以後は事実上機能していなかったことを考えれば、「重刊五燈會元序」の内容が事実とするならば、王安石との関係が拗れる以前、即ち、「道徳眞經傳表」が完成した四〇代半ば以前の時期の事柄と思われる。(16) 即ち、壮年期に於いて既に仏教に対して関心が有ったことが窺える。華厳に限定して見るならば、例えば、宋・祖琇『隆興佛教編年通論』は、「本朝元豐間太尉呂公惠卿、字吉甫、學通内外。嘗注法界觀及出新意解荘子」（『隆興佛教編年通論』巻第二十一。『卍續藏經』第一三〇冊、六二八頁上）と述べ、呂惠卿は内外の学問に通じた上で「注法界觀」と「解荘子」を撰したとし、その時期を元豊年間としている。そして、『隆興編年通論』は続けて、華厳の思想を巡る「童子」と呂惠卿のやりとりを記録している（『佛法金湯編』巻第十三に依れば「華嚴感應傳」に基づくとされる。『卍續藏經』第一四八冊、九四七頁下）。又、宋・正受『嘉泰普燈録』には、「參政呂慧卿居士字吉甫、於法界觀、研味有年。後看李長者合論、心地豁然」（『嘉泰普燈録』巻第二十二。『卍續藏經』第一三七冊、三〇九頁上）と有り、華厳の法界観の研鑽を積み、「李長者合論」即ち、宋・贊寧が『華嚴經』と李通玄『新華嚴經論』を併せて編纂した『華嚴合論』を読むことで、呂惠卿は得心したと述べている。「新注法界觀序」とほぼ同じ事柄が、ここでは杜順ではなく李通玄で語られている。これらの記述がどの程度事実を反映したものであるのか疑問が無いわけではないが、呂惠卿の仏教との関りは壮年期から有り、華厳との関りに就いては、五〇代を越えてからの事柄が記録されているということになろう。

以上の状況からすれば、杜順（あるいは李通玄）の著作に感銘を受けて「新注法界觀」が撰述されたのは、両注釈撰述とほぼ同時期、遅くとも『荘子義』完成の直後であるということになる。従って、呂惠卿の思索時期としては、老荘と華厳とにほぼ同時期に取り組んでいたということになる訳だが、『傳』及び『荘子義』には様々な書物が引用されているものの、その中に仏教文献は無く、それ程の感銘を受けた華厳思想に対する直接の言及も無い。しかも、より遅くに撰述された「大名府天寧萬壽觀碑」では、三教の内では道家の教えが最も完備したものと述べているのである。即ち、老荘と華厳に関する理解を同時に有しつつも、『道徳經』『荘子』を注釈する際には、そこに仏教理解を持ち込むことはせず、そして、「新注法界觀序」は「新注法界觀」のために書かれ、そして、「大名府天寧萬壽觀碑」も又「萬壽觀」のために書かれたという、それぞれが個々に独立した作業であったと看做さざるを得ない。従って、『傳』及び『莊子義』では触れられていない華厳教理に関する理解を呂惠卿が有していた点を押さえておかねばならないであろう。(17)

北宋の老莊注釈の多くが三教一致の立場から『孟子』を重視し、「性命」「天理」等の語を重視し、そこには、道家・道教思想という範囲を超えた、より広い北宋思想史全体との関りが窺える。(18)呂惠卿の注釈にはこうした北宋の注釈の基本的性格を見出すことが出来る。しかし、『義海纂微』で呂惠卿の後陣に配されている林疑獨の注と比較するならば、そうした傾向は呂惠卿の場合はまだ顕著とは言いがたい。『孟子』の「萬物皆備於我」の句の用い方も、例えば、程明道が「仁」としての「理」が万物を貫いていることを意味するとした様なものではなく、(19)あくまでも『莊子』の思想を基礎とするものであり、「性命」の語も同様に『莊子』のそれに依拠するものである。『道德經』『莊子』の思想に基づいて思想を構築し、それの傍証という形で『孟子』の句が用いられているというのがその実態であると言うべきであろう。

それにしても、現実の社会活動に於いてあれ程政治志向の強かった呂惠卿が著した老莊注釈の内容が、本章で論じた様なものであった点はどの様に解釈すべきなのであろうか。政治志向が強かっただけに、一方でそうした現実的世界を超えた境地に対する憧憬が強かったとすべきなのか。それよりも、現実的政治は政治、経典注釈作業はあくまでも注釈作業という、注釈作業を一つの独立した営為としてそれに取り組んでいた、と考えるべきなのではないか。

注

（1）　詳細は第一篇「【補論　②】　呂惠卿・林疑獨・王雱の『莊子』三注について」を参照。

（2）　呂惠卿の伝記資料は、東一夫『王安石新法の研究』「第二編第四節第一項　王安石と呂惠卿」に詳しい。又、湯君『莊子義集校』（中華書局、二〇〇九年）巻末「附録二　宋人關於呂惠卿的傳記」に関連資料が集められ、又、黄啓権「論呂惠卿的歴史功過」（汪征魯主編『呂惠卿研究』所収。福建人民出版社、二〇〇二年）、湯君「黒水城文獻『荘子義』考」（『敦煌學輯刊』二〇〇六年第二期（總第五十二期）、二〇〇六年）等もその事跡を整理している。尚、『呂惠卿研究』は二〇〇一年十二月に福州で開催された「福建省歴史名人研究會　呂惠卿分會成立大會暨呂惠卿學術研討會」の報告論文集で、五〇有余編の論考を収める。呂惠卿の新法を再評価するという点で概ね一貫しているが、老荘思想に就いては、徐心希「呂惠卿的『道徳眞經傳』及其變法思想」、仲亞東「『宋呂氏荘子義』探微」等が論じ、両注の内容を変法運動と結びつけ、変法運動に思想的・理論的根拠を提供したと総括している。しかしながら、両注の内容に具体的に即しながら論じることには成功していない様に思われる。

（3）方勇『荘子學史』は、『道徳眞經傳』の成立を熙寧年間末と推測している（三十八頁）。

（4）『郡齋讀書志校證』は、『藏園群書題記』『楹書隅録』の記述を参照し、「荘子義内篇」の正式名称を「呂觀文經進荘子内篇義」であるとし、「荘子義」全体の名称を「呂大尉經進荘子全解」としている（『郡齋讀書志校證』、四八二頁、一〇二七頁）。方勇『荘子學史』は、「南華眞經義解三十三巻」（『道藏闕經目録』）、「荘子解十巻」（『宋史』「藝文志」）、「呂吉甫注荘子十巻」（『郡齋讀書志校證』）、「呂大尉經進荘子全解十巻」（『海源閣藏書目』）等の名称・巻数の違いに就いて、『道徳眞經傳』を撰述した後に『荘子』の注釈に着手したが、内篇の「義解」を上程した後、継続して注釈を撰述したため、各種の異なる版本が発生したと推測している（三十八頁）。又、湯君「北宋呂惠卿荘子版本源流考」（湯君『荘子義集校』附録四）は、元豊七年に「荘子内篇義七巻」を上程した後の八年間は閑職に在ったため、「荘子外・雜篇義」を撰述するのに最適の時期であったとし、元祐八年～元符二年（一〇九三～一〇九九年）の間は逆に哲宗の覚えが良かったため、『荘子義』が付雕されるのに適切な時期であったとする（六三四頁）。又、湯氏は、現存する「荘子義」諸版の詳細な検討も行っている。尚、呂惠卿注釈を巡る研究としては、劉固盛『宋元老學研究』は、その『老子』注は道家と儒家を表裏の関係にあると看做し（六十九頁）、「治世の書」として『老子』を解釈していたとする（六十七頁）。又、方勇『荘子學史』は、その『荘子』注は儒道合一思想の下に撰述され（三十九頁）、それは蘇軾「荘子祠堂記」の立場と一致するとし（四〇頁）、又、そうした立場は、道家の無為政治と儒家の有為政治を統合することで初めて現実的意義が有ると呂惠卿が考えていたためとする（四十二頁）。又、熊鐵基主編『中國莊學史』は、その『莊子』注釈には三教一致の傾向が有り（二七六頁）、強烈な政治傾向が見られ（二八三頁）、そのため、有為の経世の学であるとしている（二八三頁）。これら中国の研究は、現実の政治家としての呂惠卿像をその注釈の解釈に持ち込み過ぎている様に思われる。政治家としての呂惠卿像とは切り離した形での注釈研究が必要であろう。

（5）「孝經傳」には紹聖二年（一〇九五年）の「序」が有り、晩年の著述であることが窺える。西夏文字訳「孝經傳」に就いては、聶鴻音「呂注『孝經』考」（『中華文史論叢』二〇〇七年第二期、總第八十六集）、胡若飛「俄藏西夏文草書『孝經傳』序及篇目訳考」（『寧夏社會科學』第五期（總第一三二期）二〇〇五年）等を参照。

（6）陳景元『道德經』注を検討した際に既に指摘したが、李『取善集』が集注を編纂する際に自ら加筆していた可能性を考える必要が有る。

（7）熊鐵基主編『中國莊學史』は、これを「會通老莊」と称している（二七四頁）。

（8）第八十章の注でも『莊子』「在宥篇」に基づき「三代以來至於周衰、其文弊甚矣。民失其性命之情。故老子之言救之質、以反太古之治。…此救之以質而反太古之道也。…夫道與世之交相喪久矣。非大道不足使人反性命之情」（『傳』第八十章「小國寡民、…至老死不相往來」注、四／二十五裏／五）と述べる。

（9）『莊子』「徳充符」注にも「然水之所以平者、乃其性然也。内保之而外不蕩、則平矣。内保之者、勿失其性而已。外不蕩者、勿動之也。人之性、亦猶是也。其所受於天者、萬物皆備、而未始有虧、則成也。萬物皆一而未始有乖、則和也」（『莊子集義校』「徳充符」注、一〇七頁）と有り、又「天地」注にも「萬物備乎我、則一府而已矣。方生方死、方死方生、則同狀而已矣」（『同』「天地」注、二三〇頁）と見られる。

（10）『傳』第五十二章注が基づいた『莊子』「庚桑楚」注も又「今惡耳目之韄於聲色、而欲物物以持之、則繁而捉者也。繁言不得其持之之要也、則莫若内揵而已。内揵則心不出、内心不出則而外不韄矣。則道德經所謂、鑿其兌、挫其鋭之謂也。心術之韄於事爲、而欲事事以止之、則是繆而捉也、繆言不得其止之之正也。則莫若外揵而已、外揵則外物不入、外物不入内則内不韄矣。此道德經所謂、閉其門、解其紛之謂也。故寂然不動、而萬物不足以鐃」（『莊子集義校』「庚桑楚」注、四二五頁）と述べている。この様な思想が根底にある以上、呂惠卿の注釈に現実的な政治傾向が強く見られるという見解は、適切ではないと思われる。

(11)　「神降而爲聖、而王則聖之外也。自三代以下、一見聖王之迹、而其所以爲神天者、隱而不見矣。故禹之胼胝、湯武之征伐、雖出於不得已、則其迹不免於殉天下之弊也。而莊子方絶其迹、而反乎神天之本宗、則其論聖人、固宜如此、非小之也」(『莊子集義校』「駢母」注、一七五頁)、「夫伯夷聖人也。安有不自得而得人之得、適人之適而不自適、而可以爲聖人哉」(『同』「駢母」注、一七九頁)等。

(12)　熊鐵基主編『中國莊學史』は、呂惠卿の『莊子義』に仏教の影響が見られると指摘しているが(二七六頁、二七七頁)、そこに指摘されている注文は、唐までの『莊子』解釈を踏まえるならば、殊更に仏教の影響を云々しなければならない内容とは思われない。

(13)　『全宋文』第四〇冊巻一七二一(巴蜀書社、一九九四年)所収の宋慶元三年書隱齋刻本に依る。

(14)　底本は「楝去情解」に作るが、同文を収録する『全宋文』の「楝、疑當作揀」(一二八頁)という指摘に従い、「揀」に改めて解釈した。

(15)　木村清孝『初期中国華厳思想の研究』(春秋社、一九七七年)が載せる『法界觀門』のテクストを見るならば、「第一眞空觀法」から「理事無礙觀第二」を経て「周遍含容觀第三」の境地へと至るという過程が述べられている(三三一頁以下)。

(16)　梁天錫『北宋傳法院及其譯經制度』が指摘する様に(五七～五八頁、二一三頁)、王安石が訳経潤文使の任に充っていたのは熙寧五～九年(一〇七二～一〇七六年)の間とされ、この時期と合致する。

(17)　尚、杜順を菩薩の化身と看做すことに就いては、例えば、杜順『華嚴五行止觀』に付された「終南山杜順禪師縁起」に杜順こそが「菩薩化身」(大正藏四十五・五一四上)であると見られる。竹音「杜順是文殊菩薩化身」(『五台山研究』二〇〇七年第二期、二〇〇七年)を参照。

(18)　唐代から宋代に至る思想史上の『孟子』の位置と「新党」と『孟子』の関係に就いては、徐洪興『思想的轉型―理學發生過程研究―』「中篇第二章二節　孟子昇格運動(附論、唐宋間的『非孟』思潮)」(上海人民出版社、一九九六年)を、北宋に限定した議論としては、近藤正則『程伊川の『孟子』の受容と衍義』(汲古書院、一九九六年)の特に「前言」を、荊公新学との関りについては、劉成國『荊公新學』(一一四頁以下)等を参照されたい。

（19）　「學者須先識仁。仁者、渾然與物同體。義、禮、知、信皆仁也。識得此理、以誠敬存之而已、不須防檢、不須窮索。若心懈則有防、心苟不懈、何防之有。理有未得、故須窮索。存久自明、安待窮索。此道與物無對、大不足以名之、天地之用皆我之用。孟子言萬物皆備於我、須反身而誠、乃爲大樂。若反身未誠、則猶是二物有對、以己合彼、終未有之、又安得樂。訂頑意思、乃備言此體。以此意存之、更有何事。必有事焉而勿正、心勿忘、勿助長、未嘗致纖毫之力、此存之之道。若存得、便合有得。蓋良能元不喪失、以昔日習心未除、却須存習此心、久則可奪舊習。此理至約、惟患不能守。既能體之而樂、亦不患不能守也（明）」等（『二程集』一六頁以下）。

【補論　①】『三經新義』について

以上の考察に於いて、王雱、呂惠卿の老荘注釈と、関連する王安石の状況を検討して来たので、ここで『三經新義』に触れておきたいと思う。荊公新学の集約と看做されることの多い『三經新義』であるが、その撰述状況等は、暫時、先行研究に依るならば、[1]程元敏氏は「詩經義」は王雱が「訓辭」を担当し、王安石が「訓義」を担当した両者の共同作業であり、「尚書新義」は多くの人の手に由って撰述され、「周官新義」のみが王安石の撰と看做している。[2]従って、『三經新義』の内容にどの程度王雱や呂惠卿個人の思想を見出すことが出来るのかはかなり疑問であるということになろう。ここは『三經新義』の検討自体が考察の目的ではないので、本論の検討と関りの有る範囲内で、『三經新義』中に見られる道家思想的要素を指摘するに留めておきたい。尚、以下の引用は全て程元敏氏の輯本を用い、文献番号も程氏のものに依拠した。

先ず、「周官新義」であるが、

【佚文】（六八）且人之養也、心志和而後氣體從之、食飲膳羞以養氣體也（八十四頁）

【佚文】（七〇）蓋不以哀樂欲惡貳其心、又去物之可以昏憒其志意者、而致養氣體焉。則所以致精明之至也、夫然後可以交神明矣（八十八頁）

【佚文】（三八三）息老物、則息使復本反始、故所擊者土鼓、所歈者豳籥、其章用豳詩焉（三四八頁）

【佚文】（六八）は「心志」の調和を優先し、「氣體」の在り方はそれに従うとするものであり、「心志」の調和が、「食飲」で「氣體」を養うことより優先されるべきだとする。【佚文】（七〇）は感情で心を乱すことなく、「志意」を乱す「物」を取り去ることで、「志意」を安定させれば、「氣體」を養うことが出来る。これこそが「精民」を極め、「神明」と交わる手段であるとされる。【佚文】（三八三）では、「老物」を止むことで「本」「始」に戻ることが可能であるとしている。これらの事例では、主体の心情の在り方が肉体に影響し、それ故に、心情の管理が優先され、その心情を安定させるためには、不用意に外物と関係を持つことが戒められているのである。ここには、今まで検討してきた老荘注釈に見られた、主体の定立に関る議論と同様のものを見ることが出来るであろう。従って、程氏輯本が【評】（三四）として引く、『四庫全書考證』の清・王太岳の「清王太岳曰、…案、心齋之義、本莊子。但莊子以不飲酒不茹葷爲祭祀之齊、與周官齊日三擧之齊、義各不同。安石蓋借用〔四庫全書考證卷八・四〇頁〕」（八十九頁）という、王安石の「齊」解釈は『莊子』の「心齋」語を借りてきただけだというコメントは、この「齊」の事例に関しては該当するかもしれないが、その背景には、老荘思想に関する理解が在ると看做すべきである。

次に「詩經新義」は、【佚文】（二六一）に『老子』「三十輻」の句が引用されているが、『詩經』「小戎」の「轂」の字の説明として引用されているのに留まる（九十四頁）。その他には取り立てて注目すべき記述は見られない。

最後に「尚書新義」だが、

【佚文】（一〇〇）誠使爲天子者澹然無營、清心寡欲、擧天下之聲色貨利、曾不足以動其心、彼諸侯者其敢肆其逸欲於下哉（三十六頁）

【佚文】（二一七）然湯之所以能成寛仁之德者、其本則自於清淨寡欲、眇然天下、擧不足以動其心、故能利與人同、以施其不忍人之政、茲其所以彰信於天下也（七十六頁）

【佚文】（四七〇）君道以擇人爲職、上必無爲而用天下、下必有爲而爲天下用、此君臣之分也（二〇一頁）

【佚文】（一〇〇）では、君子が「澹然無營、清心寡欲」であれば、外界の様々な事物もその「心」を動かすには足らず、その様であれば、下に居る諸侯も、その「欲」を恣《ほしいまま》にすることがなくなると言い、【佚文】（二一七）は、湯王自身は「清淨寡欲」で、その「心」が不動であり、人々と利益を同じくすることが出来、「不忍人之政」を施すことが出来たために、天下の信を得たことを言い、【佚文】（四七〇）は、上に居るものは「無爲」で天下を修め、下に居る諸侯は「有爲」で世界を治めていくと、両者の役割分担を述べている。【佚文】（一〇〇）は、本著冒頭で見た君主の「無爲」と、それがもたらす「民の自定」を言うものであり、【佚文】（二一七）も基本的にそれと同じ発想に基づく。一方、【佚文】（四七〇）は、「無爲」を実践出来る者は上に居るものに限定されるという、北宋の老荘注釈に多く見られる「聖人」「至人」の在り方に関する議論と一致するものと言えよう。従って、「聖人」「至人」以外の者の所為は自ずと「有爲」になるのであり、そこには「無爲」と「有爲」の役割分担が有るのである。「無爲」と「有爲」を分担する立場は、王安石と王雱の無・有の考え方に見られるものであった。

この様に見ると、確かに王雱・呂惠卿・王安石等の老荘思想と関りが有ると推測される要素を『三經新義』の中に見出すことが可能であり、しかも、それはその他の北宋の老荘思想の傾向と一致するものでもあると言える。従って、老荘の注釈という営為を経て得られた知見が、彼らの思想の中に根付いているということは一先ずは言えるであろう。しかし、程氏の輯本から予想される『三經新義』全体の分量から判断するならば、それらは量としては極く僅かであり、『三經新義』全体を貫く思想的基調となっている訳ではない。彼らにとり、老荘の注釈は、基本的には、テクストに即した注釈という一つの営為として位置付けられるものであったと看做すべきではなかろうか。[3]

注

（1）『三經新義』に就いては、程元敏『三經新義輯考彙評（一）―尚書』（國立編譯館、一九八六年）、『三經新義輯考彙評（二）―詩經』（國立編譯館、一九八六年）、『三經新義輯考彙評（三）―周禮（上）』（國立編譯館、一九八七年）、『三經新義輯考彙評（四）―周禮（下）』（國立編譯館、一九八七年）、李文澤「王安石新學的訓詁學審視」（四川大學古籍整理研究所、四川大學宋代文化研究資料中心編『宋代文化研究』第四輯。四川大學出版社、一九九四年）、井澤耕一「王安石の孔子廟配享と『三經新義』に關する一考察―王學の興隆と衰退―」（『關西大學中國文學會紀要』第二十三號、二〇〇二年）、

同「王安石『詩義』に關する一考察―朱熹の『詩』解釋との關わりにおいて―」(『詩經研究』第二十九號、二〇〇四年)、吾妻重二『宋代思想の研究―儒教・道教・仏教をめぐる考察―』「I、第二章　王安石『周官新義』の考察」(関西大学出版部、二〇〇九年)、近藤一成『宋代中國科擧社會の研究』「I部第三章二、三經新義の編纂」(汲古書院、二〇〇九年)等の各論考を参照。尚、程氏著は、近年、華東師範大學出版社より『程元敏著作集』の一冊として復刊された(二〇一一年)。

(2)　但し、程氏は「尚書新義體製探原」「三經新義修撰通考」(『三經新義輯考彙評(一)―尚書』所収)等で、「尚書新義」「詩經義」は多くの人の手に由り、「周官新義」のみが王安石の撰としている(二五〇頁、三〇二頁)。

(3)　その点は、張宗祥輯録・曹錦炎『王安石「字説」輯』(福建人民出版社、二〇〇五年)から窺うことが出来る、王安石『字説』に見られる老荘的要素の状況も全く同じである。

第八章　林疑獨『莊子』注の思想について―理・性・命を中心に―

序

南宋・褚伯秀の『南華眞經義海纂微』（以下『義海纂微』と略す）は、本章で扱う林疑獨の『莊子』注（以下「林注」と略す）を全巻に亙って引用している。そして、この『義海纂微』も踏まえ明・萬曆七年（一五七九年）に書かれた孫應鰲「南華眞經原序」は、「前代解莊子甚多。自郭象・成玄英注疏外、若林疑獨・呂惠卿・陳景元・王元澤・劉槩・呉儔・趙以夫各有傳。林希逸有口義、李士表有十論、王旦有發題、范無隱有講語、至武林褚伯秀彙採爲義海纂微而獨斷之」（『四庫全書』版、王雱『南華眞經新傳』原序／一表）と述べ、北宋の『莊子』注釈の筆頭に林注を挙げている。

この様に、北宋の『莊子』注釈の一つとして等閑視することの出来ない位置に在る林注であるが、その撰者である林疑獨に就いては、清・陸心源『宋史翼』巻四〇が『福建通志』に依拠した記述を載せている。[1] それに依れば、林自、字は疑獨、福建興化県の出自である。紹聖元年（一〇九四年）に蔡卞の推挙により太学博士となる。蔡卞が王安石を強く支持していたこともあって、当時、蔡卞と共に司馬光『資治通鑑』の「板」を破壊しようと画策し、失敗している。[2] 紹聖三年（一〇九六年）に秘書省正字となり、翌年に著作佐郎となる。方天若が元祐大臣を「誅戮」せんとする計画に加担するものの、哲宗に忌み嫌われ、最後は宣徳郎で終わったとされている。ここには、林疑獨の著述に就いての言及は見られないが、宋・馮椅『厚齋易學』「附録一　先儒著述上」には「太學十先生易解十二巻」（『四庫全書』版『厚齋易學』二十七裏）の選者の一人として林疑獨の名が挙げられ、清・朱彝尊『經義考』巻二十二も「林氏〔疑獨等〕太學十先生易解」の箇所で、「按興化府志有林疑獨傳、名曰、黨附蔡卞、官宣徳郎、著周易解疑、即十先生之一也」（林慶彰等主編『經義考新校（二）』四〇二頁。上海古籍出版社、二〇一〇年）とコメントしている。そして、清・郝玉麟等監修『福建通志』には「林自、周易解一巻、荘子解、詩文集十巻」（『四庫全書』版『福建通志』巻六十八「藝文」一八表）と、「周易解」に加えて「荘子解」の語が見られる。これらの資料からすれば、紹聖年間を挟んで活動し、政治的立場としては王安石側に組みし、『易』と『荘子』に通じていた人物であると言えよう。(3)

林注に就いては、褚伯秀『義海纂微』が引用する他は、焦竑『荘子翼』が若干引用するに留まり、『義海纂微』所引が第一資料となる。(4) その『義海纂微』は、冒頭「今所纂諸家註義姓名」で諸注釈家に言及しているが、「郭象注、呂恵卿註、林疑獨註」と列挙している。後に言及するが、呂恵卿・林疑獨・王雱の三注は内容上関係が有り、林注は呂恵卿注を踏まえていると『義海纂微』は認識していた様である。とするならば、一先ず、林注は呂恵卿注（一〇八四頃問世）の後に成立したものと考える事が出来るであろう。即ち、陳景元も含めるならば、前後関係は有るものの、これら四注はほぼ同じ頃に成立し、それは、北宋期の代表的な思想家達の活躍した時期とも重なるのである。

さて、林注全体を眺めた時、「性命の理」という語が多用されていることに気付く。

荘子の学問は、理を窮め性を尽くして命に至るものだ。無益の功には務めず、だから、その教えは謹まなければならない（荘子之學、窮理盡性、以至於命。不務無益之功、故術不可不謹也）（『義海纂微』「列御寇」注、一百／三表／一〇）

『荘子』「列御寇」に付されたこの一文から、『荘子』の「學」の核心は「窮理盡性以至於命」にあると林疑獨が理解していることが窺える。言うまでもなく『易』「説卦」を踏まえ、『荘子』の「性命の情」とも深く関る立場だが、後述する様に、林注は儒・仏・道の三教に通底する思想として、「理」「性」「命」の語を重視しているのである。

本章では、北宋期の『荘子』注釈の一スタイルとして林注の思想の考察を試み、そのことで『荘子』というテクストに即した「理」「性」「命」解釈の一例を提示してみたいと思う。(5)

尚、褚伯秀『義海纂微』は、諸注釈を引用する際に大幅な節略を行っているが、原注の原意を損ねることはほとんど無いと思われ、[6] 従って、『義海纂微』所引の林注から林疑獨の思想は充分に窺うことが出来ると考える。

一　林疑獨注の「理・性・命」思想

（一）「理・性・命」

林注の「理・性・命」の思想の大枠を窺うことの出来るものとして、『莊子』「天地」の「泰初有無。無有無名。…同乎大順」の一段に付された注を先ず見たい。『莊子』のこの一段は、「泰初」の「無」から「一」が生じ、その「一」を得ることで「物」が生じることを「徳」とし、その「一」が個別化し万物に具現化していくことを「命」とし、その個別化の過程で万物に生じる筋目を「理」とし、そこに生じた万物の「形」が「神」を宿すことで生じる法則を「性」とすることについて述べた個所である。そして、この「性」が十分に修められたならば「徳」へと戻り、その「徳」が極まることで「泰初」と同化し、「虚」「大」なる境地に至ることを言う一段でもある。この個所の林注には次の様に有る。

「太初」とは気の始めであり、形がまだ具体化していないので「無あり」と言うのである。物が生れればそこに名称が伴うが、この（「太初」の）段階では何も存在していないので、名称が与えられる対象は存在しない。「一」とは道という名称が生れる契機であり、物の命が生じる契機である。それは、有るとも言えず、無いとも言えない。「一」は極めて微妙な所から生じ、それは、形がまだ備わっていない段階である。「万物は（この「一」を）得ることで生れる」とは、命を受けることなのである。即ち、その命は我に在ることになり、だからそれを徳と言うのである。我に在る命を得るということなのだ。「まだ形が無い」とは、造化の働きの始めのことである。

しかし、そこには既に物事を整理して区分しようとする働きが存在している。この区分する働きとは物が形を具えてから発生する訳ではないのだ。区分する働きが有るとは言うものの、（物と命とは）一体となっていて途切れることがない。これが物の命である。「且」を通常の語義で解釈してはいけない。物が生じればそこには形がある。生は命より生れ、形は生より生れる。人に生があるのは、道と根本を一つとしているからである。形が有るのは、道と姿を一体としているからだ。「留動する」とは、陰の静と陽の動とで物を生じることである。物が完成すれば、自然と理が生れる。だから、命が我に在るのを性と言い、性が物に在るのを理と言うのである。形は道が具体化したものである。形は神に依拠して存在している。その神を保つことが出来れば、そこにはそれぞれの法則が有ることになり、これを性と言うのだ。命は生の前に生じ、性は神の後に具体化するのだ（太初者氣之始、以其未見形、故曰有無。物有則名隨之、此既無有、名將安寄。一者道之所以名、物之所以命。莫得而有、莫得而無。一之所起、起於至妙、未有形也。物得以生、言其受命。則命在我、故謂之德。得其在我者也。未形、造化之始。然已有辨制之分。是分不在物成形之後。雖有分而且然無閒、此物之命也。且者不可以爲常之義。物有生則有形、生出於命、形出於生。人之有生、則與道同體。有形則與道合容。留動者、陰靜陽動而生物。物之成就、則自然生理。故命之在我、謂之性。性之在物、謂之理。形者道之象也。形體頼神而存。能保其神、各有儀則、謂之性。命出於生之前、性顯於神之後也）（『義海纂微』「天地」注、三十六／九表／一〇）

「太初」→「一」→「陰陽」という過程を経て万物は生成する。この過程で、「氣の始め」とされる「太初」から「一」までは、「未だ形あら」ずと、具体的形象が存在していない段階である。「一」は「道の名づくる所以」とあり、それ以前の「無形無名」の「道」の段階と、それ以降の「有形有名」の段階の境に位置する。そして、「物あらば則ち名の之に隨う」と有る様に、「物」の存在と「名」の出現とは不可分の関係にある。従って、「物」は「一」を「得て以て生」じ、即ち、万物が生じるということは、その存在の根拠としての「命」を受けることに他ならない。

そのため、この「命」とは「物」の一つである「我」の存在根拠となり、言い換えれば、それは「我に在る」ことになるのである。この「我に在る」ということを「徳（＝得）」と言う。そして、「我」に存在している「命」を「性」と言い、その「性」は「物」一般では「理」と言われる。「命」は、「無形無名」の「道」から、具体的個物への展開に位置していると言える。ここには「神」の語も見られるが、それについては後述する。林注は続けて次の様に述べる。

天下の人々はその性を見失って久しく、聖人は教えによって性を修めさせようとした。性が修まり、それ以上修める必要が無い段階にまで至れば、徳に戻ることになる。徳に戻れば究極へと深く至り、太初と一体となる。太初の段階では物は未だ存在していない。物が存在していない以上、それは虚である。だから、「一体となると虚である」と言うのである。虚であって初めて窮まることのない大本に到る。だから「大」と言う。「大」とは有為でありながら、何も作為していないのだ。だから「喙鳴（様々な弁舌の違い）を一つにする」と言うのである。「喙鳴（を一つにする）」とは言語表現・作為に対して無心であることである。「喙鳴」を一つにしたならば、その行いは天地と一体となるであろう。天地と我と、我がこれと一体とするのだ。天地と一体となった境地では、智恵を働かすことが出来ようか。「愚か者の様である」というのは、無心であって自ずと一体となるということだ。これを玄妙の徳と言うのである。この様であれば、全てに於いて順調となる。聖人の道はここに極まるのである（天下失性既久、聖人教以脩性。性脩而至於無所復脩、則反於德。反於德、則冥於極、而同於初。初者未始有物。無物則虛。故同乃虛。虛而後有無窮之體。故曰大。大者有爲而未嘗爲。故合喙鳴。喙鳴者無心於言爲之間也。喙鳴既合、蓋以事業合天地。天地與我而我與之合也。與天地爲合者、豈知之所能爲哉。緡緡若昏、無心而自合耳。是謂玄妙之德。無往而不順。聖人之道極矣）（『同』「天地」注、三十六／一〇表／四）

天下の人々は「性」を見失っている。その失われた「性」を取り戻すため、「聖人」は「脩性」の教えを興し、「脩性」→「反於徳」→「冥於極」→「同於初」と遡ることで、「無物」「虚」であるが故に「大」なる境地に至る。それは、「言爲の間に無心」であり、一切の作為的行為を消し去った境地である。万物へと展開することになる「道」の本体と一体となったこの境地は、天地と一体化した「玄妙の徳」と言われ、「聖人の道」の極みなのである。

「聖人は教えて以て性を脩めしむ」の句は、先に引いた林注の「命・性」の記述に続くものであることから、『禮記』「中庸」冒頭の「天命之謂性、率性之謂道、脩道之謂教」を踏まえるものと考えられる。「天」より賦された「命」を人は「性」として受け、その「性」の持ち前を失わないように、或いは、失われた場合はそれを取り戻させるのが「教」であるという、孔穎達「正義」以来の解釈に注意を払いながら、『莊子』の文脈に沿って林注は自説を展開していると言えよう。

以上の点で注意すべきは「性」と「理」との関りであろう。『莊子』本文は、「物」が形成されて「理」が生じると「形」となり、その「形」に「神」が宿り、「儀則」としての「性」が生じると述べ、人の「性」と物の「理」という区分は殊更には述べられていない。一方の林注では、「我」と「物」とを区別し、そこに「性」と「理」を振り分けている。この点に就いては後段で改めて触れたい。

さて、「脩性」の教えの階梯が最終的には「太初」と同一化した境地、即ち「未だ形有ら」ざる「造化の始め」に戻ることを目指しているとするならば、『莊子』に即して言えば、個物の存在契機である「受命」の段階を更に遡って、より根源へと立ち戻ることになるはずである。しかし、林注では、実は「命に至る」ことを極致と見なす場合がほとんどなのである。例えば「天地」注には次の様に有る。

「命を致す」とは、ことさらに致すこと無くして至るのであり、情《ありのまま》を尽くせば性は必ず極められる。神人は命を既に致し、性を既に極めているのだ。天地すら尚お楽しむのだから、まして人は当然ではないか、まして物は当然ではないか。万物がそれぞれの性命の情《ありのまま》に復帰したならば、道と一体となる。だから「混冥」と言うのだ（致

命者莫之致而至、盡情則性無不盡矣。神人者命之已致、性之已盡。天地猶樂、況於人乎、況於物乎。萬物各復其性命之情、則與道爲一。故曰混冥）（『同』「天地」注、三十八／十一表／四）

ここで言われている「致命」は「道」と一体となった境地である。そして、それが『孟子』「萬章上」の「莫之致而至者、命也」を踏まえていることから、林注の言葉で言うならば、「致命」は「無爲」のままに達成されねばならないと理解されていることが分る。即ち、一切の作為的行いを止め「道」の本体へ復帰した状態と、「我」の存在する根拠である「命」を窮めることとが同一視されているのである。これは、『易』「説卦」の「窮理盡性以至於命」の句に基づき、そこに後述する様な階梯を設定した上で、「至於命」を最終的境地とする立場に立てば、自ずと導き出される理解と言えよう。「至於命」を最終目的とする表現が多く見られることからすれば、先に見た『莊子』の内容に即して解釈されていると言うよりは、『易』の「窮理盡性以至於命」の句に基づく解釈が優先されているのである。その結果、本体と、作用の発端とがほぼ同一視されることとなり、「命に至る」ことが、本体・作用を含む根源へと一気に復帰することとして位置付けられているのである。この点は、「齊物論」注に、

「始めということさえもともと無いということ、それさえもともと無いということが有る」とは、気・形・質が既に具わっていて、互いにまだ分離していない段階を言うのである。これを「渾淪」と言う。これは道の極致である（有未始有夫未始有始也者、氣形質具而未相離、謂之渾淪、此道之極致）（『同』「齊物論」注、三／二十二裏／七）

と有り、『莊子』本文の「未だ始めより夫の未だ始めより始めあらざるものあらざる者あり」を「道の極」とし、そこには、個別具体化していないため現象化してはいないものの、個別性を成り立たせる気・形・質はすでに全て備わっていると述べている点に、作用の次元で現象化するものは、本体に於いて既に備わっていると看做していることが分る。即ち、本体と作用の連続性を窺うことが出来る。

次に、「物」に於ける「理」と「人」に於ける「性」との関りに就いては「徐無鬼」注に次の様に有る。

全て、極限に至ることを論ずる場合、自分が理解していない点を問い質《ただ》していくのであり、その結果、その智恵は極められるのである。対象を特定して問い質すのが「切問」である。対象を特定しないで問い質すのが「泛問」である。「切問」では理を窮めることは出来るが、性を尽すことは出来ない。「泛問」では広く知ることは出来るが、要点へと戻ることは出来ない。だから、何れも不十分である（凡論至其極者、皆疑之以不知、而後知斯至矣。問而有崖、切問也。問而無崖、泛問也。切問可窮理、未可以盡性。泛問可博知、未可以反約、故皆不可也）（『同』「徐無鬼」注、八十一／十一表／五）

ここでは、「窮理」のレベルには到達したものの、依然として「盡性」には到達し得ていない段階が有るとし、両者の間に明確な段階を設定している。『論語』「子張」の「広く学んで志を篤くし、切実に質問して身近に考えれば、仁はそこに在る（博學而篤志、切問而近思、仁在其中矣）」（『十三經注疏分段標點』所収『論語注疏』四二三頁下。新文豊出版公司、二〇〇一年）及び何晏『集解』を踏まえ、対象を絞り込んでの問いかけである「切問」では「窮理」は可能だが、それでは「盡性」には到達し得ないとする。即ち、「窮理」と「盡性」には段階的差異が有るのである。ここで言われている、「無崖」の問いかけである「泛問」が「窮理」の次のレベルの「盡性」を意味するのかどうかは判然とはしないが、文脈からすれば、その可能性は高いであろう。しかし、そうなると、学問に於ける「泛問」の位置付けは『集解』等の理解するものとは大きく異なることになる。[7] この様に「切問」の対極に位置するのが「泛問」なのだが、それでは『孟子』「離婁下」が「広く学んで詳細に説明するのは、その要領を説明するためだ（博學而詳説之、將以反説約也）」（『十三經注疏分段標點』所収『孟子注疏』三五八頁上。新文豊出版公司、二〇〇一年）とする、「博學」に対して言う「反約」の境地に到ることは出来ないとされ、[8]「切問」「泛問」のいずれもが不十分であるとされているのである。ここでは「反約」が最終的境地と看做されているから、それは「至於命」に相当すると考えられ、それは「無爲」の境地ということになろう。仮に「泛問」＝「盡性」とするならば、対象を特定して深く掘り下げる「切問」

で「窮理」を達成し、次いで、対象を特定しない「泛問」によって「盡性」を遂げ、最終的に「反約」という根元へと復帰する手段で「無爲」に相当する「至於命」に到達すると考えられていることになる。

「至於命」と「盡性」との間の明確な段階に就いて、「人間世」の「心齋」の個所の注は、本文には無い「窮理」「盡性」「至命」の語を導入し次の様に解釈している。

耳で聞く、それを正聴と言う。心で聞く、それを反聴と言う。気で聞く、それを無聴と言う。正聴は耳を用い、それによって理を窮めようとする。反聴は神を用い、それによって性を尽そうとする。無聴は虚を用い、それによって命に至ろうとする。聞くという行為は耳に限定され、心には及ばない。心に分別の働きが有れば、分別と物とを一致させようとすることになる。気のレベルに至れば、聞くという行為はもはや無く、からっぽの状態で物に応ずるだけなのである。この時、道と一体となる。これが心斎の妙用である（聽之以耳、正聽也。聽之以心、反聽也。聽之以氣、無聽也。正聽以耳、將以窮理。反聽以神、將以盡性。無聽以虛、將以至命也。聽止於耳、不若於心。心有分別符則分而有合意。至於氣則無所復聽、虛以待物而已。道由此而集。心齋之妙用也）（『義海纂微』「人間世」注、八／四裏／五）

ここでも、明確に「窮理」→「盡性」→「至於命」という段階を設定し、最終的に「至於命」の段階に於いて「道」と一体となるとされている。又、「在宥」注には次のように有る。

「心を養う」とは、全ての現象は心から生じるので、心を理で養い、心を静かさで鎮めるのだ。物が現われればそれに応じ、物が立ち去れば忘れる。この様であって始めて無為でありながら、あらゆる事柄を成し遂げられるのだ。形を忘れ去り智慧の働きを取り去り、大いなる道の働きと一体となり、人や物が混沌と一つになるのだ。だから心を解き精神を開放し、安らかに魂の働きを消し去るのである。これが人道の極地である。こうして天と一体となるのだ。「万物がさかんに蠢《うごめ》く」とは実体の無いままに様々に変化することを言っている。「それぞれが根源に帰る」とは万物の本性は空であることを言っている。万物の変化は消滅することが有るが、空であるという本性は破壊されることは無い。だから、命に至る者は混沌とし、そこから離れることが無いのである（曰心養者。萬法由心起、養之以理、鎮之以靜。物來則應、物去則忘。然後能無爲而無不爲。離形去知、同乎大通、人倫物理、混而爲一。故解心釋神、莫然無魂。此人道之極。由之而合乎天者也。夫物云云、指幻化。各歸其根、言空性。幻化有滅、空性無壞。故至於命者渾渾沌沌、終身不離）（『同』「在宥」注、三十二／五表／五）

全ての現象は「心」が生み出し、その様々な在り様は実体の無い変化、即ち「幻化」に過ぎず、それはやがて消滅していくものである。万物が本来備えている「性命の理」としての「理」でその「心」を養い、「物の來らば則ち應じ、物の去れば則ち忘る」という心の在り方、即ち「靜」なる心の在り方を維持したならば、大いなる「道」の働きである「大通」と一体となり、人と物の区別は混然と消え去る。これが「人道の極」であり、それは又、万物がその「根」へと復帰し、「空性」を取り戻した状態でもある。「空性」とは、人が分析的な心の働きを止めることで万物の間の違いが消滅した状態を指すものであろう。この次元では、人を含む万物の間に個別現象的差異は存在しない。「天」と合致した状態でもあり、これが「命に至」った境地である。ここでは、「性命の理」「至於命」という事柄と、「空性」とが結び付けられている。従って、「命」を窮めるためには、様々に変化する現象は「心」が生み出した「幻化」に過ぎないということに気付くことが必要とされていることが分る。

最後に、林注に見られる「神」について触れておきたい。林注に見られる「神」は、『易』「説卦」に基づき「神者妙萬物」（『同』「天道」注四十一／一四表／六）と、「萬物」に対する不可思議な働きかけとされ、そして、「在宥」注では、

黄帝は天地を奪取し陰陽を管理しようとした。これは命に達し神を体得した者の所為である。「陰陽」とは気を言い、「天地」は形有るもののことだ。気は純粋であり形は粗いものである。「（天地の）精」とは神《はたら》きの本質的

な存在であり、陰陽は道がその本質を失った姿である。思うに、質問が出来、回答が出来るのは、易《こんげん》が散じて天地となった次元である。管理し支配することが出来るのは、神《はたら》きが散じて陰陽となった段階である。…「至道の精」とは太易である。「至道の極」とは太極である。陰陽は太易から生れ、天地は太極から生れる。奥深く暗く静かで極め難い次元では、まだ具体的姿形は存在しない。だから、これを「精」と言うのであり、「極」と言うのである（黄帝欲取天地、官陰陽。此至命體神者所爲。陰陽言其氣、天地言其形。氣精而形粗。精者神之質、陰陽者道之殘。蓋可問可答者易散而爲天地也。可官可任者神散而爲陰陽也。…至道之精、太易也。至道之極、太極也。陰陽生於太易、天地生於太極。窈冥昏默、則未有象數。故謂之精、謂之極）（『同』「在宥」注、三十一／一五表／二）

『易』に関する著述も有ったとされる林疑獨の面目が躍如とした一段だが、「陰陽」の二気を生み出す「太易」、即ち「至道の精」は「神の質《はたらき》」とされ、その「神《はたらき》」が「散」じていくことで「陰陽」が生じるとされる。即ち、「神」は「至道」に等しいもの、あるいは、「至道」の不可思議な働きを表現する語と考えられる。特に「至命體神」と、「命」を窮めた境地と「神」を体得することが併置されている点は注意すべきである。この点は、「寓言」注でも、

「大妙」とは神の境地である。神に至れば極まる。これは学ぶ者が道に入って行く階梯である。人は生れると作為をし、そのことで、その生を煩わすことになる。死ぬことになるのは生に執着して有為であることに起因する。「公平で無差別であることを勧める」のは、死が執着に原因しているからである。命の境地に至れば、物と大いに一体となって、公平で執着は無くなり、死は無くなるのだ（大妙、神也。至於神而極矣。此學者入道之序。人生而有爲、以累其生、則死之所自、由私生故有爲。所以勸公者、以其死之由私耳。至於命者、大同於物、公而無私、則無死矣）（『同』「寓言」注、九十二／五裏／七）

と有り、『莊子』本文に「一年而野、二年而從、…九年而大妙」と有る階梯の最終段階である「大妙」を説明する語として、林注は「神」を用いる。そして、この「神に至りて極ま」った状態は、「命に至」った状態でもあるとされ

ているのである。

これらからすれば、玄妙不可思議な「神《はたらき》」は、「至道」或いは「至於命」の境地に等しいと看做されていることが分る。(9)この点は、「至於命」という究極境地と「神」という作用とが同一視されていることにもなる。

林注に見られる「理・性・命」の大枠は以上の様なものと言えるであろう。

(二)「静・仁義」

①「静」

前節にも見られた「静」についてもう少し見てみたい。例えば「天道」注には次の様に有る。

聖人の静かさは動と対立したものではない。世俗が言う静かさとは異なるものである。善とは(『易』が言う)性である。つまり、道を継承しているという点からこれを善と言い、自ずと道を達成しているという点から性と言うのだ。性とは命が我に在ることであり、それは、一瞬たりとも静かでないことはない。世間の人々がそのことを理解出来ない理由は、その心が事物に執着しているため、それを見失っているからである。唯一、聖人だけが事物に心を乱されることがないため、静かであることが出来るのだ。…心が虚であって、その後で静かであることが出来、静かであってその後で安定し、安定してその後で無為に至るのだ。無為は天地の平安な在り方であり、道徳の極みであり、帝王・聖人が休息する場所である。無為である場合にのみ道が虚に集まるのである。「虚であれば実である」とは、万物の自然な在り方があらゆる場面に貫かれている、ということである。それは有為が無為より生じることであり、以前の実が今は虚であることに他ならない。(実が)虚であるということが静かということなのであり、静かであってその後で動であれば、動を見失うことは無いのだ。動を見失うことが無ければ無為でいられる。（上にいる聖人が）無為であれば（下にいる）多くの者たちがそれぞれその仕事に応じて、その責務を果たし、性分の極を尽くすことになるのだ（聖人之靜、不爲動對、非世所謂靜也。善即所謂性、自其繼道以言則善也、自成之者言則性也。性者命之在我、未嘗不靜。而世人所以不得與於此者、以其心逐物、所以失之。唯聖人不以物撓心、所以能靜也。…心虛而後能靜、靜而後能安、安而後能至於無爲。無爲者天地之平、道德之至、帝王聖人之所休息也。唯其無爲、則會道於虛。虛則實者萬物自然之理、無不在焉。其爲出於無爲、則向之實者虛矣。虛之而靜、靜而後動、所以不失其動。不失其動則無爲。無爲則羣才各任其事、當其責、使之盡性分之極而已）（『同』「天道」注四〇／五表／七）

「道を繼ぐ」という点では「善」と言われ、何ものにも依拠せず「之を成す」点で「性」と言われるとは、『易』「繫辭上」の「繼之者善也、成之者性也」に基づくが、既に見た「道」「命・性・理」の図式で考えれば、「之を成す」とは「名」の出現を契機として「性」が成立することを指し、そのため「命在我」と言われていることになる。そして、「命」と「性」の本質は「靜」とされ、「聖人」は「心」を「虛」とすることによって「靜」をその属性とし、「安」の境地を経て「無爲」へと至ることが可能となる。「無爲」は「性分の極」を尽くす根源的境地であり、それは「虛」に於いて「道」と一体となった境地でもある。しかも、この「靜」という属性は、その静的側面に限定されているわけではなく「動」へと展開する「靜」である。しかし、その「動」は「無爲」に裏付けられた「動」であるため、「虛」「靜」の状態が損なわれることはない。ここに、主体の定立と不即不離としての万物への対応を見ることが出来よう。一方の凡夫の「動」は「靜」と不一不二ではないため、外界の「物」に動揺された結果の「動」でしかない。最後の一文は、「聖人」が「無爲」であることで、多くの人々が「各の其の事に任せ、其の責に當り、之をして性分の極を盡さしむ（羣才各任其事、當其責、使之盡性分之極）」ことになるという、「聖人」による感化を言うものである。

即ち、「性」「命」の属性はなるほど「靜」ではあるが、それは全くの活動を停止した枯木の如き「靜」ではなく、根源の「無爲」「虚」との一体化を前提とした上で、動的側面への展開を含む「靜」、即ち、その作用を内包した本体と言えるのである。こうした点は、既に見た「道」の本体と作用の融通性に通じるものである。

以上のことから、林注に見られる「性・命」等の観念は、「靜」という属性と密接に関るものではあるが、それは同時に、「靜」と不即不離のものとしての「動」への展開をも内包したものと言える。

②　「仁義」

「動」への展開を内包した「靜」は、いわば具体物の次元を超えながらも、個物の世界と関ることを意味する。この一段高い次元からの個物との関りを、「仁義」を材料に見ておきたい。

『荘子』「駢母」冒頭の儒教的仁義を否定した個所に対し、林注は次の様に言う。

駢母・枝指と形は、どちらも性より生れ出たものである。附贅・県疣は形に基づいて有るから、形から生れたものである。…そもそも、仁義と道徳は併用することが可能なものであるのに、表面的な仁義が道徳よりも嫌われるのは、あたかも附贅・県疣が形より嫌われる様なものなのである。駢母・枝指は仁義の本質を喩え、附贅・県疣は表面的な仁義を喩え、形性は道徳の正しい在り方を例えているのだ。駢母・枝指は性より生れたもので、それを取り去ることが出来ないのは、あたかも仁義の本質がやはり性より生れている様なものだ。附贅・県疣は形から生れているので取り去ることが出来るのは、あたかも表面的な仁義が人為より生れたもので、だから取り去ることが出来る様なものである。もし、表面的な仁義を忘れることが出来れば、性命の理は混沌と一体となり、道徳と一体となる。形骸の煩いを忘れたならば、駢母・枝指も又た形性より生れ、四肢と同等となるのである。附贅・県疣は形外の物であり、表面的な仁義も性外の物であり、これらを取り去るのは形を全うしようとするからであり、それを忘れようとするのは道と一体となろうとするからである（駢枝與形、倶生出於性也。疣贅因形而有、

出乎形也。…夫仁義道德、未嘗不相爲用、而仁義之迹、所以見惡於道德者、猶疣贅見惡於形也。駢枝喩仁義之本、疣贅喩仁義之迹、形性喩道德之正。駢枝出於性、而不可去、猶仁義之本、亦出於性也。疣贅出於形而可去、猶仁義之迹、出於人爲、故可去也。若能忘仁義之迹、則冥於性命之理、與道德爲一矣。忘形骸之累、則駢枝亦出於形性、與四枝同矣。贅疣乃形外之物、仁義之迹、亦性外之物、去之所以全其形、忘之所以渾其道也）（『同』「駢母」注、二十三／二裏／七）

この注では、先ず「駢枝」と「贅疣」とを区別し、その上で、否定されるべきものは「贅疣」に喩えられる「仁義の迹」であって、「駢枝」に喩えられる「仁義の本」は肯定されるべきとする。「仁義の本」は「性より出ずる」ものであり、それを取り去ることが出来ない点は「駢枝」と同じであるとし、一方の「仁義の迹」は「人爲」であり、それは「性外の物」であり、「道徳」の観点から否定され、取り去らねばならないからである。そして、この「仁義の迹」を忘れ去ることが出来た時、「性命の理」と一体化し、「道徳」と一体化出来るのである。「性」より生ずる「仁義」を取り去ることが出来ない点に就いて「駢母」注は、

仁義は人の情性に本づくものである。…古人が仁義を行ったのは、本性に応じてそれを充実させようとしたからである。後世、表面的な仁義にしがみつき、人為の偽りに陥ってしまった。だから、多くの憂いのみを見ることになったのだ（仁義本於人之情性。…古人所以行仁義者、自其本性而充之。後世乃徇仁義之迹、入人爲之僞。故但見其多憂耳）（『同』「駢母」注、二十四／三裏／九）

と述べ、又、「天地」注は、

思うに、至徳の世では、仁義忠信と性とが一体であった。両者が分離して、形式的な仁義忠信だけを求めることは無かったのである（蓋至德之世、以仁義忠信與性爲一體。未嘗離而求其名迹也）（『同』「天地」注、三十八／一七表／二）

と述べている。「至徳の世」、或いは「古人」たちは、人の本性に基づいた「仁義」を実践していた。それは、「本・

るために敢えて放棄した〔ママ〕

迹」に分裂する以前の根源的・本質的「仁義」である。先に見た「静」と「動」の一体化の図式をここにも当てはめることが可能であろう。後世、人々は、分裂した「仁義の迹」のみを追い求め、そのことによって人間の本来性を阻害してしまったのである。こうした理解に立つため、「大宗師」注では次の様に言われる。

自ら仁義を実践する、それは性を極めるためなのだ。是非を明らかに述べる、それは理を窮めるためなのだ。堯は現実社会に在って天下を治めた者であり、だから、その意をこの様に告げているのだ（躬服仁義、所以盡性。明言是非、所以窮理。堯方内之治天下者、故其告意而若此）（『同』「大宗師」注、一九／二裏／一〇）

『莊子』本文では否定的に述べられている堯の「仁義」「是非」に対して、「仁義」の実践は「盡性」であり、「是非」の明確化は「窮理」である、と肯定的に解釈する。「堯は方内の天下を治める者」の句が示すのは、既に見た様に、多くの者達が現実社会の職分を全うするためには、「聖人」が無為である必要が有った。このため、堯の存在は肯定される必要が有るのである。

「仁義」は人の本性に基づくという発想は、『孟子』に基づくものであろう。「君子の本性は仁義礼智であって、それは人間の心に根ざすものである（君子所性、仁義禮智、根於心）」（『孟子注疏』「盡心上」五七一頁下）と、「仁義禮智」は「君子」の「性」であり、それは「心」に基づくとし、「人が不善をなす場合が有るのは、素質の罪ではない。…惻隱の心は仁である。羞悪の心は義である。恭敬の心は礼である。是非の心は智である（これらは誰でもが備えているものだ）。仁義礼智は外から我々を飾り立てたものではない。もともと我々が備えているはずのもので、それに気付かないだけなのだ（若夫爲不善、非才之罪。…惻隱之心、仁也。羞惡之心、義也。恭敬之心、禮也。是非之心、智也。仁義禮智、非由外鑠我也。我固有之也、弗思耳矣）」（『同』「告子上」四七六頁上）と、「仁義禮智」は「四端」に他ならず、それを「固より之を有する」と、本来性として理解し、そして、「堯舜は本性のままに（仁義を行い）、湯武は（修養により仁義を）身に付け、五覇は（仁義の名を）借り物にしたのだ。長い間借りたままであると、借り物であることが誰にも分らなくなってしまうのだ（堯舜性之也。湯武身之也。五霸假之也。久假而不歸、惡知其非有也）」（『同』「盡心上」五八一頁下）と、「仁義」は本来「性」と一体となったものであったのだが、「湯武」「五霸」と時代が下るにつれ、その形式的側面のみが追求され、「性」と乖離したものとなってしまったとする。林注に見られる「仁義」の理解の大枠は、『孟子』に依拠していると見て、ほぼ間違い無い。

二　林疑獨注の背景

（一）『孟子』の受容

「命」が「我」に於いては「性」であり、「物」に於いては「理」であるという林注の立場は、北宋という時代を考えるならば、一見して程氏学と共通する点ではあるが、『易』「説卦」の句を援用したことでもたらされた、「命」に至ることが根源である「道」に復帰することになるという立場の背景には、唯一不二の根源が直ちに個別事象そのものであるという理解が有ると言えよう。これは、唐代に前後する道家・道教思想で、本体としての「道」がその作用を起すことで個別事象としての万物が生み出され、その本体と作用は連続し等価なのであると論じられていたことである。[10]林注の「理・性・命」思想の根幹に、こうした先行する道家・道教思想に見られる「道」と万物との関りが継承されている可能性が有ることは注意すべきであろう。[11]同時に、本体と作用の間の融通性とは、言葉を変えれば、無為と有為の融通性と言うことが出来、それは、既に検討した様に、王雱の思想にも見られ、王安石にも共通して見られるものであった。そうした時代性としても押さえておく必要がある。

この時代性という点で、ここでは『孟子』の受容に就いて少し考えておきたい。

「命に至る」ことを「之を致すこと莫くして至る」とし、「切問」「泛問」よりも優れた次元の「反約」として「命に至る」ことを位置付け、「仁義」を人の本性に基づくものとして理解している点に、『孟子』との関りを指摘したが、これらは林注の思想の根幹部分に『孟子』の思想が取り込まれていることを示す。『孟子』との関りに就いては、更に、『孟子』「盡心上」に見られる「万物は全て自身の中に備わっている。我が身を顧みて誠であれば、これ以上の楽しみはない（萬物皆備於我。反身而誠、樂莫大焉。強恕而行、求仁莫近焉）」（『孟子注疏』五五五頁上）の句を用いて、万物と自己との本来的な一体を説いている点も注目される。林注は三個所に於いてこの句を引用する。その一つ、「列御寇」注には次の様に有る。

「天地の間の空間を棺桶とする」とは、既に命に至った者がここに居るのである。即ち、命の下に存在するもので、姿形のある全てのものは、全て自分自身に振り回されているのだ。だから「万物が我と一体であって、何も求めることはない」と、至人は自身の処し方をこの様にするのである（以天地爲棺槨、亦有以見其已至於命。則凡在命之下、有形有象者、皆爲己所役。故萬物備於我而無求也。至人之處己者如此）（『義海纂微』「列御寇」注、一〇二／五表／七）

「天地」と自己とを本来的に一体なるものと見る者、その者は「命」を極めている。それは、全ての形有る物の生じる根源と一体となることである。「有形有象」の一切の存在は、自己と万物とを対立させ、自己に振り回されている。だから「至人」だけは、万物と何ら対立することの無い境地を維持するのである。これが『孟子』の言う「萬物…」と同じであるとするのである。

他の二個所は、「夫道無不通、大而天地、小而毫芒、無乎不在。此萬物所以備。廣大而無不容、淵深而不可測也」（『同』「天道」注、四十二／一四表／二）、「萬物備於我、性命之理具矣」（『同』「庚桑楚」注、七十二／七裏／八）と有り、前者は、『荘子』の言う「道」の万物への遍在が『孟子』の句と同意であるとし、そして、この遍在が、後者では、「性命の理」が備わっていることとして置き換えられている。北宋の『莊子』注は、この『孟子』の「萬物…」の句を引くことが多い。『莊子』に見られる万物一体の思想と通底するものとして、『孟子』のこの一句が当時に在って歓迎されていたことが確認出来、林注もその中に在るのである。[12]

この他にも林注は度々『孟子』を引く。この点は、北宋思想史という点から注意されるべきであろう。[13] 林注の引用の多くは『莊子』の思想と『孟子』の思想に通底するものが有ること、即ち、『莊子』の思想は広く儒家の思想とも通じるものであることを述べるのを目的としている。例えば、

孟子は「聖人であって初めて形のはたらきを実践させることが可能となる」と言っている。「可」とは（聖人）だけが可能であるということだ。莊子が神人を論じて、容貌形体が大道と一体となっていると言うのは、孟子の言葉と表裏の関係にある（孟子曰、惟聖人可以踐形。言可者僅可也。莊子論神人則頌論形軀、合乎大道。與孟子相表裏）

（『同』「在宥」注、三十二／一四表／六）

これは『莊子』「在宥」が言う「大道」と一体となった「神人」の容貌形態が、『孟子』が言う「惟だ聖人のみ以て形を践むべし」と同義であるとするものである。このやや強引な同一視が如実に示している様に、林注の『孟子』引用の多くは、『莊子』と『孟子』の思想的一致を示すことに目的が有ると言える。

（二）　仏教思想との関り

現象は「心」が生み出した「幻化」に過ぎず、その実体は「空性」である、という思想には仏教の影響を見い出すことが出来るであろう。例えば「在宥」注に、

大いなる道と一体となれば、公平無差別で執着が無くなり、だから、自己を忘れることが出来るのだ。自己を忘

れることが出来れば、有があり得ようか。所謂る有は一定不変の有ではなく、所謂る無は一定不変の無ではない。だから、有のみを見る者は無を見ることが無く、無のみを見る者は有を見ることはないのだ。無を見ない者は現象に捉《とら》われ、有を見ない者は空に執着することになる。両者はどちらも片方に偏るものであり、不十分である。だから、「有を見る者は昔の君子であり、無を見る者は天地の友」と言うのだ（大同則公而無私、故能無己。無己惡乎得有有。有非常有、無非常無。故覩有者不見其無、覩無者不見其有。不見無是溺於色、不見有是溺於空。二者皆倚於一偏、而非全也。故覩有者昔之君子、覩無者天地之友）（『同』「在宥」注、三十二／一四表／九）

と有るものは、「有」「色」はもとより、「無」「空」にも執着することを否定し、そのどちらにも偏らない、不有不無の立場を主張するものであり、仏教の空思想に来源する思想であろう。こうした思想は林注では「眞空」の語を以ても言われている。「至樂」注を見ると、

その根源を考えたところ、生命も無く、形も無く、気も無かったのだ。そうなれば、一体何物が存在していると言えようか。真実の空と一体となれば、その兆しすら存在しないのだ。…思うに、気も無く、形も無く、生命も無い立場から見れば、万物は全てが真実の空に他ならない。形が有り、気が有り、生命が有る立場から見れば、無は有となり、有は無となるのだ（及察其本、無生無形無氣。則果何自而有哉。冥於眞空、而莫得其朕也。…蓋自無氣無形無生以觀之、則萬物者眞空而已。自有形有氣有生以觀之、則無變而有、有變而無）（『同』「至樂」注、五十六／八表／一）

ここでは、「無生」「無形」「無氣」の状態、即ち、有無の相対が生じる以前の段階、従って、空・有のどちらからも自由な次元を「眞空」の語が表現している。これは、本章冒頭で確認した「太初」の状態に相当し、それが「眞空」の語でも表現されていることになる。即ち、林注の「道」「命」「性」「理」の枠組みで、その根源の次元に仏教の空思想との一致を見い出そうとしていることになる。更に、林注には「所謂本者戒定慧、即性内之福。貪嗔癡、即分外之禍也」（『同』「人間世」注、一〇／三裏／三）と「性内の福」としての「戒定慧」と「分外の禍」としての「貪嗔

癡」が見られ、或いは「比性命之情、不増不滅、求其所自來而不可得。此之謂葆光」（『同』「齊物論」注、三／三〇表／四）と「性命の情」を「不増不滅」と描写する記述が見られる。前者は『莊子』に基づく「性内」「分外」が仏教の「戒定慧」と「貪嗔癡」と結びつけられたものであろうし、後者の「不増不滅」という表現は、「如來藏」を形容する「不増不滅」に基づくものと考えられる。[14] 但し、これらの仏教に来源する思想が、特定の仏教思想を念頭に置いたものとは必ずしも言えないであろう。宋に到るまでに撰述された各種老荘注釈を通してこうした思想を取り入れることは十分に可能であるからである。しかし、以下の様に明確に特定の仏教思想に基づいた例を確認することも出来る。「所謂掊撃聖人者、深惡聖人之迹也。若禪家所謂我當時若見釋迦瞿曇出世、一棒打殺。意同縱舍」（『同』「胠篋」注、二十八／九表／一〇）と、「掊撃聖人」の句を形式的「聖人」の批判と解釈し、それは「禪」が「釋迦に会えば一棒にて打殺す」と言っているのと同じだとする。これは、例えば、雲門文偃の「師云、我當時若見、一棒打殺、與狗子喫却、貴圖天下太平」（中國佛教典籍選刊『古尊宿語録』巻一六「雲門（文偃）匡眞禪師廣録中」二九七頁。中華書局、一九九四年）を踏まえるものであることは明白であろうし、又、「貴而上者、去道愈遠、賤而下者、取道愈近。世人常忽其下賤者而不知求道爲最近。禪家所謂佛在糞堆頭。與此意合」（『義海纂微』「知北遊」注、六十八／三裏／八）と、「道」は世俗的価値観で賤しいとされるものにこそ存在するのであり、それは「禪」が「佛は糞堆頭《ごみくず》にこそいる」としているのと同じである、とするものは、その基づく所を確認出来ないものの、やはり、同書に「一曰云、萬法從甚處起。代云、糞堆頭」（『古尊宿語録』巻一七「雲門（文偃）匡眞禪師廣録中」三二一頁）等と有るのが意識されたものであろうか。

林注に於ける仏教思想は、その注釈全体を貫く基調となる程のものではないが、これらの仏教思想と関る表現を見るならば、林疑獨は、禅を含む仏教思想に関心を持ち、それらは『莊子』と矛盾するものではないと考えていたことが窺える。その点は『孟子』の引用の場合と同様であると言えよう。

以上、林注の背景を儒・仏思想との関りから検討した。

結語

唐以前の『荘子』注の代表である郭象注は、万物の個別性を越えつつ、万物をかくあらしめるべき条理・法則を「理」とし、それが個物に於いて具体化したものを「命」とし、そして、物の内面にあって、その物がそれ自体であるための性質を「性」と呼ぶ、とした。従って、「性」は限定された「命」とされ、それは人間には変更不可能なものとなり、[15]そこには「性」と「命」の分裂は見られない。

成玄英疏では、「夫稟受形性、各有涯量、不可改愚以爲智、安得易醜以爲妍」（『荘子集解』「齊物論」疏、五十九頁）と、[16]「性」は変更不可能な衆生の本来的持ち前を示し、その維持には「無爲」「虚心」が必要であるとされる。「理」は「夫生滅交謝、寒暑遞遷、蓋天地之常、萬物之理也」（『同』「齊物論」疏、一一二頁）と、個々の万物の在るべき在り方を意味し、その実現には「内去心知、外忘事故、如混沌之無爲、順自然之妙理也」（『同』「刻意」疏、五四〇頁）と、「心知」の作為を捨てた「混沌無爲」の如くあることが必要であるとされ、絶対空の境地が必要とされている。従って、「理」と「性」とはほぼ同義と言え、成疏が常に「窮理盡性」と表現するのも納得がいく。そして、「窮理盡性」の境地は「是以即寂而動、即動而寂、無爲有爲、有爲無爲、有無一時、動寂相即、故可爲君中之君、父中之父。所爲窮理盡性、玄之又玄、而爲衆父之父、故其宜矣」（『同』「天地」疏、四一九頁）、「而言無有者、非直無有、亦乃無無、四句百非、悉皆無有。以無之一字、無所不無、言約理廣、故稱無也。而言何從至此者、但無有之境、窮理盡性、自非玄徳上士、孰能體之」（『同』「知北遊」疏、七六〇頁）等、「無無」或いは「四句百非」などと言われる、絶対空の境地を示す。「天」「自然」などと併用される「命」には本来的な意味合いが伴い、衆生の現状はこの「命」によって定められるが、「性」と比較するならば、「我初始生於陵陸、遂與陵爲故舊也。長大游於水中、習而成性也。既習水成性、心無懼憚、恣情放任、遂同自然天命也」（『同』「達生」疏、六五七頁）と、「命」が具体的形態をもって現象化したものが「性」であると理解されている様である。従って、「命」と「性」の間には、根源性と具体性としての差異が有ることになる。即ち、これらの『莊子』理解には、「理」「性」「命」の間の明確な段階は窺えないのである。

一方、前章で検討した様に、呂惠卿注では「性命の理」は、やはり本来的な持ち前を意味し、その回復には「無爲」「無我」へと至る必要が有るとされた。これは、呂惠卿の強烈な万物一体の思想と関るものである。この万物と一体となった境地が「性」に復帰した境地であり、それは、彼の『道德經』注では多く「靜」の字をもって語られていた。王雱の『莊子』注は、無執着を意味する「無我」を重視し、この「無我」に至ることが「窮理盡性以至於命」であるとされていた。ここには「盡性則人道畢、而未至命」（『南華眞經新傳』一／五裏／六）と、「盡性」と「至命」の間の段階が設定されている。そして、この「性」はやはり本来的に「靜」なる存在であり、「至靜」であることは無為と有為の相即を示すものとされていた。

一方、王雱とほぼ同時期と推測される陳景元の『莊子』注釈は、本体としての「道」と相即した「性」への復帰を説き、且つ「天理」の語も多用し、「徐無鬼」に唯一「以窮理盡性爲未始有物也」（『義海纂微』「徐無鬼」注、八〇／六表／二）と見られ、存在の究極を示す「未始有物」と「窮理盡性」が等置されてはいるものの、林疑獨が積極的に「窮理」「盡性」「至於命」の概念を導入した「天地」の個所では、ほぼ『莊子』本文に沿う形の注釈を付し、『莊子』本文の主旨を超えてこれらの観念を主張することは見られなかった。

林注は根源に復帰した境地を「無爲」「空」等と表現していたが、それは成玄英疏にも見られた様に、唐初の空思想を重視した道教思想以来のものであろう。また、「靜」ということを重視している点は、呂惠卿・王雱注に見られた様に、北宋期の『莊子』注釈に見られる傾向である。この様な中で、林注の特徴を言うならば、やはり、「窮理盡性以至於命」の間に段階的差異を設定している点であろう。

そもそも、人に在っては「性」、物に在っては「理」であるという林注の立場は、二程に「天之付與之謂命、稟之在我之謂性、見於事業之謂理」（『二程集』巻六、九十一頁）と見られるものであるが、二程は、「窮理盡性以至於命、一物也」（『同』巻十一、一二二頁）と「窮理・盡性・至於命」の間に階差を設けない立場に立ち、「二程解窮理盡性以至於命、只窮理便是至於命。子厚謂、亦是失於太快、此義儘有次序」（『同』巻十、一一五頁）と、「窮理・盡性・至於命」の三者に「次序有り」とする張横渠の立場と対立している。とすれば、「窮理」から「至於命」の間に明確な段階を設定する林注の立場は、むしろ張横渠に近いものとなろう。張横渠は、

「知る」と「至る」の両者は、道を修めるという点では、隔たっている。性を極めてその後で命に至るのであり、両者を同一と言うことは出来ない。理を窮め性を窮めることが無ければ、これは「戕賊」であり、命に至ることは出来ない。しかし、命に至ることは、天から受けたものを万全に維持することに他ならず、本分というものは、そこに何も加えるものは無いのである（知與至爲道殊遠。盡性然後至於命、不可謂一。不窮理盡性即是戕賊、不可至於命。然至於命者、止能保全天之所稟賦、本分者且不可以有加也）（章錫琛点校、理學叢書『張載集』所収「横渠易説　説卦」二三四頁。中華書局、一九八五年）

と述べ、「至於命」は「天の稟賦する所」の「本分」を全うするに他ならないが、そこには、「窮理」→「盡性」→「至於命」という次序があるとするのである。その活動時期が林疑獨と重なる張横渠の著述には、この様に林注と共通する字句が見受けられるのである。[17]「神」は「氣の本體」である「太虛」の「妙應」を意味し、その働きが「不測」であることからこれを「神」と言うとする立場は、張横渠が『易』を重視している以上、自ずと林注と共通する。そして、『易』「繫辭」の「繼之」「成之」に依って「性」の達成を言う点、一である根源から多である万物への展開を説く点、そこに動と静を見出し、それがより根源では統一されるべきであるとする点などは、『易』を媒介に両者が近接する点であると言えよう。その一方で、張横渠との違いに注意するならば、例えば、張横渠は、

太虚であって形が無いのは、気の本体である。気が集まり気が分散するのは、変化が一時的に具体化したものに過ぎない。静かさが窮まり感応が無い状態が、性の淵源である。識が有り知が有るのは、事物との間の一時的な感応に過ぎない。一時的感応と一時的具体化と、感応の無い状態と具体的姿の無い状態とは、唯一、性を窮めた者のみがそれらを同一と見做すことが出来るのだ（太虚無形、氣之本體。其聚其散、變化之客形爾。至靜無感、性之淵源。有識有知、物交之客感爾。客感客形與無感無形、惟盡性者一之）（『同』所収『正蒙』「太和篇第一」七頁）

とし、「氣の本體」としての「太虚」を「至靜無感」である「性の淵源」とする。本体としての「性」と言えよう。ここから、「物交の客感」としての「識・知」が生じることになる。作用と言える。しかし、この両者は本質的に異なるものではなく、

太虚に基づいて天の名が有る。気が変化することで道の名が有る。虚と気とを合わせて性の名が有る。性と知覚とを合わせて心の名が有る（由太虚、有天之名。由氣化、有道之名。合虚與氣、有性之名。合性與知覺、有心之名）（『同』所収『正蒙』「誠明第六」九頁）

とし、本体である「太虚」とその作用の「氣」のどちらもが「性」の名の下に統一されるのである。所謂る「氣質の性」と「天地の性」に関する、

形が存在して、その後に気質の性が有る。そこに戻ることが出来れば天地の性が維持される。だから、気質の性を君子は性と見做さないのである（形而後有氣質之性、善反之則天地之性存焉。故氣質之性、君子有弗性者焉）（『同』二十三頁）

という記述も、同様にこの「氣」の本体と作用との関りから理解することが出来るであろう。この様に、林注と比べた時、「性」の位置付けが張横渠の方がより根源的・本質的であると考えられる。

林注の思想は、こうした当時に於いて関心を呼んだ様々な概念を巡る幾つかの立場の中の一つであったと考えるべ

きである。それは、林注で、道家の無為、『孟子』の「反約」、仏教の空が同一視されていたことから窺い得た様に、「理」「性」「命」の思想を三教に通底するものとして捉え、それを『荘子』の注釈という形で具現化したものであったと言える。そして、題材とした『荘子』自身も三教に通底する内容を持つものであることを証明すべく、仏教・儒教文献との一致性を主張し、『荘子』の儒教的価値観に対する批判は「寓言」であるとし、儒家的価値観に対して、肯定的再評価を下していたのである。

本章までで、北宋の老荘思想に関る幾つかの文献に検討を加えてきた。全体を総括しておくならば、宋鸞は唐までの老荘思想の立場をかなり強く継承するものと看做され、その点は陳景元も同様であった。そして、陳景元と曹道沖の両者は、現象との関りを断ち、主体の内側へと収斂することをひたすら目指しており、主体の定立こそが彼等の目指す所であった。それは、唐代の老荘注釈に顕著な性格であったとも言えよう。それに対し、太宗、晁迥、王雱、呂惠卿、林疑獨等は、自ずとそれぞれの独自性は有るものの、主体の定立から外界への対処という展開が見られ、無等に裏付けされた有を説く点で同じ傾向に在ると言える。この二つの流れが存在するのは、陳景元・曹道沖の両者が専門道士であったことと関連するものでもあろう。宋鸞は無論道士ではないが、多くの唐以前の資料に直接依拠したことが、同様の性格をもたらしたものと考えられる。この二つの潮流が、そのまま、北宋に於ける老荘思想に対する正反両面の評価と一致しているのである。

この様に、北宋の老荘思想の中には二つの大きな傾向が有るのではあるが、しかし、それでも、道家思想としては、この両者が北宋道家思想という一つの大きな枠の中に収まっていることも事実である。その点は、第二篇の南宋期における検討と比較することで幾らか明らかとなるであろう。

注

（1）『宋史翼』は『二十五史三編』第七分冊（岳麓書社、一九九四年）所収を用いた（九二七頁）。尚、『宋史翼』に林疑獨の伝が収録されていることは、方勇『莊子學史』第二冊の指摘に依る（四十九頁以下）。先行研究としては、方氏著の他に、熊鐵基・馬良懷・劉韶軍著『中國老學史』「第五章第七節　林疑獨『莊子解』的思想旨趣」が三教一致の立場に立ちつつ、儒者としての立場から『莊子』の解釈を通して儒教を称揚しようとし、「性命道徳」を中心に論じていると指摘し、蕭海燕「論林疑獨『莊子解』的儒化傾向」（『華中師範大學學報（人文社會科學版）』第四十八巻第一期、二〇〇九年）が林疑獨を王安石学派の一人として位置付けた上で、儒仏道を融合し、性命道徳を重視する立場に立つとする。

（2）明・馬巒、清・顧棟高編著『司馬光年譜』（年譜叢刊。中華書局、一九九〇年）に依れば、『通鑑』の「板」を破壊しようとしたのは紹聖四年（一〇九七年）三月の事とされている（二六二頁）。

（3）その他、『義海纂微』巻頭の「今所纂諸家註義姓名」は「林疑獨注［舊麻沙本］」（序／五裏／三）と述べ、林注のテクストは文字通り「麻沙（＝福建）本」であるとされている。尚、注（1）方氏著は、林疑獨が活躍したのが王安石新学が盛んな時期であったこともあり、林注には王安石の影響が見られるとしている。

（4）その他に、林疑獨の発言と思われるものとしては、明・楊慎『丹鉛餘録』が「解其天弢隳其天袠。林疑獨云、人生束縛於親愛、如弓之在弢、如書之在袠」（『四庫全書』版『丹鉛餘録』巻二所収「總録」二／二十八表）と引いており、これは、『義海纂微』が引く林注が「此皆束縛於親愛、如弓之在弢、書之在袟」（『義海纂微』六十七／十一表／五）と述べるものとほぼ一致する。又、朱彝尊『經義考』が「林疑獨曰、六經者、各有所道、同歸於治而已。六經判而百家各是其所是、道術所以不明也」（『經義考』巻二九六「通説　二」五三五三頁）と引くのも林疑獨の発言と思われるが、「六經」は何れも「治」をその要点とするが、それが分れることで「百家」別々の説が主張される様になり、「（「治」としての）道術」が不明となってしまったと述べ、『莊子』注とは異なる林疑獨の面を見ることが出来る。

（5）北宋の『老子』注釈に於ける「窮理盡性以至於命」観念の受容については、尹志華『北宋「老子」注研究』「第四章性命論　五、窮理盡性以至于命」に概論的整理が見られる。

（6）拙稿「褚伯秀『南華眞經義海纂微』の採注態度について」（『熊本県立大学文学部紀要』第六巻第一号所収。一九九九年）

及び本著「第一篇【補論②】　呂惠卿・林疑獨・王雱の『莊子』三注について」を参照。

（7）　何晏注は「博學」に就いて「孔曰、廣學而厚識之」（『論語注疏』、四二三頁下）とし、「切問」に就いては「切問者、切問於己所學未悟之事。近思者、思已所未能及之事。汎問所未學、遠思所未達、則於所習者不精、所思者不解」（『同』、四二三頁下）とする。刑昺疏は「切問者、親切問於己所學未悟之事、不汎濫問之也。近思者、思己所未能及之事、不遠思也。若汎問所未學、遠思所未達、則於所習者不精、所思者不解。仁者之性純篤。今學者既能篤志近思、故曰仁在其中矣」（『同』、四二三頁下）とする。即ち、「切問」は学んで未だ理解していない点を深く問うことを意味し、あれこれと広く問う（「汎問」）ことではないとし、先ず学び、その内容を深く掘り下げる（「切問」）ことが重要であるとするのである。

（8）　趙岐注は「博、廣。詳、悉也。廣學悉其微言而説之者、將以約説其要。意不盡知、則不能要言之也。是謂廣尋道意、還反於樸、説之美者也」（『孟子注疏』、三五八頁上）とし、言語は意を尽くさないのであるから、広く学んだ後は要点へと復帰することが重要であるとし、孫奭疏は「此章言廣尋道意、詳説其事、要約至義、還反於樸者也。孟子言、人之學道、當先廣博而學之、又當詳悉其微言而辯説之。其相將又當以還反説其至要者也。以得其至要之義而説之者、如非廣博尋學、詳悉辯説之、則是非可否、未能決斷。故未有能反其要也。必將先有以博學詳説、然後斯可以反説其約而已」（『同』、三五八頁上）と、広く学び「微言」を詳説した上で、要点に立ち戻ることが必要であるとしている。

（9）　従って、林注では「夫養神在於適性」（『義海纂微』「養生主」注、五／一六裏／七）、「謂性舍神定、則吉祥止」（『同』「人間世」注、八／五裏／四）、「神閑而不役乎物」（『同』「太宗師」注、一四／九表／九）、「抱神則不離於神」（『同』「天地」注、三十八／六表／二）等と、この「神」を維持することが繰り返し主張されることになる。「故心虚神來舍也」（『同』「知北遊」注、六十七／二表／三）と、「心」を空っぽにすればそこに「神」が宿るという道家の伝統的な立場も、「心」をからっぽの状態にすれば「神」の本来の在り様を維持することが出来ると解釈されていることになろう。

（10）　拙稿「『道體論』攷―「道體」と「萬物」―」（『熊本県立大学文学部紀要』第四巻第一号、一九九八年）。

（11）　林疑獨より若干先行するであろう呂惠卿の思想に強烈な万物一体観が有り、そのことが、彼を華厳思想に引きつけた要因の一つとなったであろうことについては、本著「第一篇第七章　呂惠卿『道德經』『莊子』注釈について」を参照されたい。呂惠卿の後を承ける林疑獨の「道」即個物の思想にも、こうした華厳の一即一切的思想の影響が有った可能性も否定出来ないが、現存林注からは、その点を窺うことは出来ない。

（12）『孟子』の尊重が、王雱・呂惠卿・林疑獨の注釈に共通して見られることから、例えば、劉成國『荊公新學研究』（一一五頁以下）の様に、これを所謂る荊公新学の特色として看做す場合が有る。しかしながら、新学に限定されることなく、宋代の『道德經』注釈の多くが『孟子』のこの句を引用している。例えば、「而取足於身萬物皆備、國財并焉」（徽宗『宋徽宗御解道德眞經』二／一九裏／三）、「萬物皆備於我矣」（『同』三／二十五表／六）、「萬物皆備於我矣」（呂惠卿『道德眞經傳』二／一裏／七）、「而萬物咸備」（江澂『道德眞經疏義』七／一五表／二）、「至富在我則萬物皆備」（『同』九／一三裏／五）、「萬物皆備於我、反身而誠、樂莫大焉」（『同』一〇／二十五裏／七）、「反身而誠、萬物皆備」（董思靖『道德眞經集解』三／一六表／八）、「而萬物皆備於我」（彭耜『道德眞經集注』所引清源劉驤注。八／一八表／九）、「萬物皆備於我」（『同』所収陸佃注。一二／一〇表／五）、「萬物皆備於我矣、反身求之」（王守正『道德眞經衍義手鈔』「衍義」一三／五表／五）等。『孟子』のこの一句が『道德經』の思想とよく一致するものとして受け入れられていたことが確認出来る。

（13）北宋期に於ける『孟子』の受容に就いては、近藤正則『程伊川の『孟子』の受容と衍義』、徐洪興『思想的轉型―理學發生過程研究―』等を参照。

（14）後者に就き、王雱注は同一箇所に対して「此孟子所謂不加不損而佛氏所謂不增不減、是也」（『南華眞經新傳』二／一六表／三）と「孟子」と「佛氏」とを並置させている。この箇所もまた王雱注と林注の関連性を窺うことが出来る一つであろう。

（15）中嶋隆藏先生「郭象の思想について」を参照。

（16）成玄英疏の引用は『莊子集釋』（新編諸子集成版。中華書局、一九六一年）に依る。

（17）張横渠に与えた道家・道教思想の影響に就いては、孔令宏『宋代理學與道家・道教』「上編第四章　張載與道家、道教的關係及其史料分析」が詳細に論じているが、張横渠の思想が道家・道教に与えた影響に就いて論じたものは無い様である。

【補論 ②】呂惠卿・林疑獨・王雱の『莊子』三注について

呂惠卿・林疑獨・王雱の『莊子』三注の前後関係を考える場合、呂惠卿注が元豊七年（一〇八四）以降に世に問われたこと、王雱の生没年代（一〇四四〜一〇七六年）、林疑獨が紹聖年間（一〇九四〜一〇九九年）に活動していた等の状況を考えるならば、王雱→呂惠卿→林疑獨の順で各注が成立したとするのが順当な所であろう。(1)

一方、褚伯秀『南眞經義海纂微』（以下『義海纂微』と略す）は、冒頭の「今所纂諸家註義姓名」（序／五表／一〇…）に於いて、「郭象註、呂惠卿註、林疑獨註」と述べ、続けて「陳詳道註、陳景元註、王雱註、劉槩註、呉儔註［已上五家並見道藏、崇觀間人］」と崇寧（一一〇二〜一一〇六年）・大觀（一一〇七〜一一一〇年）年間に活動した注釈家を挙げ、最後に「虚齋趙以夫註、竹溪林希逸口義、李士表莊子十論、王旦莊子發題、無隱范先生講語」と南宋の注釈家を挙げている。「郭象註、呂惠卿註、林疑獨註」の一纏まりは時代に幅が有るものの、時代順に列挙されていると考えられる。問題は、「陳詳道註、陳景元註、王雱註、劉槩註、呉儔註」の五注を「崇觀間人」と崇寧から大觀の間の注釈と看做している点であり、既に検討した様に、陳景元（一〇二四〜一〇九四年）はこの期間には含まれず、王雱の没年は更に早い。つまり、この両者を含めて、崇寧〜大觀の注釈家と総括している褚伯秀は、王雱『莊子』注の撰述時期を実際の撰述時期よりも遅い時期として認識している可能性が有る。(2) その様に考えるならば、「郭象註、呂惠卿註、林疑獨註、陳詳道註、陳景元註、王雱註、…無隱范先生講語」と列挙された諸注釈は、褚伯秀が理解する撰述順に並べられていると考えられるのである。つまり、呂惠卿→林疑獨→王雱という順を褚伯秀は想定していたと予想される。

この様な推測の上に『義海纂微』を見る時注意されるのは次の様な記述である。王雱注と林疑獨注に就いて、「王雱注は疑獨の注とほぼ同じで、その文（＝林注）を節略したものである（王雱註大同疑獨而節其文）」（『義海纂微』一／三十二表／八）、「王雱注は林疑獨の説とほぼ同じである（王雱註大同林説）」（『同』二／三裏／七）と述べて王雱注を全文省略し、又、林疑獨注と呂惠卿注に就いては、「これより以下の注文は呂惠卿の説と同じである（此下註文同呂説）」（『同』五十三／三裏／五）、「林獨疑の注は呂惠卿の説とほぼ同じである（疑注大同呂説）」（『同』五十三／八表／一）と、前者では林注の一部を省略し、後者では林注の全文を省略しているという点である。『義海纂微』の書き振りと省略の状況から常識的に判断するならば、呂惠卿注→林疑獨注、林疑獨注→王雱注の順に注が編纂されたと褚伯秀が考えていたと看做すべきであろう。そして、それは先の推測と一致しているのである。この点に就いて少し考えてみたい。(3)

三注の相互関係を見る前に、『義海纂微』が引用する王雱注について言及しておきたい。『義海纂微』が引用する王雱注は、他の注と比べるとその数が極めて限られており、褚伯秀がそもそも王雱注をあまり重視していなかったか、或いは、褚伯秀が目にした王雱注が限られたものであったかのどちらかが予測される。既に指摘した様に、王雱注の引用自体を省略している箇所が有ることからすれば、前者である可能性が高いと言えよう。

さて、問題は、僅かに引用されている王雱注と現存『南華眞經新傳』との関係である。既に指摘されている様に、『義海纂微』が基づいた王雱注と、現存『南華眞經新傳』とでは内容が大きく異なっている。(4) 旧稿で論じた様に、『義海纂微』は諸注を引用する際に節略を行っているが、それは、オリジナルと比較すれば、オリジナルの該当箇所を特定することが充分可能な節略の仕方である。(5) そうした『義海纂微』全体の傾向から見る時、王雱注は明らかに異質であり、『義海纂微』が基づいたテクストと現存『南華眞經新傳』とが異なるテクストであることが十分に考えられる。

以下、具体的に比較しておきたい。

①

鯤潜則處於北、鵬飛則徙於南①、冥有體之物雖至大、而能變亦不免乎陰陽之類。是以攝制於造化、而不能逍遥②。易曰、方以類聚、物以羣分。所謂逍遥遊者、其唯無方無體者乎。水撃三千里、陽數始暢也。動必有極、故摶扶九萬里、去以六月息也①。野馬塵埃、則鵬之所待以飛者、其在上而視下、亦猶人之在地觀天、自大視小者不明、則

鵬亦以大爲累也（『義海纂微』一／四裏／四）

『義海纂微』が引用するこの王雱注に相当する注文は『南華眞經新傳』では幾つかに分けられているが、相当する注文は以下の部分である。

夫道、無方也、無物也。寂然冥運、而無形器之累。惟至人體之、而無我。無我則無心、無心則不物於物、而放於自得之場、而遊乎混茫之庭、其所以爲逍遥也。至于鯤鵬、潛則在於北、飛則徙於南、上以九萬、息以六月①。蜩鷽則飛不過楡枋、而不至則控于地。此皆有方、有物也。有方、有物、則造化之所制、陰陽之所拘、不免形器之累、豈得謂之逍遥乎②。郭象謂、物任其性、事稱其能、各當其任、逍遥一也。是知物之外守、而未爲知莊子言逍遥之趣也（『南華眞經新傳』一／一表／九）

この両者では、『莊子』自体の表現に基づいた傍線①が両者で対応し、又、傍線②も同趣旨であることが確認できる。その他、全体が「體用」で説明されている点などは共通しているが、『南華眞經新傳』に見られる「無我」の語は『義海纂微』には見られない。

②

藐姑射山在北海中、以喩歸根復命之意（『義海纂微』一／二十一裏／五）

これに相当する『南華眞經新傳』の注文は以下である。

肩吾者、任我也。連叔者、不通不行而非物之長者也。接輿者、緜緜若存、而又有所容者也。此莊子寄言於三人、而以明道之極致也。故道至於此、則不可以言言、不可識識、而又非世俗之所能知也。姑射在北海之中、此歸根之意也。汾水在中國之東北、此復命之意也。乘雲氣、取其虚、御飛龍、取其變、遊四海之外、取不入於形器、時女取應而不倡、此皆所以明道之極致也。夫道極致則妙、妙則神、神則無爲而已。故堯極于無爲而忘天下、是以讓於許由也。故曰、徃見四子、而窅然喪天下。此莊子寓言道之盡、而非淺見之士可得而知也（『南華眞經新傳』一／九裏

／九）

ここでは、「姑射山」を「歸根復命」として解釈している傍線部分が一致していると言える。但し、『義海纂微』の引用が極めて短文であるため、引用文の前後の内容が『南華眞經新傳』で同一であったかの確認は出来ない。

③

舉指・馬以喩非指・非馬、據此已有指有馬矣。故必至於未始有物而後爲得也。天地異體、萬物異用、有體故雖大而均於有在・有用、故雖衆而均於有窮。若無不該・無不遍者、豈一指・一馬之謂乎。萬物之變、固自有可不可・然不然者、但當冥夫至理、不係於心而已。道無不成、物無不然、則可不可・然不然、皆爲至理①。合乎至理、則物之縱橫・美惡、皆爲一矣。道又散而爲物、終則有始也。成毀者、物之妄見、冥於理則無成與毀、道通爲一也。雖然、固不廢萬物之成毀、但寄之常用而不自有耳②。故無往而不通、通則得、得則近矣。若勞神明而爲一、豈知其同哉。故繼以狙公之喩、朝暮雖異而芧無增減、事變雖殊而心無得失、任世情而不覈至理、未有不同乎衆狙者、聖人則和是非之有無而聽其兩行也（『義海纂微』三／七裏／三）

このやや長めの注文に対応する『南華眞經新傳』は、以下の数段に分けられている。

彼指此指、彼馬此馬、其不同者形而其所同者質、安得有所不齊乎。天地雖異而同出於道、萬物雖殊而亦出於道。但天地殊高下之形、萬物異小大之體、其所出同於本而已。安得有所不齊也。故曰、天地一指、萬物一馬。然莊子以天地而喩一指、以萬物而喩一馬者、以天地靜而得道之體、而萬物動而得道之用也。／大道無可與不可、無然與不然、無成與不成、無美與不美、渾然爲一①、而莫不由之。然而人不知道、而妄情所見、然後有可與不可、有然與不然、有成與不成、有美與不美、所以自致疑累矣。此莊子所以明達者、能通而爲一也。／不偏見、不滯礙、曉然洞徹、而冥於至理者、此莊子之所謂達者也。雖然不廢萬物之成毀、而但寄之常用、而不自有②。故曰、寓諸庸也。庸則濟天下之用、而無所往而不通矣。無所往不通、則所以爲得道。故曰通也者得也。適得而幾矣。幾者近而未至也。／朝四而暮三、何異朝三而暮四。衆狙妄情、而喜怒於其間。其所以爲惑也。天下之人、妄情何異衆狙乎。此所以不免於惑也。／聖人忘是非、任自然、萬法一視、而無高下、此所以能齊物也。故曰、聖人和之以是非、休乎天鈞、是之謂兩行。／有是非、則道所以虧。無是非則道所以全。此莊子所以寓言昭氏鼓琴不鼓琴也（『南華眞經新傳』二／九裏／九）

両者で表現が一致している箇所は傍線部であろう。①は『莊子』本文を踏まえた一致の可能性も残るが、②は注文の一致点として確認出来る。全体を体用論で解釈している点も一致しているが、『南華眞經新傳』に見られる「妄情」の概念は『義海纂微』所引注には見られないものである。

④

儒者之所以知、孔子不出乎形器之間、故於道未全然、所謂不知乃眞知也。凡有言・有聽、不足以盡其眞、故皆曰妄。旁日月・挾宇宙、此蓋識者所了、不可爲衆人道、如脗之合者、爲之置世之滑涽、使各盡其極、而不以縈懷、若臣隸於君、僕隸於臣、自然之勢、本無高下。衆人役於滑涽、聖人於無物、萬歳之間・萬物之化、殽雜多矣。參合其變、倶爲純粹、此可以心了、不可以言受也。次論悅生惡死、證以麗姬之喩、義甚切當、蓋謂齊物論者始於齊彼是、終於一死生、死生既一、物安有不齊者乎、夫大覺者本自無覺、對未悟而言、強立覺名、即是不覺之覺、覺與不覺、倶不可着。愚者之竊竊然自以爲覺、亦夢也、直爲其有是夢、故吾不得不爲之言夢、然大覺者知覺與夢本無異也。古之人不得已而有言、蓋爲發明此處、吊當於至理而詭異於衆人也（『義海纂微』四／二一裏／一）

これに相当する箇所の『南華眞經新傳』の注文は以下であるが、

聖人體道、恬然無爲、動不役物、而處不避患、萬物皆備於己、而不樂外求、至道與之爲一、而豈假緣行、無能爲有、有能爲無、居于清淨之極、而汚穢不能染矣。故曰、聖人不從事於務、不就利、不違害、不喜求、不緣道。無謂有謂、有謂無謂、而游乎塵垢之外、旁日月者、所謂一晝夜也、挾宇宙者、所謂齊遠近也。／衆人有我物於物、而爲物所役、故曰役役。聖人無我、不物物、而與物爲一。故曰愚鈍。／參萬歲而一成純者、此言齊之之妙也。夫莊子齊物之篇、始之以無彼我、同是非、合成毀、一多少、齊小大而已。及其言之至、則次之以參年歲一生死、同夢覺、千變萬化、而歸于一致、所謂明達而無礙者也。夫物之不齊、物之所同然也。莊子能明其本、而齊同之、是覺天下之未覺也。然而物我齊之、則可也。至于夢覺、則何以同之歟。夫晝之所爲、與夜之所夢一也。然晝以覺、夜以寐、而小有不同也。積久而思、則晝所爲、夜所夢、茫然無所分別矣。莊子能知其大同而同之、故反復言其方夢占夢大覺、大夢之妙而所以盡其齊之之意。又恐世之未能信其言也。復寓言其身夢爲胡蝶、又言其不知周之夢爲胡蝶、胡蝶之夢爲周、所以極盡其齊同之意、而以覺於天下非達觀者、豈能知莊子之所言矣（『南華眞經新傳』二／一九表／一〇）

この両者では表現上の一致は見られない。又、『南華眞經新傳』に見られる「無我」、「萬物皆備於己」等は『義海纂微』所引注には見られず、逆に、『義海纂微』所引注に見られる「大覺」の語は『南華眞經新傳』には見られない。

⑤

凡有知者、必用知以傷生。唯學道者、知不出乎道。知不出乎道、此養其所不知、而能登假於道者也（『義海纂微』一四／五裏／三）

これに相当する箇所の『南華眞經新傳』の注文は以下の通りである

夫德之充者、入於道、道者天下莫不由之也。雖天地之至大、萬物之至多、皆同歸而一致矣。此莊子作大宗師之篇、而所以次之於德充符也。／天人皆出於道、而盡道者能知天人之所爲。夫天之所爲者無爲也。人之所爲者有爲也。無爲則靜、靜則復命、有爲則動、動則有義、能知義命之極、則物之所宗師也。故曰至矣。／夫知天人之所爲者、以不知知之也。以不知知天、則達於無爲之妙理、而命之所以至也。以不知知人、則盡於有爲之極致、而物之所以最也。命之至則其生自然物之最、則與天爲徒、然而人之所爲務、知而不上、則是任智而已。任智則知之過甚矣。

故曰、是知之盛也。夫任智而過知、則反傷生、故曰雖然有患。／天者一氣之所凝、人亦一氣之所聚。莊子達觀而知天具一人、知人具一天、天人大同、而無所分別矣。故曰、庸詎知吾所謂天之非人乎。所謂人之非天乎。／與化爲一、直内而不假於物者、眞人也。眞者言乎其性也。以其性之如是、其所知則非出於人爲之僞矣。故曰、且有眞人、而後有眞知。眞知者不知也。然而眞人之所以爲眞人者、持其順以待少、守其雌而若缺、不謀不致而士自來合。故曰、不逆寡、不雄成、不謨士。眞人如此、而安有於過歟。且或有過則不以得失介于心、不介于心、則無心於物也。無心於物、則與物不迕、而物亦莫能傷之矣。故曰、若然者過而弗悔、當而不自得也。若然者登高不慄、入水不濡、入火不熱。夫如是非眞人、有異於人、盡以眞知而入道矣。故曰是知之能登、假於道也若此（『南華眞經新傳』五／一表／四）

『南華眞經新傳』は「天」と「人」の役割分担を述べているのだが、『義海纂微』にはそれが全く見られない。両者に表現上の一致箇所も確認出来ないであろう。

以上から判断すれば、『義海纂微』が節略をしていることから厳密な比較は不可能ではあるものの、しかし、『義海纂微』が基づいたテクストと現存『南華眞經新傳』とは異なるテクストであることは明白である。それは単に表現上の不一致に留まらず、そこで言及されている事柄自体も別物であったことが分る。

さて、以上の様な王雱注を巡る状況を踏まえた上で、以下三注の関係について見ておきたい。『義海纂微』が言う「大同」だが、呂注と「大同」であるとの理由で省略されている林注に就いては確認の術が無いので、ここでは、林注と王雱注に就いて確認しておきたい。『義海纂微』で「大同」と言われている箇所の林注と王雱『南華眞經新傳』とを比較してみる。但し、褚伯秀『義海纂微』が目覩した王雱注が、現行『南華眞經新傳』と同一ではない可能性が有る以上、厳密な比較は不可能であることは言うまでもない。

①林疑獨註：惠子復以大樗爲問。擁腫卷曲、衆所同去、以譏莊子之言大而無用。遂引狸狌斄牛以答之。雖小大有異、敏鈍亦殊。而長於用者、不免有所困苦①。是以聖人全其命之根本、而體道以爲用②。樗者深其根、而枝葉榮。命者固其本、而萬事理③。易曰、貞者事之幹、此又幹之所以爲本也。何有、言其虛無。廣莫、言其寬大④、今子有大樹、亦猶人之有正命也。何不寘之於虛無廣莫之地、任其逍遙無爲、不夭不害、此神人所以爲大祥也（『義海纂微』一／三〇表／一〇）

夫道無小大、所以爲小大之本。體無所用、所以爲衆用之祖。惟聖人全性命之根本、而體道以爲用②。故以大樗況之也。樗者深其根而枝葉、生命者固其本而萬事起③。惟能深根固本、而不以小大內外爲累、則逍遥矣。無何有之郷、言虛無。廣莫之野、言所大④。狸狌斄牛、言用之不同而均有於困苦①。彷徨、言其動。寢臥、言其靜。不夭斤斧、物而無害者、言不與物迕、而物莫能傷。此莊子言逍遥之極致、而處之於篇終也（王雱『南華眞經新傳』一／十二表／九）

②林疑獨註。風出空虛、尋求無迹、起於靜而復於靜、生於無而歸於無。惟竅之所受不同①、在人之所聞亦異、比於萬物稟受亦然。衆竅爲風所鳴、萬形爲化所役②。風不能鳴、則萬竅虛。化不能役、則萬物息③。若夫無聲無竅者、非風所能入。列子所謂疑獨、是也（『義海纂微』二／三裏／一）

天籟・地籟・人籟者、衆竅之所以不同也。衆竅不同①而同受風以成聲。萬物雖異而同委氣以成體。竅爲風之所鳴、而物爲化之所役②。所遇雖殊而同歸一致。此物我不得不齊也。然風不能鳴無竅、而化不能役無物③。能脱形骸之累而忘妄想之情、了然明達而吾非我有、則入於神妙而造化不能拘之矣（『南華眞經新傳』二／二裏／七）

二つの事例で、それぞれ番号を付した箇所が両注で対応していることが確認出来るであろう。これらを見る限りでは明らかに両注に関係が有ることが分る。更に言えば、褚伯秀が目観した王雱注は、林疑獨注と一致している部分に就いては、現行『南華眞經新傳』と同じ内容であったことも確認出来るのである。但し、褚伯秀『義海纂微』は、林注を略したものが王雱注であるとしているが、現存する『南華眞經新傳』と比較すれば、明らかに『南華眞經新傳』の方が冗長である。これは、褚伯秀が目観した王雱注が、現行『南華眞經新傳』よりも簡略なものであったためと、褚伯秀が節略引用している林疑獨原注が本来はもっと長文であったこと、等が原因として考えられるであろう。又、曹道沖の『道徳經』注を検討した際に言及した様に、王雱注は他者の注を自注に取り込むことを行っていた様であり、そのことを踏まえるならば、王雱注は林疑獨注に基づいているという『義海纂微』の見解は、ある程度の説得力の有るものと言える。そして、最早確認の術は無いものの、林注は呂注を踏まえたものであるという『義海纂微』の見解も同様に説得力の有るものとするならば、三注が成立した順序は呂惠卿注→林疑獨注→王雱注となるのである。

しかしながら、類似する内容を持つ二つの文献のどちらが他方を踏まえたものであるのか、という判断はかなり主観的な判断に属する。上述した様に、褚伯秀の見解を裏付ける状況は幾らか窺えるものの、しかし、褚伯秀の判断は、やはり王雱注が呂惠卿注・林疑獨注よりも後に撰述されたという誤解が前提となったものではないかと考えられる。

しかし、褚伯秀にかかる判断をもたらした根拠が上述した様な誤解であったとは言うものの、この三注の間に関連が有るのは事実である。既に確認した様に、呂惠卿注は一〇八四年以降に世に問われている。一方の王雱の生没年代（一〇四四～一〇七六年）を考えるならば、呂注・林注が王雱注より先行するためには、呂注は世に問われた時期よりもかなり早い段階でその注釈が準備されており、それを王雱が目にしていたということになる。王雱注が熙寧三～四年（一〇七〇～一〇七一年）頃に成立したとの推測を一先ず踏まえるならば、その時期は、両者が共に『三經新義』の編纂に参与していた時期に相当する。とするならば、呂惠卿が早くより『莊子』に関心を持ち、その注釈の草稿の準備を始め、又、林疑獨が紹聖年間よりも若干早くから彼らとの関りを持っていたとするならば、褚伯秀が想定した様な三注の関りも、全くあり得ないことではないと言えよう。いずれにせよ、三注は共通の基盤を持って撰述されていたのである。

注

（1）漆俠著『宋學的發展和演變』は、呂惠卿の『莊子』注（十巻）は、元豐七年にまず「内篇」部分が出来、その他は続けて撰述され、王雱の『莊子』注は王雱の『道德經』注より若干遅く、おおよそ熙寧三～四年（一〇七〇～一〇七一年）頃に撰述され、呂惠卿注より十年早いとしている（三五六頁）。

（2）類似する事柄として、南宋・紹定二年（一二二九年）の「序」を持つ彭耜『道德眞經集註』が「宋解經姓氏」として「王安石、王雱、陸佃、劉槩、劉涇」を挙げ、「自荊公下至此總名崇寧五注」（「宋解經姓氏」一裏／二）と称している事を指摘出来る。夙に嚴靈峯「老子崇寧五注輯校自序」（中華叢書『經子叢書』第七冊所収）はこの点に就いて、王安石は崇寧以前の人物であることから、『崇寧五注』者、蓋後人所輯」（五頁）と、「崇寧」という括りは後人が作り上げたもので、実態に合致していないとしている。即ち、南宋に入ってから、「王雱、劉槩」の注釈は崇寧年間の注釈であると看做す傾向が発生していたのであり、咸淳六年（一二七〇年）以後の成立と思われる『義海纂微』もその傾向を踏襲している可能性が有ろう。

（3）既に指摘した様に、蕭海燕「論林疑獨『莊子解』的儒學化傾向」は、王安石一派として林疑獨を位置付けて論じているが、ここでは、そうした学派からは一旦離れて、注の内容に即して検討することとする。

（4）方勇『莊子學史』は、『南華眞經新傳』「序」が「完本」を得たと述べているのにも関らず、現行『南華眞經新傳』は「駢母」「馬蹄」「胠篋」「在宥」「天地」の五篇を欠く不完全なものであることから、巻数不同の諸版本が流通していた可能性を指摘し、褚伯秀が『義海纂微』で引用したものは、現行『南華眞經新傳』の様な内容のものではなく、「止數千言而已」と言われる「雜文」の様なものであったこと等を指摘している（六十一頁〜六十三頁、及び六十三頁注（1））。又、『道藏通考』は、『南華眞經新傳』が「新傳」と称されているのは、既に失われてしまった「十巻」本としての別の注釈が既に存在し、それを踏まえて新たに撰述されたものであるかと推測し、「十巻」本とは、『宋代収藏道書考』の記述（一三七頁）に基づき、『遂初堂書目』が「莊子注十巻」と記録するものに相当するとする（六七一頁）。補足すれば、朝鮮・朴西溪（一六二九〜一七〇三年）の『南華經註解刪補』（『朴西溪全書』上巻所収。太學社、一九七九年）は多くの『莊子』注を引用し、その巻頭「採輯諸家姓氏」に掲げられている諸注釈家の内、郭象、王旦、呂惠卿、林疑獨、陳詳道、陳景元、王雱、劉槩、呉儔、趙以夫、林希逸、李士表、范應元などが『義海纂微』と共通している。そして、続けて「褚伯秀［宋時人。古杭道士。管見、輯義海纂微、又著］」と有ることから、朴が『義海纂微』を目にしていたこと、王旦、呂惠卿、林疑獨、陳詳道、陳景元、劉槩、呉儔、趙以夫、李士表、范應元等の注釈を『義海纂微』に基づいて引用していることが確認出来る。しかし、郭象、王雱、李士表、林希逸の注に就いては、現行『義海纂微』に見られない注文も引用している。その中で、王雱の注に就いて言えば、「王云、前言明此以北面舜之爲臣也。則臣道當無爲矣。此又言末在下詳臣者、前言其心、此言其分也」（『南華經註解刪補』補巻之三「天道第十三」五八八頁下）、「王云、忘懷於我者固無對於天下、然後外物無所用、必焉」（『同』補巻之五「外物第二十」六九〇頁下）等と見られる王雱の注は、現行『義海纂微』『南華眞經新傳』の何れにも見られないものである。我々の知らない王雱の注文を朴が目にしていたか、或いは、『義海纂微』自体が、朴が目睹したものと現行本との間に何らかの違いが有ること等が考えられる。林疑獨の注にも、現行『義海纂微』には見られない文句が含まれていることからしても、両方の可能性を考える必要が有るであろう。尚、朴『南華經註解刪補』の存在は三浦國雄氏の御教授による。学恩に深謝申し上げる。

（5） 褚伯秀『南華眞經義海纂微』の採注態度に就いては、拙稿「褚伯秀『南華眞經義海纂微』の採注態度について」を参照。

第二篇　南宋期老荘思想史

第一章　『朱子語類』巻一百二十五の検証

本著第二篇では、南宋期の老荘思想を検討する。本篇で扱う南宋の老荘注釈は何れも朱熹以降の時期に属するため、それらには様々な意味合いで朱熹の思想の影響が窺える。そこで、これら個別の老荘注釈の検討に入る前に、『朱子語類』巻一百二十五「老氏〔荘子附〕」を主な材料として、朱熹が言う所の老荘とは具体的にはどの様な思想であったのか、それは北宋期の老荘思想とどの様に関るのかを確認しておくことにしたい。(1)

一　老荘評価

朱熹は随所で老荘思想を評価する態度を示している。先ずはそれから見ていく。(2)

「谷神は死に絶えることはない」への問い。朱熹「谷は空《から》っぽであり、そこに声が達すると響が応じる、これが不可思議な働きである自然というものだ。『これを玄牝と呼ぶ』の『玄』とは、妙ということだ。『牝』とは、物を受け止め、物を生み出すことが出来るということだ。至妙の理には、生生の意が有る。程子は老子の説を採用しているのだ」(問、谷神不死。曰、谷之虚也、聲達焉、則響應之、乃神化之自然也。是謂玄牝。玄、妙也。牝、是有所受而能生物者也。至妙之理、有生生之意焉、程子所取老氏之説也)(『朱子語類』巻一百二十五、二九九五頁)

『老子』の「谷神不死」の句は、空っぽの谷が声に応じて響きを生み出すという、物からの働きかけを受け止めて何かを生み出すという、「生生」の意味として解釈すべきであり、その様な意味としては『老子』のこの句は評価出来るというものである。だからこそ、程子も又この句を用いたのだとする。又、

「あまりに多量に蓄えると、必ず大きな損失が有る」、老子もちゃんと述べている（多藏必厚亡、老子也是説得好）（『同』巻一百二十五、二九九八頁）

『老子』の「多藏必厚亡」の句は、道理としては極めて妥当であるとする。同様に、

「倹《つつしみ》」の徳はとても好い。何事も「倹《つつしみ》」であれば失うことは少ない。老子は「人を治め天に仕えてゆくのには嗇《つつし》み深いのが一番である。そもそも嗇《つつし》み深くあるからこそ、『早く戻ってくる』と言うのだ。『早く戻ってくる』ことを、『徳を積み重ねる』と言う」と言っている。『老子』のこの句によって十分に説かれている（倹徳極好、凡事倹則鮮失。老子言、治人事天、莫若嗇。夫惟嗇、是謂早服。早服、是謂重積徳。被它説得曲盡）（『同』巻一百二十五、二九九九頁）

「倹徳」は重要な徳目であり、その「倹徳」はこの『老子』の表現によって十分に説き尽くされているとする。又、

「道理には正しいものもあれば邪《よこしま》なものもあり、是もあれば非もあります。鬼神のことも同様です。世の中には正しくない鬼神もあります。その様な道理は無い等と言ってはいけないと思われますが」。朱熹「老子が『道を用いて天下に臨む者は、その鬼は神ではない』と言っている。もし王道が修まり明らかとなれば、こうした正しくない気はみなきれいさっぱり消えてなくなるのだ」（問、道理有正則有邪、有是則有非。鬼神之事亦然。世間有不正之鬼神、謂其無此理則不可。曰、老子謂、以道蒞天下者、其鬼不神。若是王道者修明、即此等不正之氣都消鑠了）（『同』巻三、五十五頁）

ここでは、世間には正邪双方の気が存在するものの、正しき王道によって国が統治されたならば、不正の気は消滅するのだとし、『老子』第六十章の表現をその根拠として引用している。(3) 一方の『荘子』に就いては、

「庖丁が牛を料理する」の一段から「ひろびろとして、刃に余地が有る」までに論が及んだ時、朱熹「『理』というものがここでよく論じられている。目で見るものが牛の全体ではないというのは、よく分っている」（因論

庖丁解牛一段、至恢恢乎其有餘刃、曰、理之得名以此。目中所見無全牛、熟）（『同』巻一百二十五、三〇〇〇頁）

『荘子』の「解牛」に関する話は、具体的な現象の根底に在る「理」に関する十分な理解に基づくものであり、荘子によって「理」は十分に説かれていると評価している。

この様に、朱熹が老荘を評価している場合は、老荘の個々の思想・発言に対して、それが老荘の本来の意味としては評価出来るものが有るというものである。しかし、個々の思想には評価出来るものが有るとはいえ、総体として見た時に、老荘思想が全面肯定されている訳では無論ない。例えば、

荘子はもともと優れた人物であって、多くの書を読んでいたので、だから彼の話はみな非常に善く説かれている。但し、自らを律すべきであった。何もかも詰め込んでしまった（荘周曾做秀才、書都讀來、所以他説話都説得也是。但不合没拘検、便凡百了）（『同』巻一百二十五、二九八八頁）

荘子は読書量も豊富な一人の「秀才」であり、その言説にも自ずと見るべきものがある。しかし、その知識の用い方に問題が有るとされているのである。更に、

質問「老子の言葉には、取るべき点が有る様ですが」。朱熹「老子は多くの発言をしている、取るべきものが無いなどということがありえようか。仏教の場合でも取るべき点は多いのだ。ただ到達点も入り口も全部間違っているのだ」（問、老子之言、似有可取處。曰、它做許多言語、如何無可取。如佛氏亦儘有可取、但歸宿門戸都錯了）（『同』巻一百二十五、二九九四頁）

老子は様々な発言をしており、その中には当然取るべきものがある。その点では仏教も同じである。問題は、「歸宿門戸都錯了」と、学問の入口、更には学問の到達点が間違っているのだとされている。即ち、豊な知識を備えながら、それらに基づいた学問の立脚点とその最終目標の設定に誤りが有るとするのである。

二　老荘批判

個別には優れた考え方を持ちながらも、その用い方が誤っているのだ、という朱熹の老荘観を見たが、次に老荘の思想を直接批判している事例を見ていきたい。

> 老子の術《おしえ》は、「謙・冲・倹・嗇」であり、精神《こころ》を全く働かせようとしないものだ（老子之術、謙冲倹嗇、全不肯役精神）（『同』巻一百二十五、二九八六頁）

朱熹が老荘を批判する際によく指摘するのが、この様な「精神」等を全く働かせようとしない姿勢、即ち、否定的意味での無為である。そして、『朱子文集』の記述ではあるが、

> 思うに、老・釈の欠点は動を厭い静を求め、その思想に体は有るが用が無いことだ。…凡そ老・釈は静を説いて天下の働きを否定しようとしているのだ。これはまるで眠り続けて覚めず、有用を無用に捨てている様なものだ。聖人賢者はこの様なことはしない（蓋老釋之病在於厭動而求静、有體而無用耳。…大抵老釋説於靜而欲無天下之動、是猶常寐不覺而棄有用於無用、聖賢固弗爲也）（『朱子文集』巻五十四「答徐彦章」）

と、「静」であることは求めるが、「動」へと展開することを嫌う姿勢が釈老には有ると批判している。[4] 更には、

> 老子の学問は、大体「虚静無為」「冲退自守」をその内容とする。従って、その説は、常に「もの柔らかく謙ることを世間的な態度とし、自分を空っぽにして万物を害わないことを内実とする」というものである。その統治思想は、「我が無為であれば民は自ずから教化される」と言ってはいるものの、民が教化されなかった場合に就いては問題としていないのだ。老子の道というものはいつもこの様なものであり、「営魄を載《の》せ」の一章の内容に限ったことではないのである。「日月と並び、宇宙を小脇に抱え、四方八方を駆け巡りながら、心には何の動揺もない」と言っているのは荘子の荒唐無稽な説であり、「光明は静かに明々と照らし、あらゆる所に行き渡り、道と一体と

なった境地から離れることなくして、現実世界に遍く行き渡る」と言っているのは仏教のでたらめな説であり、老子がもともとこの様な（万物に積極的に働きかける）事を言っていた訳では決してないのである。今の人々が老子を論じる時、必ず荘子と仏教の類似点を合わせて（老子と）一緒にし、それに依って「神が常に魄を載せて至る所に行くのだ」等と解釈しようとしているが、これは荘子や仏教の説であって、老子の意図する所ではないのである（老子之學、大抵以虛靜無爲、沖退自守爲事。故其爲說、常以懦弱謙下爲表、以空虛不毀萬物爲實。其爲治、雖曰、我無爲而民自化、然不化者則亦不之問也。其爲道每每如此、非特載營魄一章之指爲然也。若曰、旁日月、扶宇宙、揮斥八極、神氣不變者、是乃莊生之荒唐、其曰、光明寂照、無所不通、不動道場、偏周沙界者、則又瞿曇之幻語、老子則初曷嘗有是哉。今世人論老子者、必欲合二家之似而一之、以爲神常載魄而無所不之、則是莊釋之所談、而非老子之意矣）（『朱子語類』巻一百二十五、二九八六頁）

ここでは、『老子』の「虚静無爲、沖退自守」という立場が、「懦弱謙下」を世間的な態度とし、「空虚不毀萬物」を内実とするものとして説明されているが、これ自体は『莊子』「天下篇」に見られるものである。ここでは、外界の事象と積極的に関ろうとしないその姿勢が批判されているのである。即ち、「我が無為であれば民は自ずから教化される」と言っているが、民が教化されなかった場合が全く想定されていないという批判である。続けて、『莊子』や禅宗の言説を引用し、『老子』にはもともとこの様な外の世界と積極的に関っていこうとする姿勢は無かったはずであり、それは、後世の人々が『莊子』や禅宗の言説を取り込んで『老子』の意図を曲解したものに過ぎないと指摘するのである。

同様のことは、『老子』の思想は本来「清淨」を旨とする教えであったという見解としても述べられている。例えば、老子の教えは始めは清浄無為だけだった。清浄無為であれば、長生不死がそこに伴うのだ。後に逆に長生不死のみを主張する様になってしまった。そして今や、まるで呪《まじな》い師みたいになってしまい、専ら厄払いと祈禱だけを行っている。この様に、老子の教えは二段階を経て変わってしまったのだ（老氏初只是清淨無爲。清淨無爲、却帶得

長生不死。後來却只説得長生不死一項。如今恰成箇巫祝、專只理會厭禳祈禱。這自經兩節變了）（『同』巻一百二十五、三〇〇五頁）

と、本来「清浄無爲」のみが説かれていた『老子』の教えは、やがてそこに様々な要素が加わり、そして、付加的要素のみが独り歩きする様になってしまった。それは最早『老子』本来の思想とは異なり、それを『老子』の思想として認めることは出来ないというのである。[5] 即ち、朱熹は、先ず『老子』本来の思想と思われるものを確認した上で、それを外の世界との関りを断つ姿勢を基本とするものであるとし、それを批判し、同時に、『老子』の思想にそれ以上の内容を見出そうとする解釈は、後世の人々が本来『老子』とは無関係な思想を持ちこんだ結果であるとし、そうした再解釈自体を批判していることが分る。[6]

さて、先の『語類』に見られた「民は自ずから教化される（民自化）」は、既に北宋の蘇軾・蘇轍が評価し、王安石が批判していた立場であったことを本著「第一篇序章」で確認した。又、北宋の老荘注釈に於いても、自ら修道が可能な「聖人」等の一部の者以外は、「聖人」等によって自然と感化されるしかないという理解が見られることも第一篇の各章で確認した。『老子』本来の思想は「清淨」であるという見解も、同じ立場が蘇軾「上清儲祥宮碑」に見られることを既に検討した。又、「序章」で見た朱光庭の「請戒約傳習異端」も、「黄老」と「釋氏」を対比させた上で、「黄老」は「清靜虛無」であるからまだましだとしていた。即ち、『語類』から窺うことが出来る、朱熹が『老子』本来の思想と看做していたものは、実は北宋の老荘に関る議論で同様に『老子』の本意と理解されていたものを襲っていることが分る。北宋ではそれらが評価されていたのに対し、朱熹はそれらに批判の矛先を向けているのである。又、朱熹は荘子を老子と比較して次の様に述べている。

（朱熹）「荘子はとても優れた人物で、彼は全部わかっていたのだが、ただ、それを実践しようとしなかったのである」。…朱熹「荘子は老子と比べるならば、いくらか穏当である」。朱熹「老子の説は手管に満ちているが、荘子はそれほどではなく、通常の説き方から逸れているに過ぎない。荘子は捉《とら》われる所がないが、老子は内側に収斂し、足を揃え手を懐に仕舞い大人しくしている。荘子はむしろ多くの道理を引っ繰り返して説き、常識に捉《とら》われるところがない」（荘周是箇大秀才、他都理會得、只是不把做事。…公晦曰、荘子較之老子、較平帖些。曰、老子極勞攘、荘子得些、只也乖。荘子跌蕩、老子収斂、齊脚斂手。荘子却將許多道理掀翻説、不拘繩墨）（『同』巻一百二十五、二九八九頁）荘子は全て分った上で、それを実践しようとしなかった。それに対し、老子は「勞攘」であるとされている。「勞攘」とは「あれこれと手管に満ちている」の意味で、『朱子語類』では「老子極勞攘、荘子較平易」（『同』巻六十三、一五四〇頁）等と老子を形容する語として用いられ、荘子の単純さに対して、老子はもう少し複雑であるとの朱熹の認識を示す。そして、「跌蕩」とされる荘子の捉われない姿勢に対し、老子の場合は「老子収斂、齊脚斂手」と、むしろ内側へと向かい、外界との関りを絶とうとしていると批判されているのである。[7] しかし、それは外界と関る能力が無いためではない。その点に老子の「勞攘」さが有ると朱熹は認識する。

甘叔懐「先生は以前より、老子も道理を理解していたが、ただ、物事と関るのを恐れていた、だから、その言葉には『おずおずと冬の川を渡る様に慎重で、ぐずぐずと四方を恐れているかの様に注意深く、きりっとして、立ち居振る舞いがととのっているかの様だ』等が有るのだとおっしゃっていました」。輔広がそこで先生に質問した。朱熹は「老子の話は大体この様なもので、ひたすら世間から退いて悪巧みをし、物事と接しようとしないのだ。『人を治め天に仕えるには嗇《つつし》み深いのが一番だ』などは、迫られてから後に動き、やむを得なくなってから立ち上がるもので、まさしく、この様な意味なのだ。だから、それを学ぶ者の多くは縦横家や法家に流れたので、申不害、韓非子の輩がすべてそうなのだ（甘叔懐説、先生舊常謂老子也見得此箇道理、只是怕與事物交渉、故其言有曰、豫兮若冬渉川、猶兮若畏四隣、儼若容。廣因以質於先生。曰、老子説話大抵如此、只是欲得退歩占姦、不要與事物接。如治人事天莫若嗇、迫之而後動、不得已而後起、皆是這様意思。故爲其學者多流於術數、如申、韓之徒皆是也）（『同』巻一百二十

五、二九九六頁）

「老子」の姿勢を表す「占姦」の語は、『語類』では「佛氏只是占便宜、討閑靜處去。老莊只是占姦、要他自身平穩」（『語類』巻一百十三、二七四二頁）と、老荘を批判する表現として見られるもので、物事と接しようとせず、密かに悪巧みをしているという意味である。そして、それは「迫られてから後に動き、やむを得なくなってから立ち上がる」という姿勢であり、そうした姿勢が後の「申、韓の徒」などの縦横家や法家に流れる者達を生み出したとするのである。(8)

この悪だくみとは、

老子の術《おしえ》は、自分自身にとって充分に安定して都合が好い場合でなければ行おうとしないものである。わずかでも自分にとって不都合があれば、行おうとはしないのだ（老子之術、須自家占得十分穩便、方肯做。才有一毫於己不便、便不肯做）（『同』巻一百二十五、二九八六頁）

老子が何事も行おうとしないのは、行うことが出来ないからではなく、自身にとり十分に有益で安全であることが確認されるまで、息を潜めているからであるというのである。

「『もとに返るのが道の動きであり、弱々しいのが道の働きである』というのはどういうことでしょうか」。朱熹「老子の言うことは、みんなこんな意味ばかりだ。彼は世間の変化を観察し習熟していたから、いつも普通とは逆の立場から始めるのだ。例えば、剛健で怒鳴ったり飛び跳ねたりばかりしている人は、必ずその元気が衰える時が来る。だから彼はひたすら弱くなろうとしたのだ。他人がようやく弱くなった時に、自分は逆にあの精錬された剛毅さを完全に蓄積できるからだ。それが発揮するに及べば、自ずとかなう者は誰もいない。…司馬遷が彼を申不害や韓非子と同じ伝にしたのは、無理やりした訳ではないのだ。その源流が事実このようであったからなのだ」（問、反者、道之動。弱者、道之用。曰、老子説話都是這樣意思。緣他看得天下事變熟了、都於反處做起。且如人剛強咆哮跳躑之不已、其勢必有時而屈。故他只務爲弱。人纔弱時、却蓄得那精剛完全。及其發也、自然不可當。…太史公將他

與申、韓同傳、非是強安排。其源流實是如此）（『同』巻一百二十五、二九九七頁）

とも見られ、世間の事柄に精通していたからこそ、勢い有る人がその勢いを衰えさせるのをただひたすら待つのだとし、やはり、その姿勢が「刑名法家」を生み出すことに繋がったとされているのである。又、老子が「禮」を批判している点に就いても、

郭徳元の質問「老子は『そもそも礼儀というものは忠信が薄くなって出来たもので、それは争乱の始まりなのだ』と言っていますが、それなのに孔子が礼に就いて老子に質問したのは何故でしょうか」。朱熹「老子は礼の細かい点をよく理解していたが、ただ、彼はそれを大して重要ではない物だと言い、実行しなかったのだ。私は最初二人の老聃がいたのではと疑い、張横渠も又たその様に考えていた。今はそうではないと思う。老子はかつて周国の書庫の記録官であったので、礼に就いては自ずと理解していたのだ。だから、孔子とこの様に素晴らしい話が出来たのだ。ただ、彼は同時に礼というものは用いなくても構わないと言い、聖人が礼を用いる時はむしろ事柄が煩瑣になるようだと考えていた様で、だからこの様に述べたのだ。『禮記』「禮運」中に『そこで、計謀が用いられ、戦争がこれによって生じるのである』等の語が有るが、即ち、これがこの意味なのだ」（郭徳元問、老子云、夫禮、忠信之薄而亂之首。孔子又却問禮於他、不知何故。曰、他曉得禮之曲折、只是他説這是箇無緊要底物事、不將爲事。某初間疑有兩箇老聃、横渠亦意其如此。今看來不是如此。他曾爲柱下史、故禮自是理會得、所以與孔子説得如此好。只是他又説這箇物事不用得亦可、一似聖人用禮時反若多事、所以如此説。禮運中謀用是作、而兵由此起等語、便自有這箇意思）（『同』巻一百二十五、二九九七頁）

と、老子は「禮」に就いては熟知していたのにも関らず、それを重要とは看做さず、即ち、自身にとりさして有益では無いと判断したために、敢えてそれを実施しなかったのだとしている。

この様に、自身にとっての利益が確認されるまでは、何事にも手を出さず息を潜めている老子だが、その安全が確

認されると、

しかし、老子が「無」の状態から離れて出てくると、もう誰もかなわない。例えば、「正しいやり方で国を治め、奇策によって戦争を行い、何事もしないで天下を取る」と言っているのは、老子が天下を取るのにこの方法を用いるということだ」（只是他放出無狀來、便不可當。如曰、以正治國、以奇用兵、以無事取天下、他取天下便是用此道）（『同』巻一百二十五、二九九六頁）

老子の他者とは争わないという姿勢を述べた後に、だが、一旦、老子が「無」の状態から離れて出てくると、もはや誰もかなわず、老子はこうした姿勢で天下を取ることも考えていたとしているのである。一方、荘子に就いては、「老子はまだ行動しようと思っている。荘子は全く行動しようとせず、行動出来るのだが、しようとしないだけだ、などと言っている（老子猶要做事在。莊子都不要做了、又却説道他會做、只是不肯做）」（『同』巻一百二十五、二九八九頁）や、「要するに、彼の欠点は、自分では理解出来ているのに、但、行わないことなのだ（要之、他病、我雖理會得、只是不做）」（『同』巻一百二十五、三〇〇一頁）等を見れば、荘子もよく理解していたが、老子以上に全く具体的行動を起そうとしないとされており、荘子の方が余ほど単純であると看做されている。そうした荘子と比べるならば、老子には実は実践へと展開しようとする姿勢が奥底に潜んでいるというのである。(9)

三　北宋の老荘思想との関り

朱熹の老荘観が北宋の人々の議論と関ることを確認したが、この様な朱熹の老荘理解を改めて北宋の状況と少し比較しておきたい。そもそも朱熹は、例えば、「（「不見可能欲、使心不乱」に関する）老子の本意は、人に見させない様にするというものだ。だから司馬光のこの一段の解釈は、老子の本意を理解している（老子之意、是要得使人不見、故温公解此一段、認得老子本意）」（『同』巻七十三、一八五五頁）と述べている様に、『老子』の本意がどの様なものであったのか、そして後世の学者がそれを正しく解釈していたのかという点を常に意識している。

老子は通常は息を潜めていて、ここぞと言う時に行動に移すという理解は、老子の処世術を批判的に述べたものだが、例えば、朱熹は次の様に述べている。

ある者が尋ねた、「（『老子』の）『不見可欲、此心不乱』と『易』の『艮其背』とはどうですか」と。朱熹は「老子の説は我々が言う『不見可欲』とは違うものである。『老子』の文を見るに、人々を（文字通り）その様にさせると述べているのだ。『虚其心』とは人々を無思無欲にさせ、『実其腹』は人々を満腹にさせると述べているのだ」。又、「『艮其背』は、程伊川の説を見れば、単純に礼に適っていない場合は見たり聞いたり述べたり行為してはいけない、ということだ。今人の説は深いものだが、釈・老の外物を退ける説に些か流れている様に思われる」（或問、不見可欲、此心不亂、與艮其背之説如何。曰、老氏之説、非爲自家不見可欲。看他上文、皆是使民人如此。如虚其心、亦是使他無思無欲、實其腹、亦是使他飽滿。又曰、艮其背、看伊川説、只是非禮勿視聽言動。今人又説得深、少間恐便走作如釋老氏之説屏去外物也）（『同』巻七十三、一八五六頁）

類似点が有る様に見受けられる『老子』の「不見可欲、使民心不亂」と『易』の「艮其背」に就いて、『易』の場合は二程の理解を根拠として「禮」との関りで解釈する一方、『老子』の「虚其心」は、人々を「無思無欲にさせる」ことであるとした上で、その『老子』の説に基づいて、「釋老氏之説、屏去外物也」と、「外物」との関りを否定する方向へ当時の人々が流れているのを危惧していることが分る。この様に批判されている立場は、既に見た、老子の処世術が思想レベルで表現されたものと言えるであろう。息を潜めてなかなか行動に移そうとしない姿勢は、思想としては、外物との関りを退けることを意味し、本体論で言えば、「體（静）」は有るものの、「用（動）」へと展開しないことに相当する。こうした理解は、本著「第一篇序章」で北宋の道家理解を一瞥した際に指摘した様に、北宋人が道家思想を批判する時に用いた常套句「心如死灰、形如槁木」と一致するものと言える。即ち、北宋に於ける老荘批判をそのまま朱熹は継承していることが分る。

一方、老子の徒が「刑名」へと流れて行ったという見解に就いては、蘇軾「韓非論」が、

聖人が異端を憎み、力を尽してそれを排除しようとしたのは、異端が天下を乱すからではなく、天下の乱れが異端から生じるからである。嘗て、周が衰退すると、老子・荘子・列子の一派が現われ、「虚無」「淡泊」の語を弄じ、「猖狂」「浮游」の説を唱え、次から次へと混乱し、とうとう無へと至ってしまった。…老子が死んでから百年余りして、商鞅・韓非子が書を著し、天下を統治するには刑名が最も優れていると主張した。秦がそれを採用したことで、遂に陳勝・呉広の乱が生じたのだ。正しい教えが不十分で、時流に乗った法に勢いが有り、秦が正道を守らなかったために、天下がその害毒を被ったのである。後の世の学ぶ者は、申不害・韓非子の罪は知っているものの、老子や荘子がそれをもたらしたということは知らないのだ（聖人之所爲惡夫異端盡力而排之者、非異端之能亂天下、而天下之亂所由出也。昔周之衰、有老聃・莊周・列禦寇之徒、更爲虛無淡泊之言、而治其猖狂浮游之說、紛紜顚倒、而卒歸於無有。…自老聃之死百餘年、有商鞅・韓非著書、言治天下無若刑名之賢。及秦用之、終於勝廣之亂。教化不足、時法有餘、秦以不祀、而天下被其毒。後世之學者、知申・韓之罪、而不知老聃・莊周之使然）（『蘇軾文集』「韓非論」、一〇二頁。中華書局、一九八六年）

と、「老聃・莊周・列禦寇」の内容を「虚無」「淡泊」「猖狂」「浮游」を説くものとし、それ自体も問題が有るが、むしろ、それが後世の「刑名」思想を生み出し世の混乱をもたらした点を重大視すべきであるとしている。又、同「跋子由老子解後」が、

昨日、蘇轍が『老子』の新たな解釈を寄せてきた。それを読み終える前に、手を停めて感嘆した。もし戦国時代にこの注釈が有ったならば、商鞅・韓非子が現われることはなかったであろう。もし漢初にこの注釈が有ったたな

らば、孔子と老子は一体となっていたであろう。晋・宋の間にこの注釈が有ったならば、仏教と老子は一体となっていたであろう。歳をとってからこの様な素晴らしいものに出会えるとは思ってもいなかった（昨日子由寄老子新解、讀之不盡卷、廢卷而歎。使戰國時有此書、則無商鞅・韓非。使漢初有此書、則孔・老爲一。晋・宋間有此書、則佛・老不爲二。不意老年見此奇特）（『蘇軾文集』「跋子由老子解後」。二〇七二頁）

と述べ、蘇轍の「老子新解」が早くから存在したならば、「老子」の教えが「商鞅・韓非」へ展開することは無かったであろうと述べている。又、朱光庭は元祐五年（一〇九〇年）に哲宗に対して「正道」を論じ、

そうであるならば、正道とは何でしょうか。それは、堯、舜、禹、湯、文、武、周公、孔子、孟子の正道でありまして、仏教、老子、荘子、列子、申不害、韓非子等の道ではないのです。…伏して思いますに、陛下が統治を始められた当初、世の中の学者が異端を狂った様に学び、一途に正道へと向かわないのを憂い、官吏に勅令を下し、老荘の出題や仏教、申不害、韓非子の説を引用することを禁じられました。これは、天下の学ぶ者に正しい根本を諭したと言えましょう（然則所謂正者何也。乃堯、舜、禹、湯、文、武、周公、孔子、孟軻之正道、非釋、老、荘、列、申、韓之他道也。…伏自陛下臨御之初、患天下學者狃習異端、未能純一向道、嘗下明詔申敕有司、不得於荘・老出題又引用釋氏・申・韓之説。此可謂教天下學者適正之本也）（『四庫全書』版『歴代名臣奏議』二七四／二十三表）

と述べ、「老・荘・列・釋・申・韓」を一括りに邪道として問題とする姿勢を見せている。こうした、老荘への批判は朱熹の立場へ継承されているのである。

この様に見るならば、朱熹の老荘に対する理解は北宋人のそれを踏まえていることは明らかである。北宋人が既に老荘を批判していた場合は、朱熹もまたそれをそのまま継承し、北宋人が『老子』の本意として評価していたものに就いては、朱熹はそれを『老子』の本意として再確認した上で、改めて批判していることが分る。「第一篇序章」に於いて、作用への展開を一切否定する姿勢として、北宋人が批判していた老荘思想が唐の老荘解釈を念頭に置いていた

可能性を指摘し、それと区別される、作用への展開も含む「清靜無爲」は積極的に述べられていたことを指摘した。その「清靜無爲」が朱熹によって批判されているということになれば、北宋を受ける南宋の老荘思想では、この「清靜無爲」に関る理解、即ち、作用の問題が避けて通ることの出来ない課題となっているはずである。

注

（1）朱熹の老荘解釈に就いては、陳榮捷「解老」「評老子」「老子亦有所見」「朱子贊揚莊子」（『朱子新探索』所收。臺灣學生書局、一九八八年）、大濱浩「朱子の老子觀」（『神田喜一郎博士追悼　中國學論集』所収。株式会社二玄社、一九八六年）、熊鐵基・馬良懷・劉韶軍著『中國老學史』「第六章第五節　朱熹的老學思想」、張艷清「朱熹之學與老莊」（『中國哲學史』一九九九年第二期所収。一九九九年）、陸建華・孫以楷「朱熹視界中的老子」（『邁入二十一世紀的朱子學—紀念朱熹誕辰八七〇周年、逝世八〇〇周年論文集』所收。華東師範大學出版社、二〇〇一年）、〔加〕秦家懿著、曹劍波訳『朱熹的宗教思想』「第八章　朱熹與道教」（厦門大學出版社、二〇一〇年）、曾春海「朱熹對老子的論評」（『人文與價値—朱子學国際學術研討會暨朱子誕辰八八〇周年紀念會論文集』所收。華東師範大學出版社、二〇一一年）等を参照。特に、熊氏等著、張氏論文、秦氏著は、朱熹の老荘観が手際良く整理されていて参考となった。

（2）『朱子語類』は理學叢書『朱子語類』（中華書局、一九八六年）を用いた。頁数も同書に依拠した。尚、『朱子語類』巻一百二十五に就いては、拙訳注「『朱子語類』巻第一百二十五「老氏［莊子附］」訳注（一）〜（五）」（『熊本県立大学文学部紀要』第十六〜十八巻（二〇一〇〜二〇一二年）、『熊本県立大学文学研究科論集』第三〜四号（二〇一〇〜二〇一一年））を参照されたい。

（3）しかしながら、朱熹のこの発言は、後述する、朱熹が批判する統治自身が修養することで民が感化されて「自定」する、という立場にむしろ近い様に思われる。

（4）『四部叢刊初編』版『晦庵先生朱文公文集』には錯簡が有るとされているため、『朱子全書』（弐参冊）所収『晦庵先生文公集（四）』（上海古籍出版社、安徽教育出版社、五八一一頁）所収本を用いた。

（5）　他にも「謙之問、佛氏之空、與老子之無一般否。曰、不同。佛氏只是空豁豁然、和有都無了、所謂終日喫飯、不曾咬破一粒米。終日著衣、不曾掛著一條絲。若老氏猶骨是有、只是清淨無爲、一向恁地深藏固守、自爲玄妙、教人摸索不得、便是把有無做兩截看了」（『朱子語類』巻一百二十六、三〇一一頁）、「又如老氏之虚無清淨、他只知箇虚無清淨。今人多言釋氏本自見得這箇分明、只是見人如何、遂又別爲一說。某謂豈有此理」（『同』巻一百四十、三三三九頁）等と見られる。

（6）　「莊、老二書解注者甚多、竟無一人説得他本義出、只據他臆説。某若拈出、便別。只是不欲得」（『朱子語類』巻一百二十五、三〇〇一頁）と述べている様に、朱熹は『莊子』『老子』二書の多くの注釈はその本意を理解しておらず、自らが注釈を撰したならば、全く異なるものになるだろうと述べている。

（7）　同様なことは、「老子言、治人事天、莫若嗇。夫惟嗇、是謂早服。早服、謂之重積德。重積德、則無不克。他底意思、只要收斂、不要放出」（『朱子語類』巻一百二十五、二九九九頁）と、「收斂」のみを求め「放出」しようとしない姿勢としても言われている。

（8）　「老子」が外界との関りを極力避けようとするのは養生的な理由でも有ると朱熹は考えていた様である。「佛、老也只是理會這箇物事。老氏便要常把住這氣、不肯與他散、便會長生久視」（『朱子語類』巻一六、三一七頁）と、現象には必ず「理」と「氣」が有るのだが、「老氏」はその「氣」のみにしがみ付き、しかも、「長生久視」を求めるため、その「氣」が散逸することを恐れ、他と関らないのだと理解している。

（9）　以上では、本論の趣旨と関りの有る事例のみを検討したが、無論、単純に『老子』の考え方を批判している場合も多い。例えば、「道者、古今共由之理、如父之慈、子之孝、君仁、臣忠、是一箇公共底道理。德、便是得此道於身、則爲君必仁、爲臣必忠之類、皆是自有得於己、方解恁地。…老子説、失道而後德。他都不識、分做兩箇物事、便將道做一箇空無底物事看」（『朱子語類』巻一三、二三二頁）と有るものは、「道」と「德」とを別物と捉える老子の考え方を根本的に誤るものとするものである。

第二章　董思靖『道德眞經集解』の思想

序

『道德經』の諸注釈が、その時代時代に関心を持たれた思潮の影響を強く受けてなされたものであることは贅言を要しまい。[1]本章で扱う南宋・董思靖の『道德眞經集解』(『道藏』所収。以下『集解』と略す)も例外ではなく、朱子学的思想の影響下に在り、朱子学に忠実な立場からなされた『道德經』注釈であるとされている。[2]董思靖には他に『道藏』に『洞玄靈寶自然九天生神章經解義』が収められており、『集解』と『解義』の双方を見ることで董思靖の思想の全体像を検討することが出来ると思われるが、本章では、先ず『集解』を材料に董思靖思想の特色を検討してみたい。董思靖が朱子学的思想をどの様に受け入れていたのか、朱熹自身の言葉と比べることで、董思靖自身の立場をより鮮明にすることが可能であり、当時の『道德經』注釈の一つの具体像を示すことが出来るであろう。

一　董思靖と『集解』

『集解』は、『道藏』所収本では全四巻、淳祐丙午(一二四六年)の「序說」と、巻末には寶祐丁巳(一二五七年)の天台謝皇の「跋」、黄必昌の「序」、が寄せられている。[3]一方の『九天生神章經解義』には淳祐壬子(一二五二年)の「後序」が付され、共に一二〇〇年代半ば、即ち理宗期に編纂されたものと考えられる。歴代正史芸文志の類は『集解』を記録していないが、清・黄虞稷『千頃堂書目』巻十六「道家類　補　宋」は「董思靖道德集解二卷〔一作四卷。思靖、清源天慶観道士」」（瞿鳳起・潘景鄭整理『千頃堂書目』、四三八頁。上海古籍出版社、一九九〇年）と記録している。即ち、『集解』は『道徳集解』とも称されていたこと、二巻本と四巻本とが有ったことが分る。現行『道藏』所収本と若干の文字の異同を残すものに十萬巻樓叢書本『太上老子道徳經集解』全二巻（『叢書集成初編』所収）が有るが、これが『千頃堂書目』が記載する二巻本の系統と推測される。更には、元・呉澄『道徳眞經註』（『道藏』所収）が「董思靖曰」として引くもの、一三八七年の「序」を持つ明・危大有『道徳眞經集義』（『道藏』所収）が「董氏曰」として引くもの、明・焦竑『老子翼』「附録」が「董思靖云」（『道藏』所収『老子翼』五／四〇裏／一）として引くものが何れも現行本と合致していることから、現行本の内容は元代までは確実に遡ることが出来、恐らくは成立当初の内容をほぼ伝えていると考えられる。二巻本は伝書の過程で派生した形態であろう。

董思靖の生涯に就いては詳細は不明である。『集解』「序説」の「清源天慶觀後學圭山董思靖書」の記載に依り、劉固盛氏は清源・圭山をいずれも福建泉州の山とし、董思靖を泉州の道士とする。(4) 宋・趙與泌、黄巖孫『仙溪志』巻一、(5) 明・陽思謙修『萬曆重修泉州府志』巻二、(6)『嘉慶重修一統志』巻四二八「泉州府」等に依れば、(7) 莆田・泉州地区がかつて清源と呼ばれていたこと、郡北に清源山が有り、その中峰に清源洞とも呼ばれる純陽洞が有ったことなどが確認できる。(8) 一方、『集解』に「序」を寄せている黄必昌は、『宋元學案』巻六十八「北溪学案」に依れば晋州出自とされ、(9) 陳淳に師事したことが有る。又「跋」を寄せている天台謝皇については、『宋史』巻四三八「湯漢」の伝に「泉州守謝皇」（『宋史』巻四三八、一二九七七頁）と見られる人物のことと思われ、いずれも泉州と関りのある人物であることが確認できる。

以上、天慶観の特定、或いは「圭山」の具体像に就いては保留せざるを得ないが、(10) 董思靖が泉州の天慶観の道士であることは確認出来たと言えよう。更に、黄必昌の存在は、泉州に於いて陳淳系の朱子学が歓迎されていたことを考えて見れば、(11)『集解』に朱子学的思想が見られることとも関るものであろう。

二　「道」

（一）　「道」について

『集解』全体を貫く思想は、「道體」「道用」の体用論、及び「體用一源」という考え方である。これらの概念を軸に『集解』の思想を見ていくことにする。先ずは、これらが明確に窺える例を幾つか見てみよう。

道が無ければ旡は存在することは出来ず、旡が無ければ道は拠り所が無い。本体でなければ作用が行われることが無く、作用でなければ本体が具体化されることはないのだ。道は旡を司っているが、旡に限定される訳ではない。作用は本体よりも具体性を持つが、実は本体に基づくものである。道は本体であり、旡は作用である。そして、本体と作用はその源を同一とし、理と物の間には間断が無いのである。だから「此両者云云」と言うのである（惟無是道則旡無以立、無是旡則道無以寓。非是體則用無以行、非是用則體無以顯。道宰乎旡而不囿乎旡。用著乎體而實源乎體。道即體也、旡即用也。體用一源、理物無間。故曰、此兩者云云）（『集解』一章細注、一／四表／一四）

「道」＝「體」、「旡」＝「用」の枠組を軸に、「理」と「物」をそれぞれに配し、同時に、「體用一源、理物無間」と、「體」と「用」が根源を一にし、「體」である「理」と、「用」の結果としての「物」とが間然としないことが主張されている。「體用一源」に就いては、

ここは、上段を総括している。「両者」とは「無名」と「有名」であり、「妙」と「徼」である。本体と作用とは根源を一にしているのである。だから「同」と言う。…「同」であるからこそ、性と情とを区別することは出来ないのである。これを「玄」と言う。そもそも、遠くにあってよく分からない場合、その色はかならず「玄」である。それは人の心に在っては、奥深く静かで何の具体的姿も持っていないことを示す。「玄」は（作用を起すと

限りなく変化し万物に通じ、その深さは測り知れないが、「玄」としての心はその段階でも依然として存在しているのである（此總結上意。兩者謂無名有名、妙與徼也。體用一源、故曰同也。…惟同則性情冥而不可致詰。是謂之玄。凡遠而無所至極、則其色必玄。其在人心、乃淵黙無象之義。夫玄雖變通無極、深不可測、然猶有玄之心在焉）（『同』一章「此兩者同出而異名…衆妙之門」注、一／二裏／二）

「體」と「用」、「無名」と「有名」の両者は根本では一つであるとされ、更に、それが人の心にまで敷衍され、「性」と「情」の根源的一致が言われている。直言されてはいないものの、「性」と「情」とを「體」と「用」とに配していることは間違いないであろう。「性」と「情」の根源での一致を「玄」と言い、「玄の心」とも言う。即ち、より根源で「性」「情」を統合する概念として「心」が想定されている様にこの注釈からは窺える。すぐに続けて、その「心」が「變通」という働きを起しつつも、「淵黙」としているという記述にも、「體」「用」を統括するものとしての「心」の位置付けが窺われよう。但し、『集解』に於いて「心」自体が論じられることは決して多くはなく、その多くは、通常は外界へ馳せてしまう存在として理解されている。「（心が）働きかける対象が無ければ、心が外に馳せることはない。…求めようとする物が無ければ、感情がその物に執着することはなく、心は澄み切っていられるのだ（惟無所徇則心不外馳矣。…惟不見其有可欲之處、則情不附物、而此心澄然矣）」（『同』三章「不尚賢…盜不見可欲、使心不亂」注、一／五裏／七）と、「可欲之處」に執着することが無ければ、「心」が外に馳せることはなく、「心や目が経験する外界は様々に盛んであり、その都度、その事物に執着してしまうので、それらが真実ではないことに気付かないのだ（心目所經、外境方盛、隨時逐物而不知其非）」（『同』二十章「衆人熙熙…若嬰兒之未孩」注、一／三〇表／三）と、そもそも「心目」は「外境」と接し、「物」に執着するものとされ、更には、「聖という立場に甘んじないことで、自ら聖となろうとする心も無くなるのだ（惟不居其聖、則絶無自聖之心）」（『同』十九章「絶聖棄智、民利百倍」注、一／二十七裏／七）と、自ら聖人たらんとする「心」さえも否定されている。従って、通常は「心」がそのままで肯定されることはなく、「心」が積極的に述べられている場合は限定付きなのである。「虚心」（『同』一／六表／四）、「洗心」（『同』一／一五表／四）、「赤子の心」（『同』二／十一裏／一〇）、「聖人の誠心」（『同』三／一八表／八）等がこれに相当する。第一章注の「玄の心」もそうした一つとして考えるべきであろう。

さて、体用論に話を戻そう。

「谷神」とは、その本体が虚《からっぽ》であって、あらゆる物を受け入れ、その作用は万物に応じて測り知れないものであることを述べたものである。それは、万物の造化を秩序立て、古今を貫き、万物に霊妙に働きかけ、万物を生み出し続けて止まない。だから「不死」と言うのだ。これは真実で唯一の精であり、陰陽の主人である。だから「玄牝」と言うのである。これは理が気に宿ることを言っている。「玄」とは陽である。「牝」とは陰である。即ち、陽の変化は玄妙で測りがたく、陰は合わさって万物を生み出し続けて極まらないのである（谷神者謂其體之虚而無所不受、而其用則應而不可測也。以其綱紀造化、流行古今、妙乎萬物、而生生不息。故曰不死。此即眞一之精、陰陽之主。故曰玄牝。此言理寓於氣。而玄、陽也。牝、陰也。蓋陽變而玄妙莫測、陰合而生生不窮故也）（『同』六章「谷神不死、是謂玄牝」注、一／九裏／七）

「谷神」の「體」はあらゆる物を包み込み、その「用」は無限である。それは、「造化」をコントロールし、古今という時間を超越し、万物に不可思議に働きかけ、万物を生み出し続けて止まない。これが「谷神」であり「眞一の精」でもあり、「陰陽」を統御している。「玄牝」は「陰陽」であり、その「陰陽」の「氣」に「理」が宿る。「理」と「谷神」との関係については、

「谷神」は理の側面を述べたものであり、「玄牝」は気の側面を述べたものであり、「天地」は具体像の側面を述べたものである。道の不可思議な働きは陰陽以外の何ものでもないが、しかし、その「所以然者」は、決して陰陽によりかかって存在している訳ではなく、気・形をコントロールし、事物の間を貫通して間断することがない

のである（而谷神以理言、玄牝以氣言、天地以形言。蓋道之妙用、不外乎陰陽、而其所以然者、則未嘗倚於陰陽、乃宰制氣形而貫通無間者也）（『同』六章「綿綿若存、用之不勤」細注、一／一〇裏／一〇）

「谷神」は「理」の側面を述べ、「玄牝」は「氣」の側面を述べたものとされている。「道の妙用」は「陰陽」であるとされ、「所以然者」は「陰陽」ではなく、「氣形を宰制し貫通無間」なるものと言われているが、先の注で「陰陽」をコントロールするのは「谷神」とされ、「谷神」はここでは「理」とされていることから、「所以然者」は「理」であることになる。即ち、「谷神の體」は「道の體」「理」「所以然」であり、「谷神の用」が「玄牝」「陰陽」「氣」「道の用」であり、それが生み出すものが「天地」「形」なのである。

谷神 →	玄牝 →（生生）→	天地
（谷神の體）	（谷神の用）	形
道の體	道の用	
理	氣	
所以然	陰陽	

「谷神」自体は「體」「用」を兼ね、「理」的側面を示す「谷神」は「谷神の體」であり、この「理」としての「谷神」は「用」の側面もそこに含み、その「體」「用」は混然としていると理解されていることが分る。そして、その「用」に特化して表現したものが「玄牝」となるのである。

さて、「體用一源」の点をもう少し見てみたい。

（「寂」とは）寂然として音の無いことである。（「寥」とは）寥邈として形の無いことである。その本体は抜きんでて相対的次元を超え、移り変わることはない。作用は遍く行き渡り、その働きが危ういことはない。これは本然の全体に即しつつ流行生育の妙用があるということなのだ。「母」とは万物を次々と生み出す根源である。この両者（＝「全體」と「妙用」）は同一物としてはならない。だから「寂」と「寥」と（区別して）讃えているのである。しかし、（本体の側面としての）空寂にのみ泥んでいてはいけない。だから本体と作用とを兼ねて述べているのである。本体が相対次元を超えて存在しつつ、作用として遍く行き渡ることで万物を生み出す働きが測り知れなくなるのである（寂然、無聲也。寥邈、無形也。以其體則卓然無所對待、而不變不遷。以其用周匝運行、而不危不殆。此蓋即本然之全體而有流行生育之妙用焉。母者生生之本也。不可指爲一物。故贊之以寂兮寥兮。又非溺於空寂、故兼體用而言。獨立周行而生物也不測矣）（『同』二十五章「寂兮寥兮…可以爲天下母」注、二／六裏／九）

「體」が相対次元を超え、「用」が無限であることが、「本然の全體」に即しつつ「流行生育の妙用」が有ると述べられている。「妙用」と対となっていることから、「本然の全體」は体用の図式での「體」であり、それは、「妙用」への展開を内包した「體」であると言える。更に、この「體」「用」の相即が無ければ「空寂」に泥んでしまうと注意を喚起している。本体と作用の相即が注意深く論じられていると言えよう。

最後に、「全體」「道體」の使い分けについて少し整理しておこう。先ず「全體」だが、

道は一に他ならない。この一を得れば、全てを得ることになるのだ。従って、極めて僅かな内にも本体の完全さ、作用の不可思議さが全て備わっているのである（道一而已。得一則無不得矣。故於至約之中、而是體之全、是用之妙、罔不具焉）（『同』二十二章「少則得」注、二／二裏／四）

「體の全」は「用の妙」と対置されていることから体用の「體」であることが分る。そして、

道の本体は混然としており、天地・人・物が共有するものである。人はこの理を体得し、それを己の内に得るのであり、外に求めることはない、これを徳と言うのである。もとより、道とは別の所に徳が有る訳ではないのである。但し、徳と言う以上、そこには上下の筋道の区分が有ることになり、道が遍く覆い尽くしているのには及ばない。だから不徳こそが徳の極みであり、全体こそが道なのだ。しかし、それを維持することに執着するなら

ば、下徳がその化の働きを発する前に、道の全体性が喪失してしまうことになるのだ。だから「道を失った後に徳がある」と言っているのである（道體混然、乃天地人物之所公共也。人體是理而得諸己、無待於外、之謂德。初非道之外別有所謂德也。但既謂之德、則有上下倫卞之分、乃不若道之徧該。故不德則德之至而全體是道矣。若夫執而有之、則下德之未能化而失乎道之全也。故曰失道而後德）（『同』三十八章「故失道而後德…而後禮」注、三／二裏／四）

「上下倫卞の分」が有ることで限定的とならざるを得ない「德」と対比されていることから、「全」は完全性を意味すると考えられる。従って、「全體」の語は、作用に対する本体を意味する語であると同時に、それが完全な存在であることを述べるのに力点があると考えられる。例えば、既に見た二十五章注では、「全體」が「生育の妙用」と対比され、「體」であると同時に、その主眼は「無所對待」を述べることにあったのも同様である。又、だから、聖人は一を抱いて天下古今の準則とするのである。これが所謂る「一を抱く」ということであり、全体こそが道なのである（故聖人惟抱一以爲天下古今之準的。所謂抱一則全體是道也）（『同』二十二章「是以聖人抱一爲天下式」注、二／二裏／九）

とも見られ、相対的次元を超えた「一」を維持することこそが「全體是道」を意味するというのも、「全體」の完全性を意味している。「全體」がこの様な性質を持つため、「渾然の全體」（『同』一／七裏／七、二／一二裏／一）、「混然の全體」（『同』一／三〇裏／八）等と、無限定を意味する「渾（混）然」の語が併用されることが多いのである。即ち、「全體」の場合は体用の図式に於ける本体を意味し、尚且つ、それが完全であることを示すのに力点が有るとすべきなのである。

一方の「道體」だが、先に見た三十八章注に於いて、「徧該」を意味する「全體」と、「道體」の語とが使い分けられていた点に注意すれば、「全體」の様な完全性が「道體」では強調されてはいないと思われる。又、「道の本体は空っぽで、ぼんやりとしていて何の兆しもないが、その作用は全てを覆い尽くしている（道體沖虛、漠然無眹、而其用則無所不該）」（『同』四章「道沖而用之…似萬物之宗」注、一／六裏／五）と有る様に、「道體」は「其用」と対置されており、「道體」とは、純粋に「用」と対置する「道の體」の意味と考えられる。

（二）「道」と万物

次に「道」と万物との関係について見ておこう。「道」と万物の関係は、

徳とは道が具体的に現われたものであり、そのことから考えれば、全て形有るものは、道が万物として具体化したものとなる。これを道から生じると言うのだ（徳乃道之所以形見者、自是推之、則凡衆有之容、皆道之見於物。謂從道中出也）（『同』二十一章「孔徳之容、惟道是從」注、二／一表／四）

と述べられ、それは、

道の本体は空っぽで、ぼんやりとしていて何の兆しもないが、その作用は全てを覆い尽くしている。偉大な天地、数多い動植物ですら道体の内に含まれ、それでも道体が一杯になることはない。何故ならば、形有るものは有限ではあるが、理は無限であるからである。そもそも、道の偉大さは無限大であり、万物によって満たされてしまうことはない。しかし、その微細さも無限小である。従って、一つ一つの事物ですら例外無く道の本体をその内に備えているのである（道體沖虛、漠然無眹、而其用則無所不該。雖天地之大、動植之繁、在於其中、亦莫盈其量矣。蓋形有限而理無窮。此固道之大而無外、實不盈也。然而其細亦無内。故雖一物一事、亦莫不各具而毫髪不遺）（『同』四章「道沖而用之…似萬物之宗」注、一／六裏／五）

と、「道體」は「沖虛」として具体像を備えてはいないが、その「道用」はあらゆる物に及ぶという、体用の枠組から導き出されるものだが、結果として、有限の森羅万象は全て無限の「道」の内に在り、同時に、万物の内には「道」

が内在するという、「道」と万物の本質的一体性が述べられているのである。

この「道」と万物の関係は、『道徳經』の言葉で表現すれば「母」と「子」となる。「始めを尋ねて母を得たならば、道の本体が定立する（原乎始、既得其母、則體斯立矣）」（『同』五十二章「天下有始…沒身不殆」注、三／二十三表／七）と、「母」である「道」へと戻れば、「道の體」へと収斂すると言われている。そして、

道の本体は混然としており、様々に異なる万物が基づく唯一の根源である。だからその母を得てその子を知るのである。道の作用は無限であり、それは唯一の根源が様々な万物に展開することなのだ。だから、その子を知った上で、母を守ると言うのだ。この様であって初めて本末精粗を一体とさせ、根源を尋ね、その行く先を極めることが出来るのであり、生死に惑うことがなくなるのである。だから「沒身不殆」と言うのである（蓋道之體混然、則萬殊之所以一本。故得其母、以知其子。道之用無窮則一本之所以萬殊。故知其子而復守其母。夫如是故能混本末精粗爲一致、而原始反終、死生無惑矣。故云沒身不殆也）（『同』「天下有始…沒身不殆」注、三／二十三裏／四）

「道」によって生み出された「子」である万物には「道」が内在している。「道の體」は混然たる「一本」であり、「道の用」はその「一本」が「萬殊」した結果であるとの理解に立ち、「母」の境地に立ち戻った上で初めて「子」を理解することが出来るとすると同時に、「子」を理解した上で「母」を守ることが出来るとも述べている。即ち、普遍的「道體」を理解することで初めて万殊の現象の本質を見極めることが出来るのと同時に、万物を具《つぶさ》に理解することで、そこに具現化しているはずの「道體」を維持することが出来るという、双方の観点が相即として述べられているのである。

三　修道思想について

（一）「聖人」について

『集解』が『道徳經』の注釈である以上、修道思想の観点から見るならば、その最終目的は「道」の体得、或いは「道」との一体化となるであろう。その最終目的である「道」に就いて角度を変えて見てみたい。

大道は日常生活のその場に隙間無く存在しているのであり、その点では易しいと言うべきなのである。しかし、その極地に到ることは聖人のみが可能なのであり、その点では難しいと言うべきなのだ。思慮の生じていない段階では、ぼんやりとしていて何の兆しも見られない。それは細かいと言われる。しかし、それが万物に遍く満ち溢れれば、天地であってもそれを推し量ることはできない。その点で大きいと言われる。だから、段階を踏んで修め、僅かな行いも慎まないことがない様にすれば、その徳が達成するに及んで、聖人と能力を同じくするのである。細かな点も謹んで、僅かなものも尽くさないことがないようにすれば、道の本体を全うするに及んだ時、天地の偉大さと同等になるのである（大道之在於起居食息之間而不遺、可謂易矣。及其至也、惟聖人爲獨能、可謂難矣。當思慮未發之中、而漠然無眹、可謂細矣。而其充周也、雖天地莫能窮其量、可謂大矣。故漸修而無一行之不謹、及其徳成則與聖人而同能。謹微而無一毫之不盡、至全乎道體、則與天地而同量）（『同』六十三章「圖難於其易…必作於細」注、四／七裏／三）

「大道」は「起居食息」のあらゆる日常の場に存在し、その意味では容易なものの、その極みには「聖人」以外は到達し難い。だから困難でもある。「思慮未發」の段階では何の具体的作用も兆してはおらず、それを「細」と言う。しかしながら、それが作用を起して万物に行き渡れば、その働きは「天地」といえども究めることは出来ない。だから

「大」と言う。ここでは、自ら「道」の極みに到達し得るのは「聖人」のみに許されることであるとし、「思慮未發」という「聖人」の在り方がそのまま「道體」として言われている。そして、「聖人」のみが可能であるとされてはいるが、「聖人」以外の者にこの様な「道」を極めることが完全に閉ざされている訳ではなく、僅かな事をも疎かにせず、絶え間なく段階を踏む「漸修」で修道することで、それは可能であるとされている。「聖人」以外の者にも可能性が開かれている事を明言している点に、北宋の注釈との違いを見ることが出来るであろう。

しかし、僅かな事柄も疎かにしない修道の積み重ねが「道體」の体得へと導くことになるというのは、事実上、「聖人」以外の者にとって、どれだけ現実的意味が有るのであろうか。従って、多くの者を導く指導者としての「聖人」は依然として重要な意味を持つものとなるのである。(12)

ここで述べていることは、聖人は道を自己の内に体得し、寂然と不動であり、神のみを維持した状態となった時、極めて微妙な道の本体を感得出来るのである。「常」とは真実恒常の妙本のことである。思うに、「無欲」であることが静である道の本体の常なるあり方なのである。「有欲」とは道の作用が行われることなのである（此言、聖人體道在己、乃寂然不動、所存者神之時、即此可見道體之至微至妙者也。常者眞常妙本也。蓋無欲爲靜體之常也。有欲爲動用之行也）（『同』一章「常無欲以觀其妙」注、一／一裏／八）

「聖人」は「道」と自己とを一体化させ「寂然不動」となり、この状態で、自身と一体化している「道體の至微至妙」を感得することが出来る。即ち、「聖人」は、「無欲」の「靜體」という、自身を「道體」と同じレベルに置くことで、「道體」を感得し、その上で、「聖人」は「有欲」「動用」と言われる作用を起すのである。「聖人」の「無欲」「有欲」はそのまま「道」の「體」「用」であり、「聖人」は「道」と完全に一体となった存在であることになる。『集解』に於いて「有欲」が肯定的に扱われていることに就いては既に指摘されているが、(13)それは、「感」に応じた「用」である以上、「體用一源」の思想に立てば、「有欲」は肯定されなければならず、「體用一源」の思想で一貫させるためには、『道

徳經』の「有欲」の主語は「聖人」でなければならないのである。即ち、
聖人は無我であるので、その心は一にも執着することがなく、様々な事物の出現に順応していくことが出来るのである（惟聖人無我、故其心不滯於一、而物來順應矣）（『同』四十九章「聖人無常心、以百姓心爲心」注、三／一七裏／一）と、唯一「聖人」のみが「一」にも執着することなく、外界の事物に自在に対応していくことが可能なのであり、そうした「無我」としての「心」が前提となっているのである。即ち、「聖人」の「心」のみが「道」と一体となり得るという、北宋の諸注釈に見られた立場が依然として継承されているのである。

（二）「内」と「外」について

「聖人」は「道體」のレベルに於いて、本来の自己そのものである「道體」を感得し得た。このレベルでは何の作用も生じてはいない。即ち、外界に対する働きかけが生じる以前の事柄として述べられているのである。この点は、更に「内」と「外」の問題として考える必要が有るであろう。

「虚心」とは、物と我の双方への執着を捨て去ることである。「実腹」とは、心の働きを内に守ることである。物と我の双方を忘れることが出来れば、思慮が生じることはなく、志は自然と弱くなる。心の働きが内に守られれば、気が不足することはなく、骨は自然と強くなる。「虚心」「弱志」であれば、民は自然と無知となり、「実腹」「強骨」であれば、民は自然と無欲となる（虚心者物我兼忘。實腹者精神内守。物我兼忘則慮不萌而志自弱矣。精神内守則氣不餒而骨自強矣。虚心弱志則民自無知、實腹強骨則民自無欲也）（『同』三章「是以聖人之治…常使民無知無欲」注、一／六表／四）

「物」「我」の双方に執着することが無ければ思慮が生じず、「志」が暴走することはない。「精神」が「内」に守られ

れば、「氣」が消耗することはない。これらは「聖人」が「内」なる主体を維持することとして言われている。そして、その結果、「民」は自ずと「無名」「無欲」へと感化されると述べられているのである。この「内」なる主体を乱すのは外物に他ならないため、

この章が述べているのは、外界から我を惑わすものである。だから、外界を制御し、内側を安定させると告げているのである（此章所言、皆由外而惑我者。故告之制於外、以安其内）（『同』十二章「馳騁田獵、令人心發狂」注、一／一九裏／六）

外界から「我」を惑わすものは、それを外界に於いて制御することで「内」なる主体を安定させなければならないとする。ここでは、「内」と「外」の関りを断ち切ることで、「内」なる主体を維持することが言われていると言えよう。同様のことは、『一』を根本とする者は内側に満ち足りていて、外側に誇ることはない（主一者足於内而不矜於外也）」（『同』二十四章細注、二／六裏／二）と、「一」を守る者は、既に満ち充実している「内」なる世界を「外」に誇示しないとも言われ、又、「そこで聖人が無為であれば人々はそれぞれの自然に安んじるのである。外界に求めるものはなく、内側に畏れるものはなく、陰陽は調和して、万物は治まるのである（是以聖人無爲而人各安其自然。外無所求、内無所畏、則陰陽和而萬物理）」（『同』六十章「以道莅天下者…故徳交歸焉」注、四／三表／二）と、「無爲」に基づき各自の「自然に安んじる」ことで、「外」を追い求めることがなくなれば、「内」には恐れるものが何もなくなると見られる。これらの注釈は、何れも「外」に惑うことを戒めることで、「内」なる主体を維持することが言われているのである。こうした立場は、既に見た様に、北宋の老荘関連著述に等しく見られたものであり、董思靖が引用する北宋の注釈にも見られる傾向である。そうした注釈史の上に董思靖の立場は位置付けられるのである。(14)

この様に、「外」との関りを断ち切ることで「内」なる主体を確立した次の段階が、（外面的要素を）ぱりっと解体したとしても、そこには静として些かも乱れないものが自若としている。これは外

を修めることで内を養うというものだ。「其の光を和」せば、光あるも輝くことはない。「其の塵と同じ」くなれば、膨大な万物も一つとなる。これは内を一つにして外に応じていくということなのだ。その極みに至れば、内外一如となり、渾然とした全体が我が内に常にあり続けることになるのである（及乎譟然已解、靜一不紊者自若矣。此修於外以養其中也。和其光則光矣而不耀。同其塵則磅礴萬物以爲一。此一於内以應其外也。及其至也、内外一如、而後渾然之全體、在我湛然常存矣）（『同』四章「挫其鋭…湛兮似或存」注、一／七裏／三）

万物が内に備えている「道」を全うするためには先ず、外的要素との関りを消し去ることで内的「全體」を維持する。この維持された「内」に依ることで、「外」へと対応していく「内外一如」が可能となるのである。そして、「道の體」と一体となれば、「體」は「體」のままで内に「用」を含む訳だから、その境地では自在に「内」から「外」へと展開することが可能となるはずである。

道の真実の在り方で身を治め、その余りで人を治める。身を修めるその方途は家・国・天下に及ぶまで同じなのだ（蓋道之眞以治身、其緒餘以治人。然修之身此理也、推之家國天下、不外乎是而已）（『同』五十四章「修之身其徳乃眞…修之天下其徳乃普」注、三／二十七表／三）

即ち、『莊子』「讓王」を踏まえて述べられているのは、一旦、外界との関りを絶つことで内なる「全體」を修めて維持し、その上で改めて外への対応が可能となるということなのである。言い換えれば、外界との関りという場に於いて、外物と関りながら内なる主体を定立していくことは想定されていないのである。この点は、先に見た、「聖人」は「道體」のレベルに於いて自己の「道體」を感得し得るとされていたのと一貫するものである。その一方、既に見た、「道」と万物双方の相即の関係は、「聖人」という極めて限られた者にしか適応されないことになるのである。

（三）　「盡性、至于命」について

万物に本来内在するものとしての「道」は、この道は外界に求めるものでは決してなく、聖人もまた万物のために、殊更に準則を作ることも出来ないのだ。万物はそれぞれが自然の道を必ず備えており、聖人はその性命の理に応じて教えを立て、極端なものを中庸へと導くだけなのである。それ以外に生を益したり助長したりするのではないのである（蓋此道初非外求、而聖人亦不能爲物作則也。且夫萬物莫不有箇自然之道、聖人惟順其性命之理而立教、以左右之使適乎中而已。不敢別有益生助長之爲也）

（『同』六十四章「是以聖人…而不敢爲」注、四／一〇表／一〇）

と、万物が本来的に備える「自然の道」とされ、それは同時に、「性命の理」に他ならないとされる。聖人はこの「性命の理」に応じる形で「教」を設けるのであり、それ以上の準則を設けはしない。ここにも先に見た「内」的世界を定立するという姿勢が見られるであろう。こうした「教」の理論に基づいて董思靖が主張するのが、「盡性」の思想である。

この章の前半三句は精・神・気を言い、即ち修身の事柄を述べている。本体を維持して作用を起す、これを自己の性を尽くして命に至ると言うのである。これは「大にして之を化す」ことを極める境地のことである。後半三句は、その作用の現われであり、治人を言っている。即ち、作用によって（人・物を感化し）本体へと戻すことで、人・物の性を尽くすのであり、それは、人間社会の営みに現われ、天と同等の働きをし、その精神は無限に広がり、上下に遍く満ち溢れるのだ（上三者、言精氣神、則修身之事也。乃存體以致用、謂盡己之性以至於命。而極其大而化之之地也。下三者、言其用効則治人之事也。乃即用以歸體、盡人物之性、而見諸事業之間、乃至與天爲徒、而精神四達、上下並流）（『同』十章「明白四達、能無知乎」注、一／一五裏／九）

ここでは「體」「用」の枠組で「盡性」について論じている。「體」を基盤としてそこから「用」へと展開することを「己の性を尽くして以て命に至る」こととする。逆に、「用」によって感化の働きを起し、人・物を「體」へと収斂させることを「人・物の性を尽く」すことだとする。前者は「修身の事」とされ、「聖人」が自己の「性・命」を内側へ向けて窮め、それを基盤にやがて作用へと展開していくことを言うものである。(15) 後者は「治人の事」とされ、その働きを推し広げることで人・物を感化することを主とする。「聖人」以外の者が行うべき漸修は現実味を持たず、「聖人」の修己が民の無欲をもたらすとされているのは、こうした「聖人」による感化の考え方と表裏の関係にある。この順は先に見た五十四章の注に「道の眞」で「身を治」め、その「緒餘」で「人」を「治」める、と有ったのと一貫する考え方である。ここでも、先ず「内」側に、即ち「體」へと復帰することが目指され、その後に「用」を伴って「外」へと展開していくことが可能となるとされているのである。

以上で、『集解』の主要な思想はほぼ検討されたと思われる。

四　董思靖思想の背景

（一）『集解』が引用する注釈について

『集解』に於いて董思靖が引用する多くの文献の中で、特に引用回数が多いのは、蘇轍、司馬光、宋・徽宗の注釈及び朱熹の文である。

『集解』には董思靖自身の注釈を付さず、諸注釈の引用のみで済ませている箇所も多い。例えば、第五章「多言數窮、不如守中」では、蘇轍の「見其動而愈出、不知其爲虚中之報也。故告之云云」(『同』一／九表／四) を「虚」の説明として引き、司馬光の「能守中誠、不言而信也」（『同』一／九表／三）を「誠」の説明として引くのみで、董思靖は本文には注をつけず、五章全体に対する細注で董思靖は「夫中即道也。即其體則圓、同太虚卓然而無所偏倚之稱」（『同』細注、一／九表／十一）と、「中」は「道」であるとの解釈を示し体用論を展開している。又、「守則學以求至者之事也」（『同』細注、一／九表／一四）とも述べ、「學」によって極みを追及することを「守」としている。更には、「中」を「黄庭」「北極」と解釈する或説も引く。即ち、全体として、自説も含む幾つかの解釈を提示しているのであり、蘇轍と司馬光の注釈はその中の一つとして引かれているのである。又、第六章「綿綿若存、用之不勤」（『同』一／一〇裏／一）では、蘇轍注と曹道沖注の全く異なる注釈を引くのみで、董思靖は自身の注釈を付けていない。又、董思靖が自身の注釈も併せて提示している箇所でも、引用注の立場と自身の注の立場とが異なっているケースが多い。例えば第十六章「歸根曰靜、靜曰復命」（『同』一／二十五表／四）では、董思靖注は「夫靜、天性也。乃命於我者如是而已。及乎感物則動矣。惟動靜兩忘則動未嘗離靜、而復其本然之天矣」（『同』一／二十五表／五）と、「天性」は「感物」によって「動」へと展開するが、「靜」と切り離せるものではないとする。蘇轍注は「苟未能自復於性、雖止動息念以求靜、非靜也。故惟歸根、然後爲靜。命者性之妙也。易謂窮理盡性以至於命、是也」（『同』一／二十五表／七）と引かれ、「復性」の思想及び「窮理・盡性・至命」が論じられている。後に触れるが、董思靖注には「窮理」の語は存在しない。

司馬光注は、例えば、第二十三章「希言自然」（『同』二／三裏／六）に於いて「有道者不言而信。故曰自然」（『同』二／三裏／八）と引かれ、「道」を備えた者は不言であっても信じられるため、それは「自然」と称されるのだとする。董思靖は「經云、聽之不聞、名曰希。聖人言出於希、皆由其自然。故久而不窮」（『同』二／三裏／七）と、「聖人の言」は「自然」に基づくものであるから「不窮」であるとする。第三十二章「道常無名…人莫之令而自均」（『同』二／一六裏／二）注では、董思靖は「樸喩道之全體也。以其無形、故曰雖小、以其先於品物、故莫能臣」（『同』二／一六裏／五）と、「道の全體」を述べるが、司馬光注は「王侯守道、則物服氣和民化。亦猶沖氣合一、而甘露降、出於自然。而平施偏被、胳然浹洽於萬物。此所謂三才同會于道也」(『同』二／一六裏／七)と、むしろ「道」を守ることで万物が調和することを述べる点に主眼がある。これらの例からすれば、やはり董思靖は自身とは異なる解釈の例として司馬光のこれらの注釈を引用していると考えられる。

最後に徽宗の場合だが、徽宗『宋徽宗御解道德眞經』自体には「道の全體」という表現が何度か見られ、又、第十四章「此三者不可致詰。故混而爲一」注で「氣形質」未分の故に認識することが出来ないものを「道の全體」と表現し(『道藏』所収『宋徽宗御解道德眞經』一／二十七表／一)、第三十二章「樸雖小、天下莫能臣」では、「樸」の語で「道の全體」を比喩するなど(『同』一／一七裏／一)、董思靖の思想に近いものが窺える。

しかし、こうした注は『集解』では引用されず、董思靖は、やはり自身とは立場を異にする注釈を取り上げているのである。例えば、第六十六章「江海所以能爲百谷王者…故天下莫與之爭」(『集解』四／十一裏／一)では、董思靖注は、「聖人隨時趨變以道、豈計利哉」(『同』四／十一裏／一〇)と、「聖人」は「道」に基づいて時の流れに対応し、「利」を求めはしないと述べる。一方、『集解』が引用する徽宗注は、『易』に基づき、「屯初九曰、以貴下賤、大得民也。蓋得心也。處上而人不重、則戴之也懽。處前而人不害、則利之者衆」(『同』四／十一裏／六)と、人の上或いは前に立たないことが人心を得る方法であるとし、民心掌握の点から注釈を述べ、観点が異なっている。

以上、董思靖が多く引用する諸注釈の例を見た。無論、同じく『道德經』に対する注釈である以上、共通する解釈が多いのはもとより当然のことではある。董思靖が先人の注釈を引用するのみで、自身の注釈を提示していない箇所が少なくないのは、それを意味するものであろう。しかし、董思靖が敢えて自身の注釈とは異なる観点からなされた注釈を引用することが多いのは、『道德經』解釈の様々な可能性を示すためと考えられる。董思靖は『集解』の「序説」に於いて、「是經大義、固已見於諸家。然或病其無所折衷」(「序説」五裏／三)と、「折衷」という姿勢が重要であると述べている。即ち、様々な解釈を提示することで、解釈の可能性の幅を狭めることを敢えてしなかったと考えられよう。

（二）　朱子学的思想との関りについて

以上の諸注釈とは異なり、朱熹の文章は董思靖が直接的に基づくものとして引用されている。[16]『集解』に見られる体用の思想は、体用論のみであれば、中国思想史、特に、唐代の『道徳經』注釈にも普遍的に見られるものであるが、[17]「體用一源」ということになれば、やはり朱熹の思想との関連を考えねばならないであろう。『集解』に見られた「體用一源、理物無間」が、程伊川『易傳』の「體用一源、顯微無間」を踏まえて朱熹が多用する表現に基づくものであることは見易い。

『易傳』は「極めて微かなのは理であり、極めて明らかなのは象である。体と用とは本源を一にし、顕と微には間隔が無い」と言っている。思うに、理の立場から言えば、本体のままに作用はその内にあり、それが「一原」なのである。現象の立場から言えば、明らか（な現象）に即しつつ、それが微か（な本体）に他ならない、それが「無間」なのである（其曰、至微者、理也、至著者、象也。體用一原、顯微無間。蓋自理而言、則即體而用在其中、所謂一原也。自象而言、則即顯而微不能外、所謂無間也）（『朱子文集』巻三〇「答汪尚書」三〇／一三裏）

「体用一源」と言うのは、本体には具体的姿形は無いとは言え、その内に既に作用が存在していることである。「顕微無間」とは、明らかなるものの内に微かなるものが備わっているということである。天地が生れる以前の時点で、万物は実は既に備わっているのである。これが本体の内に作用がある、ということである。天地が存在した後も、この理もまた存在している。これが明らかなるものの内に微かなるものがある、ということなのであ

る（體用一源、體雖無迹、中已有用。顯微無間者、顯中便具微。天地未有、萬物已具、此是體中有用。天地既立、此理亦存、此是顯中有微）（『朱子語類』巻六十七、一六五四頁）

朱熹は「體用一源」を、「理」の立場から言えば「體」の内に「用」が含まれているとし、「象」（現象）の立場から言えば具体性の中にこそ「體」としての根源性が具現化されているとする。従って、程伊川の「沖漠無朕、萬象森然已具、未應不是先、已應不是後」（『二程集』巻一五、一五三頁）を踏まえ、

『易傳』が「体用一源」と言っているのは、極めて微かな理で言えば、沖漠と何の兆しもないものの、そこには万物が明らかに備わっていることを言っているのである。『易傳』が「顕微無間」と言っているのは、具体的ではっきりとした現象から言えば、事事物物に於いて理が遍く存在していることを述べたものである（其曰、體用一源者、以至微之理言之、則沖漠無朕、而萬象昭然已具也。其曰顯微無間者、以至著之象言之、則即事即物、而此理無乎不在也）（朱熹『太極圖説解』。理學叢書『周敦頤集』九頁。中華書局、一九九〇年）

と、「至微」なる「理」の次元で既に万物は明らかに備わっているのであり、一方で、個々の事物の内に「理」が遍く行き渡っていると述べる。この様な「體用一源、顯微無間」であるからこそ、

この「全体大用」とは、（理が）日用の具体的事柄に必ず現われているということであり、親に仕え年長者に仕えること、飲食起居などの、そのままにしかくあるべき所に、それぞれ明らかな理法があるのである（是其全體大用蓋無時而不發見於日用之間、事親事長、飲食起居、其所當然、各有明法）（『朱子文集』巻一五「經筵講義」一五／九表）

と、「體用一源」としての「體」は「日用の間」から離れるものであってはならないとするのである。

こうした「體用一源、顯微無間」の考え方が、董思靖に於いて「體用一源、理事無間」として受け入れられ、又、「蓋雖即沖漠無朕之體、而昭然事物之用已具。即事事物物之用而漠然無朕之體不違」（『集解』第一章「此兩者同出異名…衆妙之門」細注、一／四表／一九）と見られるものは、表現もほぼそのままに朱熹の立場が董思靖に受け入れられている

のであり、従って、「大道之在於起居食息之間」（『同』六十三章「圖難於其易…必作於細」注、四／七裏／三）と、「起居食息の間」にこそ「大道」があるとも述べられているのである。そして、この様な董思靖の立場は、

思うに、老・釈の欠点は動を厭い静を求め、その思想に体は有るが用が無いことだ。…凡そ老・釈は静を説いて天下の働きを否定しようとしているのだ。これはまるで眠り続けて覚めず、有用を無用に捨てている様なものだ。聖人賢者はこの様なことはしない（蓋老釋之病在於厭動而求静、有體而無用耳。…大抵老釋説於靜而欲無天下之動。是猶常寐不覺而棄有用於無用、聖賢固弗爲也）（『朱子文集』巻五十四「答徐彦章」）

という、既に前章でも指摘したが、従来も指摘されることの多い朱熹の老釈批判にも対処し得る思想を備えるはずのものなのである。[18] 又、

腹は内に収容するが無欲である。目は外界を追い続け内を惑わす。「為腹」とは『易』の「艮背」の意味に通じるものがある。「不為目」は『陰符經』の「在目」の説に通じるものがある（腹者有容於内而無欲。目者逐見於外而誘内。爲腹猶易艮背之義、不爲目猶陰符機在目之説也）（『集解』十二章「是以聖人爲腹、不爲目、故去彼取此」注、一／二〇表／三）

と見られる、董思靖『集解』のこの立場は、外界との関りを断ち「内」なる主体を確立するために、外物に執着する「目」を戒めた文である。そこに敢えて『易』「艮背」との同一性を説いているのは、前章に於いて既に触れた、朱熹の『易』「艮卦」と『道德經』の思想とを異なるものとした上で、釈老の立場を批判する朱熹の発言（『朱子語類』巻七十三、一八五六頁）を意識したものと考えられよう。又、『陰符經』の引用は、「心生於物、死於物、機在目」という、物に心が左右される原因を「目」に求める『陰符經』そのものからも導き出されるものだが、『道德經』と関連付けている点に就いては、朱熹と共に『參同契』の校勘注解作業を行った蔡元定の『黄帝陰符經注』が『道德經』「不見可欲、使民心不亂」（三章）と結び付けて解釈しているのと関りが有るとも考えられる。[19]

又、指摘される事の多い、第一章「無名、天地之始。有名、萬物之母」、「故常無欲、以觀其妙。常有欲、以觀其徼」の句点に就いて、董思靖は「或問、有名無名、前輩多就無字有字爲句、今獨不然、何耶」（『集解』一／三表／四）と細注し、又、「向來人皆作常無、常有點、不若只作常無欲、有欲點」（『同』一／四表／二）と、実は朱熹の言葉を引いて、「常無」「常有」で句点とする立場を批判しているが、これも、

現在、『老子』を読む者の多くが間違っている。『道徳經』が「名非常名」と言っているのは、下文に見られる「有名」「無名」と同一義であるのに、今の読者は皆「有・無」で句点としている。又「常に無欲であって微妙な世界が見える。常に有欲であって、現象的世界を見る」の文も、ただ「無欲、有欲」を述べているのに、今の読者は「無・有」で句点としてしまっている。全て老子の意味する所とは異なっているのだ（今讀老子者亦多錯。如道德經云名非常名、則下文有名、無名、皆是一義、今讀者皆將有、無作句。又如常無欲、以觀其妙。常有欲、以觀其竅、只是說無欲、有欲、今讀者乃以無、有爲句。皆非老子之意）（『朱子語類』巻一百二十五、二九九〇頁）

という朱熹の批判に沿うものと考えられる。「無名」で句点とする例であれば、董思靖も熟知しているはずの唐以前の注釈に多く見られるのにも関らず、敢えて朱熹の言葉を引いていることが、何よりも朱熹批判に対処しようとする董思靖の意識を表していると言えよう。

更には、既に見た三十八章「道體混然、乃天地人物之所公共也」という表現は、「道」と「徳」の関係を述べた文としては、特に異とするものではないが、朱熹の、

道とは古今に亙って皆が依る道理である。例えば、父としての慈、子としての孝、君としての仁、臣としての忠などは、一つの公共の理である。徳とは即ちこの道を身に得ることを言うものであり、君であれば必ず仁、臣であれば必ず忠などがそれに該当する。全て自身に得る所が有ってはじめてこの様に理解出来るのである。…老子は「道が失われた後に徳が現われる」と言っているが、彼は全く理解しておらず、道と徳とを別々のものと見な

し、道を一つの空無なものと見なしてしまっているのである（道者、古今共由之理。如父之慈、子之孝、君仁、臣忠、是一箇公共底道理。徳、便是得此道於身、則爲君必仁、爲臣必忠之類。皆是自有得於己、方解恁地。…老子説失道而後徳、它都不識、分做兩個物事、便將道做一箇空無底物事看）（『朱子語類』巻一三、一三一頁）

という言葉を見る時、董思靖の言葉はやはり朱熹のそれを意識したものと考えることが出来るのではないか。

即ち、董思靖は、朱熹が『道徳經』に対して批判を加えている事柄に対して、逆に朱熹の立場を取り入れることで『道徳經』を再解釈しようとしていたことが考えられる。逆に言えば、朱熹の『道徳經』批判はそれ程影響力が大きかったということになるのであろう。

この様に、朱熹の『道徳經』批判に対処した箇所も含めて、『集解』の多くの内容が朱子学的思想に基づいているのだが、[20]董思靖の思想の全体が朱子学的思想の枠内に収まっている訳ではない。例えば、董思靖『集解』では、「盡性」「至命」に言及することは有っても、「窮理」或いは「格物」が言われることは無い。そもそも、既に見た二十一章注「徳乃道之所以形見者。自是推之、則凡衆有之容、皆道之見於物。謂從道中出也」の様に、万物は「道」が具現化したものと『集解』では理解され、万物には「道」が各具されているはずである。即ち、「これが道が万物の内に在り、万物が道の内に在り、（両者が）間断することがないというものだ（是則道在物中、物在道中、皆無間也）」（『集解』四十三章「天下之至柔…無爲之有益也」注、三／一二裏／七）と、「物」と「道」とは一体化し、間断することがないとされている以上、かかる立場に立てば、万物に即する形で「道」を窮めること、即ち、「道體」としての「理」を窮めることとしての「窮理」に相当する概念が存在したとしても何の不思議もない。事実『集解』は、

一物一事であっても、それぞれが道を備えており、僅かな例外もないのだ。従って、道は必ず卑近な所から察するべきであり、ひたすら空妙に心を馳せて所謂「大なるも盈たざる」ものを求めてはならないのだ（故雖一物一事、亦莫不各具而毫髪不遺。是又必近察乎此、而不可一向馳心空妙以求其所謂大而不盈者）（『同』四章「道沖而用之、或不盈

兮、似萬物之宗」注、一／六裏／八）と述べている。しかしながら、既に見た十章注「乃存體以致用、謂盡己之性以至於命。…乃即用以歸體、盡人物之性」の様に、自・他の「性を盡す」こと、そして「命に至る」ことは言われるものの「窮理」が言われることはないのである。つまり董思靖にとって、「理」は分析的行為の対象とはされていないのである。

こうした傾向と、次の様な記述とは表裏の関係にあるであろう。そこで聖人はこの本然の正性を抱くのみである。そうすれば、人に悟ることを求めなくとも、人は感化されるのである。妄が尽き怨が氷解するに及び、必ず、カラリと自得し、その本来備わっている善へと復帰し、正しい在り方と合致するのである（是以聖人惟抱此本然之正性。雖不求悟於人、而人感其化。及乎妄盡怨釋、亦莫不廓然自得、以還其固有之善、而合於正矣）（『同』七十九章「是以聖人…不貴於人」注、四／二十五表／五）

「聖人」がその「本然の正性」を維持することで、「人」はそれに自然と感化され、一切の「妄」「怨」が消え去ることで、本来具有する「善」へと復帰し、「正」に合致することになる。「本然の正性」は董思靖の図式では「道體」「理」に相当するものである。そして、「盡性」は言われるものの、「聖人」以下の者の場合、その「盡」という営為さえもが感化という形で達成され、衆人の主体的行為としては想定されていないのである。「だからこの世界の万物は全て感化されることによって性命の正しさを全うするのだ（故天下之物、莫不感化而各全性命之正矣）」（『同』三十七章「無名之樸…將自正」注、二／二十二表／六）と繰り返し述べられている様に、万民の「盡性」は、「聖人」による「感化」を前提としたものとされているのである。これは、「そもそも道は視力・聴力・知力の及ぶものではない（夫道非視聽智力之所能及）」（『同』十四章「此三者不可致詰、故混而爲一」注、一／二十二表／三）と、「道（體）」そのものは如何にしても感知することが不可能であり、「感応の段階のことである。この時、妙なる道の作用を見ることが出来るのだ（此感而應之時也。於此可觀妙道之用矣）」（『同』一章「常有欲以觀其徼」注、一／二表／六）と、僅かにその「用」のみが感知の対象とされているからである。従って、「道」が万物に具現化されているとは言え、それは「用」のレベルであるため、そこから「道體」そのものを感知することは不可能であると理解されているのである。結果として、董思靖の立場は、個々の現象そのもの及びそれに対する関りを一つ一つ消去していくことで本体へと復帰するという、北宋の『道徳經』注釈以来の、優れた者が主体を定立し、それ以外の者を感化するという立場を依然として継承しているのである。それは、正に朱熹が「如釋老氏之説屏去外物也」（『語類』一八五六頁）と批判した内容そのものであると言えよう。

即ち、董思靖には外界との関りを断つことで主体を定立しようとする姿勢があり、これは先行する注釈の立場を踏襲したものであった。そうした姿勢が、結果として、朱熹の立場を取り入れた董思靖自身の「日用事物の間」にこそ真理があるという言葉、或いは「體」「無」のみに泥んではならないという、董思靖自身の発言とも大きく乖離することになっているのである。即ち、諸事象の理解の多数の積み上げの上に、個別的諸事項を貫く大きな「理」の獲得が得られるという、所謂る「窮理」から「豁然貫通」へという、(21)朱子学の基本的な立場は、董思靖の修道思想には受け入れられていないのである。董思靖の『集解』は「理」に言及することが極端に少ないが、それは、恐らくこうした傾向と関係するものであろうし、基本的に自ら真理に達することが出来るのは「聖人」であり、その「聖人」が他の者を感化するという修道論とも相互に関るものであろう。

又、「道體」「全體」の語は、そもそも朱子学的思想に広く見られるものだが、董思靖の場合、「道體」は作用と対置される本体を意味し、「全體」は「道」の完全性を意味する語として用いられていた。朱熹の場合、その大部な著述からこれらの語彙の全体像を抽出するのは困難だが、「全體」の語は、

求めれば求めるほど見えなくなるので、退いて日用の場で明らかにしようとすれば、感じて通じ、触れて覚えることが出来、渾然たる全体が無限に万物に応じていることが窺えるのだ。これが即ち、天命が流行し、生生して止まざる働きが、一日の間ですら何度も生滅し、しかも、寂然たる本体が常に寂然であることなのである（蓋愈

求而愈不可見、於是退而驗之於日用之間、則凡感之而通、觸之而覺、蓋有渾然全體應物而不窮者。是乃天命流行、生生不已之機、雖一日之間萬起萬滅、而寂然之本體則未嘗不寂然也）（『朱子文集』巻三〇「與張欽夫」三〇／一〇裏）と、「不可見」であるものが「日用の間」に「驗《あきら》」かとなっていることを「渾然全體應物而不窮」と述べているのであって、「日用の間」との不可分が言われているのである。一方の「道體」に就いても、「鳶が空を飛び、魚が淵に躍るのも、道の本体が事物に現われているのである（鳶飛魚躍、道體隨處發見）」（『朱子語類』巻六十三、一五三四頁）と言われ、『中庸章句』の「子思子はこの詩を引用して、化育の流行を明らかにしようとしたのだ。空を飛び淵に躍ることに明らかに現われているのは、全て理の作用なのであり、それが『費』なのだ。しかし、『所以然』は見聞きできないものであり、それが『隠』なのである（子思引此詩以明化育流行、上下昭著、莫非此理之用、所謂費也。然其所以然者、則非聞所及、所謂隱也）」（新編諸子集成『四書章句集注』、二十二頁。中華書局、一九八三年）という表現も参照するならば、「所以然」である「理」自体は知覚の対象とはなり得ないが、「理の用」は具体的事象に明らかに現われているものとしての「道」の在り方が「道體」であるとされている様である。即ち、朱熹の文脈では、「道體」は根源的本体ではあるのだが、それは常に具体的諸事象と不可分の中で論じられているのであり[22]、董思靖とはその点で大きく異なっていると思われる。即ち、董思靖の「全體」「道體」の語は確かに朱熹のそれを意識したものであると考えられるが、朱熹の用法全体を丸ごと取り入れたという訳ではなく、体用の図式の内で体の側面にかなりの比重を置く形で導入されているという、限定的取り入れ方と見做さなければならないのである[23]。

結語

改めて見るならば、『集解』には「本然の正性」の語は見られるものの、「氣質の性」に相当する語は見られない。

例えば二十三章細注に、「性は本来（万物の間で）共通したものだが、気の受け方には違いが有る。気からなる形の偏りにとらわれると、自然の性を失ってしまう。しかし、性は実は失われることはないのだ（性固同而氣稟則異。或梏於形氣之私者、則失自然之性。然而性未嘗失也）」（『同』二十三章細注、二／五表／一二）と有るのは、人間の本来性と現実態を「性」と「氣」から述べたもので、董思靖の言うこの「性」は理に相当するものであるが、やはり「氣質の性」に相当する概念は見られない。即ち、理気の枠組による思考様式を有しながらも、「性」の役割は理のみに帰され、気はそれの具体的次元として位置付けられており、理と気の両面から「性」を捉える発想は無いのである。これは、気による現象そのものをそれとして受け入れ、本体と作用に質的違いが無く連続性を持つという「道氣」的な考え方を有する道教にとり、気質の根底に理を想定する発想は、理が具体化したものが現象ではあるとされるものの、理の前提無しでは、現象そのものを受け入れることが出来ないことになり、現象と真理との間に一枚の薄い膜の様なものが存在する様に思われたのではなかろうか。[24] その具体性以前の段階に理の概念が持ち込まれたのが董思靖の立場と言えるのではないか。

董思靖が『集解』に於いて最も述べたかったものは体用の図式であったのであろう。それは先行する『道德經』注釈の流れから大きく外れるものではなかった。そこに、朱子学に対する意識が持ち込まれ、朱熹の批判に対する対処がなされ、その結果、時として相い矛盾する記述がなされることになったのだと思われる。

注

（1）例えば、中嶋隆藏先生『雲笈七籤の基礎的研究』「附論　第三章　所謂重玄派と重玄思想―『道徳真経広聖義』所説の検討―」は、『廣聖義』「第四宗趣指歸」の文を、『道德經』の根本教義を何処に見るかに関する理解が各時代によって変遷していることを述べた文である、と読み解く。

（2）劉固盛『宋元老學研究』（一五五頁以下）、三浦秀一先生『中国心学の稜線―元朝の知識人と儒道仏三教―』（一二四頁以

（3）下）を参照。劉氏著は、「理氣」「體用一源」「天理人欲」の点で朱・董の間に違いはほとんど無いとする。三浦先生著は、『老子』第一章及び「谷神不死章」の諸注釈を巡る思想史的状況に分析を加え、董思靖は朱熹に対して忠実であると指摘する。尚、内丹に対する董思靖の批判的な態度に就いては、本章では扱うことは出来なかった。三浦先生著を参照されたい。
（4）謝壼「跋」には「寶祐丁丑」の記載が有るが、寶祐年間には「丁丑」の年はないため、癸丑（一二五三年）か、丁巳（一二五七年）の誤りと思われる。
（5）注（2）劉氏著（一五五頁）。
（6）『宋元方志叢刊』（中華書局、一九九〇年）所収、北京圖書館藏鐵琴銅劍樓本（八二七一頁・上段）。
（7）『中国史學叢書三編』（臺彎學生書局、一九八七年）所収（九十三頁、九十五頁）。
（8）『四部叢刊續編』所収（四二八／一裏）。
（9）小島毅『中国近世における礼の言説』「四章　真徳秀の祈り」（東京大学出版会、一九九六年）が、泉州「清源」に言及している。
（10）『宋元學案』巻六十八（二二三五頁。中華書局、一九八六年）。
（11）『清源山志』（清源山風景名勝管理委員會編。中華書局、二〇〇四年）は、「圭峰（即中峰）」（二頁）と述べている。又、福建の天慶観に就いては、『淳熙三山志』巻三十八「寺観類六　道觀」が「閩縣天慶觀」（『宋元方志叢刊』第八冊『淳熙三山志』、八二三八頁。中華書局、一九九〇年）、「羅源洞宮天慶觀」（『同』、八二四〇頁）等を記録するが、特定は出来ない。又、莆田「玄妙観・三清殿」が当初天慶観と称されていたことに就いては、蜂屋邦夫『中国の道教―その活動と道観の現状（本文冊）』（四〇五頁。汲古書院、一九九五年）、奈良行博『道教聖地』（一四二頁。平河出版社、一九九八年）が指摘する。
（12）佐藤仁訳『朱子学の基本用語―北渓字義訳解―』（研文出版、一九九六年）「解題」を参照。
（13）『集解』に於ける「聖人」の意義については、注（2）三浦先生著（二六〇頁）に言及がある。参照されたい。
注（2）劉氏著（一五八頁）、注（2）三浦先生著（二二六頁）を参照。

（14）本著第一篇の各章の論述を参照されたい。又、蘇轍の注釈に就いて、熊鐵基・馬良懐・劉韶軍著『中国老學史』は、「聖人」は完全に物との関りを断絶するのではなく、外物に執着しない主体に基づいて、万物の運動変化の根本原理を認識すると述べるが（三六一頁）、これは「去妄復性」を成し遂げた「聖人」のみに該当することであり、通常は、「心」は「外物」との接触を通して「氣」の「和」を乱すものと述べている（三七三頁）。

（15）思想史的に見れば、「大而化之」（『孟子』「盡心下」）を自己変革の語として初めて読み込んだのが張載であり、二程もそれと同じ立場に立つことは、藤井倫明「北宋聖人観の一側面―工夫論における「化」をめぐって―」（『九州中國學會報』第三十八巻、二〇〇〇年）が指摘する。

（16）朱熹の引用のほとんどは『朱子語類』巻一百二十五からであり、その他、第十章細注は『楚辭辯證』「九歌」「遠遊」の文を順を入れ替えながら引用している。尚、董思靖が朱熹の著作を直接見ていたであろうことは、注（2）三浦先生著（二三二頁）に指摘がある。

（17）体用に就いては、楠本正繼「全體大用の思想」（『日本中國學會報』第四集、一九五一年）、島田虔次『中国思想史の研究』「第Ⅲ部　体用の歴史に寄せて」（京都大学学術出版会、二〇〇二年）を参照。『道德經』注釈に就いては、特に唐代の成玄英・李栄等は内外の研究が多数のため紹介を省略するが、最近の研究としては、注（1）中嶋先生著「第四編第三章　陸希声『道徳真経伝』における思想と論理」が「体用」を「理事」と絡めて論じている。尚、体用の一体化の実質は先行する北宋の『道德經』注釈でも頻繁に見られ、例えば陳景元はその『道德經』注釈で、「體用冥一、應感不窮」（『道徳眞經藏室纂微篇』第五十二章「既知其子、復守其母、沒身不殆」注、七／一四表／九）、「若事理双明、體用冥一」（『同』「無遺身殃、是謂襲常」注、七／一五裏／九）等と述べている。

（18）『四部叢刊初編』本『晦庵先生朱文公集』には錯簡が有るとされているため、『朱子全書』（弐拾参冊）所収『晦庵先生文公集（肆）』（二五八一頁）所収を用いた。

（19）朱熹と蔡元定の交流についてては、吾妻重二『朱子学の新研究』「第二部第二篇第二章　『周易參同契考異』の考察」を参照。又、従来、朱熹作とされてきた『陰符經考異』が蔡元定の作であろうことは、王鐵「『陰符經考異』作者考」（『邁入二十一世紀的朱子学―紀念朱熹誕辰八七〇周年、逝世八〇〇周年論文集』所収。華東師範大學出版社。二〇〇一年）を参照。

（20）その他、『道徳經』第六章に「生生不息」の意を読み取るのも、朱熹の発言を意識したものと考えられる。『語類』には「問、谷神不死。曰、谷之虚也、聲達焉、則響應之、乃神化之自然也。是謂玄牝。玄、妙也。牝、是有所受而能生物者也。至妙之理、有生生之意焉、程子所取老氏之説也」（『朱子語類』巻一百二十五、二九九五頁）と見られる。又、『集解』の「仁」に関する記述も、朱熹の言説に直接基づいていることに就いては、注（2）三浦先生著（二三一頁）に指摘がある。

（21）注（19）吾妻氏著（三二二頁）。

（22）朱熹の「全體」「道體」に就いては、山根三芳『朱子倫理思想研究』「第二章第五節　全体の意義」（東海大学出版会、一九八三年）、木下鉄矢『朱熹再読―朱子学理解への一序説―』（二〇二、一三五、一九〇頁。研文出版、一九九九年）、張立文主編『中國哲學範疇精粹叢書　道』（中國人民大學出版社、一九八九年）「第三編第十二章第二節　朱熹道兼體用的思想」、注（19）吾妻氏著等に考察がある。特に木下氏著は「道體」に対して詳細な考察を加えている。

（23）例えば、『朱子語類』が「因論道家修養、有默坐以心縮上氣而致閉死者」（『朱子語類』巻一百二十五、三〇〇三頁）と、「道家修養」としての「默坐」を批判しているが、これは、「靜坐非是要如坐禪入定、斷絶思慮。只收斂此心、莫令走作、閑思慮、則此心湛然無事、自然專一。及其有事、則隨事而應、事已、則復湛然矣」（『語類』巻十二、二一七頁）と、「閑思慮」であると同時に「隨事而應」が求められるべきであるという立場に朱熹が立っているからである。この例からも、董思靖の立場は依然として朱熹の批判対象内に在ると言えよう。

（24）「道氣」については、麥谷邦夫「『老子想爾注』について」を参照。

第三章　董思靖『洞玄靈寶自然九天生神章經解義』の思想

序

六朝期に江南の地にて編纂された靈寶經の一つ『洞玄靈寶自然九天生神章經』（以下『生神章經』と略す）の首尾完具した注釈として、現行『道藏』は王希巣『洞玄靈寶自然九天生神玉章經解』（以下「王『生神章經解』」と略す）、董思靖『洞玄靈寶自然九天生神章經解義』（以下「董『生神章經解義』」と略す）、華陽復『洞玄靈寶自然九天生神章經注』（以下「華『生神章經注』」と略す）を収める。『度人經』の例を暫く措くならば、同一経典に複数の注釈が残るのは靈寶經の中でも例外的である。更に、華『生神章經注』に付された張守清「序」は「舊注亡慮數十家」（華『生神章經注』序／一裏／五）と述べ、現存する三注釈以外にも相当数の注釈が存在していたことが窺える。又、王希巣は「蜀經本」なるテクストを参照し、董思靖は「蜀本」の他に「浙東本」なるテクストに言及し、華陽復は「趙氏本」に触れている。即ち、幾つかの版本が流通していたことも確認出来るのである。又、目を転ずれば、唐末〜宋代の編纂とされる『太上洞神天公消魔護國經』はその多くの部分を『生神章經』に依拠し[1]、又、『夷堅志』には、困難から脱出するために『九天生神章』と『佛頂心陀羅尼』を毎日唱えるのがよいと見られ[2]、又、『靈寶領教濟度金書』『無上黃籙大齋立成儀』『道法會元』等の所謂る科儀書で『生神章經』が重要な経典として扱われていることは知られている。[3]これらの状況からすれば、『生神章經』は所謂る近世に於いても様々な観点から多くの人々の関心を集めていたことが分るのである。

王『生神章經解』には開禧元年乙丑（一二〇五年）の「序」が付され、董『生神章經解義』には淳祐壬子（一二五二年）の「後序」が付されている。董思靖には既に見た様に、淳祐丙午（一二四六年）の「序説」が付された『道德眞經集解』が有る。即ち、何れも南宋の編纂、王希巣注釈が数十年先行していたと考えられる。華『生神章經注』の成立時期は確定し得ないが、(4)『生神章經注』が引く文献中に『度人經』「青玄注」が見られることから、華『生神章經注』は早くとも一二〇〇年代以降の成立と推測される。(5)董思靖と華陽復は互いに言及することが一切無いため、両者の前後関係は不明であるが、時間的にそれ程隔たるものではないであろう。張守清「序」は至順壬申（一三三二年）の書であり、華陽復注釈の下限を遥かに確定し得るのみである。(6)

こうした状況下に於いて、本章では董『生神章經解義』を検討の対象としたい。その理由は、特に董思靖注釈から三教交流の場に於ける『生神章經』受容の実態を窺うことが出来ると思われ、又、前章にて董思靖『道德眞經集解』の内容を検討したが、その結果を、『生神章經解義』を検討することで一定程度相対化出来ると思われるからである。

前章で指摘した様に、董思靖は十三世紀半ば、即ち南宋・理宗期に福建に於いて活動した人物であり、その『道德眞經集解』は朱熹の思想に十分な関心を示し、「體用一源」の立場から体用論を重視する姿勢を見せていた。一方の『生神章經解義』だが、歴代正史芸文志の類には記載が無く、目録の類としては僅かに明・白雲霽『道藏目録詳註』が言及するのを確認し得るのみであるが、明・張宇初『峴泉集』巻二「生神章註序」は「清源董圭山の注釈は、明確な解釈で内容を明らかにし、奥深い点と明らかな点に到るための手段である。ある時、職工に命じて版に刻み、その伝えられてきた内容を広めることにし、その恩恵の広まることを願うものである（清源董圭山註、釋明達實、幽明之津筏者也。暇日、某命工鏤梓、以廣其傳、其存心惠澤至矣）」（『道藏』所収『峴泉集』二／一八裏／一〇）と董思靖注釈を評価し、それを広めようとしたと述べている。

『生神章經解義』と『道德眞經集解』の成立時期の前後を判断するには決め手に欠ける。両注釈とも多くの文献を引用しているが、双方に共通するのは『老子』『莊子』程度と極めて少ない。又、『生神章經解義』から窺える『老子』解釈自体には、『道德眞經集解』の解釈と重なる点はない様である。

一　董『生神章經解義』以前の『生神章經』注釈

(一)　王『生神章經解』所引注釈

董『生神章經解義』の検討に入る前に、先行する『生神章經』注釈の状況を一瞥しておきたい。

王『生神章經解』の「序」は「先ごろ東南に戻ったところ、故郷の任賢良が次の様に言った、『「生神章經」は誠に道家の大本であり、多くの人が目にし、既に玉蟾子の注疏が有るが、その言葉は簡単に過ぎ、学ぶ者が理解しにくいのが残念である』。…宋の開禧元年、五月一日、綿州沖虚観の道士王希巣隠賢が序す（頃日東南歸、因鄉人任公賢良、謂曰、生神章寔道家之大原、人多看轉、前雖有玉蟾子注疏、其詞簡要、恨學者難造焉。…大宋開禧元年歳次乙丑五月初一日、綿州沖虚觀道士王希巣隱賢序）」（王『生神章經解』序／四表／三）と述べ、南宋・寧宗の開禧元年に四川綿州の沖虚観の道士王希巣、道号隠賢によって編纂されたことが分る。同郷の者から、『生神章經』には優れた先行注釈が無く、理解の助とすることが出来ないと言われたことがその撰述の直接の動機であることが分る。『郡齋讀書志』には「『九天生神章經』三巻。右は緜州の沖虚観の道士王希巣隠賢の解。玉局散吏の程公許が『序』を撰し、西蜀譙巖趙日休が『跋』を撰した。朱熹は『この経は杜光庭の撰じたものだ』と言った（九天生神章經三卷。右緜州沖虚觀道士王希巣隱賢解。玉局散吏程公許爲之序。西蜀譙巖趙日休跋。朱文公嘗謂、此經亦杜光庭所撰）」（『郡齋讀書志校證』「讀書附志」、一一六一頁）と有り、程公許の「序」、趙日休の「跋」が有ったことが分る。『宋史』巻四一五「程公許傳」では、程公許は淳祐元年（一〇八六年）に「玉局觀」の任に就き（『宋史』巻四一五、一二四五六頁）、又、綿州教授にも任じられてもいる（『同』、一二四五四頁）。譙巖の趙日休に就いては、『宋史』巻四五九「譙定傳」に、「蜀に戻り、青城・大面の景勝を愛し、そこに隠遁した。蜀の人はその地を譙巖と呼んだ（復歸蜀、愛青城・大面之勝、棲遯其中、蜀人指其地曰譙巖）」（『宋史』巻四五九、一三四六一頁）と、譙定にちなんで青城山・大面山付近の地が「譙巖」と呼ばれたと有ることからすれば、趙日休は蜀にゆかりのある人物であることが推測される。即ち、王『九天生神經解』は蜀の地を中心として受け入れられていたことが分る。

　この王『生神章經解』が引用する注釈には「玉蟾子」「王侍宸」の注釈、及び「舊疏」「古義」「古注」「生神經注」等が有る。

　「玉蟾子」注釈は、「玉蟾子」「玉蟾子注疏」「玉蟾子趙先生」「浮山玉蟾子命魔之法」等と題して引かれ、趙姓の人物、玉蟾子は号と思われるが、如何なる人物かは不明である。[7]王希巣「序」が述べていた様に、その注釈は簡要であるあまり、理解の助けとするには不十分なものであった様である。華『生神章經注』が引用する「玉蟾子」の注釈を見れば、「趙玉蟾が言う、魂は陽炁であり、陽炁は明である。だから明仙と言うのだ（趙玉蟾謂、魂是陽炁、陽炁明、故曰明仙）」（華『生神章經注』下／九表／八）等の様に、極めて簡単な注釈であることが分る。

　「王侍宸」とは神霄派の代表とされる北宋・王文卿を指していると思われるが、[8]その注釈は「以前、鄱陽王侍宸の注を見たが、『三部八景』を『八卦』と述べていた、甚だおかしい（曩見鄱陽王侍宸所注、三部八景謂之八卦、甚可笑）」（王『生神章經解』上／三十六裏／七）と王希巣によって一笑に付されている。『歴世眞仙體道通鑒』巻五十三所収の「王文卿傳」（『道藏』所収『歴世眞仙體道通鑒』五十三／一六表／三）、『道園學古録』巻二十五「靈惠沖虚通妙眞君王侍宸記」（『四部叢刊初編』版『道園學古録』二十五／一五表）、或いは王文卿の著述とされている『沖虚通妙侍宸王先生家話』（『道藏』所収）、『道法會元』所収の『雷説』（『道藏』所収『道法會元』六十七／二十一表／二）、『王侍宸祈禱八段錦』（『同』六十九／一表／二）、『玄珠歌』（『同』七〇／一表／二）、『火師汪眞君雷霆奥旨』（『同』七十六／三表／六）等を見る限りでは、『生神章經』との関わりは確認できない。

　その他の注釈としては、先ず「舊疏」は、「旧疏は『末』を『奥』と解釈し、『坤』としている（舊疏以末爲奥、言坤也）」（王『生神章經解』上／一九裏／一）、「旧疏では、『気尊天中王』に就いて、『無量寿天帝』が天中の王であるとしている。しかし、九天には皆な帝がいるのに、ここでだけ王と言っているので、この説は定論とは言えない（舊疏云、氣尊天中王、以無量壽天帝爲天中之王也。然九天皆帝、於此獨稱爲王、未爲確論）」（『同』下／七表／八）等と見られ、前者は極めて簡単な注釈に過ぎず、後者は「確論」とするには不十分なものとされている。「古義」は、「この八句に就いて、古義は飛天神王に対する賛歌であるとしている。しかし、それが正しいかどうかは分らない（此八句、古義指爲飛天神王讃也。但不知果否）」（『同』下／五裏／二）と、その解釈の是非は保留され、「古注」は、『長乖飛玄梁』に就いて、古注は橋梁のことであるとしている。また、これを玄都山であるとしている。何れも憶測に過ぎず、学ぶ者を誤らせることが多いであろう（長乖飛玄梁。古注謂之橋梁。又謂之玄都山。出於臆度、誤學者多矣）」（『同』下／二十六表／三）と、後学を誤らせる解釈とされ、最後の「生神經注」は、「まして、臨安で見た『生神經注』が、『回禄道』を火の神の名としているのは、さらにひどい誤りである（況在臨安時、有生神經注、回禄道作火神名、猶更謬甚）」（『同』下／一五表／四）と、その解釈は誤りであると指摘されている。

以上王希巣が引く先行諸注釈は、極めて簡略で参照するに足りないか、或いは、誤った解釈として批判されていることが分る。

（二）　華『生神章經注』所引注釈

張守清「序」は『九天生神章經』には、…かつて衡嶽道士薛幽棲、太清供奉李少微、西華法師成玄英が伝えた注があり、奥深く微妙な所まで極めていたと聞く。残念ながら、それらを見たことがない。その後の注釈は数は多いが、王隠賢、蕭真祐、浮山真率の三者が、その解釈が非常に詳細である。しかし、その所見は相互に異なっており、読者がそれらを統一的に理解することが困難であり、却って疑問を持つことになってしまう。…かつて存在した注釈は数十にも及ぶが、高尚すぎるものは茫漠とし、レベルの低いものは通俗に流れている、いつもそれを嘆くばかりだ（生神玉章、…嘗聞衡嶽道士薛幽棲、太清供奉李少微、西華法師成玄英所傳、皆通玄究微。惜未之見。後之注者雖多、惟王隱賢、蕭眞祐、浮山眞率三家、發明頗詳盡。然其所見乎有異同、觀者不能會其一、而反致疑者有之。…舊注亡慮數十家、高者入於渺茫、下者泥於流俗、毎以爲歎）」（華『生神章經注』序／一表／二）と述べる。「薛幽棲、李少微、成玄英」が『生神玉章』の注釈を伝えたとされているのは、或いは『度人經』注釈との混乱が有るのかもしれないが、(9) かつて存在した「數十家」の注釈は、あまりに高尚であるため理解が困難か、過度に通俗に走るものであり、何れも不十分な状況であったというのである。唐以降とされる「王隱賢、蕭眞祐、浮山眞率」の内、「王隱賢」は即ち王希巣であり、「蕭眞祐、浮山眞率」の両名は、その列挙の順からすると王希巣以降の人物かとも思われるが、董思靖との前後関係は不明である。これらはそれぞれ優れた注釈ではあるものの、互いに見解が異なっていて見る者を戸惑わせるというのである。

「蕭眞祐」の注釈は、例えば「七覺」の注釈に「七覺者、靈寶定觀經云…」（『同』中／二表／一〇）と『靈寶定觀經』の該当箇所を引用してすませたり、「種人」の注釈として「種人、蕭眞祐云、四梵天謂之四種民天」（『同』中／三表／四）と、「四種民天」を述べるなど、現在確認し得る限りでは極めて簡略なものに留まる。

「浮山眞率」も、例えば「龍門」の説明に「鳥母水神」説話を紹介するに留まるなど（『同』中／九表／三）、やはり大して踏み込むことのない注釈が多い。

(三)　董『生神章經解義』所引「疏」

董『生神章經解義』が多く引く先行注釈に「疏」と称されるものがある。編纂時代・作者ともに不明であるが、或いは巻三冒頭に「大藏疏」(董『生神章經解義』三／一表／七)と見られるものが「疏」の初出であるとするならば、『生神章經』に限られず、より大部な文献に付された注釈の一部であることも考えられる。[10]『生神章經解義』はこの「疏」を巻三・四のみに於いて引用している。或いは董思靖が見た「疏」自体に巻一・二該当部分が欠けていたのかもしれない。

「疏」のオリジナルを確認出来ない以上、董思靖引用文のどこまでが「疏」なのか確定し得ない部分も残るが、董『生神章經解義』巻三が引く「疏」は、例えば、「大藏疏云、鬱單乃大梵之音也」(『同』三／一表／七)、「疏云、玄上門者、乃玄都之門也」(『同』三／一七表／四)等の様に、語彙・概念の基本的な説明を提示するものとして位置付けられている。董『生神章經解義』巻四が引く「疏」は巻三所引に較べてやや詳細な内容となっているが、それは、董思靖が多く用いる王『生神章經解』に巻四相当部分の注釈が含まれていないことに起因し、董思靖の採注態度と関りがあるのかもしれない。ともあれ、やはり、さして特色有る注釈ではない。一つ注意すべきは、「疏は『寂然としている時は無言であり、感に対して応じれば説が有る。情に基づいて無情に至り、心に依って無心へと至る』と言う(疏云、至寂無言、感應有説。因情可以至無情、因心可以會無心)」(『同』四／一裏／三)と有り、基本的には経文に依るものとは言え、「無情」「無心」という心性論的解釈が試みられている。

以上の諸注釈は、引用状況が断片的でもあり、又、引用者達の採注態度の制限を受けていることも大いに考えられるが、董思靖に先行していたと思われる注釈の多くは総じて簡略な内容であったのではないかと推測される。それは、『生神章經』という経典が、そもそも口頭で唱えるものとして受け入れられることが多かったこととも関るのではないだろうか。冒頭で触れた『夷堅志』や科儀書の例は『生神章經』のこうした性質を示すものであろう。[11]

(四)　王『生神章經解』

王『生神章經解』は以上の諸注釈とは状況が些か異なり、董思靖はその注釈の多くの部分を王希巣注釈に依拠している。このこと自体が近世『生神章經』解釈史に於ける王希巣注釈の重要性を示すものでもあろう。そこで、次に王『生神章經解』の性格に就いて簡単に見ておきたい。

①　王『生神章經解』の性格

王『生神章經解』は、「九天生神章の根本には四点有る。一つはその形を愛することであり、二つはその神を維持することであり、三つはその気を尊ぶことであり、四つはその根を固くすることである（九天生神章、大要有四。一曰愛其形、二曰保其神、三曰貴其形、四曰固其根）」（王『生神章經解』序／一表／五）と、『生神章經』の要点を「形・神・氣・根」を重視することに纏め、その上で特に、「形と神とは僅かな時間も分離してはいけない（形之與神須臾不可離也）」（『同』序／一裏／一）と、「形・神」を不可分の両者と考える形神論に立つ。そして、その身体理解については「胞胎」がキーワードとなる。「人が生を受ける時、精血が胞となり、母親の子宮に三百日宿ることで、胎が完具する（人之受生、以精血爲胞、寄於母宮三百日、胎始完具）」（『同』上／三十一表／七）と、人が生じる当初に形成される「胞胎」は身体の出発点であるとされるが、それは同時に、「人が初めて誕生する時、二個月で胎が完成し、ここに形の兆しが始まる。しかし、生とは死の根源でもある。胎と形とが備わると、そこに死気が伴うことになるため、根がそのために固まってしまうのだ（人之初生、二月成胎、乃形兆之始。然生者死之根。胎形既具、有死氣、故根爲之結固）」（『同』上／三十一裏／七）と、「胞胎」は肉体の有限性の原因ともなる。従ってこの結ぼれを解消せねばならず、そのために必要とされるのが、体内神を存思し、その働きを活性化し、最終的に「混合百神」によって「帝一尊君」を生み出すことなのである。

そもそも最上の道を学び、神仙を求める者の中には、恐らくは、その力が不十分で、肉体も一緒に昇仙することが出来ず、尸解仙を得るに留まり、輪廻転生を繰り返す者がいるであろう。輪廻転生が止むことがなければ、生死を繰り返す原因が存在していることになり、六道を巡ることは避けられない。…尸解仙となったならば、必ず『九天生神章經』を唱えることで、その尸形をしっかりとしたものとし、生津が枯渇しないようにすることで、死への扉が閉ざされることになるのだ。…（一方）『生神章經』の法を体得したならば、立ちどころに自然の境地に到ることが出来る。これは、『生神章經』が直ちに（得道へと）到る道であり、尸解仙を経ることなく、直接に大乗の境地に入る教えであることを述べているのである。その教えはどこに書かれているのか。『經』は『九天生神章は三洞飛玄の気であり、三気が合わさって音となり、それが集まって霊妙な文となり、多くの神々を一つに合わせる』と述べている。人の身体は、全て三気が生み出したものであり、この三気を受けている以上、元始と一体なのであり、多くの神々を一つに合わせることが可能なのである。気が存在する所には、常に神が付き従う。先ず、三気が三神を生み出し、三部八景で二十四神となる。この二十四神を常に混合し、変化させて三五真人とし、（それを）混合させて正一とし、合わせて帝君とするのだ。たとえ、無限の神がいたとしても、混合することが出来れば、陽を呼び陰を召し、出入は無方となるである（夫學上道、希慕神仙者、恐其力量蹇淺、未能帶骨上昇、止得尸解、且以滅度轉輪。若轉輪未息、則生死之根猶在、未免六道循環。…既作尸解、必以生神之章、以固其尸形、則生津不涸、而死戸閉矣。…若得此法、可坐致自然。此專指生神經爲捷徑、不作尸解、直入大乘而言也。此法何在。經曰、九天生神章、乃三洞飛玄之氣、三合成音、結成靈文、混合百神。人之一身、莫非三氣之所生、既受此氣、則與元始爲一、便可混合百神。氣之所在、神即隨之。初以三氣生三神、三部八景、則爲二十四神。若常混合二十四神、變化三五眞人、混成正一、合爲帝君。雖百千萬億之多、亦能混合、則呼陽召陰、出入無方）（『同』上／二〇表／九）

「尸解」は一生の内に達成することは不可能であり、輪廻転生を前提とするものである。それは即ち、輪廻転生から脱出していないことを意味する、不十分なものとされているのである。そのため、「生津」で満たし「死戸」を閉ざすことが必要とされるのである。一方の『生神章經』の教えは「尸解」を経由せず、直ちに得道へと到る「大乗」の教えとされ、その内容が「混合百神」なのである。

以上からすれば、王希巣は『生神章經』の内容に就いて、人の生死は「胞胎」と関り、その生死から脱却するためには輪廻を超越しなければならず、そのためには、「混合百神」が必須であると理解していたと言える。そして、こうした「胞胎」等に関する理解は、「生神章経、その意味は大洞三十九章と表裏の関係にある（生神經、其義與大洞三十九章相爲表裏）」（『同』上／二〇表／八）と自らが述べる様に、『大洞眞經』に基づくものなのである。(12)

②　王『生神章經解』と董『生神章經解義』の関係

董『生神章經解義』は随所で「蜀註云」と明示して王『生神章經解』を引用している。又、明示してはいないものの、明らかに王『生神章經解』を踏まえる箇所も多く見られる。両注釈の関係に就いて見ておきたい。先ず、「蜀註云」と明示する例は董『生神章經解義』の巻二・三のみに見られるが、この場合は、その他の引用文献と並挙しつつ、王『生神章經解』を一つの解釈例として提示することを目的としている様である。次に、明示してはいないが明らかに王『生神章經解』を踏まえている箇所は巻一～巻三に見られ、両注釈を較べて直ちに気付くことが、同一経文に対する注釈に引用されている文献の多くが一致しつつも、その解釈が異なっている場合が少なからず見受けられるという点である。つまり、董思靖は王『生神章經解』を参照しつつ諸文献を用いながらも、解釈自体は独自の立場から行っていることが考えられるのである。(13) 両者の解釈が異なっている例を幾つか見るならば、

既言赤混、則可名於有。又言太無、則可名於無。今合而言之、蓋表眞空妙有、混然無間、乃所以爲萬化之元也。**度人經**云、混同赤文、無無上眞、亦此意也。（董『生神章經解義』一／四裏／六）

三氣雖生、未始有封也、乃名混洞。**度人經**云、混同赤文、無無上眞、開明祖劫、化生諸天、是也。（王『生神章經解』上／二表／三）

この例では、董思靖は「赤混太無」の注釈として『度人經』を用い、「眞空」と「妙有」が混然としているのが「萬化の元」であるとする。そこには後に見る本体と作用を一体と見る発想が有るであろう。王希巣は「混洞」の注釈として『度人經』を用い、区分の未だ生じていない状態を指すに留まる。

又、次の例では、諸文献の引用の仕方で両者はほぼ一致するが、董思靖は「炁足則神具、非由次第而有」と、「神」が具現化するのは作用としての「炁」が整うのを待っているに過ぎず、「炁」が整ってから「神」が出来る訳ではないとし、本体と本体に内包されている作用が具現化する点にポイントを置く。一方の王希巣は「三萬六千」の神を知ることの重要性を述べている。

十二重門者、黄庭經云、重中樓闕十二環。註云、喉嚨十二重也。紫戸者、素靈中篇云、兩眉之上、其裏有紫戸。玉閤者、黄庭謂之玉堂、亦名玉閤也。所謂三萬六千關節、根元本始、一時生神者、蓋形體則漸成、惟神無方體、炁足則神具、非由次第而有、故云一時生神也。（董『生神章經解義』一／二十九表／七）

中有十二亭長、皆持玉戟以守之、眞人在其内、主通上下氣者也。近世蘇東坡有云、凍合玉樓寒起粟、蓋指此也。黄庭經云、重中樓闕十二環、自高自下皆眞人。玉室者、腦宮之別名也。黄庭經謂之瓊室。十二重門、言喉嚨之十二環也。紫戸者、素靈中篇云、兩眉之上、其裏有紫戸。洞房内經云、兩關紫戸、至於玄精。紫戸之神名平靜、字法王。玉閤、則黄庭謂之玉堂、是也。三萬六千關節、根原本始、一時生神。已上莫非一身之神也。陽神一萬八千爲外景、陰神一萬八千爲内神、合而爲三萬六千、可謂至貴無倫矣。人知其神而神可與造化遊於無眹、不知其神而神則終身役役、不見其成功、可不爲大哀哉。（王『生神章經解』上／三十八表／七）

この様に両者の解釈が異なる例は無論ここに挙げたものに留まる訳ではないが、両者が異なる場合、董思靖は体用論に傾く傾向が有る。例えば、次の例では、冒頭より「然後成人之功用備矣」までが王希巣の注釈とさ程異ならないのに対し、董思靖注釈の続く部分は「天命の流行」と「天理の善・吉」なることを論じており、王希巣注釈とは全く異なっているのである。こうした点にこそ、董思靖『生神章經解義』の特色が有ると考えられよう。

太虚有神、應感莫測。務玄既與衆神備列於明堂、則太虚中萬靈自來會集、乃命以生神章也。玄者、天之色也。一唱動九玄、即誦之一過、聲聞九天也。二誦天地通、即誦之二過、天地設恭也。蓋天地相通、陰陽混合、交通成和、則萬物生焉、三才具焉。至於九遍、然後成人之功用備矣。／當是時也、天命流行、付與萬物、初受以生。渾然天理、惟善與吉而已。所以諸天大聖莫不稱慶其元吉、而且散花設禮於太空之中。蓋敬重生道故也。夫萬象憑虚生、感化各以類。惟人能致虚之極、則神自靈妙。所謂虚室生白、神明自來。學者當自得之。（董『生神章經解義』三／八裏／六）

太虚者、虚之極也。虚極則神自生。靈會者、五靈老君之諱也。經云、司命定算、五帝監生。當生之時、五老下臨、命以生神之章以降眞氣、以集萬神。故曰太虚感靈會、命我生神章。一唱動九玄、則誦之一過、聲聞九天也。二誦天地通、則誦之二過、天地設恭也。混合自相和、九過成人功。蓋天地相通、則兩者交通成和而萬物生焉。萬物生則三才具、而人道立矣。故云成人功。／九過者、氣尚神具、人乃生也。當生之時、諸天大聖慶其元吉。元者善之長、吉則無不利。乃仙道常自吉、鬼道常自凶也。今既爲人、則鬼道不復遏其生門、斷其命門。其慶吉之心不足形容。又散花禮拜、不知手之舞之、足之蹈之也。諸天高眞普皆歡悦、稽首禮拜重生道也。（王『生神章經解』下／十一裏／二）

二　董『生神章經解義』の思想

（一）　体用論・本性論

先ず、董思靖の基本姿勢と思われる体用論から見ることにする。

巻一冒頭の「釋經題」は、「自然九天生神章經」の文字に就いて解説し、総論とも言える内容となっている。「自然九天生神」。「自然」とはその本体を明らかにし、「九天」は跡を示し、「生神」は作用を明らかにしている。その本体は混沌としていて相対的次元を超越している、だから「自然」と言う。「九」とは、陽の数は一に始まり九に極まるのである。「天」とは、理が宿る跡である。「生神」とは、天から人に命ぜられ、そのことで神が生じることである。そもそも神は具体性を持たず、九天の炁を得て初めて宿る所を得て、その妙なる作用は無限となるのである。「章」とは、その文が燦然と明らかであって、文章となっていることである。「経」とは、道を掲載するものの名であり、古来より絶えることなく用いられてきた典籍である（自然九天生神者。自然明其體也、九天示其跡也、生神顯其用也。其體混成、本乎無待、故曰自然。九者、陽數始於一、而究於九也。天者是理所寓之跡也。生神者、由天而命乎人、以生神也。夫神無方體、必得九天之炁、然後有所寓、而妙用無窮焉。章者其文燦然而成章也。經者、載道之名、萬古常行之典也）（董『生神章經解義』釋經題／一／一裏／六）

「釋經題」は、「自然九天生神」の語に「體」「用」「跡」という図式を読み取っている。一切の根源であり、相対的次元を超越した本体は、「混成」であるが故に具体相を持たない。それは「理」と言い換えられているが、その「理」は、具体相（「跡」）である「天」と一体となることで具体的作用を起すことが可能となる。その作用（「用」）が「生神」である。「神」は本来具体性を持たないが、「跡」である「九天の炁」と一体となることで、具体的且つ無限の働きを起すのである。本来具体性を持たない「神」は「體」「理」に相当するものであろうが、作用レベルでは「炁」と一体となっていることから、「理」「炁」を兼ねる存在であることが分る。そして、「天由り人に命」ぜられることが「生神」だと述べていることからすれば、「神」は「人」に即した概念と一先ずは考えられよう。ここには、体用論、理気論を基盤とする董思靖の立場が凝縮されて提示されている。

こうした考え方は、巻一の「三寶の本跡」を述べた部分でも同様に見られる。

ここは具体的な教えの根源について述べているのだ。洞真の教主について言えば、天宝君は眼に見える姿であり、祖炁が根本である。祖炁とは混同太無元高上玉皇の炁のことである。…炁の母（＝炁の根源）が混沌としていて、その働きが測り知れないことを神と言う。これは理と炁とを合わせて表現したものである（此言教跡之本。洞眞教主、即天寶爲跡、祖炁爲本。祖炁即混洞太無元高上玉皇之炁也。…炁母混成不測爲神。此合理炁而言也）（『同』一／二表／六）

「跡」としての「天寶君」が「尊神」と称される理由を、「尊神」の「神」は「理」と「炁」とを兼ねるものと述べている。「理」と「炁」が一体となることで具体的且つ無限の働きを起す「神」について述べたものと言えよう。[14]

「理」と「氣」の一体、即ち「體」と「用」の関りに就いては、

「混洞太無元」。「混」とは区分されていないという意味である。「洞」は全てに行き渡るという意味である。「太」は極大の意味である。「無」とは真実の空の意味である。大道の本体が、混沌としつつ万物に行き渡り、天地よりも先に存在しつつも、具体的形態を備えてはいないことを明らかにしているのである。だから「混洞太無」と言うのである。しかし、「混洞」とのみ言って「太無」と言わないのであれば、「混洞」は個々の具体物のレベルに限定されることになり、天地万物の大本となることは出来ないであろう。又、「太無」とのみ言って「混洞」と言わないのであれば、「太無」は逆に空寂のみに沈んでしまい、陰陽が万物を生み出す根幹となることは

出来ないであろう（混洞太無元者。混以不分爲義。洞以虚通爲義。太以極大爲義。無以眞空爲義。此明大道之本體、渾淪洞徹、先天地生而實無形體之可即。故曰混洞太無也。然專曰混洞而不曰太無、則混洞幾淪於一物、而不足爲天地萬物之宗本。專言太無而不言混洞、則太無反淪於空寂、而不足爲陰陽萬化之樞紐）（『同』一／二裏／一〇）具体性を超越した空無に等しい本体としての「太無」と、作用レベルで万物を生み出す「混洞」とでは、そのどちらか片方に偏ってはならない。本体と作用とは常に相即し混然一体となっていなければならないのである。

少しずつ表現を変えながら『生神章經解義』の随所に見られる、理気論及び本体論の立場は、董思靖『道徳眞經集解』では「體用一源」の語で表現されていたものに相当しよう。『道徳眞經集解』のそれが朱子学の受容と深く関っていた様に、『生神章經解義』の体用論も、例えば「思うに、混沌とした中に、燦然と輝く筋目があり、それらは互いに代ることなく、互いに侵害することもない。それは、これらを総べる大本があり、これらを統一へと導く根本があるからだ（蓋混然之中、燦然倫理、不相假借、不相侵奪。此統之有宗而會之有元故也）」（『同』一／九裏／一〇）等は、明らかに朱熹の言葉を意識したものである。(15) この朱子学的思想の受容は、以下の人間性の点でも指摘出来よう。

「空」とは高大でからっぽの様なものである。「碧」とは奥深いという意味である。即ち、心を虚《からっぽ》の境地に遊ばせ、炁を玄《おくぶかさ》と一体化させ、その真を練るということである。「耽咀洞慧」とは、道の真実の在り方を味わうということである。「俯研生神」とは、「生神の章」を研究し詠嘆することである。「理微太混」とは、理は形や音で捉えることは出来ないということであり、だから「微」というのである。けれども、真実の無の中には、あらゆる善が全て備わっており、混然と一体となっている。だから「太混」と言うのである（空者如太虚也。碧者玄之義也。則是遊心於虚、合炁於玄、以練其眞也。耽咀洞慧則嚌味道眞也。俯研生神則研詠生神之章也。理微太混者、謂其理無形聲之可即、故曰微也。然於至無之中、萬善畢具、混然一致、故曰太混也）（『同』二／一裏／六）

ここでは本文の「空碧練眞」を、「心」を「虚」とすることで、「炁」と「玄」とが一体となり、その結果「眞」が練られると解釈する。「玄」と言う文字が本来持つ不可視性、そして、「炁」との一体化が言われていることからすれば、「心」を空っぽにすることで、「理」と「炁」が本来あるべき一体の状態を取り戻すことが言われていると考えられよう。具体相を持たないが故に「微」と称される「理」は「至無」と言い換えられ、この「至無」はあらゆる「善」を備えているとされる。これは本体の段階で既に作用への展開が内包されているという立場だが、この「善」は、「心」を空っぽとすることで練られる「眞」に相当し、人間の本性と考えられる。それは、

『生神章經』を九回唱えることで、人を生み出す働きは全て整う。まさにこの時に、天命が流行し、万物に与えられ、初めて生を受けるのである。渾沌と一体となった天理は、善で吉であるのだ（至於九遍、然後成人之功用備矣。當是時也、天命流行、付與萬物、初受以生。渾然天理、惟善與吉而已）（『同』三／九表／一）

と、人が誕生する際に「天命」として付与される「天理」が「善・吉」であると見られるからである。そして、この人が具有する「天理」は、「思うに、万物を生み出し育む根本から考えると、その三元の徳は渾然と一体となっており、ぼんやりとして何の兆しも見られず、天地よりも以前から存在しており、この世界が様々に変化する際の基準となっていることが分る。だから、その根元が万物に与えられると、それぞれの万物に於いて完全無欠となる、これが『降衷』である（蓋即其造化發育之本而推之、則知三元之實徳渾然一體、沖漠無朕、卓然立極於天地之先、而爲天地萬化之準則。故其所以賦與萬物、各各無欠無餘、所謂降衷、是也）」（『同』一／一〇裏／九）と、その「沖莫無朕」とした「三元」は、「降衷」（『尚書』「湯誥」）の語で表現される完全な本来性として万物に付与され、又、「人は三元を得てそれを性とするのだ。それが『秉彝』の善と言われるものである（人得之以爲性、乃秉彝之善也）」（『同』一／十一裏／五）と、「三炁」である「三元」が人の「性」となり、それは「秉彝」（『詩經』「烝民」）と言い換えられ、「善性」であるとされている。続けて、「九炁が形を形成し、天地の間を運行し、万物に賦与され、万物の大本となる。人は、その正しいものを得て本体とするのだ。これが形を形成する際の拠り所である。九個月で時間が十分となり、九天の炁

は完全に下り、神はこの炁に宿って、(気と)混沌と一体となる。だから、炁が充分になれば神も同時に一身に遍く施されることになるのだ(九炁結形、即運行兩間、賦與萬物、而爲萬物宗本者。人得其正以爲體。乃結形之資也。九月數足、九天之炁盡降、神者寓於是炁而混融無間。故炁滿而神亦周布於一身矣)」(董『生神章經解義』一/十一裏/六)とし、「九炁」の「正」なるものにより形が完成した時、初めて「神」が具体化する。「神」が具体的に存在するためには「炁」と一体となっていなければならないのである。

即ち、「天理」は「天命」として万物に付与され、「善・吉」という性質を持ち、人の本来性となる。この本来性の実体は「三元(＝「三炁」、「三寶」)」だが、それは又「降衷」「秉彝」の語でも表現される。そして、「三炁」」の展開としての「九炁」が「體」を生み出した時、「體」と「秉彝」等が一体となることで「神」が具体化する、つまり「命」が具体的作用として下るのである。「天理」である「降衷」「秉彝」が気と混融することで「神」の人への付与が具体化すると理解されていることが分る。

人の本来性を説明する語として、この様な「降衷」「秉彝」の語が用いられている点に就いては、董思靖の思想傾向からすれば、やはり朱子学的立場が想起されなければならないであろう。朱子学的思想に於いては、「天理」が「命」として人に賦与される事に関する議論に於いて、「降衷」「秉彝」等の語が度々取り上げられているからである。(16) 即ち、董思靖は、『生神章經』解釈の基盤となる理気論・体用論に於いても、朱子学的発想を導入することで、その枠組みを構築していることが分るのである。但し、注意すべき点は、「理・氣」の枠組みで考えているとはいえ、その両者を統一する概念としては「神」の語を用い、又、「理」と「炁」は本来一体であるべきである、と述べている点である。この「理氣」未分の考え方は、『道德眞經集解』を検討した際にも確認出来たことではあるが、『生神章經解義』では、より明確に述べられていると言えよう。尚、この体用論、本性論に関する部分は、朱子学的思想を意識する傾向が強い一方、王希巣注釈に依拠した解釈はほとんど見られない。

（二）「胞胎」論

体用論が『生神章經解義』『道徳眞經集解』に共通する立場であるのに対し、『生神章經解義』のみに見られるものに、体内神、「胞胎」等の思想がある。これらは、『太丹隱書』『大洞玉經』『三天君列紀』等の道典を引きながら論じられているが、王希巣注釈に依拠する所も多い。

董『生神章經解義』に見られる体内神は、例えば、「三宝とは、即ち、天宝・霊宝・神宝のことである。…人の身体に即して言えば、三炁三宝は、元神・元炁・元精となる。これらは人の三丹田にいて、それぞれ九宮を収めているのだ（三寶者、即天寶・靈寶・神寶也。…其在人身則三炁三寶乃元神・元炁・元精也。居人三丹田而分鎭九宮也）」（『生神章經解義』一／七裏／六）と、天界の「三寶君」がそのまま人の三丹田に居る体内神として認識され、天界と人体が対応している。こうした対応は中国思想には普遍的に見られるものであり、王希巣注釈にも見られるものであるが、董思靖はそれを体用論と結び付けて度々述べる。例えば、

> 『列紀』は次の様に言っている、胎中の一元白炁君は、…泥丸の中から入り、下って五臓に広がる。だから多くの神々を合わせて並べ、明堂の間に位置付けるのだ、と。ある者が言った、この章の段階ではようやく胎が完備したに過ぎず、体はまだ完備していない。明堂がどこに存在しているというのか、と。（この質問者は）一元の炁が僅かに兆《きざ》した段階で、体全体の多くの理が既に備わっていることを全く理解していない。順番を待たなければならないということはないのだ（列紀云、胎中一元白炁君、…從泥丸中入、下布五藏之上。故能混合衆神而羅列、備具於明堂之間也。或云、此章胎命方具、體未完備。明堂安在。殊不知一元之炁纔兆、百骸之理已具、奚待次第而後有焉）（『同』三／八表／五）

「胎命」が形成されたばかりで肉体が完備していない段階で、「一元白炁君」が「明堂」を守り得ることへの疑問に

対して、「一元の炁」が兆した時点で肉体の全てが既にそこに内包されており、単にそれが顕在化していないに過ぎないのだと述べ、本体の次元で作用の全てがそこに内包されているという、体用論と結び付けられている。この点は王希巣の解釈とは大きく異なり、[17]人身に賦与される体用一体としての「神」と、体内神とが結び付けられているのであり、体内神自体を作用として位置付けていると言えよう。例えば、『生神章經』の「混合百神」の語に対して「道の本体は不可思議にあらゆる物に通じ、様々な玄妙な働きが収斂する所である。太一は全ての体内神の大本であり、（多くの神々を）監視する役割なのであり、道はこれに相当する（言、道體之靈通虚徹、爲衆妙之會歸也。太一乃萬神之宗而又主試觀之職、其道然也）」（『同』二／二〇裏／六）と述べ、本来の体内神から敷衍し、「混合百神」を体用論で解釈している。即ち、「太一」が「萬神の宗」であるとされるのは、作用への展開を内包する本体である「道體」と同じ位置付けが与えられているからであり、その「道體」に帰結することとは、「この様であれば、心が空であり外界も空となれば、理も事も寂然となる。虚であり寂であることが出来れば、多くの理は一つに収斂するのである（夫如是則心空境空、理寂事寂。能虚能寂、萬理俱會）」（『同』二／二〇裏／八）と、具体的レベルから本体へと収斂することで一切の作用を止め、「萬理」が根源の「理」へと収斂することとして理解されているのである。体内神に関る事柄が体用論を介して理解されていることが分る。

さて、巻三の冒頭は、「この九章は自然の文である。一つに、天地を開闢し、人・物を化生することの大本を述べている。二に、真実を修め道を行う事を明らかにしている。三に、善悪を判別し、劫運が再び生じることの原因を述べている（此九章乃自然之文。一演開闢天地、化生人物之元。二顯修眞行道之事。三述料別善惡劫運再造之因）」（『同』三／一表／四）と述べているが、第三の「劫運」の繰り返しの原因を「善惡」という人間の行為に見ている点に注意したい。と言うのは、「真実を修める者は、聖胎を形成しようと思うのならば、輪廻を断ち切る必要があり、道を明らかにすることを先ず心がけなければならないのだ（修眞之士、欲成聖胎、漸斷輪迴、尤當以明道爲先）」（『同』三／一二裏

／四）と、修道を完成させるためには輪廻を絶つことが不可欠であると考えていることになるからである。既に指摘した様に、王希巣注釈では輪廻転生を前提とせざるを得ない「尸解」を不十分なものとする認識から、輪廻からの脱出の必要性が指摘されていたが、董思靖はそれをより詳細に論じていると考えられる。

思うに、胎根を断つことがなければ、輪廻から逃れることは困難である。結節が解かれることがなければ、炁を生じることは出来ない。これこそが生神の要訣であり、真実を修める際に先ず務めねばならない点なのである。単に形を備えただけで、もし炁のみに寄りかかって歩いているのならば、この身が有るとは言っても、生神の道を知らないことになり、歩く屍と何の違いもない（蓋胎根不斷、則難逭輪迴。結節不解、則無由生炁。此乃生神之要訣、修眞之先務也。徒受一形、若寄炁而行者、謂雖有此身、不知生神之道、何異行尸）（『同』一／一八裏／一）

王希巣注釈の箇所で触れた様に、これは体内の「胞胎」が結ばれることで病や死が生じるという考え方であるが、ここでは輪廻からの超脱と結び付けられている。そして、この点は「天命」の観念とも結び付く。

「大有」とは玉清宮の名である。これは高く現象界を超越しているが、実は万物を生み出す根源なのである。「玄戸」とは胞元を最初に生み出す際の通路である。思うに、天の炁が「大有」より下って「玄戸」に通じるのである。この時、鬱単の炁が神霄［日月の域］から命を胞元に下すのである。…胞元が始めて結ばれ、腎命が先ず具わり、形が兆し神が具体化する。善意が育ち、炁・命が絶えることなく長く存すれば、宿業・悪根は消え去るのである（大有乃玉清宮名。此雖高超物表、然實爲生物之元也。玄戸乃始生胞元之通路。蓋此天之炁、自大有而下通玄戸也。於是鬱單之炁、自神霄［日月域也］而降命于胞元也。…胞元始結、腎命先具、兆形生神。善意滋長、炁命綿綿而長存、則宿業惡根落滅而化消矣）（『同』三／三表／四）

万物を生み出す根源である「大有」から「玄戸」と称される通路を経由して「天の炁」が下り「胞元」を生み出す。これが「鬱単の炁が神霄［日月の域］から命を胞元に下すのである」とも言われ、「炁」が「胞元」を生み出すことと、「天命」が下ることとを同一の事柄であると見ているのである。ほぼ同様の事柄は、思うに、「無量天結紫戸の炁」は人の胎と天命の根源であり、この炁の神は至尊で天中の王である。人が生れると、この炁は命門に宿り、綿々と長存し、国に君がいる様なもので、一身の主なのである。そして、生成変化するものは全てこの一炁に基づくものである。だから、「開度飛玄の爽」によって生れ変わる時、妙化の精を凝縮させ、空洞の炁を巡らし、胎元に至るのである。しかし、愛着は輪廻の根源であるので、先ず、それを取り除かねばならない。そこで、古い根っこを滅ぼし、昔の愛着から離れることで、その根源を推し量りそれに依り、その本来具有する「宗」に復帰することを思うのである。これが「幽夜淪遐劫、対尽大運通」である（蓋言無量天結紫戸之炁、爲人胎命之元、而此炁之神至尊、爲天中王也。人既生矣、此炁息於命門、綿綿長存、如國有君、實爲一身之主也。且夫往來屈伸、原於一炁。故開度飛玄之爽以更生、則凝妙化之精、運空洞之炁、而復造胎元也。然愛乃輪廻之根本、先當淨盡。是以故根落滅、昔愛脱離、推縁其本、而思復其固有之宗矣。所謂幽夜淪遐劫、對盡大運通）（『同』三／六表／六）

即ち、「胞胎」に関る生成論と、一体となった「理炁」が「命」として下り人の「善・吉」なる本性となることとが、やはり同一の事柄として理解されていることが分る。

形・神が一体化する所に「命」が下るという考え方は、王希巣注釈に既に見られたものではあるが、単なる形神論に留まらず、それが「天命の流行」と結び付けられている点に董思靖の特色が有ると言えよう。

さて、これらの例で注意すべきは、「炁」「命」を維持することで「宿業・悪根は消え去るのである」（『同』三／三裏／三）とされている点である。劫運の原因を「宿業」にありとする本経では、「炁命」の維持によりこれを乗り越えようとしていることが分る。又、人が再生によって救われるためには新たに「胎元」から生を始める必要があり、そのためには、その再生の時点で輪廻を断ち切っておく必要があるともされている（『同』三／六表／六）。しかし、輪廻から超脱するためには、その原因となる「故根」「昔愛」を取り除く必要がある。(18)「昔愛」とは執着であろう。「故根」とは「胞根」「胞結」「死炁の根」と言われていたものと考えられる。これらを取り去った結果に復帰する「固有の宗」とは、既に見た「善・吉」なる本性である。これは「天の炁」と「命」の本来の在り方を維持することを目指すものである。この様に執着と「胞胎」とが結び付けられているのは、次の様な伝統的な性情論をも背景に持つからである。

> 人は胞胎の内に生じ、血炁によって結が生じる。この結が解消されないと、生道は栄えることはない。同時に、人の神は本来は静かなるものだが、情がこれを乱してしまうのだ。情とは性が動いたものである。動くことでその正しき在り方を失い、外物に執着し、結滞を作り出してしまうのだ。…だから、業に応じて輪転し、因果応報は止まることがない。だから修道の士は、必ず情を練って性へと戻し、情を忘れ去って、結を解消すれば、妙として三元を悟り、最高の奥深い境地に直ちに至り、空っぽで澄みわたり、無為となるのである（人生胞胎之中、因血炁而有結。此結不解、生道不昌。兼以人神本靜而情擾之。情者性之動也。動失其正、外着於物、乃成結滞。…所以隨業輪轉、感果無停。故修道之士、必練情以合性、情忘結解、乃可證妙三元、直造玄玄之域、則中虛而澄寂無爲也）（『同』三／二十九裏／五）

「性」は外物に執着することで動き出し、それは「情」となる。「情」は本来静かであったはずの「神本」を乱してしまう。そのために、人に「結」という滞りをもたらし、そのことによって輪廻を繰り返すことになってしまうのである。従って、「情」を再び「性」へと戻し、「結滞」を解消すれば、得道へと至ることが可能となるのである。こうした「性・情」に関する理解が董思靖の「胞胎」の思想と関っているのである。しかしその一方、「生神の道は、自然という在り方のみを大本とすべきなのだ。もし求めたり養うことを意識的にするならば、それは逆に本来の在り方を喪失することになるであろう（生神之道、直以自然爲宗。若有心於蘄畜、則是反喪失其天眞）」（『同』三／二十一表

／三）と述べ、「胞樹の滞り」を取り去ること自体は、過度に意識的に求めてはならないとされる。何故ならば、それは却って「天眞」なる本来性を喪失させることになってしまうからである。

以上で、董『生神章經解義』の主な内容は大略検討し終えたと思われる。

三　『生神章經解義』「後序」の内容

董『生神章經解義』の三教思想に就いて注目されるのが「後序」である。「後序」では、朱子学、老荘、仏教の三者と『生神章經』の思想との間の齟齬に就いて論難者との間で問答が行われ、道教思想がこれらの思想の何れとも矛盾するものではないことを董思靖は主張している。「後序」に於いて敢えてこの様な問答を記述した点に、こうした批判が容易に予測されるものであること、即ち、董思靖自身が、自身の注釈とこれらの思想との間の微妙な関係を十分に自覚した上で、それらに対する説明をしようとしていたことが窺える。即ち、ここには董思靖の三教に関する思想が具体的に述べられていると思われるのである。最後にこの「後序」の内容を検討してみたい。

（一）　理気論との矛盾

「後序」の論難者は先ず次の様に批判する。

天命は流行し、麗しくして已むことがない。二炁五行は万物に賦与され、(万物を) 生み出し続けて止まない。一炁にして主宰なるものを尋ねてみるならば、炁は一理に他ならない。だから、天界から付与されるものを命と言い、人・物がそれを受けたものを性と言うのであり、その応感が計り知れないことを神と言うのである。神は唯一（の理）なのだ。それは心に在っては思索となり、眼に在っては視力となり、耳に在っては聴力となり、口に在っては言語となり、更には手が持つ働き、足が歩く働きとなるように、千変万化するが、これらは全て唯一の神の作用に他ならないのだ。その働きが正しければ吉であり、その正しい働きを失うと凶となるだけなのだ。一体どこに身体の各部を守り、名前を持つ多くの神々がいるなどということが有ろうか（天命流行、於穆不已。二炁五行、賦與萬物、生生不窮。原於一炁而主宰、是炁者一理而已。故自天界付謂之命、人物稟受謂之性、應感莫測謂之神。神一而已。在心爲思、在眼爲視、在耳爲聽、在口爲言、乃至手之持執、足之運奔、千變萬化、莫非一神之所爲。惟用得其正則吉、失其正則凶爾。烏有分守名字若是之殊異哉）（董『生神章經解義』後序／一表／二）

論難者は、『詩經』「周頌・清廟之什」の語を引き、董『生神章經解義』の立場に疑問を提す。即ち、万物を生み出し続ける「二炁」「五行」の根源は「一炁」であり、それは「一理」に他ならない。その「一理」が天から賦されることを「命」と言い、賦された「命」は人の側からすれば「性」と言われ、その「應感」が測り知れない点から「神」と言われる。その「理」が体の各部位に応じて異なった作用を起しているのだ。従って、道教の様に「名字」を持つ多くの神々を体内に想定するなどということはあり得ないというのである。

ここに見られる「命」「性」に関する理解が、例えば、「天が付与すること、それを命と言い、それを受けて、我に即して言うならば性となり、具体的な事柄に即して言うならば理となる（天之付與之謂命、稟之在我之謂性、見於事業之謂理）」（『二程集』巻六、九十一頁）、或いは、「天が人・物に賦与すること、それを命と言い、人と物がそれを受けたという点から、性と言う（天之賦於人物者謂之命、人與物受之者謂之性）」（『朱子語類』巻一四、二六〇頁）等と、二程・朱熹が随所で述べている考え方を踏まえたものであることは言うまでも無い。その一方、唯一の「神」が起した具体的作用が「視・聴・言・持執・運奔」であるという発言に就いては、朱熹の禅思想批判が想起されねばならないであろう。例えば『臨濟録』、或いは朱熹が強く意識した大慧が、「見、聞、齅、談論、執捉、運奔」等の働きそのものが「性」であると述べているのに対し、これらを朱熹が強く批判している事は既に指摘されている。即ち、知覚・運動等はあくまでも作用であって、知覚・運動する所以こそ本体としての性でなければならないと朱熹は区別し、両者を混同している禅を批判するわけである。(19)

ちなみに、活動時期が董思靖より遅れると看做される南宋・褚伯秀は、「眞性」が具体的に起す作用として「眼の場合は見ると言い、耳の場合は聞くと言う（在眼曰見、在耳曰聞）」（褚伯秀『南華眞經義海纂微』七十三／七裏／九）と述べ、本体と作用の枠組み下で、本体としての「眞性」が具体的に起す作用が「見・聞」等であるとしており、朱子学的発想の影響の痕跡を窺うことが出来る。(20)

以上の状況からすれば、論難者の発言は、朱子学的思想の枠組から董『生神章經解義』の体内神を批判したものと考えられる。これに対して董思靖は次の様に応える。

あなたの説には誠に一理あるが、残念なことにその一を知っていながら、その二を知らない。そもそも道の完全なる本体は渾然と一体となったものであるが、しかし、精粗本末表裏などの様々な区分がその中にあり、それらは僅かも混乱することはないのだ。今、あなたは、渾然とした大本のみを知り、楽しげに語っているが、そこにはっきりとした区別が未分の在り方で備わっている点を知らないのだ。…人の体もまた一つの天地である。人の四肢や体全体の区分、五臓六腑、三千六百の関節に至るまで、すべてにそれぞれの役割があるのだ。だから眼の働きは見ることであり、耳の不自由な者が目で音を聞くことは出来ないのだ。口がものを言い、心がものを思うなども、全て同様である。このことが、多くの神々に名前がある理由なのだ。そして、それらを統一する根本があり、それらを元《おおもと》へと統一するのだ。どうして、バラバラであるなどということが有ろうか（子之説誠亦有理、惜夫知其一、未知其二也。夫道之全體渾然一致、而精粗本末表裏之分截然於其中、毫釐絲忽有不可得而紊

者。今徒知所謂渾然者之大而樂言之、而不知夫所謂截然者未始相離也。…人身亦一天地也。今夫四支百體之區分、五藏六府之賅存、至於三萬六千關節、亦莫不各有所主。故眼之官則視、而聾者不以視代聽。乃至口之於言、心之於思、無不皆然。此衆神名字之所以立。而統之則有宗、會之則有元也。是烏可以分裂而病之耶）（董『生神章經解義』後序／一表／一〇）

董思靖の反論は、混沌とした本体は唯一なる存在だが、そこには、「精粗・本末・表裏」といった決して互いに紛れることのない様々な現象と働きが有り、それらは互いに截然と区別されつつも、互いにバラバラではないとする。人も又、人としての統一体を維持しつつ、そこには互いにはっきりと区別される各器官の働きが分離しない在り方で存在しているのである。明確な区別が有るからこそ、そのそれぞれに対応した「神」が設定される必要があるのである。董思靖の理解する「神」が「理・炁」を兼ねた具体性を持つものであったことを思えば、個々の部位に個々の「神」が存在していることが必要となるのである。論難者が「理」の唯一性に重点を置いたものであったのに対し、董思靖の立場は作用の側面をも含んだものと言えよう。

董思靖が反論に用いた「精粗・本末・表裏」の表現自体は「そもそも、完全なる道の本体は混沌としているが、精粗本末、内外主客の区分はその中に粲然と輝いており、しかも、それらは僅かも混乱することは無いのだ（夫道體之全、渾然一致、而精粗本末、内外賓主之分、粲然於其中、有不可以毫釐差者）」（理學叢書『周敦頤集』所収朱熹『太極圖説解』八頁。中華書局、一九九〇年）と、明らかに朱熹の表現をそのまま用いたものである。[21]又、「總而言之曰天地而已」以下の部分も、「天地とはその全体を指摘して述べたものであり、鬼神は運動変化するという点から述べたもの、即ち、上に通じ下に徹する点から述べたものである。雨風露雷草木の類も、皆なこれである（天地是擧其大體而言、鬼神是擧其中運動變化者、通上徹下而言。如雨風露雷草木之類、皆是）」（『朱子語類』巻七十三、一八六〇頁）と、朱熹の発言に類似するものが見られ、又、「人身亦一天地也」以下の箇所も、例えば、「例えば、人には身、頭、目、手、足が有って、各々の働きが有り、それらが互いに混乱することはない。この様であって、その身の働きは完全となるのだ（譬之人有是身・頭・目・手・足、各有攸職而不相亂、而身之用乃全）」（『朱子文集』巻五十六「答方賓王」、五十六／十一裏）と見られる朱熹の言葉に類似する。「統之則有宗、會之則有元」の語も朱熹のそれを踏まえるものであろう。[22] 即ち、董思靖の反論自体も又、朱子学と共通する基盤に立つものであることが分る。つまり、董思靖の思想は、朱子学により純粋たらんとする立場に立つ者からは朱子学と齟齬を来たす思想と批判され、一方の董思靖自身は、朱子学と全く矛盾しない思想であると理解していたことが分るのである。

（二）　老荘思想との矛盾

論難者の続く批判は、『老子』の「天得一以清、地得一以寧、人得一以靈、萬物得一以生」（董『生神章經解義』後序／二表／一〇）、『莊子』の「天地與我並生、萬物與我爲一」（『同』後序／二裏／二）、「將磅礴萬物以爲一」（『同』後序／二裏／三）等を持ち出しつつ、「一」なる唯一性を強調した上で、『生神章經』は「一」を尊んでいないと批判する（『同』後序／二裏／六）。先の問答で董思靖が作用の多様性に比重を置いて応えたのを受けたのか、或いは、そもそも『生神章經』自体が「三元」「三炁」という「一」ならざるものを根源に据えていることに対するものなのか、ともかく、論難者は、再度、唯一なる根源性の重要性を主張し批判を試みるのである。これに対する董思靖の反論は、

本体を論じる時は同一の側面を指摘するのだ。働きを論じる時は、その異なる側面を提示するのだ。老子が「道が一を生じ、一が二を生じ、二が三を生じ、三が万物を生じる」と言っているが、これは本体と作用の全てを提示した言葉だ。この『生神章經』の議論は、「一元」から始まり天地が様々に変化することに終わるのだ。この「一元」を受けて生れたものは、一の中に万《すべて》が備わっているのだ（論其體、所以擧其同。論其用、所以顯其異。

> 老子曰、道生一、一生二、二生三、三生萬物、此本末具擧之言也。是經之論、始乎一元而終乎天地萬化。並受生成、則一之中而萬者具矣）（『同』後序／二裏／一〇）

たとえ本体が「一」であったとしても、その作用は「萬」となるのであり、そして、その「一」の内に「萬」が内包されているのだと述べることで、『老子』或いは『莊子』が述べている「一」の思想と『生神章經』が言う「一元」の概念とは決して矛盾するものではないことが言われているのである。「元」は「宗」と同様に多様性を根底から支えるものとして董思靖注釈では言われていたが、既に指摘した以外にも、「総じて、『元』と言う理由は、あらゆる善の大本、あらゆる変化の始原であるからである（通稱元者、以其均爲萬善之宗長、萬化之本始也）」（『同』一／六表／三）と、「一元」は、万物の根源でありつつ、万物を秩序だて、あらゆる「善」の根源であるとされていることから、「理」と同等の位置付けが与えられていると考えられる。

（三）　仏教思想との矛盾

論難者は続けて、「教えには『聖を慕う心情が少しでもあれば、煩悩となる』と有る。今、この経典は人に『聖胎の法』を教えようとしている。この過ちに陥ることにはならないのか（教中有云、情存聖量猶落法塵。今是經教人以修聖胎之法、無乃墮於是乎）」（『同』後序／三裏／六）と批判する。この「教」に相当するものが『玄沙廣録』が引く「上徳」の語に見られることからすれば、[23]『生神章經』の「聖胎の法」に対して、仏教の立場から批判を試みていると考えられる。これに対して董思靖は次の様に応える。

> 「聖を慕う心情がある」と言うのは、まだ心と現象を忘れていない者のために述べたものなのだ。「聖胎の法を修める」という事は初学の士のために設けられたものである。もし、道が完全で徳が備わった者であるならば、

「聖胎」を議論する必要があろうか。…この様であれば、何を「聖量」とし、何を「法塵」と言うのか（情存聖量、爲未忘心法者言也。修習聖胎、爲初學之士設也。若乃道全德備者、何可以此議之。…若是者孰爲聖量乎、孰爲法塵乎）（『同』後序／三裏／八）

確かに、「情存聖量」という状態は「忘心」の境地には至っていないが、そもそも「聖胎の法」とは「初學の士」のために用意された方便に過ぎない。「道」「徳」何れも完備した者にとり、この様な「法」は議論の必要さえないのである。その境地では、「聖量」「法塵」という分別さえ本質的には無意味となる。この点は、例えば、「既に悟ったならば、我と理の双方を忘れる。悟る主体である我を忘れ、同時に悟りの対象である理を忘れることである（既悟則我理兼忘。謂忘其能悟之我、兼忘所悟之理也）」（『同』三／二十一裏／五）と、真の悟りは主体と客体の双方を忘却することであり、客体としての「理」も忘れるべきだと有るものに通じる。董思靖はその『道德眞經集解』に於いても、具体性を持たない「道體」である「理」は分析の対象とすることは出来ないとしていた。これが朱子学的発想との大きな違いであったが、そのため、客体としての「理」は悟りへと進む段階では忘れ去らねばならず、全ての分別を取り去った結果として「理」と一体化することが唯一可能なことととされているのである。

論難者は続けて仏教の道教批判に言及する。

以前聞いた所では、仏教の説では、あらゆる現象は幻に過ぎないから、その教えは「無生」と言うのだと。又、（仏教は）寂滅を楽とし、一方の道家の教えは「長生久視」、「升虛尸解」を主張する。だから、仏教は道家を「いたずらに精神をすり減らして肉体に執着する」と批判するのだ、と（嘗聞、釋氏之説、以一切有相皆爲幻妄、故其教曰無生。又曰寂滅爲樂。而道家之教、乃曰長生久視、及升虛尸解。故彼目之曰弄精魂、守尸鬼者）（『同』後序／四表／六）

空無を軸とする立場に立つ仏教は、「長生久視、升虛尸解」に拘《こだわ》る道教を「弄精魂、守尸鬼者」の教えであると批判している、と切り出す。

仏教が道教を「守尸鬼」と批判するのは、『寒山詩』が「たとえお前さんが仙道成就の人であっても、まるで死体を番する幽鬼のようなものだ（饒你得仙人、恰似守屍鬼）」（入谷仙介、松村昂『禅の語録13　寒山詩』、三三九頁。筑摩書房、一九七〇年）と述べるものが最初であろう。この「守屍鬼」の語を禅文献が好んだことは指摘されているが、更には、南宋初の王日休「淨土起信」が、妄想に過ぎない「形神」に執着する道教を批判しつつ『寒山詩』を引用していることに、董思靖に比較的近い時代まで、こうした神仙思想批判がなされていたことが窺える。[24]一方の「弄精魂」に就いては、無駄に精神を使い疲弊させること、或いは物に憑かれる様として、やはり禅文献に多く見られるが、早期の例としては、「彼を言葉の上の知識という、これは物の怪をもてあそぶものだ（喚他句上識、此是弄精魂）」（秋月龍珉『禅の語録11　趙州録』、四一四頁。筑摩書房、一九七二年）という『趙州録』の例を挙げることが出来るであろう。朱熹は先に見た様に、「作用」と「性」とを混同し、「用」「氣」である「精神」のみに拘っている禅宗を逆に「只是作弄這些精神」と批判している。[25]仏教が道教を直接批判するものとしての「弄精魂」の語は見当たらないもののの、いずれにせよ、空無の立場に立つ仏教が「尸」等に拘る道教を自己と差別化した上で批判しているということになろう。

これに対し、

そうではないのだ。道は唯一の存在であり、彼此の区分などはないのだ。…修道する者に勤勉か怠慢かの違いが有るため、その得道には浅深の違いがあるのだ。浅い者はその効果は心に及ぶだけだが、深い者は形まで覆うのだ。心に及ぶだけの者は単に智慧の悟りを得るだけだ。智慧の悟りを得たことで、喜んで多弁となれば、霊妙な気は漏れてしまい、形もそれに従ってしまう。形にまで及ぶ者は、形と神がどちらも妙となり、道と真を一体とすることが出来る。目に見えるものとしては精神が肉体と一体となり、眼に見えないものとしては、肉体が精神と一体となるのだ。有のレベルでは有、無のレベルでは無となるのだ。具体的な姿形だけでそれを見てはならず、生死だけで論じてはならない。どうして、精魂を弄び、屍を守るなどと言うことが出来ようか（不然。道一而已。豈有彼此之分哉。…良由修之者有勤怠。故得之者有淺深。淺者惟及於心、深者兼被於形。及於心者但得慧覺而已。既得慧覺、悦而多辯、靈炁泄喪、形亦隨之。被於形者、形神倶妙、與道合眞。顯則神同於形、隱則形同於神。在有而有、在無而無。不可以形跡窺、不可以死生論。而何弄精魂守尸鬼之云）（董『生神章經解義』後序／四裏／一）

董思靖の答えは、「長生久視、升虚尸解」も取り込み、仏教も道教も取り込んだ、一つの大きな「道」という立場に立つものである。ここでは主に司馬承禎『坐忘論』の記述に基づきつつ、修道者の技量の高低に応じて得道のレベルにも違いが有るとしている。「仙人としての資格が十分ではないものは、輪廻転生を繰り返し、肉体を脱ぎ棄てて去り、日数を数えて生れ変わることになるのだ（謂仙品未充、運應滅度、蛻形而去、計日而得更生者也）」（『同』二／七表／七）という「尸解」を次元の低いものと見る立場、或いは、先の「聖胎」の教えは初学者のための説明に過ぎないという発言も踏まえるならば、「長生久視、升虚尸解」と批判されるレベルに留まっているのは、それがその者の技量の限界がもたらしたものに過ぎず、「道」そのものがそこに限定されている訳ではないと理解していることが分る。

結語

『道藏』本『生神章經』に基づけば、「三洞の尊神」である「三寶君」を「三炁」の「尊神」とし、「三炁」とその展開である「九炁」とによって人民品物が生み出されるとされている。「三元（＝三炁）」の育養と「九炁」の結形の下、九箇月で「神」が布されて人が完成するが、この「神」に就いては特に説明はなされていない。又、「炁・

形・命・神」を維持することの重要性が述べられてはいるものの、「命」に就いてはほとんど述べられていない。又、「三寶」は「本同一也」と言われているが、「同一」なる次元が何と称されるべきなのかについても触れていない。要するに、具体的記述としては、三炁→九炁→人という展開を軸とし、「神」と「命」がそこに関ってくるということが述べられているのに留まるのである。こうした『生神章經』の記述に対して董思靖は、体用論、天命論等を持ち込み、朱子学的思想を強く意識した上での解釈を試みていたのである。『生神章經解義』自体では前面には出ていなかったものの、「後序」の内容から推せば、その背景には董思靖の三教一致の立場が有ったことは間違いない。

「後序」の内容が実際に行われた問答を記録したものである確証は無い。むしろ、「守尸鬼」の例に顕著に窺える様に、董思靖が主張する道教思想に対して予測され得る批判を想定して設定された自問自答であったと理解するのが妥当であろう。この点に就いては、『道德眞經集解』に於いて朱熹の『老子』批判を強く意識した記述がなされていたのと同様の精神構造を窺うことが出来る。

しかし、『道德眞經集解』と『生神章經解義』を比べた時、誰もが容易に見出し得る差異に、朱熹の言説を意識する態度が『道德眞經集解』の方が遥かに強いという点があろう。『道德眞經集解』の思想特色を示す語に「體用一源」が有った。この本体と作用を一体のものとして見ようとする姿勢は『生神章經解義』にも同様に見られるものではあるが、「體用一源」の語は『生神章經解義』では一度も用いられていないのである。その他、「道」の完全性を示す語とし『道德眞經集解』で用いられていた「全體」の語、より根底で「性（體）」と「情（用）」とを統一するものとされていた「心」の概念、こうした思想もやはり『生神章經解義』には見られない。朱子学的思想の影響を受けつつも、両者にこうした差異が有る点は、単純に考えるならば、『道德眞經集解』の方が後代の成立であり、朱子学的思想に関して用語の点でより整理されていたと考えることも出来るであろう。

だが、冒頭で触れた様に、両注釈はある程度個別に独立した作業として編纂され、『道德經』なり『生神章經』なりに特化したものであったとも考えられる。『道徳眞經集解』には、「道體（＝理）」→「道用（＝氣）」→「万物」という、『生神章經解義』に較べればかなり単純な体用論、及び、「聖人の無欲（＝道體）」→「聖人の有欲（＝道用）」という体用論も見られた。これらは『道徳經』というテキストに即した考え方であろう。『生神章經解義』に於いて「道」という概念がそれ程重視されていないのは、『生神章經』自体に「道」という概念が見られないからである。その点で、両注釈に見られる差異は相互に矛盾するものではない。

　むしろ、両者に共通する点にこそ注意すべきであろう。例えば、「三元之實徳、渾然一體、沖莫無眹」（董『生神章解義』一／一〇裏／一〇）、「天理混然」（『同』一／一三裏／六）等の「混（渾）然」の概念は両注釈に共通する重要概念である。或いは、「蓋上言九章玄功、乃道用之至著者也」（『同』一／一七表／五）と、『生神章經』が生れた経緯とその功徳に就いて述べた部分で、人の認識対象となり得るのは「道用」のみであると述べていた点、或いは、「故必靜存之、體先立、然後動察之用、自然昭著也」（『同』一／二十一裏／九）と、「（道）體」を確立してから「（道）用」へと展開していくべきであると述べていた点、これ等は『道徳眞經集解』にも同様に見られた思想である。又、『道徳眞經集解』は、体用の相即が無ければ空寂に泥むことになると注意を喚起していたが、これも『生神章經解義』に同様に見られたものである。この様に、両注釈の基幹部分には、共通する考え方が見られるのである。

　『道徳眞經集解』は、やはり朱熹の『老子』批判という眼前に突き付けられた具体的問題が有り、それに対処すべきとの意識からより強く朱子学的思想を意識し、その結果、却って自身の思想と齟齬を来たすものまで取り込むことになったのだと思われた。一方の『生神章經解義』に就いては、具体的な批判に関しては「後序」に於いて整理され、注釈自体は『生神章經』注釈史にある程度即する形で行われたと考えるべきなのであろう。だが、そうした状況下でも、『生神章經解義』に於いて朱子学的思想を取り込み注釈と融合させていた点、そして、恐らくは注釈そのものよりも遅れて書かれたであろう「後序」の内容が注釈と齟齬を来たしていなかった点から判断すれば、董思靖の思想に朱子学的発想が一定程度吸収消化されていたと考えることは出来るであろう。

注

（1）『道藏提要』は宋代とし（四六六頁）、『道藏分類解題』は唐五代とし（六十六頁）、『增注新修道藏目録』は唐代とする（一〇七頁）。

（2）『夷堅志』甲志巻第二「齊宜哥救母」（一三頁。明文書局、一九八二年）。

（3）科儀書に於いて『生神章經』が重要な経典として扱われていた点に就いては、例えば、松本浩一『宋代の道教と民間信仰』（汲古書院、二〇〇六年）「第二章　宋代の葬送儀禮と黄籙齋」等を參照。

（4）胡孚琛主編『中華道教大辭典』（中國社會科學出版社、一九九五年）は、華陽復を「宋末元初人」（一四〇頁）とするが、根拠は示されていない。『道藏分類解題』は、宋の故事が多く引用されていることから元人とする（三三一頁）。

（5）『生神章經注』が引用している「青玄注」（華『生神章經注』下／一九裏／一）は、現行『道藏』所収東海青元眞人註・清河老人頌・淨明道子郭岡鳳參校并贊『元始無量度人上品妙經註』（中／三〇表／三）に一致する記述を見出すことが出来る。『元始無量度人上品妙經註』の成立時期に就いては、『道藏提要』は「南宋青元眞人注」とする（八十五頁）。一方、『道藏通考』は一三世紀後半の成立とし（七一三頁）、『增注新修道藏目録』は「南宋青元眞人注」とする（八十五頁）。一方、『道藏提要（修訂本）』は、篇末に付された「誦度人經應驗」に淳熙・紹熙・慶元・嘉泰等の南宋の年号が見られることから、南宋末かそれ以降の編纂と推測する（六十六頁）。『道藏提要（修訂本）』の見解は、「誦度人經應驗」が後代の付加ではないとの前提に立つものだが、仮に推測の通りだとすれば、『元始無量度人上品妙經註』は早くとも一二〇〇年代に入ってからの成立ということになろう。

（6）本章では華『生神章經注』に就いて詳細に触れることは出来ないが、華『生神章經注』は王『生神章經解』を重視し、同様に「混合百神」の術をその中核に位置付けている。しかし、「内丹初。…二月成胎。…丹功三轉、陽炁乃足。…鍊丹四轉、以陽養陰。…黄中通理、保合太和、精神魂魄、意聚而爲一、是謂攢簇五行、其炁上朝泥丸、是謂朝眞。…則津生胃脘、灌漑四肢、流潤丹鼎、精炁與神因之凝合、生之徒也。…丹功七轉、重關豁滯、上下明徹。…八過功夫將滿、自然身有光明。…修眞九轉、聖胎具足、萬炁齊仙」（華『生神章經注』上／一六表／四）等と有り、『生神章經』を九回唱えることを述べる経文を内丹のプロセスとして解釈するのは、王希巣には見られない立場である。王『生神章經解』には内丹の概念は見られない。又「浮山眞率曰、無色界、上種民天也。人之本性、湛然虚明。譬如太虚不容一物。妄想諸愛、如空中花。生死輪廻、如結空果。人能返本還元、一念不生、萬縁頓息、乃生此天、始爲不壞。修眞之士、始於克念、至於無念、諸陰消盡、眞性圓明、決超三界。此即不壞眞空、無上法身也」（華『生神章經注』下／二十七裏／六）と、浮山眞率の「無色界、上種民天也」という簡単な注釈に続けて、「種民天」の解説をしつつも、「虚明」である人の本性に説き及び、併せて「妄想」「輪廻」は実体は無く、全ての思慮を止め「本・元」へ復帰することが「種民天」に生れることであり、それは、「克念」より「無念」へと至り、「圓明」なる「眞性」を顕現させ、「無上法身」を完成することであるとしている。天界と人体の関りに心性論的発想を取り込む形で両者の同一化を試みている点、「眞性圓明」「法身」等に仏教的用語を取り込んでいる点なども、王希巣注には見られない傾向である。

（7）一般に「玉蟾子」と号される人物は、例えば元・李道謙『終南山祖庭仙眞内傳』に「玉蟾眞人」（『道藏』所収『終南山祖庭仙眞内傳』上／一表／三）と見られる様に「和徳瑾」を指すと考えられる。王重陽とも交流が有ったとされるこの人物は、大定七年（一一六七年）以降に属する事柄として、自身が昇仙する年を「寅年」と予言したと有るから（上／二裏／五）、その没年は大定十年（一一七〇年）であることが分り、王希巣注釈と時代的には齟齬を来さない。しかし、「和徳瑾」に『生神章經』の注釈が有ったという記事は確認出来ないし、何よりも「和徳瑾」は趙姓ではないので、別人とせざるを得ないであろう。尚、先に指摘した華陽復が言及する「趙本」とは、この「趙玉蟾」のテキストかと思われる。そうだとすれば、注釈書としてはある程度纏まったものであった可能性が考えられる。

（8）王文卿に就いては、卿希泰主編『中國道教史（修訂本）』第二巻（六〇五頁）、李遠國『神霄雷法―道教神霄派沿革與思想―』「第二章第三節　王文卿與神霄派」（四十四頁以下。四川人民出版社、二〇〇三年）、注（3）松本氏著（三〇二頁以下）等を参照。

（9）三者に就いては、砂山稔『隋唐道教思想史研究』「第二部第五章　『靈寶度人經』四注の成立と各注の思想について―『度人經』解釈と重玄派―」を参照。

（10）その他、『生神章經』の「靜心念至眞、隨運順離羅。感應理常通、神識逮自徂。淡遊初無際、繁想洞九霞。飛根散玄葉、

理反非有他」に付された「疏」には「疏云、適者、詣理也、逮者、至也」（董『生神章經解義』四／四裏／八）と見られるが、「適」の字は現行の董『生神章經解義』所収経文には見られない。一方の王『生神章經解』、華『生神章經注』所収経文では「神適逮自徂」と有り（王『生神章經解』下／三十七表／五、華『生神章經注』下／三十二表／七）、「疏」の選者の見たテクストは王希巣・華陽復所見テキストに近かったことが窺える。

（11）王卡「敦煌本洞玄靈寶九天生神章經疏考釋」（『敦煌學輯刊』二〇〇二年第二期（總四十二期）所収、二〇〇二年）は、『生神章經』の「頌」の内容が魏晋時期の道教で流行した「誦經思神」の法術と類似すると述べ、併せて、南北隋唐時期の多くの道教儀式の中で『生神章經』は誦えられていたと指摘する。

（12）上清派経典にほぼ同様の「混合百神」の思想が見られることに就いては、神塚淑子『六朝道教思想の研究』（六十五頁以下。創文社、一九九九年）、加藤千恵『不老不死の身体―道教と「胎」の思想』（七十四頁以下、一三二頁以下。大修館書店、二〇〇二年）、張崇富『上清派修道思想研究』（一四〇頁以下）等の先行研究に指摘がある。又、『大洞眞經』に限定した詳細な検討は、麥谷邦夫「『大洞眞經三十九章』をめぐって」（吉川忠夫編『中国古道教史研究』所收。同朋舍、一九九二年）を参照。

（13）無論、結果として両者の解釈が一致している場合も多い。

（14）これに対し、「未見炁者、所謂元神、是也」（董『生神章經解義』一／八裏／五）と、「炁」がまだ顕在化していない段階を「元神」として、使い分けている様に思われる。

（15）「宗・會」の表現は、王弼『周易略例』「明象」の「物無妄然、必由其理。統之有宗、會之有元。故繁而不亂、衆而不惑」（樓宇烈校釋『王弼集校釋』、五九一頁。中華書局、一九八〇年）を起源とするものであろうが、ここは、やはり朱熹が意識されていると思われる。例えば、「是以孟子析而爲四、以示學者、使知渾然全體之中而粲然有條若此、則生之善可知矣。…春則春之生也、夏則春之長也、秋則春之成也、冬則春之藏也。自四而兩、自兩而一。則統之有宗、會之有元矣」（『朱子文集』巻五十八「答陳器之」五十八／二十三裏）。尚、上述した「混洞太無」の段も朱熹の言葉に基づくものであろうことは、吾妻重二『朱子学の新研究』（六十二頁）に指摘が有る。

（16）例えば、『朱子語類』巻一八（四〇九頁以下）。

（17）王希巣は、「明堂」を「今之明堂、乃肺之明堂也」（王『生神章經解』下／十一表／二）と、「肺の明堂」と解釈することで説明しようとする。
（18）「開度飛玄爽」に就いては華陽復の注釈が参照となる（華『生神章經注』下／六裏／五以下）。
（19）入矢義高訳注『臨濟録』（三十九頁以下。岩波文庫、一九八九年）、『大慧普覺禪師語録』（大正藏四十七冊八二九下）。朱熹の批判に就いては、三浦國雄『「朱子語類」抄』（四五三頁以下。講談社学術文庫、二〇〇八年）を参照。
（20）褚伯秀『南華眞經義海纂微』に就いては、本著「第二篇第六章　褚伯秀『南華眞經義海纂微』について」、及び拙稿「褚伯秀『南華眞經義海纂微』の採註態度について」を参照。又、褚伯秀と朱熹の思想との関りについては、三浦秀一先生『中国心学の稜線―元朝の知識人と儒道仏三教』「中篇第二章」を参照。
（21）朱熹の「精粗・表裏」等については、注（14）吾妻氏著（三二五頁以下）を参照。
（22）注（15）『周易略例』を参照。
（23）入矢義高監修、唐代語録研究班編『玄沙廣録　下』（一一〇頁以下。禅文化研究所、一九九九年）。
（24）王日休『龍舒増廣淨土文』巻一「淨土起信、六」（大正藏四十七冊二五六上）、項楚『寒山詩注』（六五四頁以下。中華書局、二〇〇〇年）の指摘に依る。又、『龍舒増廣淨土文』及び王日休の三教思想に就いては、林田康順「王日休『龍舒淨土文』の研究（一）」（『印度學佛教學研究』第四十一巻第一號。一九九二年）、金文京「南宋における儒佛道三教合一思想と出版―王日休「龍舒淨土文」と「速成法」を例として―」（麥谷邦夫編『三教交渉論叢』、道氣社、二〇〇五年）等を参照。又、王日休の神仙思想批判に就いては、林田康順「王日休『龍舒淨土文』の研究（五）―人間観―」（淨土宗教学院研究所『佛教論叢』第三十八号、一九九四年）を参照されたい。
（25）『朱子語類』巻一百二十六（三〇三五頁）。尚、注（19）三浦氏『「朱子語類」抄』（四五一頁以下）を参照。

第四章　范應元『道徳經古本集註』の思想について

序

南宋・褚伯秀『南華眞經義海纂微』（以下、『義海纂微』と略す）は、他に見ることが出来ない宋以前の『莊子』注釈を収録しているという文献的価値と、『義海纂微』自体が後世歓迎されたことから、近年言及されることの多い『莊子』注釈の一つである。論者も嘗て『義海纂微』の基本的性格に就いて考察したことが有るが、(1) 咸淳庚午（一二七〇年）に記された『義海纂微』の事実上の「後序」には、師である范應元への言及が見られる。

淳祐丙午の歳、幸いにも西蜀の無隱范先生が都に来られた際にお会いし、その講席に列することが出来る様になって二年近くなった頃、『莊子』の最終章を終えようとしていた。…師より受けた恩は天の如く絶大であり、ここに多くの解釈を集め、凡そ七年をかけて（『義海纂微』編纂の）作業を完成させた。…師の諱は應元、字は善甫、蜀の順慶の出身である。その学問は内外の典に通じ、この世界の全ての事柄を窮め、静かである時は正しく在られ、動けば必ず礼に適っておられた（淳祐丙午歳、幸遇西蜀無隱范先生遊京、獲侍講席幾二載、將徹章。…師恩昊天罔極、茲因纂集諸解、凡七載而畢業。…師諱應元、字善甫、蜀之順慶之人。學通内外、識究天人、靜重端方、動必中禮）（『義海纂微』一〇六／一九表／八）

淳祐丙午の歳（一二四六年）に来京した無隱范應元の『莊子』講義の席に列し、その学恩に報いるべく、褚伯秀は七年の歳月をかけて『義海纂微』を編纂したのである。(2) 又、『義海纂微』の「序」には「無隱范先生講語［名元應、字善甫、蜀之順慶人］」（『義海纂微』序／六表／四）と有るが、「元應」は「應元」の誤りであろう。「講語」とは范應元の講義を褚伯秀が記録したものと考えられる。「順慶」は、現在の四川省瀘州市の順慶区が相当するであろうか。

次に、本章の考察対象である范應元『宋本老子道德經古本集註』（『續古逸叢書』所收。以下『集註』と略す）の冒頭には、「先の玉隆万寿宮掌教、南嶽寿寧観長講、果山范應元（前玉隆萬壽宮掌教、南嶽壽寧觀長講、果山范應元）」（『集註』上／一表）と有る。「玉隆萬壽宮」は現在の江西省新建県の逍遥山に位置していたと考えられ、後に浄明道の一大基地となる。[3] 又「南嶽壽寧觀」は、清・高自位『南嶽志』巻二「寺觀」に「九真観［嶽廟の左にある。寿寧観に他ならない］（九眞觀［在嶽廟左。即壽寧觀］）」と有るものが該当しよう。[4] 又、「果山」だが、范應元が蜀の出自であることを考えれば、現在の成都の東方の南充市に位置する「果山」が相当するのではないだろうか。更に、『集註』には「後序」らしき一段も有り、そこには「湛然堂・無隱齋、谷神子　范應元」と有る。「湛然堂・無隱齋」は書斎名、「谷神子」は号であろう。

最後に、元・劉惟詠『道德眞經集義大旨圖序』（『道藏』所収）には、「范應元［南嶽寿寧観主、果山無隱齋谷神子と号した。『解』を撰述した］（范應元［南嶽壽寧觀主、號果山無隱齋谷神子。作解］）」（『道德眞經集義大旨圖序』上／一〇裏／九）と記されている。「解」とは、『道德經』の「解」を范應元が撰述したという意味であろう。以上が、現時点で確認し得る范應元に関する全てである。

さて、范應元の著述は、芸文志等の歴代の図書目録には記載が無く、後世の集注の類では僅かに劉惟永『道德眞經集義』（『道藏』所収）が注釈の一部を採録し、又、『義海纂微』がその『莊子』注釈を数条引用しているのに留まる。しかし、その注釈から窺い得る思想には、当時の老荘解釈の持つ豊かな思想的背景を垣間見ることが出来る。范應元『集註』を材料に、当時の老荘注釈の一例と、その具体的な思想背景に就いて考えてみたい。[5]

一　『集註』の思想

（一）「吾が心の初」

范應元『集註』全篇に於いて多用される語の一つに「吾が心の初」が有る。第一章注釈は次の様に述べる。

此の章は心の本来の在り方と自然の道理を直ちに示すことで、（人々が）有無の異同に迷わず、意を得て言を忘れ、玄に昇り妙を極めるようにさせたのである。即ち、入道の門であり、立徳の基であり、『道德經』一経の総論なのである。深く味わうべきだ（此章直指此心之初、自然之理、使不惑於有无同異、得意忘言、昇玄極妙。乃入道之門、立德之基、實一經之總也。宜深味之）（『集註』道可道章第一「玄之又玄、衆妙之門」注、上／六表）

『道德經』第一章が「常道」と「可道」を主題としていることは言うまでもなく、范應元はそれを「此心の初」「自然の理」と関連付け、「有无」の違いや言語表現に捉われず、「玄妙」を究め、「道」に入る門、「徳」を立てる基礎としようとしたのである。この「此心の初」が「吾心の初」であり、単に「吾本心」「吾心」「初心」「此心」「初」等とも言われる。この「吾心の初」という表現は他の道家・道教文献には見られず、范應元独特の用語と見られる。

「道」とは自然の道理であり、万物が生れてくる根源である。「可道」とは言語表現が可能ということである。「常」とは恒久ということである。「道」は唯一の存在であるが、本体と作用が有る。本体を把握せずして作用を知ることは出来ない。必ず先に本体を確立して、その後で作用を行うことが出来るのだ。老子は『道德經』を説くに際し、先ず本体を明らかにしたのだ。「常」とは本体を述べたものである。「可道」とは作用を述べたものである。そして、本体と作用とは根源を同一にするものであり、二つの道が有るわけではないのだ。…その本体が唯一の存在であることを先ず知ったならば、日常のあらゆる行いに於いて、（本体は）事物として具体的に現われ、一切が正しくあるのであり、これが自然の道理なのである。この様であって始めて、恒久であって衰えることが無くなるのだ。このため、全て言語で表現出来る道は、恒久で自然の道ではないのだ。恒久で自然の道は、存在しているが形は無く、形は無いが「精」が有るのだ。…これは「吾が心の初」に求めることで得られるのだ。…人に恒久で自然の道を理解させようと思えば、言語表現に求めるのではなく、自分自身に戻り、自ら「吾が心の初」に得なければならないのだ（道者自然之理、萬物之所由也。可道者、謂可言也。常者、久也。道、一而已、有體用焉。未有不得其體而知其用者也。必先體立、然後用有以行。老氏説經、先明其體。常者言其體也。可道者言其用也。體用一源、非有二道也。…夫惟先知其體之一、則日用常行、隨事著見、无有不當、皆自然之理也。如是則然後、久而无弊矣。故凡道之可以言者、非常久自然之道也。夫常久自然之道、有而无形、无而有精。…求之於吾心之初、則得之矣。…意欲使人知常久自然之道、不在言辭、當反求諸己、而自得之於吾心之初也）（『同』道可道章第一「道可道、非常道」注、上／一表）

「道」は唯一無二の存在であるが、そこには「體」「用」の別が有る。別が有るものの根源は一つであり、「二道」が有る訳ではない。この「體用一源」の語に、朱熹の言説を意識していた当時の『道徳經』注釈の性格を見出すことが出来るが、(6)「體」を定立してから「用」に進むべきと、「體」「用」の間に順を設けているのは、体用論を唱える以上、当然の視点であると言えよう。根源である「體」の唯一性を理解して、初めて「日用常行」のあらゆる場面に於いて「體」が具現化し、そこには自ずと秩序が備わるのである。そして、この「隨事著見」が「用」である。この「體」の唯一無二性は「吾が心の初」に「反求」することで得られるのである。

この「吾が心の初」だが、

「吾が心の初」はもともと虚《からっぽ》で静かであり、それは自然とその様にあるもので、当初、殊更に虚を尽し静かさを守る必要は無いのだ。（しかし）外界の事物に応じて動き出した時には、虚を尽し静かさを守らねばならない。それは、一呼吸の間も途切れてはならないのだ。だから老子は人々に虚を尽し静かさを守らせようとしたのである。

虚を極限まで尽し静かさを篤く守れば、「吾が心の初」の本来の在り方から離れることはない。本来の在り方から離れなければ、万物が動いていても、その万物が虚や静かさへと復帰しているのを見ることが出来るのである。…そうではあるが、虚を尽し静かさを守るのは、事物や人との交渉を断ち切ることではない。万物は「吾が本心」を乱すに足るものではない、これが真実の虚が極まり静かさが篤いことなのだ（吾心之初、本來虚靜、出乎自然、初不待致之守之。逮乎感物而動、則致守之。功不容一息間斷矣。是以老子教人致虚守靜。致虚之極、守靜之篤、則不離於初。不離於初、則萬物並動、而吾能以是觀其復歸於虚靜也。…雖然、致虚守靜、非謂絶物離人也。萬物无足以撓吾本心者、此眞所謂虚極靜篤也）（『同』致虚極章第十六「致虚極…吾以觀其復」注、上／二十九表）

「吾が心の初」は本来「虚」「靜」であり、それを意識的に維持する必要は無い。しかし、外界の事物に応じる際には、間断無く「虚」「靜」を維持する努力が求められる。本来「虚」「靜」である「吾が心の初」は「體」であり、外物に応じるのは「用」である。即ち、「用」の段階では常に「體」の「虚」「靜」の状態が維持されている必要が有り、又、「體」が定立されていれば、「體」「用」は同時であることが分る。この様であれば、様々に蠢《うごめ》く万物も又それ自体が「虚」「靜」であることを知ることが出来、我々は外界の事物との接触を断つことなく、「吾が本心」を乱さないことが可能となる。ここには、「道」の「體」「用」の枠組みが、「吾が心」にもそのまま当てはまり、「吾が心」が「道」の「體」「用」に沿う時、万物も実はこの「體」「用」の枠組みに適って存在していることが分るとされているのである。即ち、主体の定立と同時に、外界の事物との関りも予め想定されていることが窺える。

（二）「應物」と「日用」

「道」の「虚」「靜」の状態が「吾が心の初」であり、その状態を維持しつつ万物と関って行くことが「應物」である。このため、范應元の「應物」は「虚心」の語と併用されることが多い。

「无為の事に処る」とは、道を体得することである。道は常に無為でありながら、全てを行うのである。聖人は虚心で万物に応じていくのだ（處无爲之事者、體道也。道常无爲而无不爲。聖人則虚心而應物也）（『同』天下皆知第二「是以聖人處无爲之事、行不言之教」注、上／七表）

「聖人」の「虚心而應物」とは、「无爲」の状態で「道」と一体となり、その「虚心」の状態で外界の事物に対処していくことである。主語が「聖人」とされているのは、後段に見る「人欲」の否定とも関る。この様に、先ず「虚」「靜」である「體」が必要とされるのだが、この「虚」「靜」としての「體」への復帰は即時に作用でもある。

心が静かであれば虚であり、虚であれば明るく、明るければ光輝く。その光を用いて万物に接し、その明るさを収斂させて虚に戻る。その光を用いることで、「兌」は万物に通じているとはいえ、万物に執着することは無く、その明るさを収斂させることで、心は常に虚であり心の働きは万全となる（心靜則虚、虚則明、明則有光。用其光以接物、反其明以歸虚。用其光則兌雖通而无説、歸其明則心常虚而神全）（『同』天下有始章第五十二「用其光…是謂襲常」注、下／二十九表）

心が「靜」かであれば「虚《からっぽ》」となり、何ものにも塞がれることがないため「明」るくなり、「明」るくあれば「光」という働きが生じる。その「光」によって外物と関り、逆に、その「明」るさを手がかりに「虚」へと復帰するのである。「光」という作用で外界の事物と接しながらも、その「光」の「明」るさによって常に「虚」を見失うことがないのである。この「明」るさは内省の際に自身の裡を明るく照らす働きであり、それに依り、「兌」を外界に開きつつも迷うことがない。「虚」「靜」としての「體」を維持することが同時に内側と外界へ働きかける作用を伴うことが明確に自覚されている点で、主体の定立のために外界との関りを断つことを主張する先行時代の注釈とは明らかに異なっている。(7)

この「體」「用」の同時は、「道」そのものに就いて言えば、その「體」が「用」として「日用」という場で常に具現化していることに相当する。『道徳經』注釈に「日用の間」「事物の間」等の語が用いられるのはそれ程古いことではなく、近世以降に主として朱子学的言説の影響を受けてから見られる様になる現象と考えられる。既に見た様に、第一章注では「日用常行、随事著見」と述べられており、この枠組みが「道」を体得した「聖人」にそのまま当て嵌まることも確認したが、「道」は「吾が身の中に在り、日用の間に於いて、(道から)離れることは出来ないのだ。だから『反』と言うのだ。このことを究めたならば、本心が(道と)混沌一体となっていることが分るであろう(然復在吾身之中、而於日用之間、不可離也。故曰反。人能究此、則知本心乃渾淪也)」(『同』有物混成章第二十五「大曰逝、逝曰遠、遠曰反」注、上/五十二裏)と述べ、「道」はあくまでも「吾身の中」に在りながら、即時に「日用の間」という場から乖離するものではないと言われている。

(三)「私意」

范應元が人の「心」に立論の根拠を置いていることを確認したが、「虚心」と「心」に「虚」の字が付き、「吾心の初」と「初」の状態が強調され、又、主語が「聖人」とされていた等から分る様に、「心」のあらゆる状態が全面的に肯定されている訳ではない。即ち、一般に「心」は容易に望まざる方向へと流れてしまうのだ。「人の心は本来虚であるが、私欲が塞いでしまうと、その本来の在り方に復帰することは困難である(人心本虚、私欲窒之、則難復其初)」(『同』爲學日益章第四十八「損之又損之…无爲則无不爲」注、下/二〇表)、「人々が不善であるのは、もともと善であることに気付かず、私欲が覆ってしまうからだ(百姓之不善者、未明本善、私欲蔽之也)」(『同』聖人无常心章第四十九「善者、吾善之…徳信矣」注、下/二十一表)等の例は、本来「虚」「善」であるはずの「人心」は、「虚《からっぽ》」であるがために、「私欲」によって容易に塞がれてしまうことを述べている。「百姓」と有る様に、それが大多数の人の「心」の在り方なのである。従って、「どうして、僅かな私意を加えて行うことが出来ようか（豈容加一毫私意以爲之）」（『同』將欲章第二十九「夫天下神器…執者失之」注、上／六〇裏）、「ただ聖人だけがわずかな私欲も無いのだ（惟聖人一毫无私欲）」（『同』執大象章第三十五「執大象者、天下往。往而不害、安平泰」注、上／七十一表）等、「私欲」の徹底した排除が言われ、それは、「自身の私欲を克服し取り除いて天理を完全とする。これが『自強』である（克去己私而全乎天理、此自強也）」（『同』知人者知章第三十三「勝人者有力也、自勝者強也」注、上／六十八裏）と、「己私」の排除が「天理」を全うすることに他ならないともされている。しかし、自ら「私欲」を取り除くことが出来るのは「聖人」等の一部に限られ、「上に居る者が（賢者や高価な品を）貴ぶことが無ければ、民は無暗に考えることはなく、人欲が消え去るのである。これが『心を虚《からっぽ》とする』ということではないか。上に居る者が道徳を抱けば、民は質朴を抱き、天理が維持されるのである。これが『その腹を充実させる』ということではないか（上无貴尚、則民不妄想、人欲去也。茲不亦虚其心乎。上懐道徳、則民抱質朴、天理存也。茲不亦實其腹乎）」（『同』不尚賢章第三「是以聖人之治也…強其骨」注、上／九表）と、一般人は「聖人」の感化に任せることで「私欲」を取り去るべきであるとされている。かくして、

　人のみが…万物の姿形は異なってはいるが、理が普遍的に存在していることを悟ることが出来る。即ち、そこに道の在り方を見ることが出来るのである。この様にして、様々に異なる万物も唯一の理を根源とすることが分るのだ。あらゆる事物は本来自然の理に適っているのだ（惟人也、…悟萬物形雖不同而理无不在。則道之境地致可得而觀矣。夫如是乃知萬殊歸於一理。凡物凡事、固當循自然之理也）（『同』道可道章第一「常有、欲以觀其徼」注、上／四裏）

「道」が万物に具現化している以上、万物には「一理」が一貫している。それが、万物が本来「自然の理」に適っているということなのである。「萬殊の一理に歸す」という表現に、宋学的「天理」の影響を見ることはたやすいであろう。[8] だが、「理」へ復帰は「道」との一体化の結果であり、万物の根源はあくまでも「道」であり「天理」ではな

く、本来性も「初心」であって「天理」ではない。例えば、「自然の理に従い事物に応じれば、そこには必ず進むべき路が有る（循自然之理、以應事物、莫有不有當行之路）」（『同』載營魄章第十「愛民治國、能无以知乎」注、上／一九表）と、「自然の理」に従った「應物」は「虚心應物」に他ならず、「だから自然の理に従い、様々な変化に応じつつも、依然として本来の状態でいられるのだ（故能循自然之理、以應萬變而依然如故也）」（『同』古之善爲士章第十五「保此道者不欲盈、夫惟不盈、故能蔽不新成」注、上／二十八裏）と、「自然の理」に適いながら、外界の変化に応じつつ、「故（＝「吾が心の初）」の状態を維持することが出来ると有る様に、范應元の「理」とは、「虚心」である時の在り方を意味するのであり、それ自体が万物を根底から支える真理とは看做されておらず、又、考究の対象ともされていないのである。

さて、「理」の在り方を乱す「欲」がどの様にして生じるのかに就いて范應元は多くを語らない。僅かに、「俗なる学問をなす者は、日に日に事柄が増加し、心は虚ではなくなる。恒久なる道を修める者は、日々私欲を減らして虚に至るのだ（爲俗學者、則日益多事、而心不虚。爲常道者、則日損私欲以致虚）」（『同』爲學日益章第四十八「爲學日益、爲道日損」注、下／一九裏）と述べ、「私欲」を排除して「虚」に至るのと逆の立場として、「俗學」に言及していることからすれば、自身の「心の初」こそが本来の在り方であることを内省することを忘れ、専ら外界に目を向けてしまうと、そこには様々な心の働きが生じて「虚」を埋めていってしまう。それが「私欲」であると考えている様である。この「俗學」とは以下に見る「外學の僞」のことと思われる。

（四）「外學の僞」

范應元『集註』には「外學」「外學の僞」という表現が見られる。彼の学問観に関る概念である。

外学の偽りを絶ち、自然の真実の在り方に従えば、憂いは無くなる。孟子は「人が学ばなくとも自然と出来るものとは良能である。あれこれと考えなくとも自然と分るものは良知である」と言う。朱熹の注釈は「良とは本然の善である」と言う。程子は「良知良能は何かに基づくものではなく、自然と備わっているものであり、人為によるものではない」と言う。そうであるならば、老子が学問を絶てと言った意味は、自身の本然の善に戻り、外界を追い求めることで、真実の在り方を失い偽りに流れることがないようにさせたのだ。君子は学ぶことでこの道を究めた。後世の者は無暗に外界に学ぶことを求め、内側へ求めず、文によって質を滅ぼし、その心を溺れさせてしまったのだ。聖人はこのことを心配し、だから外学の偽りを絶とうとしたのだ。孔子は学ばなかった訳ではない。ただ、その学んだものが道だったのだ。だから（孔子は）「賜君、君は私があれこれと多く学んで理解していると思っているのか」（と尋ね）、子貢が「はい、違うのですか」（と答えると、孔子は）「違うのだ。私は一つのことで貫いているのだ」と言ったのだ（絶外學之僞、循自然之眞、則无憂患。孟子曰、人之所不學而能者、其良能也。所不慮而知者、其良知也。朱文公註曰、良者本然之善也。程子曰、良知良能、皆无所由、乃出於天、不係於人。然則老氏絶學之意、其使人反求諸己本然之善、不至逐外失眞流於僞也。君子學以致其道。後世徒學於外、不求諸内、以致文滅質、博溺心。聖人有憂之、故絶外學之僞。孔子未嘗不學。然所學者道也。故曰、賜也、女以予爲多學而識之者與。對曰、然。非與。曰、非也。予一以貫之）（『同』絶學无憂章第二十「絶學无憂」注、上／三十九表）

「外學の僞」とは「自然の眞」と対立する。「反求諸己本然之善」と、自身の「本然の善」なる状態を内省することこそが真実の学問であるのに対し、外界に対象を求めることに没頭し、内なる「眞」を見失い、「僞」へと流れてしまうのが「外學の僞」なのである。自分自身の内にこそ本来の「道」が有ることが、『孟子』「盡心」の「良知」「良能」とそれに関る程子、朱熹などの発言で裏付けられ、こうした「學」の在り方が『論語』の「以一貫之」で纏められている。

この様に、「外學の僞」は内なる真実を損なうものとされているのだが、「衆人は嬉々として偽りの学問を楽しみ、情欲をほしいままにし、…外界の事物に執着して内なる真実を見失いながらも、そのことに気が付かない（衆人熙熙然、悦樂僞學、恣縱情欲、…逐外失眞而不自覺）」（『同』絶學无憂章第二十「衆人熙熙…如嬰兒之未咳」注、上／四十一表）と、自ら「私欲」を断てない多くの人々は「外學」へと流れてしまう。それは、

多くの人々が外学に迷ってしまうのは、真実の道が中正であることを知らないからである。…人が自然の道を知らないと、事物と接する時、人欲に引きずられ、偏ったり、過不足が有ったりするのである（謂衆人之荒於外學、其未知眞道之中正哉。…人不知自然之道、則處事接物、牽於人欲、或偏或倚、或過或不及也）（『同』絶學无憂章第二十「荒兮其未央哉」、上／四〇裏）

自己の内に「眞道の中正」が存在しており、それを内省すればよいことに気付かないため、無暗に「外」へと執着することになり、「自然の道」を知らずに事物と接することで、人欲に引きずり回されてしまうのである。「眞道の中正」と「自然の道」とは同じ事柄として扱われている。更には、

師は当然尊ぶべきであり、（師を）助けとすることは当然大切にしなければならない。しかし、大道の奥深さは自らに得なければならないのである。無暗にその師を尊び、自身の内に立ち戻って求めることがなく、無暗と（師を）助けとすることを好み、自身の内に戻って求めることがないのであれば、それはすべて外学である（師固當貴、資固當愛。然而大道之妙、歸於自得。儻徒貴其師、而不反求於吾身之中、徒愛其資而不使反求其中、皆外學也）（『同』善行章第二十七「不貴其師、不愛其資、雖知大迷、是謂要妙」注、上／五十七表）

と、自分自身を内省をしないままに、無暗と「師」に教えを求めることも、又「外學の僞」に他ならないとされる。「師」に就いて学ぶことの重要性は認めつつも、「大道の妙」は「自得」しなければならないのである。

「吾心の初」に求めることで「日用の場」と関りながら「道」と一体となることが可能であり、外界との関りの中で主体を定立することが出来るとしている点で、北宋の老荘思想の枠組みから抜け出ている范應元であるが、それが

自ら「私欲」を断ち得る「聖人」等の一部の者に限られ、その他の多くの者は「聖人」による感化によって「私欲」を取り払うべきとされている点では、むしろ北宋の老荘思想の枠内に依然として留まるものと言えよう。(9) 范應元の思想は以上の様なものと認められる。

二　思想的背景

（一）　蘇轍『道德經』注

『集註』はほぼ全章に亙って『道德經』の河上公注と蘇轍注を引用しており、両注が范應元にとり先行注の代表として認識されていたことが分る。河上公注は今は措く。蘇轍注の南宋に於ける受容状況に就いては別に検討が要されるが、(10) 南宋の李霖、彭耜、董思靖、元の劉惟永、明の危大有等の近世以降の『道德經』注釈がいずれも蘇轍注に言及していることから、一先ずその重要度を窺うことは出来よう。『道藏』所収蘇轍『道德眞經註』に依るならば、蘇轍注が「復性」を重視していることが見て取れる。(11) 范應元『集註』が引用する蘇轍注が「性」を論じる場合のほとんどがこの「復性」に言及したものである。しかしながら、范應元自身の注文が「性」に言及することは無い。僅かに、

私が老子の『道德經』を拝読すると、心に就いては述べているが、性に就いては一言も述べていない。しかし、蘇子由が『道德經』に注釈を付けた時、しばしば性に言及しているのは何故だろうか。『易』「繫辭傳」は「陰が有り陽が有る、これを道と言うのだ。それを受け継いだのが（人の）善であり、それが具体化したのが（人の）性である」と言っている。『論語』は「生れつきは似通っているが、習慣による違いは大きい」と言っている。『禮

記』「中庸」は「天が命ずること、それを性と言う」と言っている。これより以降、性に言及する者があれこれと出て来た。だから、諸儒は孟子の性善説に基づいて復性の論を唱えたのだ。しかし、堯が舜に授けた「誠に中道を執らねばならない」の意味を考えてみるならば、老子にも「中庸を守るのが一番だ」の語が有る。舜は禹に授けて「人の心は危うく、（そのため）道の心は微《かす》かとなる。（そこで）精細に考え純一に守り、誠に中道を執らねばならない」と述べているが、これも性には触れていない。ここで言われている「道の心」とは本心のことである。常に虚・静であって万物に応じ、その本来の正しい在り方を失わないのである。虚・静であるがために微妙であって分りにくいが、それが万物に具現化している所に就いて窮めれば、それを得られるのだ（愚伏讀老氏此經、惟言心、未嘗言性。而子由註此經、屢言性、何也。易繫曰、一陰一陽、之謂道。繼之者善也、成之者性也。語曰、性相近也、習相遠也。中庸曰、天命之謂性。自是而下、言性者紛紛。故諸儒因孟軻性善之説、有復性之論。然原堯之授舜曰、允執厥中、老氏亦有不如守中之語。舜之授禹曰、人心惟危、道心惟微。惟精惟一、允執厥中、亦不言性。所謂道心即本心也。常虛常靜、能應萬事、而不失其正者也。惟其虛靜、故微妙而難明、當於其通處、明之則得之矣）（『集註』致虛極章第十六「凡物䝼䝼…復命曰常」注、上／三十一表）

と見られ、『易』『論語』『中庸』等がそれぞれ「性」を述べ、その流れの上に『孟子』の性善説が展開され、これらに基づいて「復性」を論じる者が後世多出した。それを『道德經』解釈に持ち込んだのが蘇轍であるとする。しかし、『道德經』自体は「心」は述べるが「性」には一切言及していない。その一方で、『尚書』「大禹謨」の「人心惟危、道心惟微、惟精惟一、允執厥中」という表現には「心」が見られ、そして、その「中」の語も『道德經』と共通している。即ち、『道德經』が触れていない「性」に敢えて言及しなくとも、「心」で十分に議論を尽くすことが出来、それは思想史の実態にも適うというのである。蘇轍注の特色を「復性」に有ると認め、それを多く引用しながらも、自身の注釈では「性」の概念は使わないという立場を取るのは、『道德經』というテクストに即してなされた判断であることが分る。

一方、第七十二章の注には、

以前、世間の人々が「見性すればそれで解脱しており、更に身の誠を修める必要は無い」と言うのをしばしば見たことがある。理に違《たが》い事物を損ない、甚だしい場合は情欲を恣《ほしいまま》にして、肉体を省みず、それを幻に過ぎないとし、一定不変のものではないとまで考えているのだ。彼らは、この身を慎み守り、神・炁を養い、自然の理に従い、真精を完全なものとして事物に応じていくことが出来ていないことに全く気付いていないのである。何が解脱であろうか。孔子は「君子には畏れはばかることが三つ有る。天命を畏れ、大人を畏れ、聖人の言葉を畏れることだ。小人は天命を知らないので畏れないのだ。大人に馴れ馴れなくし、聖人の言葉を侮るのだ」と言っている。朱熹の注は「天命は天が授けた正しい理である」と言っている。『荘子』には聖人は精を尊び神を養うという表現が見られる。『孟子』には夜気・旦気の論が有る。修身と応物とは一つの道理なのである。そうであるならば、人である以上、徒《いたずら》に見性を根拠にこの身の神・炁を捨て、理に従って身を修めて事物に応じないことが、よいはずがあろうか（嘗観世俗之人、間曰、見性便是透脱、不復脩身誠。已至於違理傷物、甚而恣縦情欲、弗顧形骸、以謂幻軀、竟非堅固。殊不知未能愼守此身、善養神炁、循自然之理、以全眞精以應事物。則何以謂之透脱。孔子曰、君子有三畏。畏天命、畏大人、畏聖人之言。小人不知天命而不畏也。狎大人、侮聖人之言。朱文公註曰、天命者天所賦之正理也。而莊子有聖人貴精養神之語。孟子有夜氣旦氣之論。脩身應物、一理而已。然則人也、徒以見性而便猒弃此身之神炁、不復循理以脩身應物、可乎）

（『集註』民不畏威章第七十二「无狎其所居…是以无猒」注、下／六十五裏）

ここでは「世俗の人」の説として、「見性」を達成することが出来れば、それで「透脱」しているので、それ以上「身誠」を修める必要は無いとする者達がいるとする。彼らは、「違理傷物」に至ったとしても、「神炁を養い、自然の理に循い、以て真精を全うし、以て事物に応ずる」ことをしないのだ。『論語』、朱熹の注、『荘子』『孟子』それぞれの言うことは異なるが、何れも不断に本来性を修養することの重要性を述べているではないか。即ち、范應元の当時、一度「見性」すれば、それで完成であるとする者達がおり、范應元はそれに対して批判的であったことが分る。それらは、たとえ一呼吸の間でさえも修道を怠ってはならないという范應元の立場に反するものなのである。范應元が「心」は言うものの、敢えて「性」を言わなかったもう一つの理由は、こうした当時の「見性」の立場に批判的であったためとも考えられる。この「透脱」の語は道教文献にはほとんど見られず、一方の禅宗文献に多用されていることから、「世俗の人」とは、当時の禅宗にかぶれた者達を指していると考えられる。(12)

一方、『義海纂微』が引く范應元の『莊子』解釈には極めて僅かではあるが、「性」に言及するものが見られる。

私は以前、西蜀無隠范先生の講席に列し、密かに先生の教えを拝聴した。先生は「『成心』を為す前では、その真性が混沌しており、太虚と同様に偉大である。『成心』を為してしまうと、性から離れ、善・悪の別が生じてしまう。しかし、人が世間に居て事物と接する以上、『成心』が無い訳にはいかない。そこで、師に就いて『成心』以前の段階を求めなければならないのだ。それは、善悪の別がまだ生じず、是非の兆《きざ》しも無く、一切が等しい段階である」と(愚嘗侍西蜀無隱范先生講席、竊聆師誨云、未成心、則眞性混融、太虚同量。成心、則已離乎性、有善有惡矣。人處世間、應酬之際、有不免乎成心。即當師而求之於未成之前。則善惡不萌、是非無眹、何所不齊哉)(『義海纂微』二/二十七表／六)

范應元は『莊子』の文脈に即して「成心」を分別という働きをするものと解し、「成心」以前の無分別の段階へと戻らねばならないことを説く。それが「性」の本来の在り方である。そして、通常人々は「心」を用いた事物とのやり取りをやむを得なくされるため、自ら「性」へと戻ることが困難である。そこで、「師」に就くことで「性」への復帰を求めるべきだ、と主張するのである。我々の本来性は無分別で混沌としたものであり、そして、「求之於未成之前」と、自らの内にそれを追求していかなければならないという方向性、自力追求が不可能な者は指導者に就くべきという立場、これらは『集註』の立場と共通するものであろう。しかし、『莊子』の注釈としては、その無分別の状態を「心の初」とは言わず「性」と言い、「心を成す」ことを否定しているのである。この点では用語としては『集註』とは異なるが、『莊子』の文脈に沿えば自ずとこの様な表現にならざるを得ないのであり、逆に言えば、出来るだけ本文に即した解釈をしようとする范應元の立場を見ることが出来る。それは『道德經』自身が「性」に言及していない以上、「性」は言わない、という立場と一貫するものである。その様な観点から改めて見るならば、『集註』でも、決して「心」一般を肯定的に述べていた訳ではなく、求められるのは「吾心の初」と「心」の本来の在り方であったはずであり、その意味では、「成心」以前の、本来の在り方を意味する「性」と、その実質は同じと言えよう。范應元は、それをそれぞれのテクストに応じて、一方は「心の初」と言い、一方は「性」と述べたに過ぎないのである。(13)

さて、『集註』が引用する蘇轍注に見られる「復性」を、蘇轍の『道德眞經註』(『道藏』所収)に当たってみるならば、例えば、「夫道非清非濁、非高非下、非去非來、非善非惡、混然而成體。其於人爲性」(『道德眞經註』第二十五章「有物混成、先天地生」注、二／十一表／九)と、無限定な「道」が万物の「體」であり、それが「人」の「性」となり、「夫所謂全者、非獨全身也。内以全身、外以全物、物我兼全而歸復於性、則其爲直也大矣」(『同』第二十二章「古之所謂曲則全者、豈虛言哉。誠全而歸之」注、二／九表／六)と、その完全性を維持したまま外界に対応していくことが「復性」とされ、「復性則靜矣。然其寂然不動、感而遂通天下之故。則動之所自起也」(『同』第四十章「反者、道之動」注、三／四裏／四)と、「復性」すれば「靜」となり、その状態から万物に対応していくという展開が可能となるとされている。そして、「道之大、復性而足。性之妙、見於起居飲食之間耳」(『同』第七十章「吾言甚易知、甚易行。天下莫能知、莫能行」注、四／九裏／七)と、「道」の偉大さには「復性」することで到達出来るが、その「道」と同等である「性」の不可思議さは「起居飲食」という日常の場に具現化されているとする。

蘇轍注の、「靜」なる「性」に戻り、外界からの働きかけに応じて「動」に展開するという理解は、旧来の『道德經』

注に見られるもので、その点では范應元とは異なるが、それ以外の枠組みは、范應元注の「吾心の初」と共通した内実が多いことが分る。それを范應元は敢えて「吾心の初」と表現したと言えよう。

（二）　周敦頤

『集註』が引用する多くの文献の中で目を引くのは周敦頤の『通書』である。先行する『道徳經』注を見ても、周敦頤の言葉が引用されることはほとんど無く、その点でも、『集註』に於ける『通書』の引用は注目に値しよう。(14)

『通書』は「誠者、聖人之本也」の一句から始まり、「誠」をその思想の根幹に位置付けている。『集註』で「誠」の語が言われることは多くないが、「見性」の「透脱」を批判した個所で「身の誠」の語が用いられていたのを我々は見ている。以下、注意すべき事例に就いて見るならば、先ず、十六章注は「吾が心の初」が「虚」「靜」であり、その状態を維持することが重要であることを述べた後に、「周茂叔得之於此心之初。是以有『靜虛動直、明通公溥』之説、又有『誠通誠復』之論、及『主靜』之語」（『集註』致虛極章第十六「凡物𧶠𧶠…復命曰常」注、上／三十一表）と、周敦頤はその点を「心の初」に於いて体得していたとして、『通書』『太極圖』を引用している。「靜虛動直、明通公溥」の語は『通書』に「聖可學乎。曰、可。曰、有要乎。曰、有。曰、請聞焉。曰、一爲要。一者、無欲也。無欲則靜虛、動直。靜虛則明、明則通。動直則公、公則溥。明通公溥、庶矣乎」（理学叢書『周敦頤集』所収『通書』「聖學第二十章」、二十九頁。中華書局、一九九〇年）と見られ、「聖人」に至るための関鍵を「無欲」とし、「無欲」であれば、「靜」ならば「虛」、「動」ならば「直」となり、「虛」であれば「明」、「明」であれば「通」となり、「直」であれば「公」、「公」であれば「溥」となるとし、「靜」と「動」とが併置されている点は注意すべきである。(15)「無欲」→「靜虛」→「明」→「通」という展開は、范應元の「體」から「用」の展開と共通した枠組みであり、「明」という働きが伴うという点も共通している。又、この一段に付された朱熹の解説に「學者能深玩而力行之、則有以知無極之眞、兩儀四象之本、皆不外乎此心、而日用間自無別用力處矣」（『同』、三〇頁）と、無限の真実も万物も全て「心」に他ならず、「日用の間」に於いてこの「心」を修めねばならないと有る点も押さえておきたい。「誠通誠復」の語は、「元・亨、誠之通。利・貞、誠之復」（『同』「誠上第一章」、一三頁）と見られ、「元・亨・利・貞」の四つを「誠」の「通」或いは「復」という働きと見るものである。「虚」であれば万物に通じ、又、「虚」というあり方へと復帰しなければならない、という范應元の立場との共通点を見出し得るであろう。「主靜」の語は『太極圖説』に「聖人定之以中正仁義而主靜、立人極焉。故聖人與天地合其德、日月合其明、四時合其序、鬼神合其吉凶」（『周敦頤集』所収『太極圖説』、六頁）と有り、朱熹の解説が「蓋必體立、而後用有以行」（『同』六頁）と述べているのは『集註』と完全に一致している。

第二十一章注は「至精无妄、故曰甚眞。則是其中有誠信矣。萬物莫不由是而生。人爲物靈、其本心眞實无妄、凜不可欺。能於日用之間、循乎自然之理、而眞實无妄。則事事物物、莫不各有當行之路、合乎天之道也」（『集註』孔德之容章第二十一「幽兮冥兮…其中有信」注、上／四十四裏）と、「誠信」を「眞實无妄」の「本心」であるとした上で、「中庸曰、誠者天之道也。誠之者人之道也。周茂叔曰、誠者聖人之本。又曰、聖誠而已矣。然則何須外學之僞。故孔德之容、唯道是從也」（『同』「同」、上／四十四裏）と『中庸』に続けて『通書』を引用している。「誠者、聖人之本」は『通書』冒頭に見られるが、朱熹の解説には「誠者、至實而無妄之謂、天所賦、物所受之正理也。人皆有之、而聖人之所以聖者無他焉、以其獨能全此而已」（『通書』、一二頁）と有る。范應元の「眞實无妄」の語は、朱熹注の「至實而無妄之謂」を踏まえていると思われ、又「天所賦、物所受之正理也」という朱熹の解説も、范應元の十六章注に「有常、故歸曰靜、靜曰復命、復命曰常。命猶令也。天所賦爲命、萬物受之而生也」（『集註』致虛極章第十六「凡物𦩣𦩣…復命曰常」注、上／三〇裏）と見られるものと類似している。

第七十九章注では、「聖人」が「无私」であれば、それに応ずる形で「臣」も「有德」となると述べ、それに続けて、「周子曰、善人多則朝廷正而天下治矣」（『集註』和大怨章第七十九「故有徳司契…常與善人」注、下／七十七表）と『通書』を引用する。この語は「故先覺覺後覺、闇者求於明、而師道立矣。師道立、則善人多。善人多、則朝廷正、而天下治矣」（『通書』「師第七」、一九頁）と見られ、先に理解した者が後から来る者を導く所に「師道」が成立するとする。『通書』は、この師承関係が成立することで「善人」が増え、天下は自ずと治まると論ずるが、「師道」の部分は『集註』には引用されていない。内省の前提の無いままに師に教えを求めることを「外學」として否定していたことと関るものであろう。しかし、この『通書』の表現は、「善人者繼道之人、先覺者也。非強行善、乃循本然之善也。不善人、未覺者也。非本不善、未明乎善也。師者人之模範。故先覺者是未覺者之模範也。資、質也。未覺者亦有先覺者之資質也。人皆可以化爲善人、特其未覺而藉先覺者覺之耳」（『集註』善行章第二十七「故善人…善人之資」注、上／五十七表）と見られる范應元の「覺」の語釈にも影響していると思われる。

この様に、范應元は思想の基本的部分に於いて『通書』の内容を踏まえている場合が多いと言えよう。但し、そこには自己の立場からの取捨も自ずと行われていたのである。

（三）　朱熹

朱熹以降の『道德經』注釈は様々な点で朱熹の言説を意識し、「渾然天理」「體用一源」「日用」等の朱子学的枠組みが取り入れられている。(16) 范應元が『通書』の朱熹解説に注目したのも、そうした背景を持つものである。

先ず、『集註』が朱熹の名を掲げて引用している事例から注意すべきものを見ていく。既に見たものでは、「絶學无憂章第二十」の「絶學无憂」部分の注は、「程子曰」の部分も含めて丸ごと『孟子集注』「盡心章句上」からの引用である（新編諸子集成『四書章句集注』、三五三頁。中華書局、一九八三年）。「外學」に求めず、自己の「本然の善」に求めるべきことを、程子と朱熹の「良能」に関する言葉を用いて述べているのである。「民不畏威章第七十二」の「无狎其所居…是以无猒」注では、「見性」で事足れりとする立場を批判し、持続的修道の重要性を述べ、『論語』「畏天命」、朱熹注の「天命は天から与えられた理」、『莊子』「貴精養神」、『孟子』「夜氣・旦氣」等を引いていた。この内、朱熹の語は『論語集注』に「天命者、天所賦之正理也。知其可畏、則其戒謹恐懼、自有不能已者。而付畀之重、可以不失矣。大人聖言、皆天命所當畏。知畏天命、則不得不畏之矣」(『四書章句集注』、一七二頁)と見られるものである。范應元の引用は朱熹の原意を損なうものではなく、又、范應元の思想とも矛盾はないが、「理」の含意が朱熹のそれとは自ずと異なるものであることは注意しなければならない。

「禮」を論じた三十八章では、「孔子曰、先進於禮樂、野人也。後進於禮樂、君子也。如用之則吾從先進。程子註曰、先進於禮樂、文質得宜。今反謂之質朴。後進於禮樂、文過其質、今反謂之彬彬、而以爲君子。蓋周末文勝、故時人之言如此。不自知其過於文也。用之謂用禮樂。孔子既述時人之言、又自言其如此。蓋欲損過以就中也。然則孔子其亦處其厚與實者歟」(『集註』上徳不徳章第三十八「是以大丈夫處其厚…故去彼取此」注、下/五裏)と「程子註」を引用しているが、これは「程子註」も含めて朱熹『論語集注』に「先進後進、猶言前輩後輩。野人、謂郊外之民。君子、謂賢士大夫也。程子曰、先進於禮樂、文質得宜、今反謂之質朴、而以爲野人。後進之於禮樂、文過其質、今反謂之彬彬、而以爲君子。蓋周末文勝、故時人之言如此。不自知其過於文也。用之、謂用禮樂。孔子既述時人之言、又自言如此。蓋欲損過以就中也」(『四書章句集注』、一二三頁)と有るものからの引用である。范應元の意図は、老子が述べる内容が孔子の立場と異ならないことを「程子註」を用いた朱熹の言葉で説明しているのである。

一方、朱熹の言葉に触れながらも別の立場を取る場合も有る。第五十九注に「孟子亦有事天之説。但孟子存心養性事天、就履事處説。朱文公註云、存謂操而不舍、養謂順而不害、事則奉承而不違也。此經則就自愛處説。朱文公亦云、此章就養精神處説。愚謂、必先造道自愛、然後可以體道而應事物也」(『集註』治人事天章第五十九「治人事天、莫若嗇、

夫惟嗇、是以早服」注、下／四十三表）と見られる朱熹の語は、前半は『孟子集注』に全く同文が見られ（『四書章句集注』、三四九頁）、後半は「因擧老子言、治人事天莫若嗇。夫惟嗇、是謂早復。早復、謂之重積德。重積德、則無不克。大意也與孟子意相似。但他是就養精神處説、其意自別。平旦之氣、便是旦晝做工夫底樣子、日用間只要此心在這裏」（『朱子語類』卷五十九、一三九四頁）と『朱子語類』からの引用である。『孟子』にも類似した「事天」の語が有るが、それは「履事」の観点から述べたものであり、『道德經』は「自愛」の観点に立つもので異なる、朱熹は『道德經』のこの部分を「養精神」と解釈するが、そうではなく、「道に造《いた》り」、「自から愛し」、「道」と一体となり、「事物に應」じていくという、「體道」から「應物」という立場が述べられているとし、朱熹の立場とは異なるとしている。

以上からすれば、范應元は『四書章句集注』を中心に朱熹の発言に注目していたと考えられる。[17] 従って、「仁者愛之理」（『集註』天地不仁章第五「天地不仁、以萬物爲芻狗」注、上／十一表）、「仁者愛之理、義者事之宜」（『同』大道廢章第十八「大道廢、有仁義焉」注、上／三十五表）と有るものは、「仁者、愛之理、心之德也」（『四書章句集注』、四十八頁）、「仁者、心之德、愛之理。義者、心之制、事之宜也」（『四書章句集注』、二〇一頁）等を踏まえていると考えられる。但し、『論語集注』では「仁」は「性」であると言われ、『孟子集注』では「仁義」は「天理」に根ざすと言われているが、これらは范應元には見られない立場である。従って、これらを常用句としつつも、自説と異なる部分に就いては巧みに記載を避けていると思われる。又、第二十一章注に、「日用」という「場」に於いて「自然の理」に従えば、事物にはまさに進むべき「路」が自ずと備わると見られたものは、「人物各循其性之自然、則其日用事物之間、莫不各有當行之路、是則所謂道也」（『四書章句集注』、一七頁）と『中庸章句』に有る表現を踏まえていると思われるが、「性の自然」に従うと言う朱熹の立場は、范應元は『道德經』注釈という立場からその引用を巧みに避けている。

范應元『集註』は朱熹の発言を強く意識し、一つの思想材料として、その発言を用いることで朱熹との一致を示しているが、同時に、『道德經』の注釈として相応しくない表現、或いは自らの立場と異にする部分に就いては、その字句の引用を巧みに避けていることが窺える。

結語

劉固盛『宋元老學研究』は、范應元の「本心」思想の背景に就いて、二程、陸九淵との関りを示唆するが、断定的見解は避け、その一方、ほぼ同時代の白玉蟾、又、北宋の張伯端等との関りを指摘している。[18]

白玉蟾『太上道徳寶章翼』(『道藏輯要』「心集」所収)に依れば、白玉蟾が「心」を重視していることは明白であり、「道非欲虛、虛自歸之。人能虛心、道自歸之」(第一章「同謂之玄」注、上／三表／九)と、「虛心」であれば「道」と一体となり、その状態では「心爲萬物之宗」(第二十六章「重爲輕根」注、上／三十八裏／六)と「心」こそが「萬物」の本質となり、「見物便見心、見心便見道」(第二十七章「常善救物」注、上／四〇表／八)と、万物の裡に「心」を見出し、「心」の裡に「道」を見出すとする。しかし、この「心」は「心與物馳、事與心戰」(第三十章「大軍之後」注、上／四十四裏／六)と、容易に外物に引きずられ鬩ぎ合いを起すため、「無事於心、無心於事」(第十章「滌除玄覽」注、上／一七表／七)と、事物に対して「無心」であることが求められるのである。この様に、白玉蟾はひたすら「虛心」「無心」であることを述べ、事物に同時に対処していくという視座に欠けている。又、張伯端は「悟眞篇後序」で「欲體夫至道、莫若明乎本心」(「悟眞篇後序」)と「本心」の語を一箇所用いているのみであり、[19] 両者とも范應元との関りは云々し難い所であろう。

范應元と同時期の思想家で心を重視した者として陸九淵が想起されるのは当然であろう。[20] 陸九淵が「本心」の語を重視している点は言うまでもなく、[21] 例えば、『孟子』の言う「良知、良能」は天から与えられ「我」が本来具有する「吾の本心」であるとし(理學叢書『陸九淵集』巻一「與曾宅之」、五頁)、そして、この「善」なる「本心」が『孟子』の「人皆可以爲堯舜」の根拠となるとする（『同』巻十一「與王順伯・二」、一五四頁）。しかし、「愚不肖者」は「物欲」に眩まされ、「賢者智者」は自らの「意見」に眩まされることで、この「本心」を容易に失ってしまうとし（『同』巻一「與趙監」、九頁）、この「本心」の涵養を忘れて、経書の文字解釈に腐心する態度を批判し、内面から生じる学問とは逆のこの様な学問を「外入の學」として批判している（『同』巻三十五「語類下」、四四三頁）[22]。この様に、陸九淵の立場には范應元『集註』と一致する要素が見られない訳ではない。しかし、結論から言えば、両者の間に直接的関係はないとするのが妥当であると思われる。第一に、范應元の記述態度からすれば、もし陸九淵の思想に着目していたのであれば、陸九淵の名を掲げていたであろうと思われるからである。第二に、范應元自身にも「又恐人溺於言辭、弗能内觀」（『集註』道可道章第一「玄之又玄、衆妙之門」注、上／六表）と、「内觀」を蔑ろにして「言辭」に拘《こだわ》ることへの批判が見られるのだが、先天的に具有する内的本質性に根拠を置く者達には、程伊川「學也者、使人求於内也。不求於内、而求於外、非聖人之學也」（理学叢書『二程集』巻二十五、三一九頁）、或いは、陳景元「世俗損天眞以務外學、而失分内之眞性。聖人守自然而不學、保分内之天和」（『藏室纂微篇』。第六十四章「學不學、復衆人之所過」注、九／四表／八）等の様に、「外」に求める「學」を批判する立場は共通して見られるものであり、陸九淵に限られるものではないからである。この様に、両者の間の直接関係は必ずしも認められないと思われるが、しかし、同時代の思想として見た場合、両者に共通点が有るのは興味深い事実である。

范應元『集註』は、蘇轍『道徳眞經註』の「復性」の立場を「心」として捉え、周敦頤『通書』の「靜」「動」即時、朱熹の「日用」の観念等を参照しつつ、『道徳經』というテクストに即しつつ、「吾心の初」を軸とした「體」「用」同時の立場を構築していたと言えよう。陸九淵との関りは指摘するに留まったが、「玉隆萬壽宮掌教、南嶽壽寧觀長講」という専門道士でありながら、内外の文献に通じていたという世評に違わず、幅広い学問的背景を持つものであったことが窺えよう。

注

（1）拙稿「褚伯秀『南華眞經義海纂微』の採註態度について」及び本著「第二編第六章 褚伯秀『南華眞經義海纂微』について」を参照されたい。

（2）一二四六年から七年を経たということであれば、『義海纂微』の完成は一二五三年頃ということになるが、一二五八年に撰述されたとされる林希逸『莊子鬳齋口義』を『義海纂微』が引用していることから、『義海纂微』の編纂は一二五三年よりもう少し遅れ、この「後序」が書かれた時期に近い頃と考えられる。

（3）熊國寶「西山萬壽宮廟會盛況古今談」（『中國道教』二〇〇四年第一期所収。二〇〇四年）。

（4）『中國道觀志叢刊續編』9巻所収（一二九頁。廣陵書社、二〇〇四年）。

（5）范應元に関する先行研究としては、劉固盛「范應元『老子道德經古本集注』試論」（『中國道教』二〇〇一年第二期所収。二〇〇一年）、同『宋元老學研究』（二一五頁以下）が、范應元の思想を「自然之理」「本心」「大道之妙、歸於自得」に整理しており、裨益されることが多かったが、その思想背景に就いては検討の余地が有ると思われる。又、同氏「范應元『老子道德經古本集注』略考」（『和諧世界　以道相通―國際道德經論壇論文集―』下巻所収。宗教文化出版社、二〇〇七年）は、『集註』の文献的価値に就いて検討している。就きて参照されたい。又、三浦秀一先生『中国心学の稜線―元朝の知識人と儒道仏三教―』（二三二頁以下）に朱熹との関りからの言及が見られる。尚、本章では『古佚叢書』所収の『老子道德經古本集注』をテクストとして用いたが、黄曙輝點校『老子道德古本集註』（華東師範大學出版社、二〇一〇年）は、この宋本を基に加点したものである。

（6）本著「第二篇第二章　董思靖『道德眞經集解』の思想」を参照。

（7）既に見た様に、北宋の呂惠卿は「有兌則心出而交物。我則塞其兌而不通、不通則心不出矣。物引於外而吾納焉。是之謂有門。有門則物入而攖心。我則閉其門而不納。不納則物不入矣。内不出、外不入、雖萬物之變、芸芸於前、各歸其根而不知矣。夫何勤之有哉」（『道德眞經傳』三／一八裏／九）と、修己のために先ず「兌・門」を閉ざして外界との関りを断つべきと述べ、同じく北宋の曹道沖は「兌、澤也。在人爲口與舌。禍福樞機、不可妄發。門謂語言視聽情念也。吉凶之應出入於此。故閉之也。有道者、掩扉塞兌、終身不勞」（彭耜『道徳眞經集註』一三／四表／三）と、「兌」を身体的に口と鼻と解釈し、修己のためにはやはりそれを閉ざすべきだとしていた。范應元は常に外界と関る中で修己を定立しようとしている点で、明らかに異なっている。

（8）　注（5）三浦先生著は、朱熹著に見られる「自然の理」等の語を材料に、「朱熹の『理』の規定が多いに利用されているのである」（二三四頁）と指摘している。

（9）　既に指摘した蘇軾「貴清淨而民自定」（蘇軾「蓋公堂記」）の他にも、陳景元「夫君上無欲而民自樸、嗜好不生、民乃知足」（『藏室纂微篇』第八十章「甘其食、…樂其俗」注、一〇／一七表／九）、王雱「好靜則復性、上復性、則民亦復其性、故自正」（無名氏『道徳眞經集註』第五十七章「我好靜、民自正」注、八／二〇裏／九）等と見られ、『道徳經』の「民自定」の觀念が強固なものであることを窺い知ることが出来る。

（10）　武内義雄訳注『老子』（岩波文庫、一九三八年）附録「日本に於ける老莊學」は蘇轍の林希逸への影響を指摘し（一三五頁）、劉固盛『宋元老學研究』は「蘇轍著『老子解』、大談『復性』、被後世學者奉爲圭臬」（一五頁）、その後世への影響を指摘している。

（11）　蘇轍の『道徳經』注釈の性格と、「復性」を重視していたことに就いては、市来津由彦「蘇轍の老子解について」（『東北大学教養部紀要』第四十三号、一九八五年）、熊鐵基、馬良懐、劉韶軍著『中國老學史』（三四九頁以下）、江淑君『宋代老子學詮解的義向度』「第四章　援引心性思想詮解『老子』的義理向度」等を参照。蘇轍の「性」に就いては、涂美雲『朱熹論三蘇之學』（二七四頁以下。語言文學學術著作系列、秀威、二〇〇五年）に詳しいが、注（5）劉氏著も「佛性」との関りから論じている（一七五頁）。その他、蘇轍『老子解』に就いては、佐藤錬太郎「蘇轍『老子解』と李贄『老子解』」、盧國龍「北宋儒学三派的『老子』三注」等を参照。

（12）　「透脱」の語は、例えば、「向裏向外逢著便殺、逢佛殺佛、逢祖殺祖、逢羅漢殺羅漢、逢父母殺父母、逢親眷殺親眷、始得解脱、不與物拘、透脱自在」（『古尊宿語録』巻四「鎭州臨濟慧照禪師語録」、六十五頁）等、禅文献に多く見られる。又、『朱子語類』は「先生顧壽昌曰、子好説禪。禪則未必是。然其所趣向、猶以爲此是透脱生死底等事。其見識猶高於世俗之人、紛紛然抱頭聚議、不知是照證箇甚底事」（『朱子語類』巻一百十八、二八五九頁）と、禅宗と結び付けて「透脱」の語を用いている。

（13）「西蜀無隠范講師云、…神人即身中至靈者。…或者求之於外、不亦遠乎」（『義海纂微』一／二十一裏／七）と有るものは、『荘子』の「神人」を「自身の内の最も霊妙なもの」とし、それを外界に求めることは神仙の境地から遠ざかることになるとする。これも『集註』の「吾心の初」、「外學の僞」と同じ立場と言えよう。

（14）周敦頤と道家・道教思想との関りに就いては、今井宇三郎『宋代易學の研究』「第一章、五　宋代の易学系譜」、楠本正継『宋明時代儒学思想の研究』「第一編第三章第二節　周濂溪」（広池学園出版部、一九六二年）、土田健次郎『道学の形成』「第二章第二～四節」、孔令宏『宋代理學與道家・道教』上冊「上編第二章　周敦頤與道家道教的史料及其分析」、吾妻重二『宋代思想の研究―儒教・道教・仏教をめぐる考察―』「Ⅰ、第一章　周惇頤について」等を参照。土田氏著は、宋代に於いては『通書』が周敦頤の主著と看做されていたこと（一二二頁）、その思想が唐以来の道教思想の影響を受けていたであろうこと（一三一頁）、彼の学問は当時に在っては仏教や道教に近い存在として見られていたであろう（一三六頁）等と指摘している。又、孔氏著は、周敦頤の思想は張伯端の内丹思想の影響を強く受けて、儒道二教を融合しようとした、とする。しかし、後世の道家・道教文献が周敦頤の著述を引用することが少ないためか、その後の道教思想に於ける周敦頤受容に就いての専論は無い様である。

（15）注（14）楠本氏著は夙に周敦頤の立場に就いて「無的、静的なもののうちに有的、動的なものを収め、無が単なる無でなく、静が単なる静でなく、無にして無を超え、静にして静を超え」ると指摘している（六十二頁）。尚、藤井倫明「宋学における『聖』と『誠』―自然性の志向」（『中國哲學論集』第二十三号、一九九七年）、同「宋代道学における聖人観の本質―道学的『無』の意味するもの―」（『東方學』第百四輯、二〇〇二年）等は、周敦頤以下道学者の「聖人」観に見られる「無」的性格を、「無」的境地を追及することで、完全なる「有」を望んだのだとし、注（14）土田氏の見解に異を唱えている。しかしながら、道学に見られる「無」の性格が藤井氏が指摘する様なものであったとしても、それが、後代の老荘解釈に援用される場合は、再度、道家的な読み込みがなされていたと思われる。

（16）本著「第二篇第二章　董思靖『道徳眞經集解』の思想」を参照。

（17）この他、「鬼神」を論じた「治大國章第六十」の「以道莅天下、其鬼不神」注に見られる「程曰」「張子曰」「朱文公曰」

の引用も『四書章句集注』（二十五頁）を踏まえたものである。尚、注（5）三浦先生著にも指摘が有る（二七七頁注（9））。

（18）『宋元老學研究』（二一五頁、二三二頁以下）を參照。

（19）王沐『悟眞篇淺解』（一七五頁。中華書局、一九九〇年）。

（20）陸九淵と道家道教思想との関りに就いては、注（14）孔氏著を参照。陸九淵の言説が後の道家道教文献に引かれる例もほとんど見受けられないが、彭耜『道德眞經註雜説』は、『論語』が言う「異端」は「佛老」を指すのではないという陸九淵の発言を取上げている（下／二十六裏／九）。但し、これが陸氏による「佛老」擁護ではないことは言うまでもない。

（21）例えば、王國軒「陸九淵的學術宗旨（代前言）」（理學叢書、鍾哲點校『陸九淵集』所收。中華書局、一九八〇年）を見るだけでも、それは十分に窺える。

（22）「外入の學」に就いては、小路口聡『「即今自立」の哲学　陸九淵心学再考』（四〇頁、七十一頁以下。研文出版、二〇〇六年）に指摘が有る。

第五章　林希逸『莊子口義』について

序

南宋の林希逸（一一九三〜一二七〇年〜）は、福建路福州福清県魚溪の出自であり、字は肅翁あるいは淵翁、鬳齋あるいは竹溪と号した。明・楊應昭『閩南道學源流』巻一六（『四庫全書存目叢書・史部92』所収『閩南道學源流』一六／三裏。齊魯書社、一九九六年）、清・清馥『閩中理學淵源考』巻八（『四庫全書』版『閩中理學淵源考』八／二〇表）、『宋元學案』巻四十七「艾軒學案」（二四八四頁。中華書局、一九八六年）等の記述に依れば、端平二年（一二三五年）の進士、淳祐六年（一二四六年）に秘書省正字に至り、景定四年（一二六三年）に司農少卿・中書舎人に至っている。卒年は不明であるが、『竹溪鬳齋十一稾續集』の林同「序」より咸淳年間までは在世していたと考えられる。「艾軒學案」は、程頤（伊川）→尹焞（彦明）→林光朝（艾軒）→林亦之（網山）→陳藻（樂軒）→林希逸と続く学統を記録している。

林希逸の著述には『易義』『春秋傳』等が有ったとされているが、現存するのは『老子鬳齋口義』（以下『老子口義』と略す）、『莊子鬳齋口義』（以下『莊子口義』と略す）、『沖虚至徳眞經鬳齋口義』（以下『列子口義』と略す）の所謂る「三子口義」、『考工記解』二巻、『竹溪鬳齋十一稾續集』三〇巻等である。(1) この内、『莊子口義』は寶祐六年（一二五八年）、『老子口義』は景定二年（一二六一年）に撰述され、『列子口義』は後述する様に、その内容から「三子口義」の中で最後に撰述されたと思われる。

近年の宋代の老莊注釈研究に於いて、林希逸は特に言及されることの多い一人であろう。中国の研究の多くは、程伊川にまで遡り得る理学の系譜に位置付けた上で程朱理学により『莊子』を解釈したとする一方、禅思想の援用により『莊子』の解釈を行ったとするものが主流を占める。一方、本邦で早くから林希逸に言及した荒木見悟氏は、「三子口義」は儒を本旨としつつ老荘列をこれに近づけ、特に大慧宗杲の看話禅の立場を取り込む一方、艾軒、林亦之と受け継がれるにつれて伊川流の「理」の性格は薄れ、林希逸の言う「理」は「あるがままの自然」を指し、「性・氣・徳」を心の一元三相とする立場は朱子学とは異なり、「太極」の上に「無極」を立てたり、「格物」に言及しない等、朱子学への批判が見られるとしている。(2)

本章で中心的に考察する『荘子口義』の思想史的背景に就いては、この様にほぼ検討し尽くされた感が有るが、敢えてここで取り上げるのは、『荘子』というテクストを解釈した著述として、次の二点に注意したいからである。一つは、『荘子口義』が『荘子』という書物の根幹を「自然の理」に在ると見ている点であり、もう一つは、『荘子口義』は「本然の性」に言及するものの、「氣質の性」には触れていないという点である。(3) 所謂る程朱理学の枠組みでは「本然」は「氣質」と相俟って機能するが、その「氣質」の語を欠くことは、「本然」の意味するものが程朱理学とは異なっていることを示す。『荘子口義』が格物に言及しないのはこの点と関るものであり、それは既に荒木論文が指摘する所ではあるが、これは林希逸に限られず、既に指摘した様に、南宋の老荘注釈に共通する傾向であり、(4) それを林希逸を材料に考えてみたいのである。

さて、林希逸が『荘子』という書物をどの様に理解していたのか、それが端的に現われているのが次の注である。(5)

『荘子』の三十三篇は内篇・外篇に区別される。…『荘子』一書には（記述が）精緻であるとか粗雑であるとかの違いは本来無いのであり、内篇・外篇どちらも同じ筆法であり、わざわざその様にしているのは、万世を鼓舞するためなのである。ただ、外篇の文字には本筋から外れた箇所が時折あるに過ぎない。ある者が内篇の文は精緻で、外篇の文は粗雑であると看做しているが、そうではない。又、ある者は七篇が順次を以て説かれているとする。…こうした考え方は通じはするが、この様な立場のみに拘泥するのは意味が無い。『易』の「序卦」とは異なるのだ。『荘子』を正しく読むポイントはこの様な所に在るのではない。『荘子』の文章の筆勢を読み取れば、

自ずと（『莊子』の意を）自在に読むことが可能となるのだ（莊子三十三篇、分爲內外。…其書本無精粗、內篇・外篇皆是一様説話、特地如此、亦是鼓舞萬世之意。但外篇文字、間有長枝大葉處。或以爲內篇文精、外篇文粗、不然也。又有以七篇之名、次第而説。…雖其説亦通、但如此拘牽、無甚義理。却與易之序卦不同。善讀莊子却不在此、但看得中間文字筆勢出、自無窮快活）（『莊子口義』「應帝王」、一三六頁）

『莊子』內・外両篇に質的違いは無く、単に外篇に「長枝大葉」の箇所が有るに過ぎない。內篇がより緻密で外篇が粗いという評価は誤りであり、又、內篇七篇相互に関連性或いは連続性を読み取ろうとする姿勢は誤りではないものの、それに固執するのは無意味であるとする。『莊子』読解のポイントはその様な処には無く、「文字筆勢」にこそ在るとするのである。(6)

要するに、內篇・外篇という枠組み或いは內篇は外篇より緻密であるという先入観で読むのではなく、個々の文章・内容に即して読み進めるべきであるとし、こうした姿勢は、『莊子』に基づいて『莊子』を読むべきなのだ（以莊子讀莊子、可也）」（『同』「庚桑楚」、三六九頁）という立場ともなり、そうすれば、「この性・徳の字義は何れも（儒教の）聖賢とはやや異なっている（似此性徳字義、皆與聖賢稍異）」（『同』「駢拇」、一三八頁）ことに気付き、更には、『讓王』以下の四篇は、その文は莊子が書いたものらしくはない（自讓王以下四篇、其文不類莊子所作）」（『同』「漁父」、四七五頁）と、蘇軾「莊子祠堂記」の提言を受け入れさせることに繫がるのである。(7)

こうしたテクストに対する彼の姿勢は、彼の師とされる陳藻が『樂軒集』巻六「策問十二首」で、「河圖洛書、易、書、詩、春秋、禮記、周禮」等の学問系譜・師承関係に就いて論じ、その中で、「儒行篇の一篇は、その表現は尊大で、慎み深く純粋ではなく、戦国時代の人の言葉に似ていて、決して孔子が書いたものではない（儒行一篇其辭矜而不儉純、似戰國人語、決非夫子矣）」（『四庫全書』版『樂軒集』巻六「禮記」、六／一〇表）と、『禮記』「儒行篇」を孔子の発言ではあり得ないと疑い、先入観を取り払って虚心に読むべきことを主張しているものや、文意の解釈に於いて、「必ず文字に表現されている以上のものを読み解かねばならず、紙に書かれたもののみに捉われているのは、テクストに忠実とは言えない（必得於言意之表、而不爲紙上所膠者毋遜）」（『同』「禮記」、六／一〇裏）と、文字表現に拘泥せず、行間で述べられていることこそが重要であるとし、又、「先ずその書物の由来を弁え、次に、その書物に就いて伝えられている事柄の当否に及び、そして、あなた方の見解の根拠の深浅を見るのだ（請先辨其書之所由來、次及於傳説之當否、以觀諸君聞見淵源之淺深）」（『同』「周禮」、六／一二表）と、文献の由来、その継承されている説の当否などを総合的に判断して、自身の見解の妥当性、深さを判断しなければならないと述べ、テクストの読解には総合的な判断と、複数の可能性を前提に読まねばならないと述べている立場に通じるものと言えよう。(8)

一　『荘子口義』の思想

（一）「自然の理」

林希逸は『荘子』思想の根幹を「自然の理」に在ると看做すが、その点は「天道篇」の「桓公」と「輪扁」の問答箇所の注に明らかに見ることが出来る。

ここは前段と同じ主旨であり、道は言葉では伝えることは出来ないため、この様に比喩を用い、それが極めて精緻なのである。…この『荘子』という書物は、繰り返し自然の理のみを説いているのであり、その多くの話は、書かれれば書かれるほど見事であるが、（自然の理以外の）他の主題は無いのだ。この様に見ることで、『荘子』が説き及んでいない点までもが見えて来るのだ。仏典を読む場合も同様だ（此段只前段之意、謂道不可以言傳、而設喩如此、極爲精妙。…此書翻來覆去、只説一箇自然之理、而撰出許多説話、愈出愈奇、別無第二題目。若如此看、愈見莊子不

可及處。讀佛書者亦然）（『荘子口義』「天道」、二二四頁）

「前段」とは、直前に見られる『荘子』の「意之所隨者、不可以言傳也、而世因貴言傳書…」を指す。書物が言語で伝える内容には限界が有るため、比喩を用いなければならないとした上で、『荘子』が様々な比喩を用いて繰り返し述べているのは「自然の理」なのだ、と林希逸が読み取っていることが分る。そして、林希逸は『荘子』が「自然の理」に言及していない個所に於いても、比喩を通して「自然の理」を読み取らねばならないとする。即ち、林希逸が「奇」等と表現する『荘子』の様々な比喩の多くはこの「自然の理」を述べるために用いられていると理解しているのである。例えば、

ここでは困窮するか栄達するかは命であることを述べているのだが、この様な話を述べているのは絶妙である。…即ち、我をこの様な極端な状態にさせたのは命なのである。これは、思うに、この世界に具現化している自然の理を述べているのであり、命とは自然の理なのである。これが所謂「大宗師」である（此段只言窮達有命、撰出這般説話也、是奇絶。…然則使我至此極甚者、命也。此意蓋謂自然之理在於天地之上、命者、自然之理也。是所謂大宗師也）（『同』「大宗師」、一二四頁）

『荘子』本文には「自然」の語は見られず、「子桑」の現状をもたらしたものは「命」であるとされているが、林注はそれを「自然の理」に置き換えている。[9]『自然の命』とは自然の理である（自然之命、即自然之理也）」（『同』「天運」、二三二頁）と言われる「自然の理」は、この様に人為を拒絶した概念であることが分る。

人為では太刀打ち出来ないのが「自然の理」であるとするならば、『性、命、時、道』は全て自然の理であり、それに背くことは出来ないのだ（性、命、時、道、皆言自然之理、不可違也）」（『同』「天運」、二四四頁）と、人為的変更が不可能なものとして『荘子』で言われている「性、命、時、道」等は全て「自然の理」と言うことになる。従って、万物は様々な形態を持前として生れているが、そうした「造化生生の理」こそがまさしく「自然の道」に他ならないの

である。この様な「自然の理」に対しては、

鳧は短く鶴は長く、麦は垂れ黍は仰ぐ、或いは寒く或いは暑く、或いは苦く或いは甘い、これらは皆な自然の理なのであり、これらが長・短・甘・苦である理由を、どうして説明することが出来ようか。だから「理を備えているが説きはしない」と言うのである。「殊更なことはしない」とは無為ということだ。無為で殊更なことはせず、全て自然に順うのだ。聖人が自然に順う方法は、（模範を）を天地にとることである。だから「天地を手本とする」と言うのである（鳧短鶴長、麥垂黍仰、或寒或熱、或苦或甘、皆是自然之理、而其所以長短甘苦者、如何說得。故曰有成理而不說。不作、即無爲也。無爲不作、皆順自然也。聖人之所以順自然者、亦得諸天地而已矣、故曰觀於天地之謂）（『同』「知北遊」、三三二頁）

万物の様々な形態はそれ等がそのまま「自然の理」なのであり、それに対して人は何ら作為することは出来ず、只だ「順う」しかないのである。

「自然の理」が人為を排した、万物が自ずと在る在り方を意味し、それには順うしかないということになれば、それは、人と外物との関り方を規制することになるはずである。

「不累」とは、積み上げたものを高いと意識しないことだ。積み上げて高いと意識しようとすれば、心の働きを持ち込むことになり自然ではなくなる。…又「天を理解しないものは、徳に純粋ではない」と言っているのは、世事は行わない訳にはいかないが、それは必ず自然の理を知った上ではじめて行うことが許されるのであり、天理の自然を理解しなければ、「我の徳」は純一ではなくなってしまうのだ（不累者、不累積以高也。累積以爲高、則是容心不自然矣。…又曰、不明於天者、不純於德、言世間之事、雖不可不爲、而必知自然之理則可、不明於天理之自然、則在我之德不純一矣）（『同』「在宥」、一八〇頁）

『荘子』本文の「成於德而不累」を、「徳」を成し遂げても、それを「高い」とは意識しないことと解釈し、その上で、

成し遂げた「徳」を「高い」と意識してしまえば、それは「容心」となり、「自然」ではなくなる。『莊子』の「不明於天者、不純於徳」に対しては、「世間の事」は実行しなければならないが、それは「自然の理」を理解した上で実行することで初めて可能となるとする。この「自然の理」が直ちに「天理の自然」と言い換えられ、この「自然の理」を理解しないままに「世間の事」と関れば、自らの「徳」が不純なものとなってしまうというのは、この「天理の自然」が喪失することを言うのであろう。ここでは、外物と上手く関っていかざるを得ない人が外物と関る際の前提として「自然の理」が理解されるべきとされている。即ち、万物が本来あるべき在り方として存在していることが「自然の理」であり、それは人為ではどうすることも出来ない。万物をその様な存在として理解出来た時、万物と接しながらも人為を働かせようとする意識は消え去る。この在り方は林希逸の「無容心」の概念と関るものである。(10)

（二）　「無容心」

「自然の理」と深く関る「無容心」も『莊子口義』に頻出する語である。(11)

「循徳」とは、天の徳に順って自然であることであり、自然に順って力を用いないことだ。例えば、人が小山を登る場合、足が進めば自然と頂上に至るのに、人は勤めて努力したから至ると考える。心を努める必要は必ずしもなく、進めば自然と至ることを言っているのであり、これが無容心の譬えなのだ（循徳者、循天徳而自然也、循乎自然而無所容力。譬如人登小山、有足行者皆自至、人以爲勤勞而後至。言不必勤勞其心而行亦自至也、此無容心之喩也）

（『同』「大宗師」、一〇四頁）

「古の眞人」の在り方の一つ「以徳爲循」を「天徳に循って自然である」と解釈する。後述するが、「徳」「天」は万人に共通する概念であり、その「天徳」に従うことが、個々の者がそれぞれの持前通りに存在することを意味する。

それが「自然」であり、そこに後天的作為の入り込む余地は無い。それが「無容心」なのである。

この「無容心」は「自然の理」と同様に、人が外物と接する際に求められる在り方でもある。

「神農」を例示しているのは、上古の世は（周とは）異なっていたことを言っているのだ。「時祀」とは、祭祀には適切な時が有るということだ。「福徳を期待しない」とは、名声を求める心の無いことである。「政治を尽しても報酬を受けない」とは、祭祀しても福を求めないということだ。「与政為政」、「与治為治」は、有為であっても無容心であるということだ（擧神農而言、謂上古之世不如此也。時祀、祭以時也。不祈喜者、祀而不求福也。盡治而無求者、無求名之心也。與政爲政、與治爲治、雖有爲而無容心也）（『同』「讓王」、四五一頁）

「神農」の時代の政治は、「祀る」という行為はするものの、それによって福を求めるという意識は無く、「治」は行っても名声を求める気持ちがない。従って、その政治は「有爲」ではあっても、「無容心」の政治となる。即ち、「無容心」の前提があれば、有為的行為の意味が大きく変わることになるのである。

この有為的行為の問題は人と万物との関り方の問題なのだが、この点に就いて、『莊子』自体には外物が我々の内側に侵入することで主体性がぐらつくことへの注意が度々喚起されている。「達生」では、「夫若是者、其天守全、其神無郤、物奚自入焉」と「至人」の「神」には隙間が無く、そこに「物」が入り込む余地は無いと有るが、それに対して林希逸は、

「無郤」とは、間断が無いということである。内側が完全で間断が無ければ、外物がどうして入ってくることがあろうか。「外物に出会っても畏れない」とは、外物と接したとしても、その神《こころ》が動かないことを言っているのであり、だから畏れないのである（無郤、無間也、在内者既全而無間、則物外奚自入焉。遻物而不慴、言雖爲物所遻觸、而其神不動、故不懼也）（『同』「達生」、二八七頁）

と述べる。『莊子』の文を承けて「物外奚自入」と「物が入ってこない」という表現となっているが、その実は、「物」

と接しながらも「神」が動揺しないこととして述べているのである。更に「養生主」で『荘子』は「適來、夫子時也。適去、夫子順也。安時而處順、哀樂不能入也。古者謂是帝之懸解」と言うが、林希逸は、

思うに、人がその自然のままであることを知ろうと思うならば、死生に対しても心が動揺しないことが必要であり、そうであって初めて養生が可能となる。…「不能入」とは、心を動揺させることがないということだ（蓋欲人知其自然而然者、於死生無所動其心、而後可以養生也。…不能入者、言不能動其心也）（『同』「養生主」、五十四頁）

と述べ、『荘子』の「不能入」の語を、死生という現象に心が動かされないことと解釈している。この様であって初めて「養生」が可能となるのである。そして、「人間世」の「夫徇耳目内通而外於心知、鬼神將來舍、而況人乎」に対して、

思うに、心が動かなければ、外物は（内側に）入って来ることはできず、耳にした物を聞き、目にした物を見たとしても、それらに心が動くことはないのだ。この様であれば、その心は虚《からっぽ》となり鬼神と通じるのだ、まして人とは尚更ではないか。ここに至って初めて人を感化することが可能となる（蓋言心不動而外物不能入也、雖聞其所聞、見其所見、而無心於聞見也。如此則此心之虚與鬼神通、何況人乎。謂到此方能感化人也）（『同』「人間世」、六十六頁）

「心」が不動であれば、「外物」を見聞したとしても、見聞した対象に「無心」であることが出来る。即ち、外界との関りを断つことなくして、それに左右されない状態が論じられているのである。こうした「心」の状態は「虚」であり、「虚」であることで「鬼神」はもとより「人」との感応が可能となり、「人」を「感化」することが出来る。その他、「徳充符」の「故不足以滑和、不可入於靈府」に対し、『霊府に入らない』とは、心を動かさないことだ（不入於靈府者、不動其心也）」（『同』「徳充符」、九十二頁）、「刻意」の「無所於忤、虚之至也。不與物交、淡之至也」に対し、「物と自ら接しようとせず、働きかけが有ってから応じる、（この様であれば）物と接していても、物に煩わされることはないのだ（不與物交、感而後應、雖與物接而不爲物所累也）」（『同』「徳充符」、二四八頁）、「田子方」の「死生不入於心」に

対しても『死生が心に入らない』とは、無為のままに行い、心が動揺しないということだ（死生不入於心者、無爲而爲、心無所動也）」（『同』「徳充符」、三二三頁）等と見られる。[12] これらは、『荘子』本文中に見られる「物」が内側に入らない様にすべきという表現を、「物」との関りを断つのではなく、「物」と関りながらも、その「物」によって混乱させられることの無い主体を定立することとして解釈しているのである。現実社会に居る我々は万物との関りを避けることは出来ない。常に現実社会と交渉を持ちながら、その中で、それらに左右されない在り方が求められるという点を、意識的に繰り返し論じていると言えよう。

（三）「性」

①　基本的立場

次に、『荘子口義』に見られる「性」に就いて考えてみたい。先ず、「性」の基本的性格を確認しておく。生れると同時に存在するものを性と言う。人々が共通して得るものを徳と言う。「駢拇枝指」とは皆な病である。自然と生じて、人々に共通しているものと比べると「侈」となる。「侈」とは余りということだ。この性と徳の意味は、儒教の聖人賢者の考え方とは些か異なっている様だ。「附贅県疣」も又た病である。「駢枝」は生れた時に既に有るものであり、「贅疣」は生れた後に出来るものだ。だから「形にできたものだが、性《もちまえ》に比べると余分だ」と言うのである（與生俱生、曰性。人所同得曰徳。駢拇枝指、皆病也。本出於自然、比人所同得者則爲侈矣。侈、剰也。似此性徳字義、皆與聖賢稍異。附贅縣疣、亦病也。駢枝則生而有之、贅疣生於有形之後、故曰、出於形而侈於性）（『同』「駢拇」、一三八頁）

「性」とは生れながらに備わっている在り方を意味する。従って、「性」が個々の持ち前を意味する以上、そこには個人差が想定されていることになるのに対し、一方の「徳」は人々の間で普遍的に共通するものとして理解されている。そのため、「駢拇枝指」は生れながらの個人の持ち前である以上、「自然」に本づく「性」となるが、万人に共通するものではないため、「徳」ではなく「侈」と言われる。そして、一方の「附贅縣疣」は生れながらのものではなく、後天的に獲得したものであるから「性」ではなく、万人に共通するものでもないので、「徳」でもないとされるのである。即ち、万人に共通か、個別の持ち前かという観点では「徳」と「性」と区別して表現されるが、どちらもが「自然」「天」より得た持ち前であるという点では同じであることが分る。そして、こうした『荘子』の「性」「徳」の理解は儒教の「性」「徳」とは異なるものとされ、『荘子』に即して理解すべきと、林希逸は言う。そして、

性とは、「天命の性」である。この性は生と同義である。人の性の場合、生れながらに備わっているものは、全て天より得たものである。どうして人がそれをどうにかすることが出来ようか（性者、天命之性也。此性字與生字同。在人之性、生而有者皆得於天。豈人所得而預之）（『同』「山木」、三一一頁）

と述べ、「性」は生れながらの在り方を意味し、それは全て「天」から得られた「自然」であり、人為的にその「性」を変更することは出来ない。この点で人々の間に違いは無いのである。人々の間に違いが無いのであれば、それは又、「徳」と言い換えることが出来るはずのものであろう。

この様に、「性」は人為による変更が不可能な個々の持ち前を意味するが、その持ち前は一方で容易に本来の在り方を喪失するものともされている。「庚桑楚」は、

生とは徳が具現化したものである。現われるとそこには光輝くものが有る。性とは我に在るものであり、質とは本然である。性が動くと有為となり、有為だと人偽へと流れ、性が失われてしまう（生、徳之發見者也、發見則有光華矣。性、在我者也。質、本然也。性之動而後有爲、有爲而流入於人僞、則爲性之失）（『同』「庚桑楚」、三六八頁）

と述べ、「性」は容易に「有爲」を経て喪失してしまうとされている。即ち、人為による変更が不可能であると言うの

は、人為を働かせることは、本来の在り方を喪失させること以外の何ものでもない、ということなのである。そのため、「性」の本来の在り方を「維持する」という行為に工夫が求められることになる。「徳充符」は、松柏で舜を喩え、舜で王駘を喩えている。但し、「それを天より得ている」と述べているのは、多くの人々と異なっているということなのだ。だから、(自ら) その生れながらを正すことが出来、人々の生れながらを正すことが出来るのだ。この「生」の字は「性」の字に他ならない (以松柏比舜、以舜比王駘。但言其得於天者、獨異於衆人。故能正其所生、以正衆人之所生。此生字只是性字) (『同』「徳充符」、八十六頁) と、舜のみが自らその「性」を「正す」ことが可能であり、その正された「性」によって多くの人々の「性」を正しい方向へと導くことが出来ると述べている。これは、「性」の本来の在り方を自分自身で維持することが可能なのは舜等の一部の者に限られ、それ以外の多くの者は、自ら「正性」が可能な者によって導かれるという方法でしか「性」の正しい状態を維持することが出来ないことを意味している。この様な「性」に関する理解は、北宋の老荘解釈以来の立場を継承していると言えよう。

この様な「性」に就いてもう一点指摘すべきは、「氣」との関りである。

気とは性の様なものだ。この心と性を全て自然に合わせる、だから「心を恬淡の境地に遊ばせ、気を空漠の境地に合わせる」と言うのだ。前の部分で「心で聴かず、気で聴くのだ」と言っているが、この気の字は、性の字として解釈すべきである (氣猶性也。以此心此性皆合於自然、故曰遊心於淡、合氣於漠。前言、無聽之以心而聽之以氣、看此氣字、便合作性字説) (『同』「應帝王」、一二八頁)

『荘子』の「汝遊心於淡、合氣於漠、順物自然而無容私焉」の「氣」の字は「性」として解釈すべきとする。それは、「人間世」の「無聽之以心而聽之以氣」の場合でも同様であるとされているが、「人間世」では、「気」とは、自然に任せ、虚《からっぽ》の状態で事物に対することである。虚であることこそが道を修めることなのであり、虚である所に道が存在するのだ。だから「道は虚に集まる」と言うのだ。即ちこの虚の字は心斎に他ならない（氣者、順自然而待物以虚。虚即爲道矣、虚者道之所在。故曰唯道集虚。即此虚字、便是心齋）（『同』「人間世」、六十三頁）

と述べ、ここには「性」の字は見られないものの、「虚」なる状態で「自然に順って」外物に対することが「氣」であると、「氣」を一つの在り方と看做している。それは既に見た「無容心」に他ならず、「造物」が作り上げた万物の個々の在り方をそのまま受け入れることを意味する。林希逸が「氣」をこの様に理解しているのは、流動する「氣」の在り方が万物の在り方に他ならず、それを、そのままに受け入れるべきという考えに立つものである。その「氣」と「性」を同一視しているということは、「性」にも又た流動的側面を認めていることを示す。例えば、

「機は踵より発する」とは、気が下より上《のぼ》り、微妙で見ることが出来ないことだ。だから「機」と言うのだ。「善者機」とは、ちょうど性の動く瞬間を言っているのだ（機發於踵、言其氣自下而上、微而不可見。故曰機。善者機、猶言性之動處也）（『同』「應帝王」、一三二頁）

と、「踵」から発する微妙な「氣」の上昇が「善者機」の意味であるとし、それは「性の動處」であると注している。即ち、「性」には「氣」の性質が重ねられており、そこには動的側面が有ることが分る。

「性」は「生」であり、その「性」は又「氣」でもあるという林希逸の立場は、程明道の「生のままを性と言う。性は気であり、気は性であるというのは生のことだ（生之謂性。性即氣、氣即性、生之謂也）」（『二程集』、一〇頁）という発言を直ちに想起させるであろう。人間性を生から切り離して超越的に考えることを避けた、とされる明道の立場は、(13)持ち前としての「生」をそのまま「性」とする『莊子口義』の立場に近いと言える。一方の伊川→尹焞→林光朝→林亦之→陳藻と続く系譜の著述にはこの明道の「性」に関する立場が受け継がれた痕跡は見出されず、又、林希逸自身の他の著述に見られる「性」の字の用法にも幅が有る。その中には『莊子口義』の「性」の理解に通じるものも見られるが、(14)全著述を通して明道流の「性」の理解が一貫している訳でもない。ここは、『莊子』というテクストに即して

「性」を考えた時、明道のこの発言が意識された可能性が極めて高い点を指摘するに留めたい。但し、林希逸の場合は「生」「性」「氣」「理」が一致すると看做しているのであり、そこに「理」が含まれている点に注意すべきである。

② 「本然の性」

さて、心性問題を「本然の性」と「氣質の性」という枠組みで考える場合、「天理」である「本然の性」が万物一体の絶対的根拠を意味し、「氣質の性」が個物の具体的差異の存在根拠となり、更に、その「氣質の性」を修養することで、万人に「聖人」へ至る可能性が開かれる、というのが所謂る程朱学に見られる立場であろう。しかしながら、朱熹以降の南宋期の老荘注釈を見ると、「本然の性」の語は見られるものの、「氣質の性」の語が見られることはほぼ無い。林希逸の場合、この問題は、先に見た様に「性」に「氣」の性質が重ねられているのと関る。その点を次に考えてみたい。

「成心」は、誰もがこの心を持っているのだ。天理は渾然として万物に備わっている。あなた方が生まれれば、皆な一箇の天理を備えているということだ。もしこの天理を師とするならば、誰もが師を備えていることになるのである。賢者だけが師を備えているのではなく、愚者も又た備えているのだ。…もし心がこの渾然とした天理の在り方を顕現させていなければ、無理やり是非の論を立てることになるだろう。それは自らの立場を是とすることに固執し、天理の本然を理解していないのだ（成心者、人人皆有此心。天理渾然而無不備者也。言汝之生、皆有見成一箇天理。若能以此爲師、則誰獨無之。非惟賢者有此、愚者亦有之。…若此心未能見此渾然之理、而強立是非之論。是者自是、而不知其理之本然）（『莊子口義』「齊物論」、二十一頁）

「成心」は誰もが備えている「天理」に他ならない。その「天理」の在り方を維持出来ず、無理やり「是非の論」を立てることは、個物の差異の側面のみに心を奪われ、自身の立場に執着することになる。それは、「理が本然である」

ことを知らないことなのだとされている。「天理」は万人に共通するとされているが、『莊子口義』では、それは「徳」と表現されていた。同時に、それは個物に即せば「性」と称されることになるが、「徳」であれ「性」であれ、それは「自然の理」であり、人為を拒絶するものであった。ここで言われている「天理」の概念はそれに等しい。従って、「理の本然」は又「性」と「徳」の双方を包括する「自然の理」に他ならない。それは、「好悪の害は、本然の性を覆うことになり、それは萑葦の様である。…物欲がその形を助長すると、視聴言動、起居飲食の全てが、自然の理を失わせることになる。だから『やがて自分の本性を根こそぎ引き抜く』と言うのである（好惡之害、其蔽塞本然之性、猶萑葦也。…以物欲而助其形、則視聽言動、起居飲食、皆失其自然之理。故曰尋擢吾性）」（『同』「則陽」、四〇六頁）と、「本然の性」と「自然の理」を同じ事柄として述べ、それが物欲等で眩まされてしまうとしていることからも分る。

「性」とは自然である。「徳」とは天から得られるものである。どちらも人力の為すものではない。もし、（後天的に）修めて初めて（性が）正しくなるとするならば、むしろ、自ら（性の在り方を）損なうことになろう。「鉤縄、纆約、膠漆」は全て修めることの比喩である。「侵削」とは本来の在り方を損なうことである。「固」とは定めるということだ。その身を屈めて礼楽を行い、その言葉を馴れ馴れしくして仁義を行い、そのことで世間の人々の心を和らげようとする、それは全て本然の理を失わせてしまう。だから「本来の不変的な在り方を失わせる」と言うのだ（性、自然也。徳、自得於天也。皆非人力所爲。若必待修爲而後正、則是自戕賊矣。鉤繩、纆約、膠漆、皆修爲之喩也。侵削、戕賊也。固、定也。屈折其身、以爲禮樂、呴兪其言以爲仁義、欲以此慰天下之心、皆是失其本然之理。故曰、失其常然）（『同』「駢拇」、一四一頁）

「性とは自然である」とは、生れながらの持ち前を意味し、「徳は天から得られる」とは、万物に共通する根拠を意味し、何れも後天的な人為とは無関係であり、「修爲」では如何ともすることが出来ないものである。「修爲」では如何とも出来ない以上、「修爲」を加えることで「性」が初めて完全となるという考えは誤りとされる。そのため、「修爲」

の一つとされる「仁義」を無理やり施せば、「本然の理」を失ってしまうのである。既に「自然の理」が「本然」としても言われていたことからすれば、ここでの「本然の理」は「性」に焦点が当てられているとは言うものの、「性」が本来完全であることを「徳」を根拠に述べている以上、「本然の理」は、やはり「性」「徳」の双方に相当すると見ることが出来るであろう。『性長性短』とは、『長短』が本然の性より生じていることを言っている。『長短』とは性が安んずる所であり、取り去るべき患いなどは無いのだ（性長性短、言長短出於本然之性也。長短、性所安、無憂可去也）」（『同』「駢拇」、一四〇頁）と、個物間の違いを意味する「長・短」の語には「性」の字が冠せられ、それぞれの物の以て生れた在り方が「本然の性」より生れていると理解されている。これも又、「性」に焦点を当てた「本然」の語の用例と言える。

この段も又た前段の「操舟」と同じ意味である。「並流」とは流れに沿うということである。「故」とは本然である。孟子が「性を言う者は全て故だ」と言っているものである。「性」「命」は自然の理である。…「水の道」に任せて「私」をなさないとは、（水の流れに）任せて逆らわない意味である。丘に生れれば丘に任せ、水辺で育てば水辺に落ち着く、これらは全てその自然に任せて、何故そうであるのかを知らないのだ。「故、性、命」の三字は、もとより区別されるものではない。単にこの様に表現しただけだ。もし、「生長」の字で無理やり意味を求めようとすると、間違う（此段亦與前言操舟意同。並流、沿流也。故、本然也。孟子曰、言性者、故而已矣。性、命、自然之理也。…從水之道而不爲私、順而不逆之意。生於陵則安於陵、長於水則安於水、皆隨其自然而不知其所以然。故、性、命三字、初無分別。但如此作文耳。若以生長字強求意義則誤矣）（『同』「達生」、二九五頁）

「前言操舟」とは、同じく「達生」に見られる「觴深の淵」での「操舟」を指す。林希逸は「潜水夫は水を陸地の様に見ているので、学ばずとも船を操ることが出来るのだ。引っ繰り返ったり、後戻りしたりと、様々な事柄が展開しても、その心を動揺させることがない、だから『その舎《こころ》に入ることはない』と言うのであり、心は神明《こころのはたらき》の拠り所である（善没之人視水如平地、則不學而能操舟矣。覆却萬端而不動其心、故曰不入其舍、心者神明之舍也）」（『同』「達生」、二九〇頁）と述べている。つまり、通常の者が歩む際に陸地を殊更意識しないのと同様に、潜水の得意な者にとって水は意識の対象とはならない、だから、敢えて「操舟」を学ぶ必要も無い、というのである。そして、『莊子』が、泳ぎの得意な者は「吾始乎故、長乎性、成乎命」であると述べている箇所に対して、例えば成玄英が「我は陸地に生れたので、丘に慣れていた。成長して水中を泳ぐ様になり、習慣を重ねてそれを性《もちまえ》とした。水中が性《もちまえ》となれば、心には何も恐れるものは無く、心の赴くままに任せて、とうとう自然の天命と一体となったのだ（我初始生於陵陸、遂與陵爲故舊也。長大游於水中、習而成性也。既習水成性、心無懼憚、恣情放任、遂同自然天命也）」（『莊子集釋』「達生」、六五七頁）と述べている様に、「故、性、命」を段階的な展開・深化と読むのが先例である。しかし、林希逸はその様な理解を排し、[15]「故」は『孟子』「離婁下」が「天下之言性也、則故而已矣」と述べている「故」であるとし、『孟子』のこの文を「性」＝「故」と読み、「故」を本来的なものと理解し、「故」＝「本然」とするのである。そして、「陵《おか》」に在ろうと「水」に在ろうと、その「陵・水」に逆らわず、それらに任せるという在り方、それが「性・命」の語で表現され、「故・性・命」の三文字は同じことを述べているとする。それは「自然の理」に任せることなのであり、「本然」もまた同義なのである。即ち、既に見た様に、「性」は個々の人に即した概念であり、その「性」の「質」が「本然」であるとされていたことを踏まえるならば、「本然の性」は個人差を意味することになろう。『莊子』に見られる「質」の語を「本然」と解釈する姿勢は、「物の本然《もちまえ》を質と言うのは、即ち前に至道と言ったものである（物之本然者曰質、即前言至道也）」（『莊子口義』「在宥」、一六九頁）、「道徳の実質とは、本然《もちまえ》を質と言うのだ（道德之質、本然者曰質）」（『同』「刻意」、二四七頁）等と一貫して見られ、林希逸は「本然」の語に個物の実態の意味を持たせているのである。

　最後に、「性」と「氣」が同義とされる解釈を既に確認したが、その点に就いては、

「始」とは、真実の性は単に覆われているだけなのだが、それが甚だしい段階に至ると、少しずつ真実の性が取

り去られていってしまう、ということだ。これが天理がすっかり滅んでしまうということだ。真実の性が失われると、気も又た病んでしまう（始者眞性只爲之蔽塞、及其甚也、漸漸拔而去之。是天理盡滅。眞性既失、氣亦爲病）（『同』「則陽」、四〇六頁）

と見られ、この「眞性」は「本然の性」と同義と考えられるが、それが不正常な状態となると、「氣」も又、悪化してしまうとされている。これは、『荘子』本文が肉体の悪化を述べているのを踏まえたものではあるが、「本然の性」の喪失が直ちに「氣」の劣化に相当するとされているのである。

二　『老子口義』『列子口義』

本章は『荘子口義』を考察の対象とするが、ここで『老子口義』と『列子口義』に就いても簡単に見ておきたい。

（一）　『老子口義』

先ず、『老子』という書物に対する林希逸の見解だが、既に指摘されている様に、『老子口義』「發題」に依れば、『老子』一書の主題は「具体物を用いて道を明らかにする（借物以明道）」（『老子口義』「發題」、一頁）ことと、「当時の風俗に応じて諭し教える（因時世習尚、就以諭之）」（「同」、一頁）ことの二点に在るとされている。『老子』というテクストはこの様に読まねばならないが、多くの読者はそれを必ずしも理解していない。更に、「（『老子』は）仏典と一致する点が多いと言われる。しかし、実はそうではない（且謂其多與佛書合。此却不然）」（「同」、一頁）と、『荘子』とは異なり、『老子』は必ずしも仏教思想とは一致はせず、又、『老子』は儒書に背くものではないが、「単に矯世憤俗の表現が、時々過激に過ぎるだけだ（特矯世憤俗之辭、時有太過耳）」（「同」、二頁）と理解されている。[16] これらは、先行する諸注釈が、特定の枠組みを前提に『老子』を読もうとすることへの批判であり、『老子』というテクストに虚心に向き合わねばならないことを述べているのである。従って、『老子』というテクストに即して解釈した結果、『莊子口義』に多く見られた「本然」の語は『老子口義』には一箇所しか見られず、それに代わって「心」や「自然」の語が多用されている。[17] 先ず第一章に於いて、

本章は本書の冒頭であり、本書の主旨がここに現われている。それは、道の根本は言語表現が不可能であり、僅かでも言語で表現してしまえば、それは既に二次的なものに過ぎなくなるということだ。…「天地」と言っているのは、天地のみを述べているのではなく、心の比喩として用いているのだ。…本章に就いて、多くの人が天地に限定して論じているが、老子の本意が心を相手にしようとしていることを知らないのだ。この様に読んでこそ、本書全体の意図が理解出来るというものだ（此章居一書之首、一書之大旨皆具於此。其意蓋以爲道本不容言、纔涉有言、皆是第二義。…其謂之天地者、非專言天地也、所以爲此心之喩也。…此章人多只就天地上説、不知老子之意正要就心上理會。如此兼看、方得此書之全意）（『老子口義』「道可道章第一」、一頁）

と、第一章は「天地」を比喩として「心」を論じたものであり、その点を押さえて初めて『老子』という書物の意味が分るとする。『老子』に於ける「心」の重要性を指摘するものだが、「心」に関して『老子口義』が重視するのはやはり「無心」「無容心」である。そして、その多くは理想的な統治者の在り方を意味している。

この章は、天地で聖人の無容心を譬えている。天地は万物を生み出すが、それは自然とその様であるのであり、そこに心の働きを介在させることはなく、それは千万年であっても一日であるかの様に一貫しているのである。聖人の修身は、その前後・内外に心を働かせることはないのだ（此章以天地喩聖人無容心之意。天地之生萬物、自然而然、無所容心、故千萬歳猶一日也。聖人之脩身、無容心於先後、無容心於内外）（『同』「天地長久第七」、九頁）

と、「聖人」の心の在り方は「天地」が万物を生み出す際の「無容心」に等しい状態が維持されているのだとしているのである。この「無爲」「無心」「無容心」を体得した「聖人」は、「聖人はただこの様にすることで、一つ一つの事柄に於いて、それを行おうとする心の働きを介在させず、その様であって、万物の自然を補うことが出来るのだ（聖人惟其如此、於事事皆有不敢爲之心、而後可以輔萬物之自然）」（『同』「其安易持章第六十四」、七〇頁）と、殊更なことは何もせず、万物の持ち前を引き出す者であるとされている。

この「無心」と関り、『老子口義』が重視するのが「虚」であり、それは、『老子』自体が「虚」の語を多用していることに基づく。「老子の学問は、概ね、虚、弱、卑などを中核とするものであり、だからこの世界に存在する有無動静の全てへと押し広げて論じているのであり、天地のことだけを言っている訳ではないのだ（老子之學、大抵主於虛、主於弱、主於卑、故以天地之間有無動靜推廣言之、亦非専言天地也）」（『同』「反者道之動章第四十」、四十五頁）と「老子の學」はこの世界の全ての事象に関して「虛、弱、卑」等を軸に据えて考える理論であるとし、そして、

人が欲望の対象を目にすることがなければ、心は自ずと安定する。「欲望を刺激するものを示さなければ、人々の心は乱れないのだ」、この八字は素晴らしい。…つまり、古の聖人は、人々が充分に食事をし、更に何かを思い求めることがないようにさせ、力強くとも競うことがない様にさせたのだ。だから人々は純朴であって、何かを知ろうとすることはなく、何かを求めることもなかったのだ。時として策略を巡らす心を持つ者がいて、心が働こうとしたとしても、敢えてそれを行為に移そうとすることはなかったのである。聖人の統治はこの様なものであり、聖人はこの世界に対しても、その心を働かせることはなかったのである（人惟不見其所可欲、則其心自定。不見可欲、使心不亂、此八字最好。…言太古聖人、但使民飽於食而無他思慕、力皆壯而無所趍競。故其民純朴、而無所知、無所欲。雖其間有機巧之心者、所知雖萌於心、而亦不敢有作爲也。聖人之治天下也如此、而聖人於世亦無所容心）（『同』「不尚賢章第三」、五頁）

と述べ、「其の心を虚とする」ことは「無思無慕」のことであり、そのことは他と競う心の働きが存在しないことを意味する。その様であれば人々は「純朴」へと戻り、それが古の「聖人」がこの世を治めた「無所容心」の統治なのである。しかし、こうした「虚、弱、卑」は、その状態に限定されるという意味では勿論なく、『老子』という書物が言わんとしていることは、概ね、実でありながら虚、有でありながら無であることであり、だから優れた道なのだ（老子一書、大抵只是能實而虚、能有而無、則爲至道）」（『同』「載營魄章第十」、一三頁）と、「虚」と「實」、「有」と「無」は常に相即していなければならないとされているのである。

（二）『列子口義』

『列子』自体に『荘子』と一致する内容が多いことから、『列子口義』は、林希逸の『荘子』理解が基礎となる。「荘子と列子は同一の学派である（荘列皆一宗之學）」（『列子口義』巻二「黄帝第二」二／二十五裏／五）という立場は[18]、『列子』の内容が『荘子』と一致していない個所に於いても、「この部分の語の多くは『荘子』と同主旨であり、無為の統治を形容しているのだ。…『荘子』「逍遥遊篇」と同じだ（此段之語、多與荘子同其意、只形容無爲之治而已。…與荘子逍遥遊篇同）」（『同』巻二「黄帝第二」二／三裏／四）、「この段は『荘子』「齊物論篇」と同じで、文がやや異なっているだけだ（此段與荘子齊物篇同、而文稍異）」（『同』巻二「黄帝第二」二／三十五裏／一）等と、『荘子』に基づく解釈を示している。

『列子』の思想は基本的に『荘子』と一致するはずと林希逸は理解しているため、先ず『荘子口義』の注釈がそのまま『列子口義』に用いられていることが多い。[19]例えば、『列子口義』「天瑞第一」の「子列子適衞」（『同』一／九表／一）、「羊奚比乎不筍」（『同』一／十二表／五）、「舜問乎烝曰」（『同』一／二十四裏／三）のそれぞれの注が、『荘子口義』の「至樂」（『荘子口義』、二八三頁）、「至樂」（『同』、二八四頁）、「知北遊」（『同』、三三四頁）の注文をそのまま用い、「黄帝第二」の「列禦寇爲伯昏無人射」（『列子口義』二／九表／七）の注が『莊子口義』「田子方」（『莊子口義』、三三五頁）の注文をそのまま用いている等の例を確認出来る。無論、それぞれのテクストに沿うように表現が調整されていたり（『列子口義』二／三〇表／八）、文末に『莊子口義』にはない語句が付けくわえられていたり（『同』二／一〇表／二）、引用文献の位置を工夫したり（『同』二／一七表／七）等の律儀な処理がなされている。その一方で、『列子』と『莊子』の本文が同一であるのにも関らず、敢えて注文を変えている箇所もあり（『同』二／六裏／九、二／八裏／二）、例えば、先に指摘した『列子口義』巻二「朝三暮四」の箇所で「此段與莊子齊物篇同、而文稍異」（『同』二／三十五裏／一）と両者の共通性を指摘した上で、「『莊子』はこれを『無是無非』の比喩としており、その点は（『列子』）の意味と異なる（莊子則以此爲無是無非之喩、却與此意異矣）」（『同』二／三十五裏／五）と両者が意味する所の違いを指摘する等、テクストに即した解釈も忘れてはいない。

次に仏教との関りだが、林希逸は後述する様に、『莊子』に仏教と一致する思想を見出しているため、『列子口義』にも仏教文献からの引用が多く見られ、その状況は『莊子口義』と同じである。

三番目は、『列子』の内容が『莊子』の趣旨に沿わない場合、『列子』のその部分を「列子」本来の思想ではないと疑っている点である。例えば、「その筆法は『莊子』とは大きく異なり、恐らくは『列子』本来の文ではなかろう（其筆法去莊子遠甚、恐非列子之本書）」（『同』巻四「仲尼第四」四／二裏／五）と見られるものは、『莊子』と異なる内容を持つ記載を、『列子』本来の文ではないと判断した事例であり、「この一段で言われている『九淵』は、『正脩観』の名である。…但し、『莊子』では『三』と言っているだけだ。『列子』がここで『九』と言っているのは、『列子』本来の表現ではないと思われ、後人が書き加えたものに違いない（此一段所言九淵、正脩觀之名也。…但莊子只言其三。此有其九、似非列子本書、必後人所增也）」（『同』巻二「黄帝第二」二／二十三裏／一）と有るのは、『莊子』と異なる表現であることを理由に「列子本書」ではなく、後人の手が入っていると疑ったものである。こうした『列子』というテクストに対する疑問は、『荘子』との関りを離れても、『列子口義』の中では度々言及されることになる。

そもそも、林希逸は『列子』に対して、「以前、『列子』という書物は完全なものではないと疑ったことが有るが、この段を見れば、それは益々明らかである（嘗疑列子非全書、就此段看得愈分曉）」（『同』巻一「天瑞第一」一／一二裏／九）と、林希逸当時の『列子』は、「列子」その人当時の書が完全に残ったもの（＝「全書」）ではないと考えていた。例えば、「老子は『世の中の人は皆な美しいものは美しいと思っているが、実は醜いものに過ぎない』と言っている。（『列子』がここで述べているのは）まさにその意味なのであり、この部分は、『列子』本来の文ではないであろう（老子曰、天下皆知美之爲美、斯惡已。正是此意、此等處、似非列子本書）」（『同』巻一「天瑞第一」一／二十七表／四）と有るのは、『老子』と同趣旨であることから「列子本書」ではないとするものであり、これは『老子』と『荘子』は性格を異にするはずである、という理解を前提とするものである。又、『存亡』は見ることが出来るものである。『所以然』とは理のことである。これらの議論からすれば、荘子や列子の学問ではなく、むしろ我が儒教に近い、だから、今の『列子』は本来のものではないと疑うのだ（存亡者、可見者也。所以然者、理也。據此等議論、皆非荘列之學、却近於吾儒、所以疑其非全書也）」（『同』巻八「説符第八」八／四裏／三）と有るのは、『列子』の「所以然」の語を「理」と解釈した上で、それは儒教の概念に近く、「荘列の學」ではありえないと判断し、だから『列子』は「全書」ではないとしている。こうした『列子』というテクストに疑問の目を向ける根拠の一つとして、『荘子』との異同が念頭に置かれていたのである。

さて、以上の様な状況である以上、『列子口義』の内容は、『荘子口義』と大きく変わる所は無いのだが、その思想を幾つか確認しておこう。

『列子口義』にもやはり「無心」「無容心」の語が多い。「自然とは無心である（自然、無心也）」（『同』巻二「黄帝第二」二／二裏／一〇）、「『従』とは任せ従うということだ。その思う所、述べる所の全てを自然に任せるのだ。そして是非・利害といった事柄に心を働かせようとしない。これが心と理とが一体となって分別・選択することが無いということなのだ（從、聽從也、所念所言、皆聽其自然。而無容心於是非利害之間。是心與理一無復決擇也）」（『同』巻二「黄帝第二」二／五裏／三）と有るのを見れば、「無心」「無容心」は、やはり「自然」に任せることを意味し、その「自然」の語も又『固然』とは、本来備わっている自然の理のことである（固然者、固有自然之理也）」（『同』巻六「力命第六」六／四表／三）と、万物の以て生れた個々の在り方が「自然」とされ、『道』とは自然である。…全てが自然から生れるということなのだ。…ここでの意味は、人の気持ちや世間の様子は様々だが、その全てが命に依るということであろう（道、自然也。…言皆出於自然也。…此意蓋謂人情世態種種不同。亦皆其命爲之）」（『同』巻六「力命第六」六／一五／八）と、それは「命」でもあるとされる。そして、「無心であれば、物と自己との区別を忘れる（無心則能與物相忘）」（『同』巻二「黄帝第二」二／一四裏／四）とされ、「無心のままに世間に対応していく（無心於應世也）」（『同』巻四「仲尼第四」四／一二裏／一〇）ことの重要性が言われている。この「無心」のままに「應世」することは、「心は、神明《こころのはたらき》の宿る所であり、その宿に（外物が）入ることがなければ、その心を動揺させることはない（心者、神明之舍、不得入其舍、即不動其心也）」（『同』巻二「黄帝第二」二／一五裏／五）と『荘子口義』の内容を踏まえ、外界の事物によって心が動揺されないことを意味している。又、

「純粋の気を守る」とは、今の養生を学ぶ者も同様で、無心で守ることで初めて可能となるのであり、智恵や才覚の及ぶものではなく、勇気や決断で可能なことでもない。『荘子』「達生篇」にもこの話が有る。これは（荘子・列子の）一学派に伝えられている言葉であるが、一つの重要な筋道である。……「自分の性を専一にし、その気を養い、徳を内側に維持する」とは、ひたすら純一にして静かに安定させることである。理の観点から言えば性であり、生きているそのものから言えば気であり、それが己の内に得られているという点では徳と言うのだ（純氣之守、今養生之學者亦如之、守以無心則可、非智巧所及、非果敢之勇所能也。莊子達生篇亦有此語。此是一宗學問相傳之語、却是一件大條貫。……一其性、養其氣、含其德、只是純一靜定而已。以理言則爲性、以生言則爲氣、以得之於己者則爲

徳）（『同』巻二「黄帝第二」二／七表／三）

この『列子』「黄帝」の本文は『莊子』「達生」とほぼ同文であり、「此是一宗學問相傳之語」とは莊子と列子を指すものであろう。その何れもが「無心」を軸としている点では共通しているが、その注文は異なっており、最後の「以理言則爲性、以生言則爲氣、以得之於己者則爲徳」は『列子口義』にのみに見られるものである。当時の「養生學者」はそれを実践しているが、それは「無心」であって初めて可能となるものであるとする。この「純一靜定」なる状態は、「理」の立場から表現すれば「性」、「生」の立場から言えば「氣」、自己がそれを獲得しているという点から言えば「徳」となるとされているが、「性」「氣」「徳」の実体、更には「理」もが同一であると述べているのは、『莊子口義』の立場と一貫するものと言える。(20)

三　大慧・朱熹

（一）　大慧

「三子口義」の内容を見終えた所で、従来からも指摘されてきた仏教・朱熹との関りについて触れておきたい。禅思想、特に大慧の看話禅の多大な影響を『莊子口義』が受けている点は、周啓成氏の校注、邱敏捷氏論文の詳細且つ具体的な提示、或いは荒木見悟氏の簡にして要を得た指摘等が示している通りである。例えば、「夢か目覚めているかには区分があるはずだろう、だから『荘周と蝶とにはきっと区別があるのだろう』と言うのだ。この一句は結論が出ている様で出ておらず、むしろ、詳しく説かないことで、読者に内容を吟味させようとしているのだ。丁度、禅の話頭の様なものだ（這箇夢覺須有箇分別處、故曰周與蝴蝶必有分矣。此一句似結不結、却不説破、正要人就此參究。便是禪家做話頭相似)」(『荘子口義』「齊物論」、四十四頁)とは、「胡蝶の夢」自体を禅思想によって解釈したものではないが、明確な結論を出さないことで読者自らに吟味させようとしている点で禅の「話頭」と同じであるとするのである。テクストに即しつつ文脈の背後まで読み込むべきという立場が、禅の「話頭」と同様であると林希逸が理解していることが分る。(21) 又、「大宗師」の「其寢不夢…」以下の部分で、「この一段一句は内容は一貫している。道典・仏典の内容はここに源流がある。…大慧・張平叔に会って論ずることが出来ないのが残念だ(此一段一句是一條貫。道書佛書皆原於此…惜不見大慧・張平叔與之論此)」(『同』「大宗師」、九十九頁)とし、道教・仏教の教えが『荘子』を源流とする点について大慧・張伯端と議論出来なかったことが惜しまれると、禅仏教の代表として大慧を位置付けている。(22)

しかし、禅思想を用いて老荘列の全てを解釈しようとしていたのではなく、「老子口義發題」が述べていた様に、仏教との思想的一致は『荘子』(或いはそれに基づく『列子』)には該当するが、『老子』には当てはまらないと看做されていた。即ち、あくまでも『荘子』というテクストに禅と通じる思想が見られるという理解であることが分る。この点を踏まえて、『荘子口義』の大慧受容に就いて確認しておきたい。(23)

「在宥」注には次の様に見られる。

世間の人を挙《こぞ》って引き連れて蠢《うごめ》く中を行き来するとは、出世の境地に在りながら、世間を否定しないことなのであり、これは出世と世間が異なる二者ではないということなのだ(挈擧世之人而徃歸之於撓撓之中、言雖出世而不外於世間者、是出世・世間非二法也)(『同』「在宥」、一七七頁)

『荘子』では、「大人の教」は「無響」「無方」で天下の人々と関るものであると言われている。『荘子』の原意は「至人之用心若鏡」(「應帝王」)と同じ立場であろう。これに対して『荘子口義』は、「出世」と「世間」は区分されるべきものではないと述べる。『荘子』の文脈に沿うものであるとは言え、この両者の相即は、周氏校注が指摘する様に大慧の立場が意識されている。大慧は、世間の真理と出世間の真理とは、一と言ってもならないし、二と言ってもならない、また、有と言ってもならないし、無と言ってもならない。このような相対的な一と二や有と無は、光明の世界では、毒ともなれば、醍醐ともなる。醍醐も毒も本来自性がない。一と二と・有と無の見解をなすのは、病に対する処方箋に過ぎぬ（世間出世間法、不得言一、不得言二、不得言有、不得言無。一二有無、於光明藏中、亦謂之毒藥、亦謂之醍醐。醍醐毒藥本無自性。作一二有無之見者、對病醫方耳）（『大慧普覺禪師法語』巻二十一、大正藏四十七冊・八九八下。石井訳一四五頁）

と「世間法」と「出世間法」を区別するのはあくまでも方便に過ぎないとし、又、

水のように湛然として動揺しなければ、虚明が自らかがやいて、心力をむだに使いません。世間・出世間の法は、（この）湛然から離れないで、少しももれません。ただこの（湛然の）印で一切の処に押印すると、是もなければ不是もありません。一一に解脱し、一一に明妙で、一一に真実でして、用いる時も湛然であるし、用いない時も湛然です。…もし心識が寂然として何ら動揺する念慮がない場合に、これを正覚と名づけます。自覚が正しければ、ふだん朝から晩まで、色《しき》を見、声を聞き、香を嗅ぎ、味をききわけ、触を受容し、法を知り、行住坐臥、語黙動静、湛然でないものはなく、またひとりでに顚倒《てんとう》の妄想をおこさず、有想も無想もすべて清浄です（如水之湛然不動、則虚明自照、不勞心力。世間出世間法、不離湛然、無纖毫透漏。只以此印、於一切處印定、無是無不是。一一解脱、一一明妙、一一實頭、用時亦湛然、不用時亦湛然。…若心識寂滅無一動念處、是名正覺。覺既正、則於日用二六時中、見色聞聲、嗅香了味、覺觸知法、行住坐臥、語默動靜、無不湛然、亦自不作顚倒想、有想無想悉皆清淨）（『大慧普覺禪師書』巻二十六「答許士理第二書」、大正藏四十七冊・九二四下。荒木訳八〇頁）

と、心が水の如く湛然としていれば、日常のあらゆる場において湛然となり、動も静も、体も用も全てに於いて「清浄」となり得るのであり、そこに「世間法・出世間法」の区別は存在しない。従って、「自分で本来面目を納得して、立脚地をはっきりさせれば、世間と出世間とを通じて大事を悟りぬいた大丈夫に外なりません（自家理會本命元辰、教

去處分明、便是世間出世間一箇了事底大丈夫也）」（『大慧普覺禪師書』巻二十六「答江給事」、大正蔵四十七冊・九二〇下。荒木訳四十四頁）と、「世間法」と「出世間法」の双方に常に対峙しなければならないのである。[24] それ故、世間法と仏法は相即し、子供の死に際してはひたすら思い哭くことこそが、「天理」「天性」に従うことであると大慧は言い、[25] その発言を林希逸も引き、「李郁が（亡くした）子供を歎き、大慧に、感情を忘れることが出来ず、道に近づくことが出来ないと訊ねた。大慧は答えて『子が死んで哭かないのは、豺狼です』と。この大慧の発言は素晴らしい見識だ。その他の仏教を学ぶ者がもしこの様な問いかけに答えたならば、必ず支離滅裂となるであろう（李漢老因哭子而問大慧、以爲不能忘情、恐不近道。大慧答云、子死不哭、是豺狼也。此老此語極有見識、其他學佛者、若答此問、必是胡説亂道）」（『荘子口義』「至樂」、二七八頁）と、その見識の高さを讃えているのである。

こうした立場から、大慧は「黙照禅」を、「出世間法」を追及するあまり「世間法」を否定する立場と批判するのだが、[26] その批判はそのまま『荘子口義』にも受け入れられる。

肉体が疲労すれば倒れ、精神は用い続ければ疲労してしまう、これは養生家の切実な問題であり、前篇で精神を動揺させせなければ長生が可能である、とされていたものである。疲労させて止まなければ、必ず枯渇してしまう、だから「疲労させれば尽きる」と言うのだ。水を比喩としているのは普通の表現の様だが、しかし、「塞ぎ止めて流れないと、清らかとなれない」と言っているのは、全く枯木死灰の様にするということではないのだ。「雑ざらなければ清く、動くことがなければ平らかである」とは無為のことである。「流れないと、清らかになれない」とは無為の中の有為のことだ。香厳の「閑坐しても得られない」と言うものだ。「塞ぎ止めて流れない」とは禅が言う「黒山ふもとの鬼《もうじゃ》の窟《すみか》に坐す」と言うもので、所謂る黙照邪禅のことである。天の運行は一日に一周するが、これは無為の有為ではないか。だから「天徳の象である」と言うのだ。「養神」とは養生のことで、「神」の字を用いているのは親切である。これは道家の学問で、釈氏はこの様な「神」の字を使おうとしない。「無始以来

の生死本を愚かな者が本来身と言う」と言う様な例は、この種の「神」の字を痛罵しているのである（形勞則弊、精用則勞、此養生家切實之語、即前篇不揺其精、乃可長生是也。勞而不已、必至於竭、故曰勞則竭。以水爲喩、雖似尋常之節、但曰鬱閉而不流、亦不能清、則非全然如枯木死灰矣。不雜則清、莫動則平、此無爲也。不流不能清、此無爲之中有爲也。香嚴所謂喚做間坐又不得也。鬱閉而不流、則是禪家所謂坐在黒山此下鬼窟裏、所謂黙照邪禪也。天之行也、一日一周、非無爲之有爲乎。故曰天德之象也。養神即是養生、提起一箇神字便親切了。此便是道家之學、釋氏却不肯説這般神字。如曰無始以來生死本、癡人喚作本來身、便是罵破這般神字）（『莊子口義』「刻意」、二四八頁）

「無爲之中有爲」という、「無爲」と「有爲」の相即が林希逸の言わんとする点であり、『莊子』の「鬱閉而不流」を、「有爲」を否定して「無爲」のみに閉じ籠る立場と解釈し、それは、「黒山此下鬼窟裏」に籠る「黙照邪禪」に等しいとする。『莊子』に見られる「養神」の実質は「養生」であるとし、この様な「神」の使用は仏教には見られないとしていることから、『莊子』の文脈に沿った養生として理解しようとしていることが分るが、「死灰・枯木」のみに偏る立場を「黙照邪禪」と同一と見做し批判しているのである。この「黒山此下鬼窟裏」「黙照邪禪」という表現は、既に指摘されている様に、宏智の黙照禪を批判する時に大慧が用いる表現を踏まえたものであり、[27]「ここにいう無心とは、土木瓦石のような無感覚無智恵の状態をさすのではない。外界のさまざまの対象に対応しながらも、心がぴたりとして動かず、諸々の心の対象にとらわれないことなのだ、どんな処もさっぱりとして引っかかりもなく、対象に汚《よご》されることもなく、かといって汚されない処にもとどこおることなく、身《からだ》をも、心《こころ》をも、夢幻のごとく観て、しかも夢幻の虚無の世界にもとどまることがないことである。このような境界に至ることができて、始めて本当の無心と言えるのである。ともかく口先で説く無心ではないのである。もしも本当の無心が得られぬまま、ただ口先の無心であるならば、あの黙照邪禅となにも違いはせぬではないか（所謂無心者、非如土木瓦石頑然無知。謂觸境遇縁、心定不動、不取著諸法。一切處蕩然無障無礙、無所染汚、亦不住在無染汚處、観身観心如夢如幻、亦不住在夢幻虛無之境。到得如此境界、方始謂之眞無心。且非口頭説底無心。若未得真無心、只據説底、與默照邪禪、何以異哉）」（『大智普覺禪師法語』巻十九、大正藏四十七冊・八九〇下。石井訳一〇一頁）と見られる大慧の立場は、外界との関り方、或いは「無心」の在り方等の点で、林希逸の立場に極めて近いと言えよう。

以上からすれば、『莊子口義』の万物の在り方を持ち前としてそのままに受け入れることが、「自然の理」に順うことであるとする立場に於いて、大慧の立場を方向性を同じくするものとして林希逸が受け入れていたと考えられるであろう。

しかしながら注意すべきは、周・邱両氏論文が逐一指摘する様に、仏教に基づく表現が『莊子口義』には多くみられるのだが、しかし、「後世の禅宗の言葉の多くはこの（『莊子』の）意味だ（後之禪家、其言語多是此等意思）」（『同』、一六頁）、「即ち禅宗の『做話頭』と類似している（便是禪家做話頭相似）」（『同』、四十五頁）、『主』とは恰も禅宗の『主人公』の様なものだ（主猶禪家所謂主人公也）」（『同』、四十七頁）、「仏教の大蔵経の内容はこの五字から生じたのだ。所謂る『死生大事』『如救頭然』等がそれだ（釋氏一大藏經、只從此五字中出、所謂死生大事、如救頭然、是也）」（『同』、八十二頁）、「禅宗の『将心来、与汝安』のことだ（禪家所謂將心來、與汝安）」（『同』、八十五頁）等の表現を見れば、『莊子口義』が禅との関りに言及する場合には、『莊子』のそれぞれの思想が禅の発想の源になったと指摘しているのであり、林希逸の認識では、禅思想、仏教思想の萌芽が『莊子』に見られると理解されているのである。更に言えば、本章の検討で『莊子口義』思想の中核と看做した「自然の理」や「無容心」を述べる文で、仏典が援用されている例はほとんど無い。例えば、「天運」の「天機不張而五官皆備」の注で「楞嚴經云、反流全一、六用不行」（『同』「天運」、二三二頁）と『楞嚴經』を引き、又、「天運」では「自然の道」である「造化生生之理」に就いて「佛經所言胎生・卵生・化生・濕生、其原必出於此」（『同』「天運」、二四四頁）と仏教の「四生」を引き合いに出し、「則陽」注で「本然固有之物」が「佛氏所謂本來面目」（『同』「則陽」、四〇〇頁）であると述べる等、確かに「自然の理」や「本然」の語に関連して仏典が引用されてはいるのだが、しかしながら、そのことで、特段仏教的な読み込みがなされている訳ではない[28]。又、大慧の語が引用されている事例も見られない。即ち、林希逸の立場としては、『莊子口義』の根幹思想は、やはり『莊子』に即して構築されるべきものと理解されていたと言えよう。

（二）　朱熹

次に、朱熹との関りだが、『莊子口義』に格物の概念が見られず、「無極」を「太極」の上に位置付け、「本然」の語義が朱熹のそれとは異なっている等の指摘は、確かに『莊子口義』の立場が朱熹とは異なる発想に立つものであることを示していよう。しかしながら、『莊子口義』のこれらの立場がそもそも所謂る程朱理学からある程度の距離を保つものと見るならば、これらの差異が直ちに朱熹に対する批判であると言えるかどうかは些か疑問である。大慧思想を援用しつつも、朱熹の大慧批判に対する反論が『莊子口義』に全く見られないことからすれば、林希逸の大慧支持が朱熹批判の裏返しとはなっていないことが窺える。むしろ、『莊子口義』に見られる「曰深淺者、即前輩所謂天理人欲隨分數消長」（『莊子口義』、九十九頁）が『朱子語類』巻十三の内容を指し[29]、「謂大小精粗是道、無乎不在也」（『同』、二十三頁）、「人使即人欲也、天使即天理日用者也」（『同』、六十五頁）、「無間便是渾然者、有分便是粲然者」（『同』一九五頁）、「便是性中自有仁義禮智之意」（『同』、一九五頁）等の表現が程朱理学に多く見られ、先に見た、「修爲」を待って始めて「性」が正しくなるという立場に批判的であるのも、朱熹の言葉に同様に見られるものである[30]。即ち、『莊子口義』は、「天理」「本然」等の語を程朱理学とは異なる意味合いで用いつつも、その一方で、程朱理学の表現を踏まえた箇所も多々見られるのである。

こうした状況の中で、『莊子口義』の朱熹批判の意味を考えるならば、その批判の多くは、朱熹が自身の立場に基づいて老荘を解釈し、老荘の本意を汲んでいないと林希逸が看做したものに向けられていることに気付く。例えば、「朱熹は『督』を『中』の意味として理解している。又、『近名・近刑』の両句の文脈がはっきりとしていないのを見て次の様に言った、…そして、ついに、荘子には『忌憚の中』が無いと考えたのだ。もし、荘子の文脈、及び『駢拇篇』を参照して考えるならば、荘子の意図はそうでないのだ（晦庵以督訓中。又看近名近刑兩句、語脈未盡、乃曰…、遂以爲荘子乃無忌憚之中。若以荘子語脈及駢拇篇參攷之、意實不然）」（『荘子口義』「養生主」、四十九頁）と有るのは、朱熹「養生主説」（『朱子文集』六十七／二十五裏）が、『荘子』の「督」の字を「中」と解釈し、他篇を参照することなく解釈したために、『荘子』の文意を読み誤っていると指摘するものであり、「（『荘子』の）『自聞自見』の語は、我が儒教の書で言うならば、『論語』の『黙って覚える』、『易』の『黙って成し遂げ、言わずして信じられる』、『孟子』の『手足にまで行き渡り、言わずしても分る』、程伊川『春秋傳序』の『ゆったりとして深く理解し、語らずして知り心が通じる』等、皆な（『荘子』の）この意味であり、単に表現が平易なだけなのだ。朱熹は陸象山の学問を批判し、『江西の学者は、皆が眉を吊り上げ目を瞬く（日常の動作）等で、道を悟ったと自ら述べている』と述べ、その学問を深く謗り退けようと努めたのだ。だから『論語集注』では『識』を『志』と解釈し、『黙って覚えるだけだ』と述べたのだ。『孟子』の『不言而喩』に対しても、『人の指示が無くとも（四体は）自然と分る』とのみ述べ、頓悟に就いては触れなかったのだ。思うに、（朱熹のこれらの発言は）批判対象が有ってのものであり、『論語』『孟子』二書の本意に沿ったものではないのだ（自聞自見、若在吾書、即論語所謂默而識之、易所謂默而成之、不言而信、孟子所謂施於四體、不言而喩。伊川春秋傳序曰、優游涵泳、默識心通、皆是此意、但説得平易爾。晦翁懲象山之學、謂江西學者、皆揚眉瞬目、自説悟道、深詆而力闢之。故論語集解以識音志、曰、默而記之爾。孟子、不言而喩、亦曰、不待人言而自喩、不肯説到頓悟處。蓋有所懲而然、非語孟二書之本旨也）」（『同』「駢拇」、一四四頁）は、『荘子』の「自聞」「自見」の語が、『論語』『易』『孟子』、程伊川などの説と一致することを述べた上で、朱熹は陸象山学派を批判することを目的に『論語』『孟子』の内容を曲解し、その曲解に基づいて『荘子』

との異同を論じているのは無意味であるとするものである。そして、「王安石の学問は、『緒餘《あまりもの》』『土苴《のこりかす》』を（比喩とは知らず）字面通りに受け取り、これを用いようとして、『緒餘』『土苴』の表現をしばしば用いていたのだ。だから朱熹はこの点を深く論じたのだ。『莊子』の極端な表現は後世を誤解させるもので、罪が有るとすべきであろう（荊公之學、眞箇把做兩截看了、却欲以此施用、多舉緒餘土苴之語。所以朱文公深辯之。莊子立言之過、或誤後世、似亦可罪）」（『同』「讓王」、四四三頁）と述べるのは、『莊子』が用いた「緒餘」「土苴」の語は、あくまでも比喩に過ぎず、それを理解出来ず「緒餘」「土苴」を多用した王安石を朱熹は批判したのだ、とするものである。即ち、この両者の議論は、『莊子』の本意を理解しない点に生じ、何れも『莊子』の本意から外れてしまっている、というのである。又、「人間世」の題目に対する注では、

先に「養生」を言い、ここで「人間世」を言うのは、思うに、この身を所有し、この世界に居る以上、人間社会の事柄と関りを断つことがどうして出来ようか。上手くこの世に居ることを考えなければならないのだ。（『莊子』には）この様な意図が有るのだから、莊子の思想が「迂闊」であるとか、莊子がこの世の事柄を全く相手にしようとしない、ということはないのだ（前言養生、此言人間世、蓋謂既有此身、而處此世、豈能盡絶人事。但要人處得好耳。看這般意思、莊子何嘗迂闊、何嘗不理會事）（『莊子口義』「人間世」、五十六頁）

と、人がその身を所有し、この世界に居る以上、「人事」との関りを断つ事は出来ない。ならば、如何に上手く「人事」と関るのかを考える必要が有るであろう。「人間世」はそれを論じているのであり、だから、『莊子』を「迂闊」とする批判や、『莊子』が「人事」を相手にしようとしないという批判は『莊子』の本意を正しく理解していないとする。この、「不理會事」という表現は、例えば朱熹が『朱子語類』で「老子はまだ行動しようと思っている。莊子は全く行動しようとせず、行動出来るのだが、しようとしないだけだ、などと言っている（老子猶要做事在。莊子都不要做了、又却説道他會做、只是不肯做）」（『朱子語類』巻一百二十五、二九八九頁）等の、『莊子』は何もしようとしない、という朱熹

の批判を念頭に置いたものと考えられる。

『老子口義』は「谷神不死章第六」に就いて、「この章は修養の行為の源流となったものだが、老子の当初の意図は修養のみを論じたものではない（此章乃修養一項功夫之所自出、老子之初意却不專爲修養也）」（『老子口義』「谷神不死章第六」、八頁）とした上で、「朱熹が『優れた理が万物を生み出すことの意義がここには有る』と述べているのは、優れた表現だが、しかし、やはり養生に傾いている（晦翁曰、至妙之理、有生生之意存焉。此語亦好、但其意亦近於養生之論）」（『老子口義』「谷神不死章第六」、八頁）と述べ、『老子』六章の本来の意味は「虚」と「實」を論じることに在り、養生にはなかった。従って、朱熹の見解はよく説けてはいるものの、「養生」の立場に傾いているという点で、『老子』の本意を理解したものではないとする。これも、『語類』が「谷は空っぽであり、そこに声が達すると響が応じる、これが不可思議な働きである自然というものだ。『これを玄牝と呼ぶ』の『玄』とは、妙ということだ。『牝』とは、物を受け止め、物を生み出すことが出来るということだ。至妙の理には、生生の意が有る。程子は老子の説を採用しているのだ（谷之虚也、聲達焉、則響應之、乃神化之自然也。是謂玄牝。玄、妙也。牝、是有所受而能生物者也。至妙之理、有生生之意焉、程子所取老氏之説也）」（『朱子語類』巻一百二十五。二九九五頁）と述べるものに対する批判であろう。又、

この句はこの章の結語であり、その意味は、強者は弱者となり得なければならず、有は無となり得なければならず、そうであって、初めて道を理解することが出来るのだ。『老子』という書物の中核は、各章でこの様に説かれているのであり、解釈する者の多くは、その比喩をそのままに受け取ってしまっているのだ。だから朱熹の「老子は手練手管に満ちている」という論が生じることになるのだ（此句乃一章之結語、其意但謂強者須能弱、有者須能無、始爲知道。一書之主意、章章如此、解者多以其説喩處作眞實説。故晦庵有老子勞攘之論）（『老子口義』「大國者下流章第六十一」、六十六頁）

『老子』六十一章の内容を「強者須能弱、有者須能無」を比喩したものと総括し、それが比喩であることを知らず、

字義通りに理解しようとするのは誤りであるとする。朱熹の「勞攘」がその例である。これは『語類』に多く見られる「老子の説は手管に満ちているが、莊子はそれほどではなく、通常の説き方から逸れているに過ぎない（曰、老子極勞攘、莊子得些、只也乖）」（『朱子語類』巻一百二十五、二九八九頁）等の朱熹の見解に対する批判である。又、既に見た『老子』は「虚・弱・卑」を中核としつつも、「實」「有」と常に相即するものだという説明も、朱熹の発言を意識したものと思われる。[31] これらを見ると、やはり、『老子』の本意を理解せず、或いは、比喩の意図を理解せず、そのため誤解に基づいて『老子』に言及している場合に、林希逸は朱熹の批判をしていることが分る。[32] ここにも、『莊子』『老子』等は何れもテクストに即して解釈すべきであるという林希逸の立場が一貫していると言えよう。

結語　「氣質の性」と多様性について

『莊子口義』に「本然の性」の語は見られるが「氣質の性」の語が見られない点を、万物の本来性と多様性の問題から最後に整理しておきたい。

そもそも『莊子』自体には、万物の間の差異は本来存在しないのだとする立場があり、『莊子』の本意に従って解釈しようとする林希逸には、それを汲んだ記述が当然見られる。「『どこにでも存在している』とは、大小精粗の全てが道であって、あらゆる所に存在していることを言っているのである。『どこにでも存在している』とは、是是非非の全てが認められるということだ（惡乎往而不存者、謂大小精粗是道、無乎不在也。惡乎存而不可者、謂是是非非皆可也）」（『莊子口義』「齊物論」、二十三頁）、「『物』と『我』とが対立しなければ、是も非もなく、『物』と『我』とが対立することによって、是と非とが生じるのである。だから『彼《あ》れは是《こ》れから出てくるし、是《こ》れもまた彼《あ》れによって現われる』と言うのである（物我不對立、則無是無非、因物我之對立、而後有是有非、故曰彼出於是、是亦因彼）」（『同』「齊物論」、二十三頁）、

「もし僅かな意識も生じなければ、『物』と『我』との間の違いは存在しないのだ（若不起則亦無有物我之同異也）」（『同』「齊物論」、二十九頁）、『無方』とは無心である。『我』が無心であれば、『物』には『短長』の違いは無く、又『生死』も無い（無方、即無心也、我既無心、則物無短長、亦無生死）」（『同』「秋水」、二六八頁）等と述べるものは、「是非」という判断、「物我」の対立等を無くせば、万物の間の違いは存在しないことが述べられている。この様な立場は十分に押さえておかねばならないが、その上で、「大宗師」の「覆載天地刻彫衆形而不爲巧」に対する注では次の様に述べている。

　上を見れば天が覆うものは日月星辰、下を見れば地が載せるものは山川丘陵、それらは何と巧みなことか。例えば天は左に回り、恒星は天に貼り付いて動かず、日月五星は即ち右に回る。或いは遅く或いは速く、或いは流れ或いは伏せる。川岩水石、なんと不可思議なことか、皆な造物者が作り上げたのだ。多くの形有るものの間で、百草群木は何と不可思議なことか、巧でなければ何なのか。しかし、巧みと描写するだけでは不十分だ。この数句は、皆な自然の道を形容しているのだ、心を自然に遊ばせたならば、天地と我とが並び生じ、万物と我とが一であることが分るのだ（上而天之所覆日月星辰、下而地之所載山川丘陵、多少是巧。且如天左旋、經星貼天而不動、日月五星乃右轉。或遲或速、或流或伏、川岩水石、多少奇怪、皆造物爲之。衆形之間、如百卉羣木、多少奇異、非巧而何。但喚做巧不得。凡此數句、皆是形容自然之道、遊心於自然、則見天地與我並生、萬物與我爲一）（『同』「大宗師」、一二二頁）

自然界の様々な事物、それらは造物者が巧みに生み出した造形物に他ならない。それは、『化均』とは、全てが元気であると言うことだ。『治』とは主《つかさど》るということだ。万物は多数だが、それの主人たるものは唯一であり、それが造化に他ならない（其化均者、言皆是元氣也。治、主也。萬物雖多、主之者一、造化而已）」（『同』「天地」、一八三頁）と、「造化」の働きは唯一の「元氣」が担い、それが万物の多様性を生み出しているとしている。そして、それらの存在は全て「自然の道」に他ならず、「我」という存在も又その一つなのである。造化の働きが生み出した多様な万物はそのままで「自然の道」であるとされ、そして、既に「駢拇」の「性長性短」の例に見た様に、こうした個物間の差異をも含むもの

として「本然の性」の語が用いられていたのである。「馬蹄」の「彼民有常性、織而衣、耕而食、是謂同徳」に対しては、

人が生れると、それぞれがその生に基づいて生業をなす、或いは耕し或いは織《はたお》り、それらは皆な自然の不思議な働きによるのだ、だから「常性」と言う。「常性」とは、即ち前篇で述べた「常然」である（人之生也、各業其生、或耕或織、皆是自然天機、故曰常性。常性者、即前篇所謂常然也）（『同』「馬蹄」、一四八頁）

「人」にはそれぞれの「業《もちまえ》」があり、それに従って耕し織《はたお》る。それは「自然の天機」であり、「常性」に他ならない。これは先に見た、個物の在り方が「本然の性」であるのと同じ意味であり、又、「質、本然也」の箇所で確認した様に、個々の物に即した概念が「性」であり、個物の「質《もちまえ》」を「本然」と解釈していたのにも相当するものである。

即ち、林希逸注では、万物の個々に異なる在り方は、それが全て「自然の理」「本然」の現われなのであり、それは、そのままで肯定されるべきものとされているのである。従って、殊更に、具体的個別性の根拠となるべく「氣質の性」の概念を導入する必要は無いのである。「本然」を「無容心」によってそのままに受け入れることが重要なのであり、そこに分析的な営為である格物等の姿勢を持ちこむことは想定されていないと言えよう。

林希逸の著述では、『列子口義』「湯問第五」で一箇所「氣質の性」の語が見られる。『列子』の話は、登場人物の公扈は「志彊而氣弱」で齋嬰は「志弱而氣彊」であったので、扁鵲のアドバイスにより手術で両者の心臓を入れ替えたが、同時にその「心」も入れ替わってしまったというものである。林希逸の注は次の様に述べる。

この章は、心は気を受けて誕生し、それは人が自由にすることが出来ないものであることを表現しているのだ。その言葉には深い意味が有り、回りくどい様だが決して回りくどいものではない。程明道が「一百四病、皆由他心、須由我始得」と言っている様なものである。この語も又、意味が深い。列子は気質の性としての心を譬えたものであり、程明道の発言は理性を述べたものである。（程明道の意図は）理の性で気質の性を化して初めて、そ

の心は自由となるというものだ（此章形容心稟於氣、人有不得而自由者。其言亦有深味、雖似迂闊而不迂闊。若明道曰、「一百四病、皆由他心、須由我始得」。此語又高然。列子之喩氣質之性之心也、明道之言理性也。必以理性化氣質之性、而後心可自由）（『列子口義』巻五「湯問第五」五／一七表／二）

「心」の性質は「氣」から生れるもので、それを後天的人為で変更させることは出来ないことを述べたものだと林希逸は考える。即ち、『列子』が言おうとしているのは、心の働きは心臓という臓器、即ち気質に由来しているため、心の在り方という持ち前を気質から切り離して考えることは出来ない、という意味である。それは、程明道の発言と通じるものが有るが、程明道の場合は「理性」で「氣質の性」を「化」すことで、初めて「心」は自由となることを述べていると区別している。ここで引かれている程明道の発言は、「ある者が程伯淳の語を引用して言った、『人には様々な病いが有り、全て自由にはならないものだが、心は自在としなければならない』（或擧伯淳語云、人有四百四病、皆不由自家、則是心須教由自家）」（『二程集』巻二二、四二八頁）と見られるものであり、病は自分の思うようには出来ないが、「心」は自在となる様にコントロールしなければならない、と述べたものである。明道の場合は、「理の性」と「氣質の性」という二項で述べているのに対し、『列子』の場合は「性」と「氣」は一体化していると林希逸は言いたいのである。既に見た様に、『列子口義』は『自分の性を専一にし、その気を養い、徳を内側に維持する』とは、ひたすら純一にして静かに安定させることである。理の観点から言えば性であり、生きているそのものから言えば気であり、それが己の内に得られているという点では徳と言うのだ」と注し、「性、氣、理」の三者の実体は同じであると見ている。それは、先に引いた程明道の「性」と「氣」とを一と見る立場と一致するものではあるのだが、「理」の扱いには違いが有ると林希逸が見ていることが分る。即ち、『列子口義』のこの「氣質の性」の語は、程明道との差異を説明するために用いられた語であると考えられる。

注

（1）林希逸の著述に就いては、楊黛「林希逸『莊子口義』知見版本考述」（『文史』第四十七輯。中華書局、一九九八年）に整理されている。

（2）近年の中国の研究としては、周啓成「前言」（周啓成『莊子鬳齋口義校注』所収。中華書局、一九九七年）は、林希逸と『莊子口義』の全体的な解説を試み、理学との関りでは、張毅「以『儒』釋『莊』―讀林希逸『莊子口義』」（『南開學報』一九九〇年第五期）、孫紅「林希逸以儒解莊及其原因」（『北方論叢』二〇〇三年第五期）、許志信「林希逸莊子義理研究」（『通識教育與跨域研究』第四期。二〇〇八年）等が有り、張毅論文は『莊子口義』は理学の思想に『莊子』の思想を置き換えて解釈しているとし、内篇と外・雑篇を質的に同一と見るのは、儒家の立場から『莊子』を解釈するのに便が有ったからだとしている。許志信論文は『莊子口義』は『莊子』を「儒家化」し、「理学の観点」に近づけているとし、孫紅論文は理家の「理」の立場が『莊子口義』には持ち込まれているとし、蘇軾や陸象山の影響にも言及している。禅仏教との関りに就いては、邱敏捷「林希逸『莊子口義』『以禪解莊』析論」（『玄奘佛學研究』第四期、二〇〇六年）、孫紅「以禪解莊―林希逸『莊子口義』對『莊子』的闡釋」（『河南師範大學學報（哲學社會科學版）』二〇〇三年第三〇巻第四期）等が有り、邱敏捷論文は具体的な資料を提示して『莊子口義』が『景徳傳燈録』『五燈會元』等から多く引用していることを示し、『莊子』と禅宗の「修行過程」と「修行境界」を比較している。孫紅論文は『莊子口義』は『莊子』と禅宗の根本的一致点を「無心」に見出しているとする。又、方勇『莊子學史』、熊鐵基主編、劉固盛、蕭海燕、熊鐵基著『中国莊學史』等にも言及が見られ、方勇著は、『莊子口義』の内篇と外・雑篇の関り、程朱理学の「天理」を用いた解釈、筆法等に言及し、日本に於ける受容にも説き及んでいる。日本の研究としては、荒木見悟「林希逸の立場」（『中国思想史の諸相』所収。中国書店、一九八九年）がその全体像を検討している。又、小島毅・横手裕監修、松下道信主編『林希逸「老子鬳齋口義」訳注稿』（科研費（基盤研究（C）（2））「宋元時代の儒教と道教との交渉についての研究」報告書、二〇〇五年）には『老子口義』の現代語訳が収録されている。日本に於ける受容に就いては、長尾直茂「林羅山の『老子鬳齋口義』校訂及び施注について」（『漢文學解釋與研究』第四輯、二〇〇一年）、同氏「即非如一禅師の『老子鬳齋口義』校刊について」（『漢文學解釋與研究』第十一輯、二〇〇九年）、池田知久『道家思想の新研究―『荘子』を中心として』「第15章　日本における林希逸『荘子鬳齋口義』」（汲古書院、二〇〇九年）等を参照。尚、本章では全く触れることが出来なかった林希逸の文学的側面に就いては、例えば、丁丹「林希逸與江湖新人交遊考」（『文教資料』二〇一〇年六月號、二〇一〇年）等を参照。

（3）　近世以降の道家・道教文献に見られる「本然」「氣質」の問題に就いては、横手裕「道教における『本然の性』と『気質の性』―二つの『性』と『神』をめぐって―」（麥谷邦夫編『三教交渉論叢』。道氣社、二〇〇五年）を参照。

（4）　董思靖、范應元、褚伯秀等、朱熹以後の南宋の老荘注釈に共通して見られる傾向である。

（5）　テクストは、明・萬暦二年施観民刻本を底本とし、各本により校勘を施した、周啓成校注『荘子鬳齋口義』を用いた。頁数も同書のものである。尚、『荘子口義』の版本に就いては、注（1）楊氏論文に詳しい。

（6）　『荘子口義』の「筆法」に就いては、楊黛「『荘子口義』的注荘特色」（『中國文學研究』一九九七年第四期、一九九七年）、瀧康秀「『荘子鬳齋口義』における荘子の「筆法」の分析について」（『漢文學解釋與研究』第四輯、二〇〇〇年）が『荘子口義』の文体論に就いて論じている。又注（2）方氏著も参照。

（7）　注（2）方氏著（一一六頁）に指摘が有る。

（8）　林希逸『竹溪鬳齋十一藁續集』巻二十八「學記」は尹焞（和靖）の言を引き、「和靖曰、介甫未嘗廢春秋。廢春秋以爲斷爛朝報、皆後來無忌憚者託介甫之言也。…和靖去介甫未遠、其言如此甚公。今人皆以斷爛朝報之語爲荊公之罪、亦寃甚矣」（『四庫全書』版『竹溪鬳齋十一藁續集』巻二十八「學記」、二十八／七表）と述べ、「斷爛朝報」は実は王安石の弁ではなく、王安石と時代がさほど隔たっていないのにも関らず、尹和靖は客観的にそれを判断していたと述べていることから、資料に対する客観公平な姿勢を、自からの学風と見做していたことが考えられる。

（9）　但し、先行注を見れば、郭象注は「言、物皆自然、無爲之者也」（『荘子集釋』、二八六頁）と、成玄英疏は「皆是自然」（『同』、二八六頁）とし、何れも「自然」の概念を導入している。

（10）林希逸『竹溪鬳齋十一藁續集』には「聖人有以見天下之理、凡其或然者、莫非自然之使然。…天下之事、適來適去者、猶蚊蝱鳥雀之過目也。緣督以爲經、游心以應世者、要使之無以汨其天和耳」（『竹溪鬳齋十一藁續集』巻九「以大事小者樂天」、九／二十一表）と見え、「聖人」は「天下の理」の在り方を「自然がそうさせた」と見ると有り、この「天下の理」は、この世界の万物の在り様を意味する語と考えられる。そう見る時、万物の変化に接していたとしても、蚊程にも気になることはなく、「應世」が可能となるとされる。そこには「而聖人之處心、則以爲天地之間一物一民、皆吾同體」（「同」、九／二十二表）と、万物と自己を一体と見る「聖人」の理解が有る。この「以大事小者樂天」の文は、後段に「故吾且與之爲無崖、且與之爲嬰兒、且與之爲無町畦、雍容自得、不與之爭、而物莫吾攖、不與之敵、而物莫吾逆、此心方且乘日月而流、方且挾宇宙而游、方且泠然若飄瓦若虛舟、眞不知老之將至、而樂以忘憂也」（「同」、九／二十二裏）と有ることから、『莊子』に基づくものであることが分る。

（11）注（2）「林希逸『老子鬳齋口義』訳注稿」所収松下氏論述に言及が有る。尚、注（2）周氏校注「前言」、注（2）孫氏「以禪解莊」は、『莊子口義』の「無心」は禅思想に基づくものと指摘しているが、注（2）邱氏論文は「無心」は『莊子』自体に基づくものであるとして、周啓成の立場を批判している。

（12）「外物」との関りで言及されることの多い「死灰・槁木」に関しては、『莊子口義』には一見すると相反する二つの見解が見られる。「槁木者、無生意也。死灰、心不起也。…有我則有物、喪我、無我也、無我則無物矣」（『莊子口義』「齊物論」、一三頁）、「柴立、無心而立之貌、其形如槁木、是也。動靜無常、不倚一偏、故曰立其中央」（『同』「達生」、二九一頁）、「知、有思惟心者也。無爲謂、自然者也。狂、猖狂也、屈者、掘然如槁木之枝也」（『同』「知北遊」、三二八頁）等は肯定的に言及し、「此段主意却在靜字上、至靜之中運而無積、何嘗是枯木死灰。但讀者不察之耳」（『同』「天道」、二〇九頁）は批判的に言及している。これらは何れも『莊子』本文の意図に沿ったものではあるが、肯定的に言及している場合は、否定的意味合いの「有我」と対立するもの、或いは、「動」「靜」の一方に偏ることのない在り方を意味するものであり、批判的に言及している場合は、「動」を排除した「靜」のみに偏るものとして述べられていることが分る。これは、外界と関りながらも

「無所動」であるべき「心」の理解と一貫するものと言えよう。

（13）楠本正継『宋明時代儒学思想の研究』（八十四頁以下）、又、土田健次郎『道学の形成』（一六二頁）等を参照。

（14）例えば、「禪學元非妄詆訶、聲前句後揔成魔、本來性即虚」（『竹溪鬳齋十一藁續集』巻三「老來猶喜看書清晨有警書以自砭」、三／一〇裏）と有るのは、仏教思想を意識した「本來性」の語である。一方、「夫理外無心、性外無道。雖所得有精粗、所學淺深、所造有遠近、而囿於宇宙之間者、莫非遊於斯道之内者也」（『同』巻九「文武之道大小如何」、九／八裏）と見られるものは、この世界の様々な万物の全てが「道」であり、「理」「性」「心」であると言うものであり、『莊子口義』の立場に極めて近い。

（15）林希逸注が批判している解釈に成玄英疏が該当することに就いては、注（2）周氏校注が指摘している（『莊子口義』、二九五頁）。

（16）テクストは、中國國家圖書館藏元刻本を底本に諸本で校勘した、黄曙輝点校『老子鬳齋口義』（華東師範大學出版社、二〇一〇年）を用い、頁数も同書のものに依る。「發題」に見られる林希逸の立場と先行注との関係に就いては、瀧康秀「『老子鬳齋口義』にみる林希逸の『老子』観―黄茂材『老子解』との関連をめぐって―」（『漢文學解釋與研究』第五輯、二〇〇二年）が南宋・黄茂材と林希逸の関りに言及し、同氏「林希逸『老子鬳齋口義』と彭耜『道徳眞經集註』」（『漢文學解釋與研究』第七輯、二〇〇四年）が彭耜と林希逸の関係に就いて考察している。尚、『老子口義』の版本に就いては、山城喜憲「『老子鬳齋口義』伝本攷略」（『斯道文庫論集』第三十九輯。斯道文庫、二〇〇四年）に詳しい。

（17）「本然」の語は僅かに「芸芸、猶紛紛也。物之生也、雖芸芸之多、而其終也、各歸其根。既歸根矣、則是動極而靜之時、此是本然之理、於此始復、故曰、復命」（『老子口義』「致虚極章第十六」、一八頁）と見られる。尚、『莊子』と『老子』とで「性」と「心」が使い分けられているのは、解釈はテクストに即すべきという姿勢の現われだが、同様の意識は范應元にも見られる。本篇「第四章　范應元『道徳經古本集註』の思想について」を参照。

（18）『列子口義』のテクストは『道藏』本『沖虚至徳眞經鬳齋口義』を用いたが、明萬曆何汝成刻本で校勘を施した『中華道藏』第十五冊所収の『沖虚至徳眞經鬳齋口義』（華夏出版社、二〇〇四年）を随時参照した。
（19）『列子口義』が『老子口義』から引用することはほとんど無いのだが、『列子口義』巻一「天瑞」冒頭付近の「黄帝書曰」（一／二裏／七）の段は、『老子』第六章の内容と同じであるため、『老子口義』第六章の注文がそのまま援用されている。このことは、『老子口義』の撰述が『列子口義』に先んずるものであることを示唆している。
（20）「性」に就いては、「隨物而觀、則其性皆均、物各一性、不得而相易」（『列子口義』巻五「湯問第五」五／七裏／七）と有り、やはり個々の持ち前を「性」は意味し、個体差を前提とする概念と考えられる。
（21）注（2）周氏校注はこの「話頭」を大慧の看話禅を指すとする。具体的には「雲門即向他道、誰是入室者、誰是爲入室者、誰是作夢者、誰是説夢者、誰是不作夢會者、誰是眞入室者、咄亦漏逗不少」（『大慧普覺禪師書』巻二十五。大正藏四十七冊・九一九中。荒木訳二十九頁）と見られる、夢見る自己と夢のなかの自己を区別することの無意味さを述べた箇所が踏まえられている。尚、以下の『大慧普覺禪師法語』『大慧普覺禪師書』の訳文は、石井修道訳「大慧普覚禅師法語」（『大乗仏典　中国・日本篇12　禅語録』所収。中央公論社、一九九二年）、荒木見悟『禅の語録17　大慧書』（筑摩書房、一九六九年）を参照し、それぞれ「石井訳」「荒木訳」として頁を記載した。
（22）この注が引く「蝦蟆禪只跳得一跳」（『莊子口義』「大宗師」、九十九頁）の句は、『大慧普覺禪師宗門武庫』（大正藏四十七冊・九四六中）に見られる、融通のきかない死禅を指す表現に基づく。注（2）荒木氏「林希逸の立場」は、林希逸が大慧禅に着目した理由を、「事を尊重し、人倫界をもてこ入れし得る」禅を林希逸が求めて、大慧のそれが、「真即実有なる禅風」「全体大用」という点で正にそれに適っていたのだとする（六十七頁）。
（23）以下の論述に於ける大慧研究の現状に就いては、臨済宗妙心寺派順心寺住職廣田宗玄師の御教授による。
（24）大慧のこうした立場に就いて、荒木見悟『新版　仏教と儒教』は「大慧の悟道が終始一貫、日用応縁処に密着してあることが明らかとなった。しかも、この日用応縁処は欠陥界であり、さればこそ悟が求められるわけであるが、その悟となる欠陥界の虧欠せる部分を補足充填する一物ではなくて、欠陥界を構成する主体の価値観を顚倒させるものである」（一九五頁）と述べておられる。

（25）「要思量、但思量。要哭、但哭。哭來哭去、思量來思量去、抖擻得藏識中許多恩愛習氣盡時、自然如水歸水、還我箇本來、無煩惱、無思量、無憂無喜底去耳。入得世間、出世無餘。世間法則佛法、佛法則世間法也。父子天性一而已。若子喪、而父不煩惱、不思量、如父喪而子不煩惱、不思量、還得也無。若硬止遏、哭時又不敢哭、思量時、又不敢思量、是特欲逆天理、滅天性（『大慧普覺禪師書』巻二十七「答汪内翰第三書」、大正藏四十七冊・九二九下。荒木訳注一二三頁）。

（26）荒木訳注（二〇一頁）。

（27）注（2）荒木氏「林希逸の立場」（六十八頁）、或いは荒木訳注（五十四頁）。

（28）「若有心乎用知、則反爲我身之累、此意蓋謂無心既不可、有心又不可、即釋氏所謂恁麽也不得、不恁麽也不得」（『莊子口義』「庚桑楚」、三五四頁）は、「有心・無心」を直ちに「恁麽・不恁麽」に置き換えている数少ない事例と思われる。

（29）「天理人欲分數有多少。天理本多、人欲也便是天理裏面做出來、雖是人欲、人欲中自有天理」（『朱子語類』巻一三、二二四頁）。注（2）周氏校注（一〇〇頁注（4））が指摘する。

（30）「董仲舒云、質樸之謂性、性非教化不成。性本自成、於教化下一成字、極害理」（『朱子語類』巻一百二十五、三〇〇〇頁）。

（31）『朱子語類』には「老子之學、大抵以虛靜無爲、冲退自守爲事。故其爲説、常以懦弱謙下爲表、以空虛不毀萬物爲實。其爲治、雖曰、我無爲而民自化、然不化者則亦不之問也」（『朱子語類』巻一百二十五、二九八六頁）と見られる。

（32）『列子口義』に見られる朱熹批判は、既に指摘した『老子口義』の注文を援用した以外では、「朱文公於此謂釋氏剽竊其説、恐亦不然。從古以來、天地間自有一種議論如此、原壤即此類人物。佛出於西方、豈應於此剽竊。詆之太過、則不公矣」（『列子口義』巻一「天瑞第一」一／一四裏／一〇）と、仏教が『列子』の文を剽窃したという朱熹の見解に対する批判が見られる。これも『語類』に「因言、列子語、佛氏多用之。莊子全寫列子、又變得峻奇」（『語類』巻一百二十五、二九九一頁）と見られる他、『語類』巻一百二十六に多く見られる見解である。

第六章　褚伯秀『南華眞經義海纂微』について

序

「清苦節行」（『學海類編』版、元・鄭元祐『遂昌山樵雜録』三裏）でその名を知られた銭塘出自の褚伯秀（号雪巘、一名師秀）は、南宋末〜元初の杭州天慶観の道士である。その生涯に就いては多くは知られておらず、范應元を師として『莊子』を学び、王子谿・馬志道を弟子とし、釈文珦、周密、銭菊泉、平章尤公らと交流があり、西湖の畔に隠遁し士大夫と交流を持っていた等が知られているに過ぎない。[1] 彼の編著である『南華眞經義海纂微』（以下『義海纂微』と略す）が載せる咸淳庚午の歳（一二七〇年）に書かれた「後序」に依れば、淳祐丙午の歳（一二四六年）に范應元に就いて『莊子』を学び、その学問の集大成である『義海纂微』に就いては「ここに諸注釈を集め、およそ七年をかけて作業が完成した（茲因纂集諸解、凡七載而畢業）」（『義海纂微』後序／一〇六／二〇裏／三）と述べていることから、その作業は一二六〇年代前半から着手していたことが分る。一方、劉惟永『道徳眞經集義大旨』（『道藏』所収）の「道徳眞經集義諸家姓氏」は褚伯秀の名を挙げるが、彼を含む諸注釈家の名がほぼ時代順に並び、且つ、彼に前後する休休庵・牛妙傳・喩清中・楊智仁らの注解が全て一二八〇年前後に撰述されたと考えられることから、褚伯秀の『道徳經』注もほぼ同時期の撰述と推測される。『莊子』『老子』の注釈が相前後して撰述されたことが分る。[2]

劉惟永『道徳眞經集義』は褚伯秀の『道徳經』注を引用するが、断片的なものに過ぎない。一方、『義海纂微』はその全体が残り、他には現存していない多くの『莊子』注釈を今に伝えている点で、その道教研究に於ける価値は高い。そこには、郭象、呂惠卿、林疑獨、陳詳道、陳景元、王雱、劉槩、呉儔、趙以夫、林希逸、李士表、王旦、范應元らの注釈が随時引用されているが、この内、単行として現存しているものは、郭象注、王雱『南華眞經新傳』、林希逸『莊子口義』、李元卓『荘列十論』に限られる。現在、これら以外の注釈を窺うには、『義海纂微』所引の注釈に依らざるを得ないのである。(3)

『義海纂微』の褚伯秀「後序」は次の様に述べる。

私が思うに、聖人賢者が教えを示し、後人を導いたものは、その意味は海の様に広く深いため、理解は受ける者の器量に左右される。（従って、教えに付された）注釈の学問には、自ずと（注釈者による）見解のレベル差が有るのだ。そのため、優れた師の心伝を得て、些末な点に惑わない様にすべきなのだ（竊惟、聖賢垂訓、啓迪後人、義海宏深、酌隨人量。箋註之學、見有等差。須遇師匠心傳、庶免多岐之惑）（『義海纂微』後序／一〇六／二〇表／七）

個々の注釈は注釈者の理解能力に大きく依拠する。そのため、『荘子』本来の意図をより正しく理解するためには師に就いて行間の意味を学ぶ必要が有るのである。又、咸淳元年（一二六五年）に『義海纂微』に寄せられた劉震孫の「序」は、

ある日、中都道士の褚伯秀が、集めた『荘子』諸注と、そこに自分の見解を附したものを持参し私に示した。私は、その努力して優れた注釈を集め、取捨が精緻であり、又、その見解も大変優れている点が多いのを喜ばしく思った（一日、中都道士褚伯秀、持所集莊子解、且附以己見、示余。余喜其會粹之勤、去取之精、而所見之多有超詣也）（『同』劉震孫序／一裏／九）

と述べ、「會粹の勤、去取の精」と絶賛されている『義海纂微』は、優れた注釈を慎重に集め、その収録に取捨選択を加えたものであることが分る。本心翁・文及翁の「序」も、褚伯秀は「諸家の注解を集め、自身の見解でそれらに判断を下している（輯諸家解、斷以己見）」（『同』本心翁・文及翁序／二裏／六）と述べている。そして、湯漢の「序」は、

『荘子』は最も難解であり、極めて聡明な蘇東坡翁は『荘子』から得たものが多いと自《みずか》ら述べているが、その文を見ると、『荘子』に言及している場合、その本旨から外れている場合が往々にしてある。まして、王雱や呂惠卿

といった邪見の腹に満ち溢れている者達が、どうして『莊子』の懸解の境地に至ることが出来ようか。…武林褚伯秀は道家の者であり、儒者でも墨家でもないため、『莊子』を読むに際し、その姿勢がぶれることはなく、枝葉を追い掛けるあまり真実を見失うことがない。特に、『莊子』本来の主旨を求め、歴代の多くの優れた説を集め、そこに自身の見解を加えているのだ。（先注を収録する場合は）妥当と思われるものを採り、注釈者個人を理由に採用を見合すことはなかったのだ（而莊子尤難讀、大聰明如東坡翁、自謂於莊子有得、今觀其文、間有説莊者、往往猶未契本旨。況雱・惠卿流、毒螫滿懷、而可與於帝之縣《ママ》解乎。…武林褚君伯秀、道家者流、非儒非墨、故其讀此書也、用志不分、無多岐亡羊之失。特欲索祖意、於千載之上、會粹衆説、附以己見。采獲所安、不以人廢）（『同』湯漢序／三表／七）

と述べ、湯漢自身は王雱・呂惠卿に関する人物評価から、その注釈を厳しく批判しているのだが、『義海纂微』は、正に湯漢が「人を以て廢せず」と述べている様に、むしろこれらの注釈を収録しているのである。

以上から、褚伯秀が諸注釈を収録する際には、『莊子』の本旨を過つことなく理解することを第一目的とし、そのために、王雱・呂惠卿等の様に当時に在って必ずしも評価の高くはなかった人物の注釈も、敢えて収録していることが分る。

一　『義海纂微』の編纂方針について

『義海纂微』は以下の様な形式で撰述されている。[4]

（1）『莊子』各篇の「經文」に続けて、郭象、呂惠卿、林疑獨、陳詳道、陳景元、趙以夫、林希逸を主要な注釈として引用する。[5] 即ち、宋代の諸注釈を総括しつつ、併せて郭象を別格として収録しているということになる。

（2）主要な注釈を引用した後に、「褚氏管見」（例えば『同』一／三十四裏／五）と題して、褚伯秀自身の見解を述

べる。(6)

（3）各篇の末尾には、「褚氏管見」に続けて「褚氏統論」と題して、『莊子』各篇の篇題の意味と、各篇の内容が総括される（例えば『同』一／三十四裏／六）。

（4）『義海纂微』が冒頭「今所纂諸家註義姓名」に掲げる注釈の中で、主要な注釈以外のもの、即ち、王雱、劉槩、呉儔の各注、「李士表莊子十論」、「王旦莊子發題」、「無隱范先生講語」等は随時引用されているが、主要な位置を占めてはいない。

（5）成玄英疏、『經典釋文』所収「舊注」、その他の関連資料が随時参照されているが、これらも又、主要な位置を占めてはいない。

さて、褚伯秀が『義海纂微』を撰述した目的が『莊子』の本意を明らかにすることである以上、『莊子』「經文」の意味が明白であり、説明が不要と判断された場合は、例えば、「經文大意明白、不復集解」（『同』一／九裏／六）、「經意顯明、茲不贅述」（『同』九／一九裏／一〇）等の様に注釈は省略されている。又、「已上集解詳明、茲不復贅」（『同』二／一五裏／一）、「諸解大意詳悉、茲不復贅」（『同』七／一三表／四）等と有るのは、諸注釈によって「經文」の内容が既に明らかにされているため、褚自身が説明を加える必要は無いと判断したことを意味する。又、特定の注釈を特に重視したり批判したりするという姿勢も見られない。この点は、劉震孫「序」が郭象注を厳しく批判し、湯漢「序」が王雱・呂惠卿の注釈そのものを否定していたのとは明らかに異なる姿勢である。例えば、「郭氏註、理至則迹滅、其説盡之」（『同』一／一三裏／二）と郭象注を評価する一方、「無隱范先生講義宗呂註、兼證郭氏小失、…其論爲當」（『同』六十五／八表／四）と呂惠卿を踏まえる范應元の立場を評価しつつ、郭象批判にも言及している。又、「唯呂註其旨、碧虚以無益名章、亦失之」（『同』一百／六表／九）と呂惠卿の立場を評価し陳景元を批判する一方、「碧虚子陳景元云、張君房校本此句無方字、引後文多於聽者爲證、其論頗長」（『同』二十三／五裏／八）、「碧虚照江南古藏本作運化、於義爲優」（『同』六十二／一〇表／五）、「今彼、陳碧虚照散人劉得一本合彼、參之上文、於義爲優」（『同』六十六／一二裏／一）等の様に、諸テクストに基づく陳景元のテクストクリティークは高く評価されている。この様に、『義海纂微』は先行諸注釈の一つ一つの内容に即して、個々にそれらを時には評価し時には批判していることが窺える。

陳景元の評価の仕方から窺える様に、『莊子』「經文」の本意を汲み取るためには、ある程度のテクストクリティークや諸文献に基づく訓詁は不可欠と褚伯秀は考えていた様である。例えば、「陳碧虚、照文如海・張君房校本、喜巳世下三乎字並作也、與上下句協、似亦有理」（『同』一五／七裏／五）と見られるのは、陳景元が「文如海・張君房校本」に基づいて、「乎」を「也」に校訂したものを是とするものであり、「音義載李氏本作狸、爲當」（『同』二十一／五裏／七）は、『經典釋文』の「音義」が載せる李軌のテクストを是とするものである。又、「六極、五常、解者不一、以洪範六極五福釋之、爲當」（『同』四十四／六表／二）は、諸解の間で見解の分れる「六極、五常」に就いて、『洪範』に基づいて訓詁すべきとするものである。

この様に褚伯秀はテクストクリティークや訓詁に対して一定程度の意義を見出してはいるのだが、しかし、重要なのはあくまでも「經文」の本意を汲むことであり、訓詁に必要以上に捉《とら》われてはいけないともする。「按前諸解、指字多以手指釋之。蓋以爲訓前則指在其中矣。竊詳經意、指應同旨、猶云理也」（『同』六／五裏／九）は、先行諸解釈が「指」を「手指」と解釈しているのに対し、「經意」を詳細に鑑みた結果、「指」は「旨」であり、「理」に等しいとするものである。又、「凡十一處聖人字、今本皆然。唯陳碧虚照張君房校本並作聖知。考之前文、…則説亦可通。據當篇本意、正論立法之多弊、則從元本可也」（『同』二十八／一三表／一〇）と有るものは、全てのテクストが「聖人」としている箇所を陳景元は「張君房校本」に基づいて「聖知」と校訂する。それは「經文」に基づいて考えれば、通じることは通じる。しかし、本篇の「本意」に基づけば、やはり本来の字のままの方がよいとするものである。又、「又受命於地至唯舜獨也正、文句不齊、似有脱略。…補亡七字、文順義全、…則元本經文、應有在萬物之首字。傳寫遺逸」

(『同』十二／十一表／二）とは、文意を考えた結果、「脱略」が有ると判断し、「七字」を補うことで、文体も文意も完全なものとなることから、「元本經文」はその様であったとするものである。

以上から、『義海纂微』は、『莊子』の「經意」を汲み取ることを第一目的とし、そのために、諸注を引用し訓詁を行ってはいるものの、訓詁注釈に限定されない解釈を重視していたことが分る。(7)『義海纂微』が先行『莊子』注以外の文献を引用することがほとんど無いのは、宋代の『莊子』注釈としては珍しいことだが、それも又、『莊子』に即して本意を明らかにするという『義海纂微』の姿勢に沿ったものと考えることが出来よう。

一　『義海纂微』の思想について

(一)「化」

『義海纂微』が『莊子』「經意」の理解を目的とする以上、褚伯秀独自の立場が強調されることは少ない。しかし、そうした中で、褚伯秀が頻繁に用いる概念に「化」が有る。褚伯秀は『莊子』の「内篇」七篇を特に重視するが、『内篇』の奥深い点は、神を窮め化を極め、その道が天人を貫いている点である（内篇之奥、窮神極化、道貫天人）」(『同』「應帝王第七」二十二／九表／一）と述べ、「内篇」の中心思想の一つとして、「天人」を貫く「神化」を考えていることが窺える。(8)

この「化」とは万物が留まることなく変化し続けることを意味する。例えば、

偉大なる「化」の巡りは一瞬も留まることは無く、人はその中に在って、「化」と共に変化する。幼い時は無知だが長じて英明となり、若い時には苦労するが歳老いて安らかとなる。その間の出処動静・興廃変遷に一定不変

のものなどないのだ。それは「化」することを欲し求めるから「化」するのではない。「化」することが万物の自然な道理であり、古今を通じて不変なものだからなのだ。（しかし）僅かに道を得た者だけが、「私は化したくない」という迷いを忘れることが出来るのだ（猶大化之運、頃刻不停、人處其中、與之倶運。幼蒙長慧、壯勞老逸。其間出處動靜、興廢變遷、亦何常之有。蓋非欲化而求化也。物理自然、古今一致。唯得道者、我欲不化、忘之而已）（『同』「大宗師第六」一九／一〇裏／三）

「大化」の巡りは一瞬も留まることなく、人の一生もその中に在って共に変化して留まらない。それは変化を求めるから変化するのでなく、変化すること自体が万物の自然な在り方であるからである。しかし、凡人は現状が変化しないことを求めてしまう。「得道者」のみが、この「化」に抗《あらが》う姿勢から解放されているのである。又、

要点を論ずるならば、死・生、覚・夢の違いは全て「化」に基づくものである。彼・我、是・非の区別は「声」から生じるものである。覚・夢の違いは肉体に基づくものであり、是・非の違いは心の働きから生じるものであり、どちらも依拠するものが有る様である。しかし、「化」するものは自然と「化」し、何故「化」するのかは分らない。「声」有るものは自然と「声」が有るのであり、何故「声」が有るのかは分らない。そのため、依拠するものが無い様でもある。もし、物事の道理の極地を求めるならば、（それは）造化の自然の働き以外の何ものでもなく、これがあらゆる「化」が生じる根源であり、同時に、万物が等しくある理由でもあるのだ（若以簡要論之、死生覺夢之分、出於化者也。彼我是非之辯、出於聲者也。覺夢依乎形、是非生乎情、有若相待也。然而化者自化、不知其所以化。聲者自聲、不知其所以聲。又若不相待也。要夫物理之至極、莫逃造化之自然、此萬化之所出入、萬物之所以齊也）（『同』「齊物論第二」四／二十三表／二）

『莊子』の「化・聲」の語には様々な解釈が有るが、褚伯秀は「化」を「形」に代表される具体的姿形を持つものが様々に変化することと理解し、「聲」を「彼我」「是非」に代表される主観的判断が様々に変化することとして理解し

ている。そして、これら「化・聲」の差異は形や判断に基づいて存在すると、依拠するものが有るとも考えられるが、「化・聲」が全て「自化」「自聲」として展開し、その展開する理由を分析的に突き止めることが出来ず、「造化の自然」の計らいに任せるしかないものであることから、何物にも依拠していないと見ることも出来る。これは万物に例外なく等しく当てはまる事柄なのである。何故「化」するのかが分らない点に就いては、

思うに、覚醒と夢とを借りて論じ、死と生とが一致しており、生きている者は死を知らず、又た死んでいるものは生を知らず、両者は互いを知ることが無いが、理としては本来区別が無いものであることを明らかにしているのだ。…即ち、動植物の形は様々であり、生れては死に様々に変化し、又、有情と無情の違いも有るが、「化」するという点では全て等しいのである。「化」とは、形体の始めと終わりであり、万物が生れ滅びる根源である。それは、造物の計らいに基づくもので、勇者も拒むことが出来ず、物はその形成の働きを受け、形が作り上げられるが、何故その様であるのかを知ることは無いのだ。だから達人は「化」に任せるだけなのだ。だから、覚醒か夢なのかがよく分らないのは、生と死とが一体であるからなのである（蓋借覺夢以立言、明死生之一致、生不知死、亦猶死不知生、二者雖不相知而理本齊一。…是知動植萬形、生死萬變、有情無情、卒齊於化。化者、形數之始終、萬類之出入。由於造物之推排、勇有力者莫能拒、物受雕琢、形歸鼓鑄、不知所以然而然。是以達人委而順之。故覺夢混融、生死爲一也）（『同』「齊物論第三」四／二十九表／九）

「胡蝶の夢」で、夢なのか覚めているのかの区別が曖昧であるのは、それは、生と死が区別出来ないのと同様に「萬化」の一つであるからだ。個々の「化」が「自化」である以上、互いが互いを意識することは有り得ない。即ち、様々な変化・運動は、自ずと変化・運動すべく「自化」しているのであり、その点で、万物は平等なのである。「理としては本来区別が無い」とはそれを意味するものである。この「理」に就いては後述する。同様に、

前章の子祀・子輿・子犂・子来が互いに友となり、子輿の形が病むも心は平静であり、子来がまさに死のうとし

ていても、その精神がおじけることが無いのは、理に達し「化」に従っているからである。次の章で子桑戸が死に、二人の友が曲を作り琴を弾き、互いに和して歌ったのは、形を忘れ「化」を楽しむ者達であったからだ。この章に於いて、母親の葬式に際し、葬式を簡略化出来なかったが、泣いても涙が流れず心が悲しむことが無かったのは、何故生れるかを知らず、何故死ぬかを知らないからである。…そもそも「化」とは造物の計らいによるもので、そして、物が自ら生れることでもあるのだ。そのカラクリは慎まねばならない。…人の哀・楽は、造化の働きに従った結果に他ならない。この造化の働きに安んじ、「化」に従うことが出来れば、極めて静かな境地へと入り、自然と一体となり、天と人は一体化し、そこにはただ一つの道のみが存在するのだ（前章子祀・子輿・子犂・子來、相與爲友、子輿形病而心無事、子來將死而神不懾、達理而順化者也。次章子桑戸死、二友編曲鼓琴、相和而歌、忘形而樂化者也。至此章居母喪也、欲簡之而不得、故哭無涕而心不哀、不知所以生、不知所以死。…夫化雖由於造物、亦有以見物之自造也。其機可不謹哉。…人之哀樂、係於推排之所遇。能安於推排、順於去化、乃入於寥遠、合乎自然、天人混融、無二道矣）（『同』「大宗師第五」一八／一九表／九）

病に罹る、肉体が醜く変化する、自身が死のうとしている、或いは肉親が死去する、これらは世俗が憂うる事柄であるが、それ等は自ずとその様にある変化なのである。その道理を理解した者達は、これらの事柄に直面したとしても、「順化」「樂化」することが出来る。この「化」は「造物（者）」が齎すものであるのと同時に、「物」が自ずと変化することでもある。従って、その変化に拘泥することが無ければ、天と一体化し、「道」と等しくなる。ここに見られる「天人混融」に就いては、先に見た「齊物論第二」の「褚氏管見」が続けて次の様に述べている。

荘周と胡蝶とには区別が有るであろう。この区別とは、それぞれの内に有る物の天である。物はそれぞれが天を有しているが、しかし、それらは本来は唯一の天なのだ（周與胡蝶則必有分。分即物之天。物雖各有天、固同一天也）（『同』「齊物論第二」四／三〇表／八）

万物が等しく在るべき在り方で存在しているとは言え、覚醒時の荘周と夢中の胡蝶とには、やはり区別が有るはずだ、と改めて褚伯秀は述べる。それは、万物の「自化」を主張するならば、自ずと個々の事物の在り方自体を自然なものとして認めねばならず、そうなれば、自ずと個々の事物の間の差異を差異として認めなければならないからである。この個物間の違いは、個物が内に備える「物の天」を根拠とする。「物の天」は個物の個別性を保証する概念である。しかし、この「物の天」は個々ばらばらな存在ではなく、より根源的な「一天」に基づくものであり、その点で万物は様々に異なり変化しつつも、等しいと認識されているのである。

（二）「不化」

万物は常に「化」するものとされているが、その個々の在り方を保証するのが「物の天」である。

この道を得た者は、天地と徳を一致させ、陰陽と巡りを等しくし、時々に隠れたり現われたりし、常に逍遥するのだ。天地の陰陽とは、即ち人々の身中の陰陽に他ならない。水・火はこれに由って生れ、性・情はこれに基づいて万物に通じ変化する。天に至り地に蹲り、極まらないことはない。しかし、視聴の及ぶものではないため、鯤鵬を用いてどうにかそれを表現し、学ぶ者が物に基づいて心を明らかにすることから始めて、最終的には形を忘れて道と一体となり、根元に深く至り極地に安んじ、「化」のカラクリと玄妙に一体となる様にさせようとしたのだ。我が身の陰陽は常に巡る。我が身の天地は未だ嘗て休んだことはない。このことから分るであろう、人の本性は本来逍遥を体現しているのに、世俗の人々はそのことに暗く迷い、真理を忘れて偽りを追いかけ、生きている時には死を恐れ、物事を得た時にはそれを失うことを心配し、逍遥と言うものを知ることがないのだ。…一気から分れて天地となり、天地が交わって万物を生み出す。互いに離合し、生成し化して窮まることなく、小大・短長も、すべてがそれぞれの分として完全なのである。気を受けてから形が備わるまで、時期が至れば質の変化に至る。陰を負い陽を抱き、時として対待の関係に在るが、「化」すべきものは「化」さない訳にはいかず、飛ぶべきものは飛ばない訳にはいかないのだ。これらは全て天のカラクリが巡らすものであり、「化」を受けるものはそれに気付かないのだ（言得此道者、與天地合徳、陰陽同運、随時隱顯、無往而不逍遥。天地之陰陽、即人身之陰陽。水火因之以發源、性情資之以通化。上際下蟠、無所不極。然非視聽所可及、故立鯤鵬以強名、使學者始因物而明心、終忘形以契道、深根寧極、妙合化機。吾身之陰陽、無時不運。吾身之天地、未嘗或息也。由是知、人之本性具足逍遥、而世俗冥迷、忘眞逐僞、當生憂死、慮得患失、罔知所謂逍遥。…自一氣分而爲天地、天地交而生萬物。互離互合、生化無窮、小大短長、咸足其分。由受氣至於具形、數極至於變質。負陰抱陽、時各有待、當化者不得不化、當飛者不得不飛。皆天機所運、受化者不自知也）（『同』「逍遥遊第一」一／五裏／一〇）

全ての存在は「自己の天」をその存在の根拠とする。これは、「吾身の天地」とも言われ、又、「人身の陰陽」、「吾身の陰陽」等とも言われる。この個別性を保証する「自己の天」は、実は、より普遍的・根源的な「天地の陰陽」と別物ではない。従って、「天地」と「徳」を同じくし、「陰陽」と巡りを一致させることが可能なのである。それが、人がその本性として常に「逍遥」することが可能である理由とされている。これは既に見た「物の天」と「一天」の関係と同じである。[9] この「吾身の陰陽」、「吾身の天地」は常に「運《めぐ》」り、「息《やす》」むことが無い。それが万物が「化」して止むことが無いという「化の機《カラクリ》」なのである。その「化」という在り方こそが万物の真実の在り方なのである。だから「化」すべきものは「化」さない訳にはいかないものの、しかし、「化」す者はそれと気付かないのである。

この「自己の天（吾身の天地）」という概念は、褚伯秀の師である范應元の立場を踏まえるものである。「西蜀無隱范講師は言う、…『神人』とは即ち身中の至霊なのだ（西蜀無隱范講師云、…神人、即身中至靈者）」（『同』「逍遥遊第一」一／二十一裏／七）という范應元の見解に続けて褚伯秀は、「後に無隱講師が現われ、ほぼその意味を解き明らかにし、玄妙かつ微妙な点をズバリと指摘し、先聖が行間に述べた秘義を明らかにし、人々が本来備えている天を明らかにした（後有無隱講師、盡畧衍義、直指玄微、發先聖不言之秘、開學人固有之天）」（『同』「逍遥遊第一」一／二十二表／五）と述べ、ここで言われている「人固有の天」は、先に見た「自己の天」「吾身の天地」に等しいと考えられ、それは范應元の「身中至靈」という立場に基づくものであることが分る。(10)

この「一天」と「物の天」の関係は、全体性と個別性、不変と変化の関係でもある。例えば、

ある家の薪が尽きたとしても、この世の火が尽きることは無い。巧みに薪を用いることが出来る者は火を伝えることが出来る。（同様に）一人の身が尽きたとしても、身中の神が尽きることは無い。巧みに養生が出来る者は神を維持出来るのだ。あの薪で燃えている火と、この薪で燃えている火とは（火という点では）同じだが、燃えている炎は一つ一つ異なる。神が後身に託されているのと今身に託されているのとでは（神という点では）同じだが、その一つ一つの（「神」の働きである）息は異なっている。炎が同じではないから（個々の炎には）燃えたり尽きたりすることが有り、息が異なっているから死が有り生が有るのだ。しかし、世間の火が尽きることは一度も無く、神が尽きたことは一度も無いのだ。それを維持する者がいるからだ。日の光、火打石、木や竹を擦る等は、全て火を得る手段である。火はこの世界に満ち溢れているが、人でなければそれを入手することは出来ない。神の巡りも同様である。薪を捨て去れば火はどうして輝くことが出来ようか。形を捨てれば神は何に託されようか。このことから分るのだ、火を伝えるには薪を得る必要が有り、神を託すには形を得る必要が有る（夫一家之薪有盡、而天下之火無盡、善爲薪者、有以傳之。一人之身有盡、而身中之神無盡。善養生者、有以存之。火之在彼薪猶此薪也、而焰焰不同。神之託後身猶今身也、而息息各異。焰不同所以有然有滅、息各異所以有死有生。然而天下之火未嘗盡、神未嘗滅者、有人以主之耳。至若鑑日擊石・鑽木戛竹、皆可以得火。火性遍天地間、非人無以致之、神之運化也亦然。去是薪、火何麗。亡是形、神何託。由是知、傳火在乎得薪、託神在乎得形）（『同』「養生主第三」六／六表／三）

個々の薪で燃えている炎は尽きることが有るが、火という存在が消滅することはない。薪を巧みに扱えば火を伝えていくことが出来るからだ。同様に、個々の人々の肉体が尽きることがあっても、「神」が尽きることはない。養生に巧みな者が「神」を維持することが出来るからである。この「身中の神」という考え方も范應元の思想を踏まえるものであろう。「火」という全体的・普遍的な存在があり、それを個々の家々は薪に依る個別の「焔」として伝える。従って、その個々の「焔」には違いがあり、「焔」が燃え尽きることも有るが、普遍的「火」が消えることはない。同様に、全体的・普遍的「天」があり、それが個々の人々に於いては「身中の天」として存在する。これが「身中の神」である。個々の「身中の神」は個別性を具現化しているため、それは「息息各異」と違いがあり、その個別の「息」が滅びることは有るが、しかし、全体としての「神」「天」が滅びることはないのである。ここには、生滅を伴う、即ち「化」する個々の存在と、不変的な、その意味で「化」より自在となった存在である全体とが述べられているのである。

　この消滅することの無い全体的「神」「天」は「不化」と言うことが出来るはずであろう。褚伯秀の注釈は「化」を重視する一方で、「不化」にも言及する。

　「人以て終と為し極と為す」とは、形が「化」するという点からのみ見て、その「不化」なるものを見ていないに過ぎない。…「人は其れ尽《ことごと》く死す」とは、多くの人々は「化」によって終わることであり、「私一人は存在する」とは、この「我」とは形骸としての「我」ではなく、清静明妙、虚徹霊通である本来の「我」であり、姿形や音声で求めることが出来るものではないのだ。それは天地に先んじて生じ、何ものにも依拠しない存在なのである

（而人以爲終爲極者、以形化觀、而不覩其不化者耳。…人其盡死、謂衆人終於化、而我獨存、此我非九竅百骸之我、乃淸靜明妙、虛徹靈通、本來之我、不可以色見聲求。是以先天地生、獨立而不改也）（『同』「在宥第二」三十一／二十二表／二）

万物に「終・極」が有ると看做されるのは、「形」が「化」する側面のみを見て、「不化」なるものの存在に気付いて

いないからである。それは「色見聲」等の現象では確認出来ない「本來の我」と言われるものである。それが「先天地生、獨立而不改也」と『老子』(第二十五章)の語で言われていることから、「道」に等しいものとして理解されているることが分る。これが「不化」なる存在なのである。この「本來の我」は、「不化」という点で全体的「天・神」に相当すると言えよう。又、『日與物化』とは、先の炎が後の炎とは異なるということだ。『一不化』とは、今の私が昔の私に他ならないと言うことだ。どうしてそこから離れることが有ろうか(日與物化者、前焰非後焰。一不化者、今吾即故吾。何嘗舍離哉)」(『同』「則陽第二」八十三／八表／二)と、個々の炎の変化を「化」と称するのに対し、「今吾」と「故吾」とが同一であることを「不化」と称している。先に引いた「則陽第二」の注釈が、「人の真性は混沌として完全なものだが、やがて内面的にそれが欠けてしまうのは、外界に対する聞見に動揺させられるからである(人之眞性渾全、久而内虧者、外爲聞見所移)」(『同』「則陽第二」八十三／七裏／三)の句から始まり、そこに「性の本然」(『同』「則陽第二」八十三／七裏／七)の語が見られるのも同じ脈絡であり、即ち、「不化」である全体的「神」「天」は「本來の我」「眞性」「性」「性の本然」と言われるものなのである。(11)

(三)「性」

「今吾」と「故吾」の同一性を意味する「一不化」なるものと人の本性に就いて次に考えてみたい。これは「性」「理」と関るものである。先ず「性」だが、

「性は生の実質である」とは、「形体が有り神を備えれば、それぞれに儀則が有る、これを性と言う」、と言われているものである。「性が発動したものを為と言う」とは、即ち、無為とは性が未だ発動していないことを意味することが分る。「発動して偽をなしてしまうと、それを失と言う」とは、即ち、有為とはその行為が真実では

ないことを意味していることが分る（性者生之質、形體保神、各有儀則、謂之性、是也。性之動謂之爲、則知無爲者其性未嘗動。爲之僞謂之失、則知有爲者其爲未嘗眞）（『同』「庚桑楚第五」七十四／六裏／五）と、『莊子』の立場に即して「性」は「生」の実質に他ならないとする。個々の事物が存在する時、その個物を他の個物と区別する個別性が自ずと存在する、それが「性」である。そして、その「性」が動くと「爲」となるという『莊子』の立場に対して、「性」が動かない状態が「無爲」であると付け加える。それは、

「不壞」とは、唯一の霊妙な根源を指し、それが静かである点で性と呼ばれ、虚空を包み込んでもまだ余裕があるものだ。それが動くと心と言われ、それでは、塵芥に行き渡ろうとしても不十分となるのだ（不壞者、一靈之本、靜而曰性、含虛空爲有餘。動而曰心、入塵垢爲不足）（『同』「田子方第二」六十四／七裏／二）

と、「性」は「一靈の本」である「靜」なるものとされている。それが作用を起すと「心」となる。この「一靈の本」は「身中の至靈」に相当するものであろう。即ち、「性」が作用を起す前の「靜」の状態が「無爲」であり、作用を起すと「心」「爲」となるのである。このことは、又、

心は動くことで欠け、性は静かであることで得られるということだ。性を得るとは、我が本来の真実の在り方を取り戻すことで、無所得に基づくものだ（言心以動虧、性由靜得。得性者復吾本來之眞、亦由無所得也）（『同』「説劍第一」九十七／九裏／六）

とも言われ、「心」が動くことで本来の在り方が損失され、「靜」であることで「性」が本来の在り方を回復する。「性」の回復が「吾本來の眞」の回復を意味するのである。

さて、こうした人の「生」の実質としての「性」だが、「人の性は本来善であり、否定されるべきものは何もない（人性本善、無有不可）」（『同』「則陽第一」八十二／五裏／四）とされ、それは、

人にはそれぞれ正しいものとしての性が有り、それは天から得たもので、変更は出来ないのだ。鄭人緩が儒者と

なり、墨翟が墨家となったのは、全て天性として本来そうであったからなのであり、単に学問を手助けとして完成させたに過ぎないのだ（人各有正性、得之於天、而不可移。緩之爲儒、翟之爲墨、皆天性本有、假學以成之耳）（『同』「列御寇第三」九十九／十一表／一〇）

と、個物が生じると共に「天（＝自然）」から得られた「性」は本来「正性」であるとされ、それはその状態が最も相応しい完成された状態であるからである。後天的学問によって達成された様に思われるのは、その「性」を変更したものではなく、単に学問によって「性」の本来の在り方を助けたに過ぎないのだ。その意味で「性本善」なのである。

「性」が動くと「爲」となるとされていたが、「性」がそもそも「本善」である以上、「爲」の全てが否定される訳ではない。見解が分れる『莊子』の「成心」の語義に就いて、褚伯秀は『成心』とは、是非・分別が兆《きざ》す根源であり、善と言うことは出来ない（成心者、是非分別之所自萌、不可以善言之也）」（『同』「齊物論第二」二／二十七表／五）と述べた上で、范應元の立場を紹介する。(12) それを踏まえて、

そもそも人が念を止めるのが難しいのではなく、念が続かない様にするのが難しく、「成心」が有る段階から始めて、師に就いて「成心」が生れる前の段階を求めれば、念は続かず、性の本来の在り方を回復することが出来るのだ。だから、事物に対して心が生じたならば、事物を忘れ去れば性の本来の在り方が現われるのだ。心は性の働きであり、それは全ての現象の本源であり、一身の主宰であるから、それを蔑み無くすことは出来ない（夫人之止念非難、不續爲難、能自初成心、即師而求之於未成心之前、則念不續而性可復矣。是故對物則心生、忘物則性現。心者性之用、萬法之本原、一身之主宰、蓋不可蔑無）（『同』「齊物論第二」二／二十七裏／三）

「是非分別」を取り去る「止念」の継続こそが難しいのであり、「師」に就いて「成心」以前を求め、「念」が続かないように努力し、「性」の本来の「混融」とした状態を復活させなければならないとするのである。外界と関ることで「心」の働きが生じる、それが「成心」であり、その外界の「物」に執着しないことで「性」の本来の在り方が復活

する。即ち、「性」は分別を生じる以前の「混融」とした状態であり、それが作用を起したもの、即ち「性の用」が「心」である。現実的には「成心」を完全に否定することは出来ず、「成心」を生じつつも、「成心」以前の状態を常に維持することを目指すべきとされているのである。

人として人間社会で生活する以上、「成心」が生じざるを得ないことを前提として議論しなければならないという考え方は、次の注釈にも窺うことが出来よう。

> 性は自然に基づき、学問を借りる必要はない。…そもそも人の性に不善はないが、無欲でもありえない。道で性を導いてやれば、その欲は正しいものとなる。丁度、飢えれば食を求め乾けば飲みたくなり、寒ければ衣服を着たくなり疲れれば休みたいと思う様なものだ。性を世俗に泥ませると、その欲は邪なものとなり、珍しいものを食べ濃い酒を飲みたくなり、豪華な衣服を着て、必要以上に怠けたがる、等となるである。欲が邪となってしまうと、性は善の在り方を失い、俗に流れ、益々道から遠くなってしまう。…「絶学無思」であって、初めて性の本来の在り方に戻ることが出来、清明を達成することが出来るのだ。どうして外学を用いたり、妄りな思いで邪魔したりすることがあろうか。このため、世俗の学では余計なことが日増しに増え、真実が日ごとに減り、思いが日ごとに患いとなり道が日ごとに遠くなる。これこそが真人が悲しんだことなのだ。自然の性を完全なものとし、世俗に染まらない者は、復帰することを求めなくとも復帰するのだ。正しい性の欲を維持し、世俗に乱されない者は、清明を期せずして達成するのだ。道は空っぽな所に集まるからだ。『論語』は「学んでも考えなければ理解できず、考えても学ばなければ不確かとなる」と言っている。この「学」と「思」とは、聖人・賢者が拠り所として精進するものだ。しかし、荘子がそれを否定しているのは、何故か。思うに、賢者は内学を学とし、身近に考えることを思とする。聖人は絶学を学とし、無思を思とするのだ。だから世俗の多くの事を聞いて広く知識を蓄える学とは異なっているのだ。内学から絶学に至る、身近に考えることから無思に至る、聖人・賢者の

レベルが完成されるのだ（性本自然、不假修學。…夫人性無有不善、亦不能無欲。率性以道則欲出於正。如飢食渴飲寒衣倦息之類。治性於俗、則欲出於邪、食必珍飲必醇、衣必華、息必縦、是也。欲入乎邪、則性失乎善、溺於流俗、浸遠乎道矣。…唯絶學無思、乃可復性初而致清明。奈何外學以雜之、妄思以障之、是以學日益而眞日損、思日煩而道日踈。此眞人之所哀也。若夫全自然之性而不爲俗所治者、本初不期復而復。存正性之欲而不爲俗所滑者、清明不期致而致。惟道集虚故也。語云、學而不思則罔、思而不學則殆。是學與思者、聖賢資之以進脩。而南華不取、何邪。蓋賢者以内學爲學、近思爲思。聖人以絶學爲學、無思爲思。所以異乎世俗多聞博識之學也。由内學而至於絶學、由近思而至於無思、聖賢之能事畢矣）（『同』「繕性第一」四十九／六表／七）

既に見た様に、「人性」は必ず「善」なのであり、そこには「欲」が必ず伴うが、「道」によってその「性」を導いてやれば、その「欲」は人間が存在を維持していく上で最低限必要とされる「正」なるものとなるのだ。しかし、「俗」に流れることで生じる奢侈等の欲望は「邪」なものとして否定される。そして、この「性」の本来の状態を維持するためには、「外學」「妄思」を無くし、「絶學」「無思」を維持することが必要となる。この点に関し、賢人である孔子と聖人である荘子の発言には違いが有るとされる。孔子は「學」と「思」を積極的に主張しているが、孔子の言う「學」は「内學」であり、「思」は「近思」である。それは世俗が言う「外學」とは異なるものではあるものの、荘子が言う「絶學」「無思」とは段階の違いが有る。「内學」から「絶學」へ、「近思」から「無思」へと展開する必要が有るのである。ここでは、『論語』の「近思」の語を自らの内面に即して思考することとして「内學」と同義と解釈し、その上で、「學」「思」を主張する孔子の立場は否定されるものではないとしている。しかし、孔子の立場から更に荘子の立場へと進む必要があるのである。褚伯秀の師である范應元は繰り返し「外學」の虚偽性を指摘し否定していた。褚伯秀はこの范應元の立場を踏まえつつ、「内學」「絶學」の語を用いて更に踏み込んだ説明していると言えよう。

次に「理」だが、「化」が個々の万物が変化して止まない自然な在り方として肯定され、「性」が個々の万物の在り方の実質を意味するとなると、個々の事物はそれぞれに独立して存在することになる。又、指導者等が教化によって衆生の在り方を改善していくという発想は成立し得ないことになる。しかし、現実的立場では、指導者による統治・教化は否定出来ず、そのためには、個々の存在を個々の存在として認めつつも、それらを相互に関係づける概念が必要となるはずであろう。『義海纂微』の「理」がそれに相当する。

秋毫は細《こま》かいとは言え、形有る物は理を本来共有しているのだから、それが至大でないことがあろうか。殤子は幼子であるが、生有るものは本来同じく性を受けているのだから、どうして無上の寿命でないことがあろうか（秋毫雖細、而有形之初同具此理、何嘗無至大者存。殤子雖幼、而有生之初同禀此性、何嘗無上壽者）（『同』「齊物論第二」三／二十五表／八）

泰山の「至大」、秋毫の「至細」という形体の差異に関らず、万物は「理」を共有する。従って、「理」を具備しているという点から言えば、「至大」と「至細」の間には何の違いもないはずだ。つまり、「理」は個々の形体の差異を超えて、万物に普遍的に共通する概念として用いられている。一方の「殤子」と「無上壽」は、個々の「生」の実質が「性」であるという点では、それぞれが「性」として自然かつ理想的な状態に在る。その意味で、「殤子」の寿命は「殤子」として十分な長さなのであり、その点では、「無上壽」と何ら違いがない。この様に、「性」があくまでも個々の事物に即した概念であるのに対し、「理」は個物の違いを超えた普遍的概念として想定されている。しかし、この書き振りを見れば、「性」と「理」とは観点の違いに過ぎず、本質的は同じことを意味する概念として想定されていることが容易に窺えるであろう。

この「理」は、「異なっているのは天下の情であり、同じであるのは天下の理である（所異者天下之情、所同者天下之理）」（『同』「齊物論第二」三／一〇裏／二）と、「理」は万物に共通する普遍的概念であり、万物の間で異なるのは心の作用である「情」とされる。この「理」と「情」の関係は、思うに、人・物の共通するものは性であり、異なるのは情である。性は流れて情となり、（その結果）物それぞれが自身を是とし、彼此で見解が偏ることになる。…「同然の性」を得て、「大通の理」と一体となれば、道に近いのだ（蓋謂人物之所同者性、所異者情。性流爲情、物各自是、彼此偏見。…得其同然之性、而冥夫大通之理、則近道矣）（『同』「齊物論第三」四／五裏／四）

と、ここでは、個物の間で共通するのは「性」であり、異なるのは「情」であるとされている。「情」という心の働きが生じる以前の段階が問題とされているため、「性」の語が用いられているが、その位置付けは「理」と同じである。但し、「性」は、それぞれの個物が同様に授かっているものという点で「同然の性」と言われ、「理」は万物に普遍的な概念であるため「大通の理」と言われているのである。

以上から、個々の存在はその在り方が個々の本来の姿であるという点が「性」と言われる。それは、全ての個物が同様にその様であるという時、個物という次元を離れ、すべての個物に共通する普遍的概念がそこには存在する。それが「理」であるということになろう。

（三）「統治」「教化」

『義海纂微』の「化」の性質を踏まえるならば、指導者による強化が成立するならば、それは、衆生の現状を変革するものではなく、衆生の個々の在り方である「性」は「化」の結果であり、それは「理」に適ったものであることを、衆生に気付かせるものでなければならないであろう。

人は（自身の内の）天を（偉大な）天と一致させ、時に応じて「化」に任せるべきであり、爵禄の高低等は気にすべきではないのだ（人當以天合天、安時任化、爵禄窮桎、非所介懷）（『同』「山木第三」六十二／一〇表／三）

人は自身の「天」を「一天」と一致させ、「化」をそのままに受け入れることが必要である。そのためには、

「与造物者為人」とは、「化」とともに巡り、（「化」に）任せて（ことさらに「化」を）助けることはしないということだ。…万物の自然な在り方に任せて、そこに殊更な心の働きを介在させない。心の働きを介在させて天下を治めれば、私意がそこに存在して自然を失うことになる。これを「（殊更に）治める」と言うのである。これは乱が生じる原因である（與造物者爲人、言與化倶運、任而不助也。…順物自然而無容私。有心於爲天下、則有私而失其自然、名曰治之、而亂之所由生也）（『同』「應帝王第一」二〇／一三表／九）

と、「化」に任せ何ら作為を加えず、物が自ずと「化」するのに任せ、そこに「私」を差し挟まないことが必要とされる。従って、その統治思想も、「古の応帝王は無為であって万物は自ずと化し、無欲であって天下は満足し、深い淵の様に静かであって万民は安定していたのだ（古之應帝王者、無爲而萬物化、無欲而天下足、淵靜而百姓定）」（『同』「應帝王第三」二十二／七表／八）と、古の優れた統治者の統治方法はあくまでも「無欲」「無爲」「淵靜」で、民が自ずと「化」するのに任せるものであったとされる。これが本来あるべき理想的な統治の在り方なのである。そして、

天地は無為で清らかで安定しているため、万物が皆な「化」すのである。だから人も無為であれば、万物が「化」さないことがあり得ようか（天地無爲而清寧、故萬物皆化。人而能無爲、物惡得不化哉）（『同』「至樂第一」五十六／六裏／九）

と見られ、この「無爲」による統治は「天地」の在り方に倣ったものであり、統治者が「無爲」を体現していれば、万民は必ず「化」すと断言している。この「無爲」は、

「天徳」とは無為の「化」である。「出寧」とは為しても無為であることである。「日月は輝き、四時は巡る」とは、全てが自ずと動き、誰かがその様にしている訳ではないのだ。…天下に君となる者は、だから（その無為を）体得として徳を立てれば、万民が帰依するのだ。（その無為を）広げて万物を「化」せば、万物は必ず従うのだ（天

徳者、無爲之化。出寧者、爲而無爲。日月照、四時行、皆自然運動、無爲之者。…君天下者、所以體之以立德、而民莫不歸。弘之以化物、而物莫不從也）（『同』「天道第三」四十二／三裏／七）

「天徳」が「無爲之化」、「出寧」が「爲而無爲」と言われ、「爲」で有りながらも同時に「無爲」であり、「無爲」のままに「化」すとされている。即ち、「無爲」の性質を維持した「爲」「化」に基づいて「體之以立徳」「弘之以化物」をすれば「民」は必ず従うとされているのである。これは、既に見た「成心」と一貫する考え方と言える。

こうした統治者による統治は、統治者自身の修己を基盤に展開する。「無為で養えば神は完全となり、神が完全であれば、万物を「化」すことが出来る（養以無爲則神全、神全斯足以化物）」（『同』「在宥第三」三十二／八裏／四）、「徳が内に行われているから、人を治め万物を化すことが出来るのだ（而徳行乎内、所以治人化物）」（『同』「天道第一」四〇／九表／六）、「真で身を治めるとは、『一不化』のことである。本当に真実で身を治めることが出来れば、これを天下に押し広げることなどは、余事に過ぎない（眞以治身、一不化也。誠能眞以治身、則推之天下、特餘事耳）」（『同』「知北遊第四」六十九／一六裏／八）等と、「神」「徳」「一不化」等と表現を換えて内面を充実させた上での外界への展開として見られるものである。

こうした内から外への展開は、『禮記』「唯天下至誠爲能盡其性、能盡其性則能盡人之性、能盡人之性則能盡物之性、能盡物之性則可以贊天地之化育、可以贊天地之化育則可以與天地參矣」（『禮記』「中庸」）の表現を借りて、

人はそもそもその分に安んじ、物はその適切さを得ているので、指がくっついていても駢《たりな》くはなく、指が枝分れしても跂《よけい》ではなく、長・短各の適切で余りや不足の煩いはないのだ。こうであれば、世間の憂いや患いは、取り去ろうとしなくても自然となくなるのだ。これを「己の性を尽くしてから、物の性を尽くす」と言う。だから、物の楽しみを全うするのは、自身の楽しみを全うする手段となるのだ（人安其分、物得其宜、合不爲駢、枝不爲跂、長短各適而無有餘不足之累。世間憂患、不待去而自去矣。是謂盡己之性、而後盡物之性。然則全物之樂、所以全己之樂也歟）

（『同』「駢拇第一」二十三／十一表／九）

物それぞれの「分」「宜」をその物の本来の在り方と認識する時、その物の在り方がどれ程他者と異なっていようとも、それは何ら奇異とすることではない。自他の身の在り方をその様に看做すことが、自身の「性」を尽してから他者の「性」を尽すことであるとするのである。『荘子』「秋水」に見られる魚の楽しみを完全に知り得るというのが、このことに他ならない。

この自身の「性」から物の「性」へと展開することに就いては、

自身の性に明らかな者は物に通じることが出来る。だからこの世の存在はその実情から逃れることは出来ないのだ。自身の性に暗い者は他人を知ることは出来ない。だから、物と接する時、その外面にとらわれるのだ。荘子が魚を理解しているのは、性によって通じているのだ。恵子が荘子を理解出来ないのは、形によってそれを求めようとしているからなのだ。…思うに（荘子は）恵子に、個々の性が万物に共通の理に通じるものであることを自ら求めさせようとしていたのであろう。そうであれば、偉大なる実在の前に彼我の違いはなく究極の理の下では動寂は同じなのであり、水に入らなくとも魚の楽しみは分るのだ。…最後に荘子・恵子の濠梁の論によって、物・我の性が本来同じであり、形に捉《とら》われていて互いを理解することが出来ないに過ぎないことを言っている。性によって通じあえば、その楽しみは彼と此で同じなのである。人の安んずる所に即して魚の楽しみを知るというのは、不思議でも何でもないのだ（明己性者、可以通物。故天下無遁情。昧己性者、無以知人。故在物多滯迹。荘子之知魚以性會之也。恵子不知荘、以形問之也。…蓋使之反求而得其性本通乎物理之同然。則彼我無間於大情、動寂皆歸於至理、奚待入水而後知魚哉。…終以荘・恵濠梁之論、言物我之性本同、以形間而不相知耳。會之以性、則其樂彼與此同。即人之所安而知魚之樂固無足怪）（『同』「秋水第五」五十五／七表／一）

「物の理」は万物の間で「同然」であり、「性」はこの「同然」である「理」に通じるものである。「理」は個別性を超えた「理」である以上、万物の個別性を超えて同一である。これが「同然」である。「性」は個別性を前提とした概念ではあるものの、この「性」を媒介に「理」に至ることが可能とされる。それは個々の「性」の内実は異なるものの、それぞれの「性」が個物の最適状態である以上、そのそれぞれは「理」に適っているはずであるからである。従って、自身の「性」を極めることが出来れば、万物を極めることが可能となる。これが「以性會之」なのである。(13)

最後に、「人間世」の「褚氏總論」には次の様に見られる。

顔回はこれ以上考えることが出来なくなり、その方法を質問した。このことが即ち、人欲が消え去り天理がまさに現われようとする瞬間なのだ。孔子はその悟らせる機会を用いて、斎を教え、虚心で教えを受け、耳ではなく心で聞き、心ではなく気で聞く様にさせ、遂に言下に顔回というものが存在していないことを悟らせたのである。心が虚となり形もまた忘れ去られ、こうなれば、物を「化」するなどということは難しくも何でもないのだ（顔子至此無以進、請問其方。則是人欲空而天理將見之時也。夫子乘其開悟之機、告之以齋、使虚心受教、無聽以耳而以心、無聽以心而以氣、遂於言下悟其未始有回。心虚而形亦忘、則化物也無難矣）（『同』「人間世第四」一〇／六裏／五）

衛の国に赴こうとする顔回に対する孔子の度重なる問いかけの末に、顔回はとうとう答えに窮し、よい方法を教えて頂きたいと教えを請うた。その瞬間を褚伯秀は「則ち是れ人欲の空にして天理の將に見《あら》われんとするの時なり」と述べている。自己の立場に固執することを止めたことを「人欲が空」となったとし、その瞬間こそが「天理が見《あら》われる」瞬間であるとする。それこそが「心の虚にして形も亦た忘れ」た状態なのであり、そうであれば、「物を化するも也《ま》た難きこと無し」と「物を化」すことが可能となるとしている。ここの「化」は、『莊子』の「虚室生白、吉祥止止」「徇耳目内通、而外於心知」という状態を解釈したものである。主体がこの様な状態であれば、「化」という万物との関りも可能となるとされているのである。この「化物」という表現は「物」に対して「化」という形で働きかけることであり、それは『莊子』の表現に即した解釈である。しかし、『義海纂微』の主旨は、だから、この篇の大意は、外界に対しては世間に応じ、内面としては真を全うする、道が（我々と物と）離れることがなければ、物は自ずと化す、という点に在るのだ（故是篇大意在乎外應世而内全眞、道不離而物自化）（『同』「人間世第四」一〇／七表／八）

と見られる様に、外的世界に対応しつつも内には「眞」を見失うことがなければ、「道」と「物」とが乖離することがなく、万物は本来「化」すべくして「化」すのだ、という点にある。この「物自化」は『老子』の「我無爲而民自化」に基づくことは明らかであり、『義海纂微』自身も「太上は言う、我が無為であれば民は自ずと化すのだ、即ち、不教の教こそが、教の至りなのだ、と（太上云、我無爲而民自化、則不教之教、教之至也）」（『同』「徳充符第二」十一／一〇裏／三）と述べて締めくくっている。

結語

『義海纂微』が引用する『莊子』注の多くは宋代のものであり、唐の成玄英疏等は重視されていないのである。『莊子』「經文」の本意を明らかにする事を目指す褚伯秀が成玄英の注釈を基本的に引用していないということは、褚伯秀の成玄英に対する態度を十分に示しているといえよう。既に指摘した様に、当時に在って郭注を評価しない者達が居たことが劉震孫「序」から分るが、そうした状況下で『義海纂微』は郭注を唯一例外的に唐以前の注釈でありながら主要注釈の一つとして引用しているのである。

『義海纂微』の「化」の思想は、郭象の「化」の思想と共通する点が多い。郭象の「化」の思想では、万物はそれと知らずして自《おの》ずと日々「化」し、又、万物をして「化」しめる主宰者はいないとされている。それが郭象の「自生」「自造」「自化」「獨化」の立場である。又、「性」も、物がそれ自体として存在していることが「性」であると理解され、そのため、人為による変更は不可能なものとされている。[14] 褚伯秀が「化」に就いて述べる箇所では、郭象も又「化」に言及していることが多い。郭注の「責其所待、尋其所由、卒於無待而獨化之理明矣。…今所以不識、正由不待其類而獨化耳」（『同』「齊物論第二」四／二十四表／三）は、[15]「獨化」の絶対性に言及したものであり、「已化而生、焉知未生之時。方化而死、焉知已死之後」（『同』「大宗師第五」十八／十二裏／二）は、生と死が互いに不可知であることに言及したものである。褚伯秀の「獨化」「自化」の立場は、郭象のそれを十分に踏まえていると言えるであろう。又、「列御寇」で「性」の完成が「學」を前提とするものではないことを論じていた箇所でも、郭注は「彼有彼性、故使習彼、緩自美其儒、謂己有積學之功、而不知其自然」（『同』「列御寇第一」九十九／七裏／二）と述べ、褚伯秀の立場は郭注と基本的に同じであることが分る。

しかしその一方、『義海纂微』が「山木」で「一天」と「物の天」とを一致させることを説いていた箇所では、郭注は「凡言天者、皆明其不爲而自然、人亦安能有此自然哉」（『同』「山木第三」六十二／四裏／二）と、『莊子』の「人與天一」を「自然」のままに在ることと解釈し、過去の自己と現在の自己とを連続させる発想はそこにはない。これは、褚伯秀と大きく異なる点であり、褚伯秀のこの立場は范應元の思想に基づくものであった。又、「不化」なるものと関連して、「逍遥遊」注で褚伯秀は「一氣」に言及していたが、これも郭注には見られない立場であり、『義海纂微』が引く呂惠卿、趙以夫、林希逸等の注釈に見られる立場に基づくものと考えられる。又、『義海纂微』が「成心」を否定的意味合いで解釈していたのも郭注とは異なるものであり、これは陳景元や范應元に見られる立場を襲っていると考えられる。その他、「薪火」の箇所で『義海纂微』は劉槩の「薪火之論、以譬神舍於形而屢移者也」（『同』「養生主第三」六／四表／一〇）を引用しているが、主要注ではない劉注を引用し、且つ、その内容が褚伯秀注の立場と一致していることから、褚伯秀が劉注の内容を踏まえていることは間違いない。又、「齊物論」の「理」と「情」の箇所で王雱注の「合乎至理、則物之縱横美惡、皆爲一矣」（『同』「齊物論第二」三／七裏／一〇）が引用されているのも同様である。

この様に見るならば、万物は自然と「化」すのだという立場、そして、その「化」している状態が万物の自ずから在るべき在り方であり、それが「性」に他ならないという立場、これらに就いては褚伯秀は郭注に大きく依拠しているものの、しかし、その個別性である「性」に通底するものとして「理」を想定し、各々の「性」を媒介に「理」へと至ると説く点などは、本篇で言及したものとしては林希逸の立場に近く、「物の天」と「一天」等を巡る理解に就いては、范應元の立場が強く意識されていると言える。『義海纂微』が引用する宋代の種々の注釈の思想が吸収されているると言えよう。

最後に、朱子学との関りであるが、先行する南宋の『莊子』注釈と比較するならば、『義海纂微』自体に朱子学の影響はそれ程露骨には窺えない。無論、「秋水第五」に見られた「以人滅天」「無以故滅命」等の表現が宋学を意識しているると見ることは出来るであろうし、(16)既に指摘した様に、「性」が本来完全なものであり、修学の実施を前提とするものではないという考え方も、朱熹の発言を意識したものと考えることも出来よう。(17)更には、万物は自ずと「化」すという点を強調していたことこそが、上に居る者が無為であったとしても、民が「化」さなかった場合はどうするのか、という朱熹の道家批判を逆に意識したものである可能性も高い。しかしながら、「以性會之」と個々の「性」を媒介として「理」に至ることは言うものの、その「天」「理」「性」の概念は宋学のそれとは明らかに異なるものであり、何よりも、「化」している万物がそのままで真実の在り方であるという立場に立つ以上、格物的な発想はそこには存在しないはずである。「化」の考え方、又、修学を必要としない「性」の概念等が郭象注に基づくものであることを考えれば、朱子学は意識されてはいるものの、その影響はそれ程大きなものではなく、むしろ、郭象等の伝統的な解釈に戻っているとすべきであろう。それが、宋代の諸注釈を眺めた上での、褚伯秀の出した総括であると思われる。

本著第二篇では、南宋期の老荘注釈の幾つかを主たる材料として検討して来たが、その中には、外界と関っていく中で主体を定立していくべきであり、主体の定立のために外界との関りを断つべきではない、と述べているものが見られた。朱熹以後の老荘注釈の全てにこうした立場が見られる訳では無論ないが、こうした立場は本著で検討した北宋期老荘注釈には見られないものであり、大きく異なる点と言えよう。そして、道士である范應元や褚伯秀等にこうした立場が見られたことから、専門道士であるか一般士大夫であるかという立場の違いで、この問題を考えることは最早出来ないことが分る。その一方、指導者の修己がもたらす「民の自定」という立場は、諸人の厳しい批判に直面した以後も南宋期の老荘注釈に依然として見られるものであり、その点は北宋期と変るものではない。『老子』の「我無爲而民自定」（『老子』第五十七章）の句が如何に強い意味を持って受け入れられていたかを知ることが出来よう。

注

（1）『南華眞經義海纂微』「後序」、清・青嶼仲衡『武林元妙觀志』巻二「王磐隱先生」「馬霞外先生」（『中國道觀志叢刊』十七冊。江蘇古籍出版社、二〇〇〇年）、宋・釋文珦『潛山集』巻一「贈道士褚雪巘」（『四庫全書』版『潛山集』一／八裏）、宋・周密『癸辛雜識・後集』「游閲古泉」（唐宋史料筆記叢刊『癸辛雜識』七十四頁。中華書局、一九八八年）、元・鄭元祐『遂昌山樵雜録』（三裏）、『宋元學案補遺』別附巻二等。尚、褚伯秀を論じた先行研究には、蕭海燕「褚伯秀的莊學思想簡論」（『中國道教』二〇〇八年第六期、二〇〇八年）、方勇『莊子學史』第二冊、熊鐵基主編、劉固盛、蕭海燕、熊鐵基著『中國莊學史』上冊等が有り、褚伯秀及び『義海纂微』に就いての基本的事項が整理されている。

（2）宋・周密『浩然齋雅談』が「道士褚伯秀、清苦自守、甞集註莊老列三子」（『叢書集成初編』版『浩然齋雅談』巻中、三〇頁）と述べ、清・龔嘉儁『杭州府志』巻八十九「藝文四」も「南華眞經義海纂微一〇六卷、又老子集注、列子集注」（『中國方志叢書』「華中地方・第一九九號」。成文出版社有限公司、一九七四年）と記していることから、『列子』注釈も撰述したことが窺えるが、その内容は確認出来ない。

（3）『四庫提要』は「蓋宋以前解莊子者、概略具於是。其間如呉儔・趙以夫・王旦諸家、今皆罕見。實賴是書以傳」（『四庫全書総目提要』巻一四六・子部・道家類「南華眞經義海纂微」）と述べる。『義海纂微』に就いては、拙稿「褚伯秀『南華眞經義海纂微』の採註態度について」、又本著「第一篇【補論②】呂惠卿・林疑獨・王雱の『莊子』三注に就いて」を参照されたい。

（4）注（1）方氏著も「『管見』對經文・傳注的考校與審定」（一五一頁）と題して、その基本的性格を整理し、熊氏主編著も同様に整理している（四四五頁以下）。

（5）趙以夫注釈は内篇のみに見られる。陳詳道注釈は「天運」途中から欠け、「繕性」から復活するものの、「至樂」以降は再び欠けている。

（6）『四庫提要』は「而斷以己意、謂之管見」（『南華眞經義海纂微』）と記す。

（7）『四庫提要』は、「中多引陸徳明經典釋文、而不列於十三家中。以是書主義理、不主音訓也」（『南華眞經義海纂微』）と、『經典釋文』を引用しつつも、「十三家」注釈の中に位置付けていないのは、『義海纂微』が「音訓」よりも「義理」を重んじたためとする。この解釈は妥当であると言えよう。

（8）注（1）蕭氏論文は『義海纂微』の「化」に就いて「『化』是道體顯示功用的一種重要的方式」（三七頁）とする。尚、この「化」が郭象注を踏まえるものであることに就いては後述する。

（9）『義海纂微』は内篇の主旨を説明した箇所で、「逍遥遊之極議、當歸之許由・宋榮、以解天下物欲之桎梏、而各全自己之天也」（『同』「應帝王第三」二十二／一〇表／一）と述べ、「逍遥遊」の趣旨を「自己の天を全うす」ることにあるとする。

（10）「及肩吾聞言於接輿、發揮神人之秘、以喩身中至靈、務操存涵養以致之、初不在乎遠求也」（『同』「逍遥遊第一」一／三十五裏／一〇）と見られるのも、范應元の立場に基づくものであろう。

（11）「性の本然」と言われ、「本然の性」と言われていない点は些か重視すべきかと思われる。即ち、「性」を幾つかに類別したその一つとして「本然」を理解しているのではなく、「性」全体の本来の在り方を「本然」と称しているからである。

（12）本著「第二篇第四章　范應元『道徳經古本集註』の思想について」を参照。

（13）『義海纂微』は「窮理・盡性・至命」の表現でも「理」「性」を極めることを言う。例えば、「内篇始於逍遥遊、盡性之學、所以明道。次以齊物論、窮理之談、所以應化。又次以養生主、至命之要、所以脩身也」（『同』「養生主第一」五／五表／六）と見られる。褚伯秀は「内篇」の七編の順序に意味を見出しているが、この注釈に依るならば、「窮理・盡性・至命」の三項目は、必ずしもこの順に展開するものではなく、「道」を明らかにすることで「化」に対応し、その上で「脩身」が可能となるという順として考えていることがわかる。「性」は「道」と、「理」は「化」と、「命」は「身」と関る概念ということになる。

（14）　郭象の「化」の思想については、中嶋隆藏先生「郭象の思想について」、田中隆史「郭象の『自得』について」（大久保隆郎教授退官紀年論集『漢意とは何か』所収。東方書店、二〇〇一年）を参照。又、注（1）前掲方氏著は、『義海纂微』の「獨化」を郭象の「獨化」論の影響とする（一四五頁）。

（15）　郭象注は『義海纂微』所引の注を用いた。

（16）　注（1）蕭氏論文はこれを「理學」の影響と指摘し（四〇頁）、又、『義海纂微』の「理一分殊」の表現を取り上げて、「宋代理學」の影響が見られるとする（三十九頁）。注（1）熊氏主編著も「理學」の概念を援用しているとする（四五一頁）。

（17）　『義海纂微』が言う「性」は「修學」を前提とするものではないという考え方は、「夫物之本性、正固出乎自然。有待而正、則非至正。有待而固、則非眞固。是則削性侵德、失其常然、無異乎手足之有駢枝也」（『同』「駢拇第八」二十四／七裏／六）と「本性」は「有待」ではないとしても見られ、又、「南華經所謂渾沌、猶道德經所謂混成、沖虛經所謂混淪、皆以況道之全體本來具足、不假修爲者也」（『同』「應帝王第七」二十二／六裏／五）と「道の全體」は「不假修爲」であるとしても述べられている。これらは、例えば『朱子語類』が「莊子云各有儀則之謂性、此謂各有儀則、如有物有則、比之諸家差善。董仲舒云、質樸之謂性、性非教化不成。性本自成、於教化下一成字、極害理」（『朱子語類』巻一百二十五、三〇〇〇頁）と、『莊子』の表現を支持し、逆に「性」の実現に「教化」を不可欠とする董仲舒の説を批判したものを、意識した可能性が十分に考えられるであろう。

あとがき

本著は以下の宋代の道家・道教思想に関する論文を基に編纂したものである。先ずは初出時のタイトルと掲載誌を掲げておきたい。

第一篇

序　章：書き下ろし

第一章：宋鸞『道徳篇章玄頌』初探（中国語）（『蕭萐父教授八十寿辰紀念文集』所収。湖北教育出版社、二〇〇四年）

第二章：晁迥の三教思想について―『道徳経』受容を中心に―（『九州中國學會報』第四十六号所収、二〇〇八年）

第三章：太宗『逍遥詠』に就いて（『三教交渉論叢續編』所収。道氣社、二〇一一年）

第四章：碧虚子陳景元の思想（中国文史哲研究会『集刊東洋学』第六十五号、一九九一年）

第五章：曹道沖の思想について（科研費「唐宋道教の心性思想研究」（基盤研究（C）（1））報告集、二〇〇三年）

第六章：王雱の老荘解釈について（東方學會『東方學』第八十二輯、一九九一年）

第七章：呂惠卿關於『老子』『荘子』思想淺析（中国語）（四川大學宗教學研究所『宗教學研究』一九九八年第四期、一九九八年）

第八章：林疑獨『荘子』註の思想について―理・性・命を中心に―（日本中國學會『日本中國學會報』第五十二集、二〇〇〇年）

第二篇

第一章：書き下ろし

第二章：董思靖『道德眞經集解』の思想（『中国の思想世界』所収。イズミヤ出版、二〇〇六年）
第三章：董思靖『洞玄靈寶自然九天生神章經解義』の思想
（科研費「江南道教の研究」（基盤研究（B））報告集、二〇〇七年）
第四章：范應元『道德經古本集註』の思想について（『熊本県立大学大学院文学研究科論集』第二号所収、二〇〇九年）
第五章：林希逸『莊子口義』について（書き下ろし）
第六章：褚伯秀『南華眞經義海纂微』について（書き下ろし）

中には大幅に内容の修正を行った箇所が有り、初出時には中国語であったのを日本語に翻訳したものも有る他、本著に収録するに際し主要な引用文を現代日本語に翻訳したなど、本著全体の論旨に沿うべく表現を修正した箇所が少なくないが、基本的な論旨は初出時とそれ程大きく変わるものではない。

本著に収録されている論文を執筆した経緯を振り返るならば、これらの中で初出時期が最も早いのは陳景元の論文である。これは、東北大学大学院生の当時に受講していた中嶋隆藏先生の「中国哲学特殊講義」のレポート課題が「中国思想史上に於ける唐宋変革の問題」であり、その時に書いた陳景元のレポートが下敷きとなっている。そして、せっかく北宋に手を付けたのだから同時期の人物をもう一人、という安易な動機で書いたのが王雱の論文である。動機は安易ではあったが、当時抱いた陳景元と王雱の両者の違いに対する漠とした感触が、そのまま本著に継承されている。その後は六朝~唐を対象とした学位論文の執筆に活動の重点を移したため、暫くの間、宋代思想史の研究からは遠ざかっていた。

学位審査も終了した後、勤務先である熊本県立大学の海外研修制度により、一九九七年九月から一九九八年八月までの一年間、中国四川聯合大学宗教学研究所（当時）で在外研修をする機会を得た。この一年間で宋代の主要老荘注釈に目を通すことを自らに課し、その時の成果を基に宗教学研究所の『宗教學研究』に発表したのが呂惠卿の論文である。これを契機に、帰国後、再び宋代の研究を少しずつ進めることとなった。

宋鸞の論文は院生時代の留学でお世話になった中国武漢大学の蕭萐父老師の『紀念文集』の依頼に応じて執筆したものであり、曹道沖の論文はひょんな事から代表を引き受けることになった科研費の報告書のために書いたものである。その後、東北大学の中嶋先生の御退休記念論集刊行の話が持ち上がった時期と、京都大学人文科学研究所の麥谷邦夫先生が代表をされた科研費の報告論文執筆の時期がほぼ重なり、人文研からは近世の道教・仏教・儒教の交流というテーマが与えられた。この機会に執筆したのが、董思靖の二編の論文である。晁迥の論文は「国際道徳經論壇」（二〇〇七年。於西安・香港）なる学会に招聘された際の口頭発表が基礎となっており、又、人文研の三教交渉研究班の二回目の報告論文集に太宗の論文を書く機会を与えられた。

この様に振り返ると、私の近世の仕事の多くが依頼を受けて執筆したものであることに気付かされる。まさに、回りの方々の御配慮で仕事を推し進めることが出来たと言えよう。

陳景元の論考を執筆した段階では、北宋の老荘思想研究は、日本・中国を問わず、ほとんど未開拓の領域であった様に記憶している。それがここ十年程は特に中国で急速に進められ、一つの「熱門」と言えるほどである。それは本著で参照した先行研究の多くが中国のものであることからもお分り頂けるであろう。そうした状況を見るに、今までの諸論を纏めるには些か時期を逸してしまったかと思っていたのだが、それにも関らず、本著の形で世に問うことにしたのは、一つは営業で熊本まで来られた汲古書院の三井久人氏との話の中で持ち上がったことではあるが、何よりも、同じ頃、東北大学の三浦秀一先生が東北大学の集中講義に招聘して下さり、それまでの宋代の道家思想史研究を整理する機会を与えて下さったことが直接的契機として大きい。范應元の論文は、この時の講義のために整理したものが基礎となっている。更にほぼ同じ頃、嘗ての東北大学時代の恩師の御一人である東洋大学の吉田公平先生が『朱子語類』巻一百二十五を翻訳してみないかと御声をかけて下さり、併せて、巻一百二十六を訳出中であった福岡の野口善敬先生を始めとするグループを紹介して下さった。これらの出来事がほぼ同じ頃に生じたことが、自ずと「そういう時期なのか」と私に思わせることとなった。これも又、回りの方々の御蔭と言えよう。

ここ数年は大学の仕事がやや忙しかった。

世間の諸事に関れば、それに対する卑見を述べねばならない機会が増えるのは俗世の常である。諸事に対して柔軟に対処しつつ、且つ主体性を見失わず見解を述べる事が、事実上自分には無理であることを思い知らされた数年であった。他者の見解に素直に耳を傾けるのは主体性に欠け、しかし、自己の立場に正直であり過ぎるのは公平ではなかろう。新規の知見を直ちに評価するのは拙速かと躊躇《ため》われ、逆にそれを退けるのは頑固かと二の足を踏む。「兌」を閉ざし外界との関わりを断てば如何程か楽かと、それを目指した先人の気持ちが分らないではなかった。当時の生き馬の目を抜く様な政界に生きた者達、或いは女性であったが故に家庭の柵《しがらみ》に引きずられた者が、そうした境地を目指したのは、成る程と理解出来なくはない。しかし、その一方で、「死灰・槁木」に逃げ込まず、現実と正面から向き合う方途を全力で模索しようとした先人がいたことは、彼らの辛抱強さには誠に頭が下がる思いである。

この様に書くと、思想は個々人の存在が具現化されたものであり、それがそのまま著述に反映されている、と考えているかの印象を与えるかもしれないが、現在の私の感触は些かそれとは異なるものである。先ほどの自身の気持ちとは矛盾するが、本論で扱った宋代の注釈を見ると、果たして、こうした考え方を無条件に受け入れてよいものなのかと疑問に思えてくる。無論、晁迥或いは曹道沖の様に、その人が置かれていた状況が比較的直接的に記述内容に反映されている事例も見受けられる。又、幾つかの著作で一貫した思想が貫かれている例も見受けられよう。しかし、董思靖の場合、その『道徳經』注釈と『九天生神章經』の注釈とでは、思想上の具体的一致点は極めて少ない。又、范應元の場合、『道徳經』の注釈は『道徳經』の範囲内で、『莊子』の注釈は『莊子』の範囲内で行うべきであり、使用する語彙に違いが有るのは当然とされていた。林希逸は一貫する思想を維持しながらも、『莊子』『列子』と『老子』とでは解釈の立場を変えていた。又、北宋の陳景元は、努めて主観を排した集注撰述に努めていた。これらの事例を見るならば、彼等はテクストの注釈を撰述するという行為自体に純粋に取り組んでいたのではないだろうか。その様に考えれば、王安石との関係も含めて、政治志向の極めて強かったはずの呂惠卿の老莊注釈が、仏・道の影響を強く受けた空無を強く志向するものであったり、又、呂惠卿と王雱の老莊注釈と『三經新義』との間に窺うことの出来る関連性が決して多くはないという事実も、理解出来るのではないだろうか。彼らの老莊注釈の撰述は、それが独立した一つの営為として位置付けられるべきなのではないかと思われる。その意味では、我々が行う他者の思想史研究とそれ程異なるものではない、というのが現在の感触である。

前著『唐初道教思想史研究』（平樂寺書店、一九九九年）を刊行してから丁度十二年が過ぎてしまった。この間、少しずつではあるが仕事を進めることが出来たのは、上記した様々な方々や職場同僚の御蔭、そして何よりも家族の理解有ってのものである。又、専門書の刊行が厳しい中、本著出版を快諾して下さった汲古書院社長石坂叡志氏には心より感謝を申し上げると共に、草稿の段階から様々な点で御相談にのって頂いた汲古書院の三井氏、編集作業を担当して下さった大江英夫氏にはこの場を御借りして御礼申し上げる。

最後にもう一つ私事を記すことを許して頂きたい。

私の父も現役時代は大学で教鞭を執る研究者であった。現役時代の父の印象は自宅に居る時は多くの時間を書斎に籠って読書をしているというものであった（研究と授業の準備をしていたのであろう）。退職後は非常勤をすることもなく悠々自適の日々を過ごしているが、時間があれば膨大な研究・授業ノートの整理を今でもしている。特に活字にして発表する予定は無く、本人は「頭のトレーニング」だと笑っている。しかし、私は勝手に、自分が書き残した物に対する強い責任感と、自身の思索に対する絶え間ぬ検証がさせているものと思い込んでいる。専門領域こそ全く異なるが、私が最初に身近に接することが出来た研究者が父であったことは私にとって幸いであったと思う。その父は現役時代唯だ一冊の専門書を刊行したのみであった。私にとり二冊目であるこの拙著を父に献呈することが出来るのを今は大変嬉しく感じている。

二〇一二年五月

参考文献

【研究著書等】

○邦文

秋月龍珉『禅の語録11　趙州録』（筑摩書房、一九七二年）
吾妻重二『朱子学の新研究』（創文社、二〇〇四年）
　同　『宋代思想の研究―儒教・道教・仏教をめぐる考察―』（関西大学出版部、二〇〇九年）
東一夫『王安石新法の研究』（風間書房、一九七〇年）
荒木見悟『禅の語録17　大慧書』（筑摩書房、一九六九年）
　同　『新版　仏教と儒教』（研文出版、一九九三年）
池田知久『道家思想の新研究―『荘子』を中心として』（汲古書院、二〇〇九年）
今井宇三郎『宋代易學の研究』（明治図書出版株式会社、一九五八年）
入谷仙介・松村昂『禅の語録13　寒山詩』（筑摩書房、一九七〇年）
入矢義高訳注『臨濟録』（岩波文庫、一九八九年）
入矢義高監修、唐代語録研究班編『玄沙廣録　下』（禅文化研究所、一九九九年）
王瑞來『宋代の皇帝権力と士大夫政治』（汲古書院、二〇〇一年）
小野沢精一・福永光司・山井湧編『氣の思想』（東京大学出版会、一九八六年）
加藤千恵『不老不死の身体―道教と「胎」の思想』（大修館書店、二〇〇二年）
鎌田茂雄『宗密教學の思想史的研究―中國華嚴思想史の研究　第二―』（東京大學出版會、一九七五年）

神塚淑子『六朝道教思想の研究』（創文社、一九九九年）
木下鉄矢『朱熹再読—朱子学理解への一序説—』（研文出版、一九九九年）
木村清孝『初期中国華厳思想の研究』（春秋社、一九七七年）
楠本正継『宋明時代儒学思想の研究』（広池学園出版部、一九六二年）
窪徳忠『中国の宗教改革』（法蔵館、一九六七年）
小島毅『中国近世における礼の言説』（東京大学出版会、一九九六年）
小島毅・横手裕監修、松下道信主編『林希逸『老子鬳齋口義』訳注稿』（科研費（基盤研究（C）（2））「宋元時代の儒教と道教との交渉についての研究」報告書、二〇〇五年）
小柳司氣太『東洋思想の研究』（關書院、一九三四年）
駒澤大學禪宗史研究會編著『慧能研究—慧能の傳記と資料に関する基礎的研究—』（大修館書店、一九七八年）
近藤正則『程伊川の『孟子』の受容と衍義』（汲古書院、一九九六年）
佐藤仁『朱子学の基本用語—北渓字義訳解—』（研文出版、一九九六年）
竺沙雅章『独裁君主の登場◎宋の太祖と太宗』（清水書院、一九八四年）
同　『宋元佛教文化史研究』（汲古書院、二〇〇〇年）
小路口聡『「即今自立」の哲学　陸九淵心学再考』（研文出版、二〇〇六年）
島田虔次『中国思想史の研究』（京都大学学術出版会、二〇〇二年）
鈴木由次郎『漢易研究』（明徳出版社、一九六三年）
砂山稔『隋唐道教思想史研究』（平河出版社、一九九〇年）
武内義雄訳注『老子』（岩波文庫、一九三八年）

土田健次郎『道学の形成』（創文社、二〇〇二年）
中嶋隆藏『六朝思想の研究―士大夫と仏教思想―』（平樂寺書店、一九八五年）
　同　『雲笈七籤の基礎的研究』（研文出版社、二〇〇四年）
奈良行博『道教聖地』（平河出版社、一九九八年）
蜂屋邦夫『中国の思惟』（法藏館、一九八五年）
　同　『金代道教の研究―王重陽と馬丹陽―』（汲古書院、一九九二年）
　同　『中国の道教―その活動と道観の現状（本文冊）』（汲古書院、一九九五年）
福永光司『魏晋思想史研究』（岩波書店、二〇〇五年）
前田繁樹『初期道教經典の形成』（汲古書院、二〇〇四年）
牧田諦亮『アジア仏教史・中国編Ⅱ　民衆の仏教―宋代から現代まで―』（佼成出版社、一九七六年）
松本浩一氏『宋代の道教と民間信仰』（汲古書院、二〇〇六年）
三浦國雄『「朱子語類」抄』（講談社学術文庫、二〇〇八年）
三浦秀一『中国心学の稜線―元朝の知識人と儒道仏三教―』（研文出版、二〇〇三年）
宮澤正順『曾慥の書誌的研究』（汲古書院、二〇〇二年）
柳田聖山主編『六祖壇經諸本集成』（中文出版社、一九七六年）
山田俊『唐初道教思想史研究―『太玄眞一本際經』の成立と思想―』（平樂寺書店、一九九九年）
山根三芳『朱子倫理思想研究』（東海大学出版会、一九八三年）
吉岡義豊『道教と仏教』第三（國書刊行会、一九七〇年）
吉津宜英『華厳禅の思想史的研究』（大東出版社、一九八五年）

カトリーヌ・デスプ『中国女性道教史　女のタオイズム』（門田眞知子訳、三浦國雄監修。人文書院、一九九六年）

○中文

陳攖寧『道教與養生』（華文出版社、二〇〇〇年）
程元敏『三經新義輯考彙評（一）—尚書』（國立編譯館、一九八六年）
同　『三經新義輯考彙評（二）—詩經』（國立編譯館、一九八六年）
同　『三經新義輯考彙評（三）—周禮（上）』（國立編譯館、一九八七年）
同　『三經新義輯考彙評（四）—周禮（下）』（國立編譯館、一九八七年）
丁培仁『增注新修道藏目録』（巴蜀書社、二〇〇七年）
方勇『莊子學史』（人民出版社、二〇〇八年）
胡孚琛主編『中華道教大辭典』（中國社會科學出版社、一九九五年）
黄啓江『北宋佛教史論稿』（臺灣商務印書館、一九九七年）
江淑君『宋代老子學詮解的義理向度』（台灣學生書局、二〇一〇年）
孔令宏『宋明道教思想研究』（宗教文化出版社、二〇〇二年）
同　『宋代理學與道家、道教』（中華書局、二〇〇六年）
李遠國『中國道教氣功養生大全』（四川辭書出版社、一九九一年）
同　『道教氣功養生學』（四川省社會科學院出版社、一九八八年）
同　『神霄雷法—道教神霄派沿革與思想—』（四川人民出版社、二〇〇三年）
梁天錫『北宋傳法院及其譯經制度』（志蓮淨苑、二〇〇三年）

劉成國『荊公新學研究』（上海古籍出版社、二〇〇六年）
劉固盛『宋元老學研究』（巴蜀書社、二〇〇一年）
漆俠『宋學的發展和演變』（河北人民出版社、二〇〇二年）
［加］秦家懿著、曹劍波訳『朱熹的宗教思想』（厦門大學出版社、二〇一〇年）
卿希泰『中國道教思想史綱　第二卷』（四川人民出版社、一九八五年）
同『中國道教史（修訂本）　第二卷』（四川人民出版社、一九九六年）
清源山風景名勝管理委員會編『清源山志』（中華書局、二〇〇四年）
任繼愈主編『中國道教史』（上海人民出版社、一九九〇年）
同『道藏提要（修訂本）』（中國社會科學出版社、一九九一年）
同『中國道教史（增訂本）』（中國社會科學出版社、一九九九年）
孫克寛『東海大學研究叢書　宋元道教之發展』（中央書局、一九六五年）
湯君『莊子義集校』（中華書局、二〇〇九年）
涂美雲『朱熹論三蘇之學』（語言文學學術著作系列、秀威、二〇〇五年）
汪聖鐸『宋代政教關係研究』（人民出版社、二〇一〇年）
汪征魯主編『呂惠卿研究』（福建人民出版社、二〇〇二年）
項楚『寒山詩注』（中華書局、二〇〇〇年）
熊鐵基・馬良懷・劉韶軍著『中國老學史』（福建人民出版社、一九九七年）
熊鐵基主編『中國莊學史』（福建人民出版社、二〇〇九年）
徐洪興『思想的轉型―理學發生過程研究―』（上海人民出版社、一九九六年）

尹志華『北宋「老子」注研究』（巴蜀書社、二〇〇四年）
張廣保『金元全眞道内丹心性學』（三聯書店、一九九五年）
張立文主編『中國哲學範疇精粹叢書　道』（中國人民大學出版社、一九八九年）
張崇富『上清派修道思想研究』（巴蜀書社、二〇〇四年）
朱越利『道藏分類解題』（華夏社出版、一九九六年）

○英文

Kristofer Schipper & Franciscus Verellen.,道藏通考 *The Taoist Canon:A Historical Companion to the Daozang*.The University of Chicago Press,2004.

Peter K.Bol,*This Culture of ours : Intellectual Transitions in T'ang and Sung China*.Stanford University Press,Stanford,California.1992.

Piet van der Loon.,宋代収藏道書考 Oxford Oriental Institute Monographs No.7. IthcaPress,London.1984.

【研究論文等】

○邦文

吾妻重二「『悟眞篇』の内丹思想」（坂出祥伸編『中国古代養生思想の総合的研究』所収。平河出版社、一九八八年）
荒木見悟「林希逸の立場」（『中国思想史の諸相』所収。中国書店、一九八九年）
井澤耕一「王安石『老子』注初探」（関西大学『中国文学会紀要』第十五巻所収、九九四年）
同　「王安石の性情命論」（『村山吉廣教授古希記念中國古典學論集』所収。汲古書院、二〇〇〇年）

同　「王安石の孔子廟配享と『三經新義』に關する一考察—王學の興隆と衰退—」（『關西大學中國文學會紀要』第二十三號所収、二〇〇二年）
同　「王安石鍾山隠棲考—信仰・著述・交遊から見た王安石の晩年—」（『中国思想における身體・自然・信仰—坂出祥伸先生退休記念論集』所収。東方書店、二〇〇四年）
同　「王安石学派の興隆と衰退」（『日本中國學會報』第五十六集所収、二〇〇四年）
同　「王安石『詩義』に關する一考察—朱熹の『詩』解釋との關わりにおいて—」（『詩經研究』第二十九號所収、二〇〇四年）
石井修道訳「大慧普覚禅師法語」（『大乗仏典　中国・日本篇　12禅語録』所収。中央公論社、一九九二年）
石井修道、小川隆「『禪源諸詮集都序』の訳注研究（三）」（『駒澤大學佛教學部研究紀要』第五十四号所収、一九九六年）
市来津由彦「蘇轍の老子解について」（『東北大学教養部紀要』第四十三号所収、一九八五年）
内山俊彦「王安石思想初探」（『日本中國學會報』第一九集所収、一九六七年）
浦山あゆみ「陳景元の音注—『南華眞經章句音義』と『莊子音義』との異同を中心に—」（『文藝論叢（大谷大學）』六十八号所収、二〇〇七年）
同　「陳景元の音注—『南華眞經章句音義』と『上清大洞眞經玉訣音義』について—」（『大谷大學研究年報』六〇号所収、二〇〇八年）
大濱浩「朱子の老子觀」（『神田喜一郎博士追悼　中國學論集』所収。株式会社二玄社、一九八六年）
愛宕元「宋太祖弑害説と上清太平宮」（『史林』六十七巻二号所収、一九八四年）
金文京「南宋における儒佛道三教合一思想と出版—王日休「龍舒淨土文」と「速成法」を例として—」（麥谷邦夫編『三教交渉論叢』所収。道氣社、二〇〇五年）

楠本正繼「全體大用の思想」(『日本中國學會報』第四集所收、一九五一年)
窪徳忠「全眞教の成立」(『東洋文化研究所紀要』第四十二号所収、一九六七年)
坂内榮夫「『鍾呂伝道集』と内丹思想」(『中国思想史研究』第七号所収、一九八四年)
佐藤成順「北宋真宗の御製仏書とその成立に携わった沙門と官人―皇帝をめぐる仏教の動向―」(『三康文化研究所年報』四〇号所収、二〇〇九年)
佐藤錬太郎「蘇轍『老子解』と李贄『老子解』」(『東方學會創立五十年記念　東方學論集』所收。財團法人東方學會、一九九七年)
塩卓悟「宋太宗の文化事業―『太平廣記』を中心に―」(『比較文化史研究』第五号所収、二〇〇三年)
島一「陸希聲の「道徳眞經傳」とその周辺」(『集刊東洋學』五十四号所収、一九八五年)
瀧康秀「『莊子鬳齋口義』における莊子の「筆法」の分析について」(『漢文學解釋與研究』第四輯所収、二〇〇〇年)
同「『老子鬳齋口義』にみる林希逸の『老子』観―黄茂材『老子解』との関連をめぐって―」(『漢文學解釋與研究』第五輯所収、二〇〇二年)
同「林希逸『老子鬳齋口義』と彭耜『道德眞經集註』」(『漢文學解釋與研究』第七輯所収、二〇〇四年)
田中正樹「蘇軾に於ける「順」・「逆」の思想―三教調和論の核心―」(『文化』第五十四巻、第一―二号所収、一九九〇年)
田中隆史「郭象の『自得』について」(大久保隆郎教授退官紀年論集『漢意とは何か』所収。東方書店、二〇〇一年)
塚本善隆「仏教史料としての金刻大藏經―特に北宋釈教目と唐・遼の唯識宗関係章疏について―」(塚本善隆著作集第五巻『中国近世仏教史の諸問題』所収。大東出版社、一九七五年)
寺地遵「天人相関説より見たる司馬光と王安石」(『史學雜誌』七六―一〇所収、一九六七年)

長尾直茂「林羅山の『老子鬳齋口義』校訂及び施注について」（『漢文學解釋與研究』第四輯所収、二〇〇一年）
同「即非如一禅師の『老子鬳齋口義』校刊について」（『漢文學解釋與研究』第十一輯所収、二〇〇九年）
中嶋隆藏「郭象の思想について」（『集刊東洋學』第二十四号所収、一九七〇年）
中村菊之進「宋伝法院訳經三蔵惟浄の伝記及び年譜」（『文化』四十一（一・二）所収、一九七七年）
西口芳男「『念起即覺』考」（『禪文化研究所紀要』第二十四号所収、一九九八年）
蜂屋邦夫「荘子逍遥遊篇をめぐる郭象と支遁の解釈―併せて支遁の仏教理解について―」（『比較文化研究』八輯所収、一九六八年）
林田康順「王日休『龍舒淨土文』の研究（一）」（『印度學佛教學研究』第四十一巻第一號所収、一九九二年）
同「王日休『龍舒淨土文』の研究（五）―人間観―」（浄土宗教学院研究所『佛教論叢』第三十八号所収、一九九四年）
福井康順「霊宝経について」（『福井康順著作集』第二巻所収。法藏館、一九八七年）
福永光司「支遁とその周囲―東晋の老荘思想―」（『仏教史学』第五巻第二号所収、一九五六年）
同「解題」『天理圖書館善本叢書漢籍之部第七巻　御製逍遥詠　玄風慶會圖』（八木書店、一九八一年）
藤井倫明「宋学における『聖』と『誠』―自然性の志向」（『中國哲學論集』第二十三号所収、一九九七年）
同「北宋聖人観の一側面―工夫論における「化」をめぐって―」（『九州中國學會報』第三十八巻所収、二〇〇〇年）
同「宋代道学における聖人観の本質―道学的『無』の意味するもの―」（『東方學』第一〇四輯所収、二〇〇二年）
藤原高男「『西昇經』李栄注」（『香川大学一般教育研究』二十三号所収、一九八三年）
松下道信「全真教南宗における性命説の展開」（『中国哲学研究』第十五所収、二〇〇〇年）

松本浩一「陰符経の諸註についての諸問題」(『アジア諸民族における社会と文化―岡本敬二先生退官記念論集―』所収。国書刊行会、一九八四年)
同　『上清靈寶大法』の文獻學的研究：靈寶派の修行法をめぐって」(『圖書館情報大學研究報告』第十七巻二号所収、一九九八年)
松本文三郎「趙宋時代の譯經事業」(『佛教研究』一(三)所収、一九三七年)
麥谷邦夫「『老子想爾注』について」(『東方學報』第五十七号所収、一九八五年)
同　「道家・道教における氣」(小野沢精一・福永光司・山井湧編『氣の思想』第二部第一章第二節。東京大学出版会、一九八六年)
同　「唐・玄宗『道徳眞經』注疏における「妙本」について」(『道教と宗教文化』所収。平河出版社、一九八七年)
同　「『大洞眞經三十九章』をめぐって」(吉川忠夫編『中国古道教史研究』所収。同朋舎、一九九二年)
山城喜憲「『老子鬳齋口義』伝本攷略」(『斯道文庫論集』第三十九輯所収。斯道文庫、二〇〇四年)
山田俊「北宋・眞宗の三教思想について―「天書」と「清浄」―」(『日本文化研究所研究報告』第二十八集所収、一九九二年)
同　「『道體論』攷―「道體」と「萬物」―」(『熊本県立大学文学部紀要』第四巻第一号所収、一九九八年)
同　「褚伯秀『南華眞經義海纂微』の採注態度について」(『熊本県立大学文学部紀要』第六巻第一号所収、一九九九年)
同　「杜光庭の思想(上)―「道氣」と「樂記篇」―」(『熊本県立大学文学部紀要』第九巻第一号所収、二〇〇二年)
同　「『朱子語類』巻第一百二十五「老氏[荘子附]」訳注(一)(『熊本県立大学文学部紀要』第十六巻所収、二〇一〇年)
同　「『朱子語類』巻第一百二十五「老氏[荘子附]」訳注(二)(『熊本県立大学文学研究科論集』第三号所収、二〇一一

〇年）
同　『朱子語類』巻第一百二十五「老氏［荘子附］」訳注（三）（『熊本県立大学文学部紀要』第十七巻所収、二〇一一年）
同　『朱子語類』巻第一百二十五「老氏［荘子附］」訳注（四）（『熊本県立大学文学研究科論集』第四号所収、二〇一一年）
同　『朱子語類』巻第一百二十五「老氏［荘子附］」訳注（五）（『熊本県立大学文学部紀要』第十八巻所収、二〇一二年）
同　「『洞元子内丹訣』浅析」（『第三届中國（成都）道教文化節　重要文稿　學術論文匯編』所収。成都市民族宗教事務局、二〇一〇年）
横手裕「道教における『本然の性』と『気質の性』―二つの「性」と「神」をめぐって―」（麥谷邦夫編『三教交渉論叢』所収。道氣社、二〇〇五年）

〇中文

曾春海「朱熹對老子的論評」（『人文與價值―朱子學国際學術研討會暨朱子誕辰八八〇周年紀念會論文集』所収。華東師範大學出版社、二〇一一年）
曾棗荘編「『西崑酬唱集』詩人年譜簡編」（『宋人年譜叢刊』第一冊所収。四川大學出版社、二〇〇三年）
陳榮捷「解老」「評老子」「老子亦有所見」「朱子贊揚荘子」（『朱子新探索』所収。臺灣學生書局、一九八八年）
陳攖寧『靈源大道歌』白話注解」（『道教與養生』所収。華文出版社、二〇〇〇年）
程元敏「三經新義修撰人考」（『三經新義輯考彙評（二）―詩經』所収。國立編譯館、一九八六年）

池澤滋子「晁迥研究」（四川大学古籍整理研究所・四川大学宋代文化研究中心編『宋代文化研究』第十六輯所収。四川大学出版社、二〇〇九年）
鄧紅蕾『圓通爲智、因物爲心』的道家道教教育哲学―論陳景元」（『江漢論壇』一九九七年第四期所収、一九九七年）
丁丹「林希逸與江湖新人交遊考」（『文教資料』二〇一〇年六月號所収、二〇一〇年）
馮娟・楊超「陳景元道藏音注研究―有關聲母系統的研究―」（『西華師範大學學報（哲學社會科學版）』二〇〇五年第二期所収、二〇〇五年）
胡若飛「俄藏西夏文草書『孝經傳』序及篇目譯考」（『寧夏社會科學』第五期（總第一三二期）所収、二〇〇五年）
黄國清「宗密之三教會通思想於中國佛教思想史上的意義」（『中華佛學學報』第三期所収、一九九九年）
黄紅兵「有爲無爲之間―王雱莊學思想研究」（『陝西理工學院學報（社會科學版）』第二七卷第一期所収、二〇〇九年）
黄啓權「論呂惠卿的歷史功過」（汪征魯主編『呂惠卿研究』所収。福建人民出版社、二〇〇二年）
李朝軍「晁迥與北宋文學」（『四川大學學報（哲學社會科學版）』二〇〇五年第三期（總一三八期）所収、二〇〇五年）
李朝軍「晁迥年譜簡編」（『樂山師範學院學報』第二〇卷第八期所収、二〇〇五年）
李剛「陳景元『老子注』的生命政治學」（『和諧世界　以道相通―國際道德經論壇論文集―』上卷所収。宗教文化出版社、二〇〇七年）
李文澤「王安石新學的訓詁學審視」（四川大學古籍整理研究所、四川大學宋代文化研究資料中心編『宋代文化研究』第四輯所収。四川大學出版社、一九九四年）
李遠國「論宋代重玄學的三大特徵―以陳摶、陳景元爲中心―」（『道家文化研究』第十九輯所収。三聯書店、二〇〇二年）
劉固盛「范應元『老子道德經古本集注』試論」（『中國道教』二〇〇一年第一期所収、二〇〇一年）
同　「論陳景元對『老子』思想的詮釋與与發揮」（『宗教學研究』二〇〇六年二期（總第七十一期）所収、二〇〇六年）

同　「范應元『老子道德經古本集注』略考」（『和諧世界　以道相通―國際道德經論壇論文集―』下卷所收。宗教文化出版社、二〇〇七年）

劉固盛・蕭海燕「宋元莊學文獻提要及其詮釋特點」（陳鼓應主編『道家文化研究』第二十五輯所收。三聯書店、二〇一〇年）

陸建華・孫以楷「朱熹視界中的老子」（『邁入二十一世紀的朱子學―紀念朱熹誕辰八七〇周年、逝世八〇〇周年論文集』所收。華東師範大學出版社、二〇〇一年）

盧國龍「北宋儒學三派的『老子』三注」（『道家文化研究』第八輯所收。上海古籍出版社、一九九五年）

同　「論陳景元的道家學術」（『道家文化研究』十九輯所收。三聯書店、二〇〇二年）

同　「論陳景元『莊子注』的思想主旨」（『道家文化研究』第十九輯所收、三聯書店、二〇〇二年）

蒙文通「陳碧虛與陳摶學派―陳景元老子、莊子註校記―」（『圖書集刊』第八期所收、九四八年）

同　「校理陳景元『老子註』、『莊子註』叙録―附論陳碧虛與陳摶學派―」（蒙文通文集［第六］『道書輯校十種』所收。巴蜀書社、二〇〇一年）

同　「『莊子』注」（蒙文通文集［第六］『道書輯校十種』所收。巴蜀書社、二〇〇一年）

聶鴻音「呂注『孝經』考」（『中華文史論叢』二〇〇七年第二期總第八十六集所收、二〇〇七年）

邱敏捷「林希逸『莊子口義』『以禪解莊』析論」（『玄奘佛學研究』第四期所收、二〇〇六年）

隋思喜「陳景元儒道關係論的基本特征和政治意蘊」（『世界宗教研究』二〇一一年第三期所收、二〇一一年）

孫紅「林希逸以儒解莊及其原因」（『北方論叢』二〇〇三年第五期所收、二〇〇三年）

同　「以禪解莊―林希逸『莊子口義』對『莊子』的闡釋」（『河南師範大學學報（哲學社會科學版）』二〇〇三年第三〇卷第四期所收、二〇〇三年）

湯君「黒水城文獻『莊子義』考」（『敦煌學輯刊』二〇〇六年第二期（總第五十二期）所收、二〇〇六年）

湯君「北宋呂惠卿莊子版本源流考」(『莊子義集校』所収。中華書局、二〇〇九年)
王國軒「陸九淵的學術宗旨(代前言)」(理学叢書、鍾哲點校『陸九淵集』所収。中華書局、一九八〇年)
王卡「敦煌本洞玄靈寶九天生神章經疏考釋」(『敦煌學輯刊』二〇〇二年第二期(總四十二期)所収、二〇〇二年)
王明「無能子的哲學思想(代序)」(『無能子校注』所収。中華書局、一九九七年)
王瑞来「略論宋太宗」(『社會科學戰綫』一九八七年四期歴史人物所収、一九八七年)
王鐵『『陰符經考異』作者考」(『邁入二十一世紀的朱子學』所収。華東師範大學出版社、二〇〇一年)
王雲海「宋太宗的『右文』政策」(『河南大學學報(社會科學版)』一九八六年第一期所収、一九八六年)
汪業全『『上清大洞眞經玉訣音義』音注考」(『桂林師範高等專科學校學報』第十八巻第一期(總第五十七期)所収、二〇〇四年)
蕭海燕「論晁迥的莊學思想」(『周口師範學院學報』第二七巻第一期所収、二〇一〇年)
同「褚伯秀的莊學思想簡論」(『中國道教』二〇〇八年第六期所収、二〇〇八年)
同「論林疑獨『莊子解』的儒化傾向」(『華中師範大學學報(人文社會科學版)』第四八巻第一期所収、二〇〇九年)
熊國寶「西山萬壽宮廟會盛況古今談」(『中國道教』二〇〇四年第一期所収、二〇〇四年)
熊凱「王雱與佛教的關係」(『新餘高專學報』第一一巻第一期所収、二〇〇六年)
徐心希「呂惠卿的『道德眞經傳』及其變法思想」(汪征魯主編『呂惠卿研究』所収)
許志信「林希逸莊子義理研究」(『通識教育與跨域研究』第四期所収、二〇〇八年)
嚴靈峯「老子崇寧五注輯校自序」(中華叢書『經子叢書』第七冊所収)
楊黛『『莊子口義』的注莊特色」(『中國文學研究』一九九七年第四期所収、一九九七年)
同「林希逸『莊子口義』知見版本考述」(『文史』第四十七輯所収。中華書局、一九九八年)

尹志華「王安石的『老子』注探微」（『江西社會科學』二〇〇二年第十一期所収、二〇〇二年）

同　「北宋道士陳景元的人性論及其歷史意義」（『中國道教』二〇〇三年第五期（総七十七期）所収、二〇〇三年）

同　「曹仙姑的生平、著作考」（『中國道教』二〇〇二年第四期所収、二〇〇二年）

同　「曹仙姑的生平、著作再考」（『中國道教』二〇〇四年第三期所収、二〇〇四年）

同　「北宋陳景元的老學思想新探」（『世界宗教研究』二〇〇四年第一期所収、二〇〇四年）

同　「『靈源大道歌』與『至眞歌』、『道樞・靈源篇』的關係考」（『中國道教』二〇〇八年第三期所収、二〇〇八年）

張劍「宋代家族與文學―以澶州晁氏爲中心―」「附録一：晁迥年譜」（『中國文學網』http://www.literature.org.cn/2006.12.18）

張艶清「朱熹之學與老莊」（『中國哲學史』一九九九年第二期所収、一九九九年）

張毅「以『儒』釋『莊』―讀林希逸『莊子口義』」（『南開學報』一九九〇年第五期所収、一九九〇年）

趙艶喜「論北宋晁迥對白居易的接受」（『廣西大學學報（哲學社會科學版）』第三〇巻第三期所収、二〇〇八年）

趙宗誠「北宋諸帝與道教」（『宗教學研究』一九九二年一・二期所収、一九九二年）

仲亞東『宋呂氏莊子義』探微」（汪征魯主編『呂惠卿研究』所収）

周啓成「前言」（周啓成『莊子鬳齋口義校注』所収。中華書局、一九九七年）

朱越利「北宋何仙姑與曹仙姑」（『宗教哲學季刊』第三十七期所収、二〇〇六年）

同　「呂洞賓、劉海蟾等北宋參同清修内丹家」（『道教研究學報：宗教、歷史與社會』第一期所収、二〇〇九年）

竹音「杜順是文殊菩薩化身」（『五台山研究』二〇〇七年第二期、二〇〇七年）

著者略歴

山田　　俊（やまだ　たかし）

1962年、名古屋市に生まれる。東北大学文学部を卒業し、同大学大学院を退学後、東北大学文学部附属日本文化研究施設（当時）助手を経て、現在、熊本県立大学文学部日本語日本文学科教授、中国山東大学「宗教、科學與社會問題研究所」客員教授。主たる研究領域は六朝～宋の三教交渉史。著書に『唐初道教思想史研究―『太玄眞一本際經』の成立と思想―』（平樂寺書店1999年）。

宋代道家思想史研究

二〇一二年六月一五日　発行

著　者　山　田　　俊
発行者　石　坂　叡　志
整版印刷　富士リプロ㈱
発行所　汲　古　書　院
〒102-0072　東京都千代田区飯田橋二-五-四
電　話　〇三（三二六五）九七六四
ＦＡＸ　〇三（三二二二）一八四五

ISBN978 - 4 - 7629 - 2897 - 0　C3010

The Studies of the Taoism in Song Dynasty

Yamada Takashi

Kyuko Shoin
Tokyo

文献名索引

そ

た

ち

人名索引

S

Sacré-Cœur
La Villette
ONTMARTRE
Gare du Nord
Gare de l'Est
Parc des
Buttes-Chaumont
Canal St-Martin
Place de la République
sée du
uvre
Forum
des Halles
Centre
Georges Pompidou
Cimetière du
Père-Lachaise
Notre-Dame
QUARTIER
DU MARAIS
Ile de la Cité
-des-Prés
Bd. Henri IV
Opéra
Bastille
Ile St-Louis
Bd. St-Germain
Sorbonne
Place de la Nation
Bd. Diderot
Institut du
Monde Arabe
Gare de Lyon
urg
Jardin des Plantes
Panthéon
Ministère des Finances
QUARTIER LATIN
Montparnasse
Gare
d'Austerlitz
Palais Omnisport
de Paris-Bercy
E
Place d'Italie
Bois de Vincennes
Bibliothèque Nationale
Parc Montsouris
Seine
sitaire

La France, maintenant !

Mirei Seki
Michihiro Hirabayashi
Aurélien Sabatier
Bérénice Leman

Avec la participation de
Kazuko Ogura
Fumiya Ishikawa
Osamu Nakagawa

SURUGADAI-SHUPPANSHA

本書には，マーク部分を吹き込んだ別売りCD（本体800円+税）（ISBN 978-4-411-11348-1）を用意しております．
また iTunes（オーディオブック），FeBe http://www.febe.jp/ にてダウンロード販売もしております．どうぞご利用ください．

表紙写真：Sumiyo Ida, Mirei Seki

装幀・デザイン：die

はじめに

『La France, maintenant　フランスの今』は，初級の学習を終えた皆さんが，初級文法を使ってフランス語のテキストを読み，自身でフランス語を書き，実際にネイティブの人と話すために必要なノウハウを基礎固めするために作られた教科書です．文法は皆さんがすでに一通り見たことのあるものばかりだと思われますが，この文法項目を自在に操ることができるようになるために必要な要素が，本書には詰まっています．

各課は文法確認，練習問題，日常生活での会話，そして等身大のフランスに触れることができる長文と，あらゆる角度から中級フランス語が学習できるようになっています．この1冊を最後まで終えたとき皆さんはきっと，すでに学習した文法事項を本書で定着させるだけで，じつはかなりのことがフランス語でできるようになってしまった！ と実感するのではないかと思います．

初級の学習では，つい暗記することばかりに気持ちが向いてしまいますが，中級の学習ではぜひフランス語を使って新しい世界に触れる喜び，楽しみを感じて欲しいと願っています．今まで遠い国であったフランスを身近に感じ，外国語で自己表現し，フランス語の話を理解できるという喜びは，自身で獲得するほかありません．もちろん心が折れてしまうときもあるでしょう．しかし外国語学習の良いところは，根気よく付き合えば誰でも培うことができるというところです．フランス人の子供たちでさえ，すぐにフランス語が大人のように話せるようになるわけではなく，私たちと同じように時間をかけて読み，書き，話すというプロセスを習得してゆきます．

本テキストはこの学習の時間が苦痛に終わるのではなく，できる限り楽しく学べるように，長文などには丁寧に注をつけ，フランスの日常生活で実際に使われている単語や文章を厳選して載せるように配慮しました．

もちろん外国語学習にきりはありません．しかしフランス語をツールとして，情報を収集し，自己を表現し，ネイティブの話を理解することができるようになったとき，皆さんは外国語学習を通して，世界に対して開かれた新しい自分を発見するのではないでしょうか．新たな自身を創造するために，ぜひ最後のページまで頑張って取り組んでください．

最後になりましたが，本教科書は1年間の試用を経て，多くの先生方や学生の皆さんからの意見を反映させながら完成させました．この場を借りて本書に携われた多くの方々に感謝申し上げます．また最後まで細かい校正にお付き合い頂いた編集の上野名保子さんにも心より感謝申し上げます．

2013年秋

著者一同

目　次

ARTS et BIJOUX
Saint-Germain-des-Prés
147

Leçon 1 *Se présenter* 自己紹介する

Les adverbes interrogatifs / Les adjectifs interrogatifs 疑問副詞 / 疑問形容詞

Objectif

いよいよ中級の授業が始まります．1課では疑問副詞と疑問形容詞を復習して，まずは疑問文で相手のことを尋ね，自身についても受け答えができるようになりましょう．

Grammaire

疑問副詞

動詞を修飾するのが副詞ですが，その副詞が疑問詞になったのが疑問副詞です．［***comment*** どのように / ***où*** どこ / ***quand*** いつ / ***pourquoi*** なぜ / ***combien*** どれくらい］

Tu t'appelles ***comment*** ? — Je m'appelle Guillaume.

名前は？ — ギヨームだよ．

Tu viens à la fac ***comment*** ? — Je viens en métro.

大学までどうやって来るの？ — 地下鉄だよ．

Tu habites ***où*** ? — J'habite à Paris.

どこに住んでいるの？ — パリだよ．

Tu apprends le français depuis ***quand*** ? — Depuis l'année dernière.

いつからフランス語を学んでいるの？ — 去年からだよ．

Pourquoi tu apprends le français ? — Parce que j'aime la France.

なぜフランス語を勉強しているの？ — フランスが好きだからよ．

Tu suis ***combien*** de cours par semaine ? — Je suis douze cours par semaine.

週に何コマ授業を受講しているの？ — 週に12コマだよ．

Tu mesures ***combien*** ? — Un mètre soixante-dix-huit.

身長はいくつ？ — 1メートル78センチだよ．

Nous sommes le ***combien*** ? — Nous sommes le dix-sept avril.

今日は何日？ — 4月17日だよ．

疑問形容詞

名詞を修飾するのが形容詞ですが，その副詞が疑問詞になったのが疑問形容詞です．修飾する名詞に合わせて性数一致させます．［**quel** どんな，何の］

	単数形	複数形
男性形	**quel**	**quels**
女性形	**quelle**	**quelles**

Tu as ***quel*** âge ? — J'ai vingt ans. 何歳なの？ — 20歳だよ．

Nous sommes ***quel*** jour ? — Nous sommes mercredi. 今日は何曜日？ — 水曜日だよ．

Tu es en ***quelle*** année ? — Je suis en deuxième année. 何年生？ — 2年生だよ．

EXERCICES

1 次の日本語に合うように（　）に適切なフランス語を入れなさい.

① 失礼ですが，お名前は？　— ミカエル・デュボワです.

Excusez-moi, mais vous vous appelez (　　　　) ?

— Je m'appelle Michaël Dubois.

② どこに住んでらっしゃいますか？　— ボルドーに住んでいます.

Vous habitez (　　　　) ? — J'habite à Bordeaux.

③ 何年生に在籍していますか？　— 3 年生です.

Vous êtes en (　　　　) année ? — Je suis en troisième année.

④ どうして日本で勉強をしたいのですか？　— 禅の文化について学びたいからです.

(　　　　) vous voulez faire des études au Japon ? — Parce que je voudrais étudier la culture du Zen.

⑤ 今日は何日ですか？　— 5 月 1 日です.

Nous sommes le (　　　　) ? — Nous sommes le premier mai.

2 次の日本語に合うように単語を並べ替え，文頭は大文字にして，適切な文にしなさい.

① 君の大学はどこにあるの？

[ton / où / université / est] ?

② あなたの専門は何ですか？

[est / quelle / spécialité / votre] ?

③ 何曜日ですか？

[sommes / jour / nous / quel] ?

④ 彼女はどんな人？

[comment / est / elle] ?

⑤ いつ掃除をしているの？

[le / quand / ménage / tu / fais] ?

VOCABULAIRE

faculté des lettres 女 文学部　faculté des études interculturelles 女 異文化学部　faculté d'économie 女 経済学部　faculté de gestion 女 経営学部　faculté des sciences 女 理学部　faculté de médecine 女 医学部　faculté de sociologie 女 社会学部　faculté de droit 女 法学部　faculté de tourisme 女 観光学部　faculté des affaires sociales 女 福祉学部　faculté de psychologie 女 心理学部　faculté d'agronomie 女 農学部　faculté des beaux-arts 女 美術学部　faculté d'architecture 女 建築学部　spécialité 女 専門

2

Conversation modèle

Théo : Bonjour, je m'appelle Théo. Je suis étudiant à la faculté des sciences.

Mayumi : Bonjour, je m'appelle Mayumi. Moi, je suis étudiante à la faculté des lettres. Ma spécialité est la littérature française.

Théo : Tu es en quelle année ?

Mayumi : Je suis en deuxième année. Et toi ?

Théo : Je suis en troisième année.

上の文章を参考にしながら，前のページの **VOCABULAIRE** や下の **EXPRESSIONS** の単語と表現を用いて，お互いに自己紹介をしてみましょう.

A : Bonjour, je m'appelle [　　　　　　]. Je suis étudiant(e) à la faculté [　　　　　　].

B : Bonjour, je m'appelle [　　　　　　]. Moi, je suis étudiant(e) à la faculté [　　　　　　]. Ma spécialité est [　　　　　　] *1.

A : Tu es en quelle année ?

B : Je suis en [　　　　　　] *2. Et toi ?

A : Je suis en [　　　　　　] année.

EXPRESSIONS

*1 économie mondiale 女 世界経済
histoire de l'art 女 美術史
environnement urbain 男 都市環境
culture japonaise 女 日本文化
électronique 女 電子工学
écologie 女 生態学
relations internationales 女 複 国際関係学
sciences de l'éducation 女 複 教育学
éthnologie 女 民俗学

*2 première année 女 1 年生
deuxième année 女 2 年生
troisième année 女 3 年生
quatrième année 女 4 年生

3

Lecture

La vie d'une étudiante française

Camille est étudiante en deuxième année à la faculté d'économie de l'Université Paris-Est Créteil*1. Elle étudie la comptabilité en ce moment*2. Pourquoi Camille préfère étudier la comptabilité ? C'est parce qu'elle voudrait travailler dans le domaine financier*3 à l'issue de ses études*4. Elle souhaite faire un stage*5 au Japon parce qu'elle parle assez bien japonais. Sa grand-mère du côté maternel*6 est japonaise et elle vient de temps en temps*7 à Paris pour revoir sa famille. Camille ne parle pas parfaitement*8 japonais, mais elle voudrait progresser.

*1 Université Paris-Est Créteil：パリ近郊のヴァル=ドゥ=マルヌにある大学
*2 en ce moment：現在，目下
*3 domaine financier：金融関係
*4 à l'issue de ses études：卒業したら
*5 faire un stage：研修を受ける
*6 du côté maternel：母方の
*7 de temps en temps：時々
*8 parfaitement：完璧に

QUESTIONS

上の文章を読んで，次の文が正しければ vrai を，間違っている場合には faux を（　　）に書きなさい．

① Camille est étudiante en troisième année à la faculté d'économie. (　　　　)
② Elle voudrait faire un stage au Japon. (　　　　)
③ Sa grand-mère maternelle est japonaise. (　　　　)

Leçon 2 *Les activités quotidiennes*
日常生活
Les verbes pronominaux au présent 代名動詞現在形

Objectif

再帰代名詞を伴う動詞を代名動詞と言います．再帰代名詞は，主語と目的語が同一人物となるときに用いられます．フランス語では日常生活の表現でよく使われます．代名動詞を用いて日常生活について話してみましょう．

Grammaire

目的語人称代名詞が自分自身を指すときは再帰代名詞が用いられ，動詞とセットで代名動詞と呼ばれます．再帰代名詞も代名詞の１つなので，動詞の**前に**置かれます．

se laver	
je me lave	nous nous lavons
tu te laves	vous vous lavez
il se lave	ils se lavent

laver はもともと「〜を洗う」という他動詞ですが，自分の身体を洗うときはそれぞれに対応する再帰代名詞を用います．代名動詞は以下のように訳すことができます．

① 再帰的用法（自分自身が動詞の対象となる場合）

Ils ***se promènent*** tous les jours.　彼らは毎日**散歩をします**．

(*cf.* Ils promènent leur chien.　彼らは犬を散歩させる．)

Elle ***s'appelle*** Hélène Dubois.　彼女**の名前は**エレーヌ・デュボワ**です**．

② 相互的用法（主語が複数のときは，「互いに〜し合う」という意味で使われることがある）

Elles ***s'écrivent*** par mail.　彼女たちはメールで**手紙を書き合う**．

③ 受動的用法（物が主語のときに，受け身的なニュアンスとなる）

Ces chaussures ***se vendent*** bien.　この靴はよく**売れて**います．

④ 本質的用法（熟語として用いられる用法）

Catherine ***se souvient*** très bien de son enfance.

カトリーヌは幼少期のことをとても良く**覚えている**．

＊se souvenir de 〜（〜を覚えている）

EXERCICES

1 次の文を訳しなさい.

① Ma mère se lève à cinq heures tous les matins.

→ ______________________________

② La station se trouve derrière le parc.

→ ______________________________

③ Je me souviens de cette histoire.

→ ______________________________

④ Ce livre se lit facilement.

→ ______________________________

⑤ Elles se connaissent depuis longtemps.

→ ______________________________

2 日本語に合うように単語を並べ替え，文頭は大文字にして，適切な文にしなさい.

① 急いで身支度をします. [prépare / me / je / vite].

→ ______________________________

② フランス文化に興味があります. [à / culture / française / intéresse / je / la / m'].

→ ______________________________

③ 彼は毎朝髭をそります. [il / rase / les / tous / matins / se].

→ ______________________________

④ アイスコーヒーはフランスで売られていません.

[café / en / France / glacé / le / ne / pas / se / vend].

→ ______________________________

⑤ 明日お会いしましょう. [demain /nous / nous / voyons].

→ ______________________________

VOCABULAIRE

se préparer 身支度をする　se maquiller お化粧をする　se raser 髭をそる　se lever 起きる　se coucher 寝る　allumer [éteindre] la lampe 電気をつける［消す］　regarder la télé テレビを見る　écouter les informations ニュースを聞く　nettoyer 掃除する　plier le linge 洗濯物を畳む　ranger le linge 洗濯物を整理する　faire le ménage 家事（掃除）をする　mettre le réveil à sept heures 目覚ましを 7 時にかける　lire les journaux sur Internet ネットで新聞を読む　consulter ses courriels メールをチェックする

4

Conversation modèle

Ichirô : Tu te lèves à quelle heure, Isabelle ?

Isabelle : Je me lève à huit heures. Et toi ?

Ichirô : Moi, je me lève à six heures.

Isabelle : Six heures ? C'est tôt.

Ichirô : Oui, j'habite loin de la faculté. Et le soir, tu te couches tard ?

Isabelle : Oui, normalement je me couche à deux heures du matin.

Ichirô : À deux heures du matin ? C'est très tard !

上の文章を参考にしながら，下の **EXPRESSIONS** の単語や表現を用いて，お互いの日常生活について話してみましょう.

A : Tu te lèves à quelle heure, ______ ?

B : Je me lève à ______ *1. Et toi ?

A : Moi, je me lève à ______ .

B : ______ ? C'est ______ *2.

A : Oui, j'habite ______ *3 la faculté. Et le soir, tu te couches ______ ?

B : Oui, normalement, je me couche à ______ *4.

A : À ______ ? C'est très ______ !

EXPRESSIONS

*1 six heures 6 時
sept heures 7 時
huit heures et demie 8 時半
neuf heures moins le quart 9 時 15 分前 (8 時 45 分)
neuf heures et quart 9 時 15 分

*2 tard 遅い

*3 près de ～ ～から近い
à deux pas de ～ ～からほんの目と鼻の先

*4 vingt et une heures 21 時
vingt-deux heures 22 時
onze heures du soir 夜の 11 時
minuit 午前零時
une heure du matin 午前 1 時
deux heures du matin 午前 2 時

5

Lecture

Il n'est pas facile de se réveiller le matin !

Le matin, Christine se lève à sept heures. Le réveil sonne*1 … elle allume la lampe … c'est dur ! Elle prend son petit-déjeuner avec sa mère. Son père sort de la maison à six heures. Elle fait sa toilette*2: elle prend une douche, elle se brosse les dents*3 et elle se maquille. Voilà !*4 Elle est prête*5 ! Ensuite, elle part de la maison à huit heures et elle arrive à l'université à neuf heures.

L'après-midi, elle discute avec ses amis dans un café. Le soir, elle rentre de la fac en métro à dix-huit heures trente. À dix-neuf heures, elle prépare le dîner avec sa mère. Après le dîner, elle fait la vaisselle*6. Elle téléphone à son copain pour raconter sa journée*7. Elle prépare ses cours et elle se couche vers vingt-trois heures.

*1 sonne > sonner：鳴る
*2 fait sa toilette > faire sa toilette：身繕いをする
*3 se brosse les dents > se brosser les dents：歯磨きをする
*4 Voilà !：よし！
*5 prêt(e)：準備の出来た
*6 fait la vaisselle > faire la vaisselle：洗い物をする
*7 journée：女 一日（の出来事）

QUESTIONS

上の文章を読んで，次の文が正しければ vrai を，間違っている場合には faux を（　）に書きなさい.

① Christine prend le petit-déjeuner avec son père. (　　　)
② L'après-midi, elle discute avec ses amis dans un restaurant. (　　　)
③ Elle prépare ses cours et elle se couche vers dix heures du soir. (　　　)

Leçon 3 Demander
尋ねる
Les pronoms interrogatifs 疑問代名詞

Objectif

疑問副詞や疑問形容詞とともに，疑問文でよく用いられる表現です．Leçon 1 と比較しながら覚えていきましょう．質問とその受け答えの練習をして，コミュニケーション能力をブラッシュ・アップしていきましょう．

Grammaire

	主語	直接目的語 / 属詞	前置詞の後
誰	**Qui** ～？ **Qui est-ce qui** ～？	主語＋動詞＋**qui**？ **Qui est-ce que** ＋主語＋動詞？ **Qui**＋動詞 - (トレデュニオン) 主語？	前置詞＋**qui**？
何	**Qu'est-ce qui** ～？	主語＋動詞＋**quoi**？ **Qu'est-ce que** ＋主語＋動詞？ **Que**＋動詞 - (トレデュニオン) 主語？	前置詞＋**quoi**？

主語を尋ねる

① 疑問詞＋動詞？　***Qui*** veut du café ?　コーヒーが欲しい人は誰ですか？

② 疑問詞＋ ***est-ce qui***？　***Qu'est-ce qui*** se passe ?　何が起きているの？

＊1　~~Que＋動詞？~~ という構文はありません．「何が～？」と尋ねる場合は Qu'est-ce qui＋動詞？となります．

＊2　qui はエリジオンしません．qu' という形は que のエリジオンした形です．

直接目的語 / 属詞を尋ねる

① 主語＋動詞＋疑問詞？　Vous cherchez ***qui*** ?
あなたは誰を探していますか？

② 疑問詞＋***est-ce que***＋主語＋動詞？　***Qu'est-ce que*** vous cherchez ?
あなたは何を探していますか？

③ 疑問詞＋動詞 - (トレデュニオン) 主語？　***Que*** lisez-vous ?
あなたは何を読んでいますか？

＊1　文の最後に que が置かれる場合は音が聞きづらいため quoi となります．

＊2　~~Qui est-ce que c'est ?~~ と言うことができないので，「それは誰ですか？」と尋ねるときは C'est qui ? もしくは Qui est-ce ? の 2 つのパターンとなります．

＊3　~~Qu'est-ce ?~~ と言うことができないので，「それは何ですか？」と尋ねるときは C'est quoi ? もしくは Qu'est-ce que c'est ? となります．

EXERCICES

1 日本語に合うように（　　）に適切なフランス語を入れなさい.

① ご職業は何ですか？
（　　　　）'est-ce que vous faites dans la vie ?

② 誰をお探しですか？
（　　　　）est-ce（　　　　）vous cherchez ?

③ 誰がポールを探しているの？
（　　　　）est-ce（　　　　）cherche Paul ?

④ 誰が家にいるの？
（　　　　）reste à la maison ?

⑤ それは何？
C'est（　　　　）?

⑥ 今は何を読んでいますか？
（　　　　）'est-ce（　　　　）vous lisez en ce moment ?

⑦ 誰が留守電にメッセージを入れたの？
（　　　　）a laissé le message sur le répondeur ?

2 日本語に合うように単語を並べ替え，文頭は大文字にして，適切な文にしなさい.

① それは何ですか？ [qu' / que / est-ce / c' / est] ?
→ ______________________________

② ケーキが欲しい人は誰？ [veut / du / gâteau / qui] ?
→ ______________________________

③ 今週末は何をしますか？ [vous / qu' / ce / week-end / est-ce / faites / que] ?
→ ______________________________

④ このパテには何が入っていますか？ [ce / qu' / est-ce / pâté / y / a / qu' / il / dans] ?
→ ______________________________

⑤ 誰が本当のことを知っているの？ [la / qui / connaît / vérité] ?
→ ______________________________

VOCABULAIRE

se passer 起こっている　faire ~ dans la vie（職業は）～をしている　répondeur 男 留守番電話　pâté 男 パテ（魚・肉のすり身をパイ皮や型に詰めて固めたもの）　vérité 女 本当のこと / 真実　poser une question 質問をする

Conversation modèle

6

Shun : Qu'est-ce que tu fais ce soir ?

Marie : Je vais au cinéma pour voir *Paris*[*1].

Shun : Qui vient avec toi ?

Marie : Nathalie.

Shun : Qui est Nathalie ?

Marie : C'est ma cousine.

*1 *Paris*　フランス人映画監督セドリック・クラピッシュによる2008年の作品．余命わずかな青年のパリでの人間模様を描いている．

上の文章を参考にしながら，下の **EXPRESSIONS** の単語や表現を用いて，お互いの予定を聞いてみましょう．

A : Qu'est-ce que tu fais [　　　　　　][*1] ?

B : Je vais [　　　　　　][*2] pour [　　　　　　][*3].

A : Qui vient avec toi ?

B : [　　　　　　].

A : Qui est [　　　　　　] ?

B : C'est [　　　　　　][*4].

EXPRESSIONS

*1 demain soir 明日の夜
ce vendredi 今週金曜日に
ce week-end 今週末
le week-end prochain 来週末
cet après-midi 今日の午後

*2 à la bibliothèque 図書館へ
dans le quartier étudiant 学生街へ
chez Michel ミッシェルの家へ
au parc 公園へ

*3 travailler 勉強する
préparer l'exposé de madame Dubois デュボワ先生の（クラスでの）発表の準備をする
sortir avec des ami(e)s 友達と出かける
fêter l'anniversaire de Julien ジュリアンの誕生日を祝う
faire du sport スポーツをする

*4 un(e) ancien(ne) ami(e) 旧友
un(e) ami(e) du lycée 高校の友達
un(e) ami(e) de l'université 大学の友達
mon frère 男 私の兄（弟）
ma sœur 女 私の姉（妹）

Lecture

7

Les fêtes en France

Qu'est-ce qu'il y a comme fête en France ? La fête la plus connue, c'est le quatorze juillet. C'est la fête nationale. On célèbre l'anniversaire de la Révolution française (la prise de la Bastille[*1]). Ce jour-là, on tire des feux d'artifice[*2]. C'est très beau ! Il y a aussi des jours fériés liés à[*3] la religion catholique. En mars ou en avril, pour la fête de Pâques[*4], on offre[*5] des œufs en chocolat, symboles de la renaissance et de la vie. En décembre, il y a la fête de Noël. On offre des cadeaux aux membres de sa famille. Les enfants peuvent aussi offrir des cadeaux aux parents. On dit que le catholicisme a adopté[*6] d'anciennes coutumes, comme celle de dresser le sapin de Noël[*7].

*1 la prise de la Bastille：[女] バスティーユ監獄の襲撃
*2 feu(x) d'artifice：[男] 花火
*3 lié(s) à ～：～に結び付いた
*4 Pâques：[女][複]「復活祭」．キリストの復活を祝う祝祭日．春分後最初の満月を迎えた次の日曜日と決まっていて，毎年，日にちが変動する．
*5 offre ＞ offrir：贈る
*6 a adopté：adopter の複合過去形．Leçon11 を参照．「～を取り入れる，同化させる」
*7 dresser le sapin de Noël：クリスマスのモミの木を飾る

QUESTIONS

上の文章を読んで，次の文が正しければ vrai を，間違っている場合には faux を（　　）に書きなさい．

① Le quatorze juillet, c'est la fête nationale. (　　　　)
② Pour la fête de Pâques, on tire des feux d'artifice. (　　　　)
③ À Noël, seuls les enfants reçoivent des cadeaux de la part des parents. (　　　　)

Leçon 4 *L'emploi du temps*

時間割

Les articles 冠詞

Objectif

冠詞は日本語に無い概念のため，不定冠詞・定冠詞・部分冠詞の使い分けが本当に難しいですね．同じ名詞であっても，文章で使われるニュアンスに応じて，不定冠詞をとることも，定冠詞をとることも，部分冠詞をとることもできます．ですから，必ずその都度どんなニュアンスで使われているのか，シチュエーションを想像する必要があります．

Grammaire

定冠詞

一般的に世界に 1 つしかないもの，あるいは事象すべてを概念的にとらえる場合，または話し相手が何を指しているか推測できる名詞の前につきます．

La Terre tourne autour du Soleil.　地球は太陽の周りを回っている．

J'aime ***le*** cinéma.　私は映画が好きです．

Tu vas à ***la*** fac ?　大学に行く？（相手がどこの大学かわかっている場合）

不定冠詞

数量が 1 つないし複数あることを示す場合や，話し相手が何を指しているか推測できない名詞の前につきます．

J'ai ***une*** sœur.　私は姉が 1 人います．

Je cherche ***un*** livre.　本を探しています．

Il y a ***des*** photos sur la table.　テーブルの上に写真があります．

＊属詞に職業などがくる場合は無冠詞となります．

Il est étudiant. 彼は学生です．

＊名詞の前に形容詞が置かれた場合に限って，複数形の des は de になります．

Ce sont ~~des~~ bons élèves. → Ce sont ***de*** bons élèves. 良い生徒たちです．

部分冠詞

数量を 1 つ 2 つと数えることができない名詞の場合に，全体量のうち部分的であることを指すために用います．また概念を表す抽象名詞につきます．

Tu veux ***du*** café ?　コーヒーが欲しいの？

Vous avez ***de la*** chance !　あなたは運がいいですね．

EXERCICES

1 (　　) に適切な冠詞を入れなさい.

① C'est (　　　　) cours intéressant.　それはとても興味深い授業です.

② Madame, je peux écrire les réponses sur (　　　　) tableau ?
先生，黒板に解答を書いてもいいですか？

③ J'ai rendez-vous avec (　　　　) ami à une heure.
友達と 1 時に会う約束があります.

④ Je fais (　　　　) natation trois fois par semaine.
私は週に 3 回水泳をします.

⑤ Sébastien, travaillons ensemble à (　　　　) bibliothèque cet après-midi.
セバスチャン，今日の午後図書館で一緒に勉強しようよ.

⑥ Vous faites (　　　　) sport tous les samedis ?
あなたは毎週土曜日にスポーツをしていますか？

⑦ Tu mets (　　　　) sucre dans ton café ?　コーヒーにお砂糖を入れる？

2 (　　) に適切な単語を［　　　］から選んで入れなさい. ただし各単語は 1 度しか使えません.

① J'ai des questions à vous poser. Avez-vous (　　　　) temps après les cours ?
ご質問したいことがあります. 授業の後に，お時間がございますか？

② (　　　　) temps passe tellement vite.　時間が経つのはあまりにも早い.

③ Cela prend (　　　　) temps considérable.　すごく時間がかかります.

④ Nous apprenons (　　　　) temps de l'indicatif.
私たちは直説法の時制を学びます.

⑤ Prenez (　　　　) temps.　ごゆっくりしてください.

un, les, du, le, votre

VOCABULAIRE

mois 男 月　an 男 年　agenda 男 手帳　matin 男 朝　ce matin 今朝　après-midi 男 午後　cet après-midi 今日の午後　soir 男 夜　ce soir 今晩　tous les jours 毎日　une fois par semaine 1 週間に 1 回　trois fois par semaine 1 週間に 3 回　le samedi [tous les samedis / chaque samedi] 毎週土曜日に　aujourd'hui 今日　à midi 正午に　à une heure 1 時に　à deux heures 2 時に　à trois heures de l'après-midi 午後 3 時に　d'abord まず　puis そして　ensuite それから　enfin 最後に

8

Conversation modèle

Xavier : Quel est ton emploi du temps aujourd'hui ?

Minami : Je vais à la fac à neuf heures. Je suis*1 d'abord deux cours de langue française, grammaire et communication, puis un cours de civilisation. Le cours de civilisation est très intéressant. Ensuite, je vois Paul à trois heures de l'après-midi dans un café près de la fac.

*1 suis > suivre ～ ～を受講する

上の文章を参考にしながら，下の **EXPRESSIONS** の単語や表現を用いて，お互いの時間割を聞いてみましょう．

A : Quel est ton emploi du temps aujourd'hui ?

B : Je vais à la fac à neuf heures. Je suis d'abord ＿＿＿＿＿＿*1, puis ＿＿＿＿＿＿. Le cours de ＿＿＿＿＿＿ est ＿＿＿＿＿＿*2. Ensuite, je vois ＿＿＿＿＿＿ à trois heures de l'après-midi ＿＿＿＿＿＿*3 près de la fac.

EXPRESSIONS

*1 le cours d'anglais 英語の授業
le cours de communication interculturelle 異文化コミュニケーションの授業
le cours de civilisations anciennes 古代文明の授業
le cours de philosophie 哲学の授業
le cours d'économie 経済の授業
le cours de chimie 化学の授業
le cours de maths 数学の授業
le cours de géographie 地理学の授業
le cours de sociologie 社会学の授業

*2 pratique 実践的な
instructif(-ve) ためになる
ennuyeux(-se) つまらない

*3 à la bibliothèque 図書館で
devant la librairie 本屋の前で
en face de la pizzeria ピザ屋の正面に

9

Lecture

L'éducation

Nous sommes habitués aux[*1] associations scolaires[*2]. Par exemple, il y a les cercles *barê-bu, yakyû-bu, sakkâ-bu, shodô-bu, kagaku-bu* et *burasubando-bu.* Probablement, vous avez déjà été[*3], une fois au moins, membre d'un club à l'école. L'année scolaire commence par la cérémonie d'entrée, il y a aussi la fête du sport[*4], des excursions, un voyage scolaire en été[*5], la fête de la musique, la « visite sociale[*6] », la fête de l'art[*7]. L'année se termine par la cérémonie de fin d'études. Or, tout ça n'existe pas en France. D'une façon générale[*8], il y a très peu d'activités scolaires à la japonaise[*9] excepté les visites de musée ou de parc. Par ailleurs, un élève français reste moins d'heures à l'école. À l'école primaire, le nombre moyen d'heures de cours est de 884 par an au Japon et de 864 en France. Cependant, la part du PNB[*10] consacrée à l'éducation est de 5,5% en France tandis qu'elle est de 3,3% au Japon.

*1 sommes habitués aux ＞ être habitué à ～：～ に慣れ親しんでいる
*2 association(s) scolaire(s)：女 部活
*3 avez été：être の複合過去形
*4 fête du sport：女 運動会
*5 voyage scolaire en été：男 林間学校
*6 visite sociale：女 社会見学
*7 fête de l'art：女 学芸会
*8 d'une façon générale：一般的に
*9 à la japonaise：日本風の，日本式の
*10 PNB (produit national brut)：男 国民総生産

QUESTIONS

上の文章を読んで，次の文が正しければ vrai を，間違っている場合には faux を（　　）に書きなさい．

① L'année scolaire commence par une cérémonie d'entrée en France. (　　　　)

② Les étudiants français sont membres de clubs scolaires comme au Japon. (　　　　)

Leçon 5 *Le corps / la santé*
身体 / 健康

Les formes contractées de l'article défini 定冠詞の縮約形

Objectif
定冠詞の縮約形はすでに初級文法で習っています．そのため頭で理解してはいるはずですが，実際に仏作をするときに忘れてしまいがちです．よく使われるものについては，文ごと暗記して口で慣れてしまうほうが早いかもしれません．

Grammaire

前置詞 à と de は定冠詞の le や les が直後にきたときは，縮約した形をとります．

à＋le → au	J'ai mal ***au*** cœur.	気持ちが悪いです．
à＋la → à＋la	Tu as mal ***à la*** tête ?	頭が痛い？
à＋l' → à＋l'	Elle va ***à l'***hôpital.	彼女は病院へ行きます．
à＋les → aux	Vous allez ***aux*** États-Unis ?*	あなたはアメリカへ行きますか？

de＋le → du	Demain, c'est la fête ***du*** sport.	明日は運動会です．
de＋la → de＋la	Son oncle travaille au ministère ***de la*** Santé.	彼(女)の叔父は厚生省で働いています．
de＋l' → de＋l'	Son père semble avoir une maladie ***de l'***estomac.	彼(女)のお父さんは胃の病気らしいです．
de＋les → des	C'est le résultat ***des*** examens médicaux de la semaine dernière.	先週の健康診断の結果です．

＊男性名詞の国は **à / de＋冠詞＋国名**で，女性名詞の国は **en /de＋国名**で冠詞が省略される．また東京など都市の場合は，**à / de＋都市名**で冠詞は置かれない．詳しくは Leçon 16 を参照のこと．

男性名詞の国　Je vais ***au Japon***. / Je viens ***des États-Unis***.

女性名詞の国　Je vais ***en Chine***. / Je viens ***de Belgique***.

都市　Je vais ***à Paris***. / Je viens ***de Dijon***.

＊**de＋母音または無音の h で始まる国名**の場合はエリジオンして，de が d' となる．

Nous venons d'Allemagne.

EXCERCICES

1 (　　) に適切な前置詞と冠詞を組み合わせて入れなさい.

① J'ai mal (　　　　) tête depuis hier soir.
昨晩から頭が痛いです.

② Vous avez mal (　　　　) yeux ?
目が痛いのですか？

③ Tu vas (　　　　) hôpital cet après-midi ?
今日の午後病院へ行くの？

④ Nous allons (　　　　) centre sportif chaque mercredi.
僕たちは毎週水曜日にスポーツセンターへ通っています.

⑤ Venez à trois heures (　　　　) après-midi.
午後3時に来てください.

⑥ Tous les jours, mon frère rentre tard (　　　　) bibliothèque.
毎日兄は図書館から帰ってくるのが遅いです.

⑦ Ce nouvel appareil médical vient (　　　　) États-Unis.
この最新医療機器はアメリカ製です.

⑧ Vous parlez (　　　　) examens médicaux de demain ?
明日の身体検査のことを話しているのですか？

⑨ Il faut aller (　　　　) infirmerie.
保健室へ行かなければなりません.

⑩ Tu peux acheter ce médicament (　　　　) pharmacie.
この薬は薬局で買えるよ.

VOCABULAIRE

santé 女 健康　être en pleine forme 元気である　maladie 女 病気　être malade 病気である　tomber malade 病気になる　avoir mal à ～ ～が痛い　tête 女 頭　œil (複数形は yeux) 男 目　oreille 女 耳　dent 女 歯　nez 男 鼻　gorge 女 喉 (のど)　cœur 男 心臓 / 胸　bras 男 腕　main 女 手　jambe 女 脚 (太ももからふくらはぎまで)　pied 男 足 (足首から下)　avoir mal au cœur 気持ちが悪い / 苦しい　avoir le nez qui coule 鼻水が出る　nausée 女 吐き気　vertige 男 めまい　infirmerie 女 保健室

10

Conversation modèle

Le docteur : Qu'est-ce qu'il y a, Mademoiselle ?

Yôko : J'ai mal à la gorge.

Le docteur : Depuis quand avez-vous mal à la gorge ?

Yôko : Depuis trois jours.

Le docteur : Allez, on va regarder*1. Ah oui, vous avez la gorge toute rouge. Je vous fais une ordonnance. Voilà. Ce médicament est très efficace et il est naturel. Prenez bien vos médicaments et reposez-vous bien à la maison.

*1 va regarder > regarder の近接未来形. Leçon 10 を参照.

上の文章を参考にしながら，下の **EXPRESSIONS** の単語や表現を用いて，病院で受診しているときの会話を再現してみましょう.

A : Qu'est-ce qu'il y a, [　　　　　　] ?

B : J' [　　　　　　] *1.

A : Depuis quand avez-vous mal [　　　　　　] ?

B : Depuis [　　　　　　] *2.

A : Allez, on va regarder. Ah oui, vous [　　　　　　] *3. Je vous fais une ordonnance. Voilà. Ce médicament est très efficace et il est naturel. Prenez bien vos médicaments et reposez-vous bien à la maison.

EXPRESSIONS

*1 ai (avoir) mal à l'estomac 胃が痛い
ai mal à la tête 頭が痛い
ai mal aux jambes 両足が痛い

*2 hier 昨日
quelques jours 数日
la semaine dernière 先週

*3 avez (avoir) le ventre gonflé お腹が張っている
avez de la fièvre 熱がある
avez les jambes gonflées 両足がむくんでいる

11

Lecture

Le *kafun-shô*

Autrefois, on attendait avec impatience l'arrivée du printemps. Ce n'est plus le cas aujourd'hui à cause du fameux « rhume des foins*1 », le *kafun-shô* ! Maintenant, c'est le principal sujet de nos conversations dès l'arrivée du printemps. Équipés d'*2 un masque, d'un chapeau et de lunettes spéciales, nous nous protégeons contre le pollen.

Comme au Japon, il y a des allergies au pollen en France. C'est le pollen des platanes qui est responsable de la plupart des allergies. Contrairement aux Japonais, les Français n'ont pas l'habitude de porter des masques pour se protéger des allergies. D'ailleurs, il y a une loi qui interdit la dissimulation du visage, même avec un masque !

*1 rhume des foins：男 直訳は「干し草による風邪」だが，「花粉症」のこと．風邪と似た症状になることから．

*2 équipé de ～：～ を身につけて

QUESTIONS

上の文章を読んで，次の文が正しければ vrai を，間違っている場合には faux を（　　）に書きなさい．

① Le rhume des foins n'est plus le principal sujet de conversation au printemps. (　　　)

② En France, il n'y a pas d'allergies au pollen comme au Japon. (　　　)

③ Les Français portent des masques pour se protéger contre l'allergie au pollen des platanes. (　　　)

Leçon 6 Les projets 計画

L'interrogation 疑問文

Objectif

疑問文はすでに初級文法でも習っていますが，どの疑問文を使うかによって，丁寧な尋ね方にもくだけた尋ね方にもなります．そのニュアンスに気をつけながら，主語が代名詞でないときの疑問文，疑問副詞がついたときの疑問文なども確認しましょう．

Grammaire

疑問文には3パターンあります．日本語と同じように，文法的に難しくなればなるほど，丁寧な疑問文となります．①がもっともくだけた疑問文で，③が最も丁寧な尋ね方になります．

Elle sort avec ses amis ce soir.（彼女は今晩友達と出かけます．）を疑問文にしてみます．

① 文末に **?** をつけ，発音するときは文末を上げて読む．

Elle sort avec ses amis ce soir ***?***

② 文頭に **Est-ce que** をつける． ＊主語が母音で始まるときは Est-ce qu' となる．

Est-ce qu'elle sort avec ses amis ce soir ?

③ 主語と動詞を倒置し，倒置したことを示すために - （トレデュニオン）を入れてつなぐ．

Sort-elle avec ses amis ce soir ?

＊1 主語が il や elle のときに倒置させて母音が重なった場合は，母音の衝突を防ぐために -t- を入れる．

A-***t***-elle mal à la tête ?

＊2 主語が代名詞でないときは，主語＋動詞 - （トレデュニオン）主語の代名詞〜？という語順になる．

Paul ***prend-il*** le dîner chez nous ?　ポールは私たちの家で夕食を食べますか？

Marie va-***t-elle*** au Japon l'an prochain ?　マリーは来年日本へ行きますか？

＊疑問副詞がついた場合は　① S ＋ V ＋疑問副詞 ?，② 疑問副詞＋ S ＋ V ?，③ 疑問副詞＋ est-ce que (qu') ＋ S ＋ V ?，④ 疑問副詞＋ V- （トレデュニオン）S ? という主に4パターンとなります．

Elle est triste ***pourquoi*** ?　（彼女はなぜ悲しんでいますか？）

Pourquoi elle est triste ?

Pourquoi est-ce qu'elle est triste ?

Pourquoi est-elle triste ?

EXERCICES

1 次の文を Est-ce que [qu'] を使った疑問文と倒置疑問文に直しなさい.

① Vous partez pour Londres cet été.

____ ?

____ ?

② Il va au cinéma avec sa copine ce week-end.

____ ?

____ ?

③ Marie va en France pour ses études.

____ ?

____ ?

2 次の文が答えとなるように，① と ② は où を使い，③ と ④ は quand を使って，est-ce que [qu'] を用いた疑問文と倒置疑問文にしなさい.

① Nous déjeunons avec nos collègues dans un restaurant japonais.

____ ?

____ ?

② On se voit ce week-end à la bibliothèque.

____ ?

____ ?

③ Nous passons l'examen final la semaine prochaine.

____ ?

____ ?

④ Jacques travaille depuis deux ans.

____ ?

____ ?

VOCABULAIRE

cette année 今年　l'an prochain [l'année prochaine] 来年　demain 明日　depuis quand いつから　ce printemps この春　cet été この夏　cet automne この秋　cet hiver この冬　passer l'examen final 期末試験を受ける

12

Conversation modèle

Juliette : Qu'est-ce que tu fais pendant les vacances ?

Thomas : Je pars pour le Canada avec ma famille.

Juliette : C'est vrai ? Pourquoi as-tu choisi[*1] le Canada ?

Thomas : Parce qu'il paraît que la nature y est magnifique.

*1 as-tu choisi ＞ choisir の複合過去形の疑問文.

上の文章を参考にしながら，下の **EXPRESSIONS** の単語や表現を用いて，バカンスの予定について聞いてみましょう.

A : Qu'est-ce que tu fais pendant les vacances ?

B : Je ______________ *1.

A : C'est vrai ? Pourquoi ______________ ?

B : Parce que ______________ *2.

EXPRESSIONS

*1 passe (passer) les vacances chez mes grands-parents 祖父母の家でバカンスを過ごす
reste (rester) à la maison [chez moi] 家にいる
ne fais (faire) rien 何もしない
fais du sport スポーツをする
travaille (travailler) 勉強する
sors (sortir) avec des ami(e)s 友達と出かける

*2 je m'intéresse (s'intéresser) à ～ ～に興味がある
je voudrais (vouloir) visiter des sites classés au patrimoine mondial 世界遺産を訪れたい
je voudrais me reposer en plein air 屋外で休みたい
je n'ai (avoir) pas envie de bouger 動きたくない

13 Lecture

Paris au bord de la mer !

Savez-vous que l'on bénéficie de cinq semaines de vacances par an en France ? Il n'y avait personne, jusqu'à récemment, dans les rues de Paris au mois d'août, si ce n'est*1 les touristes. Cependant, comme la situation économique est difficile, de*2 nombreux Parisiens choisissent de ne pas partir en vacances et de profiter de leurs congés à Paris.

Pour rendre la capitale plus attractive*3 pendant la période estivale, la mairie de Paris a mis en place*4 ce qu'*5on appelle « Paris Plages*6 ». Il s'agit de recouvrir de sable les berges*7 de la Seine et de proposer des activités ludiques qu'on pratique habituellement sur les plages du littoral. On peut s'y*8 détendre sous des parasols ou même jouer au beach-volley. C'est comme si la mer se déplaçait*9 à Paris !

*1 si ce n'est ～：～ 以外には

*2 de：不定冠詞複数形の des は，形容詞が名詞の前に置かれた場合は de になる．

*3 rendre la capitale plus attractive：rendre＋直接目的語＋属詞で「(直接目的語) を (属詞) の状態にする」．plus attractive は比較級．Leçon 14 を参照．

*4 a mis en place ～：mettre ～ en place の複合過去形．「～を設置する」

*5 qu' ＞ que は関係代名詞．Leçon 20 を参照．

*6 Paris Plages：2002 年から行われているパリ市主催の夏のイベント．フランス国内だけでなく，世界の様々な都市にも同様のイベントが広がっている．

*7 berge(s)：[女] 土手

*8 y は中性代名詞．Leçon 19 を参照．

*9 déplaçait ＞ déplacer の半過去形．Leçon 11 を参照．

QUESTIONS

上の文章を読んで，次の文が正しければ vrai を，間違っている場合には faux を（　　）に書きなさい．

① Les Français partent en voyage pendant les vacances comme avant. (　　　　)

② « Paris plages » est une plage artificielle. (　　　　)

③ On peut même faire des activités sportives au bord de la Seine. (　　　　)

Leçon 7 *La famille*
家族

La négation 否定文

Objectif

否定文は基本的には動詞を ne と pas で挟みます． pas の代わりに jamais や personne などを入れて，否定のニュアンスを変えることもできます．また Leçon 9 で学習する目的語人称代名詞が用いられる文章や，Leçon 11 で学習する複合過去形などでは ne と pas の位置が変わるので，注意が必要です．

Grammaire

否定文は動詞を ne [n'] と pas で挟みます．助動詞がある場合は，基本的にその助動詞だけを挟みます．命令文も同様です．

Je suis libre ce samedi.　私は今週土曜日，空いています．

→ Je ***ne*** suis ***pas*** libre ce samedi.

Vous pouvez fumer ici.　あなた(方)はここで喫煙できます．

→ Vous ***ne*** pouvez ***pas*** fumer ici.

Allez tout droit.　まっすぐ行ってください．

→ ***N'***allez ***pas*** tout droit.

＊pas を他の単語に換えて，否定の意味にニュアンスをつけることもできます．

Il ***n'***y a ***rien*** dans le frigo.　冷蔵庫には何もありません．

Elle ***ne*** connaît ***personne*** à Paris.　彼女はパリでは誰も知りません．

＊主語＋他動詞＋直接目的語の構文のときに，**直接目的語**に**不定冠詞**または**部分冠詞**がついている場合は，***de*** に置き換えます．

J'ai un frère. (私には兄が 1 人います) → Je n'ai pas ***de*** frère. (兄がいません)

しかし**直接目的語**についた**定冠詞**は，否定文でもそのままにします．

J'aime le sport. (私はスポーツ (というもの) が好きです) → Je n'aime pas ***le*** sport. (私はスポーツが好きではありません)

また，主語＋自動詞＋属詞の構文でも冠詞はそのままにします．

C'est une chaise. (それは椅子です) → Ce n'est pas ***une*** chaise. (それは椅子ではありません)

EXERCICES

1 次の文を否定文にしなさい.

① Je suis enfant unique.

→ ______________________

② C'est mon père.

→ ______________________

③ Elle a une sœur.

→ ______________________

④ Tu veux du café ?

→ ______________________

⑤ Discutons des familles françaises et japonaises.

→ ______________________

⑥ Thomas s'entend bien avec sa famille.

→ ______________________

2 次の文を読んで，（　　）内の語句を使った否定文にしなさい.

① J'appelle souvent mes parents. (ne ～ jamais)

→ ______________________

② Il y a quelqu'un à la maison. (ne ～ personne)

→ ______________________

③ Il y a quelque chose dans le frigo. (ne ～ rien)

→ ______________________

④ Ma sœur lit toujours des mangas. (ne ～ jamais)

→ ______________________

VOCABULAIRE

famille 女 家族　mère 女 母　père 男 父　parents 両親　grand-mère 女 祖母　grand-père 男 祖父　grands-parents 祖父母　sœur 女 姉(妹)　frère 男 兄(弟)　fille 女 娘　fils 男 息子　enfant 子供 (男女同形だが，男児の場合は un enfant，女児の場合は une enfant など冠詞で区別する)　nièce 女 姪　neveu 男 甥　femme 女 妻　mari 男 夫　maison 女 家　chez soi 自宅で　ne ～ jamais 決して～ない　ne ～ personne 誰も～ない　ne ～ rien 何も～ない　ne ～ plus もはや～ない　quelqu'un 誰か　quelque chose 何か

Conversation modèle

14

Kana : Tu as des frères et sœurs ?

Jean : Non, je n'ai pas de frères et sœurs. Je suis enfant unique. Et toi ?

Kana : J'ai trois frères et une sœur. C'est une famille nombreuse.

Jean : C'est vrai ! Pourtant, on dit que le taux de natalité a baissé au Japon.

Kana : Oui. D'ailleurs, mes deux grands frères n'ont qu'un enfant chacun.

上の文章を参考にしながら，下の **EXPRESSIONS** の単語や表現を用いて，兄弟姉妹について聞いてみましょう.

A : Tu as des frères et sœurs ?

B : ______ *1. Et toi ?

A : ______ *2. C'est une famille ______ *3.

B : C'est vrai! Pourtant, on dit que le taux de natalité a ______ *4 ______ *5

A : Oui. D'ailleurs, ______ *6.

EXPRESSIONS

*1 J'ai un frère, mais je n'ai pas de sœur. 1人兄(弟)がいますが，姉(妹)はいません.
J'ai un beau frère et une belle sœur. 義理の兄(弟)が1人と義理の姉(妹)が1人います.

*2 J'ai deux frères et deux sœurs. 兄(弟)も姉(妹)も2人います.
Je suis enfant unique. 1人っ子です.

*3 peu nombreuse 少ない
très nombreuse とても多い

*4 augmenté 増えた

*5 en France フランスでは
en Allemagne ドイツでは
aux États-Unis アメリカでは

*6 mes sœurs ont trois enfants chacune 姉(妹)たちにはそれぞれ，3人の子供がいます

15 *Lecture*

Les populations japonaise et française

On dit souvent que la France est un pays développé qui*1 a réussi*2 à élever son taux de natalité*3. Au Japon, le taux de natalité n'a pas augmenté*4 sauf pendant le fameux *baby boom*. Après 1945, la France n'a jamais connu*5 de baisse de sa population tandis qu'au Japon, la population décroît depuis 2005. Plusieurs facteurs peuvent expliquer le fort taux de natalité français, mais l'élément le plus connu*6, ce sont les allocations familiales*7. Pour bénéficier des allocations, il faut*8 avoir au moins*9 deux enfants. Le premier enfant ne permet de bénéficier*10 d'aucune allocation. À partir du*11 deuxième enfant, les parents peuvent toucher environ 125 euros par mois. À partir du troisième enfant, l'État verse environ 293 euros. Plus les enfants sont nombreux, plus le montant de l'allocation par enfant augmente*12.

*1 qui：関係代名詞の qui. Leçon 20 を参照.
*2 a réussi > réussir の複合過去形. Leçon 11 を参照.
*3 taux de natalité：男 出生率
*4 n'a pas augmenté > augmenter の複合過去形の否定文.
*5 n'a jamais connu > connaître の複合過去形の否定文.
*6 le plus connu：最上級. Leçon 15 を参照.
*7 allocation(s) familiale(s)：女 家族手当て
*8 il faut：非人称構文. Leçon 8 を参照.
*9 au moins：少なくとも
*10 bénéficier de ～：～の恩恵を受ける，受給する
*11 à partir de ～：～から
*12 Plus les enfants sont nombreux, plus le montant de l'allocation par enfant augmente > plus ～ plus...：～すればするほど，より…である

QUESTIONS

上の文章を読んで，次の文が正しければ vrai を，間違っている場合には faux を（　）に書きなさい.

① Le Japon a un taux de natalité relativement haut.（　　　）
② La population française baisse depuis 2005.（　　　）

Leçon 8 *La météo / l'heure*
天候 / 時間
La construction impersonnelle 非人称構文

Objectif

非人称構文は，会話や文章でも頻繁に用いられるものがほとんどです．構文を知らないと意味を取り違えてしまうので，ここできちんと覚えてしまいましょう．

Grammaire

Il を主語とした構文で，女性形や複数形になることはなく，「彼は」という意味も含みません．天気・気候・時間などを表すときに，便宜上このような il を主語に立てて使われる文章のことを非人称構文といいます．主に使われる非人称構文には，次のようなものがあります．

① 天候 / 気候

Il fait beau aujourd'hui.
今日は天気がいいですね．

Il fait très chaud en été au Japon.
日本では夏はとても暑いです．

Il y a du soleil partout en France.
フランス全土で晴れています．

Il fait jour [nuit].
夜が明けました [日が暮れてきました]．

② 時間

Quelle heure ***est-il*** ? — ***Il est*** une heure de l'après-midi.
何時ですか？ — 午後 1 時です．

③ **Il faut ～**

Il faut finir ce travail avant midi.
正午までにこの仕事を終えなければならない．

Il lui ***faut*** un mois de vacances.
彼（女）には 1 か月の休暇が必要です．

④ **Il est ～ (pour 人) de ～.**

Il est difficile ***pour*** Émilie ***de*** quitter sa ville natale.
生まれ故郷を去るのはエミリーには難しい．

⑤ **Il reste ～ .**

Est-ce qu'***il reste*** encore du lait dans le frigo ?
冷蔵庫にはまだ牛乳が残っていますか？

EXERCICES

1 次の文を訳しなさい.

① Il fait très froid en janvier en France.
→ ____________________

② Il y a des nuages cet après-midi.
→ ____________________

③ Il pleut en région parisienne.
→ ____________________

④ Quelle heure est-il ? — Il est onze heures moins dix.
→ ____________________

⑤ Il faut terminer tes devoirs avant le dîner.
→ ____________________

2 日本語に合うように単語を並べ替え，文頭は大文字にして，適切な文にしなさい.

① 今日は涼しいですね.［fait / il / frais / aujourd'hui］.
→ ____________________

② 午後の 4 時です.［après-midi / quatre / l' / il / heures / est / de］.
→ ____________________

③ 努力しなければいけません.［faire / il / des / faut / efforts］.
→ ____________________

④ この仕事を終えるのは易しくはない.［n' / pas / facile / est / travail / de / il / finir / ce］.
→ ____________________

⑤ ボトルにワインがまだ残っています.［reste / encore / il / vin / bouteille / la / dans / du］.
→ ____________________

VOCABULAIRE

soleil 男 太陽　nuage 男 雲　vent 男 風　beau 天気がいい　chaud 暑い　froid 寒い　frais 涼しい　pleuvoir 雨が降る　neiger 雪が降る　montre 女 腕時計　réveil 男 目覚まし時計　pendule 女 掛け時計

16

Conversation modèle

Françoise : Quelle heure est-il ?

Kenta : Il est midi et quart.

Françoise : Déjà ? Il faut terminer nos devoirs avant treize heures.

Kenta : Tu dois partir à quelle heure ?

Françoise : Je dois être chez moi à quatorze heures. Il me faut une heure pour rentrer, donc je dois partir d'ici dans quarante-cinq minutes.

Kenta : Nous n'avons pas beaucoup de temps, alors on se dépêche.

上の文章を参考にしながら，下の **EXPRESSIONS** の単語や表現を用いて，時間を使った表現を使って会話をしてみましょう.

A : Quelle heure est-il ?

B : Il est ______ *1.

A : Déjà ? Il faut ______ *2.

B : Tu dois partir à quelle heure ?

A : Je dois être chez moi ______ *3. Il me faut ______ *4 pour rentrer, donc je dois partir d'ici dans ______ *5.

B : Nous n'avons pas beaucoup de temps, alors on se dépêche.

EXPRESSIONS

*1 deux heures et quart 2 時 15 分
trois heures moins le quart [quatorze heures quarante-cinq] 3 時 15 分前です［14 時 45 分］
quatre heures et demie 4 時半
quinze heures 15 時
seize heures 16 時

*2 préparer notre exposé 私たちの発表の準備をする
voir le professeur pour discuter de notre projet 私たちの計画について話すために先生に会う

*3 avant dix-huit heures 18 時までに
avant sept heures du soir 夜の 7 時までに

*4 un quart d'heure 男 15 分
une demi-heure 女 30 分
trois quarts d'heure 45 分

*5 trente minutes 30 分
une heure 1 時間
deux heures et demie 2 時間半

17

Lecture

Le rêve de Tarô

Cette nuit, Tarô a très mal dormi[*1]. Il s'est levé[*2] en retard. Il faut se dépêcher. Le cours de français commence à neuf heures et il a rendez-vous avec sa petite amie devant le parc à côté de l'université à neuf heures moins le quart. Tarô arrive à la gare de Shinjuku et prend la sortie A1. Les rues sont calmes. Il passe devant un café, puis devant un poste de police[*3] et prend l'avenue Kôshû. Il tourne à gauche dans une petite rue. À droite, il y a un café où[*4] des étudiants ont l'air endormis[*5]. Le parc est au fond de la rue. Il court jusqu'à l'entrée, mais il n'y a personne. Que faire ? Il prend une petite rue à droite et arrive devant l'université. Où sont les étudiants ? Que se passe-t-il ? Tarô regarde l'horloge du bâtiment principal. Il est six heures du matin.

*1 a (très mal) dormi：dormir の複合過去形．

*2 s'est levé：se lever の複合過去形．代名動詞の複合過去形については，Leçon 12 を参照．

*3 poste de police：男 交番

*4 où：関係代名動詞の où．Leçon 21 を参照．

*5 ont l'air endormis ＞ avoir l'air＋形容詞：「～のように見える」．主語が物の場合，形容詞は主語と性数一致を起こす．主語が人の場合，形容詞は多くは主語と性数一致を起こすが，air に一致することもある．

QUESTIONS

上の文章を読んで，次の文が正しければ vrai を，間違っている場合には faux を（　　）に書きなさい．

① Tarô a rendez-vous avec ses amis. (　　　　)

② Les rues sont bruyantes. (　　　　)

③ Tarô arrive à l'université à six heures du matin. (　　　　)

Leçon 9 *Les transports en commun*

公共交通機関

Les pronoms personnels compléments d'objet 目的語人称代名詞

Objectif

一度出てきた単語を繰り返すのは，フランス語では稚拙な文章として受け取られてしまうので避けられています．代名詞はその名の如く，一度出てきた名詞の代わりに用いられる語で，単語の重複を避けるために頻繁に用いられます．目的語人称代名詞は英語で習った I → my → me → mine の me にあたる代名詞です．英語で me にあたるものがフランス語の直接目的語の人称代名詞（表の上段）になり，前置詞 to を入れた to me がフランス語の間接目的語の人称代名詞（下段）に相当すると考えることもできます．語順にも注意して覚えましょう．

Grammaire

<table>
<tr><td>主語</td><td>je</td><td>tu</td><td>il</td><td>elle</td><td>nous</td><td>vous</td><td>ils</td><td>elles</td></tr>
<tr><td>直接目的語</td><td rowspan="2">me
(m')</td><td rowspan="2">te
(t')</td><td>le (l')</td><td>la (l')</td><td rowspan="2">nous</td><td rowspan="2">vous</td><td colspan="2">les</td></tr>
<tr><td>間接目的語</td><td colspan="2">lui</td><td colspan="2">leur</td></tr>
</table>

他動詞の後ろに直接置かれ，その動詞が表わす動作の対象となる名詞を直接目的語と呼びます．それに対して，動詞と密接な関係を持ち，前置詞 à を介して動詞の後ろに置かれる名詞を間接目的語と呼びます．これらを代名詞で置き換えたものが目的語人称代名詞です．目的語人称代名詞は意味上の繋がりを持つ動詞の前に置かれます．直接目的語と間接目的語がともに人称代名詞に置きかえられた場合，決められた順番に並びます．

Je donne ***ce DVD à Marie***. → Je ***le lui*** donne.

主語＋(ne)＋ **me, te, nous, vous** ＋ **le, la, les** ＋ **lui, leur** ＋**動詞**＋(pas)

＊目的語人称代名詞は動詞の**前に**置かれます．

Je prends ***le métro*** tous les matins. → Je ***le*** prends tous les matins.

＊否定文では，**代名詞と動詞を一緒に** ne と pas で挟みます．

Je ne prends pas le métro tous les matins. → Je ***ne*** le prends ***pas*** tous les matins.

＊助動詞と動詞が同時に用いられた文では，**意味の上でまとまりを持つ動詞の直前に**代名詞を置きます．

Tu dois composter ton billet avant de monter dans le train. → Tu dois ***le composter*** avant de monter dans le train.

＊**肯定命令文**のときだけは人称代名詞は動詞の**後**に来ます．語順は常に**動詞 - 直接目的語 - 間接目的語**となり，動詞と人称代名詞を **- (トレデュニオン)** でつなぎます．

Montrez votre billet au contrôleur. → Montrez-***le-lui***.

EXERCICES

1 下線部を目的語人称代名詞に変えて，全文を書き換えなさい．

① Tu prends le train de treize heures quarante ?

→ ______________________________

② Je vous présente ma femme.

→ ______________________________

③ Vous ne pouvez pas traverser cette rue en semaine.

→ ______________________________

④ Appelez votre directeur dès que vous pouvez.

→ ______________________________

⑤ Il demande son chemin à un passant.

→ ______________________________

2 日本語に合うように単語を並べ替え，文頭は大文字にして，適切な文にしなさい．

① アンヌは彼を知りません．［Anne / pas / connaît / le / ne］.

→ ______________________________

② 彼にそのことを言っておいてね．［lui / le / dis］.

→ ______________________________

③ 私はそれらを誕生日に彼（女）にあげます．［pour / lui / son / offre / anniversaire / je / les］.

→ ______________________________

④ 私に電話をしてくれますか？ ［passez / fil / de / un / me / coup / vous］?

→ ______________________________

⑤ 私にそれを見せてくれますか？ ［le /me / montrer / vous / pouvez］?

→ ______________________________

VOCABULAIRE

passant 通行人　passer un coup de fil 電話をする　changer de train 電車を乗り変える　prendre la ligne de métro Yûrakuchô en direction de Shinkiba 新木場方面行きの地下鉄有楽町線に乗る　en train 電車で　à droite 右に　à gauche 左に　aller tout droit まっすぐ行く　en face 正面に

Conversation modèle

18

Théo : Nous prenons le Shinkansen de treize heures ?

Maï : Oui, c'est ça. Et à Nagoya, on change de train.

Théo : Et nos places sont dans quel wagon ? Tu peux me montrer les billets ?

Maï : Les voilà.

Théo : Alors, dans le wagon 7, places A et B. Tu veux garder les billets ?

Maï : Non, non. Garde-les, s'il te plaît.

上の文章を参考にしながら，下の **EXPRESSIONS** の単語や表現を用いて，乗り物での会話をしてみましょう．

A : Nous prenons ______ *1 de ______ *2 ?

B : Oui, c'est ça. Et à ______ *3, on ______ *4.

A : Et nos places sont dans quel wagon ? Tu peux me montrer les billets ?

B : Les voilà.

A : Alors, dans le wagon ______ , places A et B. Tu veux garder les billets ?

B : Non, non. Garde-les, s'il te plaît.

EXPRESSIONS

*1 le Shinkansen 男 新幹線
l'Eurostar 男 ユーロスター
le T.G.V. 男 超特急新幹線
le T.E.R. 男 地方特急電車
le train express 男 急行電車

*2 midi 正午
quatorze heures 14 時

*3 Lyon リヨン
Marseille マルセイユ

*4 prend (prendre) la ligne de métro en direction de ～ ～方面の地下鉄に乗る
prend le taxi タクシーに乗る
prend le bus バスに乗る
marche (marcher) à pieds 徒歩で歩く

Lecture

19

Le Shinkansen et le TGV

Au Japon, comme nous avons l'habitude de*1 prendre le Shinkansen pour les voyages intérieurs*2, nous ne sommes pas étonnés que le train rapide français (TGV) accomplisse*3 le trajet Paris-Avignon*4, soit 380 kilomètres, en 2 heures et 40 minutes. Depuis que l'Allemagne a cessé*5 de faire concurrence à la suite d'*6un sérieux accident, Shinkansen et TGV sont les deux plus grandes*7 marques de trains rapides du monde.

Les deux leaders ont chacun de nets avantages. En effet, le TGV a enregistré*8 le record mondial*9 de vitesse, à savoir*10 574,8 km/h, en 2007. Quant au Shinkansen, il est connu pour son système de sécurité. Malgré leurs qualités, on peut prévoir que ce seront des préoccupations plus politiques que techniques qui*11 détermineront le choix du train dans les différents pays du monde. C'est maintenant à vous de les comparer*12 !

*1 avons l'habitude de ～ > avoir l'habitude de ～：～の習慣がある
*2 voyage(s) intérieur(s)：男 国内旅行
*3 accomplisse：accomplir の接続法現在形．Leçon 23 を参照．
*4 Avignon：フランス南東部にあるヴォクリューズ県の都市．夏に行われる演劇祭で有名な都市．
*5 a cessé：cesser の複合過去形．「～を止める」
*6 à la suite de ～：～に続いて，～の後で
*7 les deux plus grandes > grand の最上級．Leçon 15 を参照．
*8 a enregistré：enregistrer の複合過去形．「～を樹立する」
*9 record mondial 男 世界記録
*10 à savoir：すなわち，列挙すれば
*11 ce seront des préoccupations plus politiques que techniques qui > c'est ～ qui の強調構文．Leçon 13 を参照．尚，seront は être の単純未来形で Leçon 10 を参照．
*12 à vous de les comparer：à＋人＋de＋不定詞．「(人が)(不定詞)するべき」，「(人に)(不定詞)して欲しい」

QUESTIONS

上の文章を読んで，次の文が正しければ vrai を，間違っている場合には faux を（　　）に書きなさい．

① La France et l'Allemagne sont les deux grands leaders mondiaux dans le secteur des trains rapides. (　　　　)

② Le Shinkansen a établi le record mondial de vitesse. (　　　　)

Leçon 10 *Les vacances / le tourisme*

バカンス / 観光

Le futur proche / le futur simple 近接未来形 / 単純未来形

Objectif

未来形には aller の活用を使った近接未来形と，単純未来形の 2 つがあります．英語の be going to ～ に近いのが近接未来形で，will を使った表現がフランス語の単純未来形と考えてよいでしょう．比較的近い未来の出来事や確実な予定を述べるときは，現在形を使うこともあります．

Grammaire

近接未来形

aller の直説法現在形＋不定詞（動詞の原形） で近い未来の出来事や予定を表現することができます．

On ***va visiter*** la région de Bourgogne ce week-end ?

今週末，ブルゴーニュ地方を訪れましょうか？

単純未来形

不定詞から r(e) を取ったものを語幹とし，語尾をつけます．語幹は特殊な形をするものもありますが，語尾はすべて共通です．最後の発音に r が含まれるのが単純未来の特徴と言えます．

je –**rai**	nous –**rons**
tu –**ras**	vous –**rez**
il –**ra**	ils –**ront**

habiter	
j'habite**rai**	nous habite**rons**
tu habite**ras**	vous habite**rez**
il habite**ra**	ils habite**ront**

特殊な語幹を持つ動詞

aller → j'irai　être → je serai　devoir → je devrai　faire → je ferai
pouvoir → je pourrai　venir → je viendrai　voir → je verrai
vouloir → je voudrai

Je ***passerai*** une semaine en France avec ma famille cet été.

私はこの夏家族と一緒に 1 週間フランスで過ごします．

Tu ***verras*** un paysage magnifique.

素晴らしい景色が見られるよ．

EXCERCICES

1 次の文を近接未来形に変えなさい.

① Votre train part dans cinq minutes.
→ ____________________

② Son car arrive bientôt ?
→ ____________________

③ Je reviens tout de suite.
→ ____________________

④ Tu m'envoies un message sur le portable ?
→ ____________________

⑤ Il pleut cet après-midi.
→ ____________________

2 (　　　) の不定詞を単純未来形に変えなさい.

① Je (visiter) le Louvre demain. ____________

② Vous (aller) en Italie avec votre famille cet été ? ____________

③ Ils (venir) au Japon le mois prochain. ____________

④ Elle (partir) pour Lyon dans quinze jours. ____________

⑤ Il (faire) beau demain. ____________

⑥ Nous (être) à Londres la semaine prochaine. ____________

VOCABULAIRE

cet après-midi 今日の午後　ce soir 今晩　demain 明日　après-demain 明後日　ce week-end 今週末　lundi matin 月曜日の朝　mercredi après-midi 水曜日の午後　samedi soir 土曜日の夜　la semaine prochaine 来週　le mois prochain 来月　l'an prochain [l'année prochaine] 来年　dans une semaine [dans huit jours] 1 週間後に　dans deux ans 2 年後に　à bientôt 近いうちに

20 Conversation modèle

Guillaume : Où vas-tu passer les vacances d'été ?

Emi : Je pars pour Londres.

Guillaume : Tu pars avec quelqu'un ?

Emi : Oui, je pars avec ma famille.

Guillaume : C'est bien. Vous allez passer combien de jours là-bas ?

Emi : Quinze jours. Ensuite, je passerai une semaine chez ma sœur à New York.

上の文章を参考にしながら，下の **EXPRESSIONS** の単語や表現を用いて，旅行の予定について聞いてみましょう．

A : Où vas-tu passer [ ]*1 ?

B : Je pars pour [ ]*2.

A : Tu pars avec quelqu'un ?

B : Oui, je pars avec [ ]*3.

A : C'est bien. Vous allez passer combien de jours là-bas ?

B : [ ]*4. Ensuite, je passerai [ ]*5 chez [ ]*6 à [ ].

EXPRESSIONS

*1 les vacances de Noël 女 複 クリスマス休暇
les vacances de Pâques 女 複 復活祭の休暇
le mois d'août 男 8 月
les congés de la *golden week* 男 複 ゴールデンウィークの休暇

*2 Séoul ソウル
Pékin 北京
Guam グアム

*3 un(e) ami(e) [des ami(e)s] 友達

*4 huit jours 男 複 1 週間
dix jours 男 複 10 日間
un mois 男 ひと月

*5 quelques jours 男 複 数日

*6 mes grands-parents 祖父母
un(e) cousin(e) いとこ

21

Lecture

Les sites touristiques

Paris est la deuxième destination touristique après Londres. Il y a de nombreux sites touristiques tels que[*1] le musée du Louvre, la tour Eiffel, la cathédrale Notre-Dame de Paris et l'avenue des Champs-Élysées. Les rives de la Seine et ses bâtiments historiques ont été classés[*2] au patrimoine mondial de l'UNESCO.

Ce n'est pas un hasard si Londres et Paris sont placés en tête des[*3] destinations touristiques. En effet, c'est en Angleterre que le tourisme a connu son essor[*4]. Le goût[*5] des voyages s'est démocratisé[*6] à la suite de la révolution industrielle pendant laquelle[*7] les transports se sont développés en même temps que la classe des « nouveaux riches »[*8] est apparue. La France a connu le même phénomène. La mise en place[*9] des congés payés a contribué à démocratiser le tourisme en France. Le gouvernement français a fait beaucoup d'efforts pour que la France reste attractive auprès des touristes étrangers. Paris sera toujours Paris !

*1 tel(s) que ～：～のような
*2 ont été classés ＞ classer の受動態の複合過去形．Appendice を参照．
*3 sont placés en tête de(s)～：placer の受動態．「～のトップに立っている」
*4 a connu son essor：connaître son essor の複合過去形．「発展を遂げる」
*5 goût de(s) ～：男 ～を好むこと
*6 s'est démocratisé：se démocratiser の複合過去形．「一般に普及する」
*7 laquelle：関係代名詞単数女性形で，直前の révolution industrielle を受けている．Appendice を参照のこと．
*8 nouveaux riches：男複 新興富裕層
*9 mise en place de(s) ～：女 ～の実施

QUESTIONS

上の文章を読んで，次の文が正しければ vrai を，間違っている場合には faux を（　　）に書きなさい．

① Londres n'est pas la première destination touristique du monde.（　　　　）

② Le gouvernement français n'a rien fait pour attirer les touristes étrangers.（　　　　）

Leçon 11 *La gastronomie / la cuisine*

美食 / 料理

Le passé récent / l'imparfait / le passé composé

近接過去形 / 半過去形 / 複合過去形

Objectif

フランス語の過去形には近接過去形，半過去形，複合過去形の 3 つがあるので使い分けが難しいですね．複合過去形が圧倒的に頻度が高いので，近接過去形と半過去形のニュアンスを先に覚えてしまいましょう．

Grammaire

近接過去形

今終わったばかりの出来事を述べるときに使います．

venir の直説法現在形＋de＋不定詞（動詞の原形） を使って表現できます．

Je ***viens d'***arriver.　着いたばかりです．

半過去形

過去の時点でまだ完了していなかった行為や，過去における習慣などを表現します．活用は直説法現在の nous の活用から ons を取ったものを語幹とします．特殊な語幹を持つものもありますが，語尾は共通です．

je **–ais**	nous **–ions**
tu **–ais**	vous **–iez**
il **–ait**	ils **–aient**

habiter	
j'habit**ais**	nous habit**ions**
tu habit**ais**	vous habit**iez**
il habit**ait**	ils habit**aient**

Quand j'***habitais*** à Lyon, je ***mangeais*** souvent des spécialités locales.

リヨンに住ん**でいた**ときは，よく郷土料理を**食べていました**．

＊habitais は過去の状態，mangeais は過去における習慣を述べている．リヨンは美食の街として有名．

複合過去形

avoir または être の活用＋過去分詞 を用います．形も英語の現在完了形と似ていますし，意味も完了した行為や出来事または経験を述べるときに使われます．

Vous ***avez terminé*** ? — Oui, nous ***avons*** bien ***mangé***.

お食事はおすみですか？ — はい，おいしく食べました．

＊自動詞で往来発着などの移動あるいは生死を表す動詞（aller, arriver, descendre, entrer, monter, mourir, naître, partir, sortir, venir）のときは être＋過去分詞 を用います．過去分詞は性数一致させる必要があります．

Elle ***est allée*** au cinéma avec Pierre hier soir.

彼女は昨晩，ピエールと映画に行きました．

Ils ***sont arrivés*** au Japon avant-hier.

彼らは一昨日，日本に着きました．

EXERCICES

1 (　　　) 内の不定詞を近接過去形にしなさい.

① Tu (déjeuner) ? ＿＿＿＿＿＿＿＿
② Je (préparer) le dîner. ＿＿＿＿＿＿＿＿
③ Le gâteau (cuire). ＿＿＿＿＿＿＿＿

2 (　　　) 内の不定詞を複合過去形にしなさい.

① J' (voir) Pierre avant-hier. ＿＿＿＿＿＿＿＿
② Elle (aller) au cinéma samedi dernier. ＿＿＿＿＿＿＿＿
③ Nous (déjeuner) dans un restaurant italien. ＿＿＿＿＿＿＿＿

3 (　　　) 内の不定詞を複合過去形か半過去形にしなさい.

① J' (être) en France en 2000. ＿＿＿＿＿＿＿＿
② Quand mon frère (rentrer), je (regarder) la télé.

＿＿＿＿＿＿＿＿　＿＿＿＿＿＿＿＿

③ Dès que je (sortir) de chez moi, je (rencontrer) Annie qui (venir de rentrer) de l'école.

＿＿＿＿＿＿＿＿　＿＿＿＿＿＿＿＿　＿＿＿＿＿＿＿＿

④ Il (vivre) en France pendant deux ans. ＿＿＿＿＿＿＿＿
⑤ Je (manger) des croissants tous les matins, quand j'(habiter) à Paris.

＿＿＿＿＿＿＿＿　＿＿＿＿＿＿＿＿

⑥ Mesdames, Messieurs, ça (être) ? — Oui, c'(être) délicieux. Les huîtres (être) excellentes !

＿＿＿＿＿＿＿＿　＿＿＿＿＿＿＿＿　＿＿＿＿＿＿＿＿

VOCABULAIRE

ce matin 今朝　hier 昨日　avant-hier 一昨日　hier après-midi 昨日の午後　hier soir 昨日の夜　la semaine dernière 先週　le mois dernier 先月　le week-end dernier 先週末　jeudi dernier 先週の木曜日　il y a ～ (今から) ～前に　il y a deux ans 2 年前に　deux ans plus tard (その時点から) 2 年後に　la veille (その) 前日に　le lendemain (その) 翌日に

22

Conversation modèle

Kôichi : Cet été, je suis allé en France.

Mireille : Tu as été en France ? Moi, je suis restée au Japon cet été. Tu es parti quand ?

Kôichi : Je suis parti le premier juillet. J'ai passé trois semaines en France.

Mireille : Tu connais quelqu'un là-bas ?

Kôichi : Oui, j'ai un ami. Il s'appelle Paul. On se connaît depuis deux ans. Il a fait ses études à Tokyo.

上の文章を参考にしながら，下の **EXPRESSIONS** の単語や表現を用いて，行ったことのある場所について，お互いに話してみましょう．

A : ＿＿＿＿＿＿ *1, je suis allé(e) ＿＿＿＿＿＿ *2.

B : Tu as été ＿＿＿＿＿＿ ? Moi, je suis resté(e) ＿＿＿＿＿＿ . Tu es parti(e) quand ?

A : Je suis parti(e) ＿＿＿＿＿＿ *3. J'ai passé ＿＿＿＿＿＿ *4 ＿＿＿＿＿＿ .

B : Tu connais quelqu'un là-bas ?

A : Oui, j'ai un(e) ami(e). Il [Elle] s'appelle ＿＿＿＿＿＿ . On se connaît depuis ＿＿＿＿＿＿ *5.
Il [Elle] ＿＿＿＿＿＿ *6 à Tokyo.

EXPRESSIONS

*1 Ce printemps 男 この春
Cet automne 男 この秋
Cet hiver 男 この冬
L'été dernier 男 去年の夏に
L'an dernier 男 [l'année dernière] 女 去年

*2 en Angleterre イギリスに
en Italie イタリアに
au Canada カナダに
aux États-Unis アメリカに
à Paris パリに

*3 le deux juin 6 月 2 日に
il y a un mois ひと月前に

*4 une dizaine de jours 10 日ほど

*5 un an 男 1 年
six mois 男 複 半年
longtemps 長い間

*6 a (avoir) travaillé 働いた
a (avoir) fait un stage 研修をした

Lecture
23

La France, pays de la gastronomie !

En France, les trois climats principaux sont le climat continental*1, le climat océanique*2 et le climat méditerranéen*3. La diversité du territoire et la qualité des sols permettent des types de cultures très différents. Cela explique la variété de la production telle que les produits laitiers dans le nord, les fruits de mer sur le littoral et les fruits et légumes dans le sud.

Nous savons tous que la France est le pays du vin, du fromage, des desserts, du foie gras et des escargots. C'est un véritable pays gastronomique. Cependant, la cuisine française n'est pas un art inné*4. Il n'y avait pas de véritable cuisine française avant le XVIIe siècle. Sous Louis XIV, la monarchie était à son apogée. On a développé à cette époque une cuisine originale et raffinée. Pendant longtemps, la cuisine française a fait l'objet de*5 recherches scientifiques et littéraires. Elle est considérée comme une discipline académique.

*1 climat continental：男 大陸性気候
*2 climat océanique：男 海洋性気候
*3 climat méditerranéen：男 地中海性気候
*4 inné：生来の
*5 a fait l'objet de ～ > faire l'objet de ～：～の対象となる

QUESTIONS

上の文章を読んで，次の文が正しければ vrai を，間違っている場合には faux を（　　）に書きなさい．

① La diversité du territoire explique la variété de la production en France. (　　　　)

② La France a toujours été un pays gastronomique. (　　　　)

③ Les Français ont fait des recherches scientifiques sur la cuisine. (　　　　)

Leçon 12 Raconter ce qui s'est passé
出来事を語る

Les verbes pronominaux au passé 代名動詞過去形

Objectif

代名動詞の現在形はすでに Leçon 2 で勉強しましたが，ここではそれを過去形にします．複合過去形と半過去形の両方とも用いることができます．複合過去形にするときには avoir は用いず，être が使われます．**代名詞＋être の活用＋過去分詞**という語順に注意しながら覚えましょう．

Grammaire

代名動詞の複合過去形には必ず être が使われます．また下記 **A** のように目的語人称代名詞が直接目的語の場合には，過去分詞をその直接目的語に性数一致させます．一方，**B** の場合は代名詞は直接目的語ではないので，過去分詞の性数一致は不要です．半過去形を使うことも，もちろんできます．半過去にする場合は **代名詞＋半過去形の活用** となります．

A

se laver 自分の身体を洗う			
je	me	suis	lavé(***e***)
tu	t'es		lavé(***e***)
il	s'est		lavé
elle	s'est		lavé***e***
nous	nous	sommes	lavé(***e***)***s***
vous	vous	êtes	lavé(***e***)(***s***)
ils	se	sont	lavé***s***
elles	se	sont	lavé***es***

B

se laver le visage 自分の顔を洗う			
je	me	suis	lavé le visage
tu	t'es		lavé le visage
il	s'est		lavé le visage
elle	s'est		lavé le visage
nous	nous	sommes	lavé le visage
vous	vous	êtes	lavé le visage
ils	se	sont	lavé le visage
elles	se	sont	lavé le visage

① 再帰的用法　Ils se promènent. → Ils se sont promené***s***.

(promener は他動詞なので se は直接目的語)

② 相互的用法　Elles s'écrivent par e-mail. → Elles se sont écrit.

(écrire à ～で「～に手紙を書く」となるので se は間接目的語)

③ 受動的用法　Ces chaussures se vendent bien. → Ces chaussures se sont bien vendu***es***.

(vendre は他動詞なので se は直接目的語)

④ 本質的用法　Elle se sert de la voiture de son frère. → Elle s'est servi***e*** de la voiture de son frère.

(se は常に直接目的語とみなす)

Catherine se souvient très bien de son enfance. → Catherine se souvenait très bien de son enfance.

(se は直接目的語)

EXERCICES

1 (　　) 内の不定詞を複合過去形にしなさい.

① Elle (ne pas se souvenir) de moi. ____________________

② Anne, tu (se brosser déjà) les dents ? ____________________

③ Nous (se voir) hier. ____________________

④ Vous (s'amuser bien) pendant la soirée chez Pauline ?

____

⑤ Nous (se promener) dans le jardin du Luxembourg le week-end dernier.

____

⑥ Tu (se coucher) à quelle heure hier soir ? ____________________

⑦ Je (se réveiller) très tôt ce matin. ____________________

⑧ Ils (se lever) à huit heures. ____________________

2 日本語に合うように単語を並べ替え, 文頭は大文字にして, 適切な文にしなさい.

① 昨日の夜は寝たのが遅かったのですね. [tard / hier / couché / t' / tu / es / soir].

→ ____________________

② 昨年から彼らはもう会っていません. [depuis / dernier / ils / ne / plus / vus / sont / l' / se / an].

→ ____________________

③ 子供の頃のことを以前はよく覚えていました. [je / bien / autrefois / me / souvenais / de / enfance / mon].

→ ____________________

④ こちらの商品はすべて売れてしまいました. [articles / sont / tous / vendus / déjà / se / ces].

→ ____________________

⑤ 髪は洗いませんでした. [ne / suis / je / lavé / me / cheveux / pas / les].

→ ____________________

VOCABULAIRE

tôt 早く　tard 遅い　se laver les cheveux 髪を洗う　enfance 女 幼少時代　toute la journée 一日中　toute la matinée 午前中ずっと　tout l'après-midi 午後の間ずっと　toute la nuit 一晩中

Conversation modèle

24

Takashi : Tu t'es couchée à quelle heure hier soir ?

Marianne : J'ai regardé un vieux film à la télé jusqu'à onze heures et demie et je me suis couchée vers une heure du matin.

Takashi : C'est pour cela que tu étais absente ce matin ?

Marianne : Oui, je me suis réveillée à huit heures, mais je me suis rendormie...

上の文章を参考にしながら，下の **EXPRESSIONS** の単語や表現を用いて，昨日の夜何をしていたかお互いに聞いてみましょう．

A : Tu t'es couché(e) à quelle heure hier soir ?

B : [　　　　　　][*1] jusqu'à [　　　　　　][*2] et je me suis couché(e) vers [　　　　　　].

A : C'est pour cela que tu étais absent(e) ce matin ?

B : Oui, je me suis réveillé(e) à [　　　　　　], mais je me suis rendormi(e)...

EXPRESSIONS

*1 J'ai consulté l'internet インターネットを検索した
J'ai lu un livre 本を読んだ
J'ai préparé mes cours 授業の準備をした

*2 deux heures du matin 午前 2 時
l'aube 女 夜明け

25

Lecture

Les saumons dans la Seine !

On sait tous que la Seine est un fleuve qui coule à Paris, mais on sait rarement que ce fleuve se jette dans[*1] la Manche[*2] entre le Havre et Honfleur. C'est pour cela que, jadis, on pouvait voir des saumons remonter[*3] la Seine. La Seine joue un rôle important dans l'histoire de la région parisienne. En effet, depuis l'époque des « Parisii[*4] », la société s'est toujours organisée autour du fleuve.

La Seine fournit les habitants en eau et permet la navigation[*5]. Autrefois, elle recevait aussi les eaux usées[*6]. En même temps que[*7] la population a augmenté dans la région, la pollution de la Seine s'est aggravée. De nombreuses usines se sont installées autour de la baie de Seine. L'eau de la Seine sert aussi à refroidir le condenseur[*8] des centrales nucléaires[*9] voisines. Des mesures ont été prises[*10] dans les années 60 pour lutter contre la pollution du fleuve, si bien qu'[*11]on a constaté récemment le retour du saumon dans la Seine !

*1 se jette dans ～ ＞ se jeter dans ～：(水などが) ～に流れ込む
*2 la Manche：女 英仏海峡
*3 voir des saumons remonter：voir＋目的語＋不定詞で「(目的語) が (不定詞) するのを見る」.
*4 Parisii：パリシイ族．ケルト系の民族で，紀元前 3 世紀半ばからセーヌ川岸に住んでいた．
*5 navigation：女 海上輸送
*6 eau(x) usée(s)：女 下水
*7 en même temps que ～：～すると同時に
*8 condenseur：男 復水器
*9 centrale nucléaire：男 原子力発電所
*10 des mesures ont été prises：prendre の受動態の複合過去形．「対策が取られた」
*11 si bien que ～：その結果～，したがって～

QUESTIONS

上の文章を読んで，次の文が正しければ vrai を，間違っている場合には faux を（　）に書きなさい．

① On ne peut plus voir de saumons remonter la Seine.（　　　）
② Il y a des centrales nucléaires le long de la Seine.（　　　）
③ Des mesures ont été prises dans les années 60 pour améliorer la qualité de l'eau dans la Seine.（　　　）

Leçon 13

La ville et la campagne

都会と田舎

La phrase clivée / le gérondif 強調構文 / ジェロンディフ

Objectif

強調構文は，文章の中で特に強調したい語句を C'est 〜 que [qui] で囲った文章のことです．文章の残りを que [qui] の後ろにもってきます．que 以下が母音または無音の h で始まるときは qu' になります．強調したい箇所が主語の場合に限って C'est 〜 qui となり，それ以外の箇所を強調するときはすべて C'est 〜 que となります．ジェロンディフは英語の分詞構文と似ていて，現在分詞を使った構文のことです．

Grammaire

強調構文

強調したい箇所を **C'est 〜 que**［**qui**］で囲います．

Jean a offert un bouquet de fleurs à Sophie hier.

主語　**直接目的語**　**間接目的語**　**副詞**

主語を強調 → ***C'est*** **Jean** ***qui*** a offert un bouquet de fleurs à Sophie hier.
直接目的語を強調 → ***C'est*** **un bouquet de fleurs** ***que*** Jean a offert à Sophie hier.
間接目的語を強調 → ***C'est*** **à Sophie** ***que*** Jean a offert un bouquet de fleurs hier.
副詞を強調 → ***C'est*** **hier** ***que*** Jean a offert un bouquet de fleurs à Sophie.

＊強調される語句が人称代名詞のときは，強勢形になります．間接目的語の場合は **à＋強勢形**になります．
Il m'a offert un bouquet de fleurs.
→ ***C'est*** **lui** ***qui*** m'a offert un bouquet de fleurs.
→ ***C'est*** **à moi** ***qu'*** il a offert un bouquet de fleurs.

ジェロンディフ

形は **en＋現在分詞** です．副詞句として働き，同時性，手段，条件などを表します．現在分詞は直説法現在形 nous の活用語尾 ons を ant に置き換えたものです．(nous prenons → prenant / nous finissons → finissant / 例外 être → étant / avoir → ayant / savoir → sachant)

Il fait du jogging ***en écoutant*** de la musique.
彼は音楽を聴きながら，ジョギングします．(同時性)

En prenant cette rue, vous arriverez à la poste.
この道を行けば，郵便局に着くでしょう．(手段)

En travaillant dur, tu réussiras à tes examens.
一生懸命勉強すれば，試験に合格するでしょう．(条件)

EXERCICES

1 下線部を強調した，強調構文に変えなさい．

① J'ai passé le week-end dernier en famille dans ma maison de campagne.
私は先週末，田舎の家で家族と過ごしました．

→ ______________________________

② Tu m'as parlé du camping de l'été dernier.
去年の夏のキャンプについて私に話してくれたわよね．

→ ______________________________

③ Elle n'aime pas beaucoup la vie urbaine.
彼女は都会の生活があまり好きではありません．

→ ______________________________

④ Nous allons faire un barbecue le week-end prochain.
私たちは来週末バーベキューをします．

→ ______________________________

2 下線部をジェロンディフにして，全文を書きなさい．

① Si tu étudies à Paris, tu ne risques pas de t'ennuyer.
パリで勉強するなら，きみは退屈することはないよ．

→ ______________________________

② Quand vous prenez le métro, il vaut mieux faire attention à vos affaires.
地下鉄に乗るときは，手荷物に気を付けたほうがいいですよ．

→ ______________________________

③ Si tu vas à la campagne, tu pourras bien te reposer.
田舎に行けば，本当にくつろぐよ．

→ ______________________________

④ Ferme la porte à clé quand tu sors.
出かけるときは，ドアの鍵をかけてね．

→ ______________________________

VOCABULAIRE

maison de campagne 女 田舎の家（セカンド・ハウス）　faire du camping キャンプをする　barbecue 男 バーベキュー　randonnée 女 ハイキング　vie urbaine 女 都会の生活　stressant(e) ストレスのかかる　trouver la paix 平穏を見出す

Conversation modèle

26

Suzanne : Tu préfères vivre en ville ou à la campagne ?

Masaru : Personnellement, j'adore la vie urbaine. Comme je viens de Tokyo, je suis déjà habitué à la vie dans les grandes villes. Et toi ? Tu n'aimes pas beaucoup les grandes villes ?

Suzanne : Franchement, non. C'est toujours bruyant et très stressant. Et aussi, les gens te fatiguent en te posant beaucoup de questions. C'est à la campagne que je peux trouver la paix.

上の文章を参考にしながら，下の **EXPRESSIONS** の単語や表現を用いて，都会と田舎の生活について会話してみましょう.

A : Tu préfères vivre en ville ou à la campagne?

B : Personnellement, j'adore ________ *1. Comme je viens de ________, je suis déjà habitué(e) à ________. Et toi ? Tu n'aimes pas beaucoup ________ ?

A : Franchement, non. C'est toujours ________ *2 et ________. Et aussi, les gens te fatiguent en ________ *3. C'est ________ que je peux ________ *4.

EXPRESSIONS

*1 la vie de la champagne 女 田舎の生活

*2 triste 淋しい
glacial 冷たい

*3 racontant (raconter) des histoires en exagérant 話の内容を大げさに言うことで

*4 respirer 息ができる
devenir moi-même 自分自身になれる

Lecture

27

La vie urbaine « éco » !

Nous sommes de plus en plus*1 attentifs au problème de la pollution atmosphérique et à ses effets sur la santé et l'environnement. C'est Ernst Heinrich, biologiste allemand, qui a employé le mot *écologie* pour la première fois dans une lettre écrite en 1866. Le terme *écologie*, qui contient*2 l'élément grec *oikos* (maison), désigne originellement les études du rapport entre les êtres vivants et leur milieu.

Le problème de la pollution est devenu manifeste dans les années 60 en France et dans d'autres pays développés. À cette époque, le mot *écologie* a pris une signification plus environnementale et politique.

La mairie de Paris a lutté contre la pollution atmosphérique, qui est à l'origine de nombreuses allergies et qui provoque de l'asthme*3, en mettant en place*4 un système de location de voitures appelées *autolib'**5, les « autos en libre-service ». D'après*6 le site officiel, ces voitures sont 100% électriques, et n'émettent ni odeur ni*7 bruit !

*1 de plus en plus ～：益々～
*2 contient ＞ contenir ～：～を含む
*3 asthme：男 喘息
*4 en mettant en place ＞ mettre ～ en place：～を設置する
*5 *autolib'*：「オートリブ」. 2011年12月にサービスが開始される. イル=ド=フランス地域の私有車2万2500台が減らせるとしている.
*6 d'après ～：～によれば
*7 n'émettent ni odeur ni bruit ＞ ne＋ni ～ ni …：～でもないし…でもない

QUESTIONS

上の文章を読んで, 次の文が正しければvraiを, 間違っている場合にはfauxを（　　）に書きなさい.

① Dans les années 60, le sens du mot *écologie* s'est élargi. (　　　　)

② La mairie de Paris a mis en place un système de location de voitures pour attirer les touristes. (　　　　)

Leçon 14 *Comparer* 比較する

Le comparatif 比較級

Objectif

英語と比べて何かと難しく感じるフランス語ですが，比較の表現に限っては英語よりもずっと簡単です．Leçon 14 では比較級を勉強しますが，英語で用いられる than にあたるのが que になります．英語では同等比較の場合は than の代わりに as が用いられますが，フランス語ではすべて que で対応できるので，とても便利です．仏検でもよく出題されますので，ぜひここで完璧にしておきましょう．

Grammaire

比較級

① 形容詞の比較級：優等比較は plus，同等比較は aussi，劣等比較は moins を形容詞の前に入れます．比較する対象の名詞の前に「〜よりも」という意味の que を入れます．

Emma est ***plus*** [***aussi*** / ***moins***] grande ***que*** lui.

エマは彼よりも背が高い［と背が同じ / よりも背が低い］．

＊que の後に代名詞を用いるときは，強勢形を使います．

② 副詞の比較級：① と同じように優等比較は plus，同等比較は aussi，劣等比較では moins が用いられます．

Marie se couche ***plus*** [***aussi*** / ***moins***] tard ***qu'***Anne.

マリーはアンヌより遅く［と同じくらいに / よりも早く］就寝する．

＊que の後に母音または無音の h がくるときは qu' となります．

③ 名詞の比較級：名詞を比較するので「より多く**の**〜」という日本語訳からも想像できるように，de を入れなければいけません．また同等比較のときだけ aussi の代わりに autant が用いられます．

Anne a ***plus*** [***autant*** / ***moins***] ***de*** DVD ***que*** son frère.

アンヌは弟よりも多くの DVD を持っている［と同じくらいの DVD を持っている / ほど DVD を持っていない］．

＊形容詞の bon と副詞の bien は優等比較だけ，特殊な形になります．

~~plus bon~~ → meilleur(e)(s)　~~plus bien~~ → mieux（副詞なので e や s はつきません）

同等比較と劣等比較は通常通りです．

○ aussi bon(ne)(s)　○ moins bon(ne)(s)　○ aussi bien　○ moins bien

EXERCICES

1 日本語に合うように（　　）に適切なフランス語を入れなさい.

① ポールは私の弟と同じ年です.
Paul est (　　　　) âgé (　　　　) mon frère.

② 彼らは私たちよりもまじめに勉強しています.
Ils travaillent (　　　　) sérieusement (　　　　) nous.

③ フランソワーズはエレーヌより上達が遅いです.
Françoise progresse (　　　　) vite qu'Hélène.

④ 彼女は君より長い髪をしています.
Elle a les cheveux (　　　　) longs (　　　　) les tiens.

2 日本語に合うように単語を並べ替え，文頭は大文字にして，適切な文にしなさい.

① 昨日と同じくらい暑いです.
[il / hier / fait / chaud / aussi / qu'].
→ ______________________________

② 私は英語よりも数学のほうが苦手です.
[en / qu' / suis / moins / en / fort / mathématiques / je /anglais].
→ ______________________________

③ 彼女は私よりも良い点数です.
[notes / a /elle / meilleures / que / de / moi].
→ ______________________________

④ 彼はジャンと同じくらい CD を持っています.
[Jean / autant / il / a / de / que / CD].
→ ______________________________

⑤ カフェテリアよりも食堂のほうがより良い食事がとれます.
[la / on / mieux / mange / à / cafétéria / cantine / la / qu'à] .
→ ______________________________

VOCABULAIRE

âgé(e) 年をとっている　intelligent(e) 頭がいい　note 囡 点数（フランスの場合通常 20 点満点で，10 点未満は落第となる）　mathématiques 囡 複 数学　cantine 囡 食堂 / 学食　cafétéria 囡 カフェテリア

28

Conversation modèle

Éric : Tu as eu combien à ton examen de mathématiques ?

Kiyomi : J'ai eu quinze sur vingt.

Éric : C'est vrai ? Tu as toujours de meilleures notes que les miennes.

Kiyomi : Mais tu dois avoir plus de points que moi en français.

上の文章を参考にしながら，下の **EXPRESSIONS** の単語や表現を用いて，試験の結果について会話してみましょう．

A : Tu as eu combien à ton examen de [　　　　　][*1] ?

B : J'ai eu [　　　　　][*2] sur vingt.

A: C'est vrai ? Tu as toujours de meilleures notes que les miennes.

B : Mais tu dois avoir plus de points que moi en [　　　　　].

EXPRESSIONS

*1 société moderne 囡 現代社会
géographie 囡 地理
politique 囡 政治
physique 囡 物理
chimie 囡 化学

*2 onze 11
douze 12
treize 13
quatorze 14
quinze 15
seize 16
dix-sept 17
dix-huit 18
dix-neuf 19
vingt 20

Lecture

29

Le monde est de plus en plus peuplé !

7 milliards. Pouvez-vous deviner à quoi correspond ce nombre ? C'est la population mondiale d'aujourd'hui. Mais nous avons du mal à[*1] concevoir une telle grandeur. Essayons de la saisir par comparaison[*2]. En 2500 avant Jésus-Christ, nous n'étions que 100 millions. En l'an 1 après Jésus-Christ, nous étions 200 millions. À cette époque, il fallait[*3] 2500 ans pour que la population augmente de 100 millions. Or, à notre époque, il ne faut que 12 ou 13 années pour que la population croisse[*4] d'un milliard ! Ainsi, la population augmente plus vite qu'autrefois. Quand a eu lieu[*5] l'explosion démographique planétaire[*6] ? Elle s'est amorcée[*7] au moment de la révolution industrielle[*8]. On a commencé à exporter et à importer assez librement les denrées alimentaires[*9] grâce au développement des réseaux de transport[*10] qui a accompagné la révolution industrielle. Cette meilleure circulation des denrées alimentaires a favorisé le développement démographique.

*1 avons du mal à ～ ＞ avoir du mal à ～：～し難い
*2 par comparaison：比較して
*3 il fallait ～ ＞ il faut ～：～が必要である
*4 croisse：croître の接続法．pour que の後では接続法をとる．Leçon 23 を参照．
*5 a eu lieu ＞ avoir lieu：「起きる」．主語が長いので倒置されている．
*6 explosion démographique planétaire：囡 世界人口爆発
*7 s'est amorcée ＞ s'amorcer：始まる
*8 révolution industrielle：囡 産業革命（1760 年代から 1830 年代にかけて世界に先駆けてイギリスで初の産業革命が起こり，のちにヨーロッパへと波及していった）
*9 denrées alimentaires：囡 複 食料品
*10 réseaux de transport：男 複 交通網

QUESTIONS

上の文章を読んで，次の文が正しければ vrai を，間違っている場合には faux を（　　）に書きなさい．

① 7 milliards, c'est la population française d'aujourd'hui. (　　　　)

② L'explosion démographique mondiale a eu lieu au moment de la révolution industrielle. (　　　　)

Leçon 15 Le sport / les études

スポーツ / 勉強

Le superlatif 最上級

Objectif

英語でも最上級に定冠詞の the が用いられたように，フランス語でも定冠詞（le, la, les）が用いられます．副詞を修飾するときは le だけが使われます．また比較級の優等比較で用いられた meilleur(e)(s) や mieux は，最上級でも用いられます．

Grammaire

最上級

① 形容詞の最上級：優等最上級は **le** [**la** / **les**]＋**plus**，劣等最上級は **le** [**la** / **les**]＋**moins** を形容詞の前に入れます．「〜の中で」というときは，de を用います．

Jean est ***le plus*** [***moins***] grand ***de*** nous trois.

ジャンは私たち 3 人の中で最も背が高い［低い］です．

② 副詞の最上級：副詞なので女性形や複数形はありません．ですから定冠詞はすべて le で統一されます．優等最上級では plus を，劣等最上級では moins を用います．

Marie se couche ***le plus*** [***moins***] tard ***de*** sa famille.

マリーは家族の中で最も遅く［早く］就寝します．

③ 名詞の最上級：比較級の前に定冠詞の le を入れるだけです．定冠詞 le は変化しません．

Anne a ***le plus*** [***moins***] ***de*** DVD ***de*** nos amis.

アンヌは私たち友達の中で最も多く［少なく］DVD を持っています．

＊**meilleur(e)(s)** と **mieux** を使った最上級

Cette étudiante est ***la meilleure*** de la classe.

この女子学生はクラスでいちばん良くできます．

Agnès parle ***le mieux*** anglais.

アニェスは最も上手に英語が話せます．

＊最上級を使った表現

La France est un des pays ***les plus*** visités par les touristes du monde entier.

フランスは世界中の旅行者に最も訪れられている国の一つです．

Chez nous, c'est ma mère qui se réveille ***le plus*** tôt.

私たちの家で最も早く起きるのは母です．

EXERCICES

1 日本語に合うように単語を並べ替え，文頭は大文字にして，適切な文にしなさい．

① 英語を最も上手に話すのはマルソーです．
[parle / est / c' / Marceau / qui / mieux / anglais / le].
→ ______________________________

② アンヌは私たちの中でいちばんスポーツが得意です．
[de / Anne / la / plus / sportive / est / nous].
→ ______________________________

③ 柔道はフランスで最も人気があるスポーツの一つです．
[le / est / judo / des / les / sports / France / plus / populaires / un / en].
→ ______________________________

2 日本語に合うように（　　）に適切なフランス語を入れなさい．

① ナタリーはその競技で最も良い成績でした．
Nathalie a eu (　　　　) (　　　　) résultat dans cette compétition.

② 私たち 4 人の中できみが最もダンスが上手に踊れるよ．
Tu peux danser (　　　　) (　　　　) (　　　　) nous quatre.

③ クラスで最も足が速いのはベルナールです．
C'est Bernard (　　　　) court (　　　　) (　　　　) vite (　　　　) la classe.

④ 最も泳ぐのが下手なのは私です．
C'est moi (　　　　) nage (　　　　) (　　　　) bien.

⑤ カトリーヌは私たちのクラスの中で，最も努力しています．
Catherine fait (　　　　) (　　　　) d'efforts de notre classe.

VOCABULAIRE

rendre ～ ～を提出する　passer un examen d'anglais 英語の試験を受ける　réussir au concours d'entrée 入学試験に合格する　rater [échouer à] un examen oral 口答試験に失敗する　manuel 男 教科書　cahier 男 ノート　stylo 男 ペン　correcteur 男 修正ペン　gomme 女 消しゴム

30

Conversation modèle

Hajime : Quel est le sport que tu aimes le plus ?

Catherine : Voyons, le foot n'est pas mal, bien sûr, et la natation n'est pas mal non plus.

Hajime : Tu sais nager ?

Catherine : Non, mais j'aime regarder les courses de natation. Surtout les courses de relais. Et toi ?

Hajime : En tant que spectacle, je préfère le tennis, mais en tant que pratique, je préfère le judo.

上の文章を参考にしながら，下の **EXPRESSIONS** の単語や表現を用いて，好きなスポーツについて会話してみましょう．

A : Quel est le sport que tu aimes le plus ?

B : Voyons, [　　　　　　] *1 n'est pas mal, bien sûr, et [　　　　　　] n'est pas mal non plus.

A : Tu sais [　　　　　　] *2 ?

B : Non, mais j'aime regarder [　　　　　　]. Surtout [　　　　　　]. Et toi ?

A : En tant que spectacle, je préfère [　　　　　　], mais en tant que pratique, je préfère [　　　　　　].

EXPRESSIONS

*1 foot 男 サッカー
baseball 男 野球
judo 男 柔道
tennis 男 テニス
jogging 男 ジョギング
natation 女 水泳
volley-ball 男 バレーボール

*2 jouer au foot [au baseball / au tennis / au volley-ball]
サッカー [野球 / テニス / バレーボール] をする
faire du judo [du jogging]
柔道 [ジョギング] をする

31 *Lecture*

Le Paris-Dakar, le rallye le plus exigeant !

Paris est la capitale de la France. Dakar est celle[*1] du Sénégal[*2]. Si vous vous intéressez aux sports automobiles, vous pouvez deviner que le Paris-Dakar est le rallye le plus exigeant. Il paraît même que[*3] Thierry Sabine[*4], le fondateur du Paris-Dakar, a dit au moment de l'inauguration : « Je vous emmène aux portes de l'aventure ... mais c'est à vous de les ouvrir pour défier le sort. »

Naguère[*5], les pilotes devaient parcourir 12 000 kilomètres en passant par le désert du Sahara. Non seulement les conditions géographiques mais aussi l'instabilité politique de la région rendaient cette course périlleuse[*6]. Il y a eu parfois des morts et des blessés. Tous les challengeurs n'atteignaient pas la ligne d'arrivée. Beaucoup étaient obligés de s'arrêter à mi-chemin. Depuis 2009, l'épreuve se dispute[*7] dans une région moins périlleuse, en Amérique du Sud.

*1 celle：指示代名詞単数女性形で，前文の la capitale を受けている．Appendice を参照．
*2 Sénégal：「セネガル共和国」．西アフリカに位置し，かつてフランス植民地であった．1960 年に現在のマリ共和国の地域とともにマリ連邦としてフランスから独立するが，同年分離しセネガル共和国となった．
*3 Il paraît (même) que ～：～らしい
*4 Thierry Sabine：ティエリー・サビーヌ（1949–1986）．パリ－ダカール・ラリーの創始者．ヘリコプターの事故に遭い，マリで亡くなる．
*5 naguère：少し前までは
*6 périlleuse ＞ périlleux：危険な
*7 se dispute ＞ se disputer：競われる

QUESTIONS

上の文章を読んで，次の文が正しければ vrai を，間違っている場合には faux を（　　）に書きなさい．

① Dakar est un village du Sénégal. (　　　　)

② Le Paris-Dakar est une course dangereuse. (　　　　)

③ Tous les pilotes finissent la course indemnes. (　　　　)

Leçon 16 *La direction*
方向

Les prépositions 前置詞

Objectif

前置詞は仏検でも多くの級で出題されるほど重要であると同時に，熟語などで頻繁に用いられます．表現に合わせて決まった前置詞を使うこともあるので，ぜひニュアンスをつかみとってマスターしておきましょう．

Grammaire

紛らわしい前置詞の使い方

フランス語では女性名詞の国の前につく前置詞と，男性名詞の国の前につく前置詞が異なることがあります．また女性名詞の国の定冠詞は，省略されることがあります．都市名の前には，定冠詞が入りません．

Je suis allée ***en*** France cet été.	私はこの夏フランスへ行きました．
Je suis allée ***au*** Canada cet hiver.	私はこの冬カナダへ行きました．
Je suis allée ***aux*** États-Unis avec mes parents.	私は両親とアメリカへ行きました．
Je suis allée ***à*** Bordeaux il y a deux ans.	私は2年前にボルドーへ行きました．

前置詞を使った表現

au croisement [carrefour]	交差点で
à l'angle de ～	～の角に
jusqu'au bout	突き当りまで
hors de ～	～の外に，～を超えて
à l'extérieur de ～	～の外で
à l'intérieur de ～	～の中で
de l'autre côté de ～	～の反対側に
sur la droite [gauche] de ～	～の右［左］側に
juste au coin	ちょうど奥に
en face de ～	～の正面に
au bout de la rue	道をずっと行った所に
au rez-de-chaussée	1階に，地上階に
au premier [deuxième] étage	2［3］階に

（日本と呼び方が異なります．日本の1階，2階は，フランスではそれぞれ地上階，1階となります．）

au premier sous-sol	地下1階に

EXERCICES

1 (　　) 内に適切な前置詞を入れなさい.

① Tu peux rentrer (　　　　) la maison avant dix-sept heures ?
17 時までにうちに帰って来られる？

② Nous allons (　　　　) Pierre ce soir.
僕たちは今晩，ピエールの家に行きます.

③ La banque est fermée (　　　　) midi et quatorze heures.
銀行は正午から 14 時まで閉まっています.

④ Je laisse la lettre (　　　　) toi (　　　　) la table.
机の上に君に来た手紙を置いておくよ.

⑤ Le réveil est tombé (　　　　) le lit.
ベッドの下に目覚まし時計が落ちています.

⑥ Vous pouvez monter l'escalier (　　　　) là.
あちらから階段を上れます.

2 日本語に合うように単語を並べ替え，文頭は大文字にして，適切な文にしなさい.

① この部屋の中では喫煙できます.
[de / pouvez / intérieur / l' / fumer / cette / vous / salle / à].
→ ________________________________

② 食品売り場は地下 1 階にございます.
[sous-sol / le / alimentaire / se / premier / trouve / rayon / au].
→ ________________________________

③ 郵便局に行くには，交差点を左に曲がってください.
[aller / gauche / tournez / à / au / pour / à / croisement / la / poste].
→ ________________________________

VOCABULAIRE

tout droit まっすぐ　vélo 男 自転車　tourner à droite 右に曲がる　rond-point 男 ロータリー　là-bas そこで　continuer tout droit まっすぐ行く　longer ～ ～に沿って歩く　monter 上がる　descendre 降りる　indiqué 指示のある　d'ici ここから　suivre ～ ～に沿って進む　rivière 女 川　en haut 上に　en bas 下に　à pied 徒歩で　à vélo 自転車で　en voiture 車で　en métro 地下鉄で　utiliser les transports en commun 公共の交通機関を使う　dedans 中で　dehors 外で　couloir 男 廊下　escalier 男 階段　escalator 男 エスカレーター　ascenseur 男 エレベーター　cour 女 中庭　chambre qui donne sur le boulevard 女 大通りに面した部屋　table à côté de la fenêtre 女 窓際のテーブル席　siège du côté couloir 男 廊下側の座席　excepté ～ ～を除いて

32

Conversation modèle

Emi : Excusez-moi, Monsieur, je cherche la banque la plus proche d'ici, s'il vous plaît.

Un passant : C'est loin. Il faut d'abord descendre cette rue jusqu'au premier feu. Ensuite, vous passez le feu et vous prenez la première rue à droite.

Emi : Et après, Monsieur ?

Le passant : Vous continuez tout droit deux ou trois minutes. Il y aura une grande place devant vous. La banque se trouve sur votre gauche.

Emi : Très bien, Monsieur. Je vous remercie beaucoup.

Le passant : Je vous en prie, Mademoiselle.

上の文章を参考にしながら，下の **EXPRESSIONS** の単語や表現を用いて，場所の位置について尋ねる会話をしてみましょう．

A : Excusez-moi, ______, je cherche ______ *1 la [le / les] plus proche(s) d'ici, s'il vous plaît ?

B : C'est loin. Il faut d'abord ______ *2.
Ensuite, vous ______ et vous prenez la ______ rue à ______.

A : Et après, ______ ?

B : Vous continuez tout droit ______ minutes.
Il y aura ______ devant vous.
______ se trouve ______ *3 .

A : Très bien, ______. Je vous remercie beaucoup.

B : Je vous en prie, ______.

EXPRESSIONS

*1 toilettes 女 複 トイレ
station de métro 女 地下鉄の駅
gare de SNCF 女 SNCF の駅
mairie 女 市役所
bibliothèque 女 図書館
pharmacie 女 薬局
poste 女 郵便局
parc 男 公園

*2 monter au troisième étage 4 階に上がる
tourner à gauche [droite] 左［右］に曲がる
traverser ce pont この橋を渡る

*3 sur sa droite 右手に
en face de la gare 駅の正面に
derrière le parc 公園の後に
à côté de l'université 大学の横に

33

Lecture

Le français partout dans le monde

Le français est la neuvième langue la plus parlée du monde. Après l'anglais, c'est la langue qui est usitée dans le plus grand nombre de pays et de régions. On appelle « francophones » les gens qui parlent français depuis leur prime jeunesse*1. En Europe, on parle français en France, bien sûr, mais aussi en Belgique et en Suisse. En Amérique*2 du nord, les Québécois*3 sont des locuteurs du français. On parle aussi français en Afrique de l'ouest et en Afrique centrale où le français est la langue officielle.

Par rapport aux*4 pays anglophones comme l'Ouganda, le Kenya et la Namibie, les pays de l'Afrique francophone tels que la Guinée, le Mali, la Côte d'Ivoire et la République démocratique du Congo ne sont pas encore parvenus à stabiliser leurs situations politiques et sociales.

Savez-vous que le gouvernement japonais fournit une aide en faveur de la paix, de la stabilité et du développement en Afrique ? Par exemple, nous invitons au Japon des hauts fonctionnaires*5 et des responsables africains pour qu'ils suivent un programme de formation qui correspond à leur mission.

*1 prime jeunesse：[女] 幼年期
*2 Amérique：[女]「アメリカ大陸」のこと．アメリカ合衆国を指すときは，アメリカ大陸と混同しないように les États-Unis と言う．
*3 Québécois：「ケベック人」．かつてフランス領だったカナダのケベック州では，今もフランス語が公用語として話されている．
*4 par rapport à ～：～と比べて
*5 haut(s) fonctionnaire(s)：高級官吏

QUESTIONS

上の文章を読んで，次の文が正しければ vrai を，間違っている場合には faux を（　　）に書きなさい．

① On appelle « francophones » les gens qui parlent français en France. (　　　)

② En Afrique, la situation politique est plus stable dans les pays francophones que dans les pays anglophones. (　　　)

Leçon 17 *La quantité*
数量

Les adverbes [adjectifs] de quantité 数量の副詞［形容詞］

Objectif

フランス語には数えられる名詞と数えられない名詞がありました．数えられる名詞には単数形と複数形があり（une pomme → des pommes），抽象名詞などの数えられない名詞には，部分冠詞を用いました（du courage, de la patience）．同じ名詞であっても，ニュアンスによって数えられる場合と，数えられない場合がありましたね（un poisson → 1 匹の魚，du poisson → 魚の切り身）．数量の表現（多い，少ない）とともに名詞を用いるときは，数えられる名詞にしか使われないもの，あるいは数えられない名詞にしか使われないものがあります．さらにどちらでも使うことのできる表現もあります．ぜひ，ここで名詞の使い方とともに覚えましょう．

Grammaire

Il y a ***beaucoup de*** gens dans la rue.　通りにはたくさんの人がいます．

Il reste encore ***beaucoup de*** soupe dans la casserole.
鍋にはまだたくさんスープが残っています．

Ce musée a ***plusieurs*** collections d'art moderne.
この美術館は何枚もの現代美術コレクションを所有しています．

＊plusieurs は単数名詞とともに用いることができません．

Assez d'excuses !　言い訳は充分です！

Tu n'as pas ***assez d'***argent sur toi ?　手持ちのお金が充分無いの？

Il vaut mieux ajouter ***un peu de*** sel.　塩を少し加えたほうがいいでしょう．

＊un peu は複数名詞とともに用いることができません．

Il voulait vous poser ***quelques*** questions.
彼があなたにいくつか質問をしたがっていました．

Je ne l'ai pas vu depuis ***quelque*** temps.　少し前から彼に会っていません．

Certains étudiants sont absents à cause de la grippe.
インフルエンザのために何人かの学生が休んでいます．

Il faut un ***certain*** courage.　少しの勇気が必要です．

＊certain は数えられない名詞とともに用いることができますが，un certain ～ の形をとります．

Elle a ***peu de*** temps pour dormir.　彼女はほとんど眠る時間がありません．

Peu d'étudiants savent parler russe.　ロシア語を話せる学生はほとんどいません．

Cela ***n'***a ***aucune*** importance pour nous.
私たちにとっては，それは重要なことではありません．

Aucune robe ***ne*** me plaît.　どのドレスも気に入りません．

EXERCICES

1 日本語に合うように（　）に適切なフランス語を入れなさい.

① 少しの努力で彼は成功するでしょう.

(　　　　) (　　　　) d'effort le conduira au succès.

② 多くの自転車が駅に駐車されています.

(　　　　) (　　　　) vélos sont garés à la station.

③ いくつかの点では彼に賛成です.

Je suis d'accord avec lui sur (　　　　) points.

④ 準備するのに，充分時間があったでしょ.

Tu as eu (　　　　) (　　　　) temps pour préparer.

⑤ 彼の提案にはいかなる興味も見出せませんでした.

Je n'ai trouvé (　　　　) intérêt dans sa proposition.

⑥ りんごをいくつか下さい.

Donnez-moi (　　　　) pommes, s'il vous plaît.

⑦ ほとんど手持ちのお金がありません.

J'ai (　　　　) (　　　　) argent sur moi.

2 日本語に合うように単語を並べ替え，文頭は大文字にして，適切な文にしなさい.

① 彼らはたくさんワインを飲みました.

[bu / ont / ils / de / vin / beaucoup].

→ ______________________________

② このお店ではアイスのフレーバーが数多くあります.

[il / a / ce / plusieurs / magasin / de / glace / y / dans / parfums].

→ ______________________________

③ 私の計画に，ほとんど誰も興味を示さなかった.

[de / à / intéressaient / s' / gens / mon / peu / projet].

→ ______________________________

④ 彼女はその分野にいくらか知識がある.

[connaissances / elle / ce / a / quelques / dans / domaine].

→ ______________________________

VOCABULAIRE

beaucoup de ～ たくさんの～　plusieurs ～ 多くの～　assez de ～ 充分な～　un peu de ～ 少しの～　peu de ～ ほとんど～ない　ne ～ aucun(e) 一つも～ない（どれも～ない）　quelque(s) ～ いくつかの～　certain(e)(s) ～ いくらかの～

34

Conversation modèle

Pauline : Il n'y a pas beaucoup d'écharpes dans ce magasin.

Takumi : On va chercher ailleurs ? Tiens, dans le magasin en face, il y a plein d'écharpes.

Pauline : C'est vrai. On y va ?

Takumi : Oui.

Pauline : Il y a plusieurs couleurs.

Takumi : Tiens, ce bleu clair te va très bien.

上の文章を参考にしながら，下の **EXPRESSIONS** の単語や表現を用いて，買い物での会話をしてみましょう．

A : Il n'y a pas beaucoup de [d'] ＿＿＿＿ [*1] dans ce magasin.

B : On va chercher ailleurs ? Tiens, dans le magasin en face, il y a plein de [d'] ＿＿＿＿ .

A : C'est vrai. On y va ?

B : Oui.

A : Il y a plusieurs ＿＿＿＿ [*2].

B : Tiens, ＿＿＿＿ [*3] te va [vont] très bien.

EXPRESSIONS

*1 chapeaux 男 複 帽子
jeans 男 複 ジーンズ
manteaux 男 複 コート
costumes 男 複 スーツ
robes 女 複 ドレス / ワンピース
montres 女 複 時計
sacs 男 複 かばん

*2 styles 男 複 デザイン
formes 女 複 形

*3 cette jupe blanche 女 この白いスカート
ce pantalon kaki 男 このカーキ色のズボン
ces lunettes de soleil 女 複 このサングラス

35

Lecture

Des objets moins nombreux mais plus artistiques !

Il y a de plus en plus de gens qui cherchent à s'affranchir des[*1] objets. En effet, grâce au progrès technologique, il n'est pas aussi nécessaire qu'autrefois de posséder des objets matériels[*2]. Par exemple, aujourd'hui on peut consulter les informations sur Internet, tandis qu'autrefois on devait se renseigner en consultant plusieurs livres.

De plus, avoir moins de produits matériels est écologique : on fabrique moins, on utilise moins d'énergie, et on nuit moins à[*3] l'environnement planétaire. Ainsi, on essaie d'être moins matérialiste. D'ailleurs, les artistes commencent à fabriquer des objets d'art « éco ». La mode artistique d'aujourd'hui s'intéresse davantage à notre vie biologique. Selon Marie-Haude Caraës, directrice de recherche à la Cité du design[*4], il y a maintenant beaucoup d'objets artistiques qui servent à l'agriculture et au jardinage. La Cité du design se trouve sur l'ancien site de la manufacture d'armement de Saint-Étienne. C'est maintenant un établissement public de coopération culturelle.

*1 s'affranchir de(s) ～：～から解放される，～を持たなくなる
*2 objet(s) matériel(s)：男 有形物質，もの
*3 nuit à ～ > nuire à ～：～を害する，損なう
*4 Cité du design：ロワール県のサン=テティエンヌにある文化施設．武器の製造所跡地に建てられた．製造業が廃れてしまった町が新しい文化発信の地として生まれ変わったことで，大きく注目されている．

QUESTIONS

上の文章を読んで，次の文が正しければ vrai を，間違っている場合には faux を（　　）に書きなさい．

① Grâce au progrès technologique, on peut se libérer des objets. (　　　　)
② L'art ne s'intéresse qu'à la psychologie humaine. (　　　　)
③ La Cité du design se trouve près de Lyon. (　　　　)

Leçon 18 *Les produits alimentaires*
食品

Le pronom neutre (1) en 中性代名詞 (1) en

Objectif

これまで学習した人称代名詞は性数一致をしましたが，変化しない代名詞があります．変化しないために，これらは中性代名詞と呼ばれます．en, y, le の 3 つありますが，18 課では，en について学習しましょう．中性代名詞も代名詞の一種なので，前出の名詞の代わりに用いられ，基本的に動詞の前に置かれます．

Grammaire

en

① **前置詞 *de* ＋名詞**の代わり

de はフランス語で頻繁に用いられる単語です．前置詞としてもたくさんの意味を持っていましたね．とてもよく使われるので，代名詞にするときに **de ＋名詞**をセットにして en という代名詞にします．

Tu peux me prêter le dictionnaire culinaire ? J'***en*** ai besoin. (J'ai besoin ***de ce dictionnaire***.)

料理事典を貸してくれない？ それが必要なの．

＊否定文では Je ***n'***en ai ***pas*** besoin. となります．

Il parle toujours ***de la cuisine***. — C'est vrai. Il ***en*** parle du matin au soir.
彼はいつも料理のことを話していますね．— ええ，朝から晩まで話しています．

② **不定冠詞や部分冠詞＋名詞**の代わり

Tu as ***un*** stylo ? — Oui, j'***en*** ai.

ペンを持っている？ — うん，あるよ．

Il y a ***du fromage*** dans le frigo ? — Oui, il y ***en*** a encore dans le frigo.

冷蔵庫にチーズがありますか？ — はい，まだあります．

＊ en と y が同時に出てきたときは，y → en の語順になります．

③ 数量の表現とともに

Vous avez ***des frères*** ? — Oui, j'***en*** ai un.

ご兄弟はいますか？ — はい，1 人います．

Vous voulez mettre combien ***de sucres*** dans votre café ? — Je voudrais ***en*** mettre deux, s'il vous plaît.

コーヒーにお砂糖はいくつ入れましょうか？ — 2 つお願いします．

＊数を入れたいときは，Oui, j'ai un frère. と数詞＋名詞でも言えますが，中性代名詞を用いるときは数詞を文末に置きます．

EXERCICES

1 次の疑問文の答えとなるように [　　] 内の単語を並べ替えて，適切な文にしなさい.

① Vous achetez combien de pommes ? — [six / en / j' / achète].

→ ______________________________

② Il est content de la qualité de notre vin ? — [très / il / en / oui / est / content].

→ ______________________________

③ Tu as vraiment besoin de 300 grammes de farine pour faire un gâteau ? — [en / oui / j' / vraiment / ai / besoin].

→ ______________________________

④ Vous voulez quelle quantité de bœuf ? — [un / en / j' / veux / kilo].

→ ______________________________

⑤ Combien de sucres mettez-vous dans votre thé ? — [mets / en / j' / beaucoup].

→ ______________________________

2 次の文に，(　　) 内の語句を用いて答えなさい.

① Tu parles de la nouvelle pâtisserie près de chez nous ? (oui)
私たちの家の近くにある新しいケーキ屋さんのことを話しているの？

→ ______________________________

② Elles sont fières de leurs pizzas ? (oui / très)
彼女たちは，彼女たちの作るピザを誇りに思っていますか？

→ ______________________________

③ Vous voulez un dessert ? (non)
デザートはお望みですか？

→ ______________________________

VOCABULAIRE

yaourt 男 ヨーグルト　légume 男 野菜　champignon 男 キノコ　fruit de mer 男 魚介類　steak frites 男 フライドポテト付ステーキ　poulet rôti 男 ローストチキン　boisson fraîche 女 冷たい飲み物　vin chaud 男 ホットワイン　plat du jour 男 日替わり定食　menu à 10 euros 男 10 ユーロの定食　service compris 男 サービス料込み

36

Conversation modèle

Sophie : Bonjour, je voudrais acheter du jambon cru et du bœuf.

Le charcutier : Vous en voulez quelle quantité, Madame ?

Sophie : Voyons, je vais recevoir quatre invités. Avec nous, cela fera six personnes. Je préparerai une entrée avec du jambon.

Le charcutier : Je vous mets une dizaine de tranches. Et le bœuf ?

Sophie : Six filets de steak, s'il vous plaît.

上の文章を参考にしながら，下の **EXPRESSIONS** の単語や表現を用いて，肉屋での会話をしてみましょう．

A : Bonjour, je voudrais acheter ＿＿＿＿＿＿ *1
et ＿＿＿＿＿＿ .

B : Vous en voulez quelle quantité, ＿＿＿＿＿＿ ?

A : Voyons, je vais recevoir ＿＿＿＿＿＿ invités. Avec nous, cela fera ＿＿＿＿＿＿ personnes. Je préparerai une entrée avec ＿＿＿＿＿＿ .

B : Je vous mets ＿＿＿＿＿＿ *2 ?
Et ＿＿＿＿＿＿ ?

A : ＿＿＿＿＿＿ *3, s'il vous plaît.

EXPRESSIONS

*1 pâté de volaille 男 鶏肉［家禽肉］のパテ（肉・魚のすり身をパイ皮や型に詰めたもの）
saucisson 男 ソーセージ
porc 男 豚肉
poulet 男 鶏肉

*2 une vingtaine de ～ 20 個ほどの～
une trentaine de ～ 30 個ほどの～
300 grammes de bœuf 300 グラムの牛肉
500 grammes de porc 500グラムの豚肉
1 kilo de poulet 1 キロの鶏肉

*3 Quatre tranches de pâté 女 複 4 切れのパテ
Dix côtes de veau 女 複 10 切れの子牛の骨付き背肉

37

Lecture

Des macarons colorés !

On peut trouver partout au Japon de bonnes pâtisseries françaises. Ce sont les macarons parisiens[*1] ! Le mot « macaron » a la même racine que « macaroni », les pâtes italiennes. Le macaron, tout comme les autres gourmandises, a été introduit[*2] en France au XVIe siècle par Catherine de Médicis[*3], grand personnage d'origine italienne, au moment de son mariage avec le roi de France Henri II. Grâce au succès des pâtisseries françaises telles que la maison Ladurée, une grande enseigne[*4] parisienne, on considère le macaron comme un gâteau français.

La popularité du macaron a connu des hauts et des bas[*5]. Même Ladurée a traversé des difficultés. Le directeur actuel David Holder, né en 1968, a pensé à adapter le goût et la couleur de ses macarons à la saison[*6]. Les macarons colorés de Ladurée ont d'abord attiré les Parisiens puis les gens du monde entier. Aujourd'hui, on en trouve partout.

*1 macaron(s) parisien(s)：男 いわゆるお菓子の「マカロン」のこと．日本でよく見かけるのはパリ風マカロンだが，フランスの各地方によって様々なレシピで作られたものがある．基本的にはメレンゲに粉末状のアーモンドを混ぜて作られる．

*2 est introduit > introduire の受動態

*3 Catherine de Médicis：カトリーヌ・ド・メディシス（1519–1589）．イタリア新興富豪メディチ家の出身．フランス王フランソワ１世の次男（後のアンリ２世）のもとに嫁ぐ．この結婚を機に，文化的に進んでいたイタリアからフランスに，食文化を筆頭に多くの文化がもたらされたと言われている．

*4 enseigne：女 ブランド，老舗

*5 des hauts et des bas：山あり谷あり，紆余曲折

*6 adapter le goût et la couleur de ses macarons à la saison > adapter A à B：A を B に合わせる

QUESTIONS

上の文章を読んで，次の文が正しければ vrai を，間違っている場合には faux を（　　）に書きなさい．

① Toutes les bonnes pâtisseries françaises sont en France. (　　　　)

② Les macarons sont indémodables. (　　　　)

Leçon 19 *La poste / la banque*

郵便局 / 銀行

Les pronoms neutres (2) y, le 中性代名詞 (2) y, le

Objectif

18 課では中性代名詞の en を勉強しました．19 課では，さらに中性代名詞 y と le を学習します．y は ① **場所を表す前置詞＋場所**を置き換えたり，② **前置詞 à＋名詞**を置き換えたりします．le は前文の一部，または前文すべての情報を置き換えるときに用います．

Grammaire

y

①「場所を表す前置詞＋場所」を置き換えます．英語の there（そこで）と似ています．

Tu étais ***à Paris*** en 2010 ? — Oui, j'***y*** étais avec mes parents.
2010 年にパリにいたの？ — うん，両親といたよ．

Il y avait beaucoup ***de stands dans la rue*** ? — Non, il n'***y en*** avait pas beaucoup.
通りにはたくさんの出店が出店していましたか？ — いいえ，たくさんは出店していませんでした．

②「à＋名詞」を置き換えます．

Tu t'intéresses ***au cinéma français*** ? — Oui, je ***m'y*** intéresse beaucoup.
フランス映画に興味がある？ — ええ，とっても興味があるわ．

＊人称代名詞と一緒に出てくるときは人称代名詞の後に置かれます．

le

① 動詞の後を受ける．

Paul est ***étudiant*** ? — Oui, il ***l'***est.
ポールは学生ですか？ — はい，学生です．

Tu sais ***conduire une voiture*** ? — Non, je ne ***le*** sais pas.
車を運転できる？ — いいえ，できないわ．

② 前文を受ける．

Thomas va en France pour deux ans. — C'est vrai ? Je ne ***le*** savais pas.
トマは 2 年間フランスに行くよ．— 本当？ 知らなかったわ．

EXERCICES

1 次の文の下線部を中性代名詞に直して，全文を書き換えなさい．

① Il faut aller à la poste avant midi.
→ ______

② J'ai rendez-vous avec mon mari à la banque cet après-midi.
→ ______

③ Vous voulez envoyer cette lettre en express ?
→ ______

④ Ils pensent à demander un emprunt à la banque pour acheter une maison.
→ ______

⑤ Elle sait que l'on peut retirer de l'argent vingt-quatre heures sur vingt-quatre sans aucune commission en France ?
→ ______

⑥ Tu peux envoyer le paquet cet après-midi ?
→ ______

2 次の文の下線部を適切な中性代名詞に置き換えて，（　）内の語句を用いて答えなさい．

① Vous savez que l'on va bientôt supprimer l'envoi de courrier par bateau en France ? (non)
→ ______

② Je peux déposer une telle somme d'argent ? (oui)
→ ______

③ Faut-il conserver précieusement le code secret ? (oui)
→ ______

VOCABULAIRE

envoyer un paquet 小包を送る　envoyer une lettre en recommandé 書留で手紙を送る　par avion 航空便で　en express 速達で　en économique 普通郵便で　accusé de réception 男 受領通知　ouvrir un compte postal [bancaire] 郵便［銀行］口座を開く　verser de l'argent sur le compte de ～ ～の口座へ振り込む　insérer la carte bancaire 銀行カードを（現金自動預支払機などに）入れる　composer son code 暗証番号を入力する　valider（暗証番号入力後などに）確認ボタンを押す　changer des yens en euros 日本円をユーロに両替する

38 Conversation modèle

Nathalie : Bonjour, je voudrais envoyer ce colis au Japon.

Le guichetier : En express ou en économique ?

Nathalie : En économique et avec accusé de réception, s'il vous plaît.

Le guichetier : Vous pouvez remplir cette fiche, s'il vous plaît ?

Nathalie : Voilà. Dans combien de jours le paquet arrivera-t-il à destination?

Le guichetier : Je crois qu'il y arrivera dans quinze jours environ.

上の文章を参考にしながら，下の **EXPRESSIONS** の単語や表現を用いて，郵便局での会話をしてみましょう.

A : Bonjour, je voudrais envoyer [　　　　　　] *1 au Japon.

B : En express ou en économique ?

A : [　　　　　　] , s'il vous plaît.

B : Vous pouvez remplir cette fiche, s'il vous plaît ?

A : Voilà. Dans combien de jours [　　　　　　] arrivera-t-il [elle] à destination ?

B : Je crois qu'il [elle] y arrivera dans [　　　　　　] *2 environ.

EXPRESSIONS

*1 cette lettre 女 この手紙

*2 quelques jours 男 複 数日

deux ou trois jours 男 複 2, 3 日

quinze jours 男 複 2 週間

39

Lecture

Des cambriolages comme au cinéma

Avez-vous déjà entendu parler de cambriolages invraisemblabes tels que celui[*1] que relate le roman d'Albert Spaggiari[*2], intitulé *Les Égouts du paradis*[*3]? Dans ce roman, les voleurs accèdent à la salle des coffres[*4] en passant par un tunnel qu'ils ont creusé. Ce qui est surprenant, c'est que Spaggiari raconte sa propre histoire. En effet, c'est une autobiographie ! L'auteur s'est inspiré de romans policiers.

Mais cela ne s'arrête pas là. Spaggiari aura des émules[*5]. Au printemps 2010, il y a eu deux cambriolages successifs dans deux banques parisiennes. Le savez-vous ? Une équipe de quatre cambrioleurs y a fracturé environ 200 coffres en passant par un tunnel. Cependant, la deuxième tentative s'est soldée par[*6] un échec.

*1 celui：前出の campriolages を受けているが，後続の関係代名詞によって 1 つに限定されているため，単数形となっている．

*2 Albert Spaggiari：アルベール・スパジアリ（1932–1989）．ニースのソシエテ・ジェネラル銀行の強盗犯．1976 年に掘ったトンネルから銀行の貸金庫室に入り，50 億円を盗んだ．

*3 *Les Égouts du paradis*：アルベール・スパジアリの小説．邦題は『銀行 50 億強奪犯の掘った奪った逃げた』．1979 年ジョゼ・ジョヴァンニによって映画化されている（邦題『金庫室を破れ　リビエラの銀行強盗』）．

*4 salle des coffres：図 貸金庫室

*5 émule(s)：ライバルという意味だが，ここでは追随者を指す．

*6 s'est soldée par ＞ se solder par 〜：結果は〜に終わる

QUESTIONS

上の文章を読んで，次の文が正しければ vrai を，間違っている場合には faux を（　　）に書きなさい．

① Dans le roman *Les Égouts du paradis*, les voleurs accèdent à la salle des coffres en passant par une fenêtre. (　　　　)

② Des voleurs ont imité Spaggiari. (　　　　)

③ Les voleurs travaillent toujours seuls. (　　　　)

Leçon 20 *La littérature / la poésie*

文学 / 詩

Les pronoms relatif (1) qui, que 関係代名詞 (1) qui, que

Objectif

20課では，関係代名詞の主格（主語）である qui と目的格（直接目的語）である que を勉強します．英語でも学習したように，関係代名詞を使うと2つの文を1つにすることができます．フランス語では，英語のように「人」か「物」かで関係代名詞を変える必要がないので，より簡単です．

Grammaire

2つの続く文において，同じ語句が繰り返される場合に，関係代名詞を用いて一文にすることができます．

qui

関係節のなかで**主格**の語句を関係代名詞にするときに用いられます．

Je vois **un film**. **Il** vient de sortir.

→ Je vois un film ***qui*** vient de sortir.

私は封切られたばかりの映画を見ます．

Tu connais **ma sœur aînée** ? **Elle** était dans la même classe que ton frère au collège.

→ Tu connais ma sœur aînée ***qui*** était dans la même classe que ton frère au collège ?

君のお兄さんと中学で同じクラスだった，僕のいちばん上の姉を知っている？

que

関係節のなかで**目的格**の語句を関係代名詞にするときに用いられます．

Anne lit **un livre japonais**. Je **le** lui ai recommandé.

→ Anne lit un livre japonais ***que*** je lui ai recommandé.

アンヌは私が彼女に勧めた日本の本を読みます．

関係代名詞を使った文や，目的語を代名詞化した文などで，目的語が複合過去形の過去分詞よりも前にある場合，過去分詞を目的語に性数一致させる必要があります．

Demain, je vais voir **Françoise**. Tu me **l'**as présenté***e*** l'autre jour.

→ Demain, je vais voir Françoise ***que*** tu m'as présenté***e*** l'autre jour.

明日，君が僕に先日紹介してくれたフランソワーズに会うよ．

EXCERCICES

■1 (　　)に適切な関係代名詞を入れなさい.

① Elle a un ami (　　　　　) est peintre.
② Voici le poème d'Apollinaire (　　　　　) j'adore.
③ C'est un très beau film (　　　　　) je n'ai jamais vu.
④ Je connais une bonne librairie (　　　　　) a une énorme collection.
⑤ Tu as lu le dernier roman de Haruki Murakami (　　　　　) vient de sortir ?
⑥ Je te montrerai les poèmes (　　　　　) j'ai écrits à Paris.
⑦ Il va me présenter un écrivain français (　　　　　) tu as probablement vu à la télé.
⑧ Avez-vous fini le livre (　　　　　) je vous ai prêté ?

■2 次の2つの文を，関係代名詞を用いて1つの文にしなさい.

① J'ai un ami. Il est spécialiste de la littérature japonaise.
→ ____________________

② Je vais te raconter l'histoire de la Seine. Je connais cette histoire.
→ ____________________

③ Je garde contact avec Émilie. Je l'ai rencontrée au Canada.
→ ____________________

④ Montre-moi la vidéo. Tu as pris cette vidéo pendant ton séjour à Cannes.
→ ____________________

⑤ Les tableaux de Cézanne m'ont impressionné. J'ai vu ces tableaux au Musée d'Orsay.
→ ____________________

VOCABULAIRE

écrivain(e) 作家　romancier(-ère) 小説家　poète 詩人（女性でも無変化）　roman-feuilleton 男 連続小説　roman documentaire 男 ノンフィクション小説　roman de science-fiction 男 SF 小説　roman d'amour 男 恋愛小説　roman-fleuve 男 大河小説　recueil de poèmes 男 詩集　haïku 男 俳句　littérature japonaise du XIXe siècle 女 19 世紀の日本文学　littérature française du XXe siècle 女 20 世紀のフランス文学

40

Conversation modèle

Kana : Bonjour, je cherche des livres sur la littérature, s'il vous plaît.

Le vendeur : Quel genre cherchez-vous ? De la littérature contemporaine, de la littérature classique, de l'histoire de la littérature ou de la critique littéraire ?

Kana : De la critique littéraire en général.

Le vendeur : C'est au 4e étage. Prenez l'ascenseur qui se trouve à côté de la caisse. C'est le rayon B.

Kana : Merci, Monsieur.

上の文章を参考にしながら，下の **EXPRESSIONS** の単語や表現を用いて，本屋での会話について練習してみましょう.

A : Bonjour, je cherche des livres sur ______ *1, s'il vous plaît.

B : Quel genre cherchez-vous ? ______ *2, ______ , ______ ou ______ ?

A : ______ .

B : C'est au ______ étage. Prenez l'ascenseur qui se trouve ______ *3. C'est le rayon ______ .

A : Merci, ______ .

EXPRESSIONS

*1 cinéma 男 映画
poème 男 詩
musique 女 音楽
art 男 芸術
architecture 女 建築
cuisine 女 料理

*2 de la peinture 絵画について
des poètes chinois 中国の詩人について
de l'opéra italien イタリアオペラについて
de la danse contemporaine コンテンポラリー・ダンスについて
de l'architecture européenne ヨーロッパの建築について
de la cuisine turque トルコ料理について

*3 derrière vous あなたの後ろにある
près de l'escalier 階段の近くにある

41

Lecture

Le fameux commissaire Maigret

Le commissaire Maigret[*1] est un personnage que tous les Français connaissent. Son créateur, l'auteur Georges Simenon[*2], est belge. Après avoir vécu quelques temps aux États-Unis et au Canada, il s'est installé à Paris.

Jules Maigret est grand et large d'épaules. Il prend son temps pour mener les enquêtes qui lui sont confiées. Sa patience, sa perspicacité et sa finesse lui permettent de[*3] résoudre des affaires qui paraissent insolubles à première vue[*4] et de confondre[*5] les criminels.

Le lecteur découvre un Paris insoupçonné à travers[*6] le regard méticuleux de l'enquêteur qui investit tous les recoins de la capitale. Notre enquêteur propose à son lecteur une visite de Paris hors des sentiers battus[*7].

Les romans de Simenon ont été traduits en plusieurs langues et ont été adaptés à l'écran. Il y a une série télévisée qui passe encore à la télévision en France. Vous trouverez facilement les traductions en japonais des romans de Simenon. Vous y découvrirez sûrement un Paris que vous ne connaissez pas !

*1 commissaire Maigret：メグレ警視．ジョルジュ・シムノンの小説の登場人物．
*2 Georges Simenon：ジョルジュ・シムノン（1903–1989）．ベルギー人の作家だが，パリを舞台としたメグレ警視シリーズを手掛けた．
*3 lui permettent de ～：permettre à ～ de＋不定詞．「～に（不定詞）することを可能にさせる」．
*4 à première vue：最初は，一見したところ
*5 confondre：当惑させる，やり込める
*6 à travers ～：～を通して
*7 sentiers battus：[男][複] 踏み固められた道，という意味から転じて「ありきたりの場所」．

QUESTIONS

上の文章を読んで，次の文が正しければ vrai を，間違っている場合には faux を（　　）に書きなさい．

① Le commissaire Maigret est très célèbre en France.（　　　　）
② L'auteur Georges Simenon a vécu toute sa vie aux États-Unis.（　　　　）
③ Les romans de Simenon sont traduits en japonais.（　　　　）

Leçon 21 Les spectacles
スペクタクル / ショー

Les pronoms relatifs (2) dont, où 関係代名詞 (2) dont, où

Objectif

20 課では関係代名詞の qui と que を勉強しましたが，この課では dont と où を勉強します．dont は英語の whose と少し似ています．また où は英語の関係副詞 when と where を兼ねたものと考えてもよいでしょう．

Grammaire

dont

フランス語では前置詞の de がよく使われます．そこで **de＋先行詞**をまとめて dont という関係代名詞にします．

J'ai vu **le dernier film de François Ozon**. On parle beaucoup **de ce film**.
→ J'ai vu le dernier film de François Ozon ***dont*** on parle beaucoup.
私はみんなが大いに話題にしているフランソワ・オゾンの最新映画を見ました．

où

関係節のなかで状況補語（副詞句）の働きをする場合に用いられます．英語では時と場所で when と where の使い分けをしましたが，フランス語では où で統一されています．

Nous allons **au musée**. **Dans ce musée**, on expose quatre tableaux prêtés par le Louvre.
→ Nous allons au musée ***où*** (l')on expose quatre tableaux prêtés par le Louvre.
私たちはルーヴルから貸し出された 4 枚の絵画が展示されている美術館へ行きます．
＊母音衝突を防ぐため，où と on の間に l' が入ることもあります．

Ils se sont rencontrés **à cette époque**. **À cette époque**, ils habitaient à Bordeaux.
→ Ils se sont rencontrés à l'époque ***où*** ils habitaient à Bordeaux.
彼らはボルドーに住んでいた幼少時代に知り合いました．

EXERCICES

1 (　　) に適切な関係代名詞を入れなさい.

① Près d'ici, il y a le vieux théâtre (　　　　　　) je t'ai parlé hier.
② Tu te rappelles le jour (　　　　　　) nous avons vu un opéra ?
③ Je vous présenterai une amie (　　　　　　) la mère est actrice.
④ Nous allons voir l'opéra (　　　　　　) on parle beaucoup ces derniers temps.
⑤ C'est un musée (　　　　　　) la collection est énorme.
⑥ Ce joueur est allé s'entraîner aux États-Unis l'année (　　　　　　) il est devenu célèbre.
⑦ Voici les photos de l'appartement (　　　　　　) j'ai séjourné quand j'étais en France.
⑧ Je ne connais pas l'année exacte (　　　　　　) cette danseuse a commencé sa carrière.
⑨ Voilà l'affiche du ballet (　　　　　　) la chorégraphie était magnifique.
⑩ Je vais à la Comédie-Française (　　　　　　) l'on donne une tragédie de Racine.

2 次の 2 つの文を，関係代名詞を用いて 1 つの文にしなさい.

① Ce spectacle m'a laissé une forte impression. La fin de ce spectacle était magnifique.
→ ______________________________

② Nous sommes allés voir une pièce de kabuki dans une nouvelle salle de théâtre. Dans cette nouvelle salle, il y a une nouvelle galerie sur l'histoire du kabuki.
→ ______________________________

③ Tu ne dois pas rater ce film. L'histoire de ce film est très émouvante.
→ ______________________________

VOCABULAIRE

ces derniers temps 最近　exposer 展示する　chorégraphie 女 振り付け　émouvant(e) 感動的な
réserver deux places pour un spectacle d'opéra オペラ公演を 2 席予約する
acheter un billet pour le spectacle de ballet du vingt novembre 11 月 20 日のバレエ公演のチケットを購入する
le spectacle de la matinée 男 昼の部　le spectacle de la soirée 男 夜の部

42

Conversation modèle

La réceptionniste : Le théâtre municipal, bonjour.

Georges : Bonjour, je voudrais réserver des places, s'il vous plaît.

La réceptionniste : Quel spectacle voulez-vous voir ?

Georges : Le spectacle d'opéra, s'il vous plaît.

La réceptionniste : Très bien. C'est pour quelle date, Monsieur ?

Georges : Pour le 20 novembre, trois personnes.

La réceptionniste: Alors, trois places pour le 20 novembre. Votre nom, s'il vous plaît.

Georges : Georges Genivier.

La réceptionniste : Très bien. C'est fait.

George : Merci, au revoir, Madame.

上の文章を参考にしながら，下の **EXPRESSIONS** の単語や表現を用いて，公演の予約をしてみましょう．

A : Le théâtre municipal, bonjour.

B : Bonjour, je voudrais réserver des places, s'il vous plaît.

A : Quel spectacle voulez-vous voir ?

B : [　　　　　　]*1, s'il vous plaît.

A : Très bien. C'est pour quelle date, [　　　　　　] ?

B : Pour [　　　　　　]*2, [　　　　　　]*3.

A : Alors, [　　　　　　] pour [　　　　　　]. Votre nom, s'il vous plaît.

B : [　　　　　　].

A : Très bien. C'est fait.

B : Merci, au revoir, [　　　　　　].

EXPRESSIONS

*1 Le spectacle de ballet 男 バレエ公演
Le spectacle de théâtre 男 演劇の公演
Le spectacle de danse contemporaine 男 コンテンポラリー・ダンスの公演
Le spectacle de cirque 男 サーカスの公演

*2 le premier septembre 9 月 1 日
le dix octobre 10 月 10 日

*3 une personne 1 人
deux adultes et un enfant 大人 2 名と子供 1 名

43 **Lecture**

Les deux Opéras parisiens

Quand on pense aux Opéras de Paris, on pense d'abord à l'Opéra Garnier*1, puis à l'Opéra Bastille*2. L'Opéra Garnier, dont on a posé la première pierre dans le cadre des*3 fameux travaux haussmanniens sous le Second Empire de Napoléon III*4, est plus ancien que l'Opéra Bastille. L'Opéra Garnier a été inauguré en 1875 au moment où le Second Empire laissait place à la IIIe République suite à*5 la défaite contre les Allemands. En 1964, à l'occasion de travaux de rénovation, le peintre Marc Chagall*6 a peint le plafond de l'édifice.

Nous pouvons toujours y jouir de beaux spectacles ou simplement visiter les pièces intérieures, mais nous vous recommandons d'y acheter du miel dans sa boutique de souvenirs. Ce miel est produit sur place ! En effet, on récolte du miel sur le toit de l'Opéra Garnier.

*1 Opéra Garnier：男 パリ 9 区にあるオペラ座．1875 年から使用されてきたが，現在ではバレエやコンテンポラリー・ダンスの上演が多い．

*2 Opéra Bastille：男 パリ 12 区にあるオペラ座．1989 年に竣工し，2703 人を収容．オペラ上演が多い．

*3 dans le cadre de ～：～の一環として

*4 travaux haussmanniens sous le Second Empire de Napoléon III：男 複 ナポレオン 3 世（1808–1873）統治下の第二帝政期に行われたオスマンのパリ改造．19 世紀後半に，セーヌ県知事ジョルジュ・オスマンが行ったパリの街整備は，フランス最大の都市整備事業として有名．

*5 suite à ～：～に続いて，～の後に

*6 Marc Chagall：マルク・シャガール（1887–1985）．ロシア出身のフランス人画家．

QUESTIONS

上の文章を読んで，次の文が正しければ vrai を，間違っている場合には faux を（　　）に書きなさい．

① L'Opéra Garnier est plus ancien que l'Opéra Bastille.（　　　　）

② L'Opéra Garnier a été inauguré sous le règne de Napoléon III.（　　　　）

③ Nous pouvons acheter du miel dans la boutique de l'Opéra Garnier.（　　　　）

Leçon 22 Les vêtements / la mode / la couleur

衣服 / モード / 色

Le conditionnel 条件法

Objectif

「(もし～だったら), ～しているだろうに」という, 現実に反する仮定を述べるときに使われるのが条件法です. 英語の仮定法と似ています. 活用には**未来形**の語幹を用います. 活用の語尾は **r+半過去形の語尾**です. 英語でも would を使った仮定法がありますが, would は will (未来形) の過去形でしたね. 現実には存在しない時間なので, 過去に時間を戻してそこから未来を再度仮想してみるという形を取っています.

Grammaire

活用は語幹が未来形と同じで, 語尾は r +直説法半過去形の活用をつけます. r の音はフランス語では未来の目印となりますので, 「未来+半過去」を一緒にしたものとも言えます.

je **–rais**	nous **–rions**
tu **–rais**	vous **–riez**
il **–rait**	ils **–raient**

visiter	
je visite**rais**	nous visite**rions**
tu visite**rais**	vous visite**riez**
il visite**rait**	ils visite**raient**

① 現実と相反する仮定を述べるとき

Si cette montre était un peu moins chère, je l'***achèterais***.

もしこの時計がもう少し安かったら, 買っていたのに. (実際は, 時計は安くない)

② 語調緩和

J'***aimerais*** ce T-shirt, mais en bleu, s'il vous plaît.

このTシャツで, 青いのが欲しいのですが.

③ 間接話法の従属節のなかで, 過去における未来を表す

Monsieur Poitier m'a dit qu'il ***porterait*** un chapeau blanc pour être reconnu.

ポワティエさんは, 彼だとわかるように白い帽子をかぶってくると私に言いました.

EXERCICES

1 (　　) 内の不定詞を条件法に変えなさい.

① Si c'était moi, je (choisir) plutôt cette robe bleue.

② Je (vouloir) acheter le sac bleu et blanc, s'il vous plaît.

③ (Aimer)-vous plutôt un chapeau panama ?

④ Si j'avais le temps, je t' (accompagner) au grand magasin.

⑤ Il m'a dit qu'ils (porter) un costume pour la réunion de demain.

⑥ Si tu étais au Japon, tu (pouvoir) venir avec nous au défilé de Tokyo Girls Collection.

2 日本語に合うように単語を並べ替え，文頭は大文字にして，適切な文にしなさい.

① もし私 (の立場) だったら，この 3 つの中でどのズボンを買う？

[pantalon / trois / si / moi / tu / achèterais / entre / étais / quel / ces / tu] ?

→ ______________________________

② 彼女は今週末お姉さんとショッピングに行くと私に言っていました.

[du / elle / elle / qu' / irait / sa / faire / m' / a / shopping / dit / avec / week-end / sœur / ce].

→ ______________________________

③ このベージュ色のコートを試着したいのですが.

[ce / je / essayer / manteau / voudrais / beige].

→ ______________________________

④ 私にチェック模様のコートを見せて頂けませんか？

[manteau / pourriez / montrer / me / un / à / vous / carreaux] ?

→ ______________________________

VOCABULAIRE

couleur vive 女 ヴィヴィッドカラー　couleur sombre 女 暗い色　blanc(he) 白い　beige ベージュ色の　kaki カーキ色の (不変)　bleu foncé 紺色の　marron 茶色の (不変)　bleu(e) clair 水色の (clair は色の形容詞の後では不変)　vert(e) 緑色の　violet(te) 紫色の　chemise 女 Y シャツ　pantalon 男 ズボン　jupe 女 スカート　jean 男 ジーパン　T-shirt 男 T シャツ　costume 男 スーツ　manteau 男 コート　lunettes 女 複 メガネ　lunettes de soleil 女 複 サングラス　collier 男 ネックレス　bague 女 指輪　à la mode 流行っている　démodé(e) 流行りを過ぎた　à pois 水玉の　à carreaux チェック模様の

Conversation modèle

44

Paul : Je voudrais acheter un manteau.

Junko : Tiens, ce manteau noir t'irait bien, non ?

Paul : Ce n'est pas mon style. Je préfère un manteau plus simple, tu sais.

Junko : Pourquoi pas ce manteau kaki ? Il doit bien t'aller.

Paul : Mmm...

Junko : Il ne te plaît pas ?

Paul : Si, il me plaît. Mais il doit être cher.

Junko : Tu as raison. Il est hors de prix.

Paul : Si j'avais de l'argent, je l'achèterais. Bon, je prends celui-là.

上の文章を参考にしながら，下の **EXPRESSIONS** の単語や表現を用いて，買い物での会話をしてみましょう.

A : Je voudrais acheter ______ *1.

B : Tiens, ______ *2 t'irait [t'iraient] bien, non ?

A : Ce n'est pas mon style.
Je préfère ______ ______ *3, tu sais.

B : Pourquoi pas ______ ? Il doit [Ils doivent / elle doit / elles doivent] bien t'aller.

A : Mmm...

B : Il ne te plaît [Ils ne te plaisent / elle ne te plaît / elles ne te plaisent] pas ?

A : Si, il me plaît [ils me plaisent / elle me plaît / elles me plaisent]. Mais il doit être cher [ils doivent être chers / elle doit être chère / elles doivent être chères].

B : Tu as raison. Il est [Ils sont / elle est / elles sont] hors de prix.

A : Si j'avais de l'argent, je l' [les] achèterais. Bon, je prends celui [ceux / celle / celles]-là.

EXPRESSIONS

*1 pantalon 男 ズボン
chaussures 女 複 靴
bottes 女 複 ブーツ
bague 男 指輪
chemise 女 シャツ

*2 pantalon blanc 白いズボン
chaussures roses 女 複 ピンクの靴
bague en or 男 金の指輪
chemise bleue 女 青いシャツ

*3 moins élégant(e) それほど上品な感じではない
plus ordinaire もう少しカジュアルな
plus simple もう少しシンプルな

45 *Lecture*

Le fameux défilé de mode parisien

Même si vous vous intéressez très peu à la mode, vous connaissez sans doute le *parikore*, grand défilé international à Paris. Or, de façon surprenante[*1], l'expression « collection de Paris » n'existe pas. On appelle la fête parisienne de la mode soit *Fashion Week de Paris* soit[*2] *Semaine de la mode à Paris*. L'histoire des vêtements témoignerait de l'évolution de notre style de vie. De nombreux designers[*3] ont proposé une nouvelle façon de vivre. Coco Chanel[*4] voulait libérer le corps des femmes[*5], en créant un style plus simple et des vêtements plus confortables. À l'époque où les vêtements féminins avaient tendance à mettre en valeur[*6] les silhouettes plantureuses, la créatrice a introduit dans la mode un style adapté aux femmes minces. Yves Saint-Laurent[*7] a contribué à la lutte contre la discrimination raciale dans le domaine de la mode. Il a intentionnellement choisi des top-modèles de plusieurs nationalités. Dans les années 90, Ayako Kawahara, mannequin japonais, a eu la chance de collaborer avec ce célèbre couturier.

*1 de façon surprenante：驚くことに
*2 soit ～ soit ...：～か…
*3 designer：男「デザイナー」．英語からの外来語．
*4 Coco Chanel：本名 Gabriel Bonheur Chanel（1883–1971）．シャネルブランドの創始者．
*5 libérer le corps des femmes：当時女性はコルセットの着用が主流だった．コルセットの歴史は長く，ヨーロッパでは 14 世紀後半から身体のラインを補正するために着用され始めたとも言われている．シャネルがキャリアをスタートさせる 20 世紀前半もコルセットが着用されることが多かった．
*6 mettre ～ en valeur：～を引き立たせる
*7 Yves Saint-Laurent：フランス領アルジェリア出身（1936–2008）．ブランド「イヴ・サン＝ローラン」の創始者．

QUESTIONS

上の文章を読んで，次の文が正しければ vrai を，間違っている場合には faux を（　）に書きなさい．

① *Fashion week de Paris* est une appellation japonaise.（　　　）

② L'histoire des vêtements est liée étroitement à notre style de vie.（　　　）

Leçon 23 Les médias メディア

Le subjonctif 接続法

Objectif

接続法は従属節 (que ＋主語＋動詞) のなかで用いられることが多く，主節の動詞が①願望②疑い③強い感情などを表すときに接続法になります．日本語にも英語にもない文法事項なので難しく感じるかもしれませんね．よく使われる主節の動詞や形容詞から覚えましょう．

Grammaire

活用は，faire や savoir，pouvoir などの例外を除けば，多くの語幹は je / tu / il / elle / ils / elles は直説法現在形の ils から -ent を除いたもの，nous / vous の語幹は直説法現在形の nous から -ons を除いたものです．語尾は avoir と être 以外はすべての動詞に共通です．例外もありますが，nous と vous に関しては半過去と同じになることが多く，ils に関しては直説法現在と同じになることが多いです．-er 動詞に限っては，je / tu / il / elle も現在形と同じです．

je **–e**	nous **–ions**
tu **–es**	vous **–iez**
il **–e**	ils **–ent**

danser	
que je dans***e***	que nous dans***ions***
que tu dans***es***	que vous dans***iez***
qu'il dans***e***	qu'ils dans***ent***

特殊な活用

être	
que je sois	que nous soyons
que tu sois	que vous soyez
qu'il soit	qu'ils soient

avoir	
que j'aie	que nous ayons
que tu aies	que vous ayez
qu'il ait	qu'ils aient

Je ***souhaite que*** vous ***passiez*** un bon séjour au Japon.
日本で良い滞在を過ごされますように．(願望)

Nous ***sommes heureux qu'*** il ***revienne*** dans si peu de temps au Japon.
彼がこんなに早く日本に戻ってくれるなんて，私たちは嬉しいです．(強い感情)

Je ***ne crois pas qu'*** il ***soit*** chez lui.　彼が家にいるとは思えない．(疑い)
＊croire が主節の中で肯定形で使われたときは，従属節の動詞は直説法現在形のままです．

EXCERCICES

1 (　　) の不定詞を接続法に変えなさい.

① Nous souhaitons qu'il y (avoir) plus d'émissions intéressantes.
② Vous ne croyez pas qu'elle (être) satisfaite de son travail dans le milieu des médias ?
③ Tu veux que j'(éteindre) la télé ?
④ Je suis désolée que tu ne (pouvoir) pas venir.
⑤ Il faut que nous (écouter) les informations.
⑥ Je ne crois pas qu'il (faire) beau demain comme le dit la météo.
⑦ Il faut que vous (avoir) du courage.
⑧ Nous sommes contentes que la télé (diffuser) tout de suite les informations internationales.
⑨ Les étudiants souhaitent que les vacances (être) plus longues.

2 日本語に合うように単語を並べ替え，文頭は大文字にして，適切な文にしなさい.

① インターネットでアニメの続きが見られて，嬉しいです.
[puisse / suis / du / content / qu' / Internet / voir / la / suite / dessin-animé / je / sur / on].
→ ______________________________

② 私たちはラジオですぐにそのニュースを聞かなければなりません.
[information / il / que / tout / écoutions / de / faut / suite / cette / à / la / nous / radio].
→ ______________________________

③ 彼女はそのニュースが本当かどうか疑っています.
[doute / elle / cette / information / authentique / que / soit].
→ ______________________________

④ 今晩討論番組が中止になったのは残念です.
[regrette / que / le / soir / débat / je / soit / annulé / télévisé / ce].
→ ______________________________

VOCABULAIRE

informations régionales 女 複 地域のニュース　informations nationales 女 複 国内のニュース　informations internationales 女 複 国際ニュース　émission documentaire 女 ドキュメンタリー番組　jeu télévisé 男 クイズ番組　débat télévisé 男 討論番組　feuilleton 男 テレビドラマ　météo 女 天気予報　en direct 生中継で　flash d'information sur le résultat des élections 男 選挙速報

Conversation modèle

46

Eriko : Tiens, tu lis un manga japonais. Qu'est-ce que c'est ?

Dominique : C'est *One piece*. J'adore ce manga.

Eriko : Je ne l'ai pas encore lu.

Dominique : Tu devrais le lire. C'est très intéressant.

Eriko : Quel autre genre de manga aimes-tu ?

Dominique : En général, j'aime les mangas d'aventure.

上の文章を参考にしながら，下の **EXPRESSIONS** の単語や表現を用いて，好きな漫画について会話してみましょう．

A : Tiens, tu lis un manga japonais. Qu'est-ce que c'est ?
B : C'est ＿＿＿＿＿＿. J'adore ce manga.
A : Moi, je ne l'ai pas encore lu.
B : Tu devrais le lire. C'est très ＿＿＿＿＿＿ *1.
A : Quel autre genre de manga aimes-tu ?
B : En général, j'aime ＿＿＿＿＿＿ *2.

EXPRESSIONS

*1 émouvant(e) 感動的な
fantastique 幻想的な
merveilleux(-se) 素晴らしい

*2 mangas d'amour 恋愛漫画
mangas humoristiques ユーモラス［滑稽］な漫画
bande dessinée de science-fiction フランス版 SF 漫画
bande dessinée historique フランス版歴史漫画

© Sumiyo Ida

47

Lecture

Le salon international de la bande dessinée

Connaissez-vous Angoulême[*1] ? C'est une ville située au sud-ouest de la France. Là, chaque année, depuis 1974, a lieu[*2] un grand festival international de la bande dessinée[*3]. La B.D. est classée dans le même genre que les mangas, mais il y a de petites différences. Ses formats sont plus grands et ses dessins sont bien colorés. À l'origine[*4], le festival concernait[*5] essentiellement cet art traditionnel en France. Cependant, le manga, qui véhicule la culture populaire japonaise, s'est répandu au point d'[*6]être considéré comme l'égal de la bande dessinée. Depuis le début du siècle, les artistes japonais sont reconnus dans ce festival. Shigeru Mizuki[*7], l'auteur de cette fameuse histoire de fantômes, *GeGeGe no Kitarô*[*8] (*Kitaro le repoussant* en français), a même reçu le grand prix en 2007 !

*1 Angoulême：フランスのシャラント県に位置する町．1974 年より国際漫画祭を開催している．
*2 a lieu > avoir lieu：開催される
*3 bande dessinée：囡 漫画のフランス版．B.D. と略されることもある．日本の漫画と比べて版が大きくハードカバーで作られており，題材も大人向けのものがもともとは多かった．
*4 à l'origine：もともとは
*5 concernait ＞ concerner ～：～に関連している
*6 au point de ～：～するほどまでに
*7 Shigeru Mizuki：水木しげる．1922 年生まれの日本の漫画家．代表作は『ゲゲゲの鬼太郎』や『のんのんばあとオレ』など，妖怪を登場人物とした漫画を数多く描く．2007 年のアングレーム国際漫画祭において，最高賞である最優秀作品賞を日本人で初めて受賞する．
*8 *GeGeGe no Kitarô*：『ゲゲゲの鬼太郎』．もともとは『墓場の鬼太郎』と題されていたが，スポンサーの意向で改題された．TV でも繰り返し放映されているが，近年では実写版映画も公開された．

QUESTIONS

上の文章を読んで，次の文が正しければ vrai を，間違っている場合には faux を（　　）に書きなさい．

① La ville d'Angoulême est située au sud-ouest de la France.（　　　　）
② Il n'y a pas de différence entre les mangas et la bande dessinée.（　　　　）

Leçon 24 *Expliquer* 説明する

Le discours indirect 間接話法

Objectif

間接話法とは，会話を間接的に従属節のなかに取り込んだ文章のことです．直接会話した文章をそのまま書くときは，直接話法となります．日本語で考えてみましょう．
直接話法の場合：彼は「**僕は明日** 9 時に学校へ行くよ」と私に言いました．
間接話法の場合：彼は**彼が翌日** 9 時に学校へ行くと私に言いました．
になります．似たような文章ではありますが，主語や時制を変化させる必要がありますので，細かいところに配慮することが求められます．

Grammaire

会話文（**直接話法**）を主文の従属節としてつなげるときに，**間接話法**を用います．

	直接話法	間接話法
現在形	Tu lui dis : « **J'ai** mal à la tête. »	Tu lui dis ***que tu as*** mal à la tête.
疑問文	Vous me demandez : « **Êtes-vous** triste ? »	Vous me demandez ***si je suis*** triste.
疑問詞	Elle lui demande : « **Où partez-vous** ? »	Elle lui demande ***où il*** [***elle***] ***part***.
qu'est-ce qui	Vous me demandez : « **Qu'est-ce qui** se passe ? »	Vous me demandez ***ce qui*** se passe.
qu'est-ce que	Il me demande : « **Qu'est-ce que vous voulez** ? »	Il me demande ***ce que je veux***.
命令文	Je lui dis : « **Ferme** la porte. »	Je lui dis ***de fermer*** la porte.
過去形	Tu lui **as dit** : « J'ai mal à la tête. »	Tu lui as dit ***que tu avais*** mal à la tête.
過去形（会話文が未来形）	Tu lui **as dit** : « Je **serai** absent. »	Tu lui as dit ***que tu serais*** absent.
疑問文（過去）	Vous m'**avez demandé** : « Êtes-vous triste ? »	Vous m'avez demandé ***si j'étais*** triste.
疑問詞（過去）	Elle lui **a demandé** : « **Où partez-vous** ? »	Elle lui a demandé ***où il*** [***elle***] ***partait***.
時や場所の副詞	aujourd'hui → ***ce jour-là***（その日）/ demain → ***le lendemain***（翌日）/ hier → ***la veille***（前日）/ le mois prochain → ***le mois suivant***（翌月）/ ici → ***là***（そこで）	

EXERCICES

1 次の直接話法を使った文を，間接話法を使った文にしなさい．

① Tu me dis : « Je sors maintenant. »
「私は今出かけます」と君は私に言います．
→ ____________________

② Il me dit : « Ma mère t'invite la semaine prochaine. »
「母が来週君を招待しているよ」と彼は私に言います．
→ ____________________

③ Elle leur dit : « Donnez le bonjour à votre mère. »
「お母様に宜しくお伝えください」と彼女は彼らに言います．
→ ____________________

④ Je vous demande : « Quand arrivez-vous à Tokyo ? »
「いつ東京に着きますか？」と私はあなたに尋ねます．
→ ____________________

⑤ Je lui demande : « À quelle heure vous couchez-vous ? »
「何時に寝ますか？」と私は彼(女)に尋ねます．
→ ____________________

⑥ Il nous demande : « Qu'est-ce qui ne va pas ? »
「何が上手くいかないのですか？」と彼は私たちに尋ねます．
→ ____________________

⑦ Ma mère m'a dit : « Fais la lessive. »
「洗濯をしてね」と母は私に言いました．
→ ____________________

⑧ Je lui ai dit : « Je passerai l'aspirateur dans ta chambre demain. »
「明日君の部屋に掃除機をかけるね」と私は彼(女)に言いました．
→ ____________________

⑨ Je lui ai demandé : « Quand faites-vous le ménage ? »
「いつ掃除をしていますか」と私は彼(女)に尋ねました．
→ ____________________

VOCABULAIRE

donner le bonjour à ～ ～に宜しく伝える　faire la lessive 洗濯する　passer l'aspirateur 掃除機をかける

Conversation modèle

48

Sa mère : Julien, tu ranges ta chambre, s'il te plaît.

Julien : Je le ferai demain. Je suis très pressé.

Sa mère : Mais non, maintenant. Tu m'as dit cent fois que tu le ferais le lendemain, mais tu n'as jamais tenu ta promesse. Je n'ai plus confiance en toi.

Julien : Écoute. Je n'ai rien à faire demain. Je rangerai ma chambre, c'est promis. Nathalie m'attend à la gare.

Sa mère : Non, pas cette fois-ci. Tu l'appelles et tu lui dis simplement que tu auras une demi-heure de retard.

上の文章を参考にしながら，下の **EXPRESSIONS** の単語や表現を用いて，家での会話をしてみましょう．

A : [ ], tu [ ]*1, s'il te plaît.

B : Je le ferai [ ]*2. Je suis très pressé(e).

A : Mais non, maintenant. Tu m'as dit cent fois que tu le ferais le lendemain, mais tu n'as jamais tenu ta promesse. Je n'ai plus confiance en toi.

B : Écoute. Je n'ai rien à faire [ ].
Je [ ]*3, c'est promis. [ ] m'attend [ ]*4

A : Non, pas cette fois-ci. Tu l'appelles et tu lui dis simplement que tu auras [ ]*5 de retard.

EXPRESSIONS

*1 finis (finir) tes devoirs 宿題を終える
prépares (préparer) ta valise pour le voyage 旅行の荷造りを準備する
nettoies (nettoyer) les toilettes トイレ掃除をする
nettoies la baignoire バスタブを掃除する

*2 cet après-midi 今日の午後
ce soir 今晩
demain matin 明日の朝

*3 finirai (finir) mes devoirs de vacances 夏休みの宿題を終えます
préparerai (préparer) ma valise pour le voyage 旅行の準備をします
nettoierai (nettoyer) les toilettes トイレ掃除をします
nettoierai la baignoire バスタブを掃除します

*4 à l'université 大学で
au café 喫茶店で
au parc 公園で

*5 dix minutes 10 分
un quart d'heure 15 分
vingt minutes 20 分

49 *Lecture*

Une trop grande sollicitation fatigue nos oreilles !

Vous pensez peut-être que vous n'êtes pas menacé par une perte d'audition. Pourtant, dans la société d'aujourd'hui, nous sommes entourés par le bruit, que ce soit celui des cafés, des magasins ou*1 bien des *izakaya*. Vous écoutez aussi probablement de la musique avec des écouteurs en vous rendant à*2 l'université. Tout comme la vue, l'audition s'altère*3 quand elle est trop sollicitée*4. L'acuité s'étiole*5 naturellement avec l'âge. Mais les jeunes encourent le risque de*6 perdre de l'audition prématurément*7 en la sollicitant trop. Un rapport français montre que l'audition d'un jeune homme d'une vingtaine d'années qui n'a pas protégé ses oreilles est aussi dégradée que celle d'une personne de soixante ans.

En France, les appareils auditifs*8 sont délivrés sur ordonnance, c'est-à-dire*9 qu'il est nécessaire de subir un examen médical avant leur achat. L'appareil est même remboursé par la sécurité sociale*10. Tandis qu'au Japon, on peut acheter librement un appareil auditif. Des problèmes liés à l'absence de réglementation sont apparus.

*1 que ce soit ～ ou ...：それが～であったり…であったりするかもしれないが
*2 vous rendant à ＞ se rendre à ～：～へ赴く
*3 s'altère ＞ s'altérer：悪化する
*4 est trop sollicitée：solliciter の受動態．「～を刺激する」という意味だが，ここでは「～を酷使する」という意味で使われている．
*5 s'étiole ＞ s'étioler：衰える
*6 encourent le risque de ～ ＞ encourir le risque de ～：～の危険をおかす
*7 prématurément：早いうちから
*8 appareil auditif：男 補聴器
*9 c'est-à-dire：つまり
*10 sécurité sociale：女 社会保険

QUESTIONS

上の文章を読んで，次の文が正しければ vrai を，間違っている場合には faux を（　　）に書きなさい．

① Si l'on ne protège pas ses oreilles, on risque de perdre de l'audition. (　　　　)
③ Au Japon, les appareils auditifs sont délivrés sur ordonnance. (　　　　)

Appendice

■基本 6 文型　Les six types de phrases élémentaires

フランス語の文は，基本となる 6 つの文型に分類されます．基本となる主語と動詞以外に，動詞を修飾する副詞やそれに相当する語句（主に時間・場所・目的を導くもの）が入ることがあり，これらを状況補語 complément circonstanciel と言います．直接目的語は他動詞と直接結びつく目的語を指し，間接目的語は前置詞を介して他動詞と結びつく目的語を指します．また属詞 attribut とは，主語や直接目的語の性質・状態をあらわす語のことです．

① 主語＋動詞

Paul travaille (toute la journée).　　ポールは（一日中）仕事をしている．

② 主語＋動詞＋属詞

Elle est étudiante.　　彼女は学生です．

③ 主語＋動詞＋直接目的語

Ils regardent la télévision (dans le salon).　　彼らは（居間で）テレビを見ている．

④ 主語＋動詞＋間接目的語

Tu penses (toujours) à ton examen.　　きみは（いつも）試験のことを考えているね．

⑤ 主語＋動詞＋直接目的語＋間接目的語

Il offre un bouquet à sa copine.　　彼は恋人に花束をプレゼントする．

⑥ 主語＋動詞＋直接目的語＋属詞

Je laisse la porte ouverte.　　私は扉を開けたままにしています．

＊（　）内は状況補語

■数詞　Les nombres

1 un	2 deux	3 trois
4 quatre	5 cinq	6 six
7 sept	8 huit	9 neuf
10 dix	11onze	12 douze
13 treize	14 quatorze	15 quinze
16 seize	17 dix-sept	18 dix-huit
19 dix-neuf	20 vingt	21 vingt ***et*** un
22 vingt-deux	30 trente	31 trente ***et*** un
32 trente-deux	40 quarante	41 quarante ***et*** un
42 quarante-deux	50 cinquante	51 cinquante ***et*** un
52 cinquante-deux	60 soixante	61 soixante ***et*** un
62 soixante-deux	70 soixante-dix	71 soixante ***et onze***

72 soixante-douze	80 quatre-vingt***s***	81 quatre-vingt-***un***
82 quatre-vingt-deux	90 quatre-vingt-dix	98 quatre-vingt-dix-huit
100 cent	101 cent ***un***	110 cent ***dix***
200 deux cent***s***	201 deux cen***t un***	1 000 mille
1 001 mille ***un***	2 000 deux mill***e***	10 000 dix mill***e***
100 000 cent mille	111 111 cent onze mille cent onze	1 000 000 ***un*** million
2 000 000 deux million***s***	1 000 000 000 ***un*** milliard	2 000 000 000 deux milliard***s***

■序数詞　Les nombres ordinaux

1er ***premier*** 1ère premi***ère***	2e deuxième / second(e) （2つしかない場合の2番目は second(e) を使う）	3e troisième
4e quatrième	5e cinquième	6e sixième
7e septième	8e huitième	9e neu***v***ième
10e dixième	11e onzième	12e douzième
13e treizième	14e quatorzième	15e quinzième
16e seizième	17e dix-septième	18e dix-huitième
19e dix-neu***v***ième	20e vingtième	21e vingt ***et unième***
22e vingt-deuxième	30e trentième	40e quarantième
50e cinquantième	60e soixantième	70e soixante-dixième
71e soixante ***et onzième***	80e quatre-vingtième	81e quatre-vingt-***unième***
90e quatre-vingt-dixième	100e centième	1000e millième

■月　Les mois

janvier 1月　février 2月　mars 3月　avril 4月　mai 5月　juin 6月
juillet 7月　août 8月　septembre 9月　octobre 10月　novembre 11月
décembre 12月　en janvier 1月に

■曜日　Les jours de la semaine

lundi 月曜日　mardi 火曜日　mercredi 水曜日　jeudi 木曜日　vendredi 金曜日
samedi 土曜日　dimanche 日曜日　ce dimanche 今週の日曜日　week-end 男 / fin de semaine 女 週末　ce week-end 今週末

■数字を使った表現　Les expressions contenant des chiffres

Vous avez quel âge ? — J'ai dix-neuf ans.　何歳ですか ？ — 19 歳です.

Vous êtes combien ? — Nous sommes quatre.　何名様ですか？ — 4 名です.

Tu fais combien ? — Je fais un mètre soixante-dix.　身長は？ — 1 m 70 cm です.

Nous sommes le combien ? — Nous sommes le premier avril.　何日ですか？ — 4 月 1 日です.

■階数　Les étages

deuxième sous-sol 地下 2 階　sous-sol 地下 1 階

rez-de-chaussée 1 階（地上階）　premier étage / premier niveau 2 階

deuxième étage / deuxième niveau 3 階　sur le toit 屋上

■時間　Les expressions de l'heure

日常会話で用いられる表現と，列車の時刻表などに用いられる 24 時間表示とを使い分けます.

	会話で用いられる表現	正式な表現
午前 1 時です.	Il est une heure du matin.	Il est une heure.
2 時 15 分です.	Il est deux heures et quart.	Il est deux heures quinze.
3 時半です.	Il est trois heures et demie.	Il est trois heures trente.
4 時 45 分です.	Il est cinq heures moins le quart.	Il est quatre heures quarante-cinq.
5 時 20 分前です（4 時 40 分です）.	Il est cinq heures moins vingt.	Il est quatre heures quarante.
6 時 10 分前です（5 時 50 分です）.	Il est six heures moins dix.	Il est cinq heures cinquante.
7 時 5 分です.	Il est sept heures cinq.	
8 時 20 分です.	Il est huit heures vingt.	
9 時 25 分です.	Il est neuf heures vingt-cinq.	
10 時 35 分です.	Il est dix heures trente-cinq.	
11 時 55 分です.	Il est midi moins cinq.	Il est onze heures cinquante-cinq.
正午です.	Il est midi.	Il est douze heures.
午後 1 時です.	Il est une heure de l'après-midi.	Il est treize heures.
午後 2 時です.	Il est deux heures de l'après-midi.	Il est quatorze heures.

午後 3 時です.	Il est trois heures de l’après-midi.	Il est quinze heures.
午後 4 時です.	Il est quatre heures de l’après-midi.	Il est seize heures.
午後 5 時です.	Il est cinq heures de l’après-midi.	Il est dix-sept heures.
夜の 6 時です.	Il est six heures du soir.	Il est dix-huit heures.
夜の 7 時です.	Il est sept heures du soir.	Il est dix-neuf heures.
夜の 8 時です.	Il est huit heures du soir.	Il est vingt heures.
夜の 9 時半です.	Il est neuf heures et demie du soir.	Il est vingt et une heures trente.
夜の 10 時です.	Il est dix heures du soir.	Il est vingt-deux heures.
夜の 11 時です.	Il est onze heures du soir.	Il est vingt-trois heures.
午前零時です.	Il est minuit.	Il est vingt-quatre heures.

■受動態　La voix passive

「〜される」という意味の受け身の文章を作るときは **être＋過去分詞(e)(s)＋de / par** となります．過去分詞は主語に合わせて性数一致をします．動詞が継続した状態を表すとき，前置詞は de を取りますが，それ以外は par を取ります．

① Elle ***est aimée de*** tout le monde.

彼女は皆から愛されている．

② Il ***est invité*** à dîner ***par*** monsieur Dupont.

彼はデュポン氏に夕食に招待されている．

受動態を**過去形**にするときは，意味に合わせて半過去形あるいは複合過去形を使うことができます．

① Elle ***était aimée de*** tout le monde quand elle était à l’école primaire.

彼女は小学校のとき皆から愛されていました．

② Il ***a été invité*** à dîner ***par*** monsieur Dupont.

彼はデュポン氏に夕食に招待されました．

■指示代名詞　Les pronoms démonstratifs

これまで人称代名詞や中性代名詞を学習しました．この他の代名詞に，指示代名詞というものがあります．すでに出てきた単語をそのまま「それ」，「これ」と置き換えるときは人称代名詞になりましたが，同じ単語で示される別のものを指すときなどに使われるのが指示代名詞です．必要に応じて -ce, -là をつけます．

① Je n'aime pas cette ***jupe***. J'aime ***celle***-là.

私はこのスカートは好きではありません．あっちのスカートのほうが好きです．

② Vous préférez quel ***vin*** ? ***Celui***-ci ou ***celui***-là ?

あなたはどちらのワインを飲みたいですか？ こちらですか，あちらですか？

スカートもワインも単語は同じですが，同じスカートやワインを指しているわけではなく，異なるスカートとワインを指しています．このような場合は人称代名詞ではなく，指示代名詞を使います．性数変化するので，男女単複の４つがあります．

	単数形	複数形
男性形	**celui**	**ceux**
女性形	**celle**	**celles**

指示代名詞が直接用いられる場合もあります．このときは「人」を指します．

① ***Ceux*** qui habitent ici se connaissent.

ここに住んでいる人々は互いに知り合いです．

指示代名詞には性数変化しないものもあります．**ce**［**c'**］**/ ça / ceci / cela** などです．

① J'ai tout ***ce*** qu'il faut.

必要なものはすべて持っています．

② ***C'***est un livre.

それは本です．

③ ***Ça*** va ?

元気？

④ ***Ceci*** ne me plaît pas beaucoup. ***Cela*** me plaît mieux.

それはあまり好きではありません．あれのほうが好きです．

■所有代名詞　Les pronoms possessifs

所有代名詞は，すでに出てきた名詞と所有形容詞を合わせて１つにしたものです．名詞なので，定冠詞とともに用いられます．すでに出てきた名詞に合わせて性数変化をします．

	男性単数	女性単数	男性複数	女性複数
私のもの	**le mien**	**la mienne**	**les miens**	**les miennes**
君のもの	**le tien**	**la tienne**	**les tiens**	**les tiennes**
彼(女)のもの	**le sien**	**la sienne**	**les siens**	**les siennes**
私たちのもの	**le nôtre**	**la nôtre**	**les nôtres**	
君たち，あなた(たち)のもの	**le vôtre**	**la vôtre**	**les vôtres**	
彼ら(彼女たち)のもの	**le leur**	**la leur**	**les leurs**	

① Mon frère est plus jeune que ***le tien***.

僕の兄は，君のお兄さんより年下です．

② Votre maison est beaucoup plus grande que ***la mienne***.

あなたのお宅は，うちよりずっと広いですね．

■疑問代名詞　Les pronoms interrogatifs

疑問形容詞の前に定冠詞をつけた形をとるのが，疑問代名詞です．性数変化をするので，以下の４つがあります．普通の疑問詞と違う点は，いくつか限られた選択肢の中からどれかを尋ねる場合に用いられる点です．関係代名詞として用いられることもあります．

	単数形	複数形
男性形	**lequel**	**lesquels**
女性形	**laquelle**	**lesquelles**

疑問代名詞には次のような用法があります．

① 主語を尋ねる

Parmi ces voitures, ***laquelle*** vous plaît le plus ?

これらの車のなかで，どれがあなたのいちばん気に入ったものですか？

② 直接目的語を尋ねる

Parmi ces quatre menus, ***lequel*** choisissez-vous ?

これら４つのコースから，あなたはどれを選びますか？

■直説法大過去形　Le plus-que-parfait

半過去形，複合過去形で示された過去よりも前に行われていたことを述べるときなどに用いられるのが大過去形です．形は複合過去形の助動詞 être と avoir を半過去形にした形です．

être / avoir の半過去形＋過去分詞（être 助動詞を使うとき，過去分詞は主語と性数一致を起こす）となります．

① 過去に先立って行われていた行為など

Quand mon père est rentré à la maison, nous ***avions*** déjà ***terminé*** le dîner.

父が帰宅したときは，私たちはすでに夕食を食べ終えていました．

② 間接話法の文で，従属節の動詞を主節の動詞に合わせて時制を一致させるとき

Anne m'a dit qu'elle ***avait été*** au Canada cet été.

アンヌはこの夏カナダにいたと私に言いました．

③ 過去の事実に反する仮定をした条件法の文で

Si elle ***était venue*** hier, la fête aurait été* plus amusante.

もし昨日彼女が来ていたら，パーティーはもっと盛り上がったはずなのに．

＊aurait été : 条件法過去形 [être / avoir の条件法＋過去分詞]（être 助動詞を使うとき，過去分詞は主語と性数一致を起こす）

■直説法前未来形　Le futur antérieur

未来のある時点では完了しているはずの行為や，過去の推測，断定を避けるときなどに用いられるのが前未来です．形は複合過去形の助動詞 être と avoir を未来形にした形です．

[**être / avoir の未来形＋過去分詞**]（être 助動詞を使うとき，過去分詞は主語と性数一致を起こす）となります．

① 未来に完了しているはずの行為

Quand j'arriverai à la gare, elle ***sera*** déjà ***partie***.

私が駅に着く頃には，彼女はすでに出発してしまっているでしょう．

② 過去の推測

Alain ***se sera réveillé*** tard.

アランは寝坊したのでしょう．

③ 断定の緩和

Vous ***aurez oublié*** les dossiers.

書類をお忘れになられたのですね．

■人称代名詞強勢形　Les pronoms toniques

人称代名詞の強勢形は，英語に無い形なので難しく感じるかもしれませんが，以下のような特別な場合にしか用いられません．例文を通して覚えましょう．

主格	je	tu	il	elle	nous	vous	ils	elles
強勢形	**moi**	**toi**	**lui**	**elle**	**nous**	**vous**	**eux**	**elles**

① 主語の強調

Bonjour. ***Moi***, je m'appelle Jean Dubois. Enchanté.

こんにちは．私はジャン・デュボワです．初めまして．

② C'est 〜. の文章

Allô, ***c'est moi***, Michel.

もしもし，僕だよ，ミッシェルだよ．

③ 比較の que の後で

Elle est moins jeune ***que lui***.

彼女は彼より年上よ．

④ 肯定命令文の人称代名詞の代わりに

Appelle-***moi*** dès que tu arrives à la gare.

駅に着いたら，電話してね．

⑤ aussi，non plus，et とともに慣用的に

Je n'aime pas la cuisine trop épicée. ***Et vous*** ? — ***Moi***, ***non plus***.

私は辛い料理が苦手です．あなたは？ ─ 私もです．

Bonne journée ! — ***Vous*** aussi.

良い一日を！ ─ あなたもね．

⑥ 前置詞の後で

Je vais au cinéma ***avec eux***.

彼らと映画へ行きます．

■基本となる前置詞の主な用法　Les emplois de base des prépositions courantes

à ①〜へ　②〜に　③〜で　④〜の入った　⑤〜を持った　⑥値段が〜かかる

Je vais ***à*** l'école.　私は学校**へ**行きます．

Il habite ***à*** Paris.　彼はパリ**に**住んでいます．

Elle va ***au*** bureau ***à*** pied.　彼女は徒歩**で**会社**へ**行きます．

Marie mange un chou ***à*** la crème.

マリーはシュークリーム（クリーム**の入った**シュー）を食べます．

C'est un immeuble ***à*** quatre étages.

これは 5 階建て（5 階**を持った**）の建物です．

Nous prenons deux menus ***à*** vingt euros, s'il vous plaît.

20 ユーロの（**値段がかかる**）定食を 2 つお願いします．

de ① ～の ② ～から ③ ～について

C'est le sac ***de*** Paul. それはポール**の**カバンです.

Elle rentre ***de*** la bibliothèque. 彼女は図書館**から**帰宅する.

Nous parlons ***de*** votre proposition. 私たちはあなたの提案**について**話しています.

pour ① ～のための ② ～に向けて

C'est un cadeau ***pour*** toi. 君への（**のための**）プレゼントです.

Il part ***pour*** le Japon. 彼は日本に（**向けて**）発ちます.

en ① ～で ② ～に ③ ～を使って

Anne fait ses études ***en*** Italie. アンヌはイタリア**で**勉強しています.

Mon frère est né ***en*** 2000 (deux mille). 私の兄(弟)は 2000 年**に**生まれました.

Il faut dix minutes ***en*** métro. 地下鉄で（**を使って**）10 分かかります.

dans ① ～の中で ② ～後に

Nous travaillons ***dans*** la bibliothèque. 私たちは図書館（**の中**）**で**勉強します.

Le train part ***dans*** cinq minutes. 電車は 5 分**後に**発車します.

avec ① ～と一緒に

Je sors ***avec*** des amis ce soir. 今晩，友達**と**（**一緒に**）出かけます.

chez ① ～の家で

Tu dînes ***chez*** nous ce week-end ? 私たち**の家で**週末，夕食を食べない？

entre ① ～の間に ② ～の中から

Le magasin est ouvert ***entre*** 10h00 ***et*** 20h00.

お店は 10 時から 20 時まで（**の間**）開いています.

Entre plusieurs solutions, il faut en choisir une.

多くの解決法**の中から** 1 つを選ばなくてはなりません.

depuis ① ～以来

Ce restaurant est ouvert ***depuis*** 1686. このレストランは 1686 年（**以来の**）創業です.

pendant ① ～の期間

Passez chez nous ***pendant*** la matinée. 午前中（**の期間**）にうちに寄ってください.

sur ① ～の上に ② ～について

Il y a des livres ***sur*** la table. テーブル（**の上**）**に**本があります.

Nous discutons ***sur*** le problème de l'environnement planétaire.

私たちは地球環境の問題**について**討議します.

sous ① ～の下に

Mettez vos bagages ***sous*** la chaise. 椅子**の下に**かばんを置いてください.

jusqu'à ① ～まで

Nous sommes ouverts ***jusqu'à*** 22h00. 私どもは 22 時**まで**開いています.

sans ① ～無しに

Tu pars ***sans*** rien dire à tes amis ? 友達に何も言わず（言うことは**無し**）**に**行っちゃうの？

après ① ～の後で

Après vous, je vous en prie. お先にどうぞ（あなた**の後で**いいです）.

par ① ～の方から ② ～を使って

Par ici, s'il vous plaît. こちら（**の方**）**から**どうぞ.

Vous voulez payer ***par*** carte ? カード**で**（**を使って**）お支払いされますか？

devant ① ～の前に

Devant l'entrée du musée, il y a un café. 美術館の入り口**の前に**，カフェがあります.

derrière ① ～の後ろに

Attention ! ***Derrière*** vous, un camion arrive.

気をつけてください！ **後ろに**トラックが来ていますよ.

■特殊な比較級・最上級 Les comparatifs et les superlatifs des adjectifs et des adverbes particuliers

比較を使った文章では，形容詞の bon（良い，美味しい）や副詞の bien（上手に，良く）は優等比較で特殊な変化をしました．しかし同等比較や劣等比較では，形は変わりません．確認しておきましょう．

Cet étudiant est bon. この学生は良くできる.

Cette étudiante est ***meilleure*** que Pierre. この女子学生はピエールより良くできる.

Ces étudiants sont ***aussi bons*** que Pierre.

これらの学生たちはピエールと同じくらい良くできる.

Ces étudiantes sont ***moins bonnes*** que Pierre.

これらの女子学生たちはピエールほどできない.

Cette étudiante est ***la meilleure*** de la classe. この女子学生はクラスで一番良くできる.

Cet étudiant est ***le moins bon*** de la classe. この学生はクラスで一番できない.

Agnès parle bien anglais. アニェスは英語が上手に話せる.

Agnès parle ***mieux*** anglais que sa sœur. アニェスは姉より英語が上手に話せる.

Agnès parle ***aussi bien*** anglais que sa sœur. アニェスは姉と同じくらい上手に英語が話せる.

Agnès parle ***moins bien*** anglais que sa sœur. アニェスは姉ほど英語が上手に話せない.

Agnès parle ***le mieux*** anglais. アニェスは最も上手に英語が話せる.

Agnès parle ***le moins bien*** anglais. アニェスは英語が最も下手です.

フランスの今

関　末玲／平林　通洋／ Aurélien Sabatier ／ Bérénice Leman 著
（協力：小倉和子／石川文也／中川　理）

2014. 3. 1　初版発行
2020. 4. 1　5刷発行

発行者　井　田　洋　二

発行所　〒101-0062 東京都千代田区神田駿河台３の７
電 話　03（3291）1676　ＦＡＸ 03（3291）1675
振 替　00190-3-56669
株式会社 駿河台出版社

印刷　研究社印刷株式会社
http://www.e-surugadai.com
ISBN978-4-411-01348-4 C1085

動 詞 活 用 表

◇活用表中，現在分詞と過去分詞はイタリック体,
また書体の違う活用は，とくに注意すること.

◇ **単純時称の作り方**

不定法	
—er	[e]
—ir	[ir]
—re	[r]
—oir	[war]

現在分詞	
—ant	[ɑ̃]

	直説法現在				接続法現在		直説法半過去	
je (j')	—e	[無音]	—s	[無音]	—e	[無音]	—ais	[ɛ]
tu	—es	[無音]	—s	[無音]	—es	[無音]	—ais	[ɛ]
il	—e	[無音]	—t	[無音]	—e	[無音]	—ait	[ɛ]
nous	—ons	[ɔ̃]			—ions	[jɔ̃]	—ions	[jɔ̃]
vous	—ez	[e]			—iez	[je]	—iez	[je]
ils	—ent	[無音]			—ent	[無音]	—aient	[ɛ]

	直説法単純未来		条件法現在	
je (j')	—rai	[re]	—rais	[rɛ]
tu	—ras	[rɑ]	—rais	[rɛ]
il	—ra	[ra]	—rait	[rɛ]
nous	—rons	[rɔ̃]	—rions	[rjɔ̃]
vous	—rez	[re]	—riez	[rje]
ils	—ront	[rɔ̃]	—raient	[rɛ]

	直説法単純過去					
je	—ai	[e]	—is	[i]	—us	[y]
tu	—as	[ɑ]	—is	[i]	—us	[y]
il	—a	[a]	—it	[i]	—ut	[y]
nous	—âmes	[am]	—îmes	[im]	—ûmes	[ym]
vous	—âtes	[at]	—îtes	[it]	—ûtes	[yt]
ils	—èrent	[ɛr]	—irent	[ir]	—urent	[yr]

過去分詞	
	—é [e], —i [i], —u [y], —s [無音], —t [無音]

①**直説法現在**の単数形は，第一群動詞では—e, —es, —e；他の動詞ではほとんど—s, —s, —t.
②直説法現在と接続法現在では，nous, vous の語幹が，他の人称の語幹と異なること(母音交替)がある.
③**命令法**は，直説法現在のtu，nous，vous をとった形.（ただし—es → e　vas → va)
④**接続法現在**は，多く直説法現在の３人称複数形から作られる．ils partent → je parte.
⑤**直説法半過去**と**現在分詞**は，直説法現在の１人称複数形から作られる.
⑥**直説法単純未来**と**条件法現在**は多く不定法から作られる．aimer → j'aimerai, finir → je finirai, rendre → je rendrai (-oir 型の語幹は不規則).

1. avoir	直　説　法		
	現　在	半　過　去	単　純　過　去
現在分詞	j' ai	j' avais	j' eus [y]
ayant	tu as	tu avais	tu eus
	il a	il avait	il eut
過去分詞	nous avons	nous avions	nous eûmes
eu [y]	vous avez	vous aviez	vous eûtes
	ils ont	ils avaient	ils eurent
命　令　法	複　合　過　去	大　過　去	前　過　去
	j' ai eu	j' avais eu	j' eus eu
aie	tu as eu	tu avais eu	tu eus eu
	il a eu	il avait eu	il eut eu
ayons	nous avons eu	nous avions eu	nous eûmes eu
ayez	vous avez eu	vous aviez eu	vous eûtes eu
	ils ont eu	ils avaient eu	ils eurent eu

2. être	直　説　法		
	現　在	半　過　去	単　純　過　去
現在分詞	je suis	j' étais	je fus
étant	tu es	tu étais	tu fus
	il est	il était	il fut
過去分詞	nous sommes	nous étions	nous fûmes
été	vous êtes	vous étiez	vous fûtes
	ils sont	ils étaient	ils furent
命　令　法	複　合　過　去	大　過　去	前　過　去
	j' ai été	j' avais été	j' eus été
sois	tu as été	tu avais été	tu eus été
	il a été	il avait été	il eut été
soyons	nous avons été	nous avions été	nous eûmes été
soyez	vous avez été	vous aviez été	vous eûtes été
	ils ont été	ils avaient été	ils eurent été

3. avoir aimé	直　説　法		
[複合時称]	複　合　過　去	大　過　去	前　過　去
分詞複合形	j' ai aimé	j' avais aimé	j' eus aimé
ayant aimé	tu as aimé	tu avais aimé	tu eus aimé
	il a aimé	il avait aimé	il eut aimé
命　令　法	elle a aimé	elle avait aimé	elle eut aimé
aie aimé	nous avons aimé	nous avions aimé	nous eûmes aimé
	vous avez aimé	vous aviez aimé	vous eûtes aimé
ayons aimé	ils ont aimé	ils avaient aimé	ils eurent aimé
ayez aimé	elles ont aimé	elles avaient aimé	elles eurent aimé

4. être allé(e)(s)	直　説　法		
[複合時称]	複　合　過　去	大　過　去	前　過　去
分詞複合形	je suis allé(e)	j' étais allé(e)	je fus allé(e)
étant allé(e)(s)	tu es allé(e)	tu étais allé(e)	tu fus allé(e)
	il est allé	il était allé	il fut allé
命　令　法	elle est allée	elle était allée	elle fut allée
sois allé(e)	nous sommes allé(e)s	nous étions allé(e)s	nous fûmes allé(e)s
	vous êtes allé(e)(s)	vous étiez allé(e)(s)	vous fûtes allé(e)(s)
soyons allé(e)s	ils sont allés	ils étaient allés	ils furent allés
soyez allé(e)(s)	elles sont allées	elles étaient allées	elles furent allées

	条 件 法	接 続 法	
単 純 未 来	現 在	現 在	半 過 去
j' aurai	j' aurais	j' aie	j' eusse
tu auras	tu aurais	tu aies	tu eusses
il aura	il aurait	il ait	il eût
nous aurons	nous aurions	nous ayons	nous eussions
vous aurez	vous auriez	vous ayez	vous eussiez
ils auront	ils auraient	ils aient	ils eussent
前 未 来	過 去	過 去	大 過 去
j' aurai eu	j' aurais eu	j' aie eu	j' eusse eu
tu auras eu	tu aurais eu	tu aies eu	tu eusses eu
il aura eu	il aurait eu	il ait eu	il eût eu
nous aurons eu	nous aurions eu	nous ayons eu	nous eussions eu
vous aurez eu	vous auriez eu	vous ayez eu	vous eussiez eu
ils auront eu	ils auraient eu	ils aient eu	ils eussent eu

	条 件 法	接 続 法	
単 純 未 来	現 在	現 在	半 過 去
je serai	je serais	je sois	je fusse
tu seras	tu serais	tu sois	tu fusses
il sera	il serait	il soit	il fût
nous serons	nous serions	nous soyons	nous fussions
vous serez	vous seriez	vous soyez	vous fussiez
ils seront	ils seraient	ils soient	ils fussent
前 未 来	過 去	過 去	大 過 去
j' aurai été	j' aurais été	j' aie été	j' eusse été
tu auras été	tu aurais été	tu aies été	tu eusses été
il aura été	il aurait été	il ait été	il eût été
nous aurons été	nous aurions été	nous ayons été	nous eussions été
vous aurez été	vous auriez été	vous ayez été	vous eussiez été
ils auront été	ils auraient été	ils aient été	ils eussent été

	条 件 法	接 続 法	
前 未 来	過 去	過 去	大 過 去
j' aurai aimé	j' aurais aimé	j' aie aimé	j' eusse aimé
tu auras aimé	tu aurais aimé	tu aies aimé	tu eusses aimé
il aura aimé	il aurait aimé	il ait aimé	il eût aimé
elle aura aimé	elle aurait aimé	elle ait aimé	elle eût aimé
nous aurons aimé	nous aurions aimé	nous ayons aimé	nous eussions aimé
vous aurez aimé	vous auriez aimé	vous ayez aimé	vous eussiez aimé
ils auront aimé	ils auraient aimé	ils aient aimé	ils eussent aimé
elles auront aimé	elles auraient aimé	elles aient aimé	elles eussent aimé

	条 件 法	接 続 法	
前 未 来	過 去	過 去	大 過 去
je serai allé(e)	je serais allé(e)	je sois allé(e)	je fusse allé(e)
tu seras allé(e)	tu serais allé(e)	tu sois allé(e)	tu fusses allé(e)
il sera allé	il serait allé	il soit allé	il fût allé
elle sera allée	elle serait allée	elle soit allée	elle fût allée
nous serons allé(e)s	nous serions allé(e)s	nous soyons allé(e)s	nous fussions allé(e)s
vous serez allé(e)(s)	vous seriez allé(e)(s)	vous soyez allé(e)(s)	vous fussiez allé(e)(s)
ils seront allés	ils seraient allés	ils soient allés	ils fussent allés
elles seront allées	elles seraient allées	elles soient allées	elles fussent allées

5. être aimé(e)(s) ［受動態］

直説法							接続法			
現在			複合過去				現在			
je	suis	aimé(e)	j'	ai	été	aimé(e)	je	sois		aimé(e)
tu	es	aimé(e)	tu	as	été	aimé(e)	tu	sois		aimé(e)
il	est	aimé	il	a	été	aimé	il	soit		aimé
elle	est	aimée	elle	a	été	aimée	elle	soit		aimée
nous	sommes	aimé(e)s	nous	avons	été	aimé(e)s	nous	soyons		aimé(e)s
vous	êtes	aimé(e)(s)	vous	avez	été	aimé(e)(s)	vous	soyez		aimé(e)(s)
ils	sont	aimés	ils	ont	été	aimés	ils	soient		aimés
elles	sont	aimées	elles	ont	été	aimées	elles	soient		aimées
半過去			大過去				過去			
j'	étais	aimé(e)	j'	avais	été	aimé(e)	j'	aie	été	aimé(e)
tu	étais	aimé(e)	tu	avais	été	aimé(e)	tu	aies	été	aimé(e)
il	était	aimé	il	avait	été	aimé	il	ait	été	aimé
elle	était	aimée	elle	avait	été	aimée	elle	ait	été	aimée
nous	étions	aimé(e)s	nous	avions	été	aimé(e)s	nous	ayons	été	aimé(e)s
vous	étiez	aimé(e)(s)	vous	aviez	été	aimé(e)(s)	vous	ayez	été	aimé(e)(s)
ils	étaient	aimés	ils	avaient	été	aimés	ils	aient	été	aimés
elles	étaient	aimées	elles	avaient	été	aimées	elles	aient	été	aimées
単純過去			前過去				半過去			
je	fus	aimé(e)	j'	eus	été	aimé(e)	je	fusse		aimé(e)
tu	fus	aimé(e)	tu	eus	été	aimé(e)	tu	fusses		aimé(e)
il	fut	aimé	il	eut	été	aimé	il	fût		aimé
elle	fut	aimée	elle	eut	été	aimée	elle	fût		aimée
nous	fûmes	aimé(e)s	nous	eûmes	été	aimé(e)s	nous	fussions		aimé(e)s
vous	fûtes	aimé(e)(s)	vous	eûtes	été	aimé(e)(s)	vous	fussiez		aimé(e)(s)
ils	furent	aimés	ils	eurent	été	aimés	ils	fussent		aimés
elles	furent	aimées	elles	eurent	été	aimées	elles	fussent		aimées
単純未来			前未来				大過去			
je	serai	aimé(e)	j'	aurai	été	aimé(e)	j'	eusse	été	aimé(e)
tu	seras	aimé(e)	tu	auras	été	aimé(e)	tu	eusses	été	aimé(e)
il	sera	aimé	il	aura	été	aimé	il	eût	été	aimé
elle	sera	aimée	elle	aura	été	aimée	elle	eût	été	aimée
nous	serons	aimé(e)s	nous	aurons	été	aimé(e)s	nous	eussions	été	aimé(e)s
vous	serez	aimé(e)(s)	vous	aurez	été	aimé(e)(s)	vous	eussiez	été	aimé(e)(s)
ils	seront	aimés	ils	auront	été	aimés	ils	eussent	été	aimés
elles	seront	aimées	elles	auront	été	aimées	elles	eussent	été	aimées

条件法							現在分詞	
現在			過去				étant aimé(e)(s)	
je	serais	aimé(e)	j'	aurais	été	aimé(e)		
tu	serais	aimé(e)	tu	aurais	été	aimé(e)	過去分詞	
il	serait	aimé	il	aurait	été	aimé	été aimé(e)(s)	
elle	serait	aimée	elle	aurait	été	aimée		
nous	serions	aimé(e)s	nous	aurions	été	aimé(e)s	命令法	
vous	seriez	aimé(e)(s)	vous	auriez	été	aimé(e)(s)	sois	aimé(e)s
ils	seraient	aimés	ils	auraient	été	aimés	soyons	aimé(e)s
elles	seraient	aimées	elles	auraient	été	aimées	soyez	aimé(e)(s)

6. se lever ［代名動詞］

直説法							接続法			
現在			複合過去				現在			
je	me	lève	je	me	suis	levé(e)	je	me	lève	
tu	te	lèves	tu	t'	es	levé(e)	tu	te	lèves	
il	se	lève	il	s'	est	levé	il	se	lève	
elle	se	lève	elle	s'	est	levée	elle	se	lève	
nous	nous	levons	nous	nous	sommes	levé(e)s	nous	nous	levions	
vous	vous	levez	vous	vous	êtes	levé(e)(s)	vous	vous	leviez	
ils	se	lèvent	ils	se	sont	levés	ils	se	lèvent	
elles	se	lèvent	elles	se	sont	levées	elles	se	lèvent	
半過去			大過去				過去			
je	me	levais	je	m'	étais	levé(e)	je	me	sois	levé(e)
tu	te	levais	tu	t'	étais	levé(e)	tu	te	sois	levé(e)
il	se	levait	il	s'	était	levé	il	se	soit	levé
elle	se	levait	elle	s'	était	levée	elle	se	soit	levée
nous	nous	levions	nous	nous	étions	levé(e)s	nous	nous	soyons	levé(e)s
vous	vous	leviez	vous	vous	étiez	levé(e)(s)	vous	vous	soyez	levé(e)(s)
ils	se	levaient	ils	s'	étaient	levés	ils	se	soient	levés
elles	se	levaient	elles	s'	étaient	levées	elles	se	soient	levées
単純過去			前過去				半過去			
je	me	levai	je	me	fus	levé(e)	je	me	levasse	
tu	te	levas	tu	te	fus	levé(e)	tu	te	levasses	
il	se	leva	il	se	fut	levé	il	se	levât	
elle	se	leva	elle	se	fut	levée	elle	se	levât	
nous	nous	levâmes	nous	nous	fûmes	levé(e)s	nous	nous	levassions	
vous	vous	levâtes	vous	vous	fûtes	levé(e)(s)	vous	vous	levassiez	
ils	se	levèrent	ils	se	furent	levés	ils	se	levassent	
elles	se	levèrent	elles	se	furent	levées	elles	se	levassent	
単純未来			前未来				大過去			
je	me	lèverai	je	me	serai	levé(e)	je	me	fusse	levé(e)
tu	te	lèveras	tu	te	seras	levé(e)	tu	te	fusses	levé(e)
il	se	lèvera	il	se	sera	levé	il	se	fût	levé
elle	se	lèvera	elle	se	sera	levée	elle	se	fût	levée
nous	nous	lèverons	nous	nous	serons	levé(e)s	nous	nous	fussions	levé(e)s
vous	vous	lèverez	vous	vous	serez	levé(e)(s)	vous	vous	fussiez	levé(e)(s)
ils	se	lèveront	ils	se	seront	levés	ils	se	fussent	levés
elles	se	lèveront	elles	se	seront	levées	elles	se	fussent	levées

条件法							現在分詞
現在			過去				
je	me	lèverais	je	me	serais	levé(e)	se levant
tu	te	lèverais	tu	te	serais	levé(e)	
il	se	lèverait	il	se	serait	levé	
elle	se	lèverait	elle	se	serait	levée	命令法
nous	nous	lèverions	nous	nous	serions	levé(e)s	
vous	vous	lèveriez	vous	vous	seriez	levé(e)(s)	lève-toi
ils	se	lèveraient	ils	se	seraient	levés	levons-nous
elles	se	lèveraient	elles	se	seraient	levées	levez-vous

◇ se が間接補語のとき過去分詞は性・数の変化をしない.

不 定 法 現在分詞 過去分詞	直 説 法			
	現 在	半過去	単純過去	単純未来
7. aimer	j' aime	j' aimais	j' aimai	j' aimerai
	tu aimes	tu aimais	tu aimas	tu aimeras
aimant	il aime	il aimait	il aima	il aimera
aimé	n. aimons	n. aimions	n. aimâmes	n. aimerons
	v. aimez	v. aimiez	v. aimâtes	v. aimerez
	ils aiment	ils aimaient	ils aimèrent	ils aimeront
8. commencer	je commence	je commençais	je commençai	je commencerai
	tu commences	tu commençais	tu commenças	tu commenceras
commençant	il commence	il commençait	il commença	il commencera
commencé	n. commençons	n. commencions	n. commençâmes	n. commencerons
	v. commencez	v. commenciez	v. commençâtes	v. commencerez
	ils commencent	ils commençaient	ils commencèrent	ils commenceront
9. manger	je mange	je mangeais	je mangeai	je mangerai
	tu manges	tu mangeais	tu mangeas	tu mangeras
mangeant	il mange	il mangeait	il mangea	il mangera
mangé	n. mangeons	n. mangions	n. mangeâmes	n. mangerons
	v. mangez	v. mangiez	v. mangeâtes	v. mangerez
	ils mangent	ils mangeaient	ils mangèrent	ils mangeront
10. acheter	j' achète	j' achetais	j' achetai	j' achèterai
	tu achètes	tu achetais	tu achetas	tu achèteras
achetant	il achète	il achetait	il acheta	il achètera
acheté	n. achetons	n. achetions	n. achetâmes	n. achèterons
	v. achetez	v. achetiez	v. achetâtes	v. achèterez
	ils achètent	ils achetaient	ils achetèrent	ils achèteront
11. appeler	j' appelle	j' appelais	j' appelai	j' appellerai
	tu appelles	tu appelais	tu appelas	tu appelleras
appelant	il appelle	il appelait	il appela	il appellera
appelé	n. appelons	n. appelions	n. appelâmes	n. appellerons
	v. appelez	v. appeliez	v. appelâtes	v. appellerez
	ils appellent	ils appelaient	ils appelèrent	ils appelleront
12. préférer	je préfère	je préférais	je préférai	je préférerai
	tu préfères	tu préférais	tu préféras	tu préféreras
préférant	il préfère	il préférait	il préféra	il préférera
préféré	n. préférons	n. préférions	n. préférâmes	n. préférerons
	v. préférez	v. préfériez	v. préférâtes	v. préférerez
	ils préfèrent	ils préféraient	ils préférèrent	ils préféreront
13. employer	j' emploie	j' employais	j' employai	j' emploierai
	tu emploies	tu employais	tu employas	tu emploieras
employant	il emploie	il employait	il employa	il emploiera
employé	n. employons	n. employions	n. employâmes	n. emploierons
	v. employez	v. employiez	v. employâtes	v. emploierez
	ils emploient	ils employaient	ils employèrent	ils emploieront

条件法	接続法		命令法	同型
現在	現在	半過去		
j' aimerais tu aimerais il aimerait n. aimerions v. aimeriez ils aimeraient	j' aime tu aimes il aime n. aimions v. aimiez ils aiment	j' aimasse tu aimasses il aimât n. aimassions v. aimassiez ils aimassent	aime aimons aimez	注 語尾 -er の動詞（除：aller, envoyer）を**第一群規則動詞**ともいう.
je commencerais tu commencerais il commencerait n. commencerions v. commenceriez ils commenceraient	je commence tu commences il commence n. commencions v. commenciez ils commencent	je commençasse tu commençasses il commençât n. commençassions v. commençassiez ils commençassent	commence commençons commencez	**avancer** **effacer** **forcer** **lancer** **placer** **prononcer** **remplacer** **renoncer**
je mangerais tu mangerais il mangerait n. mangerions v. mangeriez ils mangeraient	je mange tu manges il mange n. mangions v. mangiez ils mangent	je mangeasse tu mangeasses il mangeât n. mangeassions v. mangeassiez ils mangeassent	mange mangeons mangez	**arranger** **changer** **charger** **déranger** **engager** **manger** **obliger** **voyager**
j' achèterais tu achèterais il achèterait n. achèterions v. achèteriez ils achèteraient	j' achète tu achètes il achète n. achetions v. achetiez ils achètent	j' achetasse tu achetasses il achetât n. achetassions v. achetassiez ils achetassent	achète achetons achetez	**achever** **amener** **enlever** **lever** **mener** **peser** **(se) promener**
j' appellerais tu appellerais il appellerait n. appellerions v. appelleriez ils appelleraient	j' appelle tu appelles il appelle n. appelions v. appeliez ils appellent	j' appelasse tu appelasses il appelât n. appelassions v. appelassiez ils appelassent	appelle appelons appelez	**jeter** **rappeler** **rejeter** **renouveler**
je préférerais tu préférerais il préférerait n. préférerions v. préféreriez ils préféreraient	je préfère tu préfères il préfère n. préférions v. préfériez ils préfèrent	je préférasse tu préférasses il préférât n. préférassions v. préférassiez ils préférassent	préfère préférons préférez	**considérer** **désespérer** **espérer** **inquiéter** **pénétrer** **posséder** **répéter** **sécher**
j' emploierais tu emploierais il emploierait n. emploierions v. emploieriez ils emploieraient	j' emploie tu emploies il emploie n. employions v. employiez ils emploient	j' employasse tu employasses il employât n. employassions v. employassiez ils employassent	emploie employons employez	**-oyer**（除：**envoyer**） **-uyer** **appuyer** **ennuyer** **essuyer** **nettoyer**

不 定 法 現在分詞 過去分詞	直 説 法			
	現 在	半過去	単純過去	単純未来
14. payer *payant* *payé*	je paye (paie) tu payes (paies) il paye (paie) n. payons v. payez ils payent (paient)	je payais tu payais il payait n. payions v. payiez ils payaient	je payai tu payas il paya n. payâmes v. payâtes ils payèrent	je payerai (paierai) tu payeras (*etc*. . . .) il payera n. payerons v. payerez ils payeront
15. envoyer *envoyant* *envoyé*	j' envoie tu envoies il envoie n. envoyons v. envoyez ils envoient	j' envoyais tu envoyais il envoyait n. envoyions v. envoyiez ils envoyaient	j' envoyai tu envoyas il envoya n. envoyâmes v. envoyâtes ils envoyèrent	j' **enverrai** tu **enverras** il **enverra** n. **enverrons** v. **enverrez** ils **enverront**
16. aller *allant* *allé*	je **vais** tu **vas** il **va** n. allons v. allez ils **vont**	j' allais tu allais il allait n. allions v. alliez ils allaient	j' allai tu allas il alla n. allâmes v. allâtes ils allèrent	j' **irai** tu **iras** il **ira** n. **irons** v. **irez** ils **iront**
17. finir *finissant* *fini*	je finis tu finis il finit n. finissons v. finissez ils finissent	je finissais tu finissais il finissait n. finissions v. finissiez ils finissaient	je finis tu finis il finit n. finîmes v. finîtes ils finirent	je finirai tu finiras il finira n. finirons v. finirez ils finiront
18. partir *partant* *parti*	je pars tu pars il part n. partons v. partez ils partent	je partais tu partais il partait n. partions v. partiez ils partaient	je partis tu partis il partit n. partîmes v. partîtes ils partirent	je partirai tu partiras il partira n. partirons v. partirez ils partiront
19. sentir *sentant* *senti*	je sens tu sens il sent n. sentons v. sentez ils sentent	je sentais tu sentais il sentait n. sentions v. sentiez ils sentaient	je sentis tu sentis il sentit n. sentîmes v. sentîtes ils sentirent	je sentirai tu sentiras il sentira n. sentirons v. sentirez ils sentiront
20. tenir *tenant* *tenu*	je tiens tu tiens il tient n. tenons v. tenez ils tiennent	je tenais tu tenais il tenait n. tenions v. teniez ils tenaient	je tins tu tins il tint n. tînmes v. tîntes ils tinrent	je **tiendrai** tu **tiendras** il **tiendra** n. **tiendrons** v. **tiendrez** ils **tiendront**

条件法	接続法		命令法	同型
現在	現在	半過去		
je payerais (paierais) tu payerais (*etc.*. . .) il payerait n. payerions v. payeriez ils payeraient	je paye (paie) tu payes (paies) il paye (paie) n. payions v. payiez ils payent (paient)	je payasse tu payasses il payât n. payassions v. payassiez ils payassent	 paie (paye) payons payez	［発音］ je paye [ʒəpɛj], je paie ［ʒəpɛ］; je payerai [ʒəpɛjre], je paierai ［ʒəpɛre］.
j' enverrais tu enverrais il enverrait n. enverrions v. enverriez ils enverraient	j' envoie tu envoies il envoie n. envoyions v. envoyiez ils envoient	j' envoyasse tu envoyasses il envoyât n. envoyassions v. envoyassiez ils envoyassent	 envoie envoyons envoyez	注 未来, 条·現を除いては, **13** と同じ. **renvoyer**
j' irais tu irais il irait n. irions v. iriez ils iraient	j' **aille** tu **ailles** il **aille** n. allions v. alliez ils **aillent**	j' allasse tu allasses il allât n. allassions v. allassiez ils allassent	 **va** allons allez	注 yがつくとき命令法·現在は vas : vas-y. 直·現·3人称複数に ont の語尾をもつものは他に ont (avoir), sont (être), font (faire) のみ.
je finirais tu finirais il finirait n. finirions v. finiriez ils finiraient	je finisse tu finisses il finisse n. finissions v. finissiez ils finissent	je finisse tu finisses il finît n. finissions v. finissiez ils finissent	 finis finissons finissez	注 finir 型の動詞を第2群規則動詞という.
je partirais tu partirais il partirait n. partirions v. partiriez ils partiraient	je parte tu partes il parte n. partions v. partiez ils partent	je partisse tu partisses il partît n. partissions v. partissiez ils partissent	 pars partons partez	注 助動詞は être. **sortir**
je sentirais tu sentirais il sentirait n. sentirions v. sentiriez ils sentiraient	je sente tu sentes il sente n. sentions v. sentiez ils sentent	je sentisse tu sentisses il sentît n. sentissions v. sentissiez ils sentissent	 sens sentons sentez	注 **18**と助動詞を除けば同型.
je tiendrais tu tiendrais il tiendrait n. tiendrions v. tiendriez ils tiendraient	je tienne tu tiennes il tienne n. tenions v. teniez ils tiennent	je tinsse tu tinsses il tînt n. tinssions v. tinssiez ils tinssent	 tiens tenons tenez	注 **venir 21** と同型, ただし, 助動詞は avoir.

不 定 法 現在分詞 過去分詞	直 説 法			
	現 在	半過去	単純過去	単純未来
21. venir *venant* *venu*	je viens tu viens il vient n. venons v. venez ils viennent	je venais tu venais il venait n. venions v. veniez ils venaient	je vins tu vins il vint n. vînmes v. vîntes ils vinrent	je **viendrai** tu **viendras** il **viendra** n. **viendrons** v. **viendrez** ils **viendront**
22. accueillir *accueillant* *accueilli*	j' **accueille** tu **accueilles** il **accueille** n. accueillons v. accueillez ils accueillent	j' accueillais tu accueillais il accueillait n. accueillions v. accueilliez ils accueillaient	j' accueillis tu accueillis il accueillit n. accueillîmes v. accueillîtes ils accueillirent	j' **accueillerai** tu **accueilleras** il **accueillera** n. **accueillerons** v. **accueillerez** ils **accueilleront**
23. ouvrir *ouvrant* *ouvert*	j' **ouvre** tu **ouvres** il **ouvre** n. ouvrons v. ouvrez ils ouvrent	j' ouvrais tu ouvrais il ouvrait n. ouvrions v. ouvriez ils ouvraient	j' ouvris tu ouvris il ouvrit n. ouvrîmes v. ouvrîtes ils ouvrirent	j' ouvrirai tu ouvriras il ouvrira n. ouvrirons v. ouvrirez ils ouvriront
24. courir *courant* *couru*	je cours tu cours il court n. courons v. courez ils courent	je courais tu courais il courait n. courions v. couriez ils couraient	je courus tu courus il courut n. courûmes v. courûtes ils coururent	je **courrai** tu **courras** il **courra** n. **courrons** v. **courrez** ils **courront**
25. mourir *mourant* *mort*	je meurs tu meurs il meurt n. mourons v. mourez ils meurent	je mourais tu mourais il mourait n. mourions v. mouriez ils mouraient	je mourus tu mourus il mourut n. mourûmes v. mourûtes ils moururent	je **mourrai** tu **mourras** il **mourra** n. **mourrons** v. **mourrez** ils **mourront**
26. acquérir *acquérant* *acquis*	j' acquiers tu acquiers il acquiert n. acquérons v. acquérez ils acquièrent	j' acquérais tu acquérais il acquérait n. acquérions v. acquériez ils acquéraient	j' acquis tu acquis il acquit n. acquîmes v. acquîtes ils acquirent	j' **acquerrai** tu **acquerras** il **acquerra** n. **acquerrons** v. **acquerrez** ils **acquerront**
27. fuir *fuyant* *fui*	je fuis tu fuis il fuit n. fuyons v. fuyez ils fuient	je fuyais tu fuyais il fuyait n. fuyions v. fuyiez ils fuyaient	je fuis tu fuis il fuit n. fuîmes v. fuîtes ils fuirent	je fuirai tu fuiras il fuira n. fuirons v. fuirez ils fuiront

条件法	接続法		命令法	同型
現在	現在	半過去		
je viendrais	je vienne	je vinsse		[注]助動詞は être.
tu viendrais	tu viennes	tu vinsses	viens	**devenir**
il viendrait	il vienne	il vînt		**intervenir**
n. viendrions	n. venions	n. vinssions	venons	**prévenir**
v. viendriez	v. veniez	v. vinssiez	venez	**revenir**
ils viendraient	ils viennent	ils vinssent		**(se) souvenir**
j' accueillerais	j' accueille	j' accueillisse		**cueillir**
tu accueillerais	tu accueilles	tu accueillisses	**accueille**	
il accueillerait	il accueille	il accueillît		
n. accueillerions	n. accueillions	n. accueillissions	accueillons	
v. accueilleriez	v. accueilliez	v. accueillissiez	accueillez	
ils accueilleraient	ils accueillent	ils accueillissent		
j' ouvrirais	j' ouvre	j' ouvrisse		**couvrir**
tu ouvrirais	tu ouvres	tu ouvrisses	**ouvre**	**découvrir**
il ouvrirait	il ouvre	il ouvrît		**offrir**
n. ouvririons	n. ouvrions	n. ouvrissions	ouvrons	**souffrir**
v. ouvririez	v. ouvriez	v. ouvrissiez	ouvrez	
ils ouvriraient	ils ouvrent	ils ouvrissent		
je courrais	je coure	je courusse		**accourir**
tu courrais	tu coures	tu courusses	cours	
il courrait	il coure	il courût		
n. courrions	n. courions	n. courussions	courons	
v. courriez	v. couriez	v. courussiez	courez	
ils courraient	ils courent	ils courussent		
je mourrais	je meure	je mourusse		[注]助動詞は être.
tu mourrais	tu meures	tu mourusses	meurs	
il mourrait	il meure	il mourût		
n. mourrions	n. mourions	n. mourussions	mourons	
v. mourriez	v. mouriez	v. mourussiez	mourez	
ils mourraient	ils meurent	ils mourussent		
j' acquerrais	j' acquière	j' acquisse		**conquérir**
tu acquerrais	tu acquières	tu acquisses	acquiers	
il acquerrait	il acquière	il acquît		
n. acquerrions	n. acquérions	n. acquissions	acquérons	
v. acquerriez	v. acquériez	v. acquissiez	acquérez	
ils acquerraient	ils acquièrent	ils acquissent		
je fuirais	je fuie	je fuisse		**s'enfuir**
tu fuirais	tu fuies	tu fuisses	fuis	
il fuirait	il fuie	il fuît		
n. fuirions	n. fuyions	n. fuissions	fuyons	
v. fuiriez	v. fuyiez	v. fuissiez	fuyez	
ils fuiraient	ils fuient	ils fuissent		

不定法 現在分詞 過去分詞	直説法			
	現在	半過去	単純過去	単純未来
28. rendre	je rends	je rendais	je rendis	je rendrai
	tu rends	tu rendais	tu rendis	tu rendras
rendant	il **rend**	il rendait	il rendit	il rendra
rendu	n. rendons	n. rendions	n. rendîmes	n. rendrons
	v. rendez	v. rendiez	v. rendîtes	v. rendrez
	ils rendent	ils rendaient	ils rendirent	ils rendront
29. prendre	je prends	je prenais	je pris	je prendrai
	tu prends	tu prenais	tu pris	tu prendras
prenant	il **prend**	il prenait	il prit	il prendra
pris	n. prenons	n. prenions	n. prîmes	n. prendrons
	v. prenez	v. preniez	v. prîtes	v. prendrez
	ils prennent	ils prenaient	ils prirent	ils prendront
30. craindre	je crains	je craignais	je craignis	je craindrai
	tu crains	tu craignais	tu craignis	tu craindras
craignant	il craint	il craignait	il craignit	il craindra
craint	n. craignons	n. craignions	n. craignîmes	n. craindrons
	v. craignez	v. craigniez	v. craignîtes	v. craindrez
	ils craignent	ils craignaient	ils craignirent	ils craindront
31. faire	je fais	je faisais	je fis	je **ferai**
	tu fais	tu faisais	tu fis	tu **feras**
faisant	il fait	il faisait	il fit	il **fera**
fait	n. faisons	n. faisions	n. fîmes	n. **ferons**
	v. **faites**	v. faisiez	v. fîtes	v. **ferez**
	ils **font**	ils faisaient	ils firent	ils **feront**
32. dire	je dis	je disais	je dis	je dirai
	tu dis	tu disais	tu dis	tu diras
disant	il dit	il disait	il dit	il dira
dit	n. disons	n. disions	n. dîmes	n. dirons
	v. **dites**	v. disiez	v. dîtes	v. direz
	ils disent	ils disaient	ils dirent	ils diront
33. lire	je lis	je lisais	je lus	je lirai
	tu lis	tu lisais	tu lus	tu liras
lisant	il lit	il lisait	il lut	il lira
lu	n. lisons	n. lisions	n. lûmes	n. lirons
	v. lisez	v. lisiez	v. lûtes	v. lirez
	ils lisent	ils lisaient	ils lurent	ils liront
34. suffire	je suffis	je suffisais	je suffis	je suffirai
	tu suffis	tu suffisais	tu suffis	tu suffiras
suffisant	il suffit	il suffisait	il suffit	il suffira
suffi	n. suffisons	n. suffisions	n. suffîmes	n. suffirons
	v. suffisez	v. suffisiez	v. suffîtes	v. suffirez
	ils suffisent	ils suffisaient	ils suffirent	ils suffiront

条件法	接続法		命令法	同型
現在	現在	半過去		
je rendrais tu rendrais il rendrait n. rendrions v. rendriez ils rendraient	je rende tu rendes il rende n. rendions v. rendiez ils rendent	je rendisse tu rendisses il rendît n. rendissions v. rendissiez ils rendissent	rends rendons rendez	**attendre** **descendre** **entendre** **pendre** **perdre** **répandre** **répondre** **vendre**
je prendrais tu prendrais il prendrait n. prendrions v. prendriez ils prendraient	je prenne tu prennes il prenne n. prenions v. preniez ils prennent	je prisse tu prisses il prît n. prissions v. prissiez ils prissent	prends prenons prenez	**apprendre** **comprendre** **entreprendre** **reprendre** **surprendre**
je craindrais tu craindrais il craindrait n. craindrions v. craindriez ils craindraient	je craigne tu craignes il craigne n. craignions v. craigniez ils craignent	je craignisse tu craignisses il craignît n. craignissions v. craignissiez ils craignissent	crains craignons craignez	**atteindre** **éteindre** **joindre** **peindre** **plaindre**
je ferais tu ferais il ferait n. ferions v. feriez ils feraient	je **fasse** tu **fasses** il **fasse** n. **fassions** v. **fassiez** ils **fassent**	je fisse tu fisses il fît n. fissions v. fissiez ils fissent	fais faisons **faites**	**défaire** **refaire** **satisfaire** [注] fais-[f(ə)z-]
je dirais tu dirais il dirait n. dirions v. diriez ils diraient	je dise tu dises il dise n. disions v. disiez ils disent	je disse tu disses il dît n. dissions v. dissiez ils dissent	dis disons **dites**	**redire**
je lirais tu lirais il lirait n. lirions v. liriez ils liraient	je lise tu lises il lise n. lisions v. lisiez ils lisent	je lusse tu lusses il lût n. lussions v. lussiez ils lussent	lis lisons lisez	**relire** **élire**
je suffirais tu suffirais il suffirait n. suffirions v. suffiriez ils suffiraient	je suffise tu suffises il suffise n. suffisions v. suffisiez ils suffisent	je suffisse tu suffisses il suffît n. suffissions v. suffissiez ils suffissent	suffis suffisons suffisez	

不定法 現在分詞 過去分詞	直説法			
	現在	半過去	単純過去	単純未来
35. conduire *conduisant* *conduit*	je conduis tu conduis il conduit n. conduisons v. conduisez ils conduisent	je conduisais tu conduisais il conduisait n. conduisions v. conduisiez ils conduisaient	je conduisis tu conduisis il conduisit n. conduisîmes v. conduisîtes ils conduisirent	je conduirai tu conduiras il conduira n. conduirons v. conduirez ils conduiront
36. plaire *plaisant* *plu*	je plais tu plais il **plaît** n. plaisons v. plaisez ils plaisent	je plaisais tu plaisais il plaisait n. plaisions v. plaisiez ils plaisaient	je plus tu plus il plut n. plûmes v. plûtes ils plurent	je plairai tu plairas il plaira n. plairons v. plairez ils plairont
37. coudre *cousant* *cousu*	je couds tu couds il coud n. cousons v. cousez ils cousent	je cousais tu cousais il cousait n. cousions v. cousiez ils cousaient	je cousis tu cousis il cousit n. cousîmes v. cousîtes ils cousirent	je coudrai tu coudras il coudra n. coudrons v. coudrez ils coudront
38. suivre *suivant* *suivi*	je suis tu suis il suit n. suivons v. suivez ils suivent	je suivais tu suivais il suivait n. suivions v. suiviez ils suivaient	je suivis tu suivis il suivit n. suivîmes v. suivîtes ils suivirent	je suivrai tu suivras il suivra n. suivrons v. suivrez ils suivront
39. vivre *vivant* *vécu*	je vis tu vis il vit n. vivons v. vivez ils vivent	je vivais tu vivais il vivait n. vivions v. viviez ils vivaient	je vécus tu vécus il vécut n. vécûmes v. vécûtes ils vécurent	je vivrai tu vivras il vivra n. vivrons v. vivrez ils vivront
40. écrire *écrivant* *écrit*	j' écris tu écris il écrit n. écrivons v. écrivez ils écrivent	j' écrivais tu écrivais il écrivait n. écrivions v. écriviez ils écrivaient	j' écrivis tu écrivis il écrivit n. écrivîmes v. écrivîtes ils écrivirent	j' écrirai tu écriras il écrira n. écrirons v. écrirez ils écriront
41. boire *buvant* *bu*	je bois tu bois il boit n. buvons v. buvez ils boivent	je buvais tu buvais il buvait n. buvions v. buviez ils buvaient	je bus tu bus il but n. bûmes v. bûtes ils burent	je boirai tu boiras il boira n. boirons v. boirez ils boiront

条件法	接続法		命令法	同型
現在	現在	半過去		
je conduirais	je conduise	je conduisisse		**construire** **cuire** **détruire** **instruire** **introduire** **produire** **traduire**
tu conduirais	tu conduises	tu conduisisses	conduis	
il conduirait	il conduise	il conduisît		
n. conduirions	n. conduisions	n. conduisissions	conduisons	
v. conduiriez	v. conduisiez	v. conduisissiez	conduisez	
ils conduiraient	ils conduisent	ils conduisissent		
je plairais	je plaise	je plusse		**déplaire** **(se) taire** (ただし il se tait)
tu plairais	tu plaises	tu plusses	plais	
il plairait	il plaise	il plût		
n. plairions	n. plaisions	n. plussions	plaisons	
v. plairiez	v. plaisiez	v. plussiez	plaisez	
ils plairaient	ils plaisent	ils plussent		
je coudrais	je couse	je cousisse		
tu coudrais	tu couses	tu cousisses	couds	
il coudrait	il couse	il cousît		
n. coudrions	n. cousions	n. cousissions	cousons	
v. coudriez	v. cousiez	v. cousissiez	cousez	
ils coudraient	ils cousent	ils cousissent		
je suivrais	je suive	je suivisse		**poursuivre**
tu suivrais	tu suives	tu suivisses	suis	
il suivrait	il suive	il suivît		
n. suivrions	n. suivions	n. suivissions	suivons	
v. suivriez	v. suiviez	v. suivissiez	suivez	
ils suivraient	ils suivent	ils suivissent		
je vivrais	je vive	je vécusse		
tu vivrais	tu vives	tu vécusses	vis	
il vivrait	il vive	il vécût		
n. vivrions	n. vivions	n. vécussions	vivons	
v. vivriez	v. viviez	v. vécussiez	vivez	
ils vivraient	ils vivent	ils vécussent		
j' écrirais	j' écrive	j' écrivisse		**décrire** **inscrire**
tu écrirais	tu écrives	tu écrivisses	écris	
il écrirait	il écrive	il écrivît		
n. écririons	n. écrivions	n. écrivissions	écrivons	
v. écririez	v. écriviez	v. écrivissiez	écrivez	
ils écriraient	ils écrivent	ils écrivissent		
je boirais	je boive	je busse		
tu boirais	tu boives	tu busses	bois	
il boirait	il boive	il bût		
n. boirions	n. buvions	n. bussions	buvons	
v. boiriez	v. buviez	v. bussiez	buvez	
ils boiraient	ils boivent	ils bussent		

不定法 現在分詞 過去分詞	直説法			
	現在	半過去	単純過去	単純未来
42. résoudre	je résous	je résolvais	je résolus	je résoudrai
	tu résous	tu résolvais	tu résolus	tu résoudras
résolvant	il résout	il résolvait	il résolut	il résoudra
résolu	n. résolvons	n. résolvions	n. résolûmes	n. résoudrons
	v. résolvez	v. résolviez	v. résolûtes	v. résoudrez
	ils résolvent	ils résolvaient	ils résolurent	ils résoudront
43. connaître	je connais	je connaissais	je connus	je connaîtrai
	tu connais	tu connaissais	tu connus	tu connaîtras
connaissant	il **connaît**	il connaissait	il connut	il connaîtra
connu	n. connaissons	n. connaissions	n. connûmes	n. connaîtrons
	v. connaissez	v. connaissiez	v. connûtes	v. connaîtrez
	ils connaissent	ils connaissaient	ils connurent	ils connaîtront
44. naître	je nais	je naissais	je naquis	je naîtrai
	tu nais	tu naissais	tu naquis	tu naîtras
naissant	il **naît**	il naissait	il naquit	il naîtra
né	n. naissons	n. naissions	n. naquîmes	n. naîtrons
	v. naissez	v. naissiez	v. naquîtes	v. naîtrez
	ils naissent	ils naissaient	ils naquirent	ils naîtront
45. croire	je crois	je croyais	je crus	je croirai
	tu crois	tu croyais	tu crus	tu croiras
croyant	il croit	il croyait	il crut	il croira
cru	n. croyons	n. croyions	n. crûmes	n. croirons
	v. croyez	v. croyiez	v. crûtes	v. croirez
	ils croient	ils croyaient	ils crurent	ils croiront
46. battre	je bats	je battais	je battis	je battrai
	tu bats	tu battais	tu battis	tu battras
battant	il **bat**	il battait	il battit	il battra
battu	n. battons	n. battions	n. battîmes	n. battrons
	v. battez	v. battiez	v. battîtes	v. battrez
	ils battent	ils battaient	ils battirent	ils battront
47. mettre	je mets	je mettais	je mis	je mettrai
	tu mets	tu mettais	tu mis	tu mettras
mettant	il **met**	il mettait	il mit	il mettra
mis	n. mettons	n. mettions	n. mîmes	n. mettrons
	v. mettez	v. mettiez	v. mîtes	v. mettrez
	ils mettent	ils mettaient	ils mirent	ils mettront
48. rire	je ris	je riais	je ris	je rirai
	tu ris	tu riais	tu ris	tu riras
riant	il rit	il riait	il rit	il rira
ri	n. rions	n. riions	n. rîmes	n. rirons
	v. riez	v. riiez	v. rîtes	v. rirez
	ils rient	ils riaient	ils rirent	ils riront

条件法	接続法		命令法	同型
現在	現在	半過去		
je résoudrais	je résolve	je résolusse		
tu résoudrais	tu résolves	tu résolusses	résous	
il résoudrait	il résolve	il résolût		
n. résoudrions	n. résolvions	n. résolussions	résolvons	
v. résoudriez	v. résolviez	v. résolussiez	résolvez	
ils résoudraient	ils résolvent	ils résolussent		
je connaîtrais	je connaisse	je connusse		㊟t の前にくるとき
tu connaîtrais	tu connaisses	tu connusses	connais	i→î.
il connaîtrait	il connaisse	il connût		**apparaître**
n. connaîtrions	n. connaissions	n. connussions	connaissons	**disparaître**
v. connaîtriez	v. connaissiez	v. connussiez	connaissez	**paraître**
ils connaîtraient	ils connaissent	ils connussent		**reconnaître**
je naîtrais	je naisse	je naquisse		㊟t の前にくるとき
tu naîtrais	tu naisses	tu naquisses	nais	i→î.
il naîtrait	il naisse	il naquît		助動詞はêtre.
n. naîtrions	n. naissions	n. naquissions	naissons	
v. naîtriez	v. naissiez	v. naquissiez	naissez	
ils naîtraient	ils naissent	ils naquissent		
je croirais	je croie	je crusse		
tu croirais	tu croies	tu crusses	crois	
il croirait	il croie	il crût		
n. croirions	n. croyions	n. crussions	croyons	
v. croiriez	v. croyiez	v. crussiez	croyez	
ils croiraient	ils croient	ils crussent		
je battrais	je batte	je battisse		**abattre**
tu battrais	tu battes	tu battisses	bats	**combattre**
il battrait	il batte	il battît		
n. battrions	n. battions	n. battissions	battons	
v. battriez	v. battiez	v. battissiez	battez	
ils battraient	ils battent	ils battissent		
je mettrais	je mette	je misse		**admettre**
tu mettrais	tu mettes	tu misses	mets	**commettre**
il mettrait	il mette	il mît		**permettre**
n. mettrions	n. mettions	n. missions	mettons	**promettre**
v. mettriez	v. mettiez	v. missiez	mettez	**remettre**
ils mettraient	ils mettent	ils missent		
je rirais	je rie	je risse		**sourire**
tu rirais	tu ries	tu risses	ris	
il rirait	il rie	il rît		
n. ririons	n. riions	n. rissions	rions	
v. ririez	v. riiez	v. rissiez	riez	
ils riraient	ils rient	ils rissent		

不　定　法 現在分詞 過去分詞	直　説　法			
	現　　在	半 過 去	単純過去	単純未来
49. conclure *concluant* *conclu*	je conclus tu conclus il conclut n. concluons v. concluez ils concluent	je concluais tu concluais il concluait n. concluions v. concluiez ils concluaient	je conclus tu conclus il conclut n. conclûmes v. conclûtes ils conclurent	je conclurai tu concluras il conclura n. conclurons v. conclurez ils concluront
50. rompre *rompant* *rompu*	je romps tu romps il rompt n. rompons v. rompez ils rompent	je rompais tu rompais il rompait n. rompions v. rompiez ils rompaient	je rompis tu rompis il rompit n. rompîmes v. rompîtes ils rompirent	je romprai tu rompras il rompra n. romprons v. romprez ils rompront
51. vaincre *vainquant* *vaincu*	je vaincs tu vaincs il **vainc** n. vainquons v. vainquez ils vainquent	je vainquais tu vainquais il vainquait n. vainquions v. vainquiez ils vainquaient	je vainquis tu vainquis il vainquit n. vainquîmes v. vainquîtes ils vainquirent	je vaincrai tu vaincras il vaincra n. vaincrons v. vaincrez ils vaincront
52. recevoir *recevant* *reçu*	je reçois tu reçois il reçoit n. recevons v. recevez ils reçoivent	je recevais tu recevais il recevait n. recevions v. receviez ils recevaient	je reçus tu reçus il reçut n. reçûmes v. reçûtes ils reçurent	je **recevrai** tu **recevras** il **recevra** n. **recevrons** v. **recevrez** ils **recevront**
53. devoir *devant* *dû* (due, dus, dues)	je dois tu dois il doit n. devons v. devez ils doivent	je devais tu devais il devait n. devions v. deviez ils devaient	je dus tu dus il dut n. dûmes v. dûtes ils durent	je **devrai** tu **devras** il **devra** n. **devrons** v. **devrez** ils **devront**
54. pouvoir *pouvant* *pu*	je **peux (puis)** tu **peux** il peut n. pouvons v. pouvez ils peuvent	je pouvais tu pouvais il pouvait n. pouvions v. pouviez ils pouvaient	je pus tu pus il put n. pûmes v. pûtes ils purent	je **pourrai** tu **pourras** il **pourra** n. **pourrons** v. **pourrez** ils **pourront**
55. émouvoir *émouvant* *ému*	j' émeus tu émeus il émeut n. émouvons v. émouvez ils émeuvent	j' émouvais tu émouvais il émouvait n. émouvions v. émouviez ils émouvaient	j' émus tu émus il émut n. émûmes v. émûtes ils émurent	j' **émouvrai** tu **émouvras** il **émouvra** n. **émouvrons** v. **émouvrez** ils **émouvront**

条 件 法	接 続 法		命 令 法	同 型
現 在	現 在	半 過 去		
je conclurais	je conclue	je conclusse		
tu conclurais	tu conclues	tu conclusses	conclus	
il conclurait	il conclue	il conclût		
n. conclurions	n. concluions	n. conclussions	concluons	
v. concluriez	v. concluiez	v. conclussiez	concluez	
ils concluraient	ils concluent	ils conclussent		
je romprais	je rompe	je rompisse		**interrompre**
tu romprais	tu rompes	tu rompisses	romps	
il romprait	il rompe	il rompît		
n. romprions	n. rompions	n. rompissions	rompons	
v. rompriez	v. rompiez	v. rompissiez	rompez	
ils rompraient	ils rompent	ils rompissent		
je vaincrais	je vainque	je vainquisse		**convaincre**
tu vaincrais	tu vainques	tu vainquisses	vaincs	
il vaincrait	il vainque	il vainquît		
n. vaincrions	n. vainquions	n. vainquissions	vainquons	
v. vaincriez	v. vainquiez	v. vainquissiez	vainquez	
ils vaincraient	ils vainquent	ils vainquissent		
je recevrais	je reçoive	je reçusse		**apercevoir**
tu recevrais	tu reçoives	tu reçusses	reçois	**concevoir**
il recevrait	il reçoive	il reçût		
n. recevrions	n. recevions	n. reçussions	recevons	
v. recevriez	v. receviez	v. reçussiez	recevez	
ils recevraient	ils reçoivent	ils reçussent		
je devrais	je doive	je dusse		注命令法はほとんど
tu devrais	tu doives	tu dusses	dois	用いられない.
il devrait	il doive	il dût		
n. devrions	n. devions	n. dussions	devons	
v. devriez	v. deviez	v. dussiez	devez	
ils devraient	ils doivent	ils dussent		
je pourrais	je **puisse**	je pusse		注命令法はない.
tu pourrais	tu **puisses**	tu pusses		
il pourrait	il **puisse**	il pût		
n. pourrions	n. **puissions**	n. pussions		
v. pourriez	v. **puissiez**	v. pussiez		
ils pourraient	ils **puissent**	ils pussent		
j' émouvrais	j' émeuve	j' émusse		**mouvoir**
tu émouvrais	tu émeuves	tu émusses	émeus	ただし過去分詞は
il émouvrait	il émeuve	il émût		mû
n. émouvrions	n. émouvions	n. émussions	émouvons	(mue, mus, mues)
v. émouvriez	v. émouviez	v. émussiez	émouvez	
ils émouvraient	ils émeuvent	ils émussent		

不定法 現在分詞 過去分詞	直説法			
	現在	半過去	単純過去	単純未来
56. savoir *sachant* *su*	je sais tu sais il sait n. savons v. savez ils savent	je savais tu savais il savait n. savions v. saviez ils savaient	je sus tu sus il sut n. sûmes v. sûtes ils surent	je **saurai** tu **sauras** il **saura** n. **saurons** v. **saurez** ils **sauront**
57. voir *voyant* *vu*	je vois tu vois il voit n. voyons v. voyez ils voient	je voyais tu voyais il voyait n. voyions v. voyiez ils voyaient	je vis tu vis il vit n. vîmes v. vîtes ils virent	je **verrai** tu **verras** il **verra** n. **verrons** v. **verrez** ils **verront**
58. vouloir *voulant* *voulu*	je **veux** tu **veux** il veut n. voulons v. voulez ils veulent	je voulais tu voulais il voulait n. voulions v. vouliez ils voulaient	je voulus tu voulus il voulut n. voulûmes v. voulûtes ils voulurent	je **voudrai** tu **voudras** il **voudra** n. **voudrons** v. **voudrez** ils **voudront**
59. valoir *valant* *valu*	je **vaux** tu **vaux** il vaut n. valons v. valez ils valent	je valais tu valais il valait n. valions v. valiez ils valaient	je valus tu valus il valut n. valûmes v. valûtes ils valurent	je **vaudrai** tu **vaudras** il **vaudra** n. **vaudrons** v. **vaudrez** ils **vaudront**
60. s'asseoir *s'asseyant*[(1)] *assis*	je m'assieds[(1)] tu t'assieds il **s'assied** n. n. asseyons v. v. asseyez ils s'asseyent	je m'asseyais[(1)] tu t'asseyais il s'asseyait n. n. asseyions v. v. asseyiez ils s'asseyaient	je m'assis tu t'assis il s'assit n. n. assîmes v. v. assîtes ils s'assirent	je m'**assiérai**[(1)] tu t'**assiéras** il s'**assiéra** n. n. **assiérons** v. v. **assiérez** ils s'**assiéront**
s'assoyant[(2)]	je m'assois[(2)] tu t'assois il s'assoit n. n. assoyons v. v. assoyez ils s'assoient	je m'assoyais[(2)] tu t'assoyais il s'assoyait n. n. assoyions v. v. assoyiez ils s'assoyaient		je m'**assoirai**[(2)] tu t'**assoiras** il s'**assoira** n. n. **assoirons** v. v. **assoirez** ils s'**assoiront**
61. pleuvoir *pleuvant* *plu*	il pleut	il pleuvait	il plut	il **pleuvra**
62. falloir *fallu*	il faut	il fallait	il fallut	il **faudra**

条件法	接続法		命令法	同型
現在	現在	半過去		
je saurais tu saurais il saurait n. saurions v. sauriez ils sauraient	je **sache** tu **saches** il **sache** n. **sachions** v. **sachiez** ils **sachent**	je susse tu susses il sût n. sussions v. sussiez ils sussent	**sache** **sachons** **sachez**	
je verrais tu verrais il verrait n. verrions v. verriez ils verraient	je voie tu voies il voie n. voyions v. voyiez ils voient	je visse tu visses il vît n. vissions v. vissiez ils vissent	vois voyons voyez	**revoir**
je voudrais tu voudrais il voudrait n. voudrions v. voudriez ils voudraient	je **veuille** tu **veuilles** il **veuille** n. voulions v. vouliez ils **veuillent**	je voulusse tu voulusses il voulût n. voulussions v. voulussiez ils voulussent	**veuille** **veuillons** **veuillez**	
je vaudrais tu vaudrais il vaudrait n. vaudrions v. vaudriez ils vaudraient	je **vaille** tu **vailles** il **vaille** n. valions v. valiez ils **vaillent**	je valusse tu valusses il valût n. valussions v. valussiez ils valussent		注 命令法はほとんど用いられない.
je m'assiérais(1) tu t'assiérais il s'assiérait n. n. assiérions v. v. assiériez ils s'assiéraient	je m'asseye(1) tu t'asseyes il s'asseye n. n. asseyions v. v. asseyiez ils s'asseyent	j' m'assisse tu t'assisses il s'assît n. n. assissions v. v. assissiez ils s'assissent	assieds-toi(1) asseyons-nous asseyez-vous	注 時称により2種の活用があるが, (1)は古来の活用で, (2)は俗語調である. (1)の方が多く使われる.
je m'assoirais(2) tu t'assoirais il s'assoirait n. n. assoirions v. v. assoiriez ils s'assoiraient	je m'assoie(2) tu t'assoies il s'assoie n. n. assoyions v. v. assoyiez ils s'assoient		assois-toi(2) assoyons-nous assoyez-vous	
il pleuvrait	il pleuve	il plût		注 命令法はない.
il faudrait	il **faille**	il fallût		注 命令法・現在分詞はない.

NUMÉRAUX（数詞）

	CARDINAUX（基数）	ORDINAUX（序数）
1	**un, une**	**premier（première）**
2	deux	deuxième, second（e）
3	trois	troisième
4	quatre	quatrième
5	cinq	cinquième
6	six	sixième
7	sept	septième
8	huit	huitième
9	neuf	neuvième
10	**dix**	**dixième**
11	onze	onzième
12	douze	douzième
13	treize	treizième
14	quatorze	quatorzième
15	quinze	quinzième
16	seize	seizième
17	dix-sept	dix-septième
18	dix-huit	dix-huitième
19	dix-neuf	dix-neuvième
20	**vingt**	**vingtième**
21	vingt et un	vingt et unième
22	vingt-deux	vingt-deuxième
23	vingt-trois	vingt-troisième
30	**trente**	**trentième**
31	trente et un	trente et unième
32	trente-deux	trente-deuxième
40	**quarante**	**quarantième**
41	quarante et un	quarante et unième
42	quarante-deux	quarante-deuxième
50	**cinquante**	**cinquantième**
51	cinquante et un	cinquante et unième
52	cinquante-deux	cinquante-deuxième
60	**soixante**	**soixantième**
61	soixante et un	soixante et unième
62	soixante-deux	soixante-deuxième
70	**soixante-dix**	**soixante-dixième**
71	soixante et onze	soixante et onzième
72	soixante-douze	soixante-douzième
80	**quatre-vingts**	**quatre-vingtième**
81	quatre-vingt-un	quatre-vingt-unième
82	quatre-vingt-deux	quatre-vingt-deuxième

	CARDINAUX	ORDINAUX
90	**quatre-vingt-dix**	**quatre-vingt-dixième**
91	quatre-vingt-onze	quatre-vingt-onzième
92	quatre-vingt-douze	quatre-vingt-douzième
100	**cent**	**centième**
101	cent un	cent（et）unième
102	cent deux	cent deuxième
110	cent dix	cent dixième
120	cent vingt	cent vingtième
130	cent trente	cent trentième
140	cent quarante	cent quarantième
150	cent cinquante	cent cinquantième
160	cent soixante	cent soixantième
170	cent soixante-dix	cent soixante-dixième
180	cent quatre-vingts	cent quatre-vingtième
190	cent quatre-vingt-dix	cent quatre-vingt-dixième
200	**deux cents**	**deux centième**
201	deux cent un	deux cent unième
202	deux cent deux	deux cent deuxième
300	**trois cents**	**trois centième**
301	trois cent un	trois cent unième
302	trois cent deux	trois cent deuxième
400	**quatre cents**	**quatre centième**
401	quatre cent un	quatre cent unième
402	quatre cent deux	quatre cent deuxième
500	**cinq cents**	**cinq centième**
501	cinq cent un	cinq cent unième
502	cinq cent deux	cinq cent deuxième
600	**six cents**	**six centième**
601	six cent un	six cent unième
602	six cent deux	six cent deuxième
700	**sept cents**	**sept centième**
701	sept cent un	sept cent unième
702	sept cent deux	sept cent deuxième
800	**huit cents**	**huit centième**
801	huit cent un	huit cent unième
802	huit cent deux	huit cent deuxième
900	**neuf cents**	**neuf centième**
901	neuf cent un	neuf cent unième
902	neuf cent deux	neuf cent deuxième
1000	**mille**	**millième**

1 000 000	**un million**	**millionième**
1 000 000 000	**un milliard**	**milliardième**